> "주님께서 그대에게 복을 내리시고
> 그대를 지켜 주시리라.
> 주님께서 그대에게 당신 얼굴을 비추시고
> 그대에게 은혜를 베푸시리라.
> 주님께서 그대에게 당신 얼굴을 들어 보이시고
> 그대에게 평화를 베푸시리라."
> (민수기 6, 24-26)

_____ 님께

_____ 드림

**천지 창조의 첫 날**
하느님께서 말씀하시기를 "빛이 생겨라." 하시자 빛이 생겼다. (창세 1,3)

가톨릭교회 평신도를 위한 신앙생활 길잡이②

103위 한국 순교성인과 함께 하는 순례길

# 103위 한국 순교성인 문답

엮 음 / **김 성 열** 마태오

추 천 / **유 흥 식** 라자로 주교

감 수 / **박 재 만** 타대오 신부

도서출판 프린트샵

## 103위 한국 순교성인, 1984년 5월 6일 시성

한국 천주교회에서는 매년 9월 20일을 103위 순교성인을 기리는 '성 김대건 안드레아 사제와 성 정하상 바오로와 동료 순교자들 대축일'로 지내고 있다. 103위 성인의 순교 시기는 세 개의 박해시기로 나뉜다. 연도별로는 1839년 기해박해 순교자가 70위로 가장 많고, 1846년 병오박해 순교자가 9위, 1866년 병인박해 순교자가 24위이다. 기해박해 순교자는 이호영 베드로를 비롯해 정국보 프로타시오, 김아기 아가타 등이며, 병오박해 순교자 중에는 한국인 최초의 사제인 김대건 안드레아 신부가 있다. 병인박해 때는 유정률 베드로와 베르뇌 주교, 브르트니에르 신부 등이 순교의 화관을 썼다.

103위 성인들이 성인의 전 단계인 복자품에 오른 건 두 시기에 걸쳐 나뉘어 있다. 기해박해와 병오박해 순교자 79위는 1925년 7월 5일, 그리고 병인박해 순교자 24위는 1968년 10월 6일 각각 바티칸에서 시복됐다. 기해·병오·병인 세 박해기에 각각 순교했던 이들이 43년이란 시차를 두고 복자품에 올랐고, 16년 뒤인 1984년 5월 6일 한 자리에서 성인품에 올랐다. 당시 성 요한 바오로 2세 교황이 방한해 시성식을 집전했다. 이는 순교자들의 시복시성을 간절히 희망했던 당시 한국 교회 성직자와 수도자, 신자들의 간절한 기도의 결실이었다. 103위 순교자 중에 파리외방전교회 소속 프랑스 선교사 10위를 제외하면 93위는 한국인이다. 93위 한국인 성인 가운데 사제는 김대건 안드레아 신부가 유일하다. 103위 성인 중에 92위가 평신도라는 점은 당시 교우촌을 이뤄가며 믿음의 삶을 살았던 평신도들의 믿음이 얼마나 굳건했으며 영성이 얼마나 넓고 깊었는가를 헤아리게 한다. 아울러 선교사 없이 평신도에 의해 믿음의 씨앗이 자라난 한국 천주교회의 특성을 엿보게도 한다.

성 김대건 안드레아 사제와 성 정하상 바오로와 동료 순교자들 대축일은 1984년 이전엔 9월 26일 '한국 순교 복자 대축일'이었다. 그러다 1984년 시성 이후 9월 20일로 옮겨 대축일을 지내고 있다. 성 김대건 안드레아 사제와 성 정하상 바오로와 동료 순교자들 대축일은 이동축일이다. 9월 20일이 주일이 아닌 경우 가장 가까운 주일에 대축일 미사를 봉헌한다.

머리말

# 『103위 한국 순교성인 문답』을 펴내면서

김성열 마태오

    1. 우리나라뿐만 아니라 전 세계에 걸쳐 대규모로 확산된 코로나19 전염병으로 인해 2020년은 우리 인류 공동체에게 큰 시련의 해라고 할 수 있습니다. 고통 속에서 수많은 사람들의 고귀한 생명이 죽어 가고 있는 현 상황에서 우리는 그저 이 상황을 지켜보고만 있어야 하는가 하는 무력감과 함께 나약한 인간의 한계를 뼈저리게 실감하는 때입니다. 그리스도를 믿고 따르는 우리 신앙인들은 이렇게 어려운 때 일수록 그저 바라만 보고 있지 말아야합니다. 이런 시련을 통해 하느님께서 우리 인류에게 주시고자하는 가르침이 무엇인지를 깨달아, 비록 작은 몸짓일지라도 적극적으로 실천하는 모습이 필요한 시기라 생각됩니다.

    2. 그래서 저는 예수 성심과 성모 마리아 그리고 성 요셉, 103위 한국 순교성인, 124위 한국 순교복자 호칭기도를 합니다. 전 인류에 닥친 이 아픈 시련이 하루 빨리 종식될 수 있도록 하늘에 계신 천주 성부님과 세상을 구원하신 천주 성자님, 천주 성령님, 삼위일체이신 하느님께서 저희 인류에게 자비를 베풀어 주십사하고 기도를 드리고 있습니다. 기도를 드리다 보니 성인을 호칭하며 드리는 기도가 거듭될수록 성인들의 삶과 신앙이 궁금해지기 시작하여 한분 한분의 삶과 신앙의 발자취를 찾아보게 되었습니다.

    3. 그러면서 한국 천주교회에서 빼놓을 수 없는 큰 박해를 통해 순교자들의 삶과 목숨까지 바치면서 지켜온 그들의 신앙이 어떠했는지 궁금하였습니다. 또 미사도 없었던 그 어려운 박해시기에 어떻게 해서 그토록 굳은 신심을 키우며 신앙을 지킬 수 있었는지 궁금했습니다. 아울러 한국 초기 천주교회에서의 성직자와 평신도의 관계는 어땠는지에 대해서도 책을 통해 알아보게 되었습니다. 1784년 조선에 천주교가 전래되고 1886년 천주교 신앙의 자유가 허용된 이래, 사실상 처음 전국적으로 미사 등 일상적 전례가 중단되는 일이 벌어졌습니다. 앞서 말한 박해시대 신앙선조들의 신앙생활을 떠올려 보면서, 코로나19로 인해 우리는 마치 또 다른 박해시대를 살고 있는 것 같은 마음마저 듭니다.

    4. 우리는 이런 때일수록 복음적인 삶을 살아가는 데 빈틈이 없어야 합니다. 이 시기는 주님의 일이 무엇인지, 또 현재를 살아가고 있는 우리들의 신앙은 어떤 모습인지 돌아볼 수

있는 소중한 기회가 됩니다. 이번 기회에 한국 천주교회의 신앙의 맥을 이어 온 순교자들의 삶과 순교 영성을 살펴봅니다. 오늘날 한국 천주교회가 이렇게 발전할 수 있었던 이유는 우리 선조 순교자들의 피가 한국 천주교회에 씨앗으로 뿌려져 꽃피울 수 있었기 때문입니다. 따라서 한국 천주교회의 정체성을 되살리는 길은 우리 자신의 원천이요, 우리 자신의 뿌리로 돌아가는 길입니다. 그래서 우리 신앙의 뿌리인 선조 순교자들의 순교영성에서 그 해답을 찾고 교회의 활력을 얻어야 한다고 생각합니다. 또한, 그 안에서 이 시대에 닥친 어려움을 극복할 수 있는 용기와 희망과 지혜를 찾아야 합니다.

5. 한국 천주교회가 평신도로부터 자생된 신앙 공동체임을 상기하며, 오늘날 이 어려운 시대에도 평신도의 역할이 반드시 필요하다는 것을 절감하게 되었습니다. 따라서 저는 많은 것이 부족한 평신도지만 평신도분들에게 필요한 내용을 전달하고 싶은 저의 조그만 소망으로 『103위 한국 순교성인 문답』을 펴내게 되었습니다. 참고한 문헌은 『성경』, 『가톨릭기도서』, 『경향잡지』, 『한국가톨릭대사전』, 『한국천주교회사 1-5권』, 『한국천주교회사 상』, 『신유박해와 순교자신심』, 『한국천주교회사 순교 연구논문집』, 『한국천주교회사 순교 기고문』, 『한국 순교자 103위 성인전 상·하』, 『한국 순교자 영성』, 『월간 빛』, 『참 소중한 당신』, 『새로운 복음화를 위한 한국교회의 영적자세』, 『순교의 맥을 찾아서』, 『기쁨과 희망』 등이며, 그 밖에 『가톨릭 정보자료실 성인·성지』, 『가톨릭신문 자료실』, 『가톨릭평화신문 자료실』, 『나무위키 백과사전 자료실』, 『다음 정보자료실』, 『네이버 정보자료실』 등을 참고하여 책을 엮었습니다.

6. 이 부족한 책이 민들레 홀씨처럼 이 세상의 어느 곳에서든 퍼져 나가 한국 초기 천주교 박해시대에 목숨을 바쳐가면서까지 신앙을 지켰던 선조들의 신앙을 본받아, 이 어려운 시대 이 상황을 슬기롭게 이겨 낼 수 있는 지혜를 구하는 데 조금이나마 도움이 되길 간절히 바랍니다. 하늘에 계신 천주 성부님, 세상을 구원하신 천주 성자님, 천주 성령님, 삼위일체이신 하느님께서 저희 온 인류에게 자비를 베풀어 주시기를 기도드립니다. 성모 마리아, 성 요셉, 103위 한국 순교성인, 124위 한국 순교복자, 그리고 유명·무명 모든 순교자들께 저희의 기도를 전구해 주시길 청합니다. 이 책이 나올 수 있도록 허락해 주신 대전교구장 유흥식 라자로 주교님과 책 내용을 일일이 여러 차례 꼼꼼히 감수해 주신 박재만 타대오 신부님께도 깊은 감사의 인사를 드립니다. 아울러 원고를 교정해 주신 김영석 멜키올 형제님과 출판에 수고해 주신 도서출판 프린트샵 이재승 사장님과 편집 관계자께도 감사드립니다.

"나에게 힘을 주시는 분 안에서 나는 모든 것을 할 수 있습니다"(필리 4,13)

천주교 대전교구 반석동 성당 / 김성열 마태오

## 추천사

### † 찬미 예수님

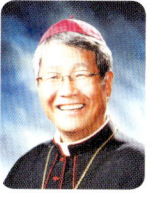

유흥식 라자로 주교

김성열 마태오 형제님의 가톨릭교회 평신도를 위한 신앙생활 길잡이② 「103위 한국 순교성인 문답」 출판을 진심으로 축하드립니다.

"순교자들의 피를 밑거름으로 그리스도의 몸과 지체인 포도나무가 더욱 풍성하게 되었습니다."라는 토마스 성인의 말씀대로 그 풍성한 결실이 바로 지금의 한국 천주교회 모습이며, 한국 천주교회의 자랑은 우리의 장한 순교자들입니다.

코로나19로 인하여 어려운 시기를 살아가고 있는 오늘날, 우리들의 신앙생활에 도움이 될 「103위 한국 순교성인 문답」은 한국 초기교회 박해시대의 역사, 103위 한국 순교성인들의 삶과 신앙의 증거, 순교성인들과 연관된 교구별 성지를 자세히 안내할 뿐 아니라 순교성인들의 후손인 우리의 신앙여정 길을 제시하고 있습니다. 이 책을 통해서 우리는 한국 초기교회 신앙선조들의 삶과 신앙을 되짚어 보며 위주치명(爲主致命·하느님을 위하여 목숨을 바침) 하면서까지 신앙을 지켰던 순교정신이야말로 오늘날 우리 후손들이 본받아야 할 훌륭한 신앙 유산임을 깨닫게 됩니다. 이 책은 특별히 성 김대건 안드레아 신부님 탄생 200주년 희년을 보내며 평신도뿐 아니라 사제, 수도자들에게도 신앙선조들의 삶과 순교영성을 묵상하고 실천하는 데, 그리고 성지를 순례하는 데 유익한 길잡이가 되리라 여겨집니다.

김성열 마태오 형제님께서 각고의 노력을 기울여 출판하신 「103위 한국 순교성인 문답」이 많은 가톨릭 신자들로 하여금 신앙선조들의 삶과 신앙을 느끼며 신앙생활을 실천하도록 이끌어주는 밑거름이 되리라 기대합니다.

2020년 대림 제1주일, 성 김대건 안드레아 신부님 탄생 200주년 희년 시작일에
천주교 대전교구장 / 유흥식 라자로 주교

감수사

# 한국 순교성인들의 삶과 영성을
# 널리 알리는 길잡이가 되길 바라면서

박재만 타대오 신부

〈103위 한국 순교성인 문답〉의 출판을 환영하며 이 책을 쓰신 김성열 마태오 회장님의 열정과 노고에 감사드립니다.

김회장님은 이 책에서 한국 초기교회 박해시대의 역사, 103위 한국 순교성인들의 삶과 신앙의 증거, 순교성인들과 연관된 교구별 성지를 기술할 뿐 아니라 성인들의 후손인 우리의 신앙 여정길을 제시하며 체계적으로 잘 정리하셨습니다.

그 동안 한국교회 박해시대의 역사나 순교성인들의 생애 또는 성지들에 대해 쓴 유익한 책들이 많이 출판되기는 했습니다만, 김회장님이 펴낸 이 책은 그 모든 것을 종합 요약하여 백과사전처럼 풍부한 내용을 담고 있어 오늘의 독자들의 요구에 잘 부응하는 것이라 여겨집니다.

우리 교회는 제2차 바티칸 공의회를 통하여, 사도 시대부터 교회생활 안에 끊임없이 이어온 전통적이고 정통한 가르침에 입각하여 순교를 "최상의 은총이며 사랑의 최고 증거"(교회에 관한 교의헌장 42항)라고 재천명하였습니다.

순교는 왜 '사랑의 최고 증거' 입니까? "벗을 위하여 제 목숨을 바치는 것보다 더 큰 사랑은 없다"(요한 15,13)고 가르치셨으며 실제로 인류 구원을 위해 모범을 보이신 스승 예수님을 본받아 순교자는 하느님께 가장 소중한 목숨을 최고의 사랑으로 바치기 때문입니다.

순교는 왜 '최상의 은총' 입니까? 스승 예수님을 본받고 그분과 긴밀히 일치하는 사랑의 최고 증거인 순교는 나약한 인간 스스로의 힘으로 도저히 이룰 수 있는 것이 아니고 주님께서 특별히 허락하시는 은총으로 가능한 것이기 때문입니다.

그렇다면 우리의 선조 순교자들은 어떻게 그러한 최상의 은총을 받을 수 있었겠습니까? 그것은 그분들이 성령의 부르심과 이끄심에 민감히 깨어 응답하는 믿음의 생활을 하였기 때문입니다. 그분들은 하느님과 이웃을 사랑하며 언제나 주님께 모든 것을 내놓고 목숨까지도 기꺼이 바칠 용의로 매순간 결단을 내리며 증거의 삶을 살았던 것입니다.

여기서 신앙의 자유에 대한 외적인 뚜렷한 억압이나 공적 박해가 없는 오늘의 상황에 살고 있는 우리에게도 순교는 여전히 적용될 수 있고 의미 있는 것이며 추구되어야 할 실재임을 깨닫게 됩니다. 그리고 순교 선조들의 정신과 삶을 본받으면서 오늘 우리의 생활현장에서 실현할 수 있는 순교의 영성을 모색하도록 시사합니다.

그리스도인이 수행해야 할 증거는 믿음 뿐 아니라 그 믿음이 실천하길 요구하는 것들, 즉 복음 선포와 생활화, 온갖 선행과 사랑의 실천 그리고 목숨 바치는 행위까지 포함합니다. 따라서 그리스도인의 믿음과 믿음의 삶이 순교의 바탕이며 근원입니다.

오늘 우리는 박해 시절의 신앙의 선조들처럼 당장 우리의 목숨을 내 놓을 수 있는 상황에 살고 있지 않습니다. 그러나 그분들이 그러했듯이 언제나 주님을 위해 모든 것을 내놓고 목숨까지 바칠 자세로 일상에서 순교자적 결단을 내리며 믿음의 삶을 살 수는 있는 것입니다. 그분들이 끊임없는 기도의 정신으로 희생, 극기, 헌신적 봉사와 애덕 실천 등 자기수련과 봉헌을 통해 사도직을 준비하고 실행하면서 순교의 은총에 대비하였듯이, 우리도 복음적 삶 안에서 매일 매 순간, 앞에 놓이는 각자의 십자가를 기꺼이 지는 것입니다. 이것이 바로 순교를 위한 기본자세이며 시작이고 그 핵심입니다.

주님과 가장 가까이 일치하면서 그분의 모범을 따른 순교자들은 언제나 교회와 그 구성원인 우리들에게 자신들의 신원과 사명 그리고 영성의 현 주소를 되묻고 재확인하도록 하는 전형이며 귀감입니다. 그러므로 오늘 우리의 모습을 반성하고 정체성과 사명감 그리고 영성을 점검하고 새로이 정립하기 위해서는 우리의 자랑스런 순교 선조들의 믿음과 증거의 삶을 찬찬히 그리고 면밀히 살펴 보아야할 필요가 있습니다.

그런 의미에서 김성열 마태오 회장님이 쓰신 〈103위 한국 순교성인 문답〉은 유익하고 가치 있는 저서라고 생각합니다.

이 책은 평신도뿐 아니라 사제, 수도자들에게도 신앙의 선조들의 삶과 순교 영성을 묵상하고 실천하는 데 그리고 성지를 순례하는 데 유익한 길잡이가 되리라 여겨집니다.

김성열 마태오 회장님은 이미 예비신자 교리교육과 신자들의 재교육용으로 〈가톨릭 교리문답〉을 쓰셨는데 그 책들은 국내 본당과 공소들, 성지 등 교회기관들뿐 아니라 세계 여러 나라 한인교회 공동체의 신자들로부터 큰 호응을 얻으며 환영받고 있습니다.

김회장님이 두 번째 출판하신 책 〈103위 한국 순교성인 문답〉도 많은 분들이 읽으시며 영적으로 도움을 받으시길 기대합니다. 그리하여 선조 성인들의 순교의 영성을 더 깊이 이해하며 자랑스런 그분들의 후손이 되게 해주신 은총에 감사드리면서 하느님께 감사와 더욱 큰 영광을 드리면 좋겠습니다.

대전교구 원로사제 / 박재만 타대오 신부

### 한국 천주교 103위 순교 복자 성화 · 1976년 문학진 토마스 작

　1976년에 박희봉(朴喜奉·이시도로) 천주교 서울대교구 혜화동 교회 주임신부가 「103위 순교 복자 성화」(103位殉教福者聖畵)를 화가 문학진(토마스)에게 의뢰하였다. 문학진 토마스(서울대학교 미술대학 교수)는 10개월 동안 전례·역사·복식 전문가들에게서 자문을 얻어 1977년에 그림을 완성하였는데, 한국적 주체성을 살리기 위하여 김대건(金大建) 신부를 중앙에, 서양인 앵베르(Laurent Joseph Marie Imbert) 주교를 측면에 배치하였다. '쿠데타'로 표현될 정도로 파격적이었던 이 사건은 한국 교회 성미술의 토착화에 결정적인 계기가 되었다. 서울 도봉산의 험준한 산세가 배경으로 펼쳐진 가운데 기쁨에 가득 차서 천국을 기다리는 순교자들이 시대와 신분에 따라 각기 다른 모습으로 묘사되었다.

　자생 교회의 전통을 지닌 한국 천주교회의 초기 역사는 크고 작은 박해와 순교로 점철되었다. 특히 4대 박해로 불리는 1801년의 신유박해(辛酉迫害), 1839년의 기해박해(己亥迫害), 1846년의 병오박해(丙午迫害), 1866년의 병인박해(丙寅迫害)를 통하여 1만 명 이상이 순교하였다. 이러한 모진 박해 속에서 심산유곡(深山幽谷)에 교우촌을 이루고 견딘 덕에 훗날 신앙 자유의 날을 맞이하였는데, 「103위 순교 복자 성화」는 이러한 한국 천주교회사를 상징적으로 보여 주고 있다. 문학진(토마스)은 1여 년에 걸쳐 한국사 및 교회사, 조선 시대와 프랑스 선교사들의 복식, 박해와 순교 사적, 교회법과 전례에 대해 각계 전문가들로부터 고증과 자문을 구하여 「103위 순교 복자 성화」를 완성하였다. 1977년 7월 15일에 김수환(金壽煥) 추기경의 제막과 축성으로 세상에 첫 선을 보인 이후, 1984년에 교황 요한 바오로 2세(Joannes Paulus II)의 내한을 계기로 '103위 순교 복자' 모두가 성인품에 오르게 되었다.

## 목 차

머리말 ·················· 5
추천사 ·················· 7
감수사 ·················· 8

### PART·1
### 한국 초기 천주교회 박해시대의 역사

1. 한국 천주교회사에서 일본을 통한 조선과 천주교의 만남은 언제인가요? ··············23
2. 한국 천주교회사에서 중국을 통한 조선과 천주교의 만남은 언제인가요?(I) ············26
3. 한국 천주교회사에서 중국을 통한 조선과 천주교의 만남은 언제인가요?(II) ···········29
4. 한국 천주교회사에서 조선과 천주교의 만남에 대한 다른 주장은 무엇인가요? ··········31
5. 한국 천주교회사에서 서학(西學)과 천주교와의 만남은 어떤 의미가 있나요?(I) ········35
6. 한국 천주교회사에서 서학(西學)과 천주교와의 만남은 어떤 의미가 있나요?(II) ·······37
7. 한국 천주교회사에서 조선 천주교회의 설립배경은 무엇인가요?(I) ··················43
8. 한국 천주교회사에서 조선 천주교회의 설립배경은 무엇인가요?(II) ·················45
9. 한국 천주교회사에서 천주교회의 초기 교회지도자들의 활동은 어떠했나요?(I) ·········50
10. 한국 천주교회사에서 천주교회의 초기 교회지도자들의 활동은 어떠했나요?(II) ········55
11. 한국 천주교회사에서 주문모 신부의 입국 후 조선 천주교회는 어떻게 변했나요? ······59
12. 한국 천주교회사에서 천주교회의 교구가 설정된 시기는 언제인가요? ················61
13. 한국 천주교회사에서 초기 조선 천주교회의 선교사 입국 과정과 활동은 어떠했나요? ···62
14. 한국 천주교회사에서 최초의 대박해인 신유박해의 배경은 무엇인가요?(I) ············65
15. 한국 천주교회사에서 최초의 대박해인 신유박해의 배경은 무엇인가요?(II) ···········66
16. 한국 천주교회사에서 최초의 대박해인 신유박해의 배경은 무엇인가요?(III) ···········67
17. 한국 천주교회사에서 최초의 대박해인 신유박해의 배경은 무엇인가요?(IV) ···········68
18. 한국 천주교회사에서 최초의 대박해인 신유박해의 배경은 무엇인가요?(V) ···········70
19. 한국 천주교회사에서 신유박해를 통해 순교한 순교자들은 누구인가요?(I) ············72
20. 한국 천주교회사에서 신유박해를 통해 순교한 순교자들은 누구인가요?(II) ············74
21. 한국 천주교회사에서 신유박해의 교회사적 의의는 무엇인가요?(I) ··················79
22. 한국 천주교회사에서 신유박해의 교회사적 의의는 무엇인가요?(II) ·················81

| | | |
|---|---|---|
| 23. | 한국 천주교회사에서 신유박해의 교회사적 의의는 무엇인가요?(Ⅲ) | 82 |
| 24. | 한국 천주교회사에서 두 번째 대박해인 기해박해의 배경은 무엇인가요?(Ⅰ) | 84 |
| 25. | 한국 천주교회사에서 두 번째 대박해인 기해박해의 배경은 무엇인가요?(Ⅱ) | 85 |
| 26. | 한국 천주교회사에서 두 번째 대박해인 기해박해의 배경은 무엇인가요?(Ⅲ) | 86 |
| 27. | 한국 천주교회사에서 두 번째 대박해인 기해박해의 배경은 무엇인가요?(Ⅳ) | 87 |
| 28. | 한국 천주교회사에서 두 번째 대박해인 기해박해의 배경은 무엇인가요?(Ⅴ) | 89 |
| 29. | 한국 천주교회사에서 두 번째 대박해인 기해박해의 배경은 무엇인가요?(Ⅵ) | 90 |
| 30. | 한국 천주교회사에서 기해박해의 교회사적 의의와 순교자들은 누구인가요? | 92 |
| 31. | 한국 천주교회사에서 세 번째 대박해인 병오박해의 배경은 무엇인가요?(Ⅰ) | 98 |
| 32. | 한국 천주교회사에서 세 번째 대박해인 병오박해의 배경은 무엇인가요?(Ⅱ) | 107 |
| 33. | 한국 천주교회사에서 세 번째 대박해인 병오박해의 배경은 무엇인가요?(Ⅲ) | 108 |
| 34. | 한국 천주교회사에서 병오박해의 교회사적 의의와 당시 순교자들은 누가 있나요? | 110 |
| 35. | 한국 천주교회사에서 마지막 대박해인 병인박해의 배경은 무엇인가요?(Ⅰ) | 111 |
| 36. | 한국 천주교회사에서 마지막 대박해인 병인박해의 배경은 무엇인가요?(Ⅱ) | 113 |
| 37. | 한국 천주교회사에서 병인박해의 교회사적 의의와 순교자들은 누구인가요? | 114 |
| 38. | 한국 천주교회사에서 초기 순교자들의 삶과 신앙은 어떠했나요? | 117 |

## PART · 2
## 103위 한국 순교성인들의 삶과 신앙의 발자취

| | | |
|---|---|---|
| 39. | 성 김대건(金大建) 안드레아는 어떤 분이신가요? | 123 |
| | (순례길 142, 144, 147, 149-150, 154-155, 163, 170, 172, 174-175, 179, 187, 192, 197, 202) | |
| 40. | 성 정하상(丁夏祥) 바오로는 어떤 분이신가요? (순례길 148, 152, 155, 180, 183) | 126 |
| 41. | 성 이호영 베드로는 어떤 분이신가요? (순례길 143, 153-156, 174, 192) | 127 |
| 42. | 성 정국보 프로타시오는 어떤 분이신가요? (순례길 151, 155) | 127 |
| 43. | 성녀 김아기(金阿只) 아가타는 어떤 분이신가요? (순례길 148-149, 155) | 129 |
| 44. | 성녀 박아기(朴阿只) 안나는 어떤 분이신가요? (순례길 148-149, 155) | 130 |
| 45. | 성녀 이소사(李召史) 아가타는 어떤 분이신가요? (순례길 148-149, 155, 174) | 131 |
| 46. | 성녀 김업이(金業伊) 막달레나는 어떤 분이신가요? (순례길 148-149, 155) | 133 |

| | | |
|---|---|---|
| 47. | 성 이광헌(李光獻) 아우구스티노는 어떤 분이신가요? (순례길 148-149, 155-156) | 134 |
| 48. | 성녀 한아기(韓阿只) 바르바라는 어떤 분이신가요? (순례길 148-149, 155) | 135 |
| 49. | 성녀 박희순(朴喜順) 루치아는 어떤 분이신가요? (순례길 148-149, 155) | 136 |
| 50. | 성 남명혁(南明赫) 다미아노는 어떤 분이신가요? (순례길 148-149, 155-156) | 139 |
| 51. | 성 권득인(權得仁) 베드로는 어떤 분이신가요? (순례길 148-149, 155) | 140 |
| 52. | 성 장성집 요셉은 어떤 분이신가요? (순례길 151, 155) | 142 |
| 53. | 성녀 김 바르바라는 어떤 분이신가요? (순례길 151, 153, 155) | 145 |
| 54. | 성녀 이 바르바라는 어떤 분이신가요? (순례길 151, 155) | 146 |
| 55. | 성녀 김노사(金老沙) 로사는 어떤 분이신가요? (순례길 148, 155) | 147 |
| 56. | 성녀 김성임(金成任) 마르타는 어떤 분이신가요? (순례길 148, 155) | 148 |
| 57. | 성녀 이매임(李梅任) 데레사는 어떤 분이신가요? (순례길 148, 155) | 149 |
| 58. | 성녀 김장금(金長金) 안나는 어떤 분이신가요? (순례길 148, 155) | 151 |
| 59. | 성 이광렬(李光烈) 요한은 어떤 분이신가요? (순례길 148, 155) | 151 |
| 60. | 성녀 이영희(李英喜) 막달레나는 어떤 분이신가요? (순례길 148, 154-155, 192) | 153 |
| 61. | 성녀 김누시아(金累時阿) 루치아는 어떤 분이신가요? (순례길 148, 155) | 156 |
| 62. | 성녀 원귀임(元貴任) 마리아는 어떤 분이신가요? (순례길 148, 155) | 158 |
| 63. | 성녀 박 큰아기(朴 大阿只) 마리아는 어떤 분이신가요? (순례길 148, 155) | 159 |
| 64. | 성녀 권희(權喜) 바르바라는 어떤 분이신가요? (순례길 148, 155) | 160 |
| 65. | 성 박후재(朴厚載) 요한은 어떤 분이신가요? (순례길 148, 155) | 161 |
| 66. | 성녀 이정희(李貞喜) 바르바라는 어떤 분이신가요? (순례길 148, 154-155, 192) | 163 |
| 67. | 성녀 이연희(李連熙) 마리아는 어떤 분이신가요? (순례길 148, 155) | 164 |
| 68. | 성녀 김효주(金孝珠) 아녜스는 어떤 분이신가요? (순례길 148, 155-156) | 165 |
| 69. | 성 최경환(崔京煥) 프란치스코는 어떤 분이신가요?<br>(순례길 143, 145, 151, 154-155, 168, 177, 192) | 167 |
| 70. | 성 범 라우렌시오(앵베르·범세형·范世亨) 주교는 어떤 분이신가요?<br>(순례길 143, 145-147, 149-150, 152, 154-155, 178, 187, 192) | 168 |
| 71. | 성 나 베드로(모방·나백다록·羅伯多祿) 신부는 어떤 분이신가요?<br>(순례길 143, 145-147, 150, 152, 154-155, 168, 173, 179, 187, 192, 194) | 169 |
| 72. | 성 정 야고보(샤스탕·정아각백·鄭牙各伯) 신부는 어떤 분이신가요?<br>(순례길 143, 145-147, 150, 152, 154-155, 167-168, 187, 190, 192) | 169 |
| 73. | 성 유진길(劉進吉) 아우구스티노는 어떤 분이신가요? (순례길 148, 155, 180) | 170 |

| | | |
|---|---|---|
| 74. | 성녀 허계임(許季任) 막달레나는 어떤 분이신가요? (순례길 148, 154-155, 192) | 171 |
| 75. | 성 남이관(南履灌) 세바스티아노는 어떤 분이신가요? (순례길 148, 155, 174) | 173 |
| 76. | 성녀 김유리대(金琉璃代) 율리에타는 어떤 분이신가요? (순례길 148, 155) | 175 |
| 77. | 성녀 전경협(全敬俠) 아가타는 어떤 분이신가요? (순례길 148, 155) | 176 |
| 78. | 성 조신철(趙信喆) 가롤로는 어떤 분이신가요? (순례길 148, 155) | 179 |
| 79. | 성 김제준(金濟俊) 이냐시오는 어떤 분이신가요? (순례길 148, 153, 155-156, 163) | 182 |
| 80. | 성녀 박봉손(朴鳳孫) 막달레나는 어떤 분이신가요? (순례길 148, 155) | 185 |
| 81. | 성녀 홍금주(洪今珠) 페르페투아는 어떤 분이신가요? (순례길 148, 155) | 186 |
| 82. | 성녀 김효임(金孝任) 골룸바는 어떤 분이신가요? (순례길 148, 155-156) | 187 |
| 83. | 성녀 김 루치아는 어떤 분이신가요? (순례길 151, 155) | 188 |
| 84. | 성녀 이 가타리나는 어떤 분이신가요? (순례길 151, 155) | 190 |
| 85. | 성녀 조 막달레나는 어떤 분이신가요? (순례길 151, 155) | 191 |
| 86. | 성 유대철(劉大喆) 베드로는 어떤 분이신가요? (순례길 151, 155) | 193 |
| 87. | 성녀 유소사(柳召史) 체칠리아는 어떤 분이신가요? (순례길 151, 155, 183) | 195 |
| 88. | 성 최창흡(崔昌洽) 베드로는 어떤 분이신가요? (순례길 148, 155) | 197 |
| 89. | 성녀 조증이(趙曾伊) 바르바라는 어떤 분이신가요? (순례길 148, 155, 174) | 199 |
| 90. | 성녀 한영이(韓榮伊) 막달레나는 어떤 분이신가요? (순례길 148, 155) | 201 |
| 91. | 성녀 현경련(玄敬連) 베네딕타는 어떤 분이신가요? (순례길 148, 155) | 203 |
| 92. | 성녀 정정혜(丁情惠) 엘리사벳은 어떤 분이신가요? (순례길 148, 155, 183) | 205 |
| 93. | 성녀 고순이(高順伊) 바르바라는 어떤 분이신가요? (순례길 148, 155) | 208 |
| 94. | 성녀 이영덕(李榮德) 막달레나는 어떤 분이신가요? (순례길 148, 155) | 209 |
| 95. | 성녀 김 데레사는 어떤 분이신가요? (순례길 155) | 210 |
| 96. | 성녀 이 아가타는 어떤 분이신가요? (순례길 151, 155) | 211 |
| 97. | 성 민극가(閔克可) 스테파노는 어떤 분이신가요? (순례길 151, 155, 178) | 212 |
| 98. | 성 정화경 안드레아는 어떤 분이신가요? (순례길 151, 155, 178) | 213 |
| 99. | 성 허협 바오로는 어떤 분이신가요? (순례길 151, 155) | 215 |
| 100. | 성 박종원(朴宗源) 아우구스티노는 어떤 분이신가요? (순례길 144, 155) | 216 |
| 101. | 성 홍병주(洪秉周) 베드로는 어떤 분이신가요? (순례길 144, 155, 166) | 218 |
| 102. | 성녀 손소벽(孫小碧) 막달레나는 어떤 분이신가요? (순례길 144, 155) | 219 |
| 103. | 성녀 이경이(李瓊伊) 아가타는 어떤 분이신가요? (순례길 144, 155) | 221 |
| 104. | 성녀 이인덕(李仁德) 마리아는 어떤 분이신가요? (순례길 144, 155) | 222 |

105. 성녀 권진이(權珍伊) 아가타는 어떤 분이신가요? (순례길 144, 155) ·················· 223
106. 성 홍영주(洪永周) 바오로는 어떤 분이신가요? (순례길 144, 155, 166) ············ 224
107. 성 이문우(李文祐) 요한은 어떤 분이신가요? (순례길 144, 155, 174) ··············· 225
108. 성녀 최영이(崔榮伊) 바르바라는 어떤 분이신가요? (순례길 144, 155) ············· 228
109. 성 김성우(金星禹) 안토니오는 어떤 분이신가요? (순례길 145, 151, 154-155, 173, 192) ··· 229
110. 성 현석문(玄錫文) 가롤로는 어떤 분이신가요? (순례길 147, 155) ·················· 231
111. 성 남경문(南景文) 베드로는 어떤 분이신가요? (순례길 151, 155) ·················· 234
112. 성 한이형(韓履亨) 라우렌시오는 어떤 분이신가요? (순례길 151, 155) ············· 236
113. 성녀 우술임(禹述任) 수산나는 어떤 분이신가요? (순례길 151, 155) ··············· 237
114. 성 임치백(林致百) 요셉은 어떤 분이신가요? (순례길 151, 155) ······················ 239
115. 성녀 김임이(金任伊) 데레사는 어떤 분이신가요? (순례길 151, 155) ··············· 241
116. 성녀 이간난(李干蘭) 아가타는 어떤 분이신가요? (순례길 151, 155) ··············· 243
117. 성녀 정철염(鄭鐵艶) 가타리나는 어떤 분이신가요? (순례길 151, 155) ············ 244
118. 성 유정률(劉正律) 베드로는 어떤 분이신가요? (순례길 155) ·························· 245
119. 성 장 시메온(베르뇌 시메온·장경일·張敬一)은 어떤 분이신가요? ················· 247
    (순례길 147, 149-150, 152, 154-155, 170, 192, 194)
120. 성 백 유스토(랑페르 드 브르트니에르 유스토·백·白)는 어떤 분이신가요? ········· 251
    (순례길 147, 149-150, 152, 154-155, 170, 192)
121. 성 김 헨리코(도리 베드로 헨리코·김·金)는 어떤 분이신가요? ························ 253
    (순례길 147, 149-150, 152, 154-155, 170, 176, 192)
122. 성 서 루도비코(볼리외 베르나르도 루도비코·서몰레)는 어떤 분이신가요? ········ 257
    (순례길 147, 149-150, 152, 154-155, 170, 192)
123. 성 남종삼(南鍾三) 요한은 어떤 분이신가요? ······················································ 259
    (순례길 148-149, 154-155, 170-171, 182, 184, 192, 198)
124. 성 전장운(全長雲) 요한은 어떤 분이신가요? (순례길 143, 148, 149, 155-156) ······· 262
125. 성 최형(崔炯) 베드로는 어떤 분이신가요? (순례길 148-149, 152, 154-156, 192) ··· 264
126. 성 정의배(丁義培) 마르코는 어떤 분이신가요? (순례길 143, 147, 149, 152, 155) ··· 266
127. 성 우세영(禹世英) 알렉시오는 어떤 분이신가요? (순례길 147, 149, 154-155, 192) ······· 269
128. 성 안 안토니오(다블뤼 안토니오·안돈이·安敦伊)는 어떤 분이신가요? ·················· 272
    (순례길 150, 154-155, 157, 159, 161-162, 164-165, 170, 190-194, 197, 201-202)
129. 성 민 루카(위앵 마르티노 루카·민·閔)는 어떤 분이신가요? ·························· 275
    (순례길 150, 154-155, 157, 162, 165, 170, 192)

130. 성 오 베드로(오매트르 베드로·오·몾)는 어떤 분이신가요? ·············· 278
   (순례길 150, 154-155, 157, 162, 165, 170, 176, 192)

131. 성 장주기(張周基) 요셉은 어떤 분이신가요? (순례길 154-155, 157, 162, 178, 181, 192) ··· 280

132. 성 황석두(黃錫斗) 루카는 어떤 분이신가요? ·············· 283
   (순례길 154-155, 157, 159-160, 162, 165, 192, 195)

133. 성 손자선 토마스는 어떤 분이신가요? (순례길 155, 165, 169) ·············· 286

134. 성 정문호 바르톨로메오는 어떤 분이신가요? (순례길 154-155, 167, 192, 200-201) ······ 289

135. 성 조화서 베드로는 어떤 분이신가요? (순례길 155, 158, 198, 200) ·············· 291

136. 성 손선지 베드로는 어떤 분이신가요? (순례길 154-155, 167, 192, 199, 200-201) ····· 292

137. 성 이명서 베드로는 어떤 분이신가요? (순례길 154-155, 192, 198, 200-201) ······ 294

138. 성 한재권 요셉은 어떤 분이신가요? (순례길 154-155, 192, 200-201) ············ 296

139. 성 정원지 베드로는 어떤 분이신가요? (순례길 155, 198, 200) ·············· 298

140. 성 조윤호 요셉은 어떤 분이신가요? (순례길 155, 158, 198) ·············· 300

141. 성 이윤일(李尹一) 요한은 어떤 분이신가요? ·············· 301
   (순례길 154-155, 175, 185-186, 188-189, 196)

## PART·3

# 103위 한국 순교성인들과 함께 하는 순례여정길

### 제1장 서울대교구

142. 가톨릭대학교 성신교정 순례지는 어떤 곳인가요? (성인 인물약전 39번) ·············· 305

143. 노고산 성지는 어떤 곳인가요? (성인 인물약전 41, 69-72, 124, 126) ·············· 305

144. 당고개(용산) 순교성지는 어떤 곳인가요? (성인 인물약전 39, 100-108) ·············· 306

145. 명동 주교좌성당 성지는 어떤 곳인가요? (성인 인물약전 69-72, 109) ·············· 307

146. 삼성산 성지는 어떤 곳인가요? (성인 인물약전 70-72) ·············· 308

147. 새남터 순교성지는 어떤 곳인가요? (성인 인물약전 39, 70-72, 110, 119-122, 126-127) ··· 309

148. 서소문 밖 네거리 순교성지는 어떤 곳인가요? ·············· 310
   (성인 인물약전 40, 43-51, 55-68, 73-82, 88-94, 123-125)

149. 왜고개 순교성지는 어떤 곳인가요? (성인 인물약전 39, 43-51, 70, 119-127) ·············· 312

150. 용산 성심신학교 순례지는 어떤 곳인가요? ········································· 313
　　　(성인 인물약전 39, 70-72, 119-122, 128-130)
151. 좌·우포도청 터 순교사적지는 어떤 곳인가요? ································ 314
　　　(성인 인물약전 42, 52-54, 69, 83-87, 96-99, 109, 111-117)
152. 의금부 터 순교사적지는 어떤 곳인가요? ········································ 316
　　　(성인 인물약전 40, 70-72, 119-122, 125-126)
153. 전옥서 터 순교사적지는 어떤 곳인가요? (성인 인물약전 41, 53, 79) ········ 317
154. 절두산 순교성지는 어떤 곳인가요? ················································ 317
　　　(성인 인물약전 39, 41, 60, 66, 69, 70-72, 74, 109, 119-123, 125, 127-132, 134, 136-138, 141)
155. 한국 순교자 103위 시성 터 순례지는 어떤 곳인가요? (성인 인물약전 39-141) ········ 319
156. 형조 터 순교사적지는 어떤 곳인가요? ············································ 319
　　　(성인 인물약전 41, 47, 50, 68, 79, 82, 124-125)

## 제2장 대전교구

157. 갈매못 순교성지는 어떤 곳인가요? (성인 인물약전 128-130, 131-132) ······· 320
158. 남방제 순교사적지는 어떤 곳인가요? (성인 인물약전 135, 140) ············ 321
159. 산막골·작은재 순교사적지는 어떤 곳인가요? (성인 인물약전 128, 132) ···· 322
160. 삽티 성지 순교사적지는 어떤 곳인가요? (성인 인물약전 132) ··············· 323
161. 성거산 성지는 어떤 곳인가요? (성인 인물약전 128) ···························· 324
162. 서짓골 성지 순교사적지는 어떤 곳인가요? (성인 인물약전 128-132) ······· 325
163. 솔뫼 성지는 어떤 곳인가요? (성인 인물약전 39, 79) ··························· 326
164. 수리치골 성모 성지 순교사적지는 어떤 곳인가요? (성인 인물약전 128) ···· 327
165. 신리 성지 순교사적지는 어떤 곳인가요? (성인 인물약전 128-130, 132-133) ·· 328
166. 여사울 성지 순교사적지는 어떤 곳인가요? (성인 인물약전 101, 106) ······· 329
167. 지석리 순교사적지는 어떤 곳인가요? (성인 인물약전 72, 134, 136) ········· 330
168. 청양 다락골 성지는 어떤 곳인가요? (성인 인물약전 69, 71-72) ·············· 331
169. 황새바위 순교성지는 어떤 곳인가요? (성인 인물약전 133) ··················· 333

## 제3장 인천교구

170. 갑곶 순교성지는 어떤 곳인가요? (성인 인물약전 39, 119-123, 128-130) ····· 334
171. 일만 위 순교자 현양동산 순례지는 어떤 곳인가요? (성인 인물약전 123) ··· 335
172. 제물진두 순교성지는 어떤 곳인가요? (성인 인물약전 39) ······················ 335

## 제4장 수원교구

173. 구산 성지는 어떤 곳인가요? (성인 인물약전 71, 109) ········· 336
174. 단내 성가정 성지는 어떤 곳인가요? (성인 인물약전 39, 41, 45, 75, 89, 107) ········· 337
175. 미리내 성지는 어떤 곳인가요? (성인 인물약전 39, 141) ········· 338
176. 손골 성지 순교사적지는 어떤 곳인가요? (성인 인물약전 121, 130) ········· 339
177. 수리산 성지는 어떤 곳인가요? (성인 인물약전 69) ········· 340
178. 요당리 성지 순교사적지는 어떤 곳인가요? (성인 인물약전 70, 97-98, 131) ········· 341
179. 은이·골배 마실 성지 순교사적지는 어떤 곳인가요? (성인 인물약전 39, 71) ········· 342
180. 천진암 성지는 어떤 곳인가요? (성인 인물약전 40,73) ········· 343

## 제5장 원주교구

181. 배론 성지는 어떤 곳인가요? (성인 인물약전 131) ········· 344
182. 성 남종삼 요한·순교자 남상교 아우구스티노 유택지 순교사적지는 어떤 곳인가요? ······ 346
    (성인 인물약전 123)

## 제6장 의정부교구

183. 마재 성가정 성지 순교사적지는 어떤 곳인가요? (성인 인물약전 40, 87, 92) ········· 347
184. 성 남종삼 요한과 가족 묘소 순교사적지는 어떤 곳인가요? (성인 인물약전 123) ········· 348

## 제7장 대구대교구

185. 경상 감영과 옥 터 순교사적지는 어떤 곳인가요? (성인 인물약전 141) ········· 349
186. 관덕정 순교 기념관 성지는 어떤 곳인가요? (성인 인물약전 141) ········· 350
187. 복자 성당 성지는 어떤 곳인가요? (성인 인물약전 39, 70-72) ········· 351
188. 비산(날뫼) 성당 순교사적지는 어떤 곳인가요? (성인 인물약전 141) ········· 352
189. 성모당 순례지는 어떤 곳인가요? (성인 인물약전 141) ········· 353
190. 신나무골 성지는 어떤 곳인가요? (성인 인물약전 72, 128) ········· 354
191. 진목정 성지 순교사적지는 어떤 곳인가요? (성인 인물약전 128) ········· 355

## 제8장 부산교구

192. 오륜대 순교자 성지는 어떤 곳인가요? ········· 356
    (성인 인물약전 39, 41, 60, 66, 69-72, 74, 109, 119-123, 125, 127-132, 134, 136-138)

193. 죽림굴 순교사적지는 어떤 곳인가요? (성인 인물약전 128) ········· 358

### 제9장 청주교구
194. 배티 성지는 어떤 곳인가요? (성인 인물약전 71, 119, 128) ········· 359
195. 연풍 순교성지는 어떤 곳인가요? (성인 인물약전 132) ········· 361

### 제10장 안동교구
196. 여우목 성지 순교사적지는 어떤 곳인가요? (성인 인물약전 141) ········· 362

### 제11장 전주교구
197. 나바위 성지 순교사적지는 어떤 곳인가요? (성인 인물약전 39, 128) ········· 363
198. 서천교, 초록 바위 순교사적지는 어떤 곳인가요? (성인 인물약전 123, 135, 137, 139-140) 364
199. 여산 하늘의 문 성당 성지는 어떤 곳인가요? (성인 인물약전 136) ········· 365
200. 전주 숲정이 성지 순교사적지는 어떤 곳인가요? (성인 인물약전 134-139) ········· 365
201. 천호 성지는 어떤 곳인가요? (성인 인물약전 128, 134, 136-138) ········· 366

### 제12장 제주교구
202. 용수 성지는 어떤 곳인가요? (성인 인물약전 39, 128) ········· 367

## PART · 4
## 103위 한국 순교성인 후손인 우리들의 신앙여정

203. 한국 천주교회에서 103위 한국 순교성인 시성의 의미는 무엇인가요? ········· 371
204. 한국 천주교회에서 103위 한국 순교성인의 탄생과정은 어떠했나요?(I) ········· 372
205. 한국 천주교회에서 103위 한국 순교성인의 탄생과정은 어떠했나요?(II) ········· 373
206. 오늘날 한국 천주교회에서는 103위 한국 순교성인을 어떻게 공경하고 따라야 할까요? 375
207. 오늘날 한국 천주교회 순교자들의 유해공경은 어떤 의미인가요? ········· 376
208. 한국 천주교회사에서 수많은 무명 순교자들을 어떻게 공경하고 있나요? ········· 378
209. 한국 천주교회에서 매년 순교자 성월을 보내는 의미는 무엇인가요? ········· 380

210. 오늘날 우리 신앙인이 지켜야할 순교적 삶이란 어떤 모습인가요?(I) ··············· 381
211. 오늘날 우리 신앙인이 지켜야할 순교적 삶이란 어떤 모습인가요?(II) ············· 383
212. 우리 신앙선조들의 순교영성의 특성은 무엇인가요?(I) ···························· 385
213. 우리 신앙선조들의 순교영성의 특성은 무엇인가요?(II) ··························· 387
214. 오늘날 순교에 대한 현대적 의미와 그 영성은 무엇인가요? ······················ 389
215. 초기 박해시대에 신앙선조들은 미사 없이 신앙을 어떻게 지켰나요?(I) ········ 391
216. 초기 박해시대에 신앙선조들은 미사 없이 신앙을 어떻게 지켰나요?(II) ······· 392
217. 오늘날 우리나라의 시복시성 추진은 어떻게 진행되고 있나요? ················· 394
218. 오늘날 순교자들을 기리는 성지와 순례지, 순교사적지는 어떻게 다른가요? ·· 398
219. 성지 순례하는 우리 신앙인들의 마음자세는 어떠해야 하나요? ················ 400
220. 103위 한국 순교성인 시성 후에 한국 천주교회가 변화된 것은 무엇인가요? ·· 401
221. 103위 한국 순교성인 시성 후에 한국 천주교회의 진행방향은 어떠한가요? ·· 402
222. 103위 한국 순교성인 시성 후에 북한 천주교회와의 관계는 어떠한가요? ····· 403
223. 성지순례를 하면서 한국 순교자들에게 바치는 기도는 어떤 내용인가요? ···· 408
224. 우리가 드리는 103위 한국 순교성인 호칭기도는 어떤 내용인가요? ··········· 410
225. 우리가 바치는 한국 124위 한국 순교복자 호칭기도는 어떤 내용인가요? ···· 415
226. 우리가 바치는 시복시성을 위한 기도문은 어떤 내용인가요? ···················· 421

### 부록

1. 103위 한국 순교성인 명단 ·········································· 425
2. 전국 교구별 성지·순례지·순교사적지 현황 ······················· 433

참고문헌·참고서적 ······ 443
엮은이 ···················· 444

## PART 1

# 한국 초기 천주교회 박해시대의 역사

## 절두산 순교성지

현재 절두산 순교 기념관이 위치해 있는 곳은 양화나루(楊花津) 윗쪽의 '잠두봉'이다. 그 이름은 마치 누에가 머리를 들고 있는 것 같다는 데서 유래되었으며, 용두봉(龍頭峰) 또는 들머리(加乙頭)라고도 불리었다. 이곳 양화나루는 용산 쪽 노들나루에서 시작된 아름다운 풍경이 밤섬을 돌아 누에머리처럼 우뚝 솟은 이곳 절벽에 와 닿고, 이어 삼개 곧 마포 나루를 향해 내려가던 곳으로, '버드나무가 꽃처럼 아름답게 늘어진 곳' 이었다. 특히 '양화나루에서 밟는 겨울 눈'에 대한 시는 한도십영(漢都十詠)의 하나로 손꼽힐 만큼 많은 문인과 명사들이 이러한 시를 남겼다. 이곳 잠두봉 명승지와 양화나루는 1997년 11월 11일에 사적지 제 399호로 지정되었다.

이처럼 아름답던 이곳이 순교자들의 피로 얼룩지게 된 것은 병인박해 때문이었다. 그 해 벽두부터 베르뇌 주교와 선교사들, 교회의 지도층 신자들을 처형하기 시작한 흥선 대원군은 이른바 병인양요(丙寅洋擾) 직후 이곳 총융진(總戎陣)에 형장을 설치하고 신자들을 체포해 학살하기 시작하였다. 앞서 1866년 9월 26일(음력 8월 18일)에 로즈(Roze)가 이끄는 세 척의 프랑스 함대는 한강 입구를 거쳐 양화나루와 서강(西江)까지 올라갔다가 중국 체푸로 돌아갔으며, 10월에는 다시 일곱 척의 군함을 이끌고 강화도 갑곶진(甲串津)을 거쳐 강화읍을 점령하였다가 문수산성과 정족산성에서 조선군에게 패하여 중국으로 철수하였다.

처음 이곳에서 순교한 신자들은 10월 22일에 효수형을 받은 이의송(프란치스코)·김이쁜 부부와 아들 이붕익, 10월 25일에 효수형을 받은 황해도 출신의 회장 박영래(요한) 등이었다. 그리고 이후로는 효수형뿐만 아니라 참수형을 받아 순교하기도 하였으며, 또는 몽둥이로 쳐 죽이는 장살로, 얼굴에 한지를 붙이고 물을 뿌려 숨이 막혀 죽게 하는 백지사(白紙死, 일명 도모지) 등으로 계속하여 순교자들이 탄생하게 되었다. 교회 안의 전승에 따르면, 순교자들의 피는 잠두봉 바위를 물들이면서 한강에 흩뿌려졌다고 한다.

## 1. 한국 천주교회사에서 일본을 통한 조선과 천주교의 만남은 언제인가요?

1. 1592년 음력 4월 13일(양력 5월 23일) 일본은 조선을 침략합니다. 도요토미 히데요시(豊臣秀吉)[1]는 일본 전국을 통일하였습니다. 그 후 해외 진출의 야망을 품고 전국시대(戰國時代)[2]에 크게 성장한 제후[3], 특히 천주교를 믿는 대명(大名)[4]들을 국외로 내보냈습니다. 그러면서 그들의 세력을 약화시키는 동시에 국내에서 자기의 세력을 강화하기 위하여 전쟁을 일으키고자 하였습니다. 우선 그는 조선 정부에 외교관계를 맺자고 제의하면서 명나라를 정복하기 위해 일본군이 한반도를 통과할 수 있도록 요청하였으나 조선은 이 요구를 거절합니다. 도요토미 히데요시는 이를 빌미로 조선을 침략하는데 이것이 임진왜란(壬辰倭亂, 1592-1598년)입니다. 1597년 정유재란(丁酉再亂)을 끝으로 다음 해 도요토미 히데요시가 사망하면서 일본군은 철수하고 7년간의 긴 전쟁은 끝나게 됩니다.

2. 그런데 당시 일본 침공군의 장군들과 병사들 중에는 많은 천주교 신자들이 있었습니다. 특히 열심한 천주교 신자인 고니시 유키나가(小西行長)[5]는 일본 예수회 장상에게 군종신부를 보내달라고 요청합니다. 1593년 12월 말에 예수회 일본 관구는 세스페데스(Gregorio de Cespedes, 1551-1611년) 신부와 일본인 수사 한칸 레온(Hankan Leon,

---

1) 도요토미 히데요시(豊臣秀吉, 1537-1598년)는 16세기 오다 노부나가가 시작한 일본통일의 대업을 완수했고, 해외침략의 야심을 품고 조선을 침략해 임진왜란을 일으켰으나 정복에 실패했다. 일본의 세력자인 오다 노부나가 휘하의 보병이 되었는데 쾌활한 성격과 세련된 매너 그리고 총명한 두뇌로 인해 사무라이로 발탁되었다. 1582년 노부나가는 가신의 기습을 받고 할복자살했는데, 그는 그 가신을 처단함으로써 노부나가의 원수를 갚았다. 이어 그는 전국을 통일하고자 했던 노부나가의 대업을 완수하기 위해 일본 전역의 정벌에 나서 통일을 이뤘다. 1585년 천황으로부터 도요토미라는 성을 하사받아 도요토미 히데요시로 불리게 되었다. 일본 전역을 정복한 후 2차례에 걸쳐 조선을 침략했으나, 조선전투의 불리한 결과에 크게 상심하여 62세의 나이로 죽었다.
2) 무로마치 막부 말기의 혼란기로, 전쟁이 끊이지 않아 전국시대라 불린다.
3) 봉건 시대, 일정한 영토를 가지고 그 영내의 백성을 다스리던 사람.
4) 널리 알려진 훌륭한 이름이라는 뜻으로, 남의 이름을 높여 이르는 말.
5) 고니시 유키나가(小西行長, 세례명: 아우구스티누스, 1555-1600년)는 일본 상인(商人) 출신의 무장이다. 임진왜란 당시 일본군 장수였으며, 도요토미 히데요시가 아꼈고, 당시 대조선 무역을 독점하고 있던 쓰시마 국주 소 요시토시의 장인이다. 가토 기요마사와는 앙숙 관계였다. 기리시탄(그리스도교) 신자이었으며, 그의 부장이자 사위인 소 요시토시를 비롯한 그의 휘하 책사를 포함, 병사들 역시 기리시탄으로 구성되었다.

1538-1627년)을 조선으로 파견하였습니다. 세스페데스 신부 일행은 대마도를 거쳐 1593년 12월 27일 조선에 상륙하여 고니시 유키나가의 진영이 있던 곰개성(지금의 진해시 웅천동의 남산성)에 도착하여 1년 넘게 머물면서 군목의 임무를 수행하였습니다.

3. 세스페데스 신부의 첫째 임무는 군종신부였습니다. 그러나 조선인을 상대로 하여 선교 가능성이 있었는지에 대해 살펴본다면 세스페데스 신부의 활동 범위는 일본군의 진영 안에 국한되었다고 할 수 있습니다. 그나마 오래 체류하지 못하였던 사정에 비추어 직접 선교하는 기회를 갖지는 못했을 것으로 여겨집니다. 만약에 세스페데스 군종신부가 조선인에게 선교를 했다면 한국 천주교회의 역사는 여기서부터 시작되었을 것입니다. 따라서 세스페데스 신부는 16세기에 조선에 입국했던 최초의 천주교 성직자이긴 하지만, 그것이 천주교와 조선의 공식적인 접촉이었다고 보기는 어렵습니다. 따라서 임진왜란을 통해 한국 천주교회의 역사가 시작되었다는 예수회 선교사들의 일부 주장은 부정확한 정보나 소문 또는 다른 사람들의 의견을 그대로 옮긴 것으로 판단되어 현재로서는 받아들이기가 어렵습니다. [6]

4. 한편, 전란의 와중에 일본으로 끌려간 조선인 포로들 가운데 많은 사람들이 천주교 신앙을 받아들이고 세례를 받았습니다. 프로이스(Louis Frois)[7] 신부가 남긴 기록에 따르면, 1594년 한 해에 세례를 받은 조선인 포로가 2천 명이나 되었다고 합니다. 이들은 주로 나가사키 지방에 거주하여 살았는데, 1610년 이곳에 '성 라우렌시오 성당'이라는 조선인 교회를 건립할 정도로 열심한 신앙생활을 하였습니다. 그렇지만 이 성당은 1620년 박해령으로 파괴되고 말았습니다. 1594년 일본 예수회 부관구장 고메스 신부는 세례 받은 조선인 그리스도 신자가운데 우수한 신자들을 선발하여 교리교사나 성직자로 양성하는 한편, 교리서를 번역시키기도 하였습니다. 선발된 조선인 도주쿠(同宿: 선교사를 도와 교리를 비신자들에게 가르치고, 일반 신자들을 대상으로 설교하며, 복음화를 위해 활동하는 전도사나 설교자를 가리킴) 중 일부는 예수회에 입회하기도 하였고, 조선인 그리스도 신자 가운데에는 박해를 통해 일본 천주교회 역사에 복자나 순교자로서 기록을 남긴 분들도 있습니다. [8]

---

6) 한국교회사연구소, 「한국천주교회사」, 2015, 1권 115-116 참조.

7) 루이스 프로이스(1532-1597년)는 포르투갈의 로마 가톨릭 예수회 사제이자, 선교사다. 그의 저서로는 「일본사」(Historia de Japam)가 있다. 프로이스의 일본사에는 임진왜란에 관련한 구절도 있는데, 전쟁 당시에 그는 중화인민공화국 마카오에 체류하고 있었으므로 실제로 목격하지는 못했다.

8) 조선 출신 15인의 순교복자

① 일본 천주교회의 26위의 성인 순교자 말고, 393위의 순교자가 1867년과 2008년 두 번에 나누어 복자가 되었다. 그중 15위의 복자는 1592년 임진왜란 당시에 조선에서 끌려온 조선 출신 순교자들이다. 임진왜란 당시에 노예로 5만 명 정도의 조선인이 규슈로 끌려갔는데, 당시 나가사키 교구장인 세루케이라 주교는 1598년 노예 매매에 가담한 신자들에 대한 파문과 전쟁으로 끌려온 노예에 대한 해방을 명시한 사목 교서를 발표한다. 이에 천주교 신자였던 일본인들은 노예 매매를 하지 못하게 되었으며 노예로 끌려온 조선인들도 자유를 되찾게 되었다. 약 7천 명의 조선인이 이로 인해 세례를 받은 것으로 전해지고 있고 나가사키에는 '성 라우렌시오 성당'이라는 조선인 성당이 생기기까지 하였다. 이러한 연유로 인해서 393위의 순교복자 중 조선 출신이 있을 수 있게 된 것이다. 15위의 순교복자 중에 카이요(Caius)와 빈센트 카운(Vincent Caun)이 있는데 이들은 조선인 첫 번째와 두 번째 예수회 수사이다. 빈센트 카운은 사제 양성을 받다가 순교하였으며, 조선 최초의 사제인 성 김대건(안드레아) 신부의 사제 서품이 1845년이므로 그로부터 220여 년 전에 조선인 최초의 사제가 일본에서 나올 수도 있었다. 이 이야기를 다르게 바꾸자면 막부가 가톨릭 박해를 하지 않았다면 한국의 천주교회의 역사도 충분히 바뀔 수 있었다는 것이다.

② 조선인 최초의 예수회 수사라고 일컬어지는 복자 카이요는 조선에서 승려로서 살고 있었는데 임진왜란이 일어나면서 전쟁 포로로 나가사키로 끌려오게 된다. 1598년 노예생활에서 해방되자 절에서 생활을 하던 중, 예수회 신부의 눈에 띄어 세례를 받았고 예수회에 입회하고 싶어 했지만 예수회 입회 허가는 나지 않았다. 대신 기리시탄 다이묘였던 복자 다카야마 우콘의 부하가 되었다. 도쿠가와 이에야스가 기리시탄 추방령을 내리자 다카야마 우콘은 필리핀 마닐라로 떠났는데, 카이요는 주군을 버리지 않고 마닐라로 따라가게 된다. 복자 다카야마 우콘이 사망하자 다시 나가사키로 돌아온 그는 선교 생활을 열심히 하던 중에 체포되었고 모진 고문과 협박을 견뎌야만 했다. 그는 결국 사형집행일이 가까이 다가오자 수도서원을 받을 수 있었고 결국 조선인 최초의 예수회 수도자가 될 수 있었다. 그 와중에 도미니코회 수사를 숨겨준 죄로 끌려온 일본인 농부 고이치 디에고와 같은 감옥에 투옥되었으며 깊은 신앙적 친교를 나누다가 같은 날 화형을 당하며 생을 마감한다. 2016년이 되어, 깊은 친교를 나누다가 함께 불길에 스러져간 두 사람을 기리는, "고이치 디에고와 조선인 복자 카이요 순교 현양비"가 일본 26위 성인 기념관 안에 세워졌다.

③ 두 번째 수사였던 복자 빈센트 카운의 행적은 복자 카이요 보다 조금 더 알려져 있다. 복자 빈센트 카운의 원래 성은 권씨로 세례명인 빈센트와 합쳐 빈센트 권이라고 불린다. 그는 원래 양반 가문의 자제였는데, 임진왜란에 휘말려 노예로 나가사키로 끌려가게 되었다. 하지만 예수회 신부는 그의 총명함을 보고 세례를 주고 예수회 신학교에 입학시켜 사제로 양성하기 시작한다. 하지만 금교령이 선포되고 빈센트 권도 사로잡혀 온갖 고문을 당했고, 사형집행 전날에 수도서원을 함으로써 예수회 수사가 될 수 있었다. 복자 빈센트 권은 1626년 6월 29일에 화형으로 생을 마감했다. 일본 26위 성인 기념관의 3층에 가면 다

## 2. 한국 천주교회사에서 중국을 통한 조선과 천주교의 만남은 언제인가요?(1)

1. 조선과 서양의 의미 있는 만남은 명나라 말기 이래 북경을 왕래하던 사신을 통해 이루어졌습니다. 조선의 사신들은 북경에 체류하는 동안 본연의 임무인 외교 활동 외에도 당시 중국의 학자들을 만나 학문적인 교류를 했습니다. 그런데 당시 조선은 성리학(性理學)[9]에 대해 중국보다 훨씬 철저한 사회였습니다. 이러한 조선에 서양 문명이 소개되었지만, 17-18세기 조선인들이 천주교에 대해 관심을 보인 것은 선교사가 아니라 주로 그들이 저술한 책에 대한 것이었습니다. 천주교는 당시 서학(西學)[10]이라는 이름으로 중국에서 수

   른 복자와는 다른 복장을 한 초상화가 한편에 있는데, 바로 복자 빈센트 권의 초상화이다. 평신도 수도 단체인 프란치스코 재속 3회 출신으로 전해지는 조선인 복자도 있는데, 복자 츠지 쇼보에 가스팔의 가족이다. 복자 츠지 쇼보에 가스팔은 정유재란 때 일본에 끌려가서 포르투갈 상인에게 팔렸다가 몇 년 후 다시 나가사키로 와서 부인인 마리아와 결혼하였고, 아들 키에몬 루카를 낳았다. 츠지 부부는 프란치스코 재속 3회에 입회했던 것으로 전해지고 선교에도 열정적이었으나 금교령 선포 이후 잡혀 1627년 8월 츠지 부부는 화형으로, 아들 키에몬 루카는 참수형으로 생을 마감하였다. 당초 츠지 쇼보에 가스팔을 제외하고 부인인 마리아와 키에몬 루카는 일본인으로 알려져 있었으나 2009년 일본 26위 성인 기념관에서 일하던 한국인 수녀가 마리아가 조선 출신이라는 것을 밝혀내었고, 이는 나가사키 대교구장과 한일 주교 교류모임에서 양국 주교들이 인정하여 공식화되었다. 그 이외에 도미니코회 성직자를 숨겨주다가 최초의 조선인 순교자가 된 다케야 소자부로 코스메 가족, 일본 최초의 신부인 세바스찬 키무라 신부를 숨겨주다가 순교한 하마노마치 안토니오 가족, 프란치스코 재속 3회 출신으로 글을 몰랐으나 누구보다도 열정적인 선교를 하다가 순교한 시네몬 토마, 예수회 신부인 발다살 토마스에게 집을 제공하고 여러 편의를 제공하다가 밀고로 붙잡혀 순교한 아카시지에몬 카요 등이 조선 출신 순교 복자이다.

[9] 중국 송·명나라 때의 유학자들이 주장한 학설로, 훈고학(訓詁學, 漢·唐代)이나 고증학(考證學, 明·淸代)에 대립하는 학문이다. 북송의 주돈이, 정이 등에 의한 이기설(理氣說)을 바탕으로 남송의 주희가 집대성하였다. 이기설은 사서(四書)와 역경(易經)을 근거로 천(天)을 이(理)로 규정하고, 이(理)는 인간에게 있어서는 성(性)으로 보고 천인합일(天人合一)을 주장한 것이다. 송학 또는 주자학이라고 하는 성리학은 이기 이원론을 주장하는데, 이(理)는 우주 세계를 형성하는 근본 원리이며, 기(氣)는 그 재료로 본다.

[10] 조선후기 중국에서 도입된 한역 서양 학술서적과 서양 과학기술 문물과 이를 토대로 연구하던 학문. 명(明)·청(淸)과 조선(朝鮮) 등 유교적 전통사회의 일부 학자들이 서구과학기술과 한역서학서(漢譯西學書)를 자료로 하여 전개했던 서양문명에 대한 학문 활동과 그 내용을 뜻한다. 그것은 단순히 서방에 배우는(學), 서학이 아니라 유교 문화 세계에 있어서 전개되었던

입된 서적과 물품들을 통해 조선의 지식인들에게 전파되었습니다.

2. 북경의 황실 천문역산 기관인 흠천감(欽天監)과 예수회 신부들의 선교 거점이었던 천주당(天主堂)은 해마다 몇 차례씩 중국으로 파견되었던 조선 사신들이 즐겨 찾던 관광 명소였습니다. 그들은 그곳을 통해 서구 문물에 대한 지식을 얻고자 하였고, 예수회 신부들도 조선 사신들의 요구에 응하여 서양의 문물이나 천주교의 성물(聖物)·한역서학서(漢譯西學書)[11]등을 주었습니다. 조선의 사신들과 예수회 선교사의 만남은 바로 유교와

---

학문 활동을 가리키는 역사용어이다. 서학이라는 말을 서양문화와 연결해 사용한 것은 1601년부터 시작되는 중국 천주교회 관계의 예수회(Society Of Jesus, 耶蘇會) 소속의 서양 전교 신부들이었다. 요컨대 서학이란 서양과 서양문명에 대한 유교적 전통사회의 학자들에 의한 학문적 연구와 그 내용으로 개념 지어진다. 당시 서학으로 불리던 천주교에 대한 반응은 3가지 유형으로 나타났다. 첫째는 서학의 이질성을 위험스럽게 보는 척사론자(斥邪論者) 들이다. 그들은 서학의 해독이 맹수보다도 더 크다고 경고한 안정복과 척사 문헌인 「서학변」(西學辯)을 저술한 신후담(愼後聃) 등이 이 유파에 속한다. 둘째는 서학이 갖고 있는 과학이나 기술의 분야는 수용하되 서학의 윤리나 종교적인 분야는 배격하는 경우였다. 그들은 서학이 갖고 있는 과학과 기술의 선진성을 높이 평가하고, 역사의 냉엄한 현실에서 이용·후생(利用厚生)에 의한 부국유민(富國裕民)의 방도로 그것을 받아들이기 원하면서도, 서학의 종교성은 혹세무민(惑世誣民)의 유설(謬說)로 파악하려던 북학(北學)에 의해 대표된다. 셋째는 서학을 전면적으로 받아들이려는 이른바 서학도(西學徒) 들이다. 이들은 주로 남인계의 젊은 학자들로서 이벽(李檗, 세례자요한), 정약전(丁若銓, 안드레아), 정약종(丁若鍾, 아우구스티노), 정약용(丁若鏞, 요한) 등으로 대표된다.

11) 한역서학서(漢譯西學書)는 명말(明末)에서 청초(淸初)에 이르는 시기(16-18세기말)에 중국에서 선교하던 서양 선교사들과 일부 중국학자들이 천주교의 전파와 서양문명의 소개·전달을 목적으로 서양의 종교·과학서를 한문으로 번역하거나 직접 저술한 서적들의 통칭. 일명 '천주교 동전문헌'(天主敎東傳文獻), '동전한문서학서'(東傳漢文西學書)라고도 하며, 줄여서 '서학서'(西學書)라고도 한다. 최초의 한역서학서는 1584년 간행된 「천주성교실록」(天主聖敎實錄)이었다. 이러한 한역서학서는 중국에서뿐 아니라 우리나라를 비롯하여 일본, 베트남 등 한자를 사용하는 동양 여러 나라들에까지 유포되어 서양문명의 접촉과 전달의 계기가 되었고 또한 이들 나라들의 사상사적 발전에도 큰 영향을 미쳤다. 특히 우리나라에는 실학과 천주교 창설에 큰 영향을 미쳤다. 우리나라에서의 한역서학서 도입은 주로 북경을 왕래하던 사행원(使行員)들에 의해 이루어졌다. 1603년 사행원 이광정(李光庭)이 리치의 세계지도를 갖고 귀국했고 1631년 정두원이 과학기기들과 「치력연기」(治曆緣起), 「천문략」(天問略), 「원경설」(遠鏡說), 「직방외기」(職方外紀) 등의 한역서학서를 갖고 귀국한 이래 1636년 병자호란의 종식에서부터 1784년 북경에서 이승훈(李承薰, 베드로)이 영세하기까지 148년간 167여 회에 걸

그리스도교의 만남이었습니다. 이러한 교류는 조선에 서양 문명을 소개하고 문화적 영향을 끼침으로써 새로운 문화운동으로서의 실학운동(實學運動)[12]을 촉발시키는 계기 가운데 하나가 되었습니다.

3. 조선 사신들과의 접촉을 계기로 북경의 서양인 선교사들은 조선 선교에 희망을 품고 노력을 기울이기 시작하였습니다. 우선 예수회 선교사는 아니었지만, 광해군 12년(1620년) 무렵 명나라의 고위 관리였던 천주교인 서광계(徐光啓, 1562-1633년)는 조선의 원병이 후금에게 크게 패배한 것을 계기로 조선에 천주교를 전하고자 했습니다. 그래서 그는 황제에게 후금의 후방을 교란시킬 목적으로 조선의 군인들을 훈련시킬 필요성이 있다고 하면서, 이를 조선 국왕에게 요청하기 위한 사신으로 자신이 가기를 청하였습니다. 서광계의 건의를 황제가 받아들이자 예수회에서는 서광계와 동행할 예수회 회원의 인선과 필요한 서적들을 준비하였으나, 갑자기 서광계가 아닌 다른 인물로 교체되는 바람에 조선의 선교 계획은 무산되고 말았습니다.

---

쳐 사행원들이 조선과 청나라를 왕래하며 각종 과학기기와 한역서학서들을 갖고 귀국, 국내에 소개하였다. 이렇게 소개된 한역서학들은 실학자들에게 열독되었고 점차 학문적인 연구가 이루어져 서학의 수용으로까지 발전하게 되었다. 그러나 다른 한편에서는 서학배척 운동도 일어나게 되는데 신후담(愼後聃), 안정복(安鼎福), 이헌경(李獻慶) 등 전면적 서학을 부정하는 입장과 박지원(朴趾源), 박제가(朴齊家) 등 북학파의 이적(理的) 측면을 부정하고 기적(器的) 측면은 수용하는 입장 등 두 가지의 서학배척론이 대두되었다. 그리고 서학수용은 다시 발전하여 1777년 정약전(丁若銓), 이벽(李檗) 등과 기호남인(畿湖南人) 소장학자들이 참가한 주어사강학(走魚寺講學)에서 최초로 한역서학서를 통한 천주교 교리연구가 시작되었고 이를 계기로 정약전(丁若銓)·정약종(丁若鍾)·정약용(丁若鏞) 형제, 이벽(李檗), 이승훈(李承薰) 등은 천주교 신앙운동을 일으키게 되었다. 드디어 1784년 이승훈(李承薰)이 북경에서 영세(베드로)하고 귀국한 뒤 신앙 공동체가 탄생함으로써 한국 천주교회는 창설되었다. 결국 세계교회 사상 유례없이 자생적으로 창설된 한국 천주교회는 한역서학서를 통한 서학의 수용과 교리의 연구에서 비롯되었다.

12) 실학(實學)은 18세기를 전후하여 당시의 사회모순에 대한 반성의 결과로 새롭게 나타난 사상이다. 유학의 해석에서 주자설(朱子說)을 유일한 기준으로 삼기를 거부한 범유학적(汎儒學的)·탈성리학적(脫性理學的) 경향의 사상으로서 선진(先秦) 유학 내지는 원초 유학에 입각한 왕도 정치론 또는 왕정론에 기반을 두고 변법적 개혁을 추진한 국가재조(國家再造)의 사상이다.

### 3. 한국 천주교회사에서 중국을 통한 조선과 천주교의 만남은 언제인가요?(II)

1. 이후에도 조선에 대한 선교는 계속 시도되었습니다. 인조 14년(1636년) 병자호란[13]에서 패배한 탓에 소현세자(昭顯世子, 1612-1645년)[14]는 봉림대군(鳳林大君, 후위 孝宗, 재위 1649-1659년)과 함께 청의 볼모로 심양에 끌려가 9년간 있었습니다. 청의 볼모로 있는 기간에 약 70일 동안 예수회의 요한 아담 샬 폰 벨(Johann Adam Schall von Bell, 湯若望, 1591-1666년) 신부와 사귀면서 천주교와 서학을 접하게 되었습니다. 소현세자는 서양 신부들이 지닌 유럽의 과학 지식에 관심이 있었고, 요한 아담 샬 폰 벨 신부는 선교적인 관점에서 볼모로 잡혀와 있는 세자에게 관심이 많았습니다.

2. 그러나 이들의 교류는 길지 않았으며, 소현세자는 귀국한 지 두 달 만에 병이 들어 갑자기 사망하였습니다. 그래서 이들을 통해 조선에 천주교를 전파하려던 요한 아담 샬 폰 벨 신부의 시도는 실패로 돌아갔습니다. 이후에도 서양 선교사들의 조선 선교가 계속 시도되기는 하였지만, 1784년 **하느님의 종 이승훈(李承薰, 베드로, 1756-1801년)**[15]이 북경

---

13) 1636년(병자년) 12월 청 태종이 2만 명의 대군을 이끌고 조선을 침략한 사건이다. 정묘호란의 약속을 지키지 않는다는 명분으로 침략하였으나 실제로는 명을 공격하기 전 조선을 군사적으로 복종시키는 것이 목적이었다. 인조는 남한산성으로 피하여 적의 포위 속에서 혹한과 싸우며 버텼으나 식량마저 끊어져 청에 항복할 수밖에 없었다. 1637년 1월 30일 인조가 삼전도에서 청에 항복하는 의식을 치르며 전쟁은 끝났다. 비교적 짧은 전쟁 기간에도 불구하고 항복 후 수많은 전쟁 포로가 발생하면서 조선은 막대한 피해를 받았다.

14) 조선후기 제16대 인조의 첫째 아들인 왕자. 본관은 전주. 이름은 이왕. 인조의 맏아들로 어머니는 영돈녕부사(領敦寧府事) 서평부원군(西平府院君) 한준겸(韓浚謙)의 딸 인열왕후(仁烈王后)이다. 1636년(인조14년) 병자호란 때 강화도로 옮겨 청나라에 항전하려 했으나, 청군의 빠른 남하로 인조와 함께 남한산성으로 들어가 항전하다가, 중과부적으로 삼전도에서 굴욕적인 항복을 하였다. 그 뒤 자진하여 봉림대군(鳳林大君) 및 주전파 재신(宰臣)들과 같이 인질로 심양에 갔다. 심양에 9년 동안 있으면서 1642년(인조20년) 3월과 1644년(인조22년) 정월에 두 차례 본국을 다녀가기도 하였다. 심양에서 단순한 질자(質子)가 아니라 대사(大使) 이상의 외교관 소임을 하였다.

15) 한국 최초의 영세자이며 한국 천주교회 창설자 중의 한 사람. 세례명 베드로. 자는 자술(子述). 호는 만천(蔓川). 본관은 평창(平昌). 이가환(李家煥)의 생질이며 정약용(丁若鏞)의 매부. 서울에서 태어났다. 1780년 진사시(進士試)에 합격했으나 벼슬길을 단념하고 학문 연구에만 전념하던 중 이벽(李檗)과 사귀게 되어 이벽으로부터 천주교를 배웠다. 1783년 말 이벽(李檗)의 권유로 동지사(冬至使)의 서장관(書狀官)에 임명된 부친을 따라 북경에 가 그곳의 북당(北堂)에서 예수회 선교사들에게서 교리를 배운 후 그라몽(Jean Joseph de Grammont, 중국

에서 그라몽(Grammont, J.J. de, 중국명 梁棟材, 1736 -1812년) 신부로부터 세례를 받기 전까지는 조선의 어느 누구에게도 세례를 베풀지 못했습니다. 또한, 1794년 12월 24일 **복자 주문모(周文謨, 야고보, 1752-1801년)** 신부가 입국하기 전까지 어느 선교사도 조선에 입국하지 못하였습니다.

---

명 梁棟材, 1736-1812년) 신부로부터 세례를 받고 한국 최초의 영세자가 되었다. 1784년 초 교리서적, 십자고상, 상본(像本)을 갖고 귀국하여 이벽(李檗, 세례자요한), 정약전(丁若銓, 안드레아)·정약종(丁若鍾, 아우구스티노) 정약용(丁若鏞, 요한) 형제, 권일신(權日身, 프란치스코 하비에르) 등에게 세례를 베풀고, 다시 이벽(李檗, 세례자요한)으로 하여금 최창현(崔昌顯, 요한), 최인길(崔仁吉, 마티아), 김종교(金宗敎, 프란치스코) 등에게 세례를 베풀게 하여 신자 공동체를 형성시켜 이들과 함께 한국 천주교회를 창설하였다. 1785년 명례방 김범우(金範禹, 토마스)의 집에서 종교집회를 갖던 중 형조(刑曹)의 관헌에게 적발되어 소위 을사추조적발사건(乙巳秋曹摘發事件)이 발생하자 친척과 집안 식구들의 탄압으로 배교, 천주교 서적을 불태우고 벽이문(闢異文)을 지어 자신의 배교를 공언하였다. 그러나 이듬해 다시 교회로 돌아와 가성직제도(假聖職制度)를 주도, 신자들에게 세례와 견진 등 성사를 집전했고, 1787년에는 정약용(丁若鏞, 요한)과 함께 반촌(泮村, 현재의 혜화동)에서 교리를 연구하였다. 1789년 평택현감(平澤縣監)으로 등용되어 선정을 베풀었고 1790년 북경에 파견되었던 조선 교회의 밀사 윤유일(尹有一, 바오로)이 돌아와 가성직제도와 조상 제사를 금지한 북경 교구장 구베아(Alexander de Gouvea, 중국명 湯士選, ?-1808년) 주교의 명령을 전하자 조상 제사문제로 교회를 떠났다. 1791년 진산사건(珍山事件)으로 권일신(權日身, 프란치스코 하비에르)과 함께 체포되어 평택현감 재직 시 향교에 배례하지 않았던 사실과 1787년 반촌에서 서학서를 공부했던 사건(丁未泮會事件)이 문제되자 다시 배교, 관직을 삭탈당하고 석방되었다. 1794년 12월(음) 주문모(周文謨, 야고보) 신부가 입국한 후 이듬해 6월(음) 최인길(崔仁吉, 마티아), 윤유일(尹有一, 바오로), 지황(池璜, 사바) 등이 주문모(周文謨,야고보) 신부를 맞이한 죄로 처형되자 이에 연루되어 예산에 유배되었다가 얼마 후 풀려났다. 그러나 1801년 신유박해가 일어나 이듬해 1802년 3월 22일 이가환, 정약용(丁若鏞, 요한), 홍낙민(洪樂敏, 루카) 등과 함께 체포되어 의금부의 국청(鞠廳)에서 배교했으나 4월 8일(음 2월 26일) 정약종(丁若鍾, 아우구스티노), 홍낙민(洪樂敏, 루카), 홍교만(洪敎萬, 프란치스코 하비에르) 등 6명과 함께 참수되었다. 그 후 1856년 아들 이신규(李身逵, 마티아)의 탄원으로 신원(伸冤·원통한 일이나 억울하게 뒤집어쓴 죄를 풀어 버림)되었다. 이승훈(李承薰, 1756-1801년, 베드로)은 비록 여러 번 배교하고 교회를 떠났던 인물이지만 초기 한국 천주교회를 주도했고 가성직제도를 주도했던 인물로서 한국 천주교회의 첫 장을 연 인물로 평가되며, 그로부터 신앙을 찾은 아들 이신규(李身逵)와 손자 이재의(李在誼, 토마스)는 1866년에, 증손 이연구(李蓮龜), 이균구(李筠龜)는 1871년에 각각 순교하였다. 이승훈(李承薰, 베드로)의 유고 문집으로 「만천유고」(蔓川遺稿)가 있다.

3. 한편, 프란치스코 수도회의 안토니오 수사 신부는 북경에서 선교하다가 조선에 복음을 전하려고 1650년에 국경 부근에 있는 항구까지 왔으나 경계가 삼엄하여 북경으로 되돌아가고 말았습니다. 또한 예수회 선교사인 노엘 신부가 청나라 황제의 아들을 통한 조선의 선교 계획을 세운 적도 있었습니다. 그러나 일본과 중국의 조선에 대한 선교계획이 실천에 옮겨지지 못한 것은 조선 정부가 해금정책(海禁政策)[16]을 시행하여 선교사들이 해로를 통해서 입국하는 것을 막았기 때문입니다. 결국 조선의 쇄국정책으로 말미암아 외국인의 입국이나 체류를 불가능하게 만든 결과입니다. 오로지 외국과의 유일한 접촉은 다만 조선의 부연사[17]를 통해 도입된 서구 문물과 학문에 대한 조선 학자들의 연구뿐이었습니다.

### 4. 한국 천주교회사에서 조선과 천주교의 만남에 대한 다른 주장은 무엇인가요?

1. 조선과 천주교와의 만남에 대한 다른 주장을 살펴봅니다. 「홍길동전」을 지은 허균(許筠, 1569-1618년)은 선조 18년(1585년) 17세의 나이로 초시(初試)에 급제하였습니다. 21세 때인 1589년에는 생원시(生員試)에 급제하였고, 선조 27년(1594년)에는 정시(庭試) 을과에, 1597년에는 문과 중시(重試)에 급제한 인물입니다. 관직으로 두 차례에 걸쳐 사신으로 명나라를 다녀오면서 여러 권의 천주교 관련 서적들[한영서학지도, 게십이장(偈十二章)[18]] 등을 구입하고 탐독하였지만, 이는 개인적인 혼자만의 믿음이었을 뿐 정식으로 세례를 받거나 대세를 받은 신자로서 신앙생활을 한 것은 아니었습니다. 천주교가 조선에 들어오던 시대에 이를 알고 '서학(西學)'이라는 말을 전한 사람은 유몽인(柳夢寅, 1559-1623년)과 이수광(李睟光, 1563-1629년) 그리고 허균이었습니다.

2. 유몽인은 「어우야담」(於于野談)에서 "일본을 비롯한 동남쪽의 여러 오랑캐들이 서교를 믿고 있는데도 유독 조선만이 알지 못하였는데, 허균이 중국에 가서 그들의 「한영서학지도」와 「게십이장」을 얻어가지고 왔다"고 기록하였습니다. 허균이 중국에서 가져온 「게십이장」과 「천주실의」(天主實義)[19] 등은 단순한 천주교 서적이 아니라 기도문이었습니다

---

16) 자기 나라 해안에 외국 선박이 들어오거나 그곳에서 고기잡이하는 것을 금지시킴.
17) 중국 연경(燕京)(지금의 北京)으로 파견되던 조선시대의 외교사절을 말한다.
18) 게십이장(偈十二章)은 천주교에서 사용하던 기도문으로 12단(十二端)을 말한다. 12단은 성호경·천주경·성모경·종도신경·삼종경·고죄경·소회죄경·영광경·천주십계·성교법규사규·삼덕송·봉헌경 등을 말한다.
19) 예수회 중국선교사 마테오리치(Matteo Ricci, 중국명 利瑪竇, 1552-1610년)가 저술한 한역서학서(漢譯西學書), 초명(初名)은 「천학실의」(天學實義)이며 구명(歐名)은 De Deo Verax

다. 그렇다면 그는 분명히 서교를 학문적으로만 탐구한 것이 아니라 그것을 일상적으로 외우고 믿었을 것이라는 주장입니다. 또한 조선후기 실학자 중에 이수광은 「지봉유설」(芝峰類說)에서 "허균은 총명하고 문장에 능하였다. 이 때문에 천박하고 경솔한 데로 흘렀고, 그의 글 때문에 그의 문도(文道)가 된 자들이 하늘의 학설을 외쳤는데 실은 서쪽 땅의 학(學)이었다. 그들과는 하늘과 땅을 같이할 수 없고 사람과 견주어 같다고 할 수 없다."라고 말합니다.

3. 이익(李瀷, 1681-1763년)[20]도 「성호사설」(星湖僿說)에서 "일본의 남쪽으로 여러 달 배를 타고 가면 구라파라는 나라가 있는데, 그 나라에 도가 있어 그리스도라고 하며 다른 말로 하늘을 섬긴다. 그 글에 「계십이장」이 있으니, 불교도 아니요 선교도 아닌 다른 도

---

Disputatio. 저술연대는 1593-1596년이며 간행 이전에 이미 초고본(草稿本)이 널리 소개되었고, 1601년 풍응경(馮應京)이 간행하려 했으나 재정상 여의치 않아 1603년에야 북경(北京)에서 공간(公刊)되었다. 우리나라에는 17세기 초에 전래되어 1614년 간행된 이수광(李睟光)의 「지봉유설」에 최초로 그 내용과 비판이 함께 소개되었고 이어 이익(李瀷)은 「천주실의발」(天主實義跋)을 지어 논평하였다. 또한 신후담(愼後聃), 안정복(安鼎福), 이헌경(李獻慶), 홍정하(洪正河) 등은 「천주실의」를 학문적 역사적으로 연구·고찰하고 척사적(斥邪的) 입장에서 「천주실의」와 천주교를 배척하는 이론을 펴 신후담은 「서학변」(西學辯)을, 안정복은 「천학고」(天學考)와 「천학문답」(天學問答)을, 홍정하는 「실의증의」(實義證義)를, 이헌경은 「천학문답」(天學問答)을 각각 저술, 척사 문헌들이 나오게 되었다. 그러나 한편에서는 「천주실의」와 기타 한역서학서(漢譯西學書)들을 긍정적으로 연구하여 서학(西學) 수용이 이루어지게 되었고 이는 다시 천주교 신앙운동으로 발전, 한국 천주교회 창설의 계기가 되었다.

20) 이조 중엽의 실학자. 자는 자신(自新), 호는 성호(星湖). 관직에 뜻을 두지 않고 일생을 학문에 전심하였다. 그는 아버지가 많은 장서를 토대로 경전 정주학(程朱學)을 설립하고 이황(李滉)의 글을 탐독하여 사회 현실을 역사적으로 고찰해야 하며, 그러기 위해서는 실증적, 비판적 태도로 학문에 접근해야 한다는 이론을 세웠으며, 모든 학문은 사회에 유용한 것이어야 한다고 주장하였다. 그는 서학에 대해서도 깊은 관심을 두어 유학자의 입장에서 비교적 편견없이 이를 소화 소개하였다. 즉 이익은 마테오 리치(Matteo Ricci, 李瑪竇)의 「천주실의」(天主實義)의 발문(跋文)을 지은 바 있는데, 천주교의 천주와 유교의 상제를 비슷한 것으로 보았고, 또한 그의 저서 「성호사설」에서 디에고 데 판토하(Didace De Pantoja, 龐迪我, 1571-1618년)의 저서인 「칠극」(七克)에 대한 비판을 하는 가운데 「칠극」의 '七' 자는 유학의 극기복례(克己復禮)의 기(己)를 풀이한 각주인 것이라 하여, 유교의 윤리와 천주교의 윤리가 비슷하다고 하였다. 이와 같이 이익은 순수한 학자적 입장에서 천주교를 비판 소개하였고, 지리학, 의학 등에 있어서도 서양의 새로운 지식을 수립 이를 연구하여 보급시켰다. 저서로는 「성호사설」, 「성호문집」 등이 있다.

풍을 세워 마음 쓰고 이를 행하며 하늘에 어긋남이 없게 한다. 예수의 형상을 그려 그것을 받들어 섬기고 삼교(유·불·선)를 배척하기를 원수같이 한다.(…)허균이 중국에 가서 「한영서학지도」와 「게십이장」을 구해왔다."라고 주장합니다.[21]

4. 한편, 한국 천주교회 최초의 수덕자인 홍유한(洪儒漢, 1726-1785년)은 본관은 풍산(豊山), 자는 사량(士良), 개휘는 유호(儒浩), 호는 농은(隴隱), 출생지는 서울, 거주지는 충남 예산, 경북 영주입니다. 고조부는 여주목사 홍주일(洪柱一), 증조부는 통덕랑 홍만시(洪萬始), 조부는 증 사헌부지평 홍중명(洪重明), 부는 홍창보, 모는 성원의 따님입니다. 이미 8세 나이에 「사서삼경」(四書三經)과 「백가제서」(百家諸書)에 통달한 신동으로 전해집니다. 그의 조부모는 손자의 장래를 위해 고향인 충청도 예산을 떠나 서울로 이사를 했고 16세 때인 1742년 그는 당시 유명한 실학자인 성호 이익의 문하에서 순암 안정복, 녹암 권일신, 복임 이기양(李基讓)[22]등과 함께 수학했습니다.

5. 1750년경 성호 이익이 「천주실의」와 「칠극(七克)」 등 서학(西學)을 연구할 때 그의 제자들도 이 신학문과 종교 서적을 탐독하게 됐고 이때 그는 천주교 진리를 받아들이게 되었습니다. 당시 성호 이익은 서학을 받아들임에 있어 피상적인 보유론적(補儒論的) 입장에 머물렀고 함께 수학하던 순암 안정복은 천주교 신앙에 대해 극히 비판적이고 배격하는 입장이었습니다. 하지만 홍유한은 유교와 불교에서 발견하지 못한 진리를 여기에서 발견하고 1757년 고향 예산으로 내려가 1775년까지 18년간 홀로 신앙을 연마했습니다. 그는 실학자 성호 이익의 문하에서 천주학을 처음 접한 뒤 유교와 불교에서 구할 수 없었던 진리를 발견하고 바로 이곳에서 1775년부터 1785년까지 10년간 학문을 통해 깨달은 신앙의 진리를 실천했습니다.

6. 그러던 중 다시 1775년 더욱 조용한 곳을 찾아 경상도 소백산 아래 있는 순흥 고을 구고리(현재 영주시 단산면 구구리)로 옮겨 가서 1785년 60세로 세상을 떠날 때까지 고행과 절식, 기도와 묵상으로 만년을 보냈습니다. 선종 후 그의 시신은 문수산 자락에 있는 우곡리에 안장되었습니다. 그는 천주교의 진리를 처음 깨달은 후부터 스스로 신앙생활을 시작해 「칠극」에서 터득한 덕행을 쌓기 위해 매월 7일째 되는 날을 주일(主日)로 정해 세

---

21) 한국교회사연구소, 「한국천주교회사」, 2015, 1권, 125-128 참조.
22) 조선 후기 「복암유고」를 저술한 학자. 천주교도. 본관은 광주(廣州)이다. 자는 사흥(士興), 호는 복암(伏菴). 이덕형(李德馨)의 7대 손이다. 아버지는 증이조참판 이종한(李宗漢)이고, 어머니는 동래정씨로 정현서(鄭玄瑞)의 딸이다. 이가환(李家煥)·권철신(權哲身, 암브로시오)·홍낙민(洪樂敏, 루카)과는 사돈 간이며 교우가 두터웠다.

속의 모든 일을 전폐하고 기도와 묵상에 전념했습니다. 나아가 욕정을 금하여 30세 이후는 정절(貞節)의 덕을 실천했습니다. 그리하여 천진암 강학회가 시작되기 전부터 그는 서학을 읽고 묵상하는 가운데 스스로 신앙생활을 시작했던 한국 천주교회 최초의 수덕자로 기록되었습니다.

7. 그는 신유박해(辛酉迫害) 때 순교한 **복자 홍낙민(洪樂敏, 루카, 1751-1801년)**의 재당숙(아버지의 육촌형제)입니다. 홍유한의 신앙은 그 집안의 후손들에게 이어져 13명이나 신앙을 증거하다 순교하였습니다. 그 중 **성 홍병주 베드로와 성 홍영주 바오로 형제**는 1984년 요한바오로 2세 교황에 의해 한국 천주교 103위 한국 순교성인의 일원으로 시성(諡聖) 되었습니다. 복자 홍낙민 루카, **복자 강완숙 골롬바, 복자 홍필주 필립보, 복자 홍재영 프로타시오, 복자 심조이 바르바라**는 2014년 8월 16일 서울 광화문 광장에서 프란치스코 교황에 의해 시복(諡福) 되었습니다. 한국 천주교회가 창립된 것이 1784년, 이보다 30여 년 전에 이미 천주교 신앙을 받아들여 심신을 연마한 선각자가 있었으니 그가 바로 농은 홍유한이었던 것입니다. 비록 세례를 받지는 않았지만 그가 천주교를 대하는 입장은 단순히 신학문으로서가 아니라 천지만물의 이치를 밝히는 종교적 요소를 갖고 있었다는 점에서 스스로 신앙생활을 시작한 첫 인물로 꼽힙니다. 경상북도 영주시 단산면 구구리 239-6번지는 바로 그의 자취가 남아 있는 곳입니다.

8. 안동교구는 홍유한 선생의 신앙을 기리기 위해 1995년 교구 설정 25주년과 홍유한 선생 선종 210주년을 맞아 효자문 안마당에 유적비를 건립하였습니다. 유적비 앞면에는 "한국 천주교회 최초 수덕자 풍산 홍공 유한 선생 유적지(韓國 天主敎會 最初 修德者 豊山 洪公 儒漢 先生 遺跡址)"라 기록하고, 옆과 뒷면에는 그의 생애를 상술하였습니다. 1874년 「한국천주교회사」[23]를 출판한 달레(Dallet) 신부[24]에 의하면

---

23) 「한국 천주교회사」는 1874년 프랑스에서 프랑스어(語)로 간행. 저자는 파리외방전교회원 달레(Ch. Dallet) 신부. 상·하 2권(卷) 2책(冊)으로, 상권은 서설(序說)이 192면(面), 본문이 383면, 하권은 상권에 이은 본문이 592면, 총 1,167면으로 구성되어 있다. 서설(序說)에서는 조선의 지리·역사·황실·정부·재판·과거(科擧)·언어·신분제도·여성·가족·종교·조선인의 성격·오락·풍속·학문 등 15개 항에 걸쳐 한국학(韓國學)에 대한 개설이 소개되어 있고, 이어 본문에서는 1592년 임진왜란에서부터 1866년 병인(丙寅)박해 때까지 한국 천주교회의 통사(通史)가 서술되어 있다. 본문은 1592년에서 1831년 조선교구 설정까지가 제1편, 그 이후가 제2편으로 구성되어 있는데 다시 제1편은 4권 9장(章)으로, 제2편은 5권 26장으로 세분되어 있어 서설을 제외한 본문은 총 2편 9권 45장으로 구성되어 있다.

24) 달레(Dallet)는 파리 외방 전교회 소속 신부이며 선교사이자 교회사가이다. 그는 1829년 프

홍유한 수덕자는 한역서학서(漢譯西學書) 등을 접하면서 당시 서양과 서학에 어느 정도 인식과 관심을 가지고 있었습니다.

9. 그뿐만 아니라, 신앙을 열심히 실천하였고, 주일을 반드시 지켰으며, 소재(小齋)의 의무도 지켰습니다. 그는 금욕생활의 중요성을 가르쳤고, 깊은 산속에 들어가 13년 동안 묵상과 기도에 전념하다가 생을 마쳤다고 신부는 말하고 있습니다. 그러나 그를 한국 천주교회의 기원을 이룬 인물로 보기 어려운 것이 그는 정식으로 세례를 받은 자가 아니라 신학 해석상 화세(火洗)[25]를 받은 신자로서 개인적인 신앙생활에 그쳤을 뿐 공동체적 신앙생활을 하지 않았기 때문입니다. 따라서 이는 한국 천주교회의 탄생 이전의 '선행사적 의의'가 있는 것으로 보아야 합니다.[26]

### 5. 한국 천주교회사에서 서학(西學)과 천주교와의 만남은 어떤 의미가 있나요?(I)

1. 서학(西學)이란 조선 선조(宣祖, 재위 1567-1608년, 조선 제14대왕) 이후 중국에서 도입되었습니다. 한역(漢譯) 서양 학술서적과 서양 과학기술 문물과 이를 토대로 연구하던 학문으로써 '조선서학(朝鮮西學)'이라고도 합니다. 이 용어가 처음 사용된 것은 명말·청초의 중국에서 포교활동에 종사하던 예수회(耶蘇會, Society of Jesus) 소속의 가톨릭 선교사들이 서양서적을 한문으로 번역, 간행하면서부터입니다. 이러한 서책들은 한역서학서(漢譯西學書) 혹은 서학서(西學書)라고 불리었습니다. 예수회 중국 선교사들이 이처럼 많은 한역서학서를 발간할 수 있었던 것은 그들이 철학과 신학뿐만이 아니라 과학 기술

---

랑스 디종 근교에서 태어나, 1852년 사제 서품을 받고 인도에 파견되었다. 그 후 병고로 잠시 귀국하였다가, 1871년 보불 전쟁으로 자신이 봉직하고 있던 신학교 경영이 어려워지자, 미주로 모금 운동에 나섰다. 한편 그는 한국 주재 파리외방 선교사들이 보낸 자료와 다블뤼 주교의 비망록, 편지, 보고서 등을 중심으로 1874년 「한국 천주교회사」를 출판하였다. 그 후 선교사로 열심히 일하다가 역사와 철학 방면에 많은 저서를 남기고, 1878년 안남(安南) 케소에서 선종하였다.

25) 하느님에 대한 믿음과 사랑을 가진 사람이 자기의 죄를 뉘우치고 영세를 받기 원할 때 그 사람에게 영세를 받은 사람과 같은 은총을 내려주는 성령의 세례. 수세(水洗)인 정식 세례를 대신할 수 있는 행위로 혈세(血洗)와 화세(火洗)가 있는데, 혈세는 순교로 능히 세례를 대신하는 것인 반면 화세는 비록 세례를 받지 못했더라도 완전한 속죄 행위가 있었을 때 세례 받은 것으로 간주하는 것이다. 화세는 하느님을 열심히 사랑하는 것으로서 상등통회와 세례 받을 원의(願意)를 겸하여 지니는 것이다.

26) 한국교회사연구소, 「한국천주교회사」, 2015, 1권, 128-133 참조.

에도 박학하였으며, 문화적 전교 의욕과 중국 사회에 서양 문물을 전수하려는 문화 의식이 강했기에 가능하였던 일이었습니다.

2. 예수회는 수사가 되기 전에 철학과 신학을 의무적으로 수학하도록 하면서 동시에 그 밖의 다른 하나의 학문 활동을 할 수 있었습니다. 특수 기술의 전문적 능력을 갖춘 선교사들이었기에 가능하였다는 점 또한 간과할 수 없습니다. 북경의 4천주당을 비롯하여 각지의 천주당에 도서관 시설이 있었습니다. 이는 특히 1618년 트리겔(Trigaulus, 金尼閣) 신부가 공무로 로마에 출장을 갔을 때 하사 받은 7천 여 권의 귀중한 서적을 북경으로 가져와 도서관을 설립할 수 있었기 때문이기도 합니다. 과학 기술관계의 한역서학서가 저술된 것은 당시 청나라 강희제(康熙帝, 재위 1661-1722년, 청나라의 제4대 황제)가 서학을 뒤따른 것과 농업 사회에서 꼭 있어야 될 천문 역산서(天文曆算書)[27]에 대한 중국 황실의 필요에 의한 것이기도 하였습니다.

3. 이처럼 한역서학서는 명 말엽부터 중국에서 선교 활동을 시작한 예수회 선교사들이 천주교의 교리를 전파하고 서양과 서양 문명을 알리기 위해 한문으로 엮어 펴낸 서적들을 말합니다. 선교사들은 중국에서 활동하면서 중국이 유럽 못지않게 오랜 역사와 수준 높은 문화를 지니고 있음을 알게 되었습니다. 이에 그들은 일방적인 선교 활동만으로는 목적을 달성할 수 없다고 판단하여 현지 적응주의 선교 원칙에 따라 문화주의적인 방법과 보유론적(補儒論的) 연구 활동을 전개하였습니다. 이를 위하여 중국의 전통적인 가치 체계와는 다른 그리스도교의 가치 체계를 담은 유럽 문화를 중국에 널리 알려 그들의 의식을 변화시키고자 하였습니다.

4. 이러한 현지 적응주의 선교 방식은 당시 극동 지역과 동남아시아 지역 예수회의 선교 지도를 책임지고 있던 순찰사 발리냐노 신부의 방침에 따른 것이었습니다. 마테오 리치 신부를 비롯한 많은 예수회 선교사들은 이 방침에 따라 선교 활동을 전개하는 한편, 많은 한역서학서들을 저술하여 보급하였습니다. 이러한 한역서학서들을 접한 중국의 지식인들 가운데 일부는 유교의 우주론·세계관·문화의식과는 전혀 다른 천주교 신앙을 받아들였습니다. 더 나아가 유럽 과학 기술의 뛰어남을 알게 된 황실은 실용적 차원에서 유럽 문화를 받아들이기도 하였습니다. 그 결과 유럽의 실용적인 문물과 천주교의 우주론을 담은 한역서학서는 유교적인 전통을 고수하고 있던 당시 중국 사회에 문화적 자극

---

[27] 농업국가에 있어 계절의 변화와 그에 따른 농업생활에 도움을 줄 기본 정보를 실은 역서의 편찬을 뒷받침하는 역산추보(曆算推步)의 학문은 당시 '제왕지학(帝王之學)'이라 할 수 있다.

제가 되었습니다. 특히 이것은 중국 중심의 세계관을 바꾸는 계기를 마련하였고, 유교·불교·도교의 전통적인 가치 체계에 젖어 있던 중국 사회를 변화시키는 단초를 제공하였습니다.

## 6. 한국 천주교회사에서 서학(西學)과 천주교와의 만남은 어떤 의미가 있나요?(II)

1. 한역서학서(漢譯西學書)의 조선 전래는 1603년 중국에 사신으로 갔던 이광정[28], 1631년에 중국을 다녀온 정두원[29], 1644년 북경에서 귀국한 소현세자 등이 여러 가지 서양 문물과 지도, 그리고 한자로 된 서학서(西學書)를 가져와 소개하면서 시작되었습니다. 이처럼 한역서학서는 정조(正祖)[30] 대에 들어 천주교를 탄압하면서 중국으로부터의 사서(邪書) 도입을 금지하는 조치가 취해지기까지 거의 2세기에 걸쳐 조용하게 조선으로 유입되었습니다. 그로 인해 조선에도 서학(西學)을 연구하는 사람들이 생겨났으며, 조선에 천주교 수용이라는 커다란 변화를 가져오는 계기를 마련했습니다. 특히, 조선에 소개된 천주교 교리서는 「천주실의」, 「칠극」, 「교우론」, 「기인시편」, 「영언여작」, 「변학유독」, 「성경직해」[31], 「진도자증」 등을 비롯하여 60여 종에 이를 정도로 다양했습니다.

---

28) 조선시대 지중추부사, 예조판서, 이조판서 등을 역임한 문신.

29) 조선후기 지중추부사를 역임한 문신.

30) 정조(正祖, 재위 1776-1800년) 본명 이산. 본관 전주. 조선 제22대 왕이자 영조의 손자, 사도세자의 아들로 이름은 산, 자는 형운, 호는 홍재. 즉위 후 규장각을 설치하고 신진 학자들을 등용하고 다양한 서적을 간행했으며 정치적으로는 인물 위주로 등용하는 준론탕평책을 펼쳐 관료제를 통한 왕권 강화를 추구했다. 전제 개혁 등을 통해 생산을 증가시키고 장용영을 설치해 군문을 정비했다. 재정을 튼튼하게 하기 위해 북학파를 중시해 재화를 늘리도록 했다. 사회 전반적으로 개혁을 해나갔지만 갑작스런 죽음으로 완성하지 못했다.

31) 「성경직해」(聖經直解)는 포르투갈 출신의 예수회 선교사 임마누엘 디아스(Emmanuel Diaz, 陽瑪諾, 1574-1659년)의 저술로 1636년 북경에서 전 14권이 초간 되었고 그 후 1642년과 1790년 북경에서, 1866년과 1915년 토산만(土山灣)에서 증간되었다. 내용은 주로 복음 성서의 해설을 위주로 하여 교회력에 따른 주일과 축일의 복음 성서를 한문으로 번역하고 주해를 붙였는데, 주일과 축일은 각각 한 장(章)을 이루고 있고 각 장은 해당 주일이나 축일의 성서 구절을 풀이한 부분인 '성경' 부분과 그날의 '성경' 구절을 읽은 후 묵상을 준비하기 위한 부분인 '잠'(箴) 부분으로 구성되어 있다. 우리나라에는 1784년 교회 창설 시기를 전후하여 전래되었고, 교회 창설 직후 복자 최창현(崔昌顯, 요한)에 의해 일부가 한글로 번역되었다. 그 뒤 계속 필사되어 전해 오다가 신교(信敎)의 자유가 허락된 후, 1892년에서 1896년까지 5년

2. 또한 「기하원본」, 「치력연기」, 「서학범」, 「기기도설」 등의 과학기술서, 「곤여만국전람도」, 「양의현람도」 등의 한역 세계지도, 「직방외기」, 「서방요기」 등의 지리서도 있었습니다. 이처럼 17세기 초부터 꾸준히 유입된 한역서학서는 서양의 학문, 과학, 기술을 전했을 뿐만 아니라 조선에 천주교를 알리는 결과를 낳았습니다. 그로 인해 선교사가 입국하여 선교를 하기도 전에 조선에는 천주교를 서양의 학문이 아니라 신앙으로 받아들이는 사람들이 나타날 수 있었습니다. 그리고 마침내 한역서학서는 뿌리 깊은 유교 전통을 지닌 조선에 서양의 문물과 학문을 전했을 뿐만 아니라 급기야는 사회적인 변혁을 초래하는 자극제 역할을 하였습니다.

3. 서학에 대한 유학자들의 반응은 컸는데, 특히 천문 역산술과 관계되는 기술관과 대륙문화에 관심이 컸던 북학론자 및 실학적 깨우침을 품게 되었던 재야의 실학 지식인들은 이러한 한역서학서에 문화적 호기심과 학문적 관심을 가졌습니다. 이러한 관심이 이어져 18세기 중반 실학자 이익을 중심으로 한 이른바 성호학파(星湖學派)[32]의 소장학자들이 한역서학서를 학문적으로 연구하게 되어 '조선 서학(朝鮮西學)'이 열린 것입니다. 안정복(安鼎福, 1712-1791년)이나 정약용(丁若鏞, 요한, 1762-1836년)의 기록으로 볼 때, 당시 서학서(西學書)에 대한 관심은 일부 지식인들 사이에 하나의 유행처럼 번졌던 것임을 알 수 있습니다.

4. 한역서학서를 연구한 학자들의 서학에 대한 태도는 결과적으로 세가지 흐름으로 갈라졌습니다. 첫째는 안정복, 신후담, 홍정하 등과 같이 서학을 거부하고 배격하는 입장을 취한 학자들입니다. 이들은 많은 젊은 학인들이 유학의 가르침을 떠나 사학으로 기울어지는 데 대해 우려하며 서양의 학문과 종교가 조선의 전통적 가치관과 사회 질서를 해칠 것을 경계하고 비판했습니다. 둘째는 서양 과학기술의 효용성과 선진성은 인정하고 받아들이나, 종교나 윤리는 배격하는 이원적 태도를 취한 비판적 수용론자들입니다. 주로 조선시대 실학자 중 북학파 계열의 홍대용, 박지원, 박제가, 이덕무 등이 이에 속했습니다.

---

에 걸쳐 전 9책의 활판본이 간행되었다.

[32] 조선 후기 근기(近畿)지방을 중심으로 활동한 성호 이익(李瀷)과 그의 문도들로써, 성호학파는 이익으로부터 비롯하여 18세기 한국 사상계에 새로운 방향을 부여하고 실학의 성립에 결정적 역할을 했으나 그 학파 내부에 진보적 측면과 보수적 측면의 양면성을 포함하고 있었다. 안정복 계열의 우파는 옛 성현의 말씀을 그대로 따라 성실히 실천하겠다고 한 데 대해, 좌파는 권철신을 선두로 하여 정약전·정약용 등이 유교 경전에 대한 새로운 해석, 주자학에 대한 회의와 비판, 서양문화에 대한 급진적 수용 등 성호 학문의 진보적 측면을 발전·확대시켰다. 이와 같은 성호 좌파의 진보적인 사조는 당시의 조선 봉건 지배체제에 대한 민중저항의 한 반영이었다.

5. 셋째는 서학을 체계적으로 연구한 결과 학술과 종교 모두 받아들일 만한 가치가 있다고 이해함으로써 전면 수용하여 실천한 남인계(南人系)³³⁾ 소장 학자들이었습니다. **하느님의 종 권철신(權哲身, 암브로시오)**³⁴⁾, 하느님의 종 권일신(權日身, 프란치스코 하비에르),

---

33) 남인(南人)은 조선시대 사색당파 중의 하나. 16세기 말인 선조(宣祖) 때, 중견 선비들 중에서도 조정에서 벼슬하는 선비들이 붕당(朋黨)을 지어 서로 싸웠다. 정권에서 소외된 남인들은 오직 학문 연구에 몰두하였는데, 우리나라의 유명한 실학파(實學派) 학자 중에는 남인 출신이 많았다. 남인의 학풍도 영남(嶺南) 남인과 기호(畿湖) 남인으로 구분된다. 영남 남인은 퇴계(退溪)의 학풍을 계승하는 전통적 주자학파요, 기호 남인은 퇴계의 학풍을 존중하면서도 정치적 현실 문제와 새로운 지식의 이해에 깊은 관심을 가졌다. 따라서 조선 후기에 중국으로부터 서양의 과학기술과 천주교 신앙에 관한 지식, 즉 서학(西學)이 들어왔을 때, 가장 진지한 관심과 적극적 수용태세를 보인 유교 지식층은 바로 기호 남인이라고 할 수 있다. 대체로 노론이 정권을 쥐고 보수적인 정치를 하던 시대에 청조 문물을 받아들이는 실학파 속에 북학파(北學派)도 있으나 천주교 신앙에는 접근하지 않았다. 서양과 천주교의 교리에 관한 지식을 최초로 소개한 사람도 남인에 속하는 실학파의 선구자 이수광(李晬光)이었다. 기호남인이 서학에 본격적인 관심을 갖게 되는 계기는 실학파의 거장 이익(李瀷)에서 비롯된다. 이익은 서양과학의 합리성과 천주교 교리의 윤리적 요소를 긍정적으로 받아들였다. 이익의 서학에 관한 관심은 그의 문하에서 양극적(兩極的) 형태로 나타났다. 신후담(慎後聃)·안정복(安鼎福)의 경우는 천주교의 교리를 비판하고 거부하는 입장을 취하였고, 권철신(權哲身, 암브로시오)·이가환(李家煥) 등은 천주교를 받아들이는 입장을 취하였다. 정조(正祖)시대에 최초의 천주교 신앙운동을 일으켰던 이벽(李檗, 세례자요한)·이승훈(李承薰, 베드로)·정약종(丁若鍾, 아우구스티노)·정약용(丁若鏞, 요한) 등은 바로 이익 문하의 이른바 신서파(信西派)에 속하는 기호 남인들이었다. 이들 신서파 남인이 일찍부터 천주교 신앙에 몰입하게 된 것은 그 시대의 사회에 대한 개혁정신이 그들에게 깊이 숨겨져 있었기 때문이다.

34) 하느님의 종 권철신(權哲身, 암브로시오, 1736-1801년)은 조선의 학자, 순교한 천주교인이다. 호는 녹암이고 본관은 안동이다. 하느님의 종 이승훈(李承薰, 베드로)의 영향으로 천주교 신자가 되었으며 1777년 경기도 양주에서 정약용(丁若鏞, 요한), 하느님의 종 이벽(李檗, 세례자요한) 등 남인의 실학자들과 함께 서양의 학문 및 로마 가톨릭교회에 대한 연구회를 열면서 본격적인 신앙생활을 시작했다. 1801년 순조 1년 신유박해때 하느님의 종 이승훈(李承薰, 베드로), 복자 강완숙(姜完淑, 골롬바), 중국인 신부인 복자 주문모(周文謨, 야고보) 등과 같이 잡혀 사형되었다. 하느님의 종 권일신(權日身, 프란치스코 하비에르)의 형이고, 성호 이익(李瀷)의 문인이다. 하느님의 종 권철신(權哲身, 암브로시오)의 매제는 이윤하(李潤夏, 마태오)이고 이윤하(마태오)의 딸인 이순이(李順伊, 루갈다)와 사위 유중철(柳重哲, 요한)은 조선 천주교회 최초의 동정부부이며, 이윤하(마태오)의 아들인 복자 이경도(李景陶, 가롤로)와 복자 이경언(李景彦, 바오로)이 있으며, 권일신(프란치스코 하비에르)의 딸 복자 권천례(權千禮, 데레

이가환(李家煥)³⁵⁾, 정약전(丁若銓, 안드레아), **복자 정약종 (丁若鍾, 아우구스티노)**³⁶⁾, 정약용(丁若鏞, 요한), **하느님의 종 이벽(李檗, 세례자요한)**³⁷⁾, **하느님의 종 이승훈(李承薰,**

사)와 그 사위 복자 조숙(趙淑, 베드로)도 동정부부로서의 삶을 살다가 순교하였다.

35) 우리나라 최초의 영세 천주교도인 이승훈(李承薰, 베드로)의 외숙으로 신해박해 때 천주교도로 몰려 체포되었다가 석방되었다. 하지만 지방 관리를 할 때에는 천주교도들을 박해했다. 천문학과 수학에 능통했고, 저서로 「금대유고」가 있다.

36) 복자 정약종(丁若鍾)은 세례명 아우구스티노. 본관은 나주. 경기도 광주(지금의 남양주시 조안면 능내리) 출신. 진주목사 정재원(丁載遠)의 아들이며, 정약현(丁若鉉)·정약전(丁若銓, 안드레아)·정약용(丁若鏞, 요한)의 4형제 중 셋째이다. 일찍이 이익(李瀷)을 사사하여, 천성이 곧고 모든 일에 정성을 다하는 성품을 지녀, 서학서를 접하게 되자 이에 심취하여 천주교 교리를 연구함으로써 당대에서 가장 교리지식이 뛰어났다. 1791년(정조15년) 천주교 박해로 형제와 친구들이 모두 배교 또는 멀리하여도, 끝까지 신앙을 지켰다. 복자 주문모(周文謨, 야고보) 신부가 입국한 뒤로는 명도회장(明道會長)으로 임명되어 많은 사람들에게 전교하는 데 큰 구실을 하였는데, 특히 한문을 모르는 사람들에게 교리를 가르치기 위하여 한문본교리책에서 중요한 것만을 뽑아 누구나 알기 쉽도록 우리말로 「주교요지」라는 책을 써서 전교하는 데 큰 공을 세웠다. 그 뒤 교리서를 종합, 정리하여 「성교전서」(聖敎全書)라는 책을 쓰던 중 박해를 당하여 뜻을 이루지 못하고 1801년 복자 주문모(周文謨, 야고보) 신부의 입국사건에 연루되어 2월에 체포되고 대역 죄인으로 다스려져, 2월 26일 이승훈(李承薰, 베드로)·복자 최창현(崔昌顯, 요한)·복자 홍낙민(洪樂民, 루카) 등과 함께 서소문 밖에서 참수되어 순교하였다.

37) 한국 천주교의 선구자인 하느님의 종 이벽(李檗, 세례자요한, 1754-1786년)은 경주 이(李)씨 부만(溥萬)의 둘째 아들로 경기도 광주에서 출생하였다. 덕조(德操), 혹은 벽(蘗)이라고도 하며, 호는 광암(曠菴), 세례명은 세자자 요한이다. 건장한 신체에 무술에도 능했으며, 경서에 정통하고 언변도 좋아 물 흐르듯 했다고 한다. 아버지 이부만은 이벽(李檗, 세례자요한)이 무관으로 출세하길 바랐으나 그는 완강히 거부하였기 때문에 아버지의 미움을 사서 벽(僻)이라는 별명을 얻기도 하였다. 1777년(정조 1년) 권철신(權哲身, 암브로시오)·정약전(丁若銓, 안드레아)과 함께 강학에 참가하여 하늘, 세상, 인성(人性)에 대해 토론하였다. 옛 성현들의 윤리서 등을 함께 검토함과 아울러 서양 선교사들이 지은 한역판(漢譯版) 철학, 수학, 종교 서적 등을 공부하였다. 이벽(李檗, 세례자요한)은 이때 초보적인 신앙생활을 시작했고, 이후 천주교 교리 연구에 전념하였다. 1783년 정약전(丁若銓, 안드레아)·정약종(丁若鍾, 아우구스티노) 형제들과 함께 하느님의 존재와 그 유일성, 천지창조, 영혼의 신령성과 불멸성, 후세에서의 상선벌악(賞善罰惡) 등의 철학적 논제에 대해 토론하였다. 초보적인 지식 속에서 진리에 목말라 하고 있던 이벽(李檗, 세례자요한)은 1783년 겨울 하느님의 종 이승훈(李承薰, 베드로)이 북경 사절로 임명된 아버지를 따라 북경에 들어가게 되었다는 소식을 듣고 이승훈(李承

薰, 베드로)에게 찾아가 천주교에 대해 소개하고 북경에 가서 서양 선교사들을 만나 교리를 배우고 영세도 받아서 돌아오도록 부탁하였다. 이와 함께 천주교 서적을 구해 오라는 부탁을 잊지 않았다. 북경에서 그라몽(Grammont, 梁棟材) 신부를 만나 교리를 배우고 영세를 받은 이승훈(李承薰, 베드로)이 1784년 「천주실의」, 「기하원본」과 같은 서학 서적, 상본, 망원경 등을 가지고 귀국하자 이것을 받아든 이벽(李檗, 세례자요한)은 외딴 집을 세내어 천주교 교리 연구와 묵상에 몰두하였다. 이를 통해 이벽(李檗, 세례자요한)은 종교의 진리에 대해 더욱 해박한 지식을 얻게 되었고, 중국과 조선의 미신에 대해 철저히 반박할 수 있게 되었으며, 칠성사와 연중기도, 성인의 행적에 대해서도 상당한 정도 연구하였다. 이벽(李檗, 세례자요한)은 드디어 1784년 음력 9월경 수표교에 있던 자기 집에서 이승훈(李承薰, 베드로)에게 세례를 받고 복음의 전파에 나섰다. 최창현(崔昌顯, 요한), 최인길(崔仁吉, 마티아), 김종교(金宗敎, 프란치스코), 김범우(金範禹, 토마스), 지황(池璜, 사바) 등의 중인 계급과 마현의 정약전(丁若銓, 안드레아)·정약종(丁若鍾, 아우구스티노) 형제, 양근의 권철신(權哲身, 암브로시오)·권일신(權日身, 프란치스코 하비에르) 형제 등의 양반 계층에도 복음을 전파하여 커다란 성공을 거두었다. 이러한 소식을 들은 유림(儒林)은 천주교 교리가 국가의 지도이념인 성리학적 윤리 체제를 송두리째 파괴한다고 생각하였다. 이 중 이가환(李家煥)은 "서교(西敎)가 비록 명설(明說)이긴 하지만 정학(正學)은 아니다"라고 하면서 이벽(李檗, 세례자요한)을 토론으로써 설득하려 했으나 이벽(李檗, 세례자요한)의 정치한 논리와 장하(長河) 같은 웅변에 오히려 설득 당했다 한다. 이기양(李基讓)도 이벽(李檗, 세례자요한)과 토론했으나 이벽(李檗, 세례자요한)이 세상의 기원, 우주의 질서, 하느님의 섭리, 영혼의 본성, 후세의 상벌과 조화에 대해 설명하자 아무 말도 못하고 물러 나왔다고 전해진다. 이로부터 1년 후인 1785년 중인 김범우(金範禹, 토마스)가 형조에 잡혀가 배교를 강요당하며 혹독한 형벌을 받다가 경상도 단장으로 귀양 가는 소위 을사추조적발사건(乙巳秋曹摘發事件)이 발생하였다. 이를 기화로 평소 천주교에 대해 못마땅하게 생각하던 유림들이 들고일어났다. 태학생(太學生) 정숙(鄭淑)은 천주교 신자들을 맹렬하게 공격하는 통문(通文)을 돌려 천주교인들과는 완전히 절교하라고 권고하였다. 천주교 신자가 있는 가정에서는 자기 집안에 불행을 가지고 올지도 모를 이 종교를 버리게 하기 위해 갖가지 방법을 썼다. 이벽(李檗, 세례자요한)의 아버지도 이벽(李檗, 세례자요한)을 배교시키기 위해 나섰다. 그는 성질이 급한 사람으로 천주교에 대한 이벽(李檗, 세례자요한)의 이야기는 들으려고 하지도 않으면서 배교만을 강요하였다. 이벽(李檗, 세례자요한)이 말을 듣지 않자 그는 목을 매어 자살하려고까지 하였다. 이에 이벽(李檗, 세례자요한)은 두 가지 뜻을 가진 말을 써서 자신의 신앙을 감추었고 그 후로는 외부와 모든 연락을 끊은 채 살았다. 그는 자신의 배교적 행위에 대하여 무서운 양심의 가책을 느끼며 살다가 1786년 33세를 일기로 요절하였다. 교회사적으로 보아 이벽(李檗, 세례자요한)은 조선 천주교 창설의 선구자로 위치 지을 수 있다. 물론 이벽(李檗, 세례자요한) 이전에도 천주교에 접한 사람은 많았다. 조선 후기 사회적인 모순이 누적되면서 공리공론에 불과한 주자학에 대해 심한 반발을 느낀 많

베드로) 등 성호학파의 일부 소장 학자들은 보유론적(補儒論的)으로 천주 신앙을 깨우치고 이를 수용·실천하기 시작하여, 마침내 천주 신앙을 실천하는 신앙 공동체가 생겨났습니다. 한편 서학의 천문 역산술을 도입을 주장하던 관상감 책임자 김육(金堉, 1580-1658년)과 관계 기술관들의 노력으로 1653년에는 시헌력(時憲曆)이 채용되기도 하였습니다. 그러나 이처럼 싹이 움트던 조선 서학(朝鮮西學)은 이(理, 종교와 윤리 사상)와 기

은 학자들이 서학을 연구하게 되었다. 성호 이익(李瀷)을 중심으로 하는 남인학자들은 서학의 과학기술을 유용한 학문으로 받아들여 연구하였다. 그러나 이들은 종교만은 이단시하였다. 이러한 분위기 속에서 서학을 학문으로써 뿐만이 아니라 종교로서 받아들인 이벽(李檗, 세례자요한), 이승훈(李承薰, 베드로), 정약전(丁若銓, 안드레아)·정약종(丁若鍾, 아우구스티노) 형제, 양근의 권철신(權哲身, 암브로시오)·권일신(權日身, 프란치스코 하비에르) 형제 등이었다. 그중에서도 특히 조선 천주교 창설에 선구자적 역할을 한 사람이 이벽(李檗, 세례자요한)이다. 그는 1777년 이래 주어사, 천진암에서 있었던 수사학적(洙泗學的, 儒敎的) 분위기의 강학을 그리스도교 진리 탐구와 실천적인 분위기로 바꿨고, 이승훈(李承薰, 베드로)에게 천주교를 소개하여 중국에 가 영세를 받게 함으로써 1784년 많은 조선인 신자 공동체를 이룩하게 하였다. 한국 천주교가 이 해를 천주교 창설의 원년으로 삼아 기념하고 있음을 미루어 볼 때 이벽(李檗, 세례자요한)의 선구자적 역할은 의심의 여지가 없다. 남달리 짧았던 생애와 박해로 인한 유작(遺作)의 부족으로 이벽(李檗, 세례자요한)의 사상을 자세하게 알기가 어렵다. 이벽(李檗, 세례자요한)의 작품으로 주장되는 것은 「만천유고」(蔓川遺稿) 속에 수록되어 있는 「천주 공경가」(天主恭敬歌), 「성교요지」(聖敎要旨)에 불과하나, 이에 대한 문헌학적 연구와 사료 비판이 계속 요청되고 있다. 이와 아울러 정약용(丁若鏞, 요한)의 「중용강의」(中庸講義) 세주(細註)에 언급된 단편적인 사실들을 통하여 그의 사상을 엿볼 수 있을 따름이다. 이벽(李檗, 세례자요한)의 서학 사상도 다른 남인 신서파(南人信西派)와 같이 전통적인 주자학에 대한 비판을 그 출발점으로 삼고 있다. 경서(經書)에도 박학다식했던 이벽(李檗, 세례자요한)은 주자학을 선유(先儒)들의 사상에 비춰 비판하면서 진유사상(眞儒思想)인 수사학적(洙泗學的, 儒敎的)인 사상체계에 도달하였고, 마테오리치의 보유론(補儒論)을 흡수하여 그의 그리스도교 사상이 싹틀 수 있는 기반을 마련하였다. 보유론은 마테오리치가 「천주실의」에서 주장한 것으로 중국의 근세 사상계에 큰 파문을 던진 것이었을 뿐 아니라, 조선 후기 남인 신서파의 복고주의적인 사상체계에도 큰 영향을 미쳤다. 이벽(李檗, 세례자요한)은 「천주실의」와 함께 「칠극」(七克), 「영언여작」(靈言蠡勺), 「직방외기」(職方外紀) 등을 접하면서 신의 존재, 원죄, 영혼불멸, 사후(死後)의 세계, 서양의 신학에 대한 이해 등의 사상 폭을 넓히고 깊게 하였다. 이로써 이벽(李檗, 세례자요한)은 유교사상과 천주교 사상을 접맥시켜 한국의 천주교가 꽃필 수 있는 기반을 닦은 인물로 기록될 수 있게 된다. 이벽(李檗, 세례자요한)의 사상체계와 지식은 정약용(丁若鏞, 요한)에게 전달, 수용되었다.

(器, 과학과 기술의 실용)를 가리지 않고 무자비하게 강행된 천주교 탄압정책에 따라 채 자라지도 못하고 사라져 버렸습니다.

## 7. 한국 천주교회사에서 조선 천주교회의 설립배경은 무엇인가요?(1)

1. 조선에 천주교회가 설립된 것은 1784년입니다. 1783년 동지사(冬至使)[38]를 따라 북경에 갔던 **하느님의 종 이승훈(李承薰, 베드로)**이 이듬해 2월 북당(北堂)에서 예수회 선교사인 그라몽(J.J. de Grammont, 梁棟材, 1736-1812년) 신부로부터 세례를 받고 귀국한 후, 신앙 공동체를 형성한 것이 조선 최초의 천주교회입니다. 조선 천주교회는 18세기 말에 갑자기 형성된 것이 아니라, 17세기 이후 나라 안팎의 상황 변화와 밀접하게 관계되어 있습니다. 먼저 대외적인 상황 변화로는 근대 초기 지리상의 발견으로 초래된 서세동점(西世東漸)[39]을 들 수 있습니다. 서학(西學)이라 불리던 천주교가 항해술의 발달로 복음 전파를 위해 선교사를 먼 지역에까지 파견하면서 중국과 일본에 천주교가 전래되었고, 이후 조선에 대한 선교가 시도되었습니다.

2. 즉, 임진왜란이 한참 진행 중이던 1593년 말, 일본의 예수회는 세스페데스 신부를 조선에 파견하여 일본인 장병들의 신앙을 돌보게 하였습니다. 1년 반 동안 부산 인근에 머물렀던 세스페데스 신부는 조선 사람들에게 복음을 전하려고 시도하였을 테지만 이에 대해 정확히 알려진 사실은 없습니다. 다만, 일본으로 끌려간 조선인 포로들 가운데 일본에서 세례를 받고 신자가 된 사람들이 있었고, 일본 예수회는 이들을 통해 조선 선교를 꾀하였지만 이루지는 못하였습니다.

3. 한편, 중국에 진출한 예수회 선교사들도 북경을 왕래하는 조선 사신들을 통해 조선 선교에 관심을 갖게 되었습니다. 당시 북경을 찾은 조선 사신들은 서양 문물에 대한 지식을 얻고자 선교사들과 자주 학문과 종교에 대한 필담(筆談)을 나누었습니다. 예를 들어 1631년 진주사(陳奏使) 정두원(鄭斗源, 1581-?)은 로드리게스(J. Rodriguez, 陸若漢, 1559-1633년) 신부를 만나 과학 기구와 서적을 얻어 귀국하였습니다. 1720년에는 주청사(奏請使) 이이명(李頤命, 1658-1722년)이 쾨글러(戴進賢, 1680-1746년)·수아레스(J. Suarez, 蘇霖) 신부를 방문하여 역상(曆象)과 서교(西敎)에 관해 논담하였습니다.

4. 또한 1766년에는 홍대용(洪大容, 1731-1783년)이 서양의 학문과 종교에 관하여 흠천감정(欽天監正)이던 할러슈타인(A. von Hallerstein, 劉松齡, 1703-1774년) 신부와 필담

---

38) 조선시대 동지에 명나라와 청나라에 보내던 사절 또는 파견된 사신.

39) 서양이 동양을 지배한다는 뜻으로, 밀려드는 외세와 열강을 이르는 말.

을 나누었습니다. 그러나 서양 문물에 대한 지식은 한역서학서(漢譯西學書)를 통해 조선에 이미 알려져 있었습니다. 즉, 1603년 이광정(李光庭, 1552-1627년)·권희(權憘, 1547-1624년)는 마태오 리치(M. Ricci, 利瑪竇, 1552-1610년)의 「구라파국여지도」(歐羅巴國與地圖)를 처음으로 전하였습니다. 이수광(李睟光, 1563-1628년)의 「지봉유설」(芝峰類說)에는 이러한 사실과 함께 「천주실의」(天主實義)·「교우론」(交友論)에 대한 논쟁이 실려 있습니다.

5. 이후에도 다양한 한역서학서가 전래되는 가운데 조선의 지식인들은 우주관·세계관의 변화를 경험하였으며, 서양 과학의 우수성을 인식하게 되었습니다. 1619년에는 서광계(徐光啓, 1562-1633년)가 조선 선교를 계획하였고, 1644년 병자호란 때 청나라에 잡혀간 소현세자(昭顯世子, 1612-1645년)가 북경에서 샬 폰 벨(J.A. Shall von Bell, 湯若望, 1591-1666년)을 만난 후 귀국 길에 선교사를 대동하려고 하는 등 천주교를 직접 선교하려는 움직임까지 나타났습니다. 이처럼 중국에 전해진 천주교는 중국을 왕래하던 조선의 사신과 한역서학서를 통해 서학이라는 이름으로 조선에 전해졌고, 그 과정에서 천주교도 조선에 알려지게 되었던 것입니다.

6. 조선에 천주교가 수용될 수 있었던 내적 요인으로는 조선 후기의 사회·경제적인 변화에 따른 사상계의 변동을 들 수 있습니다. 즉, 양란(兩亂) 이후 조선 사회는 농업 생산력과 상품 화폐 경제의 발전으로 광범위한 계층 분화가 일어났습니다. 그리하여 농민 중 일부는 광작(廣作) 등을 통해 지주화(地主化) 되었습니다. 그와 동시에 영세 농민과 무전(無田) 농민이 다수 존재하게 되면서 이들은 유랑민 내지 임금 노동자로 전락하였습니다. 또한 소수 가문이 권력을 독점하는 벌열정치(閥閱政治)가 행해지면서 몰락하는 양반들이 속출하였습니다. 이들은 관리로 진출하지도 못하고 경제적으로도 빈궁하여 일반 양인보다도 열악한 처지가 되었습니다.

7. 여기에 삼정[三政: 나라의 정사 중 가장 중요한 전정(田政)·군정(軍政)·환곡(還穀)]의 문란(紊亂)으로 대표되는 국가의 가혹한 수탈은 백성들의 생활을 더욱 어렵게 만들었습니다. 이것이 당시 광범위하게 발생한 민란의 원인이 되었습니다. 이러한 사회적인 모순은 봉건 사회의 해체를 촉진하였으며, 이에 따라 지식인층에서는 이러한 현실에 대처하기 위한 학문적 반성으로 새로운 학풍인 실학(實學)이 대두되었습니다. 실학은 성리학(性理學)에 회의를 품고 당시 사회의 모순을 극복하려는 개혁 사상으로, 가장 큰 특징은 학문적 기반이 현실에서 출발한다는 점이었습니다. 그러므로 그들의 학문적 중심은 이기설(理氣說)에 있는 것이 아니라 농업, 상공업, 사회 제도 등 인간적인 현실적인 문제에 있었

으며, 연구 방법 또한 실증적(實證的)인 것이었습니다.

8. 즉, 실학은 역사적으로 적체되어 온 모든 폐해와 비리 및 인습을 근원적으로 개혁함으로써 이상적인 국가 체계의 실현을 추구하였습니다. 이러한 특성으로 실학은 서학이 수용될 수 있는 사상적인 토대로 작용하였습니다. 그런데 여기서 주목되는 것은 조선의 실학이 성호(聖湖), 이익(李瀷, 1681-1763년)에 와서 학파로 형성되었듯이, 조선의 서학도 이익에 이르러 학문적 단계로 발전하였다는 것입니다. 이수광(李睟光, 1563-1628년)·유몽인(柳夢寅, 1559-1623년)·김육(金堉, 1580-1658년)·이이명(李頤命, 1658-1722년) 등이 서학에 대해 단편적인 촌평을 하고 천문·역산에 관심을 나타냈습니다. 이와는 달리 이익은 한역서학서를 광범위하게 수집·섭리하고 이에 대해 체계적으로 이해하기 위해 노력하였습니다. 그는 서양의 과학 기술을 실증·실용적인 것으로 높이 평가하였으며, 종교·윤리서인 「천주실의」와 판토하(D. de Pantoja, 龐迪我, 1571-1618년)의 「칠극」에 대해서도 보유론적(補儒論的)인 논평을 하였습니다.

9. 이러한 그의 관점은 이후 제자들에 이르러 서학을 사학(邪學)으로 몰아 배척하려는 측으로 갈라졌습니다. 즉, 신후담(愼後聃, 1702-1761년)은 「서학변」(西學辨)을 통해 일련의 서학서(西學書)를 논평하면서 천주교의 교리인 창조설과 영혼 불멸설을 일축하였습니다. 반면, **하느님의 종 이벽(李檗, 세례자요한, 1754-1786년)**, 하느님의 종 이승훈(李承薰, 베드로, 1756-1801년), **하느님의 종 권일신(權日身, 프란치스코 하비에르, 1751-1792년), 복자 정약종(丁若鍾, 아우구스티노, 1760-1801년)**, 정약용(丁若鏞, 요한 1762-1836년) 등은 학문적 단계를 넘어 천주교를 신앙으로 받아들이게 되었습니다. 결국 조선 후기 실학이 발생할 수 있었던 사회적 분위기는 서학에 대한 학문적 관심 또한 불러일으켰고, 그 과정에서 천주교가 조선에 받아들여진 것입니다.

## 8. 한국 천주교회사에서 조선 천주교회의 설립배경은 무엇인가요?(II)

1. 17세기 초부터 조선에 소개된 한역서학서(漢譯西學書)는 시간이 지날수록 그 수와 종류가 늘어났으며, 그 결과 18세기 중엽에는 지식인들의 서재에 반드시 구비되어 있을 정도로 유행하였습니다. 이와 함께 한역서학서에 대한 이해도 단순한 소개가 아니라 보다 깊이 있는 논평이 나올 정도로 높은 수준에 이르렀습니다. 특히 서학(西學) 가운데에서도 서양의 윤리와 종교에 대한 학문적 탐구는 천학(天學) 또는 천주학(天主學)이라고 하면서 새로운 사상·윤리체계로 인식되었습니다. 이러한 과정에서 한역서학서를 통해 개인적으로 천주교 신앙에 눈을 뜨는 사람들이 생겨났고, 이어 관심을 가진 사람들이 함께

모여 새 종교에 관한 강학 모임을 가짐으로써 집단화하였습니다.

2. 그리고 단 한 사람의 선교사도 없이 자발적인 의지와 결정으로, 또한 150년 이상에 걸친 한역서학서의 도입과 연구의 결과를 바탕으로 천주교를 신앙으로 받아들이고 신앙 공동체를 형성하였습니다. 교조적 유교사상(教條的 儒教思想)[40]이 지배하던 당시 조선 사회에 대한 절망감이 그들로 하여금 밖으로 눈을 돌려 그리스도교의 복음과 신앙을 받아들이게 하였던 것입니다. 다시 말하면 유교가 지배하는 사회에서 태어나 유교 교육을 받았으면서도 교조적(教條的)으로 흐르고 있던 성리학(性理學)에 회의와 염증을 품게 되었습니다. 그 대안을 모색하던 조선후기의 일부 지식인들이 유교 정신의 근본을 이해하고자 유학의 본질을 다시 탐구하기 시작하였습니다.

3. 그들 가운데 일부가 그러한 탐구를 통해 터득한 고대 유교사상에 대한 이해를 토대로 「천주실의」등 한역 교리서들에 담긴 내용을 경이로움을 갖고 탄복하며 수용하게 되었습니다. 말하자면 18세기 전후 조선 사회의 일부 지식인들에 의해 추구되었던 유교 경전에 대한 새로운 연구경향이 천주교 신앙을 수용할 수 있는 토대를 제공해 주었던 것입니다. 그 결과 유교와는 전혀 다른 우주론과 인간관을 가진 가치 체계가 수용되었고, 따라서 유교를 믿고 따르던 당시의 주류 집단으로부터 박해를 받을 수밖에 없었습니다. 그렇지만 천주교 신앙 공동체의 등장은 유교로 무장된 당시의 조선사회에 이질적인 그리스도교의 세계관과 가치관이 자리 잡기 시작했음을 의미합니다.

4. 조선 사회에 천주교 신앙 공동체가 창설된 18세기 말엽은 세계 교회사에서 가톨릭교회의 선교 사업이 활기차게 진행되던 때는 아니었습니다. 당시의 유럽사회는 16세기 초 가톨릭교회에 대항하여 일어난 프로테스탄트(Protestant)[41]의 도전에 직면하여 전통적인 가톨릭의 권위가 위협받고 있었습니다. 또한, 과학혁명(Scientific Revolution)으로 이성(理性)에 대한 인식이 확산되면서 가톨릭의 영향력은 약화되고 있었습니다. 게다가 아시아 선교의 두 기둥이었던 스페인과 포르투갈의 교회도 국력의 쇠퇴로 이전처럼 아시아 선교를 정력적으로 진행시킬 처지가 되지 못했습니다.

5. 한편, 중국교회도 조상 제사문제로 교회 활동이 거의 불가능한 상황이었습니다. 더욱이

---

40) 조선의 500년은 유교가 통치한 시기라고 해도 지나친 말이 아닐 정도로 중·후기 300여 년 동안은 교조적 유교(教條的儒教)가 왕권이나 그 어떤 전통·사상보다 우위에 있어 유교의 교리를 다투는 싸움으로 국력을 낭비한 느낌이다.

41) 프로테스탄트(Protestant)는 16세기 종교 개혁을 통해 로마 가톨릭에서 분리되어 나온 교파를 의미한다. '프로테스탄트'라는 단어는 1529년 독일 스파이어 회의의 판결에서 루터가 로마 가톨릭 세력에 저항한 데에서 유래하였다.

조선은 유럽의 그리스도교 국가들에게 선교 대상지로 알려지지 않았거나 관심 밖의 나라였습니다. 현실적으로 조선은 중국과는 달리 경제적인 면에서도 유럽인들의 관심을 자극시킬 만한 특산품도 없었습니다. 그뿐만 아니라 지리적으로도 일본과 중국 사이에 있어 주목받기 어려웠습니다. 이러한 여건 속에서 탄생한 조선의 천주교 신앙 공동체는 선교사가 직접 찾아와 선교를 통해서 이루어 놓은 것이 아니라, 조선인의 자발적인 노력에 의한 결과였습니다. 이는 그리스도교의 선교 역사에서 대단히 독특한 사건인 동시에 유일한 사건이었습니다.

6. 초기에 천주교를 신앙으로 받아들이고 신앙생활을 하였던 중심인물들은 이른바 성호학파 가운데에서도 녹암 **하느님의 종 권철신(權哲身, 암브로시오)** 계열에 속하는 젊은 지식인들이었습니다. 정치적으로나 사회적으로나 주류적 입지에서 배제된 데다가, 당시 교조주의(敎條主義)[42]로 흐르고 있던 성리학적 정통론에 회의를 품기 시작하였던 그들은 학문적·종교적으로 새로운 것을 갈구하고 있었습니다. 그리하여 그들은 외부로부터의 전교에 의해서가 아니라 천주교 서적들을 통하여 자생적으로 천주교 신앙을 깨우쳐서 신앙 공동체를 창설하였던 것입니다. 이는 그리스도교의 선교사(宣敎史)에서 유례가 없는 독특한 현상이었습니다.

7. 초기 신앙 공동체의 설립에 핵심적인 역할을 한 인물은 **하느님의 종 이벽(李檗, 세례자요한)**과 **하느님의 종 이승훈(李承薰, 베드로)**이었습니다. 이벽 세례자요한은 교리적이고 이론적인 면에서, 이승훈 베드로는 교회 조직 면에서 천주교 신앙 공동체 설립에 공헌하였습니다. 게브리 앙(J.-B.-M. Budes de Guebriant, 1860-1935년) 주교는 중국 요녕성 건창(建昌)의 대목구장으로 활동(1910-1916년)하다가 1921년 파리외방전교회[43]의 총장이

---

42) 종교나 종파의 교조를 맹목적으로 믿으려는 태도. 사실을 무시하고 원리·원칙만을 고집하는 태도.

43) 파리외방전교회는 1658년 7월 29일 창설되고, 1831년 9월 한국에 처음 진출하여 한국 천주교회의 초창기 발전은 물론 교회를 통하여 한국 민족과 고락을 같이 한 선교단체이다.

① 창립과 창립정신: 17세기에 포르투갈과 스페인은 전 세계를 통하여 많은 영향력을 행사하였고, 아울러 종교적으로 로마와의 계약, 이른바 포교상의 '보호권'에 의하여 복음 전파 활동에 있어서도 상당한 우위권을 갖고 있었다. 당시 교황청의 포교성성(布敎聖省)은 이러한 종교상의 우위권을 분쇄하기 위하여 프랑스 선교사들의 포교열(布敎熱)을 이용하여 1658년 선교단체의 설립은 물론, 1659년 팔뤼(F. Pallu)와 모트(P.L. de la Motte) 두 신부를 주교(代牧)로 임명한 뒤 그들을 샴(오늘의 태국)으로 파견하였다. 1664년에는 파리외방전교회의 신학교를 설립하였는데, 이는 교구사제뿐만 아니라 선교사제 희망자를 모든 교구로부터

모집하여 성직자로 양성한 후 아시아로 파견하였다.

② 한국진출: 1825년 사제를 요청하는 한국인 교우들의 편지를 접하게 된 교황은 1827년 9월 1일 파리외방전교회에 선교사의 파견을 요청하였다. 그러나 당시 한국 내에서는 외국인의 입국을 금지하였고, 파리외방전교회 역시 프랑스혁명 때문에 회원이 10여 명밖에 없었고 돈도 없었기 때문에 어려운 형편이었지만 방콕의 보좌주교이던 브뤼기에르(Bruguiere, 蘇) 주교는 한국 선교사를 자원하였다. 그는 1831년 9월 9일 교황 그레고리오 16세에 의해 초대 조선대목(朝鮮代牧)으로 임명되자 즉시 입국하기 위하여 여행을 떠나 3년이 지난 뒤 만주에 도착하였지만 한국 입국의 많은 어려움 때문에 1835년 10월 한국을 바라보면서 만주의 교우촌 마가자(馬架子)에서 사망하였다. 그러나 1836년 성 나 베드로(모방, Maubant) 신부와 성 정 야고보(샤스탕) 신부가 입국하였고 1837년 5월에는 2대 조선대목인 성 범 라우렌시오(앵베르) 주교가 입국하였다. 그들은 곧 파리외방전교회의 본래 목적에 따라 3명의 소년을 선발하여 마카오에 보내 교육을 받고 사제서품을 받을 수 있게 함으로써 1845년 최초의 한국인 사제 성 김대건(金大建, 안드레아) 신부가 배출되었다. 이에 앞서 1839년 1월 기해박해가 시작되면서 많은 신자들이 순교하였고 1839년 9월에는 마침내 파리외방전교회 선교사 3명도 새남터에서 순교하였다. 그 후 파리외방전교회 선교사들은 죽음을 무릅쓰고 한국의 입국을 시도하여 1845년 10월 3대 조선대목 페레올(Ferreol, 高) 주교, 성 안 안토니오(다블뤼) 신부가 성 김대건(金大建, 안드레아) 신부와 함께 충청도 강경(江景) 바닷가에 도착하였다. 1846년 병오박해를 치른 뒤 1866년 병인박해가 일어날 때까지 성 장 시메온(베르뇌) 주교를 비롯하여 메스트르(Maistre, 李), 프티니콜라(Petitnicolas, 朴), 푸르티에(Pourthie, 申), 페롱(Feron, 權), 성 백 유스토(브르트니에르), 성 서 루도비코(볼리외), 성 김 헨리코(도리), 성 민 루카(위앵) 신부 등이 계속 입국하였다. 하지만 1866년 병인년 대박해가 일어나자 대부분 순교하고 살아남은 3명 선교사도 중국으로 피신할 수밖에 없었고, 10년이 지난 1877년이 되어서야 다시 한국에 입국할 수가 있었다. 1886년 한불조약(韓佛條約)이 체결되자 파리외방전교회의 선교사들의 생명은 보장되었고, 포교활동에 있어서도 그 전보다는 훨씬 자유스럽게 되었다. 그리하여 그들은 더욱 활발한 포교활동을 전개하여 1911년에는 대구 대목구(大邱代牧區)를 분할 선정하여 파리 외방전교회의 드망즈(Demange, 安) 신부가 초대 대목으로 취임하였다. 이 밖에 한국 천주교회의 교계제도가 정착할 수 있도록 원산 대목구, 평양·연길·의란·전주·광주지목구(知牧區) 등을 분할 선정하여 1962년 한국인에 의한 정시 교계제도가 수립될 수 있도록 하였다. 또한 한국인 성직자 양성에도 주력하여 1910년 61명의 성직자 중 15명이 한국인이었는데 1920년에는 총 71명 중 30명이 한국인이었다. 1961년에는 총 516명 중 275명이 한국인이었다.

③ 한국 내에서의 주요 활동: 1836년 파리외방전교회의 선교사가 처음 한국에 입국한 뒤 제일 먼저 한국인 성직자 배출을 위하여 3명의 신학생을 선발하여 유학을 보낸 후 1853년

되었습니다. 이 주교는 조선 순교복자 79위의 시복식을 앞두고 1925년 5월 9일 교황 비오 11세에게 조선 천주교회의 설립은 근대 선교의 역사에서 독특한 예라고 보고하였습니다. 그는 조선 천주교회는 선교사가 직접 복음을 전파했던 것이 아니라, 조선인 학자들이 스스로 책을 읽고 깨닫고 노력하여 은총으로 세워진 것이라고 하였습니다.

8. 또한, 프랑스의 교회사가인 로네 (AdrienLaunay)는 일본인 학자 야마구치(仙口正之)가 조선교회의 시작에 관하여 이승훈 베드로와 같은 열성 있는 학자에 의해 탐구되어 종교적으로 나타났다고 말하는 것을 인정합니다. 하지만 야마구치가 그것은 단순하게 조선과 중국 간의 문화적인 종속관계에서 나온 자연스런 산물일 뿐이었다고 평가 절하한 것에 대해서는 반대하는 주장을 하였습니다. 그는 조선 천주교회가 하느님의 특별하신 계시로 창설된 것이지, 선교사의 열정에 의해서나 중국 또는 일본이나 베트남을 통해 선교함으로써 이루어진 것이 아니라고 주장하였습니다. 조선 사회에서의 천주교 신앙 공동체의 등장은 다른 나라에서의 교회 설립 과정과는 다른 특수성을 지니고 있습니다.

9. 무엇보다도 선교사의 입국 활동도 없이 일부 지식인들이 스스로 배우고 깨우친 결과 보유론적(補儒論的)인 입장에서 천주교 신앙을 받아들여 신앙 공동체를 탄생시켰던 점이 그러합니다. 이런 상황 속에서 성직자도 미사 전례도 없이 첨례(瞻禮)[44]로 신앙생활을 시작하였으며, 자발적으로 신앙 공동체를 확산시켜 나갔습니다. 이와 같은 역사적 배경이 있었기 때문에 신앙 공동체 설립 이후 오랜 세월에 걸친 박해에도 중국 교회처럼 퇴화되

---

충청도 배론(舟論)에 신학교를 설립하여 성직자 양성사업에 착수하였다. 이는 오래되지 않아 폐쇄되었지만 1885년 10월 강원도 원주 땅 부흥골에 다시 신학교를 설립한 후 1887년 서울 용산에 예수 성심신학교를 개설하였다. 즉 오늘날 서울 혜화동에 소재한 가톨릭대학 신학부의 모체가 된 것이다. 아울러 1914년 대구교구에 성 유스티노 신학교를 설립하여 서울과 대구에서 각각 한국인 성직자를 배출하여 한국 천주교회의 근간을 이루게 하였다. 신학교 교육뿐만 아니라 일반 교육에도 참여하여 1922년 '남대문상업학교'를 시작하였고, 1924년에는 이 학교 내에 을조(乙組)를 편성하여 소신학교를 운영하기도 하였다. 현재는 동성중고등학교로서 존속하고 있다. 한편 박해시대 때 회장과 공소(公所)를 중심으로 포교활동을 전개하면서 회장들을 비롯한 많은 신자들이 볼 수 있는 한글 본 신심 서적들을 저술해냈다

44) 천주교 신자의 가장 큰 의무는 주일과 파공첨례(罷工瞻禮), 즉 의무축일을 지키는 것이다. 이를 위해 박해시대의 신자들도 정기적으로 일정한 장소에 모여 기도문을 외우거나 성서 말씀을 들었는데, 이러한 의식을 보통 첨례(瞻禮)라고 불렀다.

지 않았고, 일본 기리시탄⁴⁵⁾ 교회(切支丹敎會)와 같이 지하로 숨어들어 가지도 않았습니다. 오히려 박해가 거듭될수록 신앙심이 심화되고 교세가 확대되었습니다. 말하자면 조선후기 천주교회는 이웃에 있는 중국·일본의 경우와는 다른 수용 과정과 발전 과정을 거쳤던 것입니다.

10. 자생적인 신앙 공동체가 성립된 이후에도 조선의 천주교회는 오랫동안 이른바 평신도 중심으로 신앙생활이 유지되었습니다. 성직자의 사목 활동과 성사와 전례를 중심으로 이어지는 가톨릭교회의 특성에 비추어 볼 때 이러한 점도 조선 천주교 수용 과정에서 나타난 특성 가운데 하나로 볼 수 있습니다. 이처럼 신자들의 자발적이고 적극적 참여로 신앙생활이 유지되었기에 숱한 박해를 받으면서도 중국이나 일본의 경우와 달리 지속되고 확산될 수 있었습니다. 그런 점에서 오늘날 가톨릭교회에서 전 세계적으로 활발하게 추진하고 있는 **평신도 사도직운동의 선구자**는 바로 조선 천주교회였다고 할 수 있습니다. 또한, 18세기 후반 유교적 가치가 지배하고 있던 조선사회에 그것과는 전혀 이질적인 가치를 신봉하는 천주교회가 설립되었습니다. 이와 같은 사실은 단순히 새로운 종교단체의 등장을 의미하는 데 그치는 것이 아니라, 더 나아가 한국사에서 근대의 시작을 알리는 신호탄이기도 하였습니다.

## 9. 한국 천주교회사에서 천주교회의 초기 교회지도자들의 활동은 어떠했나요?(1)

1. **하느님의 종 이승훈(李承薰, 베드로)**은 1785년(정조9년) 봄, **하느님의 종 이벽(李檗, 세례자요한)**, 이가환(李家煥), 정약용(丁若鏞, 요한), **복자 정약종(丁若鍾, 아우구스티노)**, 정약전(丁若銓, 안드레아)을 주축으로 명례동(현재의 명동)에 있는 **하느님의 종 김범우(金範禹, 토마스)**⁴⁶⁾의 집에서 조선 최초로 조선 천주교회를 설립하였습니다. 이벽 세례자

---

45) 기리스탄(吉利支丹, Kirishitan). 일본에서 그리스도교 또는 그 신자를 가리키는 말. 그리스도교를 뜻하는 포르투갈어 'cristão'에서 따온 말로, 특히 16, 17세기에 건너온 가톨릭 선교사나 가톨릭으로 개종한 일본인을 말한다. 현대 일본에서 그리스도교는 '기리스토쿄'라 불리운다.

46) 조선후기 을사추조적발사건과 관련된 천주교인. 한국 천주교회의 첫 번째 순교자. 세례명은 토마스. 역관의 집안에서 출생하였다. 학문을 좋아하여 하느님의 종 이벽(李檗, 세례자요한)과 친하게 지냈고, 그런 인연에서 이벽(李檗, 세례자요한)이 1784년 처음으로 천주교를 설교할 때 그의 권고로 천주교에 입교하였으며, 하느님의 종 이승훈(李承薰, 베드로)으로부터 세례를 받았다. 입교 후 천주교 신앙의 열렬한 전파자가 되어 두 동생, 즉 복자 김이우(金履禹,

요한은 남산골 명례방(明禮坊) 장악원(掌樂院) 앞에 위치한 김범우의 집에서 그들과 함께 신앙 집회를 가졌으며, 성서 한글 번역판을 발간하여 천주교인들에게 배포하였습니다. 그러나 이러한 천주교 활동은 오래가지 못했습니다. 이른바 을사추조적발사건(乙巳秋曹摘發事件)이 발생한 것입니다. 을사년(1785년) 형조판서 김화진(金華鎭)의 금리(禁吏)들이 명례방(명동성당 인근)에서 천주교 모임을 갖던 천주교인들을 적발하고 체포한 것입니다.

2. 금리(禁吏)들은 천주교 서적과 성화상 등 천주교 관련 서적과 물품들까지 모두 증거물로 압수하였습니다. 형조판서 김화진(金華鎭)은 이들이 사대부 가문의 자제들인 점을 고려하여 대부분 훈방조치하고 중인 출신인 김범우 토마스만을 투옥하였습니다. 이에 **하느님의 종 권일신(權日身, 프란치스코 하비에르)**과 이윤하(李潤夏, 마태오, **성녀 이순이 루갈다**의 아버지, 이익의 외손), 이총억(李寵億), 정섭(鄭涉) 등 천주교 신도들이 형조로 가서 김범우 토마스의 석방과 함께 성화상과 천주교 서적 반환을 요구하였으나 김화진(金華鎭) 형조판서는 김범우 토마스를 문초하고 경상도 밀양 단장으로 유배하였습니다. 이 사

---

바르나바)와 복자 김현우(金顯禹, 마태오)를 입교시켰다. 중인과 양반은 물론 같은 역관 집안에서 여러 사람을 개종시켰다. 또한 장악원(掌樂院) 앞 그의 집에서 천주교 집회를 자주 가졌다. 하느님의 종 이승훈(李承薰, 베드로)과 정약전(丁若銓, 안드레아)·복자 정약종(丁若鍾, 아우구스티노)·정약용(丁若鏞, 요한) 삼형제 및 하느님의 종 권일신(權日身, 프란치스코 하비에르), 권철신(權哲身, 암브로시오) 형제 등 양반과 중인 수십 명이 모여 하느님의 종 이벽(李檗, 세례자요한)의 설교를 듣고 있을 때, 마침 그곳을 지나던 형조의 관리가 도박으로 의심하고 수색한 끝에 예수 화상(畵像)과 천주교 서적들을 압수하여 형조에 바치게 되었다. 형조판서 김화진(金華鎭)은 사대부 자제들은 알아듣게 타일러 돌려보내고 하느님의 종 김범우(金範禹, 토마스) 만을 가두었다. 이것이 1785년 봄에 일어난 을사추조적발사건(乙巳秋曹摘發事件)이었다. 이에 하느님의 종 권일신(權日身, 프란치스코 하비에르)은 그의 아들 복자 권상문(세바스티아노)과 이윤하(李潤夏, 마태오)·이총억(李寵億)·정섭(鄭涉) 등 5인을 거느리고 형조로 들어가 하느님의 종 김범우(金範禹, 토마스)와 같은 교인이라고 하며 성상(聖像)의 반환을 요구하였다. 형조판서는 그들이 사대부의 자제이므로 그들을 타일러 돌려보내는 데 그쳤고, 하느님의 종 김범우(金範禹, 토마스)만은 천주교 신봉 여부를 다짐하는 판서의 심문에 "서학에는 좋은 곳이 많고 그른 곳을 모른다."고 대답하여 마침내 경상도 밀양 단장(丹場)으로 유배되었다. 그리고 그가 소장했던 책자를 모두 형조의 뜰에서 불사르고 서학을 금하는 효유문을 전국에 돌렸는데, 이것은 천주교를 공공연하게 공격하고 금한 최초의 공문서가 되었다. 한편, 유배된 뒤에도 계속 천주교를 신봉하면서 큰소리로 기도하고 전도하였으나, 장형(杖刑)을 당한 상처의 악화로 유배된 지 1년 만에 죽었다.

건을 접한 반대파의 태학생[太學生: 조선 때, 성균관에서 기거하며 공부하던 유생. 주로 장의(掌議) 이하 생원(生員)·진사(進士)의 총칭가운데 이용서(李龍舒), 정숙(鄭淑) 등이 위정척사(衛正斥邪)[47]의 통문을 배포하고 천주교 배척 수위를 한층 더 강화하였습니다.

3. 천주교가 조정으로부터 불신을 받고 제재대상이 되자 이벽 세례자요한과 이승훈 베드로는 가족들의 요구를 이기지 못하고 척사문(斥邪文)을 작성하는 등 배교를 선언하게 되었습니다. 그러나 이승훈 베드로로부터 토마스라는 세례명으로 세례를 받은 김범우 토마스는 유배생활 1년 만에 고문의 여독을 이기지 못하고 사망함으로써 한국교회 최초의 순교자가 되었습니다. 순교자가 된 김범우 토마스와 달리 이벽 세례자요한은 배교행위로 인한 양심의 가책을 극복하지 못한 채 1786년 봄 열병으로 사망하였습니다. 1786년 일시적으로 천주교 박해가 중지되었을 때 이승훈 베드로를 중심으로 천주교를 떠났던 사람들이 다시 모여들기 시작하였습니다.

4. 환난을 경험한 조선인 천주교도들은 교회를 이끌어 갈수 있는 지도자가 필요하다는 것에 공감하였습니다. 천주교 지도자들은 회의를 거듭한 끝에 이승훈 베드로, **복자 유항검(柳恒儉, 아우구스티노)**, **복자 최창현(崔昌顯, 요한)**, 하느님의 종 이존창(李存昌, 루도비코 곤자가), 권일신 프란치스코 하비에르, **복자 홍낙민(洪樂敏, 루카)**, 정약전 안드레아, 정약종 아우구스티노, **복자 윤지충(尹持忠, 바오로)**, 김범우 토마스 등 10여 명을 신부로 선정하여 활동하였습니다. 이것은 가성직제도(假聖職制度)[48]라는 독자적인 성직제

---

47) 위정척사(衛正斥邪)는 조선 후기에 일어난 사회운동으로, 정학(正學)인 성리학과 정도(正道)인 성리학적 질서를 수호하고(위정), 성리학 이외의 모든 종교와 사상을 사학(邪學)으로 보아서 배격하는(척사) 운동이다. 이 운동을 하는 정치세력을 위정척사파라 부르기도 하는데, 이는 유교 학파이기도 하다. 또한 전통 사회 체제를 고수했으므로 수구당이라고 불렸으며, 이는 1870년대 이후의 수구당이나 수구파와는 다르다.

48) 한국교회사연구소, 「한국천주교회사」, 2015, 270-289 참조.
　　초기 한국 천주교회에서 평신도들이 성직자의 고유한 성무(聖務)를 집행했던 제도.
　① 한국 천주교회 창설기인 1786년부터 1787년경까지 이승훈(李承薰, 베드로), 권일신(權日身, 프란치스코 하비에르), 유항검(柳恒儉, 아우구스티노), 홍낙민(洪樂敏, 루카) 등 10여 명의 지도급 인물들이 약 2년간 신품(神品)을 안 받은 채 사제(신부)로서 미사 성제를 드리고 고해 등 각종 성사를 집전하였다. 1784년 이승훈(李承薰, 베드로)이 북경에서 베드로라는 본명으로 세례를 받고 돌아온 이래 그를 북경으로 가게 했던 남인 학자 이벽(李檗, 세례자 요한)을 중심으로 권일신(權日身, 프란치스코 하비에르), 정약전(丁若銓, 안드레아)·정약종(丁若鍾, 아우구스티노)·정약용(丁若鏞, 요한) 3형제, 이존창(李存昌, 루도비코 곤자가),

도로서 조선 천주교회의 적극적인 활동을 위해서는 반드시 필요한 조치라고 판단하였습니다. 1790년 자치적 교회의 존재와 조상제사에 대한 교리해석과 성직자 파견을 부탁하러 북경을 방문하였던 **복자 윤유일(尹有一, 바오로)**은 열정적인 신앙에 대해 칭찬과 위로의 메시지를 전달받았습니다. 하지만 가성직제도는 교회법에 위배된다는 것과 제사금지령과 함께 자치교회에 대한 부정적인 답변을 기록한 북경 교구장 알렉산드르 구베아(Alexander de Gouvea) 선교사의 서신을 갖고 입국하였습니다.

5. 청나라에서 선교를 시작한 예수회는 청나라의 유교적인 세계관과 문화융합정책으로 조상제사를 단순한 문화적 의식으로 간주하여 관용적 태도를 취했습니다. 그러나 후발주자로 청나라에 입성한 프란체스코회와 도미니크회 선교사들은 유교제사를 용납하지 않

---

홍낙민(洪樂敏, 루카), 유항검(柳恒儉, 아우구스티노), 김범우(金範禹, 토마스) 등 양반 및 중인 신분 사람들이 차례로 입교함으로써 창설된 한국 교회는 처음 서울 명례방(明禮坊)(지금의 명동성당 인근)에 있던 김범우(金範禹, 토마스)의 집을 집회 장소로 삼아 주일과 축일을 지내왔으나 그때까지는 아직 이런 제도는 실시되지 않았다.

② 이 제도는 1785년 일어난 박해, 즉 을사추조적발사건으로 김범우(金範禹, 토마스)가 유배되어 순교하고, 주도 인물이었던 이벽(李檗, 세례자 요한)이 타의로나마 은거하게 된 뒤, 북경에 가서 직접 성직자들의 성사 집행 광경을 보고 온 이승훈(李承勳, 베드로)에 의해 교회 발전책으로 제의되어 채택되었다. 달레의 「한국천주교회사」와 「사학징의」에 실린 「유관검 공초」를 보면 먼저 이승훈(李承勳, 베드로)이 신부로 선출되었고 권일신(權日身, 프란치스코 하비에르), 이존창(李存昌, 루도비코 곤자가), 유항검(柳恒儉, 아우구스티노), 최창현(崔昌顯, 요한), 홍낙민(洪樂敏, 루카), 정약전(丁若銓, 안드레아), 정약종(丁若鍾, 아우구스티노), 윤지충(尹持忠, 바오로), 김범우(金範禹, 토마스) 등이 신부로 활동하였을 것이다. 그러나 유항검(柳恒儉, 아우구스티노)이 교리서를 자세히 연구하여 본 결과 신부의 자격과 신부를 임명한 것이 효력이 있느냐 없느냐에 대하여 큰 의심을 품게 되어 성사를 중단하고 북경 주교에게 이 문제에 대해 문의하는 편지를 쓰기로 결정하였다. 이 편지는 이승훈(李承勳, 베드로)과 권일신(權日身, 프란치스코 하비에르)의 이름으로 쓰여 1789년 10월(음), 권일신(權日身, 프란치스코 하비에르)의 제자 윤유일(尹有一, 바오로)을 통해 북경의 북당 선교사들에게 전달되었으며 이승훈(李承勳, 베드로) 등은 1790년 윤유일(尹有一, 바오로)로부터 북당(北堂) 선교사들의 회답을 받을 수 있었다. 이 회답에서 선교사들은 성사를 마구 집전한 것을 무지로 돌리고 아무런 책망도 하지 않았다. 그러나 진정한 통회로써 구원을 얻도록 노력할 것이고, 구원의 가장 확실한 길은 성직자를 영입하는 것이므로 그 조속한 실현을 권고하였다. 이로써 한국의 평신도들은 성품성사를 받은 성직자가 교회에 필요함을 비로소 인식하고 북경 교회에 선교사 파견을 요청하기 위해 윤유일(尹有一, 바오로)을 다시 밀사로 북경에 파견하게 되었다.

앉습니다. 이러한 분열정책으로 청나라 내부의 천주교 신도들에게도 혼란이 초래되었습니다. 결국 로마 교황청으로 넘어간 이 논쟁은 17세기 동양선교 방법론적인 측면에서 논쟁이 있었습니다. 그러나 교황 클레멘스 14세는 제사문제와 관련하여 프란체스코회와 도미니크회를 지지하였고, 1773년에는 예수회를 해체하였습니다.

6. 이승훈 베드로는 1790년 음력10월, 의금부 도사와 1791년 평택현감으로 재직 중 복자 윤지충(尹持忠, 바오로), **복자 권상연(權尙然, 야고보)**의 모친상 제사 거부로 비롯된 진산사건(珍山事件)[49]이 발생하였습니다. 이기경 등의 유생들의 상소로 이승훈 베드로는 관직을 박탈당하고 투옥되었으나 세 번째 배교를 하여 석방되었습니다. 천주교의 제사 금지령(1790년, 구베아선교사 교지)에 따라 1791년 5월, 전라도 진산지역 윤지충 바오로 모친상에 대한 조상제례를 거부하고 외사촌인 권상연 야고보와 함께 신주를 불태우고 천주교 의식을 강행함으로서 이른바 신해 진산의 변이 발생하게 된 것입니다.

---

49) 1791년(정조 15년) 신해박해의 계기가 된 사건으로 전라도 진산(珍山)에서 천주교인 윤지충(尹持忠, 바오로)과 권상연(權尙然, 야고보)이 제사를 폐하고 신주(神主)를 불태워 버린 폐제분주(廢祭焚主) 사건을 말한다. 1790년 말 북경 교구장 구베아(Gouvea, 중국명 湯士選) 주교는 조선교회에 제사 금지령을 내렸다. 이 명령에 따라 윤지충(尹持忠, 바오로)은 1791년 5월(음) 모친 권씨의 상(喪)을 당한 후 이해 8월(음) 그믐에 제사를 폐하고 신주를 불태워 땅에 묻었고 윤지충(尹持忠, 바오로)의 외종사촌 권상연(權尙然, 야고보)도 죽은 고모의 신주를 불태워 윤지충(尹持忠, 바오로)과 보조를 같이 하였다. 그러나 이 사실을 안 친척과 이웃 주민들이 두 사람을 무군무부(無君無父)의 불효자로 고발함으로써 사건은 서울에까지 알려지게 되었는데 조정에서는 이 사건을 충효의 유교 이념을 국시로 하는 조선사회에 대한 도전으로 받아들였다. 그리하여 척사자 홍낙안(洪樂安)이 진산 군수 신사원(申史源)에게 사건의 처리를 독촉하는 편지를 보내고 좌상(左相) 채제공(蔡濟恭)에게는 윤지충(尹持忠, 바오로)과 권상연(權尙然, 야고보)의 처형을 요청하는 장서(長書)를 올리자 이를 시작으로 조정에서는 윤지충(尹持忠, 바오로)과 권상연(權尙然, 야고보)의 처형을 비롯하여 천주교 탄압의 상소가 끊이지 않게 되었다. 한편 홍낙안(洪樂安)의 편지를 받고 이미 광주와 한산으로 피신한 윤지충(尹持忠, 바오로)과 권상연(權尙然, 야고보)의 집을 수색하던 신사원은 신주함이 비어 있는 것을 발견하고 윤지충(尹持忠, 바오로)과 권상연(權尙然, 야고보)의 체포령을 내렸으나 피신해 있던 두 사람은 10월 26일(음) 신사원에게 자수했고 전주 감영으로 이송되어 그곳에서 문초를 받았다. 문초 중 두 사람은 제사를 폐하고 신주를 불태운 사실을 고백하고 그것이 천주교 교리에 따른 행동이었음을 밝혔고 결국 배교를 거부한 끝에 12월 8일(음 11월 13일) 처형당하였다. 사건은 이것으로 일단락되었으나 이 사건의 영향으로 이승훈(李承薰, 베드로), 권일신(權日身, 프란치스코 하비에르)이 체포되고 최필공(崔必恭, 토마스) 등 10여 명의 천주교인이 투옥되는 신해박해가 일어나게 되었다.

7. 천주교(신서파)에 대하여 공세적인 입장을 갖고 있던 공서파는 윤지충 바오로의 행위에 대하여 유교사회의 근간을 흔들고 제례질서를 파괴하는 패륜임을 주장하였습니다. 동시에 불효 불충으로 처벌의 불가피성을 주장하였는데, 이에 따라 조정에서는 그들을 체포하였습니다. 체포된 후에도 윤지충 바오로는 제사가 허례의식이라며 끝까지 천주교 교리의 정당성을 주장하다가 권상연 야고보와 함께 역모 죄로 순교하였습니다. 한편 1794년 청나라에서 **복자 주문모(周文謨, 야고보) 신부**가 한양에 도착하여 전도활동을 할 즈음에 이승훈 베드로는 교회와 다시 재출발을 다짐하였습니다. 그러나 1795년 윤유일 바오로, **복자 최인길(崔仁吉, 마티아)**, **복자 지황(池璜, 사바)** 등이 체포되어 순교하자 이들과 연루되었다는 이유로 다시 투옥, 충청도 예산으로 유배되었습니다. 1796년 유배지에서 돌아온 이승훈 베드로는 정치적인 이해관계 속에서 또다시 천주교 활동이 족쇄가 되어 조정으로부터 극심한 탄압을 받게 되었습니다.

8. 1801년 순조왕 즉위 후 정순왕후와 삼환지 등 벽파세력은 남인 시파가 천주교와 밀접한 관련성이 있다고 주장하며 신유사옥(辛酉邪獄)을 일으켰습니다. 이 일이 계기가 되어 이승훈 베드로는 정약종 아우구스티노, 최창현 요한, **복자 최필공(崔必恭, 토마스)**, **복자 홍교만(洪敎萬, 프란치스코 하비에르)**, 홍낙민 루카 등과 함께 구서전법(購書傳法), 밀통양인(密通洋人), 잠모가환(潛謀家煥)의 죄목으로 서소문 밖에서 참수형을 당하였습니다. 그 후 아들 이신규(李身逵, 마티아)와 손자 이재의(李在誼, 토마스)가 1866년에 순교를 당하고 증손자인 이연구(李蓮龜), 이균구(李筠龜)가 1871년에 순교함으로서 4대에 걸친 순교자가 나왔습니다.

9. 이승훈 베드로는 천주교의 최초의 세례자로 천주교 신앙을 조선에 전파하는데 많은 공헌을 하였습니다. 또한 힘든 환경과 환난에 세 번씩이나 배교행위를 함으로서 자신의 세례명 베드로와 같은 굴절된 삶의 시간들을 겪었습니다. 그러나 그는 베드로라는 세례명처럼 조선 천주교회의 출발점을 이루었고, 결국 자신은 물론 4대를 이어가며 순교자를 계승한 것은 천주교 역사상 매우 이례적인 헌신이었음을 말해줍니다. 조선 천주교회는 북경에서 가지고 온 서적을 중심으로 자생적으로 공부하고 학습하며 전도함으로서 초기 선교의 햇불을 일으킨 선교사상 빛나는 역사가 되었습니다. 이것을 계기로 조선 땅에는 유교적 전통을 흔드는 새로운 종교탄생을 예고하고 있었습니다.

## 10. 한국 천주교회사에서 천주교회의 초기 교회지도자들의 활동은 어떠했나요?(II)

1. 초기 조선 천주교회의 지도자 중에 한 사람인 **하느님의 종 황사영(黃嗣永, 알렉시오, 1775-1801년)**은 남인 명문가문 황석범(黃錫範)의 유복자로 출생하였습니다. 1790년(정

조14년) 16세 때 진사시에 급제하여 진사가 되었으며, **복자 정약종(丁若鍾, 아우구스티노)**의 맏형인 정약현(丁若鉉)의 딸 정명련(丁命蓮, 丁蘭珠, 마리아)과 결혼하였습니다. 이듬해인 1791년 **하느님의 종 이승훈(李承薰, 베드로)**으로 부터 천주교 서적을 받아 탐독하고 정약종(丁若鍾, 아우구스티노), **복자 홍낙민(洪樂敏, 루카)**과 상의한 후 알렉시오(Alexius)라는 세례명으로 영세 입교하였습니다. 그러나 그해 10월, 진산사건(珍山事件)을 계기로 신해박해(辛亥迫害)가 발생하여 친척들로부터 탄압을 받았으며 관직을 박탈하고 본격적인 천주교 활동에 전념하였습니다.

2. 1795년에 그는 **복자 최인길(崔仁吉, 마티아)**의 자택에서 **복자 주문모(周文謨, 야고보) 신부**를 접견하고 자신이 조직한 명도회(明道會)[50](회장: 정약종 아우구스티노)의 하부 조직

---

[50] 한국 천주교회 초기에 중국인 복자 주문모(周文謨, 야고보) 신부에 의해 세워진 평신도들의 교리 연구 및 전교 단체이다. 1795년 최초의 선교사로 조선에 입국하는데 성공한 복자 주문모(周文謨, 야고보) 신부는 오래전부터 북경에 세워져 있는 신심조직과 비슷한 회의 본을 떠서 천주교 교리를 가르치는 회라는 뜻의 이 회를 조직하고 초대회장으로는 복자 정약종(丁若鍾, 아우구스티노)을 임명하였다. 명도회원들은 우선 자신들이 천주교에 대해 깊은 지식을 얻도록 노력하고 다음으로는 그것을 교우와 외교인들에게 전파하도록 서로 격려하고 서로 도와주었다. 복자 주문모(周文謨, 야고보) 신부는 이 회를 위하여 개최되는 장소, 사회자의 임명, 남녀가 유별될 것 등을 규정해 주었으며 명도회는 점차 전국으로 확산되어 많은 성과를 거두었다. 엄격한 내용으로 되어있는 '명도회규(明道會規)'도 복자 주문모(周文謨, 야고보) 신부가 직접 만들어 시행케 했는데, 그 회규 자체는 오늘날 전해진 것이 없다. 복자 주문모(周文謨, 야고보) 신부에 의하여 임명된 명도회의 사회자는 회원들에게 매월 그 달의 주보성인(主保聖人)이 지정되어 있는 회원권을 나누어 주었다. 명도회에 가입하는 절차이기도 한 이러한 회원권 제도를 당시의 신자들은 보명(報名)이라고 불렀는데, 보명이란 열심한 신자를 신부에게 알리면 신부가 교회의 성인 이름을 따라 지어 보내고 연말에 가서 신자의 부지런함 여부와 전교 성과 등을 신부에게 보고하는 것을 의미하였다. 또한 이에 관해 다른 기록은 "먼저 이름자를 보고하고 신공(神功)을 하는데, 신공을 부지런히 한 사람은 입회가 허락되고 부지런히 하지 않은 사람은 제명된다."라고 말하고 있다. 당시 교회의 지도급 인사였고 명도회의 핵심 멤버이기도 했던 하느님의 종 황사영(黃嗣永, 알렉시오)에 의하면 명도회의 집회 장소로는 육회(六會), 즉 여섯 군데가 있었는데, 그중 다섯 곳은 복지 홍필주(洪弼周, 필립보), 복자 홍익만(洪翼萬, 안토니오), 김여행(金勵行), 복자 현계흠(玄啓欽, 가롤로), 하느님의 종 황사영(黃嗣永, 알렉시오)의 집이었다고 한다. 그들은 첨례(瞻禮) 때마다 신도들과 같이 육회에 참석하여 포교에 힘썼으며 육회는 각각 3, 4명 내지 5, 6명의 회원으로 구성되어 있었다. 하느님의 종 황사영(黃嗣永, 알렉시오)에 따르면 그가 맡았던 모임은 자신을 필두로 남송로(南松老), 최태산(崔太山), 손인원(孫仁遠), 조신행(趙愼行), 이재신(李在新) 등 6명의 회원으로 구성되었었

인 육회(六會)의 지도자가 되었습니다. 남송로(南松老), 최태산(崔太山), 손인원(孫仁遠), 조신행(趙愼行), 이재신(李在新)과 함께 황사영 알렉시오는 육회(六會)를 운영하며 교리연구와 전도활동의 중심에 서 있었습니다. 1796년 북경 주교에게 해로를 통한 서양 선교사의 파견을 요청하는 서한을 발송하는 등 황사영 알렉시오의 천주교회 내 위치는 보다 확고해졌습니다. 1801년 신유박해가 일어나자 정약종 아우구스티노 등 교회의 지도자들이 체포되었고, 황사영 알렉시오에 대한 체포령이 전국적으로 하달되었습니다.

3. 체포를 피해 충북 제천으로 피신한 그는 김한빈의 처소와 김귀동의 자택에서 은거하며 박해상황을 기록하였습니다. 1798년과 1799년 쇄마구인(刷馬驅人)[51]의 주선으로 야고보 신부의 서한을 구베아 주교에게 전달한 경험이 있는 **하느님의 종 황심(黃沁, 토마스)**을 통하여 백서를 북경 주교에게 전달하려다가 실패하고 1801년 11월 5일 서소문 밖에서 순교하였습니다. 황사영 알렉시오의 가산은 모두 몰수되고 모친은 거제도에, 아내는 제주도에, 자녀들은 추자도에 각각 뿔뿔이 흩어지는 유배형을 당하였습니다. 황사영 알렉시오의 백서로 인하여 천주교와 신도들이 모반대역(謀叛大逆)[52]에 연루되고 이로 인하여 감옥에서 300여명의 순교자가 나왔습니다.[53]

---

으며 그중 조신행과 이재신은 양반, 손인원은 중인이었다고 한다. 지방에서의 명도회 활동은 자료의 부족으로 분명치 않으나 서울에서만은 놀라운 성과를 거두었음이 확실한데 「황사영백서」(黃嗣永帛書)는 이에 관해 "회원들은 물론이고 신자들도 이에 감화되어 모두 전교를 일삼았으므로 경신년(庚申年, 1800년) 가을과 겨울에 걸쳐 하루하루 입교자가 불어나갔다"고 기록하고 있다. 명도회는 1801년 신유박해 때 복자 주문모(周文謨, 야고보) 신부와 복자 정약종(丁若鍾, 아우구스티노) 회장 등 간부가 모조리 순교하는 바람에 자연 그 활동이 침체될 수밖에 없었으나 1827년의 순교자 복자 이경언(李景彦, 바오로)이 명도회원들에게 보낸 서한 등으로 미루어 그 후에도 이 조직이 꾸준히 존속된 것은 확실하다. 현재 각 교구 내에서 활동하고 있는 '명도회' 또는 '명도원' 같은 단체는 이름만 같을 뿐, 이 명도회와 직접 관계가 있는 것은 아니다.

51) 지방에 배치하여 둔 관용 말을 몰던 사람.
52) 모반대역(謀叛大逆)은 오늘날로 치면 쿠데타, 반란, 국가전복 행위 등을 의미하는데, 이때 대역 죄인을 능지처참에 처할 뿐만 아니라 죄인 가족들도 연좌 처벌을 하였다.
53) 「황사영 백서」가 발각됨으로 말미암아 야기된 천주교 탄압 사건으로서, 신유박해의 마지막 단계에 해당된다. 이로써 복자 주문모(周文謨, 야고보) 신부의 자수와 처형 이후 소강상태에 들어갔던 천주교에 대한 박해가 다시 크게 일어났다. 1801년 9월 26일(음) 하느님의 종 황사영(黃嗣永, 알렉시오)이 체포됨으로써 이 사건은 본격적으로 전개되었다. 또한 이들의 체포에 앞서 황심(黃沁, 토마스)과 가까웠던 옥천희(玉千禧, 요한)가 체포되어 이들을 함께 국문하

4. 황사영 알렉시오의 백서(黃嗣永帛書)는 가로 62cm, 세로 38cm의 백색 명주에 122행 13,311글자에 달하는 방대한 비밀 보고서로 서론(1-6행), 본론(7-90행), 결론과 대안제시(91-122행)순으로 되어 있었습니다. 백서는 1785년 이후의 교회 사정과 박해와 교회 관계 사건들을 정리한 보고서 형태로 되어 있습니다. 대안제시 부문에서는 현실적인 요구사항도 있지만 청나라가 종주권을 행사하여 조선인의 신앙자유를 획득해 줄 것과, 서양 군함 수백 척과 6만 명의 군인을 동원하여 조선의 신앙자유를 강압해 줄 것과, 그리고 신앙자유를 위해 조선을 중국의 한 성으로 편입해 줄 것 등과 같은 다소 황당한 요구가 포함되어 있었습니다. 황사영 백서는 1801년 의금부에서 보관하던 것을 1894년에 조선 교구장인 뮈텔(Mutel, 閔德孝) 주교에게 전달되었습니다. 그 후 1925년 7월 5일 로마

---

게 되었다. 사건이 발생한 직후 황심(黃沁, 토마스), 옥천희(玉千禧, 요한), 김한빈(金漢彬, 베드로) 등 관련인들은 형조에서 취조를 받았고, 사건의 주범인 하느님의 종 황사영(黃嗣永, 알렉시오)은 의금부에 구금되었다. 하느님의 종 황사영(黃嗣永, 알렉시오)에 대한 신문은 10월 9일(음)에 시작되었다. 그의 신문이 체포 이후 10여 일간 지체되었던 것은 사건의 중요성으로 인해 이 사건과의 관련 사항을 파악하고 사건에 대한 대안을 사전에 마련하려 했기 때문이다. 신문은 주로 '대안제시'의 반역적 요소를 추궁하는 측면에서 진행되었다. 그리고 하느님의 종 황사영(黃嗣永, 알렉시오) 개인 및 그 사건과 관련된 인물들을 찾아내려 하였고, 백서의 사본이 청국에 전달되었을 가능성 등을 집중적으로 신문하였다. 신문의 결과 황심(黃沁, 토마스)과 김한빈(金漢彬, 베드로)은 10월 23일(음) 서소문 밖에서 처형되었다. 황심(黃沁, 토마스)에게 적용된 죄명은 모역동참죄(謀逆同參罪)였으며, 김한빈(金漢彬, 베드로)은 지정은장죄(知情隱藏罪)가 적용되었다. 그리고 11월 5일(음) 이 사건의 중심인물인 하느님의 종 황사영(黃嗣永, 알렉시오)은 궁흉극악 대역부도죄(窮凶極惡大逆不道罪)로 서소문 밖에서 능지처참되었다. 또한 김귀동 및 그 밖의 관계자와 가족들이 처벌됨으로써 이 사건은 마무리되었다. 한편, 조선 조정에서는 1801년 10월(음)에 파견된 동지사에게 천주교 탄압의 정당성을 설명하는 진주사(陳奏使)의 임무도 부여해 주었다. 이때 파견된 진주사 조윤대(曺允大) 일행은 토사주문(討邪奏文)과 함께 「황사영 백서」(黃嗣永 帛書)의 내용을 16행 923자로 축소하여 청국의 예부에 보고하였다. 이 축소본을 흔히 「가백서」(假帛書)라 부르고 있다. 이 「가백서」에는 청국의 조선 감호책(監護策)이나 종주권(宗主權) 발동 등에 관한 내용은 완전 삭제시켰으며, 서양 선박의 요청 사실과, 월경통신(越境通信) 등의 사실을 이조흉계(二條凶計)로 시작하였다. 「황사영 백서」가 발각된 이후 청국인 복자 주문모(周文謨, 야고보) 신부의 처형 사실이 청국에 알려질 가능성이 높다고 조정에서는 판단하게 되었다. 이에 조선 정부는 진주사를 파견하여 신유박해 전반에 관한 청국의 이해를 촉구하고, 복자 주문모(周文謨, 야고보) 신부의 처형에 따를 수 있는 청국 측의 반발을 예방하고자 하였던 것이다. 진주사 조윤대의 파견은 「황사영 백서」 사건을 외교적 측면에서도 마무리 짓는 것이었다.

에서 거행된 한국 순교복자 79위 시복식 때 교황 바오로 11세에게 전달되어 현재에는 로마 교황청 민속박물관에 소장되어 있습니다.

11. 한국 천주교회사에서 주문모 신부의 입국 후 조선 천주교회는 어떻게 변했나요?

1. 환난 속에서 어렵게 유지되던 조선 천주교회는 청나라 천주교회에 성직자를 보내 줄 것을 요청하였습니다. 1794년(정조18년) 청나라에 있던 천주교회 사제인 **복자 주문모(周文謨, 야고보) 신부**가 조선 천주교인 **복자 윤유일(尹有一, 바오로)**과 **복자 지황(池璜, 사바)**의 도움을 받아 최초로 입국하였습니다. 감시를 피해 북경에서 압록강까지 오는 데에 10개월이 걸렸는데, 마침내 한양도성 북촌 계동에 위치한 역관 **복자 최인길(崔仁吉, 마티아)**의 가택에서 처음으로 천주교 미사를 집전하였습니다.

2. 1795년 6월까지 세례성사와 전교를 실시하였으나 한영익(韓永益)이 배교하여 밀고를 함으로써 체포령이 내려졌습니다. 그러나 역관 최인길 마티아의 도움으로 겨우 피신하였고, 그 후 여성 교우 **복자 강완숙(姜完淑, 골롬바, 1760-1801년, 신유박해 때 순교)**이 자신의 집을 은신처로 제공하였지만 위험이 항상 계속되었습니다. 을묘박해 때 주문모 야고보 신부를 대신하여 검거된 역관 지황 사바와 윤유일 바오로가 체포되어 순교하였습니다. 그 후 주문모 야고보 신부는 자신의 생명을 구하고 은신처를 제공한 강완숙 골롬바에게 세례를 베풀고, 조선 천주교회 최초의 여성회장으로 임명하였으며 여성 선교활동을 가속화하였습니다.

3. 이로 인하여 강완숙 골롬바의 여종들과 은언군[54]의 부인 **하느님의 종 송(宋) 마리아**[55]

---

54) 은언군은 사도세자의 서자로 10세에 은언군에 봉군되었다. 1771년(영조 47년) 바람직하지 않은 행실로 은신군 진과 함께 관직에 기용되지 못한다는 처벌을 받고, 이어 시전 상인들에게 진 빚을 갚지 않았다 하여 은신군과 함께 충청도 직산에 유배되었다. 이어 제주도로 유배되었다가 1774년 풀려났다. 1776년 영조가 죽자 수릉관에 임명되고, 이듬해 흥록대부가 되었다. 당시 실권자이던 홍국영이 은언군의 맏아들 담을 죽은 원빈의 양자로 삼아 완풍군이라 하고 왕위를 잇게 하려 했다. 그러나 담은 홍국영과 틀어져 오히려 모반죄로 몰려 유폐되고, 1786년 독살되었다. 이 일로 은언군도 정조의 명에 따라 강화도로 옮겨져 살게 되었다. 1801년(순조1년) 신유사옥 때 처 송(宋)씨와 담의 처인 며느리 신(申)씨가 천주교도라 하여 붙잡혀 죽고, 그도 사사(賜死)되었다. 1849년 손자 원범이 철종으로 즉위하자 신원되었다.

55) 송(宋) 마리아(1753-1801년). 순교자. 이름은 미상. 순조의 서백부(庶伯父) 은언군 이인의 처. 여회장 복자 강완숙(姜完淑, 골롬바)의 전교로 며느리 신(申) 마리아와 함께 입교하였다. 남편 이인이 강화에 유배 중이었기 때문에 폐궁에 기거하면서 자주 복자 주문모(周文謨, 야고보)

씨, 자부 **하느님의 종 신(申) 마리아**[56]씨가 세례를 받는 등 많은 여성들이 천주교를 믿게 되었습니다. 강완숙 골룸바는 양반 신분인 점을 활용하여 천주교회는 양반사회를 중심으로 확산되기에 이르렀습니다. 강완숙 골룸바는 충청 예산의 양반 가문의 딸로 출생하여 덕산 홍지영의 후실로 출가한 후 천주교에 입교하였습니다. 강완숙 골룸바는 덕산 자택 나무 광(세간이나 그 밖의 여러 가지 물건을 넣어 두는 곳) 은신처에 주문모 야고보 신부를 숨기고 선교활동 전면에 나서서 일을 대신하였습니다. 불신자인 남편의 반대로 시모와 딸과 전실 자녀들을 데리고 한양으로 이사한 후 주문모 야고보 신부를 철저히 보호하며 선교활동을 계속하였습니다.

4. 여성이 천대받던 시절 강완숙 골룸바, 한 여인을 통하여 조선 천주교회는 급성장을 이루었고 주문모 야고보 신부의 선교활동도 가능하였습니다. 주문모 야고보 신부는 명도회(明道會)라는 교리연구회를 조직하여 **복자 정약종(丁若鍾, 아우구스티노)**을 초대회장에 임명하고 **하느님의 종 황사영(黃嗣永 알렉시오)**, **복자 홍필주(洪弼周, 필립보)**, **복자 한계흠(玄啓欽, 플로로)**, **복자 홍익만(洪翼萬, 안토니오)** 등을 명도회 하부조직인 육회(六會)의 책임자로 임명하여 교리연구는 물론 전도에 주력하도록 하였습니다. 은언군의 부인 송마리아와 자부 신마리아는 은언군이 강화도에 유배를 가자 더욱더 신앙생활에 증진하며 전도활동에 힘을 기울였습니다. 이에 정순왕후(貞純王后)[57]는 송마리아와 신마

---

신부와 접촉했다. 1801년 신유박해가 일어났을 때에는 복자 주문모(周文謨, 야고보) 신부를 숨겨주기도 하였다. 그러나 복자 주문모(周文謨, 야고보)가 자수한 후, 복자 주문모(周文謨, 야고보)를 숨겨준 사실과 천주교인이라는 사실이 탄로나 1801년 4월 19일(음 3월 16일) 며느리 신(申) 마리아와 함께 사약을 받고 순교하였다. 강화에 유배 중이던 은언군 이인도 천주교와 무관함에도 불구하고 이 사건으로 인해 사사(賜死)되었다. 133위 하느님의 종의 한 분으로 시복 절차가 진행 중에 있다.

56) 신(申) 마리아(?-1801년). 순교자. 이름은 미상. 순조의 서백부(庶伯父)의 은언군 이인의 맏아들 담의 처. 여회장 복자 강완숙(姜完淑, 골룸바)의 전교로 시모 송(宋) 마리아와 함께 입교하였다. 시부 이인이 역모에 연루되어 강화에 유배되었기 때문에 폐궁인 양제궁(良-宮)에 살면서 복자 강완숙(姜完淑, 골룸바), 복자 주문모(周文謨, 야고보) 신부와 자주 접촉을 갖고 열심히 신앙생활을 하였다. 그러나 1801년 신유박해가 일어나고 복자 주문모(周文謨, 야고보) 신부가 자수한 후, 복자 주문모(周文謨, 야고보) 신부와의 관계가 탄로나 이해 1801년 4월 19일(음 3월 16일) 시모와 함께 사약을 받고 순교하였다. 133위 하느님의 종의 한 분으로 시복 절차가 진행 중에 있다.

57) 충남 서산 출신으로 조선 제21대 왕인 영조의 계비. 본관은 경주. 경주 김씨 김한구(金漢耈,

리아에게 독약을 내려 사형선고를 내렸습니다.(순조실록)

5. 강완숙 골룸바의 적극적인 전도활동에 힘입은 주문모 야고보 신부는 여주, 온양, 공주, 남포, 내포, 전주 등지에서 복음을 전파하여 5년 만에 천주교인이 4천 명에서 1만 명으로 증가하였습니다. 초기 천주교의 성장에는 '강완숙(姜完淑)'이라는 인물이 존재하였고 한 여성으로 인하여 천주교는 박해와 환난 속에서도 희망을 잃지 않았던 것입니다. 특히 강완숙 골룸바는 주문모 야고보 신부의 소재지를 알리라는 협박에 굴하지 않고 순교의 길을 걸어갔습니다.

6. 신유박해(辛酉迫害) 후 주문모 야고보 신부는 청나라로 가기 위해 황해도 황주로 피신하였습니다. 그러나 여의치 않아 1801년 4월 24일, 한양 의금부를 찾아가 직접 자수하였고 5월 31일 한강 새남터에서 참수형으로 순교를 하였습니다. 새남터에서 순교한 주문모 야고보 신부의 유해에 대하여 신도들이 장례식을 갖는 것을 우려해 의금부는 그의 시신을 비밀리에 암매장을 하였습니다. 주문모 야고보 신부가 순교를 당할 때 천주교 신자 300여 명도 함께 순교를 당했는데, 이 박해사건을 신유교란(辛酉敎難), 신유사옥(辛酉邪獄), 신유박해라고 부릅니다.

## 12. 한국 천주교회사에서 천주교회의 교구가 설정된 시기는 언제인가요?

1. 한국 천주교회의 교구가 설정된 시기는 1784-1831년까지로 보고 있습니다. **하느님의 종 이벽(李檗, 세례자요한)**의 권유를 받은 **하느님의 종 이승훈(李承薰, 베드로)**이 북경에서 베드로라는 세례명으로 세례를 받고 돌아옴으로써 조선에 교회가 설정되었다고 봅니다. 이승훈 베드로가 사람들에게 세례를 주었고 또 그들과 같이 주일이나 첨례를 지키기 위해 자주 모임을 가졌습니다. 이리하여 조선 땅에 처음으로 천주를 찬양하는 신자 공동체, 즉 성서적인 넓은 의미에서의 교회가 탄생했습니다. 이렇게 탄생된 조선 천주교회가 부딪힌 근본적인 문제점은 이른바 가성직제도(假聖職制度)와 관련된 것이었습니다. 이에 조선의 신자 공동체는 이러한 문제를 해결하기 위해서 1789년부터 북경 교회에 밀사를 파견하면서 새로운 변화가 일어났습니다.

2. 그들은 북경 주교와 접촉하여 조선 천주교회의 사정을 전달하였으며, 조선 천주교회의 이러한 사정은 교황청에까지 보고되었습니다. 그와 함께 북경 주교는 우선 1794년에 중국인 선교사인 **복자 주문모(周文謨, 야고보) 신부**를 조선에 파견하였습니다. 주문

1723-1769년)와 원주 원씨의 장녀이다.

모 야고보 신부의 입국으로 신자가 수년 만에 1만 명으로 불어났으나, 1801년의 신유박해(辛酉迫害)로 그동안 조선 천주교회가 이룩한 모든 발전이 물거품이 되고 말았습니다. 1801년 5월, 주문모 야고보 신부가 순교한 후 조선 땅에는 성직자가 더 이상 없었습니다. 1813년 말 북경에 밀사로 파견돼 성직자 영입을 주도한 이여진(李如眞, 요한, ?-1830년)은 1825년 역관 **성 유진길(劉進吉, 아우구스티노)**과 **성 정하상(丁夏祥, 바오로)**과 연서로 로마 교황에게 한국 천주교회의 위태로운 상황을 전하며 교회 지도자로서 신부를 보내줄 것을 간곡히 요청하였습니다. 긴박함과 간절함을 담은 편지가 북경을 경유하여 1827년 교황 레오 13세에게 전달되었지만 조선의 교회적 환경이 매우 위험하다는 이유로 신부의 파견은 연기되었습니다.

3. 그 후 교황청에서는 조선 천주교회에 직접 개입하기로 결정했습니다. 지속적인 선교사의 파견을 위해서 파리외방전교회와 교섭을 시작하였으며, 브뤼기에르 주교(조선교구 초대 교구장)가 조선 선교사를 자원함으로써 추진은 급진전되었습니다. 1830년에 포교성성(현 인류 복음화성) 장관으로 있던 까페랄리 추기경은 그레고리오 16세 교황으로 즉위한 후, 1831년 9월 9일, 청나라 북경 주교로부터 독립된 교황대리감목구(敎皇代理監牧區)를 조선에 설치하고 완전히 독립된 교구로 승인한다는 교서(敎書)를 내렸습니다. 이에 교황청은 1831년에 조선 포교지를 조선 대목구 교구(朝鮮代牧區敎區)로 승격시키는 동시에, 초대 교구장으로 브뤼기에르 주교를 임명하기에 이르렀습니다. 그 결과 조선 천주교회가 제도적으로도 거의 완전한 교회가 되었으며, 교회 창설에서 교구 설정의 단계로 조선의 천주교회가 발전했습니다. 1784년이 일반적으로 교회가 시작한 때라고 한다면, 1831년은 법적인 의미에서 교회가 완성된 시기라고 할 수 있습니다.

## 13. 한국 천주교회사에서 초기 조선 천주교회의 선교사 입국 과정과 활동은 어떠했나요?

1. 조선 천주교회는 북경에서 가져온 서학 관련 서적들을 통하여 천주교 신앙을 받아들였던 조선의 신자들이 자발적으로 교회를 설립한 것이 **첫 번째 단계**입니다. 조선인 신자들의 요청으로 북경 교구장 구베아 주교가 파견한 중국인 선교사 **복자 주문모(周文謨, 야고보) 신부**가 조선교회를 돌보던 시기는 **두 번째 단계**라 할 수 있습니다. 이제 북경 교구에서 독립한 조선 대목구가 선포되었고, 또한 파리외방전교회 소속의 프랑스 주교인 브뤼기에르가 와서 조선교회를 다스릴 **세 번째 단계**가 시작된 것입니다.

2. 초기 프랑스 선교사들은 조선으로 입국하기 위하여 험난한 여정을 겪어야 했습니다. 그리고 마침내 조선에서 선교 활동을 시작할 수 있었지만 더 큰 어려움이 그들을 기다리고

있었습니다. 신생 조선 대목구를 안정화하기 위하여 이들이 펼쳤던 헌신적인 노력들은 많은 결실을 맺기도 하였지만, 머지않아 닥치게 되는 1839년 기해년의 박해로 말미암아 조선 천주교회는 또다시 시련을 겪게 됩니다. 초대 조선 대목구장으로 임명된 브뤼기에르 주교가 조선 입국을 목전에 두고 갑자기 병사하게 되면서 서만자(西灣子)[58]에서 대기하고 있던 **성 나 베드로(모방) 신부**[59]가 그의 발자취를 이어서 조선으로 들어오는데 성공하였습니다.

3. 1836년 1월 15일 한양에 당도한 모방 신부는 **성 정하상 (丁夏祥) 바오로** 등이 마련하여, 유방제(劉方濟:중국이름 余恒德, 파치피코)신부가 거처하던 집에서 조선 선교사로서의 생활을 시작하였습니다. 모방 신부는 조선어에 익숙하지 않았기 때문에 조선인 신자들의 고해 내용을 알아듣고 조선어로 보속을 주는 일과 강론 및 교리를 가르치는 일이 힘들었을 것입니다. 모방 신부가 조선에 입국한 첫해에 이룬 가장 중요한 공헌은 바로 장차 조선교회를 이끌어 갈 성직자를 양성하기 위해 신학생들을(최양업, 최방제, 김대건) 선발하여 마카오로 파견한 것입니다. 1836년 11월에 **정 야고보(샤스탕)신부**[60]는 중국의 산동 지방에서 중국인 신자들을 대상으로 사목활동을 하고 있었습니다. 그러다가 1836년 12월 30일 밤에 샤스탕 신부와 조선인 신자들은 조선으로 들어오기 위해 출발하였습니다.

4. 봉황성 책문과 압록강 사이에 펼쳐진 약 50km의 평야와 황무지를 가로질러 압록강에 도착한 일행은 12월 31일 밤 얼어붙은 압록강을 걸어서 건넜습니다. 이리하여 샤스탕 신부는 조선 땅에 발을 들여 놓은 두 번째 프랑스 선교사가 되었습니다. 마침 조선 정부의 박해가 잠잠해지고 조선 신자들의 신앙생활을 안정적으로 돌볼 수 있는 기회가 주어지자

---

58) 하북성 서만자(西灣子, 시완쯔)는 몽골어로 시방(Sivang)이라 불리던 마을로 북경에서 활동하던 프랑스 라자로회의 선교사들이 1800년대 초반, 북경 교구 보호권과 관할권을 갖고 있는 포르투갈의 제지를 받아 만리장성 밖으로 쫓겨나면서 북경과 몽골, 만주의 선교 거점으로 개발한 계획도시다.

59) 피에르 필리베르 모방[프랑스어: Pierre Philibert Maubant, 한국명: 나백다록(羅伯多祿), 1803-1839년] 신부는 프랑스인 사제로 파리외방전교회의 회원이며, 한국교회사 최초의 서양인 천주교 선교사로 여겨진다. 그는 조선의 천주교 박해로 인해 순교한 한국 천주교회의 103위 한국 순교성인 중 한 사람이다.

60) 자크 오노레 샤스탕[Jacques Honor Chastan, 한국명: 정아각백(鄭牙各伯), 1803-1839년]은 프랑스인 사제로서, 조선의 천주교 박해 때에 순교한 한국 천주교회의 103위 한국 순교성인 중 한 사람이다.

선교사들은 점점 활동 지역을 넓혀 나갔습니다. 주요 사목활동은 한양과 경기도 일원이었으며 6개월 동안 이 지역을 돌아다니면서 8백 명 이상에게 세례와 보례를 베풀었습니다. 그리고 약 1천 명의 신자들로부터 고해를 들었으며, 성체를 영해 준 신자들은 9백 명 이상이었다고 합니다.

5. 한해 뒤인 1837년 5월 14일에 **성 범 라우렌시오(앵베르) 주교**[61]는 질병으로 사망하여 입국하지 못한 브뤼기에르 주교의 뒤를 잇고자 조선으로 출발한 제2대 조선 대목구장입니다. 그는 국경에서 13일 동안 걸어서 마침내 중국 변문을 통해 조선인 신자들이 준비한 육로로 입국을 할 수 있었습니다. 앵베르 주교는 국내와 외부사이의 상시적인 연락망을 구축하는데 힘썼습니다. 후임 선교사들을 위해 보다 안정적인 입국로를 개척하고자 다양한 시도를 하였습니다. 3개월 동안 조선어를 배운 앵베르 주교는 1838년 부활 대축일에 3백 명 이상의 신자들에게 고해성사를 주고 성체를 영하게 하였습니다. 1838년에는 앵베르 주교는 주로 한양과 인근지역에서, 모방 신부는 경기도 일원과 강원도 서부지역을 활동지역으로 삼았고, 샤스탕 신부는 충청도와 경상도 지역을 맡아 활동하였습니다. 1839년 기해박해(己亥迫害)가 일어나기 전까지 이 세명의 선교사들은 그리스도의 대리자이자 목자로서 자신의 목숨을 걸고 임무를 수행하는 데에 충실하였습니다.

---

61) 로랑 조제프 마리위스 앵베르(Laurent-Joseph-Marius Imbert, 1797-1839년)는 로마 가톨릭교회의 사제이며, 한국어명은 범세형(范世亨)이다. 주교로서 천주교 조선교구 제2대 교구장이며, 한국 천주교회의 103위 한국 순교성인 중 한 사람이다. 앵베르와 친구인 구노(Charles Francois Gounod)가 앵베르 주교가 순교했다는 소식을 듣고 친구이자 조선의 주교이자 순교자이며 후일 영광스러운 성인의 관을 쓰신 성 범 라우렌시오(앵베르) 주교를 기리며 작곡한 곡이 구노(Charles Francois Gounod)의 'Ave Maria'다. 'Ave Maria'는 성모송이다. 구노는 19세기 프랑스의 대작곡가이다. 아버지는 유명한 화가이며 어머니는 피아노를 잘 치는 예술적 환경에서 자라난 그는 한때 사제가 되려한 열심한 신자였다. 1841년에는 미사곡을 로마에서 초연하였으며, 레퀴엠 등의 종교곡을 작곡하였고, 1851년 "사포"를 작곡, 1859년 "파우스트"로 대성공하고, 1867년 "로미오와 줄리엣"을 작곡하는 등 사회적 명성을 얻었으나, 1855년 성녀 세실리아 장엄미사를 작곡하고는 세속적 명성을 버리고 종교 음악에 전념하였다. 파리외방전교회 성가 대장이었을 때, 당시 조선에서 전교하던 파리외방전교회의 사제였던 친구 앵베르의 순교 소식에, 영감을 받고 즉흥적으로 성가를 작곡하였는데, 이 곡이 바로 구노의 아베 마리아인 것이다. 이 성가는 조선교회와 순교자를 위한 성가이다. 우리나라를 위한 구노의 단 하나의 성가이다.

## 14. 한국 천주교회사에서 최초의 대박해인 신유박해의 배경은 무엇인가요?(I)

1. 한국 천주교회사에서 최초의 대박해인 1801년 신유박해(辛酉迫害)의 배경을 다시 한 번 살펴봅니다. 한문으로 간행된 천주교와 서양 과학기술 관련 한역서학서(漢譯西學書)를 처음으로 조선에 전한 사람은 선조(宣祖) 대에 지봉(芝峰) 이수광(李睟光)이었습니다. 그러나 이들 한역서학서는 거의 100년 이상이나 유학자들의 관심을 그다지 끌지 못했습니다. 처음으로 한역서학서에 비상한 관심을 보인 유학자는 성호(星湖) 이익(李瀷)이었는데, 그는 서양 과학기술에 대한 이해를 선비가 반드시 갖추어야 하는 필수적인 소양의 일부로 생각하였습니다. 또한 사회의 도덕성을 제고하기 위하여 실천 위주의 도덕 교육을 강조한 그는 천주교에 대해서도 유교를 보충하는 면이 있다고 인정하였습니다.

2. 이러한 남다른 생각을 바탕으로 다방면의 천주교 서적과 서양 과학기술 서적을 적극적으로 탐구한 결과 그는 서양 과학기술이 중국의 그것보다 우수하다는 것을 깨닫게 되었습니다. 중국 중심의 화이관(華夷觀)[62]을 극복하고 오히려 서양을 세계의 중심으로 이해함으로써, 서양의 선교사와 서학(西學: 천주교 포함)을 성인(聖人)과 성학(聖學)으로 인식할 수 있게 되었습니다. 이러한 서학에 대한 선진적인 인식을 바탕으로 이익은 제자들을 적극적으로 계몽하여 서학에 관심을 기울이게 만들었습니다. 이러한 이익의 영향으로 성호학파(星湖學派) 내에서 서학에 대한 학문적 탐구가 활발하게 이루어졌습니다. 그에 따라 서학에 대한 이해가 깊어지면서 마침내 소장 학자들이 천주교를 신앙으로 받아들이게 되었습니다.

3. **하느님의 종 이승훈(李承薰, 베드로)**이 **하느님의 종 이벽(李檗, 세례자요한)**의 권고로 북경에서 필담으로 교리공부를 한 후 영세하고 1784년 음력 3월 말경에 귀국하였습니다. 그 뒤 북경에서 가지고 온 여러 천주교 서적을 이벽 세례자요한과 함께 연구하여 교리에 통달한 다음 친척과 친구들에게 전교함으로써 서울에 신앙 공동체가 탄생하게 되었습니다. 이후 천주교는 빠른 속도로 전파되어 경기, 충청, 전라도의 여러 지역에도 신앙 공동체가 만들어졌습니다. 또한 신자 층도 양반뿐만 아니라 중인이나 하층민까지 다양하게 포괄하게 되었습니다. 이와 같이 천주교가 급속도로 전파되어 나간 것은 서학이 당시 사회의 구조모순에 대한 희망의 메시지를 던져 주고 있었기 때문입니다. 천주교의 인격적이고 주재적인 천주의 설이나 서양 과학기술은 당시 사회의 도덕성을 극복

---

[62] 중국이 세계의 중심이며, 주변 국가들은 미개한 오랑캐라고 낮추어 보는 사상. 화이관(華夷觀)은 중국에서 중국이 세상의 중심이라는 중화사상을 바탕으로 한 주변 국가들에 대한 전통적인 우월의식을 말한다.

하고 부국 강병을 이룩할 새로운 사상 체계를 모색하고 있던 남인 실학자들에게 매력적인 것으로 받아들여졌습니다.

4. 또한 찰나적인 현세보다 죽은 다음에 천당에 올라 누리는 영원한 복락(福樂)을 더 중시하는 천주교의 내세 사상은 사회적 모순의 심화로 더욱더 고통을 겪게 된 서민들에게 미래의 희망을 주는 복음이 아닐 수 없었습니다. 그뿐만 아니라 천주 앞에서는 만민이 평등하다는 천주교의 주장 또한 당시 사회적으로나 정치적으로 억압을 받고 있던 중인 이하의 신분 층에게 큰 위안이 되었습니다. 교회에서 교회법에 입각하여 축첩과 중혼을 엄격히 금지하고 결혼에 있어서 당사자의 의사에 반대되는 억혼(抑婚)을 금지하는 것, 그리고 재혼을 금지하지 않고 정당한 것으로 인정해 주는 것 등도 사회적으로 억압받는 여성들에게 커다란 희망을 주어 많은 사람들이 입교하게 되었습니다.

### 15. 한국 천주교회사에서 최초의 대박해인 신유박해의 배경은 무엇인가요?(II)

1. 그러나 천주교의 내용은 당시의 지배적인 사상인 성리학(性理學)과 정면으로 배치되는 것이었습니다. 성리학에서는 비인격적인 태극(太極)을 만물의 근원으로 보고 있습니다. 이에 반하여 천주교의 한역서학서(漢譯西學書)에서는 주자학의 태극에 관한 학설을 정면으로 배척하고 있습니다. 인격적인 천주가 천지만물을 창조하고 안배하고 다스린다고 주장하였습니다. 또한 천주교에서는 현세를 경시하고 죽은 다음에 천당에 올라가 영원한 복락을 누리는 내세에 주된 초점을 맞추고 있습니다. 죽은 다음에 복을 받고 벌을 면하기 위하여 밤낮으로 천주께 기도하고 간구하며 미사를 드리는 등의 방식으로 천주를 공경합니다.

2. 성리학에서는 마음이 항상 이기적인 욕망에 이끌리지 않고 공정한 이치에 따라 발동하게 하는 공부를 통해 현세에 이상 사회를 건설하는 것을 인생의 주된 목표로 삼았습니다. 따라서 성리학의 입장에서 보면 현세를 경시하고 사적인 자신의 구원을 바라는 천주교는 반사회적이고 반교화적일 수밖에 없었습니다. 이 때문에 신후담(愼後聃), 안정복(安鼎福) 등의 유학자들은 일찍부터 「서학변」(西學辨), 「천학문답」(天學問答) 등을 저술하여 천주교를 불교와 같은 사설(邪說)로 배척하여 척사론(斥邪論)을 전개하였습니다. 이러한 척사론은 그 후 정치적인 문제와 어우러지면서 신유박해(辛酉迫害)를 초래한 척사운동(斥邪運動)으로 발전하였습니다.

3. 게다가 교회의 가르침에 따라 당시의 신자들은 조상의 신주를 불태우고 제사를 폐지함으로써 성리학에 정면으로 도전하였습니다. 조상에 대한 제사를 금지하는 북경의 구

베아 주교의 사목 서한이 1790년(정조 14년) 조선에 전해질 때만 해도 소수의 신자들만이 그 금령에 따라 조상 제사를 폐지하였습니다. 그 후에 1794년(정조 18년) **복자 주문모(周文謨, 야고보) 신부**가 입국하여 천주 신앙과 조상 숭배의 병행이 불가함을 명백히 하면서부터 신자들은 모두 다 조상 제사를 폐지하지 않을 수가 없었습니다.

4. 그러나 이러한 그들의 행동은 효를 중시하는 당시의 지배적인 이념인 성리학의 입장에서 볼 때 사회의 윤리 강령과 질서를 근본적으로 부정하는 패륜적인 것으로서 절대로 용납될 수 없는 것이었습니다. 하지만 천주교 신자들은 부모나 관장이나 군주보다 천주를 더 높이고, 천주의 법을 부모나 관장이나 군주의 명령보다 더 우위에 두었습니다. 천주교의 가르침을 절대적인 것으로 믿고 따르는 천주교 신자들은 배교하라는 부모나 관장이나 군주의 명령을 거부하고 순교의 길로 나아갔습니다. 이와 같이 부모와 관장과 군주를 상대화시키는 신자들의 태도는 당시의 통치 질서나 윤리 질서와 배치되는 것으로서 당시 사회에서 배척되지 않을 수 없었습니다.

## 16. 한국 천주교회사에서 최초의 대박해인 신유박해의 배경은 무엇인가요?(Ⅲ)

1. 또한 천주교의 반체제적인 면들도 신유박해(辛酉迫害)를 초래하는 요인이 되었습니다. 천주교 교리 자체에서 신분 제도의 철폐를 주장하거나 직접적으로 사회적 평등을 요구하지는 않았습니다. 하지만 '모든 이는 천주의 자식이므로 형제같이 지내야 한다.'는 가르침에 따라 신자들 각자 양심 성찰을 통해서 평등사상을 실천하며 지냈습니다. 이러한 천주교의 평등사상은 당시의 신분 질서와 배치되는 것이었습니다. 교회의 최고 통치자인 교황이 현자(賢者) 중에서 선출된다는 「천주실의」(天主實義)의 설명이나 천주교에서는 재능을 근거로 한 관리의 충원이 시행되는 것으로 이해하였습니다. 그러므로 천주교가 조선에 널리 행해지면 서양의 교황이 과거 시험을 주관하여 인재를 취할 것이라는 신자들의 믿음도 당시의 통치 체제와 크게 다른 것이었습니다.

2. 그리고 상당수의 신자들이 정부 당국의 통제에서 벗어나 이향(離鄕)을 단행하고 산곡(山谷)에 은거하자 정부 당국자들은 천주교 세력을 황건적[63]이나 백련교[64]도들과 같이 국가의 질서에 대해 저항하는 반란자의 무리로 의심하게 되었습니다. 이와 같은 천주교의 반체제적인 면들은 집권 세력에게 천주교에 대해 강한 의구심을 갖게 만들었습니

---

63) 중국 후한(後漢) 말에 장각(張角)을 우두머리로 하여 허베이(河北)에서 일어났던 유적(流賊). 머리에 누런 수건을 쓴 데서 유래함.

64) 중국 송나라 때부터 성행한 비밀 종교 단체.

다. 천주교 신자들이 정조(正祖)의 개혁 정치를 뒷받침해 주던 세력과 깊이 연결되어 있었던 점도 집권 세력을 불안하게 만들었습니다. 정조는 노론(老論)을 중심으로 한 가문, 곧 벌열정치(閥閱政治)65)로 인한 장기 집권을 타파하고자 하였습니다. 이 정치는 실권을 독점하고 부정 수단으로 자제들을 과거에 합격시켜 그 지위를 세습시켜 나감으로써 왕권을 제약하고, 백성들의 생활과 국가의 재정을 궁핍하게 만들었습니다.

3. 또한 많은 양반들을 몰락의 나락으로 떨어뜨리는 등 갖가지 사회적 모순을 야기하는 벌열정치를 타파하고자 하였습니다. 이와 같은 자신의 개혁 정치를 보필할 정치 세력의 하나로 정조는 남인을 선택하였습니다. 당시 남인의 영수인 채제공(蔡濟恭)은 성호학파(星湖學派)의 인물들을 중용하여 정조의 개혁 정치를 뒷받침하고자 하였습니다. 이에 따라 이가환(李家煥), 이기양(李基讓), 정약용(丁若鏞, 요한), **하느님의 종 이승훈(李承薰, 베드로)**, 정약전(丁若銓, 안드레아), **복자 홍낙민(洪樂敏, 루카)** 등의 성호학파의 인물들이 대거 중앙 정계에 진출하여 크게 활약하게 되었습니다. 성호학파의 인물들은 당시 사회의 구조적 모순이 전적으로 노론의 벌열정치에서 비롯되었다고 보았습니다. 이와 같은 벌열정치를 타파하고 성리학의 한계를 극복하기 위해 노력한 성호 이익의 실학(實學)을 계승하였기 때문에 정조의 개혁 정치를 잘 뒷받침할 수가 있었습니다.

4. 그들은 서양 과학기술을 널리 탐구하고 더러는 천주교를 수용하기도 하였는데, 그들의 백과사전적인 지식은 정조의 개혁 정치를 돕는 데 두루 활용되었습니다. 특히 정조가 왕권 강화의 일환으로 수원성을 축조할 때 정약용 요한은 서양과학기술을 이용해 기중기를 제작하여 사용하게 함으로써 경비를 대폭 줄일 수 있게 하였습니다. 이는 경비 조달로 어려움을 겪고 있는 정조에게 큰 도움이 되었습니다. 이와 같이 실학과 서양 과학기술을 바탕으로 자신들을 직접적으로 위협하는 정치 세력에 대해 노론 벌열(老論閥閱)은 위기 의식을 느끼지 않을 수가 없었습니다.

## 17. 한국 천주교회사에서 최초의 대박해인 신유박해의 배경은 무엇인가요?(Ⅳ)

1. 그런데 1791년에 전라도 진산에 사는 진사(進士) **복자 윤지충(尹持忠, 바오로)**이 모친 권씨가 별세하자 그의 외종형 **복자 권상연(權尙然, 야고보)**과 함께 정성으로 장례는 치렀습니다. 그러면서 혼백이나 신주는 세우지 않고 제사도 지내지 않는 진산사건(珍山事件)이 발생하였습니다. 그러자 정조(正祖)와 채제공(蔡濟恭) 일파에게 정치적 위협을 받

---

65) 나라에 공을 세우거나 큰 벼슬을 지낸 사람이 많은 집안을 중심으로 하는 정치.

고 있던 노론과 정치적으로 소외당하고 있던 일부의 남인들은 진산사건을 계기로 하여 채제공 일파를 신서계(信西系)로 몰아 모두 제거하고자 하였습니다. 그들은 연일 상소를 올려 사건을 확대시키고자 노력하였습니다. 이 과정에서 홍낙안(洪樂安), 이기경(李基慶) 등의 공서계(攻西系)는 노론 벽파(僻派) 세력인 김종수(金鍾秀), 심환지(沈煥之) 등과 연결을 꾀하기도 하였습니다.

2. 그러나 채제공이 자파의 인물들을 보호하고자 하였습니다. 또한 정조도 자신의 개혁 정치를 뒷받침해 줄 세력을 보호하고자 노력하였기 때문에 사건은 크게 확대되지 않았습니다. 사건의 당사자인 윤지충 바오로와 권상연 야고보가 사형을 당하는 것으로 진산사건은 마무리되었습니다. 그 뒤에도 채제공 일파를 신서계(信西系)로 몰아 제거하고자 하는 노론벽파와 공서계(攻西系)의 공격은 계속되었습니다. 그러나 오히려 채제공은 1792년(정조 16년) 자신이 주도한 영남만인소(嶺南萬人疏)[66]와 이듬해 자신이 올린 상소에서 사도세자(思悼世子)[67]의 억울한 누명을 벗겨 주어야 한다는 임오의리(壬午義理)[68]를 남인의 공론으로 내세우며 노론 벽파와 공서계(攻西系)에 강력히 대항하였습니다. 그리고 정조도 사도세자의 죽음에 대한 영조(英祖)의 후회가 담긴 금등(金縢) 문자를 공개하여 채제공을 적극 옹호하였습니다.

3. 그 뿐만 아니라 정조는 1795년 봄에 백관(百官)을 모아놓고 소인을 물리치고 군자를 등용하여 백성의 뜻을 크게 안정시키겠다고 선언하였습니다. 채제공을 좌의정(左議政)으로 삼고, 대사성(大司成) 이가환(李家煥)을 공조판서(工曹判書)로 발탁하였습니다. 그리고 노론 벽파와 공서계가 채제공 일파를 공격할 경우 적극적으로 그들을 보호하고자 하

---

66) 이만손을 중심으로 한 영남 지방의 유생들이 미국과의 조약 체결을 반대하며 올린 상소.

67) 조선 제21대 영조의 둘째 아들. 이름은 선(愃)이고 자는 윤관(允寬)이며 호는 의재(毅齋)이다. 어머니는 영빈 이씨이며 부인은 영의정 홍봉한의 딸인 혜경궁 홍씨이다. 이복형 효장 세자가 요절하자 2세 때 세자에 책봉되었다. 15세인 1749년(영조25년)부터 영조의 명을 받고 대리 기무(代理機務)를 보았다. 이때 당시 집권 세력이었던 노론과 반목하다가 1762(영조38년)년 김한구, 홍계희, 윤급 등에 의해 모함을 받아 영조에 의해 폐세자(廢世子)가 되었고 뒤주에 갇혀 8일 만에 굶어 죽었다. 영조에 의해 사도(思悼)라는 시호가 내려졌고 그의 아들 정조가 1777년(정조1년) 장헌(莊獻)으로 상시(上諡)하였으며, 1899년(광무3년) 다시 장조(莊祖)로 추존되었다.

68) 1762년(영조38년)에 발생한 임오화변에 관한 의리. 임오의리(壬午義理)는 임오화변 직후 영조가 확립한 '영조의 임오의리'를 말하지만, 정조가 평생에 걸쳐 수정하려고 한 '정조의 임오의리'도 함께 고려해야 한다.

였습니다. 게다가 정조 때에 크고 작은 박해가 서울과 경기, 충청도에서 계속 되었음에도 천주교에 대한 정조의 정책은 대체적으로 관대한 편이었습니다. 1794년(정조 18년)에 입국한 **복자 주문모(周文謨, 야고보) 신부**의 전도 활동에 힘입어 오히려 교세는 더욱더 확대되었습니다. 1801년(순조 1년) 신유박해(辛酉迫害)가 일어날 무렵에는 신자 수가 1만 명을 돌파하게 되었습니다. 이러한 교세의 확대와 채제공 일파의 강경 대응, 그리고 그들에 대한 정조의 적극적인 보호 정책에 노론 벽파와 공서계는 강한 위기의식을 갖지 않을 수 없었습니다. 이러한 여러 이유로 정조가 세상을 떠날 경우 천주교에 대한 대대적인 박해가 일어날 것은 피할 수 없는 상황이었습니다.

## 18. 한국 천주교회사에서 최초의 대박해인 신유박해의 배경은 무엇인가요?(V)

1. 정조(正祖)가 1800년(정조 24년) 6월 28일 세상을 떠남으로써 천주교 신자들은 갑자기 불리한 상황에 놓이게 되었습니다. 정조의 뒤를 이어 순조(純祖)가 겨우 11세의 어린 나이로 즉위하게 되자, 대왕대비 김씨(정순왕후,貞純王后)가 후견인이 되어 모든 정사를 마음대로 하기에 이르렀습니다. 사도 세자를 뒤주에 가두어 죽게 한 영조(英祖)의 처사를 지지한 노론 벽파에 속한 대왕대비 김씨는 11월 하순 선왕의 장례식이 끝나자마자 사도 세자의 죽음을 동정한 시파(時派)의 사람들을 모조리 몰아내고 그 자리를 벽파의 사람들로 채웠습니다. 그런 다음 대왕대비 김씨는 1801년 1월 10일 회개하지 않고 엄한 금령을 어기는 천주교 신자들에게 역률(逆律)을 적용하여 역적으로 다스리도록 하였습니다. 아울러 오가작통법(五家作統法)[69]을 잘 시행하여 천주교 신자들을 철저하게 색출하여 처벌하라는 공식 박해령을 내렸습니다.

2. 이에 따라 **복자 최필공(崔必恭, 토마스), 복자 최창현(崔昌顯, 요한)**, 이가환(李家煥), 정약용(丁若鏞, 요한), **하느님의 종 이승훈(李承薰, 베드로), 복자 홍낙민(洪樂敏, 루카), 하느님의 종 권철신(權哲身, 암브로시오), 복자 정약종(丁若鍾, 아우구스티노)**, 정약전(丁若銓, 안드레아), 이기양(李基讓) 등이 차례로 붙잡혀 가 국문을 당하였습니다. 또한 내포 지방의 사도인 **하느님의 종 이존창(李存昌, 루도비코 곤자가)**과 포천 지방의 전교에 공이 큰 **복자 홍교만(洪敎萬, 프란치스코 하비에르)**도 붙잡혀 서울로 압송되었고, 여성 회장 **복자 강완숙(姜完淑, 골룸바)**도 체포되었습니다.

---

[69] 오가작통법(五家作統法)은 조선시대에 주민 사찰을 위해 제정된 주민조직법의 하나로 5가(家)를 1통(統)으로 하여 통주(統主)를 두고, 5통을 1리(里)로 주민을 조직한 법이다.

3. 대부분 남인의 중요한 지도자들이거나 천주교의 지도자급 인물들인 이들 가운데 복자 정약종 아우구스티노, 홍낙민 루카, 최창현 요한, 최필공 토마스, 이승훈 베드로, 홍교만 프란치스코 하비에르, 강완숙 골룸바 등은 서소문 밖에서 참수되었습니다. 이존창 루도비코 곤자가는 공주로 압송되어 처형되었으며, 이가환과 권철신 암브로시오는 고문을 받다가 죽었습니다. 천주교에 대한 박해는 3월 12일 **복자 주문모(周文謨, 야고보) 신부**의 자수로 더욱 가열되었습니다. 주문모 야고보 신부의 진술로 김건순(金健淳, 요사팟), 이희영(李喜英, 루카) 등이 계획했던 해도행(海島行)이 드러났습니다. 또한 주문모 야고보 신부가 강화도에 유배된 은언군(恩彦君) 이인(李䄄)의 처 **하느님의 종 송(宋) 마리아**와 **하느님의 종 며느리 신(申) 마리아**가 거처하는 폐궁(廢宮)을 출입한 사실이 드러났습니다. 그러자 정부 당국자들은 그가 나라를 원망하는 무리들을 모아다가 모반을 꿈꾸는 것으로 판단하여 박해에 더욱 박차를 가하게 되었습니다.

4. 특히 3월부터 시작된 전주 지역의 박해로 **복자 유항검(柳恒儉, 아우구스티노)**, 유관검(柳觀儉)[70], **복자 윤지헌(尹持憲, 프란치스코)**, 이우집(李宇集) 등이 서양의 군함을 불러들이려고 했던 계획이 탄로 났습니다. 종교의 자유를 얻기 위해서 서양군함의 파견 등을 요청한 **하느님의 종 황사영(黃嗣永, 알렉시오)**의 백서사건이 불거지면서 천주교에 대한 박해는 더욱더 치열한 양상을 띠게 되었습니다. 정부 당국자들은 유항검 아우구스티노와 황사영 알렉시오가 서양 군함을 불러들이려고 한 사건을 통해 천주교 신자들이 반란을 기도한 역적의 무리임을 입증하고 박해의 당위성을 확보하고자 하였습니다.

5. 황사영 알렉시오와 그와 관련된 자들에 대한 신문이 막바지에 접어들고 있을 무렵 동지사(冬至使)가 출발해야 할 시기가 다가왔습니다. 이때 조선 정부는 진주사(陳奏使)를 파견하여 신유박해(辛酉迫害) 전반에 관한 청나라의 이해를 촉구하고, 주문모 야고보 신부의 처형에 따른 청나라 측의 반발을 예방하고자 하였습니다. 조정에서는 조윤대(曺允大)를 동지사 겸 진주사로 임명하고, 가지고 갈 "토사주문"(討邪奏文)을 대제학 이만수(李晩秀)에게 작성하게 하였습니다. 또한 주문 내용을 입증할 증거로 불리한 내용을 삭

---

70) 조선 후기 정조-순조 때의 천주교도로, 신유박해 때의 사망자. 세례명은 알려져 있지 않다. 본관은 진주이며, 거주지는 전라북도 전주이다. 아버지는 유동근(柳東根)이고, 어머니는 유씨(俞氏)이다. 호남지역 천주교의 사도로 불리는 유항검(柳恒儉, 아우구스티노)의 동생이기도 하다. 1768년(영조44년) 전주 초남이(현 전북 완주군 이서면 남계리 초남)에서 태어난 유관검(柳觀儉)은 1790년(정조14년) 과거를 보러 상경하던 중 청주에서 민도라는 사람으로부터 천주교 교리서를 얻어 본 후 윤지충(尹持忠, 바오로)을 통해 천주교에 입교했다고 전한다.

제한 백서, 곧 「가백서」(假帛書)도 갖고 가기로 하였습니다.

6. 이렇게 해서 황사영 백서사건이 일단락되자 대왕대비 김씨는 천주교를 박해한 일을 종묘(宗廟)에 고하게 하고, 이미 내려진 사형 선고를 즉시 집행할 것을 지시하였습니다. 또한, 미결 사학죄인의 심리를 연말까지 시급히 끝내고 더 이상 새로운 기소를 하지 말라고 명하였고, 국청(鞠廳)도 해체하게 하였습니다. 그리고 백성들에게 박해의 전말과 그 당위성을 알리는 '토역반교문(討逆頒教文)'[71]을 12월 22일 반포하면서, 가혹하고 잔인했던 신유박해는 막을 내리게 되었습니다. 신유박해로 희생된 신자들의 수는 기록에 따라 약간 다르나 대체로 처형된 자 1백 명, 유배된 자 4백 명, 합하여 5백 명 정도로 추산되며, 기록에 누락된 자들까지 합치면 희생자 수는 그보다 훨씬 더 많았을 것으로 보입니다.

### 19. 한국 천주교회사에서 신유박해를 통해 순교한 순교자들은 누구인가요?(I)

1. 신유박해(辛酉迫害)를 통해 순교한 순교자들을 지역별로 살펴보면, ①서울에서는 1800년(경신년) 12월 17일(음) 중인(中人) **복자 최필공(崔必恭, 토마스)**이 체포되었습니다. 12월 19일(음) 새벽에는 그의 사촌 동생인 **복자 최필제(崔必悌, 베드로)**가 몇몇 신자들과 함께 서울의 큰길 옆에 있는 약국에서 기도를 드리다가 오현달(吳玄達, 스테파노)과 함께 체포되어 옥에 갇혔습니다. 이 무렵 두 양반 신자들이 양근(陽根)과 충주 읍내에서 잡혔는데, 한 사람은 조동섬(趙東暹, 유스티노)이었고, 또 한 사람은 **하느님의 종 이기연(李箕延)**이었으며, 1801년 1월 9일(음)에는 배교자 김여상의 밀고로 서울의 회장 **복자 최창현(崔昌顯, 요한)**이 체포되었습니다.

2. 순조 1년 1801년 1월 10일 대왕대비 정순왕후(貞純王后)는 사학엄금(邪學嚴禁)교서, 즉 「금교령」을 반포하였습니다. 대왕대비 정순왕후의 금교령이 내려진 이후 체포된 이는 주인의 책롱을 옮기다 적발된 임대인(任大仁, 토마스)이 있습니다. 1801년 1월 19일(음) 이 책 궤짝 사건이 있었으나, 채제공(蔡濟恭)의 외 조카인 포도대장 이유경이 보고를 하지 않았기 때문에 10여 일 간 별 탈 없이 지나갈 수 있었습니다. 오히려 같은 해 2월 2일(음)에 새로 부임한 포도대장 신대현(申大顯)은 최필공, 최필제, 최창현, 임대인 등 주역 신자 4명만 남겨 놓고 옥에 가득 차 있던 배교자들을 모두 석방하였습니다.

3. 그러나 노론 벽파들의 잇단 상소로 인하여 신자들을 가볍게 처리한 신대현이 잡혀 들어

---

71) 역적 토벌사실을 널리 알리는 교서.

갔고, 포도청에 갇혀 있던 네 사람도 의금부(義禁府)로 옮겨져 반역죄로 처리되었습니다. 아울러 그해 2월 9일(음)에는 이가환(李家煥), 정약용(丁若鏞, 요한), **하느님의 종 이승훈(李承薰, 베드로)**, **복자 홍낙민(洪樂敏, 루카)** 등을 잡아다가 국문(鞫問)하기 시작하였습니다. 2월 11일(음)에는 **하느님의 종 권철신(權哲身, 암브로시오)**과 **복자 정약종(丁若鍾, 아우구스티노)**을, 2월 14일(음)에는 정약전(丁若銓, 안드레아)을, 2월 16일(음)에는 이기양(李基讓)을 잡아다가 의금부에 가두었습니다.

4. 남인의 중요한 지도자들과 천주교 지도급 인물들인 이들의 국문은 1801년 2월 10일(음)에 시작하여 26일(음)까지 계속되었습니다. 이들 가운데 정약종 아우구스티노, 홍낙민 루카, 최창현 요한, 최필공 토마스, 이승훈 베드로 등 5명은 서소문 밖에서 참수하였습니다. 이가환과 권철신 암브로시오는 옥사하였습니다. 이기양은 함경도 단천으로, 정약용 요한과 정약전 안드레아는 장기현(長鬐縣)과 신지도(薪智島)로 각각 유배되었습니다.

5. 경기·충청 지역에서도 박해가 있어 지도층 신자들이 대거 순교하였습니다. 충청도에서는 '내포(內浦) 지방의 사도(使徒)' **하느님의 종 이존창(李存昌, 루도비코 곤자가)**이 1801년 2월 5일(음) 체포되어 서울로 압송되었습니다. 2월 26일(음)에 정약종 아우구스티노와 함께 사형 선고를 받은 후 다시 공주로 이송되어 참수되었습니다. 또 이 무렵 청주에서 체포된 이종국도 공주에서 처형되었습니다. 경기도 포천에서 **복자 홍교만(洪敎萬, 프란치스코 하비에르)**이 아들 **복자 홍인(洪鎭, 레오)**과 함께 붙잡혀 서울로 압송되었습니다. 그도 2월 26일(음) 정약종 아우구스티노와 함께 사형 선고를 받고 서소문 밖 형장에서 순교하였습니다.

6. 여주와 양근에서는 1800년에 이미 잡혀 온 신자들이 서울로 압송되어 결안(結案)이 확정된 뒤 각기 고향으로 이송되어 참수되었습니다. 1801년 3월 13일(음) 여주 성문 밖에서 **복자 원경도(元景道, 요한)**, **하느님의 종 임희영(任喜永)**, **복자 최창주(崔昌周, 마르첼리노)**, **복자 이중배(李中培, 마르티노)**, **하느님의 종 정종호(鄭宗浩)** 등 5명이 처형되었고, 이때 같이 체포된 **복자 조용삼(베드로)**은 옥사하였습니다. 또한 양근에서 같은 무렵 **하느님의 종 유한숙(兪汗淑)**과 **복자 윤유오(尹有五, 야고보)** 등 13명이 처형되었습니다. 같은 해 4월 2일(음)에 정약종 아우구스티노의 아들 **복자 정철상(丁哲祥, 가롤로)**과 최필공 토마스의 사촌인 최필제 베드로, 중인(中人) **복자 정인혁(鄭仁赫, 타대오)**, **복자 정광수(鄭光受, 바르나바)**의 처 **복자 윤운혜(尹雲惠, 루치아)**, **복자 정복혜(鄭福惠, 칸디다)**, 이합규(李鴿逵)[72] 등 6명이 서소문 밖 형장에서 참수되었습니다.

---

72) 이합규(李鴿逵. ?–1801년). 신유박해 때의 순교자. 세례명은 미상. 노비 출신으로 모친에게서

7. 1794년 말 조선에 입국한 **복자 주문모(周文謨, 야고보) 신부**는 조선에 입국한 이래 주로 **복자 강완숙(姜完淑, 골룸바)**의 집에 거처하면서 활동하였습니다. 포졸들이 그의 거처를 탐지하고 덮쳤으나 이를 미리 알아차리고 다른 곳으로 피신하여 체포를 면할 수 있었습니다. 이 와중에서도 주문모 야고보 신부는 북경에 오래 전부터 세워져 있는 모임의 본을 떠 '명도회(明道會)' 즉 천주교 교리를 가르치는 회를 세웠습니다. 명도회 설립 목적은 우선 회원들이 천주교에 대한 깊은 지식을 얻고, 그 다음 그것을 교우와 외교인들에게 전파하도록 서로 격려하고 서로 도와주는 데에 있었습니다.

8. 정약종 아우구스티노가 초대회장으로 임명되었습니다. 그런 다음 주문모 야고보 신부는 시내에서 회합을 가질 장소를 정하고 집회를 주관할 지도자들을 임명하였습니다. 주문모 야고보 신부의 열성에 감화되어, 모든 회원은 지도자들이 매달 각 회원에게 나누어주는 표지를 받으러 서둘러 모여들었습니다. 그 표지에는 교회에서 공경하는 성인들 중의 하나를 주보(主保)로 지정하였는데, 그것이 주보의 표지라는 것이었습니다. 이런 실천은 차차 전국에 퍼져서 신기한 결과를 냈습니다. 주문모 야고보 신부는 많은 신자들이 자기로 인하여 박해를 받고 순교하는 현실의 상황을 타개하기 위하여 많은 고뇌 끝에 포도청에 자수하게 됩니다.

9. 주문모 야고보 신부의 초사(招辭)에 따르면 1801년 2월 20일(음) 폐궁(廢宮=良娣宮)으로 피신했다가 2일 후 황해도 황주(黃州)로 북행, 거기서 서울로 되돌아와 자현(自現) 하였습니다. 주문모 야고보 신부는 1801년 4월 19일(음) 군문효수(軍門梟首)의 판결을 받고 새남터 형장에서 순교하였습니다. 주문모 야고보 신부의 유해가 땅에 묻혔을 때 신자들은 그 유해를 다른 곳으로 옮기려고 자리를 보아 두었으나 파수꾼들이 몰래 유해를 다른 곳으로 이장했기 때문에 그의 유해는 찾을 수 없게 되었습니다.

## 20. 한국 천주교회사에서 신유박해를 통해 순교한 순교자들은 누구인가요?(II)

1. 이후, 박해는 **복자 주문모(周文謨, 야고보)** 신부와 관계했던 인물들로 확대되었습니다. 우선 주문모 야고보 신부를 한때 궁 안으로 피신시킨 사실과 세례 받은 은언군(恩彦君) 이인(李裀)의 처 **하느님의 종 송(宋) 마리아**와 그의 며느리 **하느님의 종 신(申) 마리아**가

---

교리를 들었다. 황사영(黃嗣永, 알렉시오)이 주도하던 명도회에 가입하여 활동하였다. 1801년 (순조1년) 신유박해로 체포되어 그 해 5월 14일(음 4월 2일), 정철상(丁哲祥, 가롤로)·최필제(崔必悌, 베드로) 등 5명의 교우와 함께 서소문 밖 형장에서 참수 당해 순교하였다.

1801년 3월 16일(음) 사사(賜死) 되었습니다. 그 여파로 강화(江華)에 유배 갔던 은언군 이인도 그곳에서 사사되었습니다. 또 주문모 야고보 신부의 진술로 입교 사실이 밝혀진 노론인 양반 김건순(金健淳, 요사팟)의 종형 김백순(金伯淳)과 많은 종교화를 그린 이희영(李喜英, 루카)이 3월 29일(음) 서소문 밖에서 처형되었습니다. 김건순 요사팟도 4월 20일(음) 같은 장소에서 참수되었습니다.

2. 1801년 5월 22일(음)에는 주문모 야고보 신부를 6년간 헌신적으로 도왔던 여성 회장 **복자 강완숙(姜完淑, 골룸바)**과 궁녀 **복자 강경복(姜景福, 수산나)**, 전(前) 궁녀였던 **복자 문영인(文榮仁, 비비안나)**, **복자 최인길(崔仁吉, 마티아)**의 동생 **복자 최인철(崔仁喆, 이냐시오)**, 하느님의 종 김범우(金範禹, 토마스)의 일곱째 동생 **복자 김현우(金顯禹, 마태오)**, 이희영 루카의 조카 **복자 이현(李鉉, 안토니오)**, **복자 홍필주(洪弼周, 필립보)**와 가까운 친척인 홍정호(洪正浩, 홍유한의 인척)[73], **복자 김연이(金連伊, 율리아나)**, **복자 한신애(韓新愛, 아가타)** 등 9명이 서소문 밖에서 참수되었습니다. 김범우 토마스의 셋째 동생 **복자 김이우(金履禹, 바르나바)**도 이때 포도청에서 고문을 받다 죽었습니다.

3. 또 이날 **복자 정광수(鄭光受, 바르나바)**의 누이 **복자 정순매(鄭順每, 바르바라)**, **복자 윤유일(尹有一, 바오로)**의 사촌 누이 **복자 윤점혜(尹占惠, 아가다)**, 평산 출신의 고광성(高光晟), 음성 출신의 **복자 이국승(李國昇, 바오로)**, 봉산 출신의 황(黃) 포수 등도 사형 언도를 받았습니다. 이들은 자신들의 고향인 여주·양근·평산·봉산·공주로 각각 이송되어 처형되었습니다. 이들 외에도 이 시기에 공주에서 문윤진이라는 여종이, 양근에서는 배석골 전주 이씨 양반 집 이재몽과 이괘몽, 그리고 이들 중 한 사람의 두 딸, 지여울 사는 양반 집안 출신 김원성, **성 이광헌(李光獻, 아우구스티노)**의 딸인 **성녀 이 아가타** 등 많은 사람이 참수를 당하였습니다. 양근에서 순교자가 특별히 많았던 것은 군수 정주성(鄭周誠)이 잔인하게 신자들을 박해했기 때문이었습니다.

4. 전주에서는 3월(음)부터 박해가 시작되었는데, 전라도 지방에 복음을 전파하는 데 크게 이바지한 **복자 유항검(柳恒儉, 아우구스티노)**은 박해 초에 체포되어 즉시 포도청으로 압송되었습니다. 그의 동생 유관검(柳觀儉)과 **복자 윤지충(尹持忠, 바오로)**의 동생 **복자 윤지헌(尹持憲, 프란치스코)**, 유항검 아우구스티노의 집안과 인척간인 이우집(李宇集) 등도 체포되어 3월 28일(음)부터 전주 감영에서 문초를 받았습니다. 중인 김유산(金有山)

---

73) 순교자. 복자 홍필주(洪弼周, 필립보)의 가까운 친척으로 가족과 함께 복자 주문모(周文謨, 야고보) 신부에게 교리를 배워 입교하였고 1801년 신유박해로 체포되어 7월 2일(음 5월 22일) 8명의 교우와 함께 서소문 밖 형장에서 참수형으로 순교하였다.

도 유관검의 고발로 붙잡혀 4월 26일(음) 문초를 받았습니다. 또한 이들의 고발로 전주·금산·고산·영광·무장·김제 등 여러 고을에서 200명 이상의 신자들이 체포되어 문초를 받았습니다. 이때 이우집을 문초하는 과정에서 서양 선박을 불러들이려는 계획이 탄로되었고, 이 계획에 유항검 아우구스티노·유관검·윤지헌 프란치스코·이우집 등이 관련되었음을 알게 되었습니다.

5. 이에 배교자들은 석방하거나 귀양 보내고 중요한 인물들만을 의금부로 압송하여 판결을 받게 하였습니다. 이들 가운데 서양 선박을 불러들이려는 계획과 무관한 양반 집안 출신 **복자 한정흠(韓正欽, 스타니슬라오)**, 유항검 아우구스티노 집의 종 **복자 김천애(金千愛, 안드레아)**, **복자 최여겸(崔汝謙, 마티아)** 등은 7월 13일(음) 사형 선고를 받고 고향인 김제·전주·무장으로 각각 이송되어 처형당하였습니다. 그리고 서양 선박을 불러들이려는 계획과 관련된 유항검 아우구스티노·유관검·복자 윤지헌 프란치스코·이우집 등은 1801년 9월 11일(음) 사형 선고를 받고 전주로 압송되어 처형당하였습니다. 황사영 백서 사건의 **하느님의 종 황사영(黃嗣永, 알렉시오)**은 정약용(丁若鏞, 요한)의 고발로 1801년 2월 11일(음) 체포령이 내려졌으나, 7개월이 넘도록 붙잡히지 않고 도피 생활을 계속하였습니다.

6. 그는 피신 중 김한빈(金漢彬, 베드로)을 따라 충청도 배론으로 가 김귀동(金貴同)의 집에 은거한 뒤, 그곳에서 자신이 겪은 박해 상황과 김한빈 등을 통해 수집한 박해 과정을 기록하면서 교회의 재건 방안을 구상하였습니다. 이때 **하느님의 종 황심(黃沁, 토마스)**이 김한빈을 만나기 위하여 제천으로 찾아왔습니다. 황사영 알렉시오는 1801년 8월 26일(음) 황심 토마스를 만나자 박해로 폐허가 된 조선 교회의 실정과 조선 교회의 재건과 종교의 자유를 얻기 위해 서양 군함의 파견 등을 요청하는 내용의 백서를 작성하여 북경 주교에게 발송하려고 하였습니다. 황심 토마스는 중국을 여러 번 왕래한 **하느님의 종 옥천희(玉千禧, 요한)**와 함께 백서를 북경에 가져가기로 결정하였습니다.

7. 그러나 옥천희 요한이 북경에서 돌아오는 길에 책문에서 체포되고 옥천희 요한의 고발로 황심 토마스가 1801년 9월 15일(음) 체포됨에 따라 발각되고 말았습니다. 이 백서사건으로 천주교에 대한 박해가 다시 크게 일어났는데, 황심 토마스의 고발로 황사영 알렉시오와 김한빈 베드로가 9월 29일(음) 제천에서 체포되었습니다. 동래 앞바다에 정박한 외국배에 올라가 본 적이 있는 역관 집안 출신 **복자 현계흠(玄啓欽, 플로로)**도 백서사건에 연루되어 체포되었습니다. 아울러 정약용(丁若鏞, 요한)·정약전(丁若銓, 안드레아) 등도 황사영 알렉시오와의 공모 여부를 캐기 위하여 다시 체포되었습니다.

8. 백서사건 관련자들 가운데 김한빈 베드로와 황심 토마스는 1801년 10월 24일(음) 판결을 받고 이튿날 참수되었습니다. 황사영 알렉시오·옥천희 요한·복자 현계흠 플로로는 같은 해 11월 5일(음)에 처형되었습니다. 정약용 요한·정약전 안드레아 등은 공모의 증거가 발견되지 않았기 때문에 강진과 흑산도로 각각 유배되었습니다. 대왕대비 정순왕후(貞純王后)는 청나라에 진주사를 파견하여 백서사건을 마무리하고, 천주교를 박해한 일을 종묘(宗廟)에 고유(告由)하게 하였습니다. 아울러 아직도 죄상을 추궁하지 못한 사학죄인에 대한 신문을 연말까지 끝내도록 지시하였습니다. 그리고 백성들에게 박해의 전말과 그 당위성을 알리는 반교문(頒敎文)을 1801년 12월 22일(음) 반포하였습니다.

9. 이에 따라 1801년 12월 22일(음) 귀양 가 있다 다시 체포된 유항검 아우구스티노의 처 **하느님의 종 신희(申喜)**, 아들 **복자 유중성(柳重誠, 마태오)**, 며느리 **복자 이순이(李順伊, 루갈다)**와 동생 유관검의 처 **하느님의 종 이육희(李六喜)** 등이 모두 출신지인 전주로 압송되어 처형되었습니다. 12월 26일(음) 16명에 대한 사형 선고도 있었는데, 이윤하(李潤夏, 마태오, **성녀 이순이 루갈다**의 아버지)의 아들 **복자 이경도(李景陶, 가롤로)·복자 손경윤(孫敬允, 제르바시오)·복자 김계완(金啓完, 시몬)·복자 홍익만(洪翼萬, 안토니오)**·최설애(崔雪愛)·김의호(金義浩)·송재기(宋再紀)·장덕유(張德裕)·변득중(邊得中) 등 9명은 서울에서 처형되었습니다. **복자 정광수(鄭光受, 바르나바)**는 여주에서, 김귀동(金貴同)과 **복자 황일광(黃日光, 시몬)**은 홍주에서, **하느님의 종 김일호(金日浩)**와 **하느님의 종 권철신(權哲身, 암브로시오)**의 양자인 **복자 권상문(權相問, 세바스티아노)**은 양근에서, **복자 한덕운(韓德運, 토마스)**은 광주에서, **복자 홍교만(洪敎萬, 프란치스코 하비에르)**의 아들 **복자 홍인(洪鎭, 레오)**은 포천에서 각각 처형되었습니다.

10. 이렇게 해서 가혹하고 잔인했던 신유박해(辛酉迫害)는 막을 내렸는데, 황사영 알렉시오는 신유박해 때 서울에서 순교한 이들과 옥사한 이들이 300여 명이라 하였습니다. 이 숫자에는 지방에서 희생된 신자는 포함되지 않았으므로, 결국 이들까지 포함할 경우 신유박해 때 희생된 신자들의 숫자는 300여 명보다 훨씬 더 많았을 것입니다. 신유박해를 통해 순교한 순교자 중에 성인품에 오른 분은 한 분도 없으며, 복자품에 오른 성직자[74]는 1위, 평신도[75]는 85위로 총 86위입니다. 이 분들은 2014년 8월 16일 서울 광화문에서 현

---

74) 복자 주문모 야고보(周文謨 James) 신부.

75) 복자 강경복 수산나(姜景福 Susan), 복자 강완숙 골룸바(姜完淑 Columba), 복자 고성대 베드로(高聖大 Peter), 복자 고성운 요셉(高聖云 Joseph), 복자 구성열 바르바라(具性悅 Barbara), 복자 권상문 세바스티아노(權相問 Sebastian), 복자 권상연 야고보(權尙然

James), 복자 권천례 데레사(權千禮 Teresa), 복자 김강이 시몬(金鋼伊 Simon), 복자 김계완 시몬(金啓完 Simon), 복자 김광옥 안드레아(金廣玉 Andrew), 복자 김사집 프란치스코(金-- Francis), 복자 김세박 암브로시오(金世博 Ambrose), 복자 김시우 알렉시오(金時佑 Alexius), 복자 김연이 율리아나(金連伊 Juliana), 복자 김윤덕 아가타 막달레나(金允德 Agatha Magdalene), 복자 김이우 바르나바(金履禹 Barnabas), 복자 김정득 베드로(金丁得 Peter), 김종교 프란치스코(金宗敎 Francis), 복자 김종한 안드레아(金宗漢 Andrew), 복자 김진후 비오(金震厚 Pius), 복자 김천애 안드레아(金千愛 Andrew), 복자 김현우 마태오(金顯禹 Matthew), 복자 김화춘 야고보(金若古排 James), 복자 김희성 프란치스코(金稀成 Francis), 복자 문영인 비비안나(文榮仁 Vivian), 복자 박경화 바오로(朴-- Paul), 복자 박취득 라우렌시오(朴取得 Lawrence), 복자 방 프란치스코(方 Francis), 복자 배관겸 프란치스코(裵-- Francis), 복자 서석봉 안드레아(徐碩奉 Andrew), 복자 손경윤 제르바시오(孫敬允 Gervase), 복자 심아기 바르바라(沈阿只 Barbara), 복자 안군심 리카르도(安-- Richard), 복자 원경도 요한(元景道 John), 복자 원시보 야고보(元-- James), 복자 원시장 베드로(元-- Peter), 복자 유문석 요한(柳文碩 John), 복자 유중성 마태오(柳重誠 Matthew), 복자 유중철 요한(柳重哲 John), 복자 유항검 아우구스티노(柳恒儉 Augustine), 복자 윤운혜 루치아(尹雲惠 Lucy), 복자 윤유오 야고보(尹有五 James), 복자 윤유일 바오로(尹有一 Paul), 복자 윤점혜 아가타(尹占惠 Agatha), 복자 윤지충 바오로(尹持忠 Paul), 복자 윤지헌 프란치스코(尹持憲 Francis), 복자 이경도 가롤로(李景陶 Charles), 복자 이경언 바오로(李景彦 Paul), 복자 이국승 바오로(李國昇 Paul), 복자 이도기 바오로(李道起 Paul), 복자 이보현 프란치스코(李步玄 Fransis), 복자 이순이 루갈다(李順伊 Lutgarda), 복자 이시임 안나(李時壬 Anna), 복자 이중배 마르티노(李中培 Martin), 복자 이현 안토니오(李鉉 Anthony), 복자 인언민 마르티노(印彦敏 Martin), 복자 정광수 바르나바(鄭光受 Barnabas), 복자 정복혜 칸디다(鄭福惠 Candida), 복자 정산필 베드로(鄭山弼 Peter), 복자 정순매 바르바라(鄭順每 Barbara), 복자 정약종 아우구스티노(丁若鍾 Augustine), 복자 정인혁 타대오(鄭仁赫 Thaddeus), 복자 정철상 가롤로(丁哲祥 Charles), 복자 조숙 베드로(趙淑 Peter), 복자 조용삼 베드로(Peter), 복자 지황 사바(池璜 Saba), 복자 최봉한 프란치스코(崔奉漢 Francis), 복자 최여겸 마티아(崔汝謙 Matthias), 복자 최인길 마티아(崔仁吉 Matthias), 복자 최인철 이냐시오(崔仁喆 Ignatius), 복자 최창주 마르첼리노(崔昌周 Marcellinus), 복자 최창현 요한(崔昌顯 John), 복자 최필공 토마스(崔必恭 Thomas), 복자 최필제 베드로(崔必悌 Peter), 복자 한덕운 토마스(韓德運 Thomas), 복자 한신애 아가타(韓新愛 Agatha), 복자 한정흠 스타니슬라오(韓正欽 Stanislaus), 복자 현계흠 플로로(玄啓欽 Florus), 복자 홍교만 프란치스코 하비에르(洪敎萬 Francis Xavier), 복자 홍낙민 루카(洪樂敏 Luke), 복자 홍익만 안토니오(洪翼萬 Anthony), 복자 홍인 레오(洪鏔 Leo), 복자 홍필주 필립보(洪弼周 Philip), 복자 황일광 시몬(黃日光 Simon).

프란치스코 교황에 의해 행해진 124위 한국 순교복자 시복 시 함께 시복되었습니다.

## 21. 한국 천주교회사에서 신유박해의 교회사적 의의는 무엇인가요?(1)

1. **복자 주문모(周文謨, 야고보) 신부**는 「사순절과 부활시기를 위한 안내서」를 발간하여 신자들의 성사생활을 도왔습니다. **복자 정약종(丁若鍾, 아우구스티노)**은 한글 교리서인 「주교요지」(主敎要旨)[76]를 번역하여 서민들과 부녀자들의 교리 공부에 도움을 주었고, **복자 최창현(崔昌顯, 요한)**은 「성경직해」를 번역하여 신자들의 성서 공부에 도움을 주었습니다. **하느님의 종 황사영(黃嗣永, 알렉시오)**은 「백서」 기록을 통해 신유년 순교자들에 대한 정보를 교회 공동체에 남겼습니다. 김건순(金健淳, 요사팟)은 「천당지옥편」을 저술하였으며, **복자 이순이(李順伊, 루갈다)**는 옥중에서 어머니와 언니·올케에게 두 통의 편지를 썼습니다. 이순이 루갈다의 오빠인 **복자 이경도(李景陶, 가롤로)**도 순교하기 전날 그의 어머니에게 편지를 써서 보냈습니다.

2. 또한 **복자 강완숙(姜完淑, 골룸바)**은 옥에서 주문모 야고보 신부가 순교하였다는 소식을 듣고서, 자기 옷자락을 찢어서 거기에 선교사의 사도적 업적을 썼습니다. 이 행적은 그 비단 조각을 맡았던 여교우의 소홀로 안타깝게도 분실되고 말았습니다. 순교자에 관한 한국 천주교회의 최초의 기록은 북경 교구의 구베아(de Gouvea) 주교가 1797년 8월 15일 중국 사천(四川) 교구장에게 보낸 서한일 것입니다. 그는 복자 주문모 야고보 신부

---

[76] 「주교요지」(主敎要旨)는 초기 교회의 창설자의 한 사람인 복자 정약종(丁若鍾, 아우구스티노)이 저술한 교리서. 우리나라에서 우리나라 사람 평신도가 우리나라 말로 지은 최초의 교리서라고 할 수 있다. 그의 저작연도는 확실치 않으나, 정약종이 1786년에 입교하여 1801년에 순교하였으므로 그 저작연도는 1786년에서 1801년 사이임을 알 수 있다. 다만 교리에 대한 연구와 저작을 위한 지식의 함양을 고려한다면 후기에 이루어졌을 것으로 판단된다. 상·하 두 권으로 되어 있는 「주교요지」(主敎要旨)는 상권은 천주의 존재, 사후의 상벌, 영혼의 불멸을 밝히면서 이단을 배척하는 일종의 호교서(護敎書)이고, 하권은 천주의 강생과 구속의 교리를 설명하고 있다. 이 교리서는 무식한 부녀자나 어린이까지도 읽어 알아들을 수 있도록 평이하게 한글로 서술하였다. 황사영(黃嗣永)은 그의 백서(帛書)에서 정약종이 이 책을 저술함에 있어 여러 가지 책을 인용하였고, 자기의 의견도 보태었다고 했으며, 주문모(周文謨, 야고보) 신부도 정약종의 「주교요지」(主敎要旨)를 아주 적절한 것으로 인준하였다는 사실로 미루어 보아, 「주교요지」(主敎要旨)가 단순한 한역서학서의 우리말 번역이 아님을 말해 주고 있다. 「주교요지」(主敎要旨)는 필사본(筆寫本)으로 전해져 오다가, 1864년 목판본으로 간행되었는데, 초기 교회 발전에 끼친 「주교요지」(主敎要旨)의 공헌은 절대적이었다.

의 편지와 조선 교우들의 편지를 참조하여 이 편지를 엮어서 후대에 「조선 교회의 기원」과 「조선교회 초기 순교자들」에 대해 알게 해주었습니다.

3. 조선교구 제2대 교구장 **성 범 라우렌시오(앵베르) 주교**는 기해년(1839) 박해가 일어나자 곧 순교자들의 사적을 기록하기 시작하였습니다. 자신의 순교를 예상하여 **성 정하상(丁夏祥, 바오로)**과 **성 현석문(玄錫文, 가롤로)**, 성녀 현경련(玄敬連, 베네딕타) 자매와 그리고 **성 이문우(李文祐, 요한)**, 최희원 등에게 순교자의 사적을 면밀히 조사하여 기록하도록 위임하였습니다. 달레 신부가 「조선천주교회사」를 저술할 때에 조선 파견 선교사들의 편지나 보고서 등을 참조하여 저술하였습니다. 특별히 조선에 전교 신부가 들어오지 않았던 시기(1802-1835년)에 관해서는 **성 안 안토니오(다블뤼) 주교** 개인이 수집한 자료를 참조하였습니다. 다블뤼 주교는 허약한 건강에다 바쁜 사목생활로 직접 교회사 편찬을 하지 못하게 되자, 1862년 그동안 수집한 모든 수기와 문헌들을 그대로 파리외방전교회 본부로 보냈던 것입니다.

4. 한편, 순교자들은 신앙서적을 열심히 읽고 연구하였는데, 황사영 알렉시오는 친하게 알던 정약종 아우구스티노의 사람됨에 대해서 이렇게 묘사하였습니다. "그는 세속 사정을 조금도 돌보지 않고 특히 철학과 종교 연구를 즐겨 하였으며, 교리의 어떤 점이 분명치 않게 생각될 때에는 그것을 연구하느라고 침식을 잊고 그것을 밝혀내기까지는 휴식도 취하지 않았습니다. 그는 길을 가거나 집에 있거나 말을 타거나 배를 타거나 깊은 묵상을 그치지 않았고, 무식한 사람들을 만나면 온갖 정성을 들여 그들을 가르쳤으며, 아무리 피곤하더라도 그 일을 게을리 하지 않았고, 귀찮아하는 것을 볼 수가 없었습니다. 그는 그의 말을 듣는 사람들이 아무리 우둔하더라도 그들에게 자기의 말을 이해시키는 데 신기하리만큼 능숙하였으며, 그는 조선말로 「주교요지」(主敎要旨)라는 책 두 권을 저술하였습니다. 거기에는 그가 천주교 서적에서 본 것을 모아 놓고 거기에 자기의 생각을 덧붙였으며, 무엇보다도 명백히 설명하는 데 힘썼습니다. 이 책은 이 나라의 새 교우들에게 귀중한 책이며 주문모 야고보 신부도 그것을 인정하였습니다.

5. 정약종 아우구스티노가 교우들을 만나면 관례적인 첫인사를 나눈 후 곧 교리 이야기를 하며 하루 종일 사람들은 쓸데없는 말을 끼울 수 없었습니다. 그가 통달하지 못하였던 어떤 어려운 점을 누가 풀어 주면 그는 마음에 기쁨이 넘쳐흘러 그 대화자에게 뜨겁게 감사하였습니다. 냉담자나 우둔한 사람이 구원의 진리를 기꺼이 듣지 않으면 그는 근심과 걱정을 억제할 수가 없었습니다. 사람들은 그에게 별문제를 다 질문하였는데, 그 머리의 기막힌 정확성과 단순하고 명쾌한 그의 말 덕택으로 그는 모든 사람의 마음속에

신앙을 굳게 하고 애덕을 더하게 하였습니다. "그의 덕이 총회장 최창현 요한의 덕보다 덜할지도 모르고, 그의 명성도 최창현 요한의 명성보다 덜 빛날지는 모르나, 자질과 지식으로는 그보다 더 우수하였다."라고 표현하고 있습니다.(황사영 백서 36-38행 참조)

## 22. 한국 천주교회사에서 신유박해의 교회사적 의의는 무엇인가요?(II)

1. 순교자들은 순교하기까지 기쁨을 잃지 않았습니다. 백정 출신이어서 조선시대의 신분상의 차별로 인해 사람 취급도 못 받던 **복자 황일광(시몬)**은 하느님의 백성은 모두 평등하고 하나라고 하였습니다. 양반들이 신분상 똑같이 대해 주는 천주교를 믿게 된 것이 두 천국의 기쁨을 누리는 것이라고 했습니다. 하나는 살아서 있는 지금이 천국이요, 죽어서 가는 하늘나라 천국이 또한 천국이라 했습니다. 황일광 시몬은 포졸들에게 체포되는 순간에도 여유를 잃지 않았으며, 그는 체포될 때에 다음과 같이 말했다고 합니다. "나리들은 나를 남원 고을에서 살기 좋은 옥천 고을로 옮겨가게 하시니, 이 큰 은혜 대단히 감사합니다." 조선말에 '남원'은 나무를 가리키고, '옥천'은 옥(獄)을 가리키는 말로, **복자 정약종 (丁若鍾, 아우구스티노)**을 모시던 그는 땔나무를 사러 나갔다가 포졸들을 만나 잡혀서 옥으로 끌려갔던 것입니다.

2. 여성 순교자들은 시대를 초월하는 모범적인 신앙생활을 하였습니다. 초기 조선 천주교회 여성 신자들은 자녀들에 대한 신앙교육, 선교활동, 여성신자들의 공동생활(오늘날의 수도회 공동체처럼), 자선사업, 동정녀들의 수정생활(守貞生活) 등 많은 모범을 보였습니다. 대표적인 여성은 **복자 강완숙(姜完淑, 골룸바, 1760-1801년)** 순교자라 할 수 있는데, 그녀의 활동을 보면 다음과 같습니다. ①여성단체를 조직하여 불행하고 의지할 데 없는 여자들을 거두어 그의 집에서 살게 하고 교리를 가르쳤으며, ②복음을 전파하는 선교활동을 시작하여 시어머니와 남편의 전처 아들 **복자 홍필주(洪弼周, 필립보)**와 친정 부모를 입교시켰습니다. 그리고 지체 높은 양반집 여러 부녀자들이 그녀로부터 신앙을 전해 받아 입교하였고, 왕가의 부녀들과 궁내의 나인들에게도 전교하였습니다.[은언군 부인 **하느님의 종 송(宋) 마리아**와 며느리 **하느님의 종 신(申) 마리아**]

3. ③당시의 국법에 역적이 아니면 양반의 부녀자들은 형벌로부터 제외되었기에 그들은 금교령(禁敎令)을 걱정할 필요가 없어 신입교우들 위해 교리 강습회·강연회 등을 자주 개최하였으며, ④동정녀들이나 과부들을 모아 교육 활동까지 지도하여, 교육과정이 끝나면 그들로 하여금 집집마다 방문케 해 천주를 믿도록 권유하게 하고 자기 자신도 밤낮으로 돌아다니며 남을 권유해서 감화시켰고, ⑤수도회적인 성격의 단체를 처음으로 조직

하였으며, ⑥명도회의 여성회장을 수행하면서 남인 양반과 중인들로 구성된 남 교우들과 더불어 다양한 선교 활동을 펼쳐 선교와 자선적인 교회 사업에 참여하였고, ⑦1791년 신해박해 시 음식을 만들어 옥에 갇힌 교우들을 방문하거나, ⑧교회 지도자와 회장인 남녀 교우들과의 잦은 교류를 통해 한국 천주교회의 성장과 확장에 공헌하였습니다.

## 23. 한국 천주교회사에서 신유박해의 교회사적 의의는 무엇인가요?(Ⅲ)

1. 신유박해(辛酉迫害)로 조선의 교회는 엄청난 타격을 받았지만, 신유박해 이전에도 박해가 없었던 것은 아니었습니다. 하지만 그것들은 일부의 신자들에게 국한된 부분적인 박해였던 반면 신유박해는 조선의 교회에 가해진 최초의 대대적이고 전면적인 박해로 교회를 거의 폐허화시켰습니다. 어렵게 영입한 **복자 주문모(周文謨, 야고보) 신부**가 순교함으로써 유방제(劉方濟·중국이름 余恒德, 파치피코) 신부가 1834년(순조 34년)에 입국할 때까지 목자 없는 교회의 상태를 유지해야 했습니다. 지도층 신도들이 거의 다 순교하거나 유배되거나 생명 유지를 위해 산간벽지로 피신하고 교회 서적들도 거의 다 압수됨에 따라 교회는 거의 빈사 상태에 놓이게 되었습니다.

2. 더욱이 1801년 신유척사윤음(辛酉斥邪綸音)인 토역반교문의 반포로 천주교를 언제라도 박해할 수 있는 법적인 근거가 마련됨에 따라 교회를 재건하는 데 큰 어려움을 겪게 되었습니다. 그리고 서양 군함 등을 요청하여 신교의 자유를 얻고자 하는 **하느님의 종 황사영(黃嗣永, 알렉시오)** 백서사건이 드러나면서 천주교는 반인륜적인 종교라는 인식에다 반국가적인 종교라는 인식까지 더하게 되어 천주교는 물론이고 발달된 서양 과학기술까지도 배척하게 되었습니다. 이 때문에 조선의 과학기술은 낙후된 상황을 면치 못하게 되었고, 근대화의 기회도 놓치는 결과를 초래하고 말았습니다.

3. 그러나 노론 벌열(老論閥閱)의 천주교 탄압은 일시적인 성공에 불과하였습니다. 신유박해에 뒤이어 세도(勢道) 정권이 출현함에 따라 사회의 구조적 모순은 더욱더 심화되었습니다. 이미 한계를 드러낸 성리학은 여전히 지배적인 이념으로 기능하고 있는 상황이었습니다. 몰락할 처지에 놓여 있는 양반이나 양반 중심 신분제의 질곡에서 신음하고 있는 중인 이하의 신분층들에게 천주교와 서양 과학기술은 여진히 복음으로 받아들여질 수밖에 없었습니다. 이 때문에 대대적인 신유박해가 있었지만 오히려 천주교 신앙은 한층 더 넓은 지역으로 전파되어 나갔습니다. 살아남은 신자들은 박해를 피해 산간 지방으로 숨어들어 계속해서 복음을 전하였습니다. 또한 죽음을 눈앞에 둔 순교자

들의 용기와 귀양 간 신자들의 인내가 사람들에게 큰 감명을 주었습니다. 그동안 신앙의 불모지였던 전라남도와 남쪽의 도서 지방, 그리고 경상도를 벗어나 강원, 황해, 평안, 함경도 등 온 나라의 아주 궁벽한 구석까지 천주교 신앙이 확산되었습니다.

4. 이렇게 전국에 걸쳐 널리 분포한 천주교 신자들은 신앙과 믿음 생활을 지속하기 위해 심산 궁곡으로 숨어 들어가 산중 교회인 교우촌(敎友村)[77]이라는 신앙 공동체를 본격적으로 형성하였습니다. 이렇게 형성되기 시작한 교우촌은 박해시기 내내 교회와 신앙을 지탱해 주는 바탕이 되었습니다. 신유박해는 일시적으로는 교회에 큰 타격을 주었지만, 궁극적으로는 오히려 천주교가 더욱 발전하는 밑거름이 되었던 것입니다. 또한 신유박해를 거치면서 민중 신앙으로서의 성격이 더욱더 강화된 점도 교회사적으로 의미가 크다고 하겠습니다. 물론 신유박해를 계기로 중인 이하 신분 층에 속한 신자들의 교회 내 역할과 비중이 이전보다 크게 확대되었지만, 여전히 양반 신자들이 적지 않는 비중을 차지하고 있었습니다.

5. 그러나 신유박해를 겪으면서 그들 양반 신자들 대부분이 순교하거나 배교하고 귀양을 감에 따라 스스로 양반의 자격을 포기한 민중적 양반이거나 중인 이하의 신분 층이 교회 구성원의 대부분을 차지하게 되었습니다. 이제 천주교 신앙은 주로 하층민들을 통하여 전파되어 나감으로써 교회의 민중적인 성격은 더욱더 뚜렷해지게 되었습니다. 신유박해는 조선의 교회나 사회에 커다란 영향을 미쳤으며, 교회가 받은 타격도 컸지만 정치적인 충격도 컸었습니다. 교회는 중요한 역할을 하던 대부분의 교역자들을 잃었고, 목자 없는 교회가 되어 30여 년 동안 또 다시 목자를 기다리는 인고의 삶을 살아야 했습니다. 대왕대비 정순왕후(貞純王后) 김씨의 금교령 반포는 종교의 유입을 차단하는 도구가 되었습니다. 하지만 아울러 서구 문명의 이기조차 유입되지 못하게 만들어 나라 발전의 기틀을 마련하는 데 큰 실패를 하였습니다.

---

[77] 일반적으로 한국 천주교회는 순교자의 피를 바탕으로 성장해 왔는데, 그 순교자를 키운 것이 바로 교우촌(敎友村)이었다. 즉 신앙생활을 영위해 온 모든 구성원이 순교자의 배토(培土·농작물의 포기나 그루의 밑에 흙을 모아 북돋아 주는 일)였고, 그 생명의 터가 바로 교우촌이다. 그 속에서 살았던 신자들이 남긴 집단 메시지를 읽는 일이 중요하다. 역사의 조건이 공간, 사람, 사건이라고 할 때 교우촌은 하느님 말씀을 중심으로 친인척과 신친 등으로 얽혀, 전례력을 중심으로 이루어지는 기억과 실천으로 '우리 역사 안에 복음의 메시지'를 재생해 내었다. 그러면서 교우촌 문화는 끊임없이 확대되었고, 동시에 교우촌마다 독특한 복음적 상징을 재생산해 내었다.

6. 정순왕후 김씨의 의도된 박해는 많은 순교자들을 낳았는데, 순교자들의 피는 오히려 교회 성장의 밑거름이 되어 전국 각 지역으로 교회가 확장되는 계기가 되었습니다. 교회의 지도층 인물들은 교회 공동체에서 순교나 배교로 떠나갔습니다. 하지만 중인 이하 신분의 교우들이 등장하여 그 맥을 이어가게 되었고, 또다시 성장하여 오늘의 교회 모습을 만들 수 있게 했습니다. 이제 이들 순교자들의 후손인 우리는 순교자들의 삶을 본받아 교회를 쇄신하고, 활발했던 초기 평신도들의 교회 모습을 다시 만들어야 합니다.

## 24. 한국 천주교회사에서 두 번째 대박해인 기해박해의 배경은 무엇인가요?(1)

1. 기해박해(己亥迫害)는 천주교 4대 박해 중의 하나로 1839년(기해년, 헌종 5년) 3월(음)에서 10월까지 계속되었습니다. 이 박해로 인해 참수된 천주교 신자는 70명이고, 옥중에서 죽은 신자는 60여 명이었는데, 그중 70명이 훗날 103위 순교성인품에 올랐습니다. 박해의 표면적인 원인은 사학(邪學)이라 불리던 천주교를 배척한다는 것이었습니다. 하지만 직접적인 원인은 **시파(時派)·벽파(僻派)의 정치적 갈등**, 즉 시파인 안동 김씨의 세도를 빼앗기 위해 벽파인 풍양 조씨가 일으킨 것이라고 볼 수 있습니다. 순조(純祖, 재위 1800-1834년, 조선 제23대왕) 재위 초기에 정사를 마음대로 하던 대왕대비(大王大妃) 정순왕후 김씨(貞純王后, 1745-1805년)는 영조(英祖, 재위 1724년-1776년, 조선 제21대왕)의 계비요 순조의 계증조모(繼曾祖母)로 1801년 신유박해(辛酉迫害)를 일으킨 적이 있었습니다.

2. 대왕대비(大王大妃) 정순왕후 김씨는 천주교에 반감을 가지고 있던 노론(老論)의 벽파에 속했었습니다. 1802년 안동 김씨로 시파에 속해 있던 김조순(金祖淳)의 딸이 순조 비인 순원왕후(純元王后)가 되면서 정권이 바뀌었고 이후 36년간은 안동 김씨가 정권을 잡게 되었습니다. 그러다가 김조순이 1832년 4월(음)에 죽으면서 세도는 그 아들 김유근(金逌根 1785-1840년)에게 돌아갔습니다. 1834년 11월(음) 순조가 승하하면서 그의 손자인 헌종(憲宗, 재위 1827-1849년, 조선 제24대왕)이 8세로 왕위에 오르게 되었습니다. 이에 대왕대비 순원왕후가 수렴청정을 하게 되었는데, 이때 그의 오빠인 황산(黃山) 김유근이 판서로서 대비의 정사를 보필하였습니다.

3. 안동김씨는 벽파와 달리 천주교에 대해 비교적 관용적이어서 순조 재위 기간과 헌종 초까지도 천주교 문제에 대해 개의치 않으려 하였습니다. 나이 어린 헌종이 성년이 될 때까지 현상을 유지하려 하였을 뿐만 아니라 김유근은 본래 천주교에 호의적이었습니다.

당시 역관이며 천주교 신자인 **성 유진길(劉進吉, 아우구스티노)**과 절친하여 1840년 12월 죽기 전에 그에게서 대세(代洗)를 받기도 하였습니다. 그러므로 조선 천주교회는 1836년 이후 조선에 입국한 프랑스 신부들을 중심으로 견고하게 될 수 있었고, 신자 수는 약 1만 명으로 증가하였습니다.

4. 이러한 상황은 풍양 조씨가 세력을 잡으면서 바뀌게 되었습니다. 풍양 조씨 세력은 조만영(趙萬永)의 딸이 효명세자(孝明世子) 익종(翼宗, 1809-1830년, 추존왕)의 비(妃)로 간택되었습니다. 1827년 익종이 대리청정을 하게 된 이후부터 새로운 세력이 등장하였습니다. 그러나 1830년 익종이 사망하고, 1837년 안동 김씨 김조근(金祖根)의 딸이 헌종비인 효현왕후(孝顯王后)로 간택되면서 다시 안동 김씨 세력에 밀리게 되었습니다. 그러던 중 김유근이 1836년 무렵부터 중풍에 걸려 제대로 정사를 돌보지 못하게 되면서, 정권은 다시 우의정인 이지연(李止淵)에게 넘어가게 되었습니다. 그는 풍양 조씨와 손을 잡고 천주교를 박해를 계획하는 동시에 이를 계기로 시파인 안동 김씨의 세도를 빼앗고자 하였습니다.

### 25. 한국 천주교회사에서 두 번째 대박해인 기해박해의 배경은 무엇인가요?(II)

1. 천주교에 대한 박해는 이미 1838년 말부터 시작되었으며, 조정에서 공식적인 체포령이 내려진 것은 아니었지만, 일단의 포졸들에 의해 서울의 일부 지역에서 신자들이 체포되었습니다. 그리고 이듬해 1839년 1월 16일에 **성 권득인(權得仁, 베드로)**이 체포되었으며, 1839년 1월 말에는 강원도 서지 땅에 살던 **복자 최해성(崔海成, 요한)**이 체포되어 원주 감옥에 투옥되었습니다. 그 해 2월에는 한강변에 살던 **성녀 박아기(朴阿只, 안나)**가, 3월 21일에는 경기도 광주의 구산(龜山, 현 광주군 동부면 망월리)에서 **성 김성우(金星禹, 안토니오)**의 두 아우가 체포되었습니다.

2. 또 4월 7일에는 서울의 회장 **성 남명혁(南明赫, 다미아노)**, **성 이광헌(李光獻, 아우구스티노)**과 그의 가족들이 모두 체포되었습니다. **성녀 이매임(李梅任, 데레사)**의 집에서 함께 생활하던 **성녀 허계임(許季任, 막달레나)**과 두 딸인 **성녀 이정희(李貞喜, 바르바라)**와 **성녀 이영희(李英喜, 막달레나)** 그리고 **성녀 김성임(金成任, 마르타)**, **성녀 김누시아(金累時阿, 루시아)** 등이 **성 남명혁(南明赫, 다미아노)**과 **성 이광헌(李光獻, 아우구스티노)**의 두 자녀들의 용기를 본받고자 포졸들에게 자수하였습니다.

3. 그뿐만 아니라 4월 12일에는 최 야고보 가족들이, 4월 15일에는 궁중 나인 **성녀 전경**

협(全敬俠, 아가타)과 성녀 박희순(朴喜順, 루치아)이 체포되었습니다. 이에 앞서 제2대 조선교구장 성 범라우렌시오(앵베르) 주교는 갓등이(현 경기도 화성군 왕림리) 공소에 숙소를 정하고, 서울 성 남명혁(南明赫, 다미아노)의 집에서 성사를 주고 다시 갓등이로 돌아가고 있었습니다. 이처럼 각지에서 천주교 신자들이 체포되면서 감옥은 이미 그들로 가득 차게 되었습니다. 당시의 형조 판서 조병현(趙秉鉉)은 가능하면 신자들의 목숨을 구해 주려고 배교를 권하였습니다. 그러나 아무런 효과가 없었고, 사정을 우의정 이지연(李止淵)에게 보고해야만 하였습니다.

4. 우의정 이지연은 이를 기회로 1839년 4월 18일(음 3월 5일) 천주교 박해를 허가해 주도록 대왕대비 순원왕후(純元王后)에게 아뢰었습니다. 대왕대비전에서 이를 재가하여 공식적으로 인정하게 되었는데, 이것이 일명 '사학토치령(邪學討治令)'입니다. 이때 우의정 이지연이 아뢴 내용을 보면, 천주교인은 무부무군(無父無君)의 역적 무리이니 좌우 포도청에 하명하여 조사와 기찰을 강화토록 하였습니다. 형조 판서는 신자들 가운데 뉘우치지 않는 자를 처형할 것이며, 서울과 지방에 다시 오가작통(五家作統)의 법을 시행하여 빠져나가는 사람이 없도록 해달라는 것이었습니다.

## 26. 한국 천주교회사에서 두 번째 대박해인 기해박해의 배경은 무엇인가요?(Ⅲ)

1. 순원왕후(純元王后) 대왕대비전에서 내린 사학토치령(邪學討治令)은 이보다 더욱 엄하였으므로 이미 투옥되어 있던 신자들은 혹독한 형벌을 받아야만 했습니다. 그럼에도 불구하고 1839년 5월 3일(음 3월 20일)까지 새로 체포된 신자는 한 명도 없었습니다. 이날 사헌부 집의(執義) 정기화(鄭琦和)는 '만일 원흉을 잡지 못하면 천주교 근절을 기할 수 없다'는 요지의 상소를 올렸고, 같은 날 경기도 고양 용머리에서 성녀 김효임(金孝任, 골룸바), 성녀 김효주(金孝珠, 아녜스) 자매가 체포되었습니다. 한편 형조 판서의 그해 5월 3일자 보고에 의하면, 포도청에서 형조로 이송된 천주교 신자가 도합 43명인데 그간 15명이 배교하여 석방되었다고 합니다. 또 동월 11일자 보고에 의하면, 나머지 28명 중 11명이 배교하여 곧 석방될 예정이라 하였습니다.

2. 이들 중 1839년 5월 24일(음 4월 12일) 사형 선고를 받고 서소문 밖에서 순교한 사람들은 성 남명혁(南明赫, 다미아노), 성 이광헌(李光獻, 아우구스티노), 성녀 박아기(朴阿只, 안나), 성녀 박희순(朴喜順, 루치아)입니다. 또한 이미 1836년 체포되어 오랫동안 옥중에서 고난을 겪어 오던 성녀 이소사(李召史, 아가타), 성녀 김업이(金業

伊, 막달레나), 성녀 한아기(韓阿只, 바르바라) 등 모두 9위이었습니다. **성 범 라우렌시오(앵베르) 주교**는 3일 뒤 이들의 시신을 거두어 장사 지낼 수 있었습니다.

3. 이 밖에도 1839년 5월 26일에는 한강변 서강에서 살다 체포된 **성 장성집(요셉)**이 장사로 옥중에서 순교하였습니다. 다음 날에는 14살 된 어린 동정녀 **성녀 이 바르바라**가 포도청의 옥에서 굶주림과 열병으로 옥사하였으며, 같은 무렵에 **성녀 김 바르바라**와 정 아가타도 신앙을 지키다가 형조에서 옥사하였습니다. 그뿐만 아니라 조정에서는 1827년 정해박해(丁亥迫害) 때 체포되어 대구 옥에 갇혔던 **복자 박사의(朴士儀, 안드레아), 복자 이재행(李在行, 안드레아), 복자 김사건(金思建, 안드레아)**과 전주 옥에 갇혀 있던 **복자 신태보(申太甫, 베드로), 복자 이태권(李太權, 베드로), 복자 이일언(李日彦, 욥), 복자 정태봉(鄭太峯, 바오로), 복자 김대권(金大權, 베드로)** 등에도 각각 1839년 5월 26일과 5월 29일에 참수형을 집행하도록 하였습니다.

## 27. 한국 천주교회사에서 두 번째 대박해인 기해박해의 배경은 무엇인가요?(Ⅳ)

1. 기해박해(己亥迫害)는 1839년 5월 말부터 일단 누그러져 약 1개월 동안은 평온을 되찾았습니다. 그동안 **성 범 라우렌시오(앵베르) 주교**는 서울을 떠나 **하느님의 종 손경서(안드레아)**가 마련해 놓은 경기도의 피신처(현 화성군 양감면 용소리의 상계 마을)로 갔고, **성 나 베드로(모방) 신부**와 **성 정 야고보(샤스탕) 신부**도 지방으로 피신하였습니다. 그러나 조정의 세도가 조만영(趙萬永)을 위시한 풍양 조씨에게 넘어가게 되었고, 1839년 7월 5일(음 5월 25일) 천주교 신자 색출에 노력하라는 대왕대비의 전교가 있게 되면서 다시 상황이 바뀌어 박해가 시작되었습니다.

2. 이때 배교자인 김여상이 밀고자 역할을 하였고, 그의 제보로 며칠 사이에 샤스탕 신부의 복사로 있던 **성 현석문(玄錫文, 가롤로)**, 조선 교회의 지도자요 밀사 역할을 하던 **성 조신철(趙信喆, 가롤로), 성 정하상(丁夏祥, 바오로), 역관 성 유진길(劉進吉, 아우구스티노)**이 체포되었습니다. 이때 정하상 바오로는 체포될 것을 예상하고 호교론서인 「상재상서」(上宰相書)를 지어 품안에 품고 있었는데, 그의 예상대로 이 글은 체포된 후 조정에 보고되었습니다.

3. 이어 1839년 7월 20일에는 형조에서 문초를 받아오던 **성 이광렬(李光烈, 요한), 성녀 김장금(金長金, 안나), 성녀 김노사(金老沙, 로사), 성녀 원귀임(元貴任, 마리아)** 등과 언제나 신앙을 함께해 오던 **성녀 이정희(李貞喜, 바르바라)**와 **성녀 이영희(李英**

훔, 막달레나) 그리고 **성녀 김성임(金成任, 마르타), 성녀 김누시아(金累時阿, 루치아)** 등 8명이 서소문 밖에서 참수 순교하였습니다. 당시 앵베르 주교는 상계 마을 피신처에서 신자들로부터 전해지는 모든 소식을 듣고 있었고 그 해 7월 하순경 모방 신부와 샤스탕 신부를 자신의 거처로 오도록 하여 앞으로의 할 일을 의논한 다음 다시 교우촌의 신자들을 찾아보도록 하였습니다.

4. 같은 시기에 김여상을 앞세운 포졸들은 수리산(현 경기도 안양시 안양4동) 교우촌으로 몰려가 **가경자 최양업(崔良業, 토마스) 신부**[78]의 부모인 **성 최경환(崔京煥, 프란치스코)과 복자 이성례(李聖禮, 마리아)**, 이 에메렌시아 등 여러 교우들을 체포하였습니다. 김여상은 이어 간계를 써서 앵베르 주교의 처소를 거의 알게 되었으나, 앵베르 주교는 포졸들이 들이닥치기 전에 자수를 결심하고 홀로 포졸들에게 자현(自現) 하였으니 이때가 1839년 8월 10일이었습니다.

4. 앵베르 주교의 자수는 조정을 매우 놀라게 하였는데, 조정에서는 모방 신부와 샤스탕 신부를 체포하도록 지시하였습니다. 한편, 8월 22일에는 이들을 잡기 위해 충청도에 오가작통법을 엄격히 적용하라는 훈령을 내렸습니다. 그러자 앵베르 주교는 교우들의 재난

---

78) 한국교회가 배출한 두 번째 사제이자 '땀의 순교자'로 불리는 최양업 토마스 신부가 2016년 4월 26일 '가경자'(可敬者, Venerable)로 선포됐다. 이로써 최양업 토마스 신부는 한국교회가 추진하는 시복시성 대상자 중 증거자로서는 첫 가경자가 됐다. 이후 기적심사만 통과하면 최양업 토마스 신부는 곧바로 시복된다. 프란치스코 교황은 4월 26일 교황청 시성성 장관 안젤로 아마토 추기경을 접견하고 최양업 토마스 신부의 '영웅적 성덕'을 인정하는 시성성 교령을 승인했다. 이 소식은 바티칸 통신(VIS) 4월 27일자를 통해 공표됐다. '가경자'란 교황청 시성성의 시복 심사에서 영웅적 성덕이 인정된 '하느님의 종'에게 붙이는 존칭이다. 최양업 토마스 신부를 가경자로 선포한 것은, 보편교회가 그를 복자 위에 올려 '공경할 만한 인물'이라고 인정했음을 뜻한다. 이에 따라 앞으로 최양업 토마스 신부의 전구를 통해 기적이 일어났음을 입증하는 '기적 심사'가 통과되면 시복이 결정된다. 최양업 토마스 신부의 시복이, 같은 시기에 추진해 지난 2014년 시복된 윤지충 바오로와 동료 순교자 123위보다 오래 걸리는 것은 바로 이 '기적 심사' 때문이다. 시복 시성에 관한 교황령과 교황청 시성성 지침에 따르면 가경자의 시복에는 기적 심사가 필요하다. 순교자는 순교 자체를 기적으로 보아 기적 심사가 면제된다. 한국 천주교회는 현재 최양업 토마스 신부 기적 관련 예비심사를 마무리하여 관련 자료는 교황청 시성성으로 전달하였다. 시성성의 본 심사는 매우 엄격하고 그 기간도 미리 가늠하기 어렵다. 주교회의 시복시성주교특별위원회는 "교황청에서의 심사는 3-4년이 걸릴 것으로 예상된다."면서 "최양업 토마스 신부 탄생 200주년인 2021년 시복을 목표로 노력하고 있다"고 밝혔다.

을 그치게 하기 위하여 두 신부에게 쪽지를 보내어 자수를 권고하였고, 이에 따라 두 신부는 충청도 홍주에서 자수하여 서울로 압송되었습니다.

### 28. 한국 천주교회사에서 두 번째 대박해인 기해박해의 배경은 무엇인가요?(V)

1. 이에 앞서 그들은 로마의 포교성성(현 인류 복음화성) 장관에게 교세 보고서를 올렸습니다. 여기에는 당시의 교세가 '신자 수 약 1만 명, 영세자 1,200명, 견진자 2,500명, 고해자 4,500명, 영성체자 4,000명, 혼배자 150명, 병자성사 60명, 예비 신자 600명'이라고 기록되어 있습니다. **성 나 베드로(모방) 신부**와 **성 정 야고보(샤스탕) 신부**가 압송되어 오자, **성 범 라우렌시오(앵베르) 주교**는 그들과 함께 포도청에서 심문을 받은 다음 의금부에서 다시 여러 차례에 걸쳐 심문을 받았습니다. 앵베르 주교는 그해 1839년 8월 14일(음)에 모방 신부와 샤스탕 신부와 함께 새남터에서 군문효수형으로 순교하였습니다.

2. 이튿날 **성 정하상(丁夏祥, 바오로)**도 서소문에서 참수를 당해 치명하였습니다. 이들의 시신은 그 후 20일쯤 뒤에 신자들에 의해 거두어져 노고산(老姑山, 현 서강대학교 뒷산)에 묻혔다가 박 바오로에 의해 삼성산(三聖山, 현 서울 관악구 신림동)으로 이장되었습니다. 1901년 다시 명동 지하 성당 묘지로 이장되었다가 시복에 앞서 1924년에 로마·파리 등지로 보내졌습니다. 선교사들의 순교에 앞서 1839년 8월 말에는 한 안나와 김 바르바라, 김 루치아 등이 포도청에서 옥사하였으며, 충청도 홍주에서도 유 바오로가 옥사하였습니다.

3. 그뿐만 아니라 9월 3일에는 이미 순교자를 낸 집안이거나 신앙이 굳기로 유명한 **성녀 박큰아기(朴大阿只, 마리아)**, **성녀 권희(權喜, 바르바라)**, **성 박후재(朴厚載, 요한)**, **성녀 이정희(李貞喜, 바르바라)**, **성녀 이연희(李連熙, 마리아)**, **성녀 김효주(아녜스)** 등이 서소문 밖에서 참수형을 받고 순교하였습니다. 선교사들을 처형한 뒤 조정에서는 나머지 신자들의 처형을 서둘렀는데, 그 결과 2개월여를 갇혀 있던 정하상 바오로, **성 유길진(劉進吉, 아우구스티노)** 등이 1839년 9월 22일에 서소문 밖에서 참수되었습니다. 그 해 9월 26일에는 **성녀 허계임(許季任, 막달레나)**, **성 남이관(南履灌, 세바스티아노)**, **성녀 김유리대(金琉璃代, 율리에타)**, **성녀 전경협(全敬俠, 아가타)**, **성 조신철(趙信喆, 가롤로)**, **성 김제준(金濟俊, 이냐시오)**, **성녀 박봉손(朴鳳孫, 막달레나)**, **성녀 홍금주(洪今珠, 페르페투아)**, **성녀 김효임(金孝任, 골룸바)** 등이 함께 서소문 밖에서 참수되었습니다.

4. 당시 선교사들은 신문을 받을 때에 국적과 입국 목적을 명백히 밝혔습니다. 그런 다음 입국 시 의주로부터 조신철 가롤로, 정하상 바오로의 인도를 받았고, 서울에서 정하상 바오로의 집에 거처했다는 사실만을 자백하고, 그 밖의 신문에는 입을 열지 않았습니다. 유진길 아우구스티노는 선교사가 천주교에 필요하므로 조선에 모셔 왔으며, 이것은 교회와 관련되는 일이지 반역이 아니라고 주장하였습니다. 부귀공명을 위해 천주교를 믿는 것이 아니며 이 모든 것은 교회법을 행하려는 절차였다고 하였습니다. 정하상 바오로도 「상재상서」(上宰相書)에서 밝힌 대로 사람은 만물의 조물주인 천주에게 복종할 의무가 있으며, 천주는 모든 민족의 기원이라고 대답하였습니다. 또 그는 외구(外寇)를 불러 본국을 해치는 일 같은 것은 교회법에는 없는 것이라고 덧붙였습니다. 선교사의 처형에도 박해는 끝나지 않았고, 밀고자 김여상은 교우들을 고발하는 데 더욱 열을 올렸습니다. 그러는 사이에 서울의 옥중에서는 1839년 9월에 **성녀 이 카타리나**, **성녀 조 막달레나**, 조 바르바라 등이 순교하였습니다.

5. 그리고 10월 6일에는 원주에서 **복자 최해성(崔海成, 요한)**이 참수되고, 이어 그의 고모인 **복자 최 비르지타**도 옥중에서 교수되었습니다. 이것은 조정에서 공적인 처형이 너무 많은 것을 두려워하여 옥중의 신자들은 교수형에 처하도록 지시한 때문이었습니다. 당시 우의정 이지연(李止淵)에 이어 우의정이 된 조인영(趙寅永)도 이러한 지시를 내렸다고 합니다. 이 지시의 최초의 희생자는 유진길 아우구스티노의 아들인 **성 유대철(劉大喆, 베드로)**과 최희득(필립보), 고집종(베드로) 등이었습니다. 그 중에서도 13세의 유대철 베드로가 보여준 신앙심은 매우 놀라운 것이었습니다. 또 이 무렵 충청도 해미에서는 전 베드로가 신앙을 지키다가 옥사하였으며, 전라도 전주에서도 송인원(야고보) 등 여러 신자들이 순교하였습니다.

## 29. 한국 천주교회사에서 두 번째 대박해인 기해박해의 배경은 무엇인가요?(Ⅵ)

1. 이와 같이 서울과 지역에서 수많은 신자들이 죽임을 당할 즈음, 조정에서는 1839년 12월 16일(음 10월 18일) 척사윤음(斥邪綸音)을 반포하였습니다. 그럼으로써 천주교가 사학임을 다시 한 번 민중들에게 알리는 동시에 이 대대적인 박해를 끝내고자 하였습니다. 이것이 바로 검교제학(檢校提學) 조인영이 지어 올린 '기해 척사윤음(己亥斥邪綸音)'입니다. 당시 조정에서 이를 반포한 이유는 여론이 학살을 중지하자는 쪽으로 기울게 되었고, 신유박해 때와 마찬가지로 이미 대부분의 주동자들이 체포 처형되었으므로 더 이상 박해를 끌어갈 필요가 없다고 생각한 때문이었습니다.

2. 이후 새로운 박해는 일어나지 않았으나, 기존에 체포된 신자들로 인해 순교자는 끊이지 않고 태어났습니다. 포도청에서는 **성 정하상(丁夏祥, 바오로)**의 모친 **성녀 유소사(柳 召史, 체실리아)**가 옥사하였고, 전라도 나주에서는 이준화(베드로)가, 경기도 양근에서는 하느님의 종 장사광(베드로)과 하느님의 종 손 막달레나 부부가, 전주에서는 **복자 심조이(바르바라)**와 복자 김조이(아나스타시아)가 옥사하고, 12살쯤 된 **복자 이봉금(아나스타시아)**가 교수형을 받아 순교하였습니다.

3. 그뿐만 아니라 1839년 12월 29일(음 11월 24일)에는 서소문 밖에서 7명이 참수형을 받아 순교하였습니다. 이들 중 **성 최창흡(崔昌洽, 베드로)**은 초기 신자의 한 사람인 **복자 최창현(崔昌顯, 요한)**의 아우였고, **성녀 정정혜(丁情惠, 엘리사벳)**는 정하상 바오로의 여동생이자 유소사 체실리아의 딸이었고, 나머지 다섯 사람은 순교자 **성녀 허계임(許季任, 막달레나)**의 딸이자 동정녀인 **성녀 이영덕(李榮德, 막달레나)** 그리고 성녀 고순이(高順伊, 바르바라), 성녀 한영이(韓榮伊, 막달레나), 성녀 현경련(玄敬連, 베네딕타), 성녀 조증이(趙曾伊, 바르바라) 등이었습니다.

4. 그러나 우의정 조인영(趙寅永)은 여기에 만족하지 않고 다시 옥중에 있는 신자들을 교수형에 처하라는 명령을 내렸습니다. 이에 따라 포도청의 옥에서 최 필립보와 동정녀 **성녀 이 아가타**, 순교자 **복자 김종한(金宗漢, 안드레아)**의 딸이요 손연욱(요셉)의 아내인 **성녀 김 데레사**, 하느님의 종 이 막달레나, 정 안드레아, **성 범 라우렌시오(앵베르) 주교**의 피신처를 마련하는 데 노력을 했던 **하느님의 종 손경서(안드레아), 성 민극가(閔克可, 스테파노)**, 이사영(고스마) 등이 형벌로 순교하게 되었습니다.

5. 기해박해(己亥迫害)의 마지막 순교자는 전주와 서울에서 탄생하였는데, 기해년이 저물게 되자 조정에서는 옥중에 갇혀 있는 나머지 신자들의 처형을 서둘게 되었습니다. 이에 전주에서 오랫동안 함께 신앙을 지켜오던 **복자 홍재영(洪梓榮, 프로타시오), 복자 오종례(吳宗禮, 야고보), 복자 이조이(막달레나), 복자 최조이(바르바라)** 등 4명이 1840년 1월 4일(음 1839년 11월 30일)에 참수되었습니다. 그리고 서울에서는 1840년 1월 30일(음 12월 27일)과 2월 1일, 당고개(堂峴, 현 서울 용산구 원효로 2가)에서 10명이 참수형을 받았으며, 이처럼 처형지가 서소문에서 당고개로 바뀐 이유는 상인들이 그 해 설날 대목장을 방해하지 않도록 조정에 요청한 때문이었습니다.

6. 그 결과 이곳에서 첫날 회장 **성 박종원(朴宗源, 아우구스티노)**과 홍재영 프로타시오의 아들 **성 홍병주(洪秉周, 베드로), 성녀 권진이(權珍伊, 아가타), 성녀 이경이(李璟伊, 아가타)**, 최창흡 베드로의 아내 **성녀 손소벽(孫消碧, 막달레나), 성녀 이인덕**

(李仁德, 마리아), 성 최경환(崔京煥, 프란치스코)의 아내 복자 이성례(李聖禮, 마리아) 등이 순교하였습니다. 이튿날에는 홍병주 베드로의 아우 **성 홍영주(洪永周, 바오로)**, 손소벽 막달레나의 딸 **성녀 최영이(崔榮伊, 바르바라)**, 회장 **성 이문우(李文祐, 요한)** 등이 순교하였습니다.

## 30. 한국 천주교회사에서 기해박해의 교회사적 의의와 순교자들은 누구인가요?

1. 기해박해(己亥迫害)는 신유박해에 비해 체포된 신자 수는 적었으나 그 대상 지역은 넓었다는 데 특징이 있습니다. 박해 이전의 신자들이 이미 서울과 경기도는 물론 충청도와 전라도, 그리고 강원도와 경상도 등지에 넓게 퍼져 있었기 때문입니다. 그중 서울과 경기도에서 가장 많은 순교자가 탄생했지만, 강원도에서도 많은 신자들이 체포되었고, 충청도와 전라도에서는 1백 명 이상의 신자들이 체포되었습니다. 당시의 기록인 「기해일기」 (己亥日記)[79]에 의하면, 참수된 순교자가 54명, 옥사나 장사 또는 병사한 신자수가 60명

---

79) 성 현석문(玄錫文, 가롤로)이 지은 1839년 기해년 박해 때의 순교자전(殉敎者傳). 조선교구의 제2대 교구장인 성 범 라우렌시오(앵베르) 주교는 기해년에 박해가 일어나자, 곧 순교자들의 사적을 기록하기 시작하였다. 그러나 주교 자신도 조만간에 체포될 것을 우려하여, 성 정하상(丁夏祥, 바오로), 성 현석문(玄錫文, 가롤로) 등에게 순교자의 사적을 면밀히 조사하여 기록하는 일을 계속하도록 명하였다. 예상했던 대로 주교는 그해 1839년 7월 5일에 잡히는 몸이 되었고, 9월 21일에는 성 나 베드로(모방), 성 정 야고보(샤스탕) 등 두 선교사와 함께 순교하였으므로, 성 현석문(玄錫文, 가롤로)은 주교의 뜻을 받들어, 관헌의 눈을 피해 산간벽지를 돌아다니며 교우들로부터 모아들인 순교자의 거룩한 자료를 정리하고 기록하여 3년이란 세월에 걸쳐서 「기해일기」를 완성하였다. 그 후 한때 귀국한 김대건(金大建, 안드레아) 신부는 기해년 순교자에 관한 자료를 모아 이를 보충하였고, 페레올(Ferreol, 高) 주교도 입국하자마자 성 현석문(玄錫文, 가롤로)과 함께 이 「기해일기」를 재검토하여 더욱 완전한 것으로 만드는 데 힘썼다. 제8대 교구장으로 임명된 뮈텔(Mutel, 閔德孝) 주교는 순교자의 자료를 열심히 모으던 중 우연히도 한글로 된 《긔해일긔》 한 벌을 1904년 전후에 입수하게 되었는데, 그것이 과연 성 현석문(玄錫文, 가롤로)이 지은 원본인지는 알 길이 없고, 더구나 오랫동안 땅에 묻혀 있던 탓으로 첫 장과 끝의 몇 장이 다 썩어 버려 알아볼 수 없게 된 것이었다. 그러나 이것 외에 다른 완전한 것을 얻을 수 없게 되자, 1905년에 이 책을 그대로 출판하게 되었다. 이 책은 246페이지에 달하는 큰 책으로 뮈텔 주교의 서문에 이어, 원문대로의 내용을 그대로 실렸는데, 총론과 순교자의 일기와의 두 부분으로 나뉘어 있다. 성 현석문(玄錫文, 가롤로)이 조사한 순교자의 수는 사형으로 순교한 자가 54명, 옥중에서 죽은 자가 60여명으로 도합 114명이 넘었으나, 그의 「기해일기」에는 78명의 순교사기만이 들어 있다. 이들은 거의 모두가 기

이나 된다고 하였고, 달레의 「한국 천주교회사」에서는 참수한 신자가 70명이 넘는다고 하였습니다.

2. 그러나 실제로 체포되었다가 배교하고 석방된 신자들, 자료가 없는 관계로 기록에서 누락된 신자들을 생각하면 그 숫자는 훨씬 더 늘어날 것입니다. 더욱이 한국 천주교회에서는 선교사와 지도자를 잃음으로써 일시 침체에 빠지게 되었고, 신앙 공동체는 이전보다 더 가난한 서민층으로 이루어지게 되었습니다. 그뿐만 아니라 조정에서는 국경 감시를 강화했고, 살아남은 신자들은 깊은 산중으로 피신하거나 신자임을 감추고 생활해야 했습니다. 그 결과 신자들은 현실을 외면하는 경향이 짙어지게 되었고, 신앙 내용은 더 복음적이고 교리 실천적인 성격을 띠게 되었습니다. 또 교회 서적이 부족하게 되면서 후세나 이웃에게 구전으로 교리를 전수해야만 했으므로, 어린이나 예비신자들은 깊은 교리를 잘 이해하지 못하는 경우도 있었습니다.

3. 반면에 박해의 여파로, 또는 새로운 공동체의 형성으로 더 넓은 지역에 천주교가 전파되는 결과를 낳게 되었습니다. 다음으로 이 박해는 처음 시작과는 달리 박해가 진행되면서 정치적인 갈등이 큰 문제가 되지 않았다는 특징을 갖고 있습니다. 왜냐하면 신유박해(辛酉迫害) 때와는 달리 신자들 가운데는 정치적으로 보복을 받을 만한 인물들이 별로 없었기 때문입니다. 그러므로 박해가 진행되는 가운데서도 천주교인을 처단하라는 상소문이 거의 조정에 올라오지 않았습니다. 조정안에서도 박해를 강력히 주장하던 풍양 조씨 외에는 이 문제에 큰 관심을 가지거나 앞장서서 이를 주장한 경우가 거의 없었습니다.

4. 다만, 이 박해가 세도의 변화 즉 기존의 안동 김씨 대신에 풍양 조씨의 세도는 1849년 헌종(憲宗)이 죽고 철종(哲宗, 재위 1849-1863년, 조선 제25대왕)이 즉위할 때까지 계속 되었습니다. 기해박해·병오박해(丙午迫害) 순교자들의 시복 추진은 제3대 조선 대목구장 페레올 주교 때부터 시작됐습니다. 최양업 부제가 라틴어로 번역한 페레올 주교의 「기해·병오박해 순교자들의 행적」은 1847년 교황청 예부성성에 조선 순교자들의 시복 청원서로 접수됐습니다. 교황청은 이에 1857년 9월 24일 조사 심리를 위한 법령을 제정, 시복 대상자 83위를 가경자로 선포하고, 교황청 수속을 위한 조사 시작 명령을 통보했습니다. 교황청은 이후 1864년 12월 23일과 1866년 9월 17일 두 차례에 걸쳐 조선에 시복

해년에 순교한 사람들이었고, 그 중에 남자가 28명, 여자가 50명으로 그들은 거의 전부가 서울에서 치명한 것으로 되어있다. 「기해일기」에 올라 있는 78명의 순교자 중 1925년 7월 5일 복자위에 오른 순교자의 수가 69명에 이르고 있음으로 보아, 「기해일기」가 순교자의 사적을 기록하는 데 있어 얼마나 정확을 기하였는가를 알 수 있다.

조사 위임장을 발송했으나, 병인박해(丙寅迫害)로 전달되지 못했습니다.

5. 교황청은 1879년 5월 8일 '한국 순교자들에 대한 시복에 아무런 장애가 없음'을 선포했습니다. 교황청의 이러한 결정에 힘입어 조선 대목구 부주교 블랑 신부는 1883년 3월 18일 기해박해·병오박해 순교자 교구 예비심사를 개정해 (회기 2차) 1887년 4월 2일까지 총 102회 차에 걸쳐 증언자 42인을 소환해 증언을 들었습니다. 이후 12년간 시복 조사가 중단됐다가 1899년 5월 19일에 제8대 조선 대목구장 뮈텔 주교가 시복 조사를 마무리하고, 시복재판 기록을 라틴어로 번역해 1905년 7월 26일 교황청 예부성성에 제출했습니다. 기해박해·병오박해 시복 대상자 83위 중 79위의 시복이 확정돼 1925년 7월 5일 로마 성 베드로 대성전에서 비오 11세 교황에 의해 복자품에 올랐습니다.

6. 79위 복자들은 1984년 5월 6일 서울 여의도 광장에서 성 요한 바오로 2세 교황에 의해 103위[80] 한국 순교성인 시성식 때 함께 시성되었습니다. 한편 기해박해 순교자 중 18위

---

80) 한국 천주교회의 103위 한국 순교성인을 총칭하는 말이다. 103위 중 79위는 1925년에, 그리고 24위는 1968년에 시복된 후 1984년 한국 천주교회 창설 200주년에 즈음하여 방한한 교황 요한 바오로 2세에 의해 1984년 5월 6일 모두 시성됨으로써 성인품에 올랐다. 한국 순교성인의 축일은 9월 20일이고, 축일의 명칭은 '성 안드레아 김대건과 바오로 정하상과 동료 순교자'이다.
① 남녀
남성 56위, 여성 47위로 거의 반반이다. 박해시대가 남성 중심의 유교 사회라는 점을 감안한다면 사회적 지위가 극히 낮았던 여성이 절반 가까이를 차지한다는 것은 주목할 만하다. 남녀를 차별하지 않는 그리스도교 가르침이 천대받던 여성들에게 커다란 영향을 끼쳤음을 보여주는 결과라고 하겠다.
② 연령대
△10대 3위 △20대 18위 △30대 22위 △40대 26위 △50대 25위 △60대 6위 △70대 3위로, 40-50대가 가장 많다. 최연소자는 13살에 순교한 유대철(베드로) 성인이며, 최연장자는 정하상(바오로)의 어머니 유소사(체칠리아)로 79살에 옥사했다.
③ 성직자와 평신도
성직자는 11위. 따라서 평신도는 92위이다. 성직자 가운데 주교는 앵베르(조선교구 제2대 교구장)·베르뇌(제4대 교구장)·다블뤼(제5대 교구장) 주교 등 3위. 사제는 모방·샤스탕·브르트니에르·도리·볼리외·위앵·오매트르·김대건 신부 등이며, 김대건 신부를 제외한 성직자 10위는 모두 파리외방전교회 소속 선교사들이다
④ 직업
양반과 중인, 평민을 아우르는 한국 순교성인들 직업은 매우 다양하다. 관리는 남종삼(요한)

등 4위이며, 유진길(아우구스티노)·조신철(가롤로)은 역관이다. 농부 전장운(요한)과 목수 최형(베드로)은 교회 서적 출판에 참여했으며, 민극가(스테파노)는 교회 서적을 판매하는 일에 종사했다. 권득인(베드로)은 성물공이며, 박후재(요한)와 유정률(베드로)은 짚신 장사꾼이다. 조신철(가롤로)은 중국을 오가는 동지사 마부였으며, 남경문(베드로)·허협(바오로)은 군인 출신, 나머지는 대부분 상인과 농부이다.

⑤ 신학생으로는 정하상(바오로)과 이문우(요한)가 있었으며, 교회 활동에 열심히 참여했던 회장은 남명혁(다미아노)·이호영(베드로) 등 모두 27위이다. 이 가운데는 삯바느질로 생계를 이어갔던 중인 계급의 여성 회장 현경련(베네딕타)도 있었다. 여성 중에는 동정녀 15위, 궁녀 3위, 과부 17위, 젖먹이 딸린 어머니가 4위이다. 순교자들 신분과 직업이 이처럼 다양한 이유는 모든 인간은 하느님 앞에서 평등하다는 그리스도교 복음에 따라 남녀노소, 신분의 귀천을 떠나 수많은 이들이 그리스도교에 귀의했기 때문이다. 엄격한 신분사회였던 당시에 이같은 교리는 폭발적 반향을 불러일으키기에 충분했다.

⑥ 친족 관계

친족관계에 있는 순교자들이 많다는 것이 103위 한국 순교성인의 대표적 특징이다. 103위 가운데 45위(18가구)가 한 핏줄로 얽힌 관계.

▲아버지와 아들(父子)=김제준(이냐시오)과 김대건(안드레아) 신부, 유진길(아우구스티노)·유대철(베드로), 조화서(베드로)·조윤호(요셉) 등이 있으며, 김 데레사는 김대건 신부의 당고모(아버지의 사촌 자매)가 된다.

▲어머니와 딸(母女)=이 가타리나와 조 막달레나, 권진이(아가타)·한영이(막달레나)가 있다. 이광헌(아우구스티노)은 권희(바르바라, 아내)와 이광렬(요한, 동생) 그리고 이 아가타(딸)와 일가를, 정하상(바오로)은 유소사(체칠리아, 어머니)·정정혜(엘리사벳, 동생)와 일가를 이루고 있다.

▲부부(夫婦)=남명혁(다미아노)·이연희(마리아), 박종원(아우구스티노)·고순이(바르바라), 최창흡(베드로)·손소벽(막달레나), 조신철(가롤로)·최영이(바르바라) 등이 있으며, 조신철(가롤로)은 최창흡(베드로)의 사위다.

▲형제·자매=홍병주(베드로)·홍영주(바오로)가 형제 성인이며, 박희순(루치아)·박큰아기(마리아), 김효주(아녜스)·김효임(골룸바), 이영덕(막달레나)·이인덕(마리아)이 자매이다. 이 밖에도 이호영(베드로)과 이소사 아가타, 현경련(베네딕타)과 현석문(가롤로)이 남매 사이며, 이정희(바르바라)는 어머니 허계임(막달레나)과 고모 이매임(데레사), 동생 이영희(막달레나), 조카 이 바르바라와 함께 1893년 기해박해(己亥迫害) 때 순교해 모두 성인품에 올랐다.

⑦ 순교 시기

순교성인들은 모두 기해박해 때(1839년) 70위·병오박해 때(1846년) 9위·병인박해 때(1866년) 24위 순교했다. 헌종 5년에 일어난 기해박해는 신유박해(1801년) 이후 대규모 박해였다. 풍양 조씨가 안동 김씨에게서 권력을 탈취하려고 일으킨 기해박해로 정하상(바오로)과 유진

가 2014년 8월 16일 서울 광화문에서 현 프란치스코 교황에 의해 124위[81] 한국 순교복

길(아우구스티노), 조신철(가롤로) 등 평신도 지도자들과 앵베르 주교를 비롯한 모방·샤스탕 신부 등이 순교했다. 병오박해는 1846년 6월 5일 김대건 신부 체포를 계기로 일어났다. 김대건 안드레아 신부와 함께 현석문(가롤로)·남경문(베드로)·한이형(라우렌시오)·우술임(수산나) 등 평신도 8명이 목숨을 잃었다. 흥선대원군(興宣大院君)이 일으킨 병인박해는 1866년부터 1871년까지 5년간 이어졌다. 이 박해 때 베르뇌 주교와 다블뤼 주교를 비롯한 프랑스 선교사 9위와 평신도 8,000여 위가 순교했다.

⑧ 순교 형태

군문효수(16위), 참수(60위), 교수(15위), 장사(3위), 옥사(9위) 등 다양하다. 목을 베어 군문에 높이 매다는 군문효수는 대역 죄인에게 행하는 것으로, 성직자 11위는 모두 군문효수로 순교했다. 주로 서울 새남터와 충남 갈매못에서 행해졌다. 목을 치는 참수형은 서울 서소문 밖과 당고개, 전주 숲정이에서, 그리고 목 졸라 죽이는 교수형은 포도청 감옥에서 행해졌다. 장사는 곤장으로 볼기를 쳐서 죽이는 형벌이다.

---

81) 한국 천주교회가 103위 한국 순교성인에 이어 124위 한국 순교복자를 품에 안았다. 지난 1984년 성 요한 바오로 2세 교황에 의해 103위 순교자가 성인 반열에 오른 지 꼭 30년 만이다. 현 프란치스코 교황은 2013년 교황 좌에 오른 후 처음으로 찾은 한국에서 순교자 124위를 복자 반열에 올림으로써 아시아 대륙에 새로운 희망의 불씨를 선사했다. 124위 한국 순교복자는(평신도 123위와 사제 1위) 103위 한국 순교성인의 윗세대와 동료들로서, 103위 한국 순교성인 시복시성때 제외됐던 초기 순교자들이 포함되어 있고, 한국 천주교회가 모든 것을 단독으로 추진한 첫 번째 시복 재판을 통해 탄생한 복자들이다. 이들 중 대표적인 순교자는 한국 천주교회 첫 순교자인 윤지충(바오로)과 권상연(야고보), 그리고 한국 천주교회에 첫 번째 선교사로 파견된 중국인 주문모(야고보) 신부이다. 또 「주교요지」를 집필한 정약종(아우구스티노)과 초대 여성 회장 강완숙(골룸바), 유중철(요한)과 이순이(루갈다), 조숙(베드로)과 권천례(데레사) 두 동정 부부와 최양업 신부의 어머니 이성례(마리아) 복자도 꼽을 수 있다. 124위 한국 순교복자 중에는 가족이 복자에 오른 이들이 유독 많은데, 이들은 또한 103위 한국 순교성인의 가족이거나 친·인척이어서 가정 교회의 모범이 되고 있다. 대표하는 가정으로는 복자 정약종(아우구스티노) 가족으로써는 부인 성녀 유소사(체실리아), 장남 복자 정철상(가롤로), 아들 성 정하상(바오로), 딸 성녀 정정혜(엘리사벳) 등이다. 또 복자 정철상(가롤로)의 장인 복자 홍교만(프란치스코 하비에르)은, 아들 복자 홍인(레오), 홍교만의 사촌 동생 복자 홍익만(안토니오), 사위 복자 홍필주(필립보), 홍필주의 어머니 복자 강완숙(골룸바)은 친·인척관계이고, 그리고 복자 홍필주의 친·인척은 한국 최초의 수덕자인 농은 홍유한부터 복자 홍낙민(루카)과 복자 홍재영(프로타시오)은 부자지간, 홍재영(프로타시오)의 아들 하느님의 종 홍봉주(토마스), 그의 며느리 복자 심조이(바르바라), 성 홍병주(베드로)와 성 홍영주(바오로)는 형제지간이다. 복자 현계흠(플로로)은 아들 성 현석문(가롤로), 딸 성 현경련(베

자 시복 시 함께 시복되었습니다. 기해박해를 통해 순교한 순교자 중 성인품에 오른 성직자는 3위[82]이고 평신도들은 67위[83]로 총 70위입니다. 한편, 기해박해를 통해 순교한 순

네딕타)이 성인이고, 복자 김진후(비오)와 복자 김종한(안드레아)은 성 김대건(안드레아) 신부 성인의 증조부와 작은 할아버지이다. 또 복자 유항검(아우구스티노)과 아들 복자 유중철(요한), 복자 유문석(요한), 조카 복자 유중성(마테오), 며느리 복자 이순이(루갈다), 이순이(루갈다)의 오빠 복자 이경도(가롤로), 동생 복자 이경언(바오로)이 함께 복자품에 올랐다. 복자 최창주(마르첼리노)와 복자 최조이(바르바라) 부녀, 복자 윤지충(바오로)와 복자 윤지헌(프란치스코)는 형제, 복자 윤유일(바오로)와 복자 윤유오(야고보) 형제, 복자 최인길(마티아)와 복자 최인철(이냐시오) 형제, 하느님의 종 김범우(토마스)의 형제들인 복자 김이우(바르나바)와 복자 김현우(마테오) 형제가 함께 시복의 영광을 얻었다. 124위 한국 순교복자는 신분 차별과 불평등, 그리고 가난이 일상화됐던 시대에 그리스도의 형제애를 보여주었고, 특별히 신앙의 유산을 가족에게 물려주고 이웃과 함께 나누면서 복음의 증인으로 살았던 분들이다. 일제 강점기인 1925년(79위)과 제2차 바티칸 공의회 직후인 1968년(24위) 로마에서 열린 시복식에 이어 한국 천주교회 역사상 세 번째로, 한국 땅에서 열린 시복식을 통해 믿는 이들은 한국 천주교회의 뿌리를 재확인하고 하느님 나라를 향한 새로운 여정에 나섰다. 이 땅의 그리스도인들이 지고 갈 십자가에 힘을 실어줄 새 복자 124위는 1791년 신해박해 3위, 1795년 을묘박해 3위, 1797년 정사박해 8위, 1801년 신유박해 53위, 1814년 갑술박해 1위, 1815년 을해박해 12위, 1819년 기묘박해 2위, 1827년 정해박해 4위, 1839년 기해박해 18위, 1866년과 1868년 병인·무진박해 19위, 1888년 무자박해 1위로, 죽음에서 영원한 생명으로 건너간 영광을 교회사에 아로새기게 됐다.

82) 범 라우렌시오(앵베르) 주교, 나 베드로(모방) 신부, 정 야고보(샤스탕) 신부.

83) 성 정하상(丁夏祥, 바오로), 성 이호영 베드로, 성 정국보 프로타시오, 성녀 김 아가타, 성녀 박 안나, 성녀 이 아가타, 성녀 김업이(金業伊, 막달레나), 성 이광헌(李光獻, 아우구스티노), 성녀 한(韓) 바르바라, 성녀 박희순(朴喜順, 루치아), 성 남명혁(南明赫, 다미아노), 성 권득인(權得仁, 베드로), 성 장성집 요셉, 성녀 김 바르바라, 성녀 이 바르바라, 성녀 김 로사, 성녀 김성임(金成任, 마르타), 성녀 이매임(李梅任, 데레사), 성녀 김장금(金長金, 안나), 성 이광렬(李光烈, 요한), 성녀 이영희(李英喜, 막달레나), 성녀 김 루치아, 성녀 원귀임(元貴任, 마리아), 성녀 박 마리아, 성녀 권희(權喜, 바르바라), 성 박후재(朴厚載, 요한), 성녀 이정희(李貞喜, 바르바라), 성녀 이연희(李連熙, 마리아), 성녀 김효주(金孝珠, 아녜스), 성 최경환(崔京煥, 프란치스코), 성 유진길(劉進吉, 아우구스티노), 성녀 허계임(許季任, 막달레나), 성 남이관(南履灌, 세바스티아노), 성녀 김 율리에타, 성녀 전경협(全敬俠, 아가타), 성 조신철(趙信喆, 가롤로), 성 김제준(金濟俊, 이냐시오), 성녀 박봉손(朴鳳孫, 막달레나), 성녀 홍금주(洪今珠, 페르페투아), 성녀 김효임(金孝任, 골룸바), 성녀 김 루치아, 성녀 이 가타리나, 성녀 조 막달레나, 성 유대철(劉大喆 베드로), 성녀 유소사(柳召史, 체실리아), 성 최창흡(崔昌洽, 베드로), 성

교자 중 복자품에 오른 성직자는 없고 평신도는 18위[84] 입니다. 이들 중에는 1839년을 전후하여 이미 1838년에 순교한 이도 있고, 또 1840년과 1841년에 순교한 이들도 있으나 '기해박해'의 순교자라고 할 때 이들까지 포함해서 하는 말입니다.

### 31. 한국 천주교회사에서 세 번째 대박해인 병오박해의 배경은 무엇인가요?(1)

1. 병오박해(丙午迫害)란 1846년(헌종 12년) 6월 5일부터 9월 20일까지 일어난 천주교 박해로서, 이때 한국 천주교회사 최초의 한국인 사제인 **성 김대건 (金大建, 안드레아) 신부**[85]가 처형당하였습니다. 이처럼 병오박해는 김대건 안드레아 신부의 체포를 출발점

---

녀 조증이(趙曾伊, 바르바라), 성녀 한영이(韓榮伊, 막달레나), 성녀 현경련(玄敬連, 베네딕타) 성녀 정정혜(丁情惠, 엘리사벳), 성녀 고순이(高順伊, 바르바라), 성녀 이영덕(李榮德, 막달레나), 성녀 김 데레사, 성녀 이 아가타, 성 민극가(閔克可, 스테파노), 성 정화경 안드레아, 성 허협 바오로, 성 박종원(朴宗源, 아우구스티노), 성 홍병주(洪秉周, 베드로), 성녀 손소벽(孫小碧, 막달레나), 성녀 이경이(李瓊伊, 아가타), 성녀 이인덕(李仁德, 마리아), 성녀 권진이(權珍伊, 아가타), 성 홍영주(洪永周, 바오로), 성 이문우(李文祐, 요한), 성녀 최영이(崔榮伊, 바르바라), 성 김성우(金星禹, 안토니오).

84) 복자 김대권 베드로(金大權 Peter), 복자 김사건 안드레아(金思健 Andrew), 복자 김조이 아나스타시아(金召史 Anastasia), 복자 박사의 안드레아(朴士儀 Andrew), 복자 신태보 베드로(申太甫 Peter), 복자 심조이 바르바라(沈召史 Barbara), 복자 오종례 야고보(吳宗禮 James), 복자 이봉금 아나스타시아(Anastasia), 복자 이성례 마리아(李聖禮 Mary), 복자 이일언 욥(李日彦 Job), 복자 이재행 안드레아(李在行 Andrew), 복자 이조이 막달레나(李召史 Magdalene), 복자 이태권 베드로(李太權 Peter), 복자 정태봉 바오로(鄭太奉 Paul), 복자 최 비르지타(崔 Brigid), 복자 최조이 바르바라(崔召史 Barbara), 복자 최해성 요한(崔海成 John), 복자 홍재영 프로타시오(洪梓榮 Protase)

85) 1) 김대건(金大建, 보명 芝植, 안드레아, 1821-1846년)은 1821년 충남 당진군 우강면 송산리에 위치한 솔뫼[소나무 숲이 청정하다 하여 솔뫼(松山)라 불림]에서 천주교 신자 성 김제준 이냐시오와 고 우술라의 아들로 태어났다. 그의 굳센 성격과 진실한 신심을 보고 1836년 나 베드로(모방) 신부는 그를 신학생으로 뽑아 마카오로 유학 보냈다. 그는 6년 동안 신학 공부를 하고 1845년 8월 페레올 주교에게서 사제품을 받아 한국인 최초의 신부가 되었다. 고국에 돌아온 김 신부는 서울과 용인 지방에서 사목 활동을 시작하였으나, 1846년 음력 4월 주교의 명에 따라, 선교사들의 편지를 중국 배에 전하고 선교사들의 입국로를 개척하기 위하여, 황해도 지방으로 가게 되었다. 김 신부는 편지를 중국 배에 전하고 돌아오는 도중 순위도에서 관헌에게 체포되어 서울 좌포도청으로 이송되어 사형을 선고받고 1846년 9월 16일 새남터에

서 군문효수로 치명하였다.

2) 성 김대건 안드레아 신부 가문의 순교자들

김대건 안드레아 신부의 증조부인 복자 김진후(비오, 1739-1814년)가 50세에 영세한 이후 교우 마을이 되었다. 면천 군수로 있을 당시 복자 김진후 비오는 1784-1785년 3월 이전에 충청도 사도 하느님의 종 이존창(李存昌, 1752-1801년, 루도비코 곤자가)의 권유로 맏아들 종현과 둘째아들 택현이 1784-1785년 3월 이전에 서울 명례방 김범우 토마스 집에서 신앙 집회를 할 때 김범우 토마스에게 교리를 배워 두 아들이 이존창과 함께 영세 입교함으로써 시작되었다. 천주교에 입교한 후 벼슬을 버리고 신앙생활에 전념하다가 신해·신유박해(辛酉迫害) 때 체포되어 10여 년을 옥살이하고 1814년 해미 감옥에서 옥사하였다. 김대건 안드레아 신부의 가문은 1791년 신해박해, 1801년 신유박해, 1846년 병오박해, 1866년 병인박해 등 역대 박해 때마다 많은 수난을 당했으며 순교자가 나왔다.

① 복자 김진후 비오(1739-1814년)

충청도의 면천의 솔뫼에서 태어난 복자 김진후 비오는, 성 김대건 안드레아 신부의 증조부이며, 1816년에 순교한 복자 김종한 안드레아의 부친이다. 족보에는 그의 이름이 '운조'(運祚)로 기록되어 있다. 그가 천주교 신앙을 처음 접하게 된 것은, 맏아들이 이존창으로 부터 교리를 전해 듣고는 이를 형제들에게 전하면서였다. 당시 그의 나이는 50세 가량이었다. 1791년과 1801년의 신유박해 때 체포되어 배교를 뜻하는 말을 하고는 유배형을 받았지만, 1805년에 다시 체포되어 해미로 압송되었다. 그가 천주교 신자답게 행동한 것은 이때부터였다. 10년간 모범적인 인내심으로 옥중 생활의 고통을 참아냈으나, 결국 1814년 12월 1일(음력 10월 20일) 옥중에서 숨을 거두고 말았다. 당시 그의 나이는 76세였다.

② 복자 김종한 안드레아( ? -1816년)

김종한 안드레아는 충청도 면천의 솔뫼에서 태어났다. 족보에는 그의 이름이 '한현'(漢鉉)으로 나온다. 1814년에 순교한 복자 김진후 비오의 아들로, 성녀 김 데레사의 아버지가 되며, 성 김대건 신부의 작은 할아버지가 된다. 맏형으로부터 천주교 교리를 배워 입교하였다. 그의 부친 복자 김진후 비오가 1814년에 해미에서 옥사로 순교하고 그는 가족과 함께 홍주를 거쳐 경상도 영양의 우련밭(현 경북 봉화군 재산면 갈산리)으로 가서 오랫동안 숨어 살았다. 1815년의 을해박해가 일어난 뒤, 영양에서 체포되어 안동으로 끌려가서 문초와 형벌을 받은 뒤 대구로 이송되었다. 대구 관덕정 형장 참수 치명하였고 순교 후 그의 시신은 형장 인근에 매장되었다가 이듬해 3월 2일 친척과 교우들에 의해 그 유해가 거두어져 적당한 곳에 안장되었다.

③ 성 김제준 이냐시오(1796-1839년)

김대건 안드레아 신부의 아버지로 충청도 면천 땅 솔뫼에서 태어났다. 1814년에 순교한 할아버지 복자 김진후 비오와 큰아버지의 권면으로 입교한 뒤 자유로운 신앙생활을 위하여 경기도 용인으로 이사하여 농사를 짓고 살았다. 이 무렵 나 베드로(모방) 신부를 찾아가 세례와 견진 성사를 받고 용인으로 돌아와 회장으로 활약하였다. 1836년 15세 된 아들 김대건을 모방 신부에게 맡겨 마카오에 있는 신학교로 유학 보냈다. 1839년 기해박해가 일어나자 김여상 일당의 밀고로 체포되었다. 포청에서 아들을 외국으로 보낸 국사범으로 간주되어 매우 혹독한 형벌과 고문을 받고 한때 배교하였으나, 형조로 이송된 후 배교를 취소하고 9월 26일 참수형으로 순교하였다. 그의 나이 44세였다.

④ 성녀 김 데레사(1796-1840년)

김 데레사는 1816년 대구에서 순교한 복자 김종한 안드레아의 딸로 충청도 솔뫼에서 태어났으며 김대건 안드레아 신부의 당고모이다. 17세 때 교우인 손연욱 요셉과 혼인하였으나, 1824년 남편이 해미에서 순교하자 가난하게 혼자 살면서 신앙생활에 전념하였다. 성 정정혜(엘리사벳)와 함께 유방제 신부와 성 범 라우렌시오 주교의 살림을 돌보던 중 1839년 기해박해가 일어나자 7월 11일 성 범 라우렌시오 주교의 집에서 성 정하상(바오로) 일가와 함께 체포되었다. 김 데레사는 포청에서 주교의 은신처를 알아내려는 형리들에게 여러 차례의 혹형과 고문을 받았으나, 순교한 할아버지와 아버지의 신앙을 본받아 꿋꿋이 참아 내고, 옥에서 만난 이광헌(아우구스티노)의 딸 성 이 아가타와 함께 서로 위로하고 격려하며 신앙을 굳게 지켰다. 1840년 1월 9일 포청에서 44세의 나이로 성 이 아가타와 함께 교수형을 받고 순교하였다.

3) 천주교 성인공파 가계도

김해 김씨 안경공파는 2000년 판 경진세보를 발행하며 천주교 성인공파를 분파하였다. 즉 김해 김씨 안경공파 아산공문중 천주교 성인공파이다. 천주교의 순교자 복자 김진후 비오를 파조로 하여 그의 네 아드님 김종현(부안), 김택현(대전/논산), 김한현(종한)안드레아, 김희현(익산)과 동생인 김귀조(정읍)와 그 후손을 천주교 성인공파로 분파한바, 파조 복자 김진후 비오로부터 시작하여 현재 11대의 후손에 이르고 있으며, 2002년 9월 15일(추석 전주일) 솔뫼 성지에서 창립 총회를 거쳐 천주교 성인공파 종회를 설립하였다. 후손들은 4개(부안, 대전/논산, 익산, 정읍)의 집안으로 분포되어 있다. 김대건 안드레아의 증조부 복자 김진후 비오의 가문은 김해 김씨(金海金氏) 안경공파(安敬公派)의 아산공파(牙山公派)에 속하며 시조 가락국 김수로왕의 66대 손(孫)이며 중시조 목경공(牧卿公)의 16대 손이며 그의 가문이 이곳 충청도 솔뫼에 산 것은 고조부 수완(守完) 때부터 인듯하며 6대조 아산공 희현(希賢)이 아산 현감(縣監)을 지내고 5대조 의직(義直)이 또한 임진왜란 때 무과 급제하여 충청도 병마절도사를 지낸 이래 나라의 공신으로 대대로 벼슬을 한 사대부의 양반 집안이며 그도 또한 통정대부(通政大夫)로 공주 감영에 어떤 직을 맡고 있었다. 김해 김씨 「천주교 성인공파」 가문의 순교자는 주교회의 시복시성 주교특별위원회가 시복시성 추진 대상자로 확정한 순교자 124명에 포함된 복자 김진후 비오 순교자를 비롯해 을해박해 때 대구 관덕정 형장에서 순교한 복자 김종한 안드레아 순교자가 있으며, 기해박해 때 순교한 성 김제준 이냐시오와 성녀 김 데레사와 병오박해 때 순교한 성 김대건 안드레아 신부는 1984년 5월 교황 요한 바오로 2세에 의해서 서울 여의도 한국 천주교회 선교 200주년 신앙대회 때 시성되었다. 더욱이 김대건 안드레아 신부는 103위 순교성인의 대표 성인이다. 성 김대건 안드레아 신부 가문에서는 모두 14명의 순교자를 배출하였다.

① 김종현(淙鉉, 자 희안 1764-1824년) [부안 집안]

1764년 충청도 면천 고을 솔뫼에서 부친 파조 복자 김진후 비오와 모친 유씨(俞氏) 사이에 장남으로 태어났으며 법망을 피해 경상도와 전라도 산골로 피신을 다니며 포교 활동을 했고 여러 지방으로 숨어 다니며 주문모 신부를 도와서 박해 중에서도 열심히 포교 활동을 했으므로 훌륭한 신앙의 증거자였으며 나중에 큰아들 제광(1780-1863년) 가정과 함께 고향 솔뫼에 있다가 1824년에 세상을 떠났으며 그 후 후손들은 전북 부안에 터를 잡고 살았기에 지금도 종현의 후손들을 부안 집안이라 부르고 있다.

② 김택현(자는 春奉, 혹은 종원 1766-1830년) [대전/논산 집안]

파조 복자 김진후 비오와 모친 유씨(俞氏) 사이에 둘째 아들로 1766년 4월 7일에 충청도 면천 고을 솔뫼에서 태어났으며 본인도 순교하였고 아들 제준, 손자 지식(대건) 등도 순교하였다. 후손들이 대전과 논산에 터를 잡고 살았으므로 택현의 후손들을 대전/논산집안이라 부른다. [순교자: 김택현, 아들 제준(제린), 손자 지식(대건), 손자 근식, 손자 진식, 손자 선식]

③ 김종한(譜名 漢鉉) 안드레아( ? -1816년) [절손됨]

충남 면천 솔뫼(현 당진군 우강면 송산)에서 파조 복자 김진후 비오의 셋째 아들로 태어났다. 1798년경에 처자와 자녀 김 데레사를 데리고 경상도 일월 산중인 안동 고을 우련밭(경상북도 봉화군 재산면 갈산리 우련전)으로 가서 17년 동안 열심한 신앙생활을 하며 살았다. 거기서 그는 오직 애긍에 힘쓰고, 기도와 성서 읽기와 그 밖의 모든 신자 본분을 지키는 일에만 부지런하였으며 1816년 11월 1일(음)에 대구 관덕정 형장에서 참수 치명을 당했다. [순교자: 김종한(宗漢), 딸 김 데레사, 사위 손연욱 요셉]

④ 김희현(자 秀元 1785-1839년) [익산 집안]

그는 1785년에 부친 파조 복자 김진후 비오와 모친 유씨(俞氏) 사이에 넷째 막내아들로 충청도 면천 고을 솔뫼에서 태어났다. 1815년 을해박해가 있은 후 1839년 기해박해 때 포졸들에게 체포되어 공주에서 순교를 했다. 그리고 그의 아들 명집(濟恒) 루도비코도 병인박해 때 순교를 했다. 후손들은 제항의 아들 경식의 부인이 순교한 후 천등산의 옥배마을로 찾아들어 거기서 피난 생활을 하면서 숯을 굽고 옹기를 구우면서 살다가 고산 구제리등을 거쳐 익산으로 나와 터를 잡고 살았으므로 지금도 희현의 후손들을 익산집안이라 부른다. [순교자: 김희현, 아들 김제항(明集) 루도비코, 무명인 손자, 경식의 처]

⑤ 김제교(濟敎: 1827- ?) [정읍 집안]

파조 복자 김진후 비오의 동생인 김귀조의 손자로써 김대건 신부의 7촌 아저씨이다. 김귀조 때부터 큰집과 함께 신앙을 받아들인 듯 하며, 1827년에 관현(1875-1835년)의 첫째으로 촉발된 4개월에 걸친 비교적 짧은 기간의 박해사건이었습니다. 교황 그레고리오 16세(1831-1846년)가 1831년 9월 9일 천주교 조선대목구(朝鮮代牧區)를 설정[86]한 이후,

아들로 태어났다. 그의 가족들은 충청도 여사울(현 예산군)에 가서 살다가 1866년 병인박해가 일어나자 포교에게 잡혀서 배교하고 나와 살았다. 그러나 배교하고 나왔음을 항상 원통하다고 말하더니, 다시 공주 포교에게 가서 잡혀 치명하였다. 후손들은 제교가 순교한 후 여러 지방을 거치며 피난하다가 정읍에 터를 잡고 살았으므로 파조(派祖)의 동생인 귀조의 후손들을 지금도 정읍 집안이라 부른다. [순교자: 김준명(譜名 濟敎)]

4) 성인공파의 순교자

① 복자 김진후 비오: (김대건 신부의 증조부), 자 억금, 보명 운조, 1739-1814년 10.20(음), 갑술박해 순교
② 복자 김종한 안드레아: (김대건 신부의 작은 조부), 보명 한현, ?-1816년 11.1(음), 병자박해 순교
③ 김택현: (김대건 신부의 할아버지), 자 춘봉, 종원, 1766-1830년, 경인박해 순교
④ 손연욱 요셉: (복자 김종한 안드레아의 사위), (성녀 김 데레사의 남편), (김대건 신부의 당고모부), ?-1824년, 갑신박해 순교
⑤ 성녀 김 데레사: (김대건 신부의 당고모), 1796-1839년, 기해박해 순교
⑥ 성 김제준 이냐시오: (김대건 신부의 아버지), 자 신명, 보명 제린, 1796-1839년, 기해박해 순교
⑦ 성 김대건 안드레아: 보명 지식, 아명 재복, 1821-1846년, 9.16, 병오박해 순교, 새남터 군문효수, 26세
⑧ 김제항 루도비코: (김대건 신부의 당숙), 자 명집, 1814-1866년, 병인박해 공주에서 순교
⑨ 김근식 베드로: (김대건 신부의 사촌형제), 1825-1867년, 정묘박해 공주에서 순교
⑩ 김진식 프란치스코: (김대건 신부의 사촌형제), 1827-1866년, 병인박해 해미에서 순교
⑪ 김제교: (김대건 신부의 7촌 아저씨), 자 준명, 1827-1866년, 병인박해 공주에서 순교
⑫ 김경식의 부인: (김제항 루도비코 며느리), ?-1866년, 병인박해 순교

[순교자로 추증]

⑬ 김희현: (복자 김진후 비오의 넷째 아들)(김대건 신부의 작은 조부), 자는 수원, 1785-1839년, 기해박해 순교
⑭ 김선식 프란치스코: (김대건 신부의 사촌 형제), 1833-1866년, 병인박해 옥천에서 순교

86) 조선 대목구설정(朝鮮代牧區設定)

1) 전사(前史): 17-18세기 이래 우리나라에 도입된 서학서를 통해 남인학자들 사이에 천주교리에 대한 연구가 있어, 주어사(走魚寺) 강학(講學) 등으로 천주교 신앙이 싹트기 시작하였다. 이때 이벽(李檗, 세례자요한)의 권유에 의해 이승훈(李承薰, 베드로)이 북경에 가서 세례를 받고 1784년에 귀국하여 이벽(李檗, 세례자요한) 등과 더불어 포교를 시작하고 세례를 집

전함으로써 서울에 비로소 신앙 공동체가 탄생하였다. 이어 그들은 가성직제도(假聖職制度) 아래 가성직단을 구성하여 영세는 물론 미사까지도 집전하였던바, 차차 이러한 가성직제도가 교회법에 어긋남을 깨닫고, 북경 교구에 선교사의 파견을 요청하기에 이르렀다. 이 요청에 따라 1795년에 중국인 복자 주문모(周文謨, 야고보) 신부가 입국함으로써, 조선 천주교회는 비로소 목자를 갖게 되어 천주교는 전국적으로 전파되었다. 이미 1782년에 조선 천주교회는 북경 주교의 보호를 받게 됨으로써 북경 교구에 예속되었다. 그러나 교회 창설과 더불어 박해는 끊임없이 계속되어, 1801년 신유박해(辛酉迫害) 때에는 복자 주문모(周文謨, 야고보) 신부를 비롯하여 수많은 순교자를 낳게 되니 조선 천주교회는 다시금 목자를 잃고 말았다.

2) 조선 대목구 설정(朝鮮代牧區設定): 이렇듯 박해 속에서 지하에서나마 자생적인 발전을 거듭하면서, 북경 주교와 교황청에까지 호소하는 성직자 영입운동은 끊임없이 추진되어, 마침내 1831년 9월 9일 교황 그레고리오 16세는 조선 천주교회를 북경 교구로부터 분리하여 독립된 대목구로 설정하는 한편, 파리외방전교회로 하여금 전교 사업을 담당케 함과 동시에 자원해서 조선에 나오기를 간청한 브뤼기에르(Bruguiere, 蘇) 주교를 초대 대목(代牧)으로 임명하였다. 이에 브뤼기에르 대목은 갖은 고난을 겪으면서 조선 입국을 시도했으나 끝내 뜻을 이루지 못하고 병사하였고, 뒤따르던 성 나 베드로(모방, Maubant) 신부와 성 정 야고보(샤스탕, Chastan) 신부가 1836년부터 조선 입국에 성공하고, 제2대 대목으로 임명된 성 범 라우렌시오(앵베르, Imbert, 范世亨) 주교도 1837년에 입국하니 조선 천주교회는 비로소 주교와 신부를 가져 견고한 기반을 갖출 수 있게 되었다.

3) 거듭되는 박해: 그러나 기해박해로 주교와 신부, 그리고 많은 교회 지도자들이 순교하니 조선 천주교회는 다시금 목자 없는 폐허가 되었다. 제3대 대목으로 임명된 페레올(Ferreol, 高) 주교와 우리나라 최초의 사제 성 김대건(金大建, 안드레아) 신부가 1845년 입국해서 조선 교구 재건에 전력을 다했으나 성 김대건(金大建, 안드레아) 신부는 1846년 병오년에 잡혀 순교하였다. 그러나 페레올 주교는 다행히도 박해를 피해 숨어 다니며 전교에 힘쓰다가 1853년에 병사하였고, 그동안에 메스트로(Maistre, 李) 신부가 입국하여 성영회(聖嬰會)를 조직, 최초로 고아 구제 사업까지도 전개하였다. 이어 가경자 최양업(崔良業) 토마스 신부도 입국하여 전국 각지를 순회하며 전교에 힘쓴 결과 교세는 날로 신장되어 갔다. 제4대 대목으로 임명된 성 장 시메온(베르뇌, Berneux, 張敬一) 주교가 1855년에 입국하고 뒤이어 많은 선교사들이 입국하니 1866년 병인박해 때에는 국내에 모두 10명의 선교사가 있었다. 병인박해로 성 장 시메온(베르뇌 Berneux, 張敬一) 주교가 먼저 순교하자 보좌주교였던 성 안 안토니오(다블뤼, Daveluy, 安敦伊) 주교가 잠시 제5대 대목이 되었으나 곧 5명의 선교사들과 함께 순교하였다. 이때 요행히 살아남아 조선을 탈출한 리델(Ridel, 李福明) 신부가 제6대 대목이 되어 1877년에 다시 조선에 입국했으나 곧 체포되어 중국으로 추방되었다.

4) 문화활동: 이렇듯 박해가 끊이지 않는 가운데도 국내에서 각종 교리서의 번역 보급과 함께 「한불자전」(韓佛字典), 「한어문전」(韓語文典) 등의 편찬 작업이 진행되어 1880년과 1881년

에 걸쳐 간행됨으로써 한국을 세계에 알리게 되었다. 또한 달레(Dallet)의 「한국천주교회사」(histoire de l'Eglise de Coree)가 1874년에 파리에서 간행됨으로써 한국 천주교회가 전 세계에 널리 알려지게 되었다. 1882년 신교의 자유가 어느 정도 허용되면서 제7대 대목으로 임명된 블랑(Blanc, 白圭三) 주교는 종현성당의 기지를 비롯하여 여러 성당의 건립을 위한 대지를 매수하는 등 교회 재건에 힘썼다.

5) 서울 대목구: 이어 1890년에 8대 대목으로 뮈텔(Mutel, 閔德孝) 주교가 임명되어 1898년에 명동 대성당의 축성식을 갖게 됨을 계기로, 여러 곳에 성당이 건립되어 전교 사업은 전국적인 규모로 확대 발전해 나갔다. 이렇게 해서 1911년에 조선 대목구에서 대구 대목구가 분리되고, 조선 대목구는 서울 대목구로 개칭되어 충청도 이북만을 관장하게 되었는데, 뮈텔 주교가 계속 서울 대목구를 맡아보았다. 그러는 가운데에도 해서교안(海西敎案) 등 적고 큰 교난(敎難)이 끊이지 않았으나, 교세는 날로 신장되어 전교 구역은 멀리 제주도와 간도에까지 뻗어 나갔다. 이에 1920년에 원산(元山) 대목구가 분리되어 함경도와 간도지방의 전교 사업은 독일의 상트 오틸리엔의 베네딕도회에 위촉하였고 1927년에는 서울 대목구 안에 평양 지목구를 독립시켜 미국 메리놀회에 위임하였다. 그리고 장차 한국인 교구 설정을 준비하고자 황해도를 감목 대리구로 설정하였다. 교세가 날로 성해지는 가운데 1925년 7월 5일에 로마 교황청에서 기해박해 70위와 병오박해 9위 총 79위의 시복식이 거행되어 조선 천주교회는 다시없는 영광을 갖게 되었다. 1933년 뮈텔 주교가 선종하고 라리보(Larribeau, 元亨根) 주교가 9대 대목으로 취임하였으나 일제의 강압으로 사임하고, 1942년 초 제10대 대목으로 노기남(盧基南, 바오로) 신부가 첫 한국인 주교로 임명되어 취임함으로써 비로소 서울 대목구의 자립을 보기에 이르렀다. 노기남 주교는 일제말기의 여러 가지 어려운 여건 속에서도 평양 지목구와 춘천 지목구장을 겸임하면서 난국을 타개하여 서울 대목구를 지켜 왔다.

역대 조선 대목구: 제1대 조선 대목구장(1831-1835년)-브뤼기에르(Bruguiere)/제2대 조선 대목구장(1836-1839년)-앵베르(Imbert)/제3대 조선 대목구장(1843-1853년)-페레올(Perreol)/제4대 조선 대목구장(1854-1866년)-베르뇌(Berneux)/제5대 조선 대목구장(1866년)-다블뤼(Daveluy)/제6대 조선 대목구장(1869-1884년)-리델(Ridel)/제7대 조선 대목구장(1884-1890년)-블랑(Blanc)/제8대 조선 대목구장(1890-1933년)-뮈텔(Mutel)/제9대 조선 대목구장(1933-1941년)-라리보(Larribeau)/제10대 조선 대목구장(1942-1967년)-노기남(盧基南) 바오로

6) 광복 후의 성장: 1945년 광복이 되자 노기남(盧基南, 바오로) 주교는 전국 성직자와 신자들에게 고유(告諭·어떠한 사실을 널리 알려서 깨우침)하여 교회 조직을 정비하였다. 그러나 뜻하지 않은 6.25전쟁으로 다시 교회가 파괴되고 많은 신자를 잃는 비극을 초래하였으나, 휴전과 더불어 노기남(盧基南, 바오로) 주교는 세계 각국을 순방하여 원조를 청하다가 조국 재

파리외방전교회 선교사 **성 나 베드로(모방) 신부**가 **성 정하상(丁夏祥, 바오로)**을 비롯한 교우들의 보호를 받으며 입국했습니다.(1836년 1월 12일·1835년 음력 11월 24일)

2. 모방 신부에 이어서 파리외방전교회의 **성 정 야고보(샤스탕) 신부**가 입국하였고(1836년 12월말), 또한 제2대 조선 교구장으로서 파리외방전교회의 **성 범 라우렌시오(앵베르) 주교**가 입국하였습니다.(1837년 5월) 이들 파리외방전교회 출신의 선교사들은 선교하는 지역의 사람에게 신학을 가르쳐서 성직자로 키우는 파리외방전교회 전통에 따라, 김대건·최양업·최방제를 마카오 신학교에 보내서 공부하도록 하였습니다(1836년 12월). 1845년 상해 금가항(金家巷) 성당에서 사제서품을 받음으로써 조선 천주교회 처음의 천주교 사제가 된 김대건 안드레아 신부는 페레올 주교의 지시에 따라, 1846년에는 만주에 머물고 있던 메스트르 신부 등의 입국을 돕기 위해 서해안에서 길을 탐색한 바 있었습니다.

3. 김대건 안드레아 신부는 이 활동을 하던 중에 1846년 6월 5일 서해안 순위도(巡威島)에서 관장과 사소한 시비가 벌어져 신분이 탄로 나는 바람에 체포되었습니다. 김대건 안드레아 신부는 1846년 9월 16일 한강 새남터에서 신앙을 고백하고 군문효수형으로 처형되었는데, 조선왕조실록에 따르면 천주교 신자이기 때문에 순교한 것입니다. 프랑스 해군의 장 바티스트 세실 제독은 김대건 안드레아 신부를 구하기 위해 조선으로 항해해 왔으나, 김대건 안드레아 신부가 순교하기 전까지 조선에 도착하지 못하였습니다. 이 병오박해 기간 동안의 모든 행적과 흐름은 김대건 안드레아 신부라는 인물을 중심으로 살펴보면 병오박해의 배경과 사건의 흐름을 알 수 있습니다.

4. 김대건 안드레아 신부는 1821년 8월 21일 충남 내포지방 솔뫼(현재 당진군 우강면 송산리)에서 천주교 신자 **성 김제준(金濟俊, 이냐시오)**과 고 우루술라의 아들로 태어났습니다. 부친은 열정적인 천주교 교인으로서 교회에 헌신적이었고, 1839년 기해박해(己亥迫害) 때 서소문 밖에서 참수되었습니다. '재복'이라는 아명으로 불리던 김대건 안드레아

---

건과 교회 복구에 노력한 결과 1962년 3월 10일에는 교계제도 설정에 따라 서울 대목구가 대교구로 승격됨에 노기남(盧基南, 바오로) 주교는 대주교로 승품되었다. 1967년 노기남(盧基南, 바오로) 대주교가 은퇴하고 윤공희(尹恭熙, 빅토리노) 주교가 교구장 서리로 임명되었으나 곧이어 1968년 4월 9일에 김수환(金壽煥, 스테파노) 주교가 서울대교구장으로 임명되었다. 그 해 10월 6일에는 로마 교황청에서 병인박해로 순교한 24위의 시복식이 거행되어 다시 한 번 한국 천주교회의 영광을 만방에 빛나게 했으며, 1969년 3월에는 김수환(金壽煥, 스테파노) 대주교가 추기경으로 임명되어 한국 천주교회에 영광을 더해 주었다.

신부는 김해김씨 안경공파(安敬公派)에 속하며 그의 집안은 대대로 순교의 치명자(致命者) 집안이었습니다. 김대건 안드레아 신부가 7세가 되던 해(1827년) 삼남지방에서 벌어진 정해박해(丁亥迫害)를 피해 그의 조부 김택현(金澤鉉)을 따라 용인군 골배마실(현 용인군 내사면 남곡리)에 옮겨와서 소년시절을 보냈습니다.

5. 1836년 그의 나이 만 15세 되던 해까지 서당과 조부 밑에서 한문을 익혔고, 열성적인 부모, 특히 독실한 어머니 밑에서 신앙교육을 받았습니다. 성장한 재복(대건)은 어려서부터 훌륭한 재능과 강한 의지력으로 경건한 신앙심을 보여주었습니다. 1836년 초에 내한한 모방 신부로부터 그해 1836년 6월 7일에 '안드레아'라는 이름으로 세례를 받았습니다. 1836년 7월 11일 예비 신학생으로 선발되어 입경(入京)하여 라틴어와 교양수업을 받았습니다. 국내정세로 인해 더 이상의 학업이 어려워지자 모방 신부는 예비신학생들(최방제, 최양업, 김대건)을 안전하고 효과적으로 신학교육을 실시하기 위해 마닐라 싱가포르 혹은 페낭에 있는 신학교에 보내기로 결정하였습니다.

6. 1836년 12월 2일, 김대건 안드레아 신부는 두 동료와 함께 모방 신부 앞에서 성서에 손을 얹고 조선 천주교회 책임 신부들에 대해 순명(順命)할 것을 선서했습니다. 장상(長上)들의 허락 없이 다른 지방으로 가거나 수도회에 입회하는 행동을 하지 않겠다고 맹세하였습니다. 중국인 유방제(劉方濟:중국 이름 余恒德, 파치피코) 신부와 함께 서울을 떠나 1836년 12월 28일 변문을 통과하였습니다. 1837년 6월 7일에 목적지인 마카오에 도착하여 파리외방전교회 지부에 도착하여 신학수업을 시작했습니다. 파리외방전교회 마카오 지부는 조선 신학교를 세워 깔레리(Callary)신부가 교장으로 있으면서 동료 신부들의 도움을 받아 세 명의 조선 신학생을 교육하기 시작했습니다.

7. 김대건 안드레아 신부는 **가경자 최양업(崔良業, 토마스)**과 함께 르그레즈와 신부, 깔레리 신부, 리브와 신부, 데플레슈 신부, 메스트르 신부, **성 장 시메온(베르뇌) 신부**, 페레올 주교 등에게서 여러 과목을 여러 과목을 배웠는데, 이들의 스승은 7명이었습니다. 그동안 마카오에는 제1차 중영전쟁(中英戰爭, 아편전쟁)이 발발하여 내란 상태에 빠져 조선 신학생들은 두 차례에 걸쳐 필리핀 마닐라로 피신을 하기도 했습니다. 김대건 안드레아 신부는 어려서부터 영양실조에 시달려 크고 작은 질병에 시달렸습니다. 이러한 어려움 속에서도 김대건 안드레아 신부는 라틴어와 스콜라 철학 과정을 마치고 교리학과 조직신학에 본격적으로 매진했습니다.

8. 하지만 1842년 2월 15일 김대건 안드레아 신부는 신학공부를 중단하였습니다. 조선 선교사로 임명된 메스트르 신부와 함께 조선 국왕과 통상을 맺으려는 프랑스 세실

(Cécille) 제독의 통역관으로 에리곤(Erigon)호에 승선하여 마카오를 떠나 귀국길에 올랐습니다. 그러나 이들이 계획했던 일은 뜻대로 되지 못했습니다. 그래서 1842년 10월 20일 육로를 통해 조선에 잠입하기로 결정하고 요동지방의 백가점(白家店) 교우촌에 당도한 김대건 안드레아 신부는 그해 12월 23일 혼자 국로를 개척하기 위해 국경지방으로 떠났습니다. 그는 도중에 북경으로 들어오는 조선 사절단 일행에 낀 김 프란치스코라는 교우를 만나 기해박해(己亥迫害)와 성직자 영입운동의 소식을 듣고 자신이 입국하여 메스트로 신부의 영입을 준비키로 결심했습니다. 김대건 안드레아 신부는 의주를 통해 조선에 잠입하는데 성공하였습니다. 하지만 서울로 향하던 중 부자연스러운 언행으로 주민들의 의심을 사 신변의 위협을 느끼고 1843년 1월 6일에 백가점으로 되돌아와야 했습니다.(출생과 신학수업 1821-1844년)

## 32. 한국 천주교회사에서 세 번째 대박해인 병오박해의 배경은 무엇인가요?(II)

1. **성 김대건(金大建, 안드레아) 신부**는 백가점(白家店)에서 은신하던 중 1843년 4월에 소팔가자(小八家子)로 옮겨와 신학공부를 계속했습니다. 1844년 2월 페레올(Ferréol) 주교의 명령으로 조선 동북부 입국로를 개척하기 위해 두만강을 건너 경원(慶源)에서 조선 교우를 만나 주교의 입국 절차를 논의했으나 안전하지 못하다고 판단했습니다. 그래서 압록강의 서북부 국경로를 이용하기로 합의하고, 그해 1843년 4월에 다시 소팔가자(小八家子)로 돌아왔습니다. 그 다음 해 1844년 12월 17일 김대건 안드레아 신부는 드디어 신학공부를 마치고 부제품을 받았습니다.

2. 1845년 1월 1일 페레올 주교와 함께 중국 변문에 도착한 김대건 안드레아 신부는 조선 교우들과 상봉했습니다. 마중 나온 교우들이 외국선교사들의 입국은 불가능하다고 하여 김대건 안드레아 신부 자신만 조선으로 출발했습니다. 무사히 국경을 넘은 김대건 안드레아 신부는 개성을 지나 1845년 1월 서울에 도착했습니다. 그는 **성 현석문(玄錫文, 가롤로)**이 마련한 집에 은신하면서 교회 사정을 파악하기 시작했습니다. 김대건 안드레아 신부는 곧 리보아(Libois) 신부에게 귀국 사실과 함께 **성 범 라우렌시오(앵베르) 주교, 성 나 베드로(모방) 신부, 성 정 야고보(샤스탕) 신부** 등의 순교상황에 대해 보고하고 천연두 약과 치료법을 문의했습니다.

3. 그는 페레올 주교와 성직자들이 내한하여 거주할 집을 충청도 해안지방에 마련코자 했습니다. 하지만 사정이 여의치 않자 서울 석관동에 집 한 채와 배를 한척 사서 상해로 여행할 교우를 선정하고 사공들을 구했습니다. 그리고 1845년 4월 30일에 11명의 교우들

을 데리고 인천 제물포에서 상해로 출발하여 6월 4일 무사히 도착했습니다. 8월 17일에 김대건 안드레아 신부는 상해 금가항(金家巷) 성당에서 페레올 주교에게 사제서품을 받고 8월 24일 만당 소신학교 성당에서 첫 미사를 봉헌했습니다. 일주일 후에 김대건 안드레아 신부는 페레올 주교를 대동하고 상해를 떠났으나 풍랑으로 인해 9월 28일 제주도의 해안에 표류하여 닿게 되었습니다.

4. 이로부터 전라도 해안을 따라 금강으로 접어들었다가, 1845년 10월 12일에 충청도 강경 바닷가에 상륙했습니다. 김대건 안드레아 신부는 곧 상경하여 서울과 그 인근, 특히 용인 지방을 중심으로 교우들을 방문하고 성사를 집행했습니다. 서품 이후 김대건 안드레아 신부에게는 사목할 시간이 많지 않았습니다. 서품 즉시 상해를 떠나야 했고, 조선에 입국하여 1845년 11월 서울에 도착한 이후 이듬해인 1846년 5월까지 6개월 정도만 사목 활동을 할 수 있었습니다. 왜냐하면 프랑스 신부들의 조선 입국로를 개척하라는 명령을 받고 다시 중국으로 건너갔기 때문이었습니다.

5. 그의 첫 사목은 서울 석정동(石井洞)을 중심으로 이루어졌고 용인의 골매마실에서 모친 고 우루술라와 상봉하였습니다. 이후 체포될 때까지 서울과 용인(은이공소)을 오가며 신자들에게 성사와 미사를 베풀며 사목활동을 전개했습니다. 이러한 김대건 안드레아 신부의 사목활동에 대한 증언이 「일성록」[87]과 여러 신자들의 고증에서 잘 나타나고 있습니다. 그 고증에 따르면 김대건 안드레아 신부는 6개월 동안 서울의 미나리골, 김회장의 집, 무쇠막, 심사민의 집, 서빙고, 쪽우물골 등지를 방문하여 교우들에게 성사를 주었고 용인지역에서는 은이, 터골 등지에서 성사를 주었다고 합니다. 그뿐만 아니라 경기도 이천지역까지도 사목방문을 했다고 하며, 그러다가 1846년 부활 대축일 미사를 은이 공소에서 드린 다음 상경하여 서해로 개척 루트를 찾아 나서게 되었습니다.**(사제서품과 사목 활동 1845-1846년)**

## 33. 한국 천주교회사에서 세 번째 대박해인 병오박해의 배경은 무엇인가요?(III)

1. **성 김대건(金大建, 안드레아) 신부**는 가경자 최양업(崔良業, 토마스) 신부와 메스트로 신부의 입국로를 찾아보라는 주교의 명을 받았습니다. 1846년 5월 14일 서울 마포에

---

87) 1760년(영조36년) 1월부터 1910년(융희4년) 8월까지 151년간의 국정에 관한 제반 사항들이 기록되어 있는 일기로, 필사본이며, 총 2,329책이다. 이 책은 1783년(정조7년)부터 국왕의 개인 일기에서 규장각 관원들이 시정(施政)에 관한 내용을 작성한 후에 왕의 재가를 받은 공식적인 국정 일기로 전환되었다.

서 **성 임치백(林致白, 요셉)**의 아들 임성룡의 배를 타고 황해도로 떠났습니다. 5월 29일 백령도에 도착하여 조업 중인 중국인 어선들과 접촉하여 페레올 주교의 편지와 자신의 편지, 그리고 조선지도 등을 전달했습니다. 그러나 6월 5일 황해도 순위도의 등산진(登山鎭)에서 관헌에게 체포되었습니다. 김대건 안드레아 신부는 웅진군의 옥으로 끌려와 심문을 받고 5일 후에 황해도 감사가 있던 해주로 이감되었습니다. 6월 21일 황해도 감영에서 압송된 김대건 안드레아 신부는 네 차례에 걸쳐 심문을 받으면서 배교를 강요받았고, 다시 한양의 포도청에 이송되어 40여 차례에 걸쳐 혹독한 고문을 당했습니다.

2. 김대건 안드레아 신부는 포도청에서의 첫 번째 진술에서는 중국 광동사람으로 자백하였습니다. 그러나 여섯 번째 진술에서 마침내 자신이 조선 사람임을 밝히면서 아울러 중국으로 유학하게 된 경위를 진술했습니다. 허나 조정에서는 이미 기해박해(己亥迫害) 때 조선 소년 3명이 외국으로 유학 간 사실을 알고 있었습니다. 그 당시 정부는 3명의 프랑스 선교사 **성 범 라우렌시오(앵베르), 성 나 베드로(모방), 성 정 야고보(샤스탕)**와 **성 유진길(劉進吉, 아우구스티노), 성 정하상(丁夏祥, 바오로)** 등을 심문하면서 '양인청래(洋人請來)'와 '삼아치송(三童治送)' 문제에 집중되었습니다.

3. 즉, 선교사 3명을 청해온 사실과 최방제, 최양업, 김대건 3인의 소년을 성직자로 양성하기 위해 국외로 보낸 사실을 일종의 모계(謀計)로 보았습니다. 또한 그 모계는 이미 **하느님의 종 황사영(黃嗣永, 알렉시오)**의 백서에서 계획되었던 것이 실현된 것으로 간주하려 하였습니다. 김대건 안드레아 신부가 중국 선박에 전한 서한들은 외국인과 내통했다는 더 할 나위 없는 증거가 되었습니다. 더군다나 조선 연안을 그린 지도는 외세를 불러들이는 음모를 드러내는 확실한 증거라고 여겨졌습니다. 하지만 재판관들과 대신들은 김대건 안드레아 신부의 뛰어난 외국어 실력(중국어, 라틴어, 불어 등)과 폭넓은 서양지식에 놀랐습니다.

4. 대신들은 그에게 지리서 편술과 영국제 지도의 해독을 지시하여, 옥중에서 두 장의 지도를 채색하고 한 부는 국왕에게 바치기도 했습니다. 이러한 재능은 조정의 인정을 받아 일부 대신들은 김대건 안드레아 신부 구명운동을 벌여 판결을 3개월이나 늦추게 하기도 했습니다. 이러는 동안 김대건 안드레아 신부와 연관된 10여 명의 교우들이 서울에서 체포되었습니다. 그해 음력 6월에는 배 선주였던 임성룡의 부친인 임치백 요셉 등이 잡히고 음력 7월 10일에는 일찍이 「기해일기」를 지은 **성 현석문(玄錫文, 가롤로)** 등이 잡혔고, 8월에는 **성 한이형(韓履亨, 라우렌시오)**이 체포되면서, 김대건 안드레아 신부의 체포로 인해 병오박해(丙午迫害)가 일어나게 되었습니다.

5. 김대건 안드레아 신부는 사회를 어지럽히는 사문난적(斯文亂賊)의 이단 괴수로 여겼습니다. 개국 이래 처음 서양학문을 배워 서양인들과 교제하면서 서신을 왕래한 중대 시국사범으로 여겨져 1846년 9월 15일 군문효수형의 선고를 받았습니다. 김대건 안드레아 신부는 친구인 최양업 토마스 신부와 페레올 주교에게 자기 어머니를 부탁하는 마지막 효심을 보이고 교우들에게 신앙 강화를 권면하는 편지(회유문)를 썼습니다. "나는 이제 마지막 시간을 맞이하였으니 여러분 내 말을 똑똑히 들으십시오. 내가 외국인들과 교섭한 것은 나의 하느님과 종교를 위해서였습니다. 나는 천주를 위하여 죽으며 이제 내게는 영원한 생명이 시작되려고 합니다. 여러분이 죽은 후에 행복하기를 원하면 천주교를 신봉하십시오." 김대건 안드레아 신부는 형리에게 편하게 사형을 집행할 수 있는 자세를 묻고 그의 주문대로 자세를 취해 주기도 하였습니다. 그리고 1846년 9월 16일에 한강 새남터에서 26세의 나이에 순교했습니다.[피체(被逮)와 순교(1846년)]

## 34. 한국 천주교회사에서 병오박해의 교회사적 의의와 당시 순교자들은 누가 있나요?

1. 병오박해(丙午迫害)의 특징은 다른 박해들과 비교해 그 기간도 짧고 순교자수도 적었다는 점입니다. 병오박해는 체포 대상이 **성 김대건(金大建, 안드레아) 신부**와 관련된 교인 중심으로 4개월간 진행된 박해로 이때 순교한 교인은 9명이었습니다. 전후로 전개된 다른 박해들과 비교했을 때 상대적으로 적은 숫자입니다. 순교자들은 모두 신부를 보좌한 인물이거나 회장인 **성 현석문(玄錫文, 가롤로)**을 중심으로 이루어진 신앙 공동체에 국한되었습니다. 그 원인은 기해박해(己亥迫害)가 종결 된지 불과 5년 만에 일어났다는 점과 박해 도중 기해박해 때 순교한 3명의 신부에 대한 프랑스 측의 책임 추궁으로 사건을 빨리 종결짓고자 하는 조정 측의 입장 때문이었습니다.

2. 조정은 지난 1839년의 기해박해를 통한 프랑스인 신부들의 살해에 대해 프랑스의 보복과 반응에 대해 예의 주시하고 있었습니다. 그래서 영국 선박이 제주도에 나타났을 때 지난 프랑스 선교사의 살해에 대한 보복으로 온 줄로 잘못 알기도 했습니다. 백성들까지 기해박해의 여파로 일어난 사건으로 술렁거리기도 했습니다. 이렇듯 정치적으로 예민한 상황에서 이 사건을 길게 끄는 것에 대한 정치적, 외교적 부담감이 조정 입장에서는 적지 않았던 것입니다. 그리고 이 사건을 외교적, 군사적 충돌로까지 확대시키지 않으려는 노력이 눈에 띄었습니다. 오히려 시선을 내부로 돌려 서양인과 내통하는 조선인들이 프랑스 군함을 오도록 부추기고 유인하였다고 보았습니다.

3. 그래서 서양 선박들의 연안 출몰 배경에 대한 백성들의 내응과 그 공모자 색출문제가 중

요한 문제로 거론되었습니다. 집권층에서 문제로 본 것은 국외 세력이 아니라 국내의 천주교인들이었던 것입니다. 이러한 인식의 틀을 김대건 안드레아 신부는 확실하게 구축시켜 주었습니다. 이처럼 조선 정부는 밖으로부터의 서양 세력의 접근에 대해 구체적인 대응론이나 개방론 보다는 안으로의 단속을 통해 외세를 물리칠 수 있다는 입장을 강화해 나갔습니다. 결국 이러한 과정을 통해 이후 전개되는 병인박해(丙寅迫害)와 흥선대원군(興宣大院君)의 쇄국정책(鎖國政策)은 자연스러운 결과로 이어지게 된 것입니다.

4. 기해박해 직후 1840년에 조선 천주교회는 성직자 없는 교회 상태로 오랫동안 지속되었습니다. 교회를 일으키고 신자들을 돌볼 성직자들의 필요성이 또다시 대두되었으며, 이들을 입국시킬 방안이 필요했습니다. 김대건 안드레아 신부는 이러한 두 가지 목적(① 사목과 성사의 회복 ② 성직자 입국 경로 개척)을 수행하기 위해 신부수업과 사제서품, 조선의 밀입국을 시도했습니다. 병오박해의 일련의 과정은 바로 이러한 조선 천주교회의 사제 중심적 구조와 성격이 그대로 반영된 결과라 하겠습니다. 그리고 이 박해가 진행되는 과정에서 단순한 국내 천주교 세력에 대한 박해의 성격을 넘어서, **하느님의 종 황사영(黃嗣永, 알렉시오)** 백서(帛書)사건 이후로 우려되었던 실질적인 외교적 충돌이 가시화되는 과정이 병렬적으로 진행된 특징이 있습니다.

5. 이 사건은 비록 자체적으로 소규모의 박해로 일단락되었지만, 이후에 전개될 병인박해의 불씨를 간직한 정치적, 외교적 특성을 지니고 있음을 알 수 있습니다. 그동안 너무 순교사(殉敎史) 중심으로만 평가되어 온 병오박해와 김대건 안드레아 신부의 순교사건에 대한 보다 면밀한 정치, 경제, 사회사적 접근이 요청되는 것은 바로 이러한 이유 때문입니다. 병오박해를 통해 순교한 순교자 9위 중 성인품에 오른 성직자는 1위[88]이고 평신도는 8위[89]로 총 9위입니다. 한편, 병오박해를 통해 복자품에 오른 분은 성직자와 평신도 한 위도 없습니다.

## 35. 한국 천주교회사에서 마지막 대박해인 병인박해의 배경은 무엇인가요?(1)

1. 네 가지 대 박해 중 병인박해(丙寅迫害, 1866년)는 마지막이었지만 일시적인 천주교 금지령으로 그친 것이 아닙니다. 조선의 쇄국정책과 함께 천주교 탄압은 지속적으로 이어

---

88) 성 김대건(金大建, 안드레아) 신부.

89) 성 현석문(玄錫文, 가롤로), 성 남경문(南景文, 베드로), 성 한이형(韓履亨, 라우렌시오), 성녀 우술임(禹述任, 수산나), 성 임치백(林致百, 요셉), 성녀 김임이(金任伊, 데레사), 성녀 이 아가타, 성녀 정철염(鄭鐵艶, 가타리나).

졌습니다. 일반적으로 한국 천주교회의 초기 역사를 100여 년이 넘는 박해시기로 설명하면서 네 개의 대 박해를 이야기합니다. 최초의 대 박해인 신유박해(辛酉迫害, 1801년)는 조선 천주교회의 순수하고 열정적인 믿음살이를 '무부무군(無父無君)의 가르침', '서양 세력에 의한 모반 집단', '사악한 학문' 등으로 규정하면서 교우들을 처벌하였습니다. 신자들에게 씌워진 이러한 누명은 박해 내내 계속되었습니다. 기해박해(己亥迫害, 1839년), 병오박해(丙午迫害, 1846년)를 거치며 성직자는 물론 교회의 주요 지도자들이 순교하자 조선 천주교회는 '목자 없는 양 떼'의 교회로 위축되었습니다.

2. 그러다가 **성 김대건(金大建, 안드레아) 신부**의 입국 이후 거의 20여 년간 선교사 수는 적지만 성사생활과 교회 서적을 통해 꾸준히 복음 전교의 활동이 이어졌습니다. 병인박해 직전 조선 천주교회는 교리서, 기도서, 신심서적 등 중요한 서적들을 출판하였고, 선교사들이 더 많이 입국하면서 복음화의 열정이 가장 활발하던 시기였습니다. 먼저 병인박해의 배경은 1864년 철종(哲宗, 1831-1863년, 조선 제25대왕)이 후사 없이 죽자, 흥선군 이하응의 둘째 아들 명복(命福)이 고종(高宗, 1852-1919년, 조선 제26대왕, 대한제국의 초대 황제)으로 왕위에 오릅니다. 고종은 당시 열두 살 어린 나이였으므로, 아버지인 흥선군이 대원군(大院君)으로 봉해져 섭정을 하게 되었습니다. 1864년 2월(음) 러시아 사람들이 통상을 요구하자, 흥선대원군(興宣大院君)은 이를 막기 위해 '이이제이(以夷制夷)'의 방아책(防俄策)으로 프랑스 선교사들을 이용하고자 했습니다. 흥선대원군(興宣大院君)은 처음에 선교사들의 중재를 통해 러시아를 막아내고 종교의 자유를 주겠다며 신자들에게 희망을 주었습니다. 그러다가 그와는 정반대로 1866년 음력설 직후 **성 장시메온(베르뇌) 주교** 등을 체포함으로써 병인박해를 단행했습니다.

3. 병인박해의 원인 몇 가지를 들면, ①러시아인들의 위협이 사라지자 더 이상 서양 주교를 만날 필요가 없어졌다는 점이며, ②1866년 1월 중국에서 서양인들을 처형하고 있다는 정보가 조선에 들어왔는데, 매우 지엽적인 정보가 과장되어 전달된 것이었고, ③당시 조정에는 문호를 개방하려는 진보파와 쇄국정책을 고수해야 한다는 보수파가 맞서고 있었는데, 흥선대원군(興宣大院君)은 후자 편에 힘을 실어주었다는 것입니다. 분명한 것은 이해에 병인양요(丙寅洋擾)[90]가 일어나면서 박해는 더 거세어지고, 서양인에 대한 증오심과 천주교 박해가 맞물리면서 쇄국정책으로 이어졌다는 점입니다. 또한 흥선대원군(興宣大院君)의 무리한 경복궁 재건과 흉년 등 악재가 겹친 것도 박해의 원인으로 작용했다고 볼 수 있습니다.

---

90) 흥선대원군(興宣大院君)의 천주교 탄압으로 고종 때(1866년)에 프랑스 함대가 강화도를 침범한 사건.

## 36. 한국 천주교회사에서 마지막 대박해인 병인박해의 배경은 무엇인가요?(II)

1. 1866년 병인박해(丙寅迫害)로 **성 장 시메온(베르뇌) 주교, 성 안 안토니오(다블뤼) 주교**를 비롯한 일곱 명의 선교사와 지도급 평신도들이 순교하고 9월 경(음력 8월 3일) 척사윤음이 반포되면서 박해가 일단락되는 듯싶었습니다. 그러나 프랑스군이 양화진까지 진입하여 다시 강화도 일대를 점령하는 병인양요가 일어났습니다. 프랑스군의 섣부른 판단으로 조선에 충분한 경고도 되지 못한 채, 외규장각 도서를 약탈하고 백성들에게 큰 피해를 끼치고 돌아갔습니다. 프랑스 군대가 물러가자 천주교 박해는 더 심해졌고, 양화진(절두산)이 새로운 사형터가 되었습니다. 이외에도 1868년에 대원군(大院君)의 아버지 남연군의 묘를 파헤치려 했던 덕산의 굴총(掘塚)사건[91]이, 1871년에는 미국 함대가 조선을 침공한 신미양요(辛未洋擾)[92]가 발생하였습니다.

2. 이러한 사건들은 조정에서 천주교를 더욱 박해하고, 백성들에게 척화사상(斥和思想)을 고취시키는 계기가 되었습니다. 지금도 절두산 순교성지에 가보면, 신미년에 세워진 척화비를 볼 수 있습니다. 양이침범 비전즉화 주화매국(洋夷侵犯 非戰則和 主和賣國) 즉 "서양 오랑캐가 침범한 때에 싸우지 않으면 곧 화친하는 것이니, 화친을 주장하는 것은 나라를 파는 것이다."라고 경계하였습니다. 1873년 12월 24일, 대원군(大院君)이 정계에서 물러나고 고종(高宗)이 직접 정치를 하게 되었으며, 이로써 8년에 걸친 긴 병인박해가 끝이 납니다. 1866년부터 시작된 이 박해로 전국에서 8,000명(기록상 이름이 전해지는 순교자는 2,000여 명이 조금 넘는다) 이상의 신자들이 희생된 것으로 알려져 있습니다.

3. 조선 천주교회는 이처럼 긴 박해에도 계속해서 일어설 수 있었습니다. 그러한 조선 천주교회의 저력에는 **평신도들에 의한 자발적인 신앙 공동체**로 출발한 역사가 있었습니다. 전국적인 천주교 박해령 이후에도 신자들은 모여서 교우촌(敎友村)을 형성하였고, 문서 선교를 통한 신앙 공동체로 발전하였습니다. 또한 선교사들에 의해 '회장제도' '공소제도' '신심단체'가 만들어졌습니다. 배론에는 성직자를 양성하기 위해 성 요셉신학교[93]가

---

91) 1868년(고종5년) 독일 상인 오페르트(Ernst J. Pooert, 載拔)가 충청남도 덕산에 있는 남연군의 묘를 도굴함으로써 흥선 대원군으로 하여금 쇄국 정책과 병인박해를 더 확대시키도록 한 사건. 일명 '남연군묘 도굴 사건'(南延君墓盜掘事件) 또는 '오페르트 도굴 사건'이라고도 불린다.

92) 조선 고종 8년(1871년)에 미국 군함 5척이 강화도 해협에 침입하여 소동을 일으킨 사건.

93) 한국의 신학교는 1855년 충청도 배론에 성 요셉신학교가 처음 설립되었다. 그러나 박해로 어려움을 겪다가 1885년 강원도 원주 부흥골에 예수 성심신학교가 설립되었다. 이것이 가톨릭

세워지기도 했습니다. 그러나 병인박해(丙寅迫害)로 말미암아 신앙 공동체는 대부분 파괴되었고 개항과 더불어 교회는 새롭게 재건되어야 했습니다. 병인박해를 끝으로 조불수호통상조약(朝佛修好通商條約)[94]이 맺어진 1886년에야 비로소 조선 천주교회는 종교의 자유를 얻게 되었습니다.

### 37. 한국 천주교회사에서 병인박해의 교회사적 의의와 순교자들은 누구인가요?

1. 병인박해(丙寅迫害) 직전 조선 천주교회에는 주교 2명과 신부 10명 등 12명의 선교사가 사목하고 있었습니다. 1866년 조선 천주교회 천주교 신자 수는 2만 5천여 명으로 추산되고 있습니다. 1865년 가을에는 미리내 교우촌에 상설 경당이 세워졌는데, 이는 선교사가 세운 첫 번째 경당입니다. **성 오 베드로(오매트르) 신부**는 이 경당 제대 벽에 성모상을 설치하고, 벽면을 십자가의 길 14처상으로 장식했습니다. 미리내 교우촌 신자들은 매일 이 경당에서 성모님께 기도하고 십자가의 길 기도를 바쳤습니다. 병인박해 직전까지만 해도 선교사들과 신자들은 신앙의 자유가 곧 닥칠 것으로 기대하고 있었습니다.

2. 새 임금인 고종(高宗)이 즉위했고, 1860년 영국, 프랑스, 러시아와 청나라가 맺은 북경조약[95]의 영향이 조선에도 미칠 것으로 여겼습니다. 또한 천주교 신앙이 전국적으로 급속히 확산돼 신자가 크게 늘었습니다. 무엇보다 왕족과 양반 등 상류층 사람들의 세례가 이어졌고, 조선 사회에서 천주교도 참된 종교라는 인식이 확산됐습니다. 그 당시 깔래 신부[96]가 쓴 편지에는 "베르뇌 주교님은 대단한 수확을 하셨습니다. 그분은 단 한 번 출행으로 북부 지방에서 성인 800명에게 세례를 줬습니다. 주교님은 체포되기 며칠 전 제게 보

---

신학대학의 전신이며, 1962년에는 광주 가톨릭 신학대학이 설립되었다.

94) 조불수호통상조약(朝佛修好通商條約) 또는 대조선국대법민주국통상조약(大朝鮮國大法民主國通商朝約)은 1886년(고종23년) 6월 4일(음력 5월 3일)에 조선과 프랑스가 맺은 조약이다. 쇄국정책을 펴던 흥선대원군(興宣大院君)이 하야하고(1874년) 고종의 친정이 시작되면서 미국 등에 뒤이어서 프랑스와도 우호 통상 조약을 맺게 된 것이다. 이 조약에서 천주교의 포교가 직접 규정되지는 아니하였으나, 프랑스 선교사들은 사실상 포교의 자유를 누리게 된다.

95) 북경조약(北京條約, 베이징 조약)은 제2차 아편전쟁의 결과로, 1860년 10월 18일에 청나라가 영국, 프랑스, 러시아 제국과 체결한 조약이다.

96) 깔래 강 신부는 1861년부터 1866년까지 5년 동안 문경 지역을 중심으로 사목활동을 하다 1866년 병인박해 이후 프랑스로 되돌아간 뒤 다시 조선 땅으로 돌아와 신앙선조들과 함께하려 했지만 그 뜻을 이루지 못했다. 마지막까지 조선 천주교회를 걱정하고 조선 천주교회를 위해 기도하다 51살의 나이로 모벡의 씨토 수녀원에서 선종했다.

낸 편지에서 조정의 가장 높은 사람들 집에서 여러 사람이, 심지어 궁 안에서도 천주교를 알거나 공부하거나 실천하고 있는 사람이 여럿 있다고 알려주셨습니다. 궁 안에서, 지방의 여러 관청에서 우리 종교의 선함에 관해 이야기하고 있답니다. 한마디로 지금이 과거보다 커다란 발전을 내딛게 됐고, 종교 자유가 이 나라에 꽃피게 될 듯한 전조를 보이고 있었습니다."(깔래 신부가 쇠학골에서 1866년 10월 6일 자로 쓴 편지 참조)

3. 조정에서도 선교사들의 활동을 명확히 파악하고 있었고, **성 장 시메온(베르뇌) 주교**가 키가 크고 수염을 멋지게 길렀으며, 상복 차림으로 교우촌을 방문하고 있다는 것을 알고 있었습니다. 또 주교가 사는 집이 다른 사람이 주인 행세를 하지만 주교가 실소유자인 것도 묵인하고 있었습니다. 선교사들이 중국 내에서 여행, 재산 소유, 전교를 허락하는 여권을 가지고 있다는 사실도 알고 있었습니다. 다만 유럽인을 사형에 처하도록 규정한 법을 집행해야 하는 상황에 이르지 않도록 방관할 뿐이었습니다.

4. 병인박해는 1866년 2월 19일 **성 최형(崔炯, 베드로), 성 전장운(全長雲, 요한)**에 이어 2월 23일 베르뇌 주교와 **하느님의 종 홍봉주(洪鳳周, 토마스)**가 체포되면서 시작됐으며, 그 도화선은 러시아의 진출이었습니다. 러시아의 통상 요구는 당시 정권 실세인 흥선대원군(興宣大院君)으로 하여금 천주교와 접촉하도록 빌미를 제공했습니다. 선교사의 중재로 프랑스의 힘을 빌려 러시아의 남하를 막아 보자는 방아책(防俄策)이 그를 흔들었습니다. 하지만 대원군(大院君)은 천주교와의 교섭을 비난하고 선교사들과 신자들을 색출해 처형해야 한다는 조정의 대세에 따라 자신의 지위를 유지하기 위해 병인박해를 일으켰습니다.

5. 이렇게 시작된 병인박해는 단기간에 끝나지 않았습니다. 1866년 10월 프랑스 함대에 의한 병인양요, 1868년 5월 남연군묘를 파헤친 덕산 사건, 1871년 5월 미 군함 제너럴셔먼호의 신미양요 등이 이어지면서 1873년 대원군 실각 때까지 지속됐습니다. 병인박해로 조선 천주교회는 황폐해졌고, 선교사들은 순교하거나 중국 요동으로 피신하여 단 한 명도 조선에 남아 있지 못했습니다. 신자들은 8,000여 명이 순교했으며, 공식적으로 병인박해 기간 「포도청등록」에 기록된 체포 신자 수는 2,116명이었습니다. 이 중 1,549명(73.2%)이 순교했고, 300명(14.2%)이 배교했으며, 267명(12.6%)은 미상으로 처리돼 있습니다.

6. 체포된 신자 수는 덕산 사건이 있던 1868년에 가장 많았습니다. 신자의 85%가 1866년부터 1868년 사이에 체포됐으며, 남자는 1866년도, 여자는 1868년도에 가장 많이 희생됐습니다. 이는 병인양요와 덕산 사건이 박해에 가장 큰 영향을 미쳤다는 것을 알

려 주는 것입니다. 교우가 잡힌 후 배교하면 놓아 주는 법인데, 덕산 사건 후에는 잡힌 다음 배교를 해도 마구 죽였습니다. 문제는 병인양요와 덕산 사건 모두 선교사들이 깊숙이 관여했다는 것입니다. 선교사들의 배타적 문명관과 조선 출병론[97]이 박해를 자초했다는 비난을 면할 수 없습니다. 복음 선포와 신앙의 자유를 위해 무엇이라도 하겠다는 선교사들의 이중적 인식이 결국에는 조선 천주교회를 황폐화하는데 기름을 붓는 역할을 했습니다.

7. 1873년 12월 흥선대원군(興宣大院君)이 실각했다는 소식을 들은 제6대 조선 대목구장 리델 주교는 중국 요동 차쿠에서 조선 입국을 시도했으나 뜻을 이루지 못했습니다. 1876년 2월 조선과 일본이 수호통상조약을 맺으면서, 개항 시대가 열리고 그해 5월 10일 블랑 신부와 드게트 신부가 서울에 입국하면서 조선 천주교회 재건 사업을 시작할 수 있었습니다. 병인박해를 통해 순교한 순교자 중 한국 성인품에 오른 분은 성직자 7위[98]와 평신도 17위[99]를 합쳐 총 24위가 시성되었습니다. 또한, 복자품에 오른 한국 순교복자 20위(1888년 1위 포함)[100]는 모두 평신도였으며, 하느님의 종 95위(1878-1879년 4위 포

---

[97] 일본 정계에서는 조선침략을 위한 출병론이 1870년경에 일어났었다. 당시 조선의 집권자였던 흥선대원군(興宣大院君)이 일본배척정책을 실시하자 정한론이 세차게 일어났던 것이다. 그렇지만 아직 중국의 조선에 대한 영향력 때문에 어찌 할 수는 없었다.

[98] 장 시메온(베느뫼) 주교, 백 유스토(브르트니에르) 신부, 김 헨리코(도리) 신부, 서 루도비코(블리외) 신부, 안 안토니오(다블뤼)주교, 민 루카(위앵) 신부, 오 베드로(오매트르) 신부.

[99] 유정률(劉正律, 베드로), 남종삼(南鍾三, 요한), 전장운(全長雲, 요한), 최형(崔炯, 베드로), 정의배(丁義培, 마르코), 우세영(禹世英, 알렉시오), 장주기(張周基, 요셉), 황석두(黃錫斗, 루카), 손자선 토마스, 정문호 바르톨로메오, 조화서 베드로, 손선지 베드로, 이명서 베드로, 한재권 요셉, 정원지 베드로, 조윤호 요셉, 이윤일(李尹一, 요한).

[100] 복자 구한선 타대오(具漢善 Thaddeus), 복자 김기량 펠릭스 베드로(金耆良 Felix Peter), 복자 김원중 스테파노(Stephen), 복자 김종륜 루카(金宗倫 Luke), 복자 박경진 프란치스코(Francis), 복자 박대식 빅토리노(朴大植 Victorinus), 복자 박상근 마티아(Matthias), 복자 송 베네딕토(宋Benedict), 복자 송 베드로(宋 Peter), 복자 신석복 마르코(申錫福 Mark), 복자 양재현 마르티노(梁在鉉 Martin), 복자 오 마르가리타(吳 Margaret), 복자 오반지 바오로(吳盤池 Paul), 복자 윤봉문 요셉(尹鳳文 Joseph), 복자 이 안나(李 Anna), 복자 이양등 베드로(李陽登 Peter), 복자 이정식 요한(李廷植 John), 복자 장 토마스(張 Thomas), 복자 정찬문 안토니오(鄭燦文 Anthony), 복자 허인백 야고보(許仁伯 James).

함)¹⁰¹⁾는 시복 절차가 진행 중에 있습니다.

## 38. 한국 천주교회사에서 초기 순교자들의 삶과 신앙은 어떠했나요?

1. 조선 초기에 발생했던 큰 박해를 통해 순교한 수많은 순교자들은 목숨을 걸고 하느님의 진리와 자신의 신앙을 증거한 분들입니다. 그렇게 자신의 목숨을 내 걸 수 있었던 까닭은 그들이 자신의 뜻이 아니라, 하느님의 뜻을 따르고자 했기 때문입니다. 그렇게 함으로써 그들은 신앙인으로서 그리스도와 일치하고 그리스도께 의지하며 자신을 온전히 내어 맡기는 믿음의 삶을 살 수 있었습니다. 그들은 당시 사회 구조 안에서 천주교의 참된 가치를 발견했고, 이를 삶으로 드러내고자 노력했던 분들이었습니다. 그분들의 삶은 하느님을 향한 믿음과 희망과 사랑의 실천에서 나온 결실이었음을 알 수 있습니다.

2. 그분들의 영성은 박해 중에도 하느님을 믿고, 하느님을 희망하면서 극기와 절제의 생활을 통해 타인의 고통에 깊은 관심을 가지도록 이끌었습니다. 결국 그분들이 보여준 삶은 하느님에 대한 믿음과 희망에서 비롯되었고, 천주교 교리에 대한 실천에서 나온 것임을 증명했습니다. 또한 순교자들이 지닌 내면의 가치는 외양으로도 드러났음을 확인할 수 있습니다. 이분들이 보여준 외양은 재화의 나눔, 공동체적 신앙생활 그리고 개

---

101) 홍봉주 토마스, 서태순 아우구스티노, 이조여 요셉, 김면호 토마스, 박래호 요한 사도, 김이쁜 마리아, 이의송 프란치스코, 이붕익 베드로, 김한여 베드로, 김진구 안드레아, 김큰아기 마리아, 이기주 바오로, 이용래 아우구스티노, 박성운 바오로, 김준기 안드레아, 원윤철 요한 세례자, 박아기 막달레나, 정여삼 바오로, 최천여 베드로, 최종여 라자로, 고의진 요셉, 배문호 베드로, 황 요한, 안여집 요한 사도, 김선양 요셉, 심원경 스테파노, 김조이 수산나, 최 마리아, 김 아우구스티노, 서유형 바오로, 박 루치아, 윤평심, 홍창룡, 민운명 프란치스코, 김사범, 여기중, 고시수 야고보, 유 바오로, 권중심, 이 요한, 문 막달레나, 정은 바오로, 정 베드로, 서태순 베드로, 김홍범 요한, 박의서 사바, 박원서 마르코, 박익서, 김화숙 베드로, 강 요한, 김양범 빈첸시오, 박 안드레아, 전 야고보, 이제현 마르티노, 정덕구 야고보, 고선양, 송백돌 베드로, 최사관 예로니모, 김윤심 베드로 알칸타라, 김성희 암브로시오, 정치도 요한, 심능석 스테파노, 서여심, 김입돌 베드로, 서응권 요한, 한용호 베네딕토, 손 빅토리아, 이유일 안토니오, 김조이 바르바라, 조치명 타대오, 김 우르시치나, 최제근 안드레아, 윤자호 바오로, 김 필립보, 박 마리아, 이 알로이시오 곤자가, 최용운 암브로시오, 김 마르티노, 박태진 마티아, 김 마태오, 박선진 마르코, 이문홍 바오로, 지 타대오, 방 데레사, 유 베드로, 김성실 베드로, 이 요한, 원 프란치스코, 유문보 바오로, 유치성 안드레아, 강영원 바오로, 피 가타리나, 최지혁 요한, 이아기 루치아, 이병교 레오이다.

인적 순결에 대한 지향 등을 통해 확인했습니다. 순교자들의 삶은 이처럼 당시 불합리한 유교적 신분 질서나 남녀 차별에서 벗어나, 그리스도교 신앙의 가르침에 따라 실천하는 삶이었습니다.

3. 모든 인간은 하느님 앞에서 평등하며, 존엄한 존재임을 깨닫고, 이를 생활 안에서도 구체적으로 증명하고자 노력했던 분들이었습니다. 그리고 순교자들이 보여준 행동은 순교자들이 갖고 있는 순교 인식에서 비롯되었으며, 이와 같은 순교 인식에는 계명 실천에 대한 철저함이 있었습니다. 그리고 순교자들은 순교가 하느님을 사랑하고 이웃을 사랑하라는 계명을 따르는 행위로 보았습니다. 그러므로 순교자들은 체포된 이후 신앙과 배교의 양자택일을 강요받을 때에 순교의 길을 선택했습니다. 또한 순교자들이 추구한 완덕의 삶은 결국 순교를 향한 열망으로 드러났습니다. 순교자들이 가졌던 순교 열망은 첫째로 그들에게 하느님 개념이 분명했고, 둘째로 그들은 순교 자체를 하느님의 부르심이자 명령으로 받아들였으며, 마지막으로 그들은 천주교 신앙을 받아들이는 순간부터 순교를 각오하고 믿었다는 데에서 그 근원을 찾을 수 있습니다.

4. 이 분들은 당시 불합리한 사회 구조와 성리학적 가치 체계 안에서 천주교의 참된 가치를 발견했고, 이를 삶으로 드러내고자 노력했습니다. 결국 순교자들에게 신앙은 실천이었고, 하느님에 대한 믿음만큼이나 이웃 사랑을 구체적으로 증거하며 살았습니다. 이분들은 사랑의 삶을 통해 하느님에 대한 믿음과 희망을 간직했습니다. 자신들의 삶은 천주교 신앙에서 나오는 것이며, 이 삶은 결코 그릇되지 않다는 사실을 실천적 행동으로 세상과 사회에 웅변해 주었습니다. 이러한 외양으로 나타난 실천의 내면세계는 천주교의 가르침이었습니다. 그 당시의 교회에서는 남녀 간의 순결을 강조했고, 이 순결은 비단 미혼 여성의 순결이나 과부의 정절만을 의미하는 일은 아니었습니다.

5. 그것은 남녀노소 모두에게 요구되는 새로운 가치가 되었습니다. 박해 시대 강조되던 순결은 이제 개인 윤리의 차원을 넘어 새로운 사회를 전망하는 윤리로 발전해 나갔습니다. 이처럼 조선 교회의 순교자들은 향주삼덕(向主三德)의 실천을 통해서 내면적 완성을 추구했고, 외양적으로도 신자로서의 새로운 행동을 가능하게 해주었습니다. 그분들은 순교에 대한 열망을 간직한 만큼 일상생활 속에서도 순교의 은혜를 청원했고, 순교의 그날을 기다리면서도 일상생활을 충실하게 살았습니다. 이처럼 순교자들이 가지고 있었던 순교 인식은 그 안에 향주삼덕이 응축되어 있습니다. 순교를 일상생활 안에서 완덕을 구현하는 행위로 이해했음을 뜻하므로, 19세기 조선 천주교회 순교자들은 완덕의 지향을 통해서 하느님과의 합일과 자기완성을 바랐던 사람들입니다.

6. 「한국가톨릭대사전」은 "순교는 최상의 은총으로서 하느님께 대한 최상의 표현이며, 가장 그리스도를 가까이 닮고 그분과 일치하는 방법이며 최고의 성성에 이르는 길이다"라고 순교를 정의하고 있습니다. 이 정의처럼 조선 초기 천주교회의 큰 박해를 통한 많은 순교자들은 철저히 예수 그리스도의 삶을 따른 분들입니다. "친구를 위하여 목숨을 내놓는 것보다 더 큰 사랑은 없다."(요한 15,13)라는 예수님의 가르침과 그분의 몸소 보여주신 십자가의 사랑의 모범을 따라 그대로 증거한 분들입니다. 이처럼 순교자들은 하느님의 부르심에 철저히 응답한 예수님의 뒤를 따른 삶을 살았기에 이 순교자들이 바로 주님의 '얼굴을 찾는 세대'(시편 24,6 참조)라고 말할 수 있습니다.

## 서소문 밖 네거리 순교성지

　서소문 밖 형장은 바로 임금의 궁성이 있는 한양의 공식 처형지였다. 창업 이래 조선에서는 갖가지 모반 사건과 범죄, 정변 등으로 수많은 죄인들과 억울한 사람들을 처형하였다. 사형수는 크게 모반죄와 일반 범죄로 나뉘어졌는데, 그중 모반죄의 경우는 형장이 일정치 않았지만 나머지 사형수들은 주로 '서소문 밖 형장'에서 형이 집행되었다. "서경"에서 말한 "형장은 사직단 우측에 있어야 한다."는 가르침을 따른 것이다.

　서소문 밖 형장은 현재 서소문로와 의주로가 교차하는 서소문 공원 인근에 위치해 있었다. 경복궁에서 바라볼 때는 이곳이 바로 사직단(지금의 사직 공원에 위치) 우측이었기 때문이다. 또 한양의 성문 밖이란 점도 있었고, 사람들이 많이 왕래하는 곳이었으므로 범죄에 대한 경각심을 줄 수 있는 효과도 있었으며, 최종 판결을 내리는 형조나 의금부와 그리 멀지 않았기 때문에 형장으로는 아주 적격이었다.

　이와 같은 이유 때문에 천주교에 대한 박해가 시작된 이래 서소문 밖은 가장 먼저, 가장 많은 신자들이 처형된 순교터가 되었다. 그들은 포도청으로 끌려가 1차로 문초를 당하거나 형벌을 받고 형조나 의금부로 이송되어 판결을 받았다. 그런 다음 형조의 옥인 전옥서(지금의 광화문 사거리 동쪽 서린동 소재)에 갇혀 있다가 사령들에 의해 끌려 나와 형장으로 향하게 되었다.

　우리의 순교자들은 서소문 밖 형장에서 이렇듯 잔인한 대우와 형벌을 받고 순교하였다. 그 첫 순교자들로부터 80여 년 뒤인 1887년에 블랑 주교는 이곳 순화동의 수렛골에 교리 강습소를 설립하였는데, 이것이 공소가 되고 4년 뒤에는 약현 성당(현 중림동 성당)으로 발전하였으며, 1893년에는 약현 성당(사적 제 252호)이 완공되었다. 서소문 밖 네거리는 분명 한국 교회 최대의 순교성지였다. 103위 성인 중 44명이 이곳에서 순교했기 때문이다. 이를 기리기 위해 교회 측에서는 시성식이 이루어지던 1984년에 순교 기념탑을 서소문 공원 안에 건립하였으나 지금은 재개발 때문에 훼손된 상태이다.

PART 2

## 103위 한국 순교성인들의 삶과 신앙의 발자취

## 서울대교구 주교좌 명동 대성당

서울대교구 주교좌 명동 대성당은 명실 공히 한국 천주교회의 상징이자 심장이다. 이곳은 한국 교회 공동체가 처음으로 탄생한 곳이자 여러 순교자의 유해가 모셔진 곳이기도 하다. 2천 년 교회사 안에서 유례없이 한국 천주교회는 한국인 스스로의 손으로 창립됐다. 한국 천주교회의 출발은 1784년 봄, 이승훈이 북경에서 영세한 뒤 귀국한 때로부터 치지만 그보다 4년이 앞선 1780년 1월 천진암에서는 권철신을 중심으로 하는 강학회가 열렸고 여기에서 당시의 저명한 소장 학자들은 천주학을 접하게 된 것이다. 그 해 가을, 서울 명례방에 살던 통역관 김범우는 이들의 영향을 받아 천주교에 입교하고 자신의 집에서 교회 예절 거행과 교리 강좌를 열게 된다. 그럼으로써 수도 한복판에 겨레 구원 성업의 터전을 닦았고 바로 이곳에 오늘날 한국 천주교회의 산 역사인 명동 대성당이 자리하고 있는 것이다. 122년 전인 1898년 5월 29일. 서울 남부 명례방(지금의 명동) 언덕 위에 세워진 명동 대성당(사적 제 258호)이 축성된 날이다. 당시 대성당의 건립은 지난 1세기 동안 박해를 받아 온 한국 천주교가 완전히 신앙의 자유를 얻게 되었다는 의미로 받아들여졌다. 뿐만 아니라 '뾰족집'의 상징인 종탑은 이후 신자들뿐만 아니라 모든 한국인들에게 평화의 의미로 이해되어 왔으며, 근래에 들어서는 민주화의 요람이요 억압받는 민중들이 해탈을 염원하는 장소로 여겨져 왔다. 바로 이곳의 복음사는 236여 년 전에 형성된 신앙 공동체로부터 시작된다. 1784년 봄 이승훈(베드로)이 북경에서 세례를 받고 돌아온 그 해 겨울, 수표교 인근에 있던 이벽(세례자 요한)의 집에서 형성된 신앙 공동체가 곧 명례방으로 이전되었기 때문이다. 지금의 대성당 서쪽에 자리 잡고 있던 명례방 마을에는 당시 김범우(토마스)가 살고 있었는데, 그는 이벽의 집이 비좁아 집회 장소로 적당하지 않자 자신의 집을 집회 장소로 제공하였다. 이와 같이 1784년 늦게 형성된 '명례방 공동체'는 이듬해 봄까지 유지되었으나, 형조의 아전들에게 공동체의 집회가 발각됨으로써 김범우가 경상도 단장으로 유배를 당하는 수난을 겪게 되었다. 바로 이것이 을사년(1785)의 사건으로, 갓 태어난 한국 천주교회가 얻은 최초의 시련이었다. 명례방 공동체는 이렇게 하여 와해되고 말았다. 이어 김범우는 유배된 지 얼마 안 되어 형벌로 인한 상처가 덧나 배소에서 사망하고 말았다. "밀알 하나가 땅에 떨어져 죽지 않으면 한 알 그대로 남고, 죽으면 많은 열매를 맺는다. 자기 목숨을 사랑하는 사람은 목숨을 잃을 것이고, 이 세상에서 자기 목숨을 미워하는 사람은 영원한 생명에 이르도록 목숨을 간직할 것이다."(요한 12,24-25)

## 39. 성 김대건(金大建) 안드레아는 어떤 분이신가요?

(순례길 142, 144, 147, 149–150, 154–155, 163, 170, 172, 174–175, 179, 187, 192, 197, 202)

1. **성 김대건(金大建) 안드레아 신부**는 1821년 8월 21일 충청도 솔뫼(현 당진시 우강면 송산리)의 유명한 천주교 집안에서 **성 김제준(金濟俊) 이냐시오**와 고 우르술라의 아들로 태어났습니다.   일곱 살 무렵, 그는 조부 김택현(金澤鉉)과 양친을 따라 용인 한덕골을 거쳐 골배마실로 이주하여 어린 시절을 보냈습니다. 이미 그의 증조부인 **복자 김진후(金震厚) 비오**가 천주교 신자로 체포되어 옥사하였고, 을해박해(1815년) 때에는 그의 증조모마저 참수되었으므로 더 이상 고향에 살 수 없었기 때문입니다. 한국 천주교회의 첫 번째 사제로서 거룩하게 순교한 김대건 안드레아 신부는 신앙과 활동력으로 빛나는 일생을 보냈고 죽음 또한 빛나고 장렬한 것이었습니다.

2. 김대건은 어려서부터 비상한 재주와 굳센 성격과 진실한 신심을 드러내 **성 나 베드로(모방) 신부**는 마침내 그를 다른 소년 두 명과 함께 신학생으로 뽑아 마카오로 유학을 보냈는데 그 때는 1836년, 그의 나이 16세일 때였습니다. 그는 그곳에서 **가경자 최양업(崔良業) 토마스**, 최방제(崔方濟, 수학 중 병사) 프란치스코 등 두 소년과 함께 6년간이나 신학공부를 하였습니다. 현지에서 발생한 민란 때문에 두 차례나 필리핀의 마닐라로 피난하지 않으면 안 되는 고역을 치르기도 했습니다. 어쨌든 신학 공부를 하던 그는 기회가 오자 귀국 길에 오르게 되어 우선 요동지방에 와서 대기 중이던 페레올 주교를 모시고 입국을 시도했습니다.

3. 그리하여 그는 1843년 음력 11월에 변문에 이르렀으며, 그곳에서 때마침 북경으로 가던 김 프란치스코를 만나 고국의 박해 소식을 들었습니다. 그의 말인즉 국내에는 아직 박해 위험이 남아있을뿐더러 선교사의 거처도 마련되어 있지 않은 만큼 그들의 입국은 불가하다는 것이었습니다. 그러나 그는 단독으로라도 입국할 것을 결심하고 혼자서 국경을 넘어 의주까지 잠입했습니다. 김대건은 의주에서 하룻밤 묵는 동안 포졸에게 발각되어 하는 수 없이 그들을 피해 요동으로 되돌아왔습니다. 한편 북경으로 갔던 김 프란치스코는 국경에서 그 이듬해 김대건과 다시 만나고 주교의 입국 시기를 음력 11월로 잡고 헤어졌습니다.

4. 그러는 동안 김대건은 부제품을 받았고 약속 시기에 마중 나온 김 프란치스코 일행과 같이 서울로 들어오는 데 성공했습니다. 이 때에도 국내 사정을 고려하여 페레올 주

교는 동반하지 않았습니다. 김 부제는 서울에 들어오자 수개월에 걸쳐 오직 주교와 외국인 선교사들을 입국시키기 위한 만반의 준비를 갖추는 데 진력했고, 마침내는 10여 명의 사공을 거느리고 해로를 통해 중국으로 건너가는 데 성공하였습니다. 그는 그곳에서 1845년 8월 17일 페레올 주교로부터 서품을 받아 드디어 한국인 최초의 신부가 되었으며, 그 후 갖은 고난을 겪어가며 페레올 주교와 **성 안 안토니오(다블뤼) 신부**를 배로 모시고 황해를 건너 조선 땅인 강경에 무사히 도착하였습니다.

5. 고국에 돌아온 김대건 안드레아 신부는 약 2개월간 휴식 후 곧 교우들에게 성사를 주기 시작했습니다. 김 신부가 성사를 집전한 곳은 서울과 용인 지역이었으며, 당시 교우들 증언에 따르면 김 신부는 활발한 성격에 얼굴은 고아하고 허우대가 좋았다고 합니다. 그는 모친과도 상봉하여 얼마간같이 머무를 수 있었으나 1846년 음력 4월이 되자 주교의 명에 따라 황해도 지방으로 떠나지 않으면 안 되었습니다. 프랑스로 보내는 선교사들의 편지를 중국 배에 전하고 선교사들의 입국하는 길을 새로 개척하기 위해서였습니다. 이 황해도 지방으로의 항해길이 마지막 그의 순교길이 되었는데, 그는 편지를 중국 배에 전하고 돌아오는 도중 순위도에서 관헌에게 잡히는 몸이 되고 말았습니다.

6. 그곳 관에서는 중국 배들을 쫓으려고 때마침 조선 배를 징발 중이었는데 김 신부의 "양반 배를 어찌 징발할 수 있느냐"라는 항의가 도화선이 되어 결국 잡히는 몸이 되었던 것입니다. 김 신부는 그곳에서 해주 감영으로 이송되었으며 문초 끝에 교회 일이 드러나자 마침내 서울 좌포도청에 갇히게 되었습니다. 그는 중국 배에서 압수된 주교 편지가 "네 글씨와 다른데, 누구의 것이냐"라는 문초에 "철필과 새털로 쓴 글씨는 다르기 마련이며 철필이 있으면 이렇게 쓸 수 있다"는 말로 위기를 넘기는 기지를 보이기도 했습니다. 그의 넓은 견식과 당당한 태도는 대관들로 하여금 죽이기에는 국가적으로도 아깝다는 말들을 하게끔 했으나, 후환을 입을 것이라는 영의정 권돈인의 주장대로 결국은 사형이 선고되고 말았습니다.

7. 김 신부의 처형은 1846년 9월 16일 새남터에서 모든 것이 군문효수의 절차에 따라 진행되었습니다. 김 신부는 망나니들에게 "너희들도 천주교인이 되어 내가 있을 곳에 오도록 하라"는 말을 남기고 태연하게 칼을 받았습니다. 이 때 그의 나이 26세였습니다. 그의 목이 떨어지자 형장에는 큰 뇌성소리와 함께 비가 억수같이 쏟아졌다고 전해집니다. 옥중에서 그가 조선 교우들에게 남긴 다음의 한마디가 바로 이와 같은 의자(義子)로서 용기를 잘 보여주고 있습니다. "내 죽는 것이 너희 육정과 영혼 대사에 어찌 거리낌이 없으랴. 그러나 천주께서 오래지 아니하여 내게 비겨 더 착실한 목자를 상 주실 것이니, 부디 설워 말고 한 몸 같이 주를 섬기다가 한가지로 천주 대전에 만나 길이 누리기를

천만번 바란다."

8. 김대건 안드레아 신부는 1984년 한국 천주교 200주년을 맞아 우리나라에 온 교황 요한 바오로 2세에 의해 다른 우리나라 순교자 102명과 함께 성인으로 시성되었습니다. 또한, 2019년 유네스코 제40차 총회에서는 김대건 안드레아 신부를 2021년 세계기념인물로 선정했습니다. 2021년은 김대건 안드레아 신부 탄생 200주년이 되는 해입니다. 한국 천주교주교회의에서는 한국 천주교회 차원의 희년으로 선포하기로 결정하고, 2020년 11월 20일(대림 제1주일)부터 2021년 11월 27일(대림 1주일 전날)까지 전대사를 받을 수 있도록 교황청 내사원에 전대사 수여를 요청하여 교황청에서 이를 허용하였고, 향후 희년 선포시기에 맞춰 교령을 전달할 예정입니다.

9. 한편, 한국 천주교회 최초의 신부인 김대건 안드레아 신부의 가문에는 많은 순교자들이 있는데 먼저 증조부인 김진후 비오가 1814년 10월 20일(음) 해미에서 옥사(獄死)하였습니다. 종조부인 **복자 김종한(金宗漢·漢鉉 김진후 비오의 셋째 아들) 안드레아**는 솔뫼에서 경상도 영양의 우련밭(지금의 경북 봉화군 재산면 갈산리)으로 피해 살다가 그곳에서 1815년 을해박해 때 체포되어 이듬해인 1816년 11월 1일(음) 대구 감영에서 참수형을 받아 순교하였습니다. 당고모인 **성녀 김 데레사**(김종한 안드레아의 딸)의 남편 손연욱 요셉도 신앙을 증거하다가 1824년에 숨졌고, 또한 아버지인 김제준 이냐시오(김진후 비오의 둘째 아들인 김택현의 둘째 아들)는 기해박해 때 체포되어 1839년 8월 19일(음) 서소문 밖 형장에서 참수형을 당하였습니다. 당고모인 김 데레사도 기해박해 때 체포되어 1839년 12월 5일(음) 포도청 감옥에서 교수형을 받았습니다.

10. 김대건 안드레아 신부 자신도 신부가 된 이듬해인 1846년 9월 16일 새남터에서 군문효수형을 받아 순교하였습니다. 그 이후에도 당숙인 김제항(金濟恒, 루도비코)과 재당숙 김제교(金濟敎)가 1866년 병인박해 때 체포되어 공주에서 순교하였습니다. 또한 사촌인 김근식(베드로)은 1867년에 체포되어 공주에서 순교하였고, 역시 사촌인 김근식(베드로)의 동생인 김진식(프란치스코)도 병인박해 때 체포되어 해미에서 순교하였습니다. 이처럼 김대건 안드레아 신부 집안에서는 4대에 걸쳐 14명의 순교자가 배출되었습니다. 이러한 집안의 신앙과 순교 전통은 김대건 안드레아 신부가 되는 데 큰 밑거름이 되었습니다. 한편, 김대건 안드레아 신부의 작은 아버지 김제철(金濟哲)의 후손인 김종원(사도요한)의 아들 4형제와 딸 한 분이 천주교 사제로서 또 수도자로서 현재 국내·국외에서 사목 활동을 하고 있습니다.

(1821-1846, 1846.9.16.순교, 축일: 7.5, 사제, 병오박해군문효수, 한국)

## 40. 성 정하상(丁夏祥) 바오로는 어떤 분이신가요?

(순례길 148, 152, 155, 180, 183)

1. **성 정하상(丁夏祥) 바오로는 복자 정약종(丁若鐘) 아우구스티노와 성녀 유소사(柳김史) 체실리아**의 둘째 아들로 태어났습니다. 어려서부터 기도와 교리를 배워 깊은 신앙을 가졌으며, 한국 천주교회 초기 평신도 지도자였습니다. 신유박해 때 부친 정약종 아우구스티노와 친형 **복자 정철상(丁哲祥) 가롤로**가 순교하자, 당시 나이 7세인 정하상 바오로는 누이동생 **성녀 정정혜(丁情惠) 엘리사벳**과 어머니 유소사 체실리아를 모시고 마재(경기도 양주군)에 있는 숙부인 정약용(丁若鏞) 요한 댁으로 내려왔습니다. 정하상 바오로는 20세 때 단신으로 상경하여 **성녀 조증이(趙曾伊) 바르바라** 집에 머물면서 1801년 신유박해 이후, 흩어진 신자들을 찾아 신앙의 열기를 북돋우면서 교회를 위해 헌신하기로 결심하였습니다.

2. 교리를 배우고 교회 일을 도우며 성직자 영입 운동을 전개하여 **성 조신철(趙信喆) 가롤로, 성 유진길(劉進吉) 아우구스티노** 등과 함께 9차례나 북경을 왕래하였습니다. **성 나 베드로(모방) 신부**와 유방제(劉方濟:중국 이름 余恒德, 파치피코) 신부 그리고 **성 정 야고보(샤스탕) 신부**를 비밀리에 모셨고, 1837년에는 조선교구 제2대 교구장인 **성 범 라우렌시오(앵베르) 주교**를 영입하는데 성공하였습니다. 1823년부터는 국내 교회의 실질적인 지도자의 일을 보면서, 성직자 파견을 요청하는 청원서를 북경 주교를 통하여 교황청에 보내는 열의를 보여주었습니다.

3. 이러한 열성적 노력은 조선교구 설정에 직접적인 계기가 되어, 1831년 9월 9일 자로 교황 그레고리오 16세에 의해 조선교구가 설정되었습니다. 1839년 7월 11일 모친 유소사 체실리아와 정정혜 엘리사벳과 함께 체포된 정하상 바오로는 곧 그가 쓴「상재상서」(上宰相書)를 대신에게 올렸습니다. 이 글은 한국 최초의 호교론서(護敎論書)이며, 천주교의 교리를 설명하면서 박해를 중단시켜야 할 이유와 주장을 밝힌 훌륭한 내용을 담고 있습니다. 피를 쏟는 형벌에도 태연자약하였고, 사형선고를 받고 형장으로 가면서도 얼굴에 기쁜 표정을 지녔다고 하니 신앙을 생활화한 산 표본이라 하겠습니다. 1839년 9월 22일 정하상 바오로는 유진길 아우구스티노와 함께 서소문 밖 형장에서 참수되어 순교하였고, 그때 그의 나이는 45세였습니다.

(1795-1839, 1839.9.22.순교, 축일: 9.20, 회장, 신학생, 기해박해참수, 한국)

### 41. 성 이호영 베드로는 어떤 분이신가요?
(순례길 143, 153-156, 174, 192)

1. **성 이호영 베드로**는 경기도 이천에서 태어난 후 어려서 입교하였습니다. 부친이 대세를 받고 사망하자, 신유박해 후 어머니와 과부가 된 누이 **성녀 이소사 (李召史) 아가타**와 함께 서울로 이주하여 신앙생활 에 열성을 다 하였습니다. 중국인 유방제(劉方濟:중국 이름 余恒德, 파치피코) 신부에 의해 회장으로 임명되어 교회의 여러 가지 일들을 성실하게 처리하였습니다. 1835년 2월에 한강변 무쇠막에서 누이 이소사 아가타와 함께 체포되어 옥고를 당하면서 갖은 형벌을 받았습니다. 감옥 안에서의 고통은 말로 형용하기 어려웠습니다. 여러 차례 혹형을 당하여 온몸이 상처투성이고 살이 터져 피와 고름이 흐르며 몸을 움직일 수조차 없을 정도였는데 그 후로도 형조로 이송되어 3차의 형문을 당하고 사형선고를 받았습니다.

2. 이 감옥에는 악취는 물론 굶주림에 지친 이들은 더러운 지푸라기를 뜯어 먹기도 하고 이까지 잡아먹었다고 합니다. 이호영 베드로는 포청과 형조에서 매우 고통스러운 고문을 당했지만 비명 한마디 없이 참아 내어 인내의 모범을 보여 주었습니다. 형조에서 내린 사형선고의 글귀 중에 사학죄인(邪學罪人)이라는 문구를 보고, 천주교는 사학이 아니라 거룩하고 참된 종교라고 주장하면서 수결(手決)을 거부하였습니다. 형리는 억지로 손을 끌어다가 찍게 하였습니다. 4년간 감옥에 있으면서 온화한 모습을 항상 보여주면서 기도를 계속하였고, 누이 이소사 아가타와 함께 순교하기를 원하였지만, 형조 전옥에서 얻은 병으로 끝내 1838년 11월 25일(음력 10월 8일) 세상을 떠났습니다. 그의 나이 36세였습니다.
(1803-1838, 1838.11.25.순교, 축일: 9.20, 회장, 기해박해옥사, 한국)

### 42. 성 정국보 프로타시오는 어떤 분이신가요?
(순례길 151, 155)

1. **성 정국보 프로타시오**는 원래 개성의 유명한 양반 가문에서 출생하였습니다. 그의 할아버지가 벼슬을 하다가 잘못을 저지르게 되자, 이때 그의 아버지는 자신의 신분을 숨기고자 상민으로 자처하고 서울로 이사하였습니다. 서울에 와서 정국보 프로타시오는 선공감(線工監, 이조 때 토목과 영선을 맡아보던 관청)에서 일을 하였습니다. 비록 태생이 외인이었으나 온화하고 선량하며

겸손한 성품의 소유자였고, 나이 30세가 넘어서야 처음으로 천주교 교리를 듣고 천주교에 입문하여 프로타시오라는 세례명으로 영세하였습니다. 정국보 프로타시오는 집이 극히 가난한 데다 병마저 늘 몸에서 떠날 줄을 몰랐지만, 빈궁과 병고를 감수 인내하여 한 번도 어려워하는 기색을 보인 적이 없었습니다.

2. 또한 슬하의 14남매를 모두 잃었으나, 그러한 충격마저도 놀라운 체념으로 참아 내었다고 합니다. 중국인 유방제(劉方濟:중국 이름 余恒德, 파치피코) 신부가 홍살문 거리에 집 한 채를 사서 정국보 프로타시오로 하여금 집을 관리케 하였습니다. 그리하여 시골에서 성사를 받으러 서울로 오는 문밖 교우들을 이 집에서 대접케 하였습니다. 정국보 프로타시오는 아내와 함께 열심히 신앙생활을 하여 교우들에 관한 일이라면 어떤 위험이나 수고도 사양치 않고 헌신적으로 봉사하였으므로 모든 교우들의 귀감이 되었습니다. 기해박해가 일어난 1839년 4월(음력 3월)에 아내와 함께 잡혀 포도청에 갇혔습니다. 정국보 프로타시오는 포청신문에 혹형에도 굴복하지 않았습니다.

3. 하지만 형조에서는 심한 고문과 유혹에 못 이겨 그만 배교하여 석방되었습니다. 집으로 돌아와서 그는 장티푸스에 걸렸는데, 이때 정국보 프로타시오는 배교한 죄에 대하여 심한 가책을 느끼고 날마다 침식을 잊고 슬피 울기를 그치지 아니하였습니다. 마침 한 열심한 교우가 찾아와 권면하니 용기를 얻고 자수할 결심을 했습니다. 곧 형조로 달려가서 재판관을 찾으니 하인들이 그 연고를 물어와 배교한 말을 취소하고 죽기가 원이라고 하니 하인들이 도리어 그를 미친 사람으로 취급하고 돌려보내 주었습니다.

4. 다음 날 정국보 프로타시오는 또 형조로 가서 판서를 만나려 했으나 역시 거절 당하고 집으로 돌아왔습니다. 세 번째로 시도한 것은 5월 12일(음력 3월 그믐)이었습니다. 그가 받은 상처에다 본래의 신병이 도져 도저히 걸어갈 수가 없어서 가마에 실려서 갔습니다. 역시 하인들이 문을 막고 들여보내 주지 않았으므로 정국보 프로타시오는 형조판서가 나오기를 기다리기로 했습니다. 형조판서가 나오자 그의 앞에 엎드려 배교한 사연을 명백히 말하고 배주한 죄인으로 죽여 달라고 했습니다. 이 말을 듣고 형조판서는 소용없는 말이니 비키라고 하였습니다. 그러나 정국보 프로타시오는 더욱 답답하고 안타까운 나머지 큰 소리로 죽여주기를 애원하니 판서도 하는 수 없이 그를 옥에 가두게 하였습니다.

5. 감옥에 있는 교우들의 축하를 받으며 하옥되는 정국보 프로타시오의 마음은 성스러운 즐거움으로 가득 차 있었다고 합니다. 곧 포청으로 옮겨져서 거기서도 또 한 번 신문을 받고 곤장 25대를 맞은 다음 다시 하옥되었습니다. 이미 장티푸스로 기력이 쇠약한 데다 이렇게 또 가혹한 형벌을 받게 되니 옥으로 돌아왔을 때 거의 죽은 사람이나 다름없었

습니다. 그리하여 그 다음 날 새벽 5월 20일(음력 4월 7일) 옥중에서 숨을 거두니 그의 나이가 41세였습니다. 정국보 프로타시오는 한때 배교로 교회를 불명예스럽게 하고 교우들에게 나쁜 표양을 주었습니다. 그러나 그만큼 그의 옥중 순교는 더욱 교회에 명예가 되고 교우들에게는 비록 한번 유혹에 떨어졌다 할지라도 용감히 참회할 수 있는 모범이 되었습니다.

(1799-1839, 1839.5.20.순교, 축일: 9.20, 상인, 기해박해옥사, 한국)

## 43. 성녀 김아기(金阿只) 아가타는 어떤 분이신가요?
(순례길 148-149, 155)

1. **성녀 김아기(金阿只) 아가타**는 외교인 집안에서 태어나 미신을 숭상하는 남자에게 출가하여 오랫동안 남편의 본을 받아 미신에 빠져 있었습니다. 그러나 다행히 교우이던 언니가 그녀에게 우상의 헛됨과 그것   에 드리는 제사의 무익함을 늘 설명하여. "그 귀신들은 모두 헛된 물건이니 믿지 말라"고 자주 일러 주었습니다. 천주께서는 가끔 세상의 약자를 선택하셔서 속세의 강자를 타도하시는 일을 하십니다. 이와 같은 기이한 사실을 김아기 아가타에게서도 찾아볼 수 있습니다. 김아기 아가타는 사람들이 볼 때 이 세상에서 가장 둔한 정신을 타고났다고 여겼습니다.

2. 언니의 말을 들은 김아기 아가타는 남편의 책망도 상관하지 않고 집에 꾸며 놓았던 우상과 그림을 불에 던져 버렸습니다. 신덕이 지극하여 김아기 아가타의 언니는 그녀를 영세시키려고 문답과 경문을 가르치려 무진 애를 썼으나 어찌나 머리가 둔한지 경문 한마디를 가지고 하루 종일 가르쳐도 우이독경이었습니다. 결국 몇 해를 가도 "예수 마리아" 두 마디밖에 외우지 못하였습니다. 1836년 10월에 체포되어 포청에 끌려갈 때까지 교리를 배운 것이 없으므로 영세를 못하였습니다.

3. 이때 김아기 아가타는 **성녀 김업이(金業伊) 막달레나, 성녀 한아기(韓阿只) 바르바라** 등과 함께 천주교 서적을 숨긴 죄로 체포되었습니다. 포청에 끌려가 포도대장이 "너 같은 숙맥이 천주교의 도리를 "알아듣겠느냐?"하자 "나 같은 여편네는 예수 마리아밖에 모릅니다."하고 대답했습니다. 그러자 포도대장이 "만약 너를 형벌하여 죽게까지 하여도 예수 마리아를 배반하지 않겠느냐?"하자 "차라리 죽을지언정 배반하지 못하겠습니다." 하고 대답했습니다. 문초와 형벌 중에서도 예수 마리아만 부르면서 초인적인 용맹과 굳

셈을 드러내어 주위 사람들이 다 놀랐다고 합니다. 이리하여 혹형을 당하였으나 그녀의 대답은 여전하였으므로 포도대장은 그녀를 형조로 이송하였습니다.

4. 김아기 아가타가 감옥에 들어오는 것을 보고 감방에 갇혀있는 교우들이 환성으로 그를 맞이하고 웃으며 말하기를 "예수 마리아밖에 모르는 김아기 아가타가 들어온다."고 하였습니다. 교우들이 그녀의 용감함을 칭찬하고 중요한 교리를 가르친 후 옥중에서 세례를 주었습니다. 영세의 은혜로 더욱 힘을 입어 세 차례의 문초와 형벌도 전과 같이 대담과 용기로 극복하였습니다. 마침내 사형선고를 받아, 옥고생활 3년 만인 1839년 5월 24일 서소문 밖 형장에서 다른 8명과 함께 참수 치명하니 그때 그녀의 나이 53세였습니다.
(1787-1839, 1839.5.24.순교, 축일: 9.20, 과부, 기해박해참수, 한국)

## 44. 성녀 박아기(朴阿只) 안나는 어떤 분이신가요?
(순례길 148-149, 155)

1. **성녀 박아기(朴阿只) 안나**는 강원도 강촌 출신으로 그녀의 외손녀 서 수산나가 증언한 바에 의하면 한강 기슭 한 작은 촌락의 교우 집안에서 태어나 어머니와 같이 천주교를 믿고 신앙생활을 하고 있었습니다. 그
녀는 기억력이 둔하여 요리문답(要理問答)과 경문을 배우기가 매우 힘들었습니다. 그러나 "나는 천주를 내가 원하는 대로 알지는 못하지만 적어도 마음껏 사랑하기로 힘쓰겠다."라고 말하며 스스로 위로하였습니다. 비록 교리에는 밝지 못했을지라도 신덕이 굳었습니다. 열여덟 살에 교우 태문행(太文行) 프란치스코에게 시집가서 2남 3녀를 낳아 자녀들을 매우 열심히 양육하였습니다.

2. 박아기 안나는 집이 가난한 편은 아니었지만, 세상 사물을 탐내는 마음이 적었습니다. 오 주 예수의 수난에 대하여 특별한 신심을 가지고 있어 구세주의 오상을 생각하고 눈물을 흘리곤 했습니다. 박해가 일어났다는 말을 들었을 때에 그녀의 눈은 빛나고 순교하기를 열렬히 원하는 빛이 얼굴에 나타났습니다. 1839년 3월 중순에 박아기 안나는 남편 태문행 프란치스코와 큰 아들 태응천(太應天)과 함께 체포되었습니다. 남편 태문행 프란치스코와 큰 아들 태응천(太應天)은 심한 고문으로 배교하고 석방되었으나 박아기 안나만은 배교를 거부하고 모진 고문을 이겨 냈습니다.

3. 박아기 안나는 다리뼈가 허옇게 드러나고 살에 커다란 구멍이 나도록 혹독하게 맞았다고 합니다. 이보다 더 견디기 어려운 형벌은 아마 없을 것입니다. 배교한 그녀의 남편과

아들들은 매일같이 찾아와서 한마디만 하면 풀려나오게 되니 그리하라고 조르기도 하였습니다. 집안의 참혹한 형편과 죽어가는 늙은 어머니의 고통이며 엄마를 찾는 어린 것들의 가련한 정경을 눈앞에 그려 보았습니다. 그러나 그녀는 이 기막힌 유혹을 용감히 대적하여 나갈 수가 있었습니다. 그뿐 아니라 이와 같은 권고를 하는 여러 벗들의 나약함을 책하기까지 하였습니다.

4. "아내가 며칠 더 살아보려고 영원한 죽음을 당할 위험을 무릅쓰란 말이요? 나보고 배교하라고 권하기보다는 끝까지 함구하라고 격려하여야 되지 않겠어요? 당신들이야말로 어서 천주께 회두하시오. 그리고 내 행복을 부러워하시오." 또 포도대장이 그녀에게 "네 남편과 아들은 옥에서 풀려 나가 집으로 돌아갔다. 너도 한마디만 하면 이런 은전을 입을 수가 있어. 그런데 집안 식구들이 그렇게 조르는데도 너는 도무지 마음을 굽히지 않으니 네 마음은 쇳덩어리같이 인정도 도무지 없구나. 그래 삶이란 것이 그다지도 나쁜 것이란 말이냐?"하고 말하자 그녀는 "제 남편과 아들이 배교한 것이 제게 무슨 상관이 있습니까? 저는 신앙을 보존하고 신앙을 위하여 죽기로 작정하였습니다."하고 대답했습니다. 박아기 안나는 혹형에도 무릎을 꿇고 기도 바치기를 그치지 않았습니다. 드디어 1839년 5월 24일 옥고생활 3개월 만에 8명의 교우와 함께 서소문 밖 형장에서 참수 치명하니 그녀의 나이 57세였습니다.
(1783-1839, 1839.5.24.순교, 축일: 9.20, 부인, 기해박해참수, 한국)

### 45. 성녀 이소사(李김史) 아가타는 어떤 분이신가요?
(순례길 148-149, 155, 174)

1. **성녀 이소사(李김史) 아가타**는 경기도 이천 구월 출신으로 17세 때 결혼하였으나, 아이를 한 명도 낳지 못한 채 3년 만에 남편을 여의고 말았습니다. 남편을 여의고 친정으로 돌아와 살면서 어머니와 동생 **성 이호영 베드로**와 함께 입교하였습니다. 아버지가 대세를 받고 사망하자 동생을 따라 서울로 이사하였습니다. 부친이 남긴 조그마한 가산마저 탕진하게 되니, 늙은 어머니와 어린 동생을 데리고 살아가는 것이 여간 고생이 아니었습니다. **성 현석문(玄錫文) 가롤로**가 쓴 「기해일기」에도 "그때 겪은바 당시의 고통을 어찌 다 말하리오."하며 당시의 고생이 이루 형언키 어려웠음을 말해 주고 있습니다.

2. 그녀는 이와 같이 평생을 가난과 함께 했을지라도 언제나 안색이 화평하고 조금도 걱정

하는 빛이 없었습니다. 뿐더러 그녀의 사람됨이 겸손하고 정중하였으므로 모두가 그녀의 아름다운 행실을 기리고 그녀를 사랑하였고 사모하였습니다. 그녀는 삯바느질로 집안 살림을 겨우 연명시켜 나갔습니다. 그러나 남매는 이같이 가혹한 가난을 참아 받으며 열심히 수계하였습니다. 그래서 그때의 교우들이 이 남매의 덕행과 착한 표양을 늘 얘기하고 칭찬해 마지않았다는 것입니다. 그녀의 집이 포졸들에게 기습을 당한 것은 을미년(1835년) 음력으로 정월이었고, 그때 그의 집은 한강변 무쇠막이라는 곳에 위치해 있었습니다.

3. 이때 남매는 포졸의 기습이 있으리라는 것은 꿈에도 생각하지 못했고 따라서 잡히는 순간에도 피신은 도저히 불가능하였습니다. 이때 이호영 베드로는 외출해서 돌아오다가 문간에서 대기 중인 포졸에게 잡히고, 이어서 그녀도 잡혔습니다. 이 광경을 본 어머니는 그 자리에서 까무러쳤습니다. 아내도 잡으려는 포졸들을 향하여 이호영 베드로가 "이 사람은 죄가 없으니 내버려 두시오. 죄가 있는 것은 우리뿐입니다"라고 하며 아내만은 놓아 주어 어린 것과 노모를 돌보게 해 달라고 간청하였습니다. 마침 이웃에 사는 포졸이 감격하여 그의 아내를 놓아 주고 남매만 붙잡아 갔습니다.

4. 포청에 압송되어 포도대장이 "너희들이 천주학을 한다는 말이 옳으냐?"라고 묻는 말에 남매는 똑같이 "네 그렇습니다."하고 대답하였습니다. "배교하고 일당이 있는 곳을 대라"하자, 두 남매는 "천주는 우리의 대군대부 이시라 우리는 배주하지 못하겠고 또한 일당을 대면 말로써 남을 살해함이 되므로 할 수 없습니다."라고 대답하자 형리를 시켜 주리를 틀게 하였습니다. 먼저 동생이 의식을 잃고 쓰러지자 누이는 격려했습니다. 격려하는 말을 듣고 형리들이 그녀를 "고약한 계집 같으니! 동생을 참회시키기는커녕 도리어 격려를 하다니!"하고 모욕하면서 매질하기 시작하였습니다.

5. 의식을 회복하자 이호영 베드로는 "누님, 왜 그런 말을 해서 그런 욕을 당하십니까?"하고 누님을 위로하였습니다. 첫 번 문초 때부터 그녀는 매를 몹시 맞고 주리를 틀렸습니다. 포도대장은 그녀가 살점이 떨어져 나가는 고통 속에서도 결심을 꺾이지 않는 것을 보고 그녀를 형리에게 맡겼습니다. 그녀를 옥에서 끌어내어 무수히 난타하고 형리들은 굵기가 팔뚝만하고 길이 8척 가량 되는 붉은 몽둥이를 들고 있었는데, 그녀를 붙잡아 옷을 벗긴 후 팔을 잡아 메달아 놓고 매질을 혹독히 가하였습니다. 그녀의 온몸은 유혈이 낭자하였으나 그의 용기는 조금도 꺾이지 않았습니다.

6. 이호영 베드로는 1835년 11월 20일 자(음력)로 교우들에게 보낸 편지에 자기와 누이가 받은 문초와 고문 상황을 자세히 기록해 놓았습니다. 이 편지는 불행히도 오늘에 전해지

지 않고 있으나, 그 일부가 다행히 **성 나 베드로(모방) 신부**가 파리 본부에 보낸 편지에 남아 있습니다. 이 편지에 의하면 남매는 1835년 음력 11월 6일 법정으로 끌려가서 문초를 받았습니다. 이호영 베드로는 누이에 대하여 이렇게 증언하였습니다. "누님도 문초를 받았는데 나와 같이 진리를 증거하였다." "이어 재판관은 우리들을 몹시 매질하라고 하였습니다. 형리들이 매질을 멈추었으나, 누님은 기운이 핍진하고 무거운 칼 밑에 몸이 움츠러들어서도 항상 순교하기를 간절히 원하고 천주께 순교할 은혜를 주실 것과 도우심을 구하여 마지않았습니다."

7. 결국 남매는 형조로 이송되었습니다. 이때 허태복이란 새우젓 장사를 하는 교우가 자주 감옥에 드나들며 남매의 심부름도 하였으므로 감옥에서 일어나는 일에 대해 잘 알 수가 있었습니다. 그는 남매가 수많은 혹형을 받았음에도 불구하고 한 번도 굴복한 적이 없고 언제나 태연한 기색으로 조금도 낙담하는 빛을 보이지 않았다고 증언하였습니다. 옥에 있은 지 4년 동안 그녀의 착한 표양에 감동하지 않은 이가 없었습니다. 옥졸까지도 천주교 교리가 과연 아름답다고 칭송했습니다. 4년이란 긴 세월의 옥중생활 동안 겪은 고통이란 이루 말할 수 없었습니다. 1839년 5월 24일 서소문 밖 형장을 향해 수레에 올랐을 때도 그녀의 안색은 여전히 평온하였고, 형장에 이르러 수레에서 내리자 성호를 긋고 나서 침착한 자세로 칼을 받고 8명의 교우와 함께 치명하니 그녀의 나이 56세였습니다.

(1784-1839, 1839.5.24.순교, 축일: 9.20, 과부, 기해박해참수, 한국)

## 46. 성녀 김업이(金業伊) 막달레나는 어떤 분이신가요?
  (순례길 148-149, 155)

1. **성녀 김업이(金業伊) 막달레나**는 가난한 부모에게서 태어나 아버지를 여읜 후 성질이 괴팍한 어머니 밑에서 자랐습니다. 비록 좋은 교육을 받지는 못했지만 어려서부터 열심히 믿었고 덕을 숭상하며 동정을 지   키기로 결심하였습니다. 그러나 어머니의 반대로 말미암아 교우에게 출가하게 되었습니다. 중년에 이르러 남편과 자녀들을 모두 여의게 되자 친정으로 돌아와 늙으신 어머니와 함께 문밖 애고개(지금의 아현동)로 이사하여 살면서 망건을 만드는 일로 간신히 생계를 이어 나갔습니다. 어머니의 괴팍한 성질 때문에 크게 고통을 받았으나, 항상 양순하고 인내하는 마음으로 어머니를 도왔습니다. 당신을 섬기는 자들로 하여금 단련 받기를 원하시는 천주께서는 그 성질이 괴팍한 어머니가 오래 살도록 허락하심으로써 김업이 막달

레나가 많은 시련과 인내의 덕을 쌓을 기회를 가지게 되었습니다. 어머니에 대한 효심이 너무나 지극하여 순명하는 그녀의 표양이 사람마다 믿기 어려울 정도였다고 합니다.

2. 또한 해박한 교리 지식으로 외교인들에게 전교하며, 외인 자녀들을 위하여 유아 비상세례를 주는 선행에 많은 노력을 기울였습니다. 이런 선행 중에서 그리스도를 위하여 피를 흘리기를 항상 원하였습니다. 이 거룩한 원의가 실현되고 자기 선행의 상을 받을 때가 오기를 기다리며 순교할 결심으로 살아가던 그녀는 1836년 10월 **성녀 김아기(金阿只) 아가타**, **성녀 한아기(韓阿只) 바르바라**와 함께 체포되어 포도청으로 끌려갔습니다. 그리고 가혹한 심문을 당했습니다. 그녀는 동료 교우 한아기 바르바라가 곤장을 맞는 동안 판관까지도 그리스도께로 인도하기 위해 천주 십계교리를 설명하였고 복음의 진리를 설교하였습니다. 여러 번 중한 형벌을 받았지만 용감히 감당해 냈으며 한 치도 굽힌 일이 없었습니다. 드디어 형조로 이송되어 사형이 선고되어 3년간 긴 옥고생활 끝에 1839년 5월 24일 서소문 밖 형장에서 자신의 소원대로 참수 치명하니 그녀의 나의 66세였습니다.
(1774-1839, 1839.5.24.순교, 축일: 9.20, 과부, 기해박해참수, 한국)

## 47. 성 이광헌(李光獻) 아우구스티노는 어떤 분이신가요?
(순례길 148-149, 155-156)

1. **성 이광헌(李光獻) 아우구스티노**는 신유박해 때 여러 순교자를 낸 광주(廣州) 이씨 집안에서 1787년에 태어났습니다. 청년 시절에는 매우 방탕한 생활을 하였으나 30세 경 입교한 뒤로는 신앙생활을 열심히  하여 회장으로 임명되었습니다. 거듭되는 박해로 가산을 전부 잃고 순교할 때까지 10여 년을 궁핍하게 살면서도 회장직에 충실하였고, 또 냉담자를 권면하고 병약자를 위로하며 외교인에게 전교하였습니다. 그리고 **성 범 라우렌시오(앵베르) 주교**와 신부들을 자신의 집에 맞아들여 교우들을 미사에 참여하게 하고 강론을 듣게 하였습니다.

2. 1839년 기해박해 초 어떤 예비신자가 체포된 자기의 아내를 석방시키는 조건으로 이광헌 아우구스티노를 포함한 53명의 교우 명단을 포졸에게 건네주어 그는 1839년 4월 7일 전 가족과 함께 체포되어 포청으로 끌려갔습니다. 포청에서 형문(刑問)을 마친 후 1839년 4월 18일 형조로 이송된 그는 배교하면 가족들과 함께 석방시켜 주겠다는 형관의 유혹을 뿌리쳤습니다. 혹독한 형벌과 고문을 받아 온몸이 피범벅이 되었으나 끝까지 배교하지 않고 신앙을 지켜 냈습니다. 형조에서 혹형과 고문을 이겨낸 뒤 1839년 5월 24일

**성 남명혁(南明赫) 다미아노** 등 8명의 교우와 함께 서소문 밖 형장에서 참수형을 받아 53세의 나이로 순교하였습니다.

(1787-1839, 1839.5.24.순교, 축일: 9.20, 회장, 기해박해참수, 한국)

## 48. 성녀 한아기(韓阿只) 바르바라는 어떤 분이신가요?
(순례길 148–149, 155)

1. **성녀 한아기(韓阿只) 바르바라**는 교우 집에서 태어나, 어려서부터 부모들에게서 열심한 교육을 받았으나 부모의 지도를 따르지 아니하였습니다. 청춘을 무질서하게 절도 없이 지내며 쾌락을 즐겼습니다. 어머   니의 모범과 권면을 무시하고 외교인에게 출가하고 말았습니다. 하루는 어머니가 딸 한아기 바르바라를 찾아 가다가 **성녀 김아기(金阿只) 아가타**를 만났습니다. 어머니의 부탁으로 김아기 아가타가 한아기 바르바라에게 개과천선하기를 간곡히 권하는 말에 이를 깨닫고 이때부터 열심히 배우고 익혔습니다. 이에 주의 은총이 한아기 바르바라에게 내려와 이전 생활을 말끔히 청산하고 새사람이 되었습니다.

2. 천주께서는 그녀의 굳셈을 시험하기 위하여 나이 서른 살에 남편과 3남매를 모두 여의게 되었습니다. 그래서 친정으로 돌아와 열심히 신앙생활 하다가 김아기 아가타 집에서 같이 거처하게 되었습니다. 망건 만드는 것을 거들며 자주 기도를 드리고 냉담자를 권하며 외인들을 교회로 인도하였습니다. 또한 죽어가는 유아만 있다면 쫓아가서 비상대세를 붙여 많은 영아의 영혼을 구하였습니다. 이렇게 열심히 신앙생활을 하므로 당시 교우들이 이 두 사람 즉, 김아기 아가타와 한아기 바르바라를 뛰어나고 덕행이 있는 교우로 평가하였습니다.

3. 한아기 바르바라는 열렬한 마음으로 순교하기를 원하였습니다. 1836년 10월 김아기 아가타와 **성녀 김업이(金業伊) 막달레나** 등과 함께 천주교 서적을 숨긴 죄로 체포되었습니다. 포청에 끌려가 가혹한 형벌에도 굴하지 않고 천주 십계교리를 설명하였으며 형벌 중에서도 외모에 혼연한 빛이 역력했다고 합니다. 한아기 바르바라는 김아기 아가타와 김업이 막달레나와 같이 형조로 이송되어 3년 옥고 끝에 서소문 밖 형장에서 참수 치명하니 그의 나이 48세였습니다.

4. **성 범라우렌시오(앵베르) 주교**는 편지에 형장에서의 상황을 이렇게 썼습니다. <5월 27일 월요일 새벽에 가까스로 시체를 훔쳐낼 수가 있었습니다. 그래서 순전히 이들을 장사

지내기 위하여 둔 작은 터에다 함께 묻히었습니다. 나는 행복한 유럽에서와 같이 그들에게 비단 옷을 입히고 귀한 향료를 바르기가 얼마나 소원이겠습니까마는 우리는 가난도 하거니와 그렇게 한다면 헌신적으로 이 거룩한 사업을 맡아 하는 교우가 너무나 큰 위험을 무릅쓰게 될 것입니다. 그러므로 그저 남녀별로 각각 옷을 입히고 시체를 잘라서 자리에 싸서 묻었습니다. 어제 우리는 많은 보호자를 천국에 보냈고 내가 바라는 바와 같이 어느 때는 조선에 천주교가 왕성하여지면 이 시체들이야말로 국가적인 유물이 될 것입니다.>

(1792-1839, 1839.5.24.순교, 축일: 9.20, 과부, 기해박해참수, 한국)

## 49. 성녀 박희순(朴喜順) 루치아는 어떤 분이신가요?
(순례길 148-149, 155)

1. **성녀 박희순(朴喜順) 루치아**는 서울의 부유한 집안에서 태어났습니다. 어려서부터 순진하고 명랑하고 상냥한 성격에다 재주와 미모가 비범하였으므로 모든 이의 감탄의 대상이 되었습니다. 그래서 이미 어린 나이에 궁녀로 뽑히어 대궐에서 자랐는데 거기에서도 그녀의 순결하고 순박함이 동료들보다 뛰어나서 윗사람들의 총애를 받았습니다. 그녀가 15세가 채 못 되었을 때에 당시 16-17세 된 어린 순조 임금이 그녀의 매력에 이끌려 유혹하려고 별별 수단을 다 썼습니다. 그러나 어린 처녀는 외교인인데도 불구하고, **성 범라우렌시오(앵베르) 주교**가 조선에서는 일찍이 들은 적이 없다고 할 만큼 굳건한 용기와 놀라운 덕이 있었으니 이 모두가 주님의 은총이었습니다.

2. 형조의 보고에 의하면 박희순 루치아는 일찍부터 창녕위궁의 나인이었습니다. 창녕위(昌寧尉)란 다름 아닌 순조의 사위 김병주(金炳疇, 1819-1853년)로 순조의 둘째딸 복온공주(福溫公主, 1818-1832년)가 이 사람에게 출가했었습니다. 그런데 박희순 루치아가 국문과 한문에 능통하였기 때문에 복온공주에게 글을 가르쳤다고 전하는데, 아마 이것이 인연이 되어 창녕위궁의 나인으로 발탁되었을 것입니다. 그녀는 서른 살 때 처음으로 천주교 이야기를 듣고 믿을 마음이 간절했으나, 궁중에 매인 몸일 뿐만 아니라 김대비의 깊은 총애를 받으며 다른 궁녀들을 감독하는 상궁의 자리에 있었고, 선왕의 위패를 지키는 소임이 있던 만큼 빠져 나오기가 매우 힘들었습니다.

3. 하지만 천주교를 실천하려면 대궐의 온갖 미신 행위를 피해야 했으므로 이 모든 장애는

그의 소원을 더욱 간절하게 할 따름이었습니다. 마침내 그녀는 용감하게 결심하고 병을 핑계로 하여 본가로 나가라는 허락을 받았습니다. 그러나 어머니는 별세하였고 아버지가 외인으로 천주교를 대단히 반대하였으므로 집으로는 가지 못하고 남대문 밖 조카 집으로 갔습니다. 거기에서 같이 살면서 차례로 조카와 온 집안을 권면하여 모두 입교시켰습니다. 이때 언니 **성녀 박 큰아기 마리아**도 같이 살았으며 함께 신앙생활을 하였습니다. 궁궐을 나온 후부터는 지난 세월이 영화와 쾌락 속에서 하는 일 없이 많은 세월을 허송한 것으로 생각하고 열심히 노력하였습니다.

4. 그리하여 모든 본분을 어김없이 지켰고, 특별히 옷과 음식에 있어서 많은 극기를 행하였으며, 애긍(哀矜·불쌍히 여김 또는 불쌍한 이를 도움)에 힘썼습니다. 그리고 십자가에 못 박히신 상본 앞에서 그리스도의 고난과 그의 오상을 묵상하며 눈물을 흘렸습니다. 말 한마디 행동거지 하나도 다 천주님과 결합되어 있다고 생각하면서 열성과 성의를 다해 행동하는 모습이 교우들을 감동케 했습니다. 1839년 기해박해가 일어나자, 그녀의 집이 고발되어 조카는 집을 팔아 버렸습니다. 그래서 같은 궁녀 출신인 **성녀 전경협(全敬俠) 아가타**라는 훌륭한 교우를 알게 되어 그녀는 남은 식구를 데리고 전경협 아가타의 집으로 이사하여 함께 살았습니다.

5. 며칠 후에 전경협 아가타와 둘이서 박해를 피할 방도를 의논하고 있을 즈음에 갑자기 포졸들이 달려들었습니다. 이때 그녀는 태연하게 "모든 것이 주님의 명이 아닌 것이 없다"라고 말하며 그들에게 마중 나가 너무 소리를 지르지 말라고 청하고 음식으로 전 가족을 격려했습니다. 포졸들에게 엽전 몇 꾸러미와 술과 음식을 대접하고 나서 포졸을 따라 기쁘게 포도청으로 향했습니다. 이때 박희순 루치아의 아주 나이어린 조카 박 베드로도 같이 잡혀갔었는데 석방되어 후에 두 고모가 잡히어 순교한 사실을 상세하게 증언하게 되었습니다.

6. 이들이 옥안으로 들어가자마자 발에 족쇄라는 형틀이 채워졌습니다. 이 족쇄는 길이가 0.4미터, 너비 0.15미터가량 되는 나무관 두 쪽을 겹쳐서 만든 것입니다. 양쪽에 짜개미가 있어 거기에 한쪽 발이나 양쪽 발목을 끼운 뒤에 한편은 돌쩌귀로 한 짝과 연결되고 또 한편은 자물쇠로 채우게 마련된 위짝을 내리덮는 형틀입니다. 기해년에 잡힌 교우들에게는 모두 이 형틀이 채워졌습니다. 포도청에 갇힌 이들 교우 가운데에 궁녀도 끼어 있다는 소식을 듣자, 대왕대비는 괘씸하게 생각하였습니다. "비록 전에 궁녀일지라도 증거가 확실하면 궁의 대표에게 알린 후에 체포해도 무방하다"라는 격려의 지시까지 내리게 되었습니다.

7. 포도대장이 박희순 루치아에게 "궁녀는 다른 부녀들과 매우 다르거늘 어떻게 되어서 그와 같은 천한 사교를 믿는단 말이냐?"하고 묻자 그녀는 대답하였습니다. "우리 종교는 절대로 천한 것이 아닙니다. 천주님이 하늘과 땅과 그 안에 있는 모든 것을 창조하시었고, 모든 사람이 천주님께 생명을 받았으니 마땅히 천주를 찬미하고 흠숭하여야 됩니다." 또 "천주교를 배반하고 동교인을 대라"는 협박에 "천주는 저의 조물주시요. 아버지시니 그를 배반할 수 없고 사람 해치는 것을 금하시니 교우들을 고발할 수도 없습니다." 하고 대답했습니다. 포도대장은 그녀의 손을 뒤로 결박하여 형조로 보내기로 하고 이에 대하여, "박희순은 비록 궁녀이지만 이미 집에서 체포되었으므로 다른 죄수의 예에 의해서 형조로 이송하겠습니다."라는 구실을 붙였습니다.

8. 형조로 옮겨간 후에도 재판관들 앞에 세 번 출두하여 그 때마다 곤장을 30대씩 맞았습니다. 그리하여 다리뼈가 드러나고 많은 피를 흘렸으나 그녀는 태연하게, "이제야 오 주 예수와 성모마리아의 괴로움이 어떠하였는지를 조금 깨닫게 되었다."라고 말하였습니다. 이러한 상처를 입었음에도 불구하고 다음 번 문초 때에 제 발로 걸어서 출두하니 이것을 본 사람들은 모두 이상히 여겼고 재판관은 그것을 마술로 돌렸습니다. 하루는 그녀가 천주교 교리를 너무나 명백히 설명하였으므로 재판관도 감히 그것을 반박할 생각을 하지 못하였습니다. 그녀는 옥중에서 교우들에게 편지를 보내어 돌려 보게 하였습니다. 이 편지는 불행히 분실되었으나, 예수와 마리아, 천신, 성인의 은혜를 찬미하고, 또 한편으로는 자기를 낮춘 겸손의 말이었기 때문에 이 편지를 보는 사람이 다 깊은 감동을 느꼈으며 눈물을 금치 못했다고 합니다.

9. 그녀는 함께 갇혀있는 이들을 가르치며 근심하는 이를 위로하고 약한 이를 붙들어 주며 언제나 누구를 대하거나 사도로서 일했습니다. 그녀를 도저히 배교시킬 수 없다고 판단한 형조판서는 "박희순이 동류와 얽혀, 밤낮없이 깊이 빠져서 행동이 모두 요사하고 허황하며 입으로 중얼거리고 손으로 가리키는 것이 다 사술이고 죽기를 맹세하면서 뉘우치지 아니하니 이는 부대시참의 죄인입니다."라고 보고한 후 참수의 판결을 내렸습니다. 기해년 1839년 5월 24일 형장으로 떠나기 전에 감옥의 교우들에게 같이 순교의 길을 걷자고 위로하고 격려한 다음 태연한 용모로 수레에 올라 기구하기를 그치지 않았습니다.

10. 서소문 밖 형장에 이르러 동료 8명과 같이 참수 치명하니 그녀의 나이 39세였습니다. 언니인 박 큰아기 마리아도 박희순 루치아와 같이 사형선고를 받기는 했으나, 국법에 같은 날 형제를 죽이는 것을 금하고 있으므로 부득이 동생과 이별해야 했습니다. 감옥에서 동거하며 의지하고 지내던 교우들도 다 먼저 치명한 박희순 루치아를 생각하며 늘 침착하

고 애정에 찼던 그녀의 얼굴을 잊을 수가 없었다고 합니다. 치명하기 전 어느 날 박희순 루치아는 담 너머로 형리에게 이렇게 말했습니다. "청이 하나 있는데 내 목을 벨 적에 냉정을 잃지 말도록 칼날을 잘 세워두었다가 결코 헛 칼질을 말고 단번에 내 목을 잘라 주기바라네."

(1801-1839, 1839.5.24.순교, 축일: 9.20, 동정궁녀, 기해박해참수, 한국)

## 50. 성 남명혁(南明赫) 다미아노는 어떤 분이신가요?
(순례길 148-149, 155-156)

1. **성 남명혁(南明赫) 다미아노**는 서울에서 태어났으며, 젊어서 무뢰배들과 어울리며 매우 난폭하고 방탕한 생활을 하였습니다. 그러나 30세 경 천주교에 입교한 뒤로 모든 세속의 나쁜 일과 손을 끊고 오직 신앙생활에만 전념하였습니다.  유방제(劉方濟:중국 이름 余恒德, 파치피코) 신부에게 세례를 받고 더욱 열심히 살아 **성 이광헌(李光獻) 아우구스티노**와 함께 회장으로 임명되었습니다. 예비 신자를 모아 가르치고 병약자들을 찾아 위로하고 격려하였으며, 또 성의회(聖衣會)라는 신심 단체에 가입하여 신부를 도와 교회 일을 열심히 하였습니다. 그는 1839년 기해박해 초 한 예비 신자의 밀고로 1839년 4월 7일 자신의 가족들과 함께 체포되었는데 이때 그의 집에서 제의류(祭衣類), 경본(經本), 주교관(主敎冠) 등이 발견되어 포청과 형조의 관원들에게 매우 혹독한 형벌을 당했습니다.

2. 그러나 그는 모든 고통을 참아 냈고, 함께 체포된 아내에게 "이 세상은 잠시 머무는 곳이고 우리의 본향은 천국이니 주님을 위하여 죽어서 광명한 곳에서 영원히 다시 만나기를 바란다."라고 격려의 편지를 써 보낸 뒤 1839년 5월 24일 이광헌 아우구스티노 등 8명의 교우와 함께 서소문 밖 형장에서 참수형으로 순교하였습니다. 평소에 친구 한 사람이 그에게 "저 세상에서 자네 이름을 무어라 부를 건가?"하고 물으니, "천주님을 위해 순교한 성의회(聖依會)의 남 다미아노라고 불러주면 원이 없겠네."라고 대답했다고 합니다. '성의회(聖依會)의 치명자 남 다미아노'로 불려지길 원했던 그는 한창 나이인 38세에 자신의 뜻대로 순교하였습니다.

(1802-1839, 1839.5.24.순교, 축일: 9.20, 회장, 기해박해참수, 한국)

## 51. 성 권득인(權得仁) 베드로는 어떤 분이신가요?
(순례길 148-149, 155)

1. **성 권득인(權得仁) 베드로**는 일명 성도라고 불렸는데 그이 정식 이름이 득인인 것으로 보아 성도는 그 자인 듯합니다. 원래 서울 문안 태생이며, 일찍이 어려서 아버지를 여의었고, 이어 그가 열여섯 살 되던 해
에 어머니마저 여의었습니다. 어머니가 열심한 천주교 신자였기 때문에 그도 일찍부터 어머니의 좋은 표양을 따라 교리를 받아 들였습니다. 어머니를 여의고 나서 얼마 안 되어 결혼하였고, 그 후 약장사를 하는 형 프란치스코 집에서 한때 같이 지냈습니다. 그 후 사직골에 거처하면서 조그마한 장사를 하며 가난한 살림을 꾸려 나갔습니다. 가난한 생활을 하면서도 그의 신앙생활은 변하지 않았으며, 특히 너리골로 이사를 한 후에도 십자가와 성패를 만들어 팔아 전교의 역할을 하는 한편 이것으로 생계를 삼았습니다.

2. 바로 이 성패 때문에 그가 사형선고를 받게 되었습니다. 왜냐하면 그에 대한 판결문에 "그가 여러 해 동안 사학을 강습하여 자수로 사구를 만들어 널리 흉도에게 전파하였으니 위법처단 하겠습니다."라는 그의 죄목이 밝혀졌기 때문입니다. 또한 남의 일을 돌보는 데 진심으로 전력하였고 이로 인하여 오는 어려움에 개의치 않고 마치 그것이 자기의 소임인 양 생각했으므로 모두가 그의 치밀하고 성실한 봉사에 탄복하여 마지않았다고 합니다. 권득인 베드로와 그의 가족이 잡힌 것은 1839년 1월 16일로 기해박해 당시 가장 먼저 잡힌 가족인 셈입니다. 그러므로 그의 체포로 인하여 많은 교우들의 놀라움과 충격은 대단히 컸습니다.

3. 이 슬픈 소식은 곧 수원 갓등이를 방문 중이던 **성 범 라우렌시오(앵베르) 주교**에게 전해졌습니다. 앵베르 주교는 인천으로 가려던 계획을 중단하고 급거 귀경했습니다. 마침 대목도 다가오고 있었고 이 평온한 시기를 이용하여 서울의 1천여 명 교우들에게 성사를 주는 한편, 두려워하고 있는 교우들을 격려하고 안심시킬 의도에서였습니다. 권득인 베드로가 잡힌 경위는 이러합니다. 1839년 1월 16일 저녁 자기를 찾아온 처남과 이야기하고 있었는데, 돌연 대문을 열라는 소리가 들려왔습니다. 심상치 않게 여긴 그는 대문 쪽으로 나가려는 부인에게 자신이 나가겠다고 말하였습니다.

4. 대문을 열자 횃불을 든 포졸들이 뜰 안으로 들이닥쳐 그에게 수갑을 채워 앉히고 나서 방으로 들어가서 부인과 처남을 향하여 "너희도 천주학을 하느냐?"하고 물었습니다. 그들은 묵주를 꺼내 보이면서 천주교를 믿노라고 대답하였습니다. 그러자 포졸들은 그들

도 잡아 권득인 베드로와 함께 포청으로 압송하였습니다. 어린애들을 합쳐서 모두 5명이었습니다. 권득인 베드로는 옥중생활 5개월 동안 가끔 부인과 처남에게 편지로써 같이 순교할 것을 권고했으나 그들은 결국 배교하고 석방되었습니다. 석방된 후에도 그는 기회만 있으면 편지를 보내어 그들이 정욕을 끊고 회개하여 자기와 같이 순교하도록 권고하였습니다.

5. 권득인 베드로의 며느리 이 아가타는 시복 수속을 위한 증언석상에서 "나는 내 눈으로 이 편지를 보았습니다. 내 시어머니는 이 편지를 읽을 때마다 눈물을 흘리며 그때 배교로 치명의 은혜를 잃게 된 것을 진심으로 뉘우치고 있었습니다."하고 증언하였습니다. 포청 문초에서 포도대장이 "왜 천주학을 하느냐?"라고 물으니, 그가 대답하기를 "천주는 신인과 만물의 대왕이십니다. 사람이 세상에 살며 만물을 사용함으로써 천주로부터 허다한 은혜를 입고 있으니, 그 은혜가 무한한지라 어찌 보답하기를 도모하지 않겠습니까? 그러니 사람은 마땅히 천주를 받들어 섬겨야 합니다."라고 대답하였습니다.

6. 포도대장이 크게 노하여 혹독한 형벌을 가하며 "네 형과 주교, 신부가 있는 곳을 대라"고 위협하며 재촉하였습니다. 하지만 그는 끝내 한 사람도 고발하지 않았습니다. 그는 결국 형조로 이송되었고, 형조판관은 천성이 양순하여 마지못해 교우를 체포하며, 될 수 있는 대로 형벌을 내리지 않으려고 그를 배교시켜 방면하려 하였습니다. 형조판관은 교우들에게 말하기를 "너희들은 참 이상하다. 너희들이 나를 보고 살려달라고 애원하여야 할 터인데, 제발 한마디만 하고 나가라 하는데 왜 말을 듣지 않느냐?"라고 말했습니다. 그러나 권득인 베드로가 끝내 말을 듣지 않자 포악한 강도들에게 건네주며 마음대로 학대하라고 하였습니다.

7. 그는 저들한테서 두 번이나 목숨을 잃을 위험에 처하였습니다. 그래도 말을 듣지 아니하니 곤장과 편태로 무수히 난타하여 살점이 떨어져 나가고 유혈이 낭자하였습니다. 포졸들이 그를 아문에서 감옥으로 떠 매어 가니 판관이 "이 사람아, 참말로든지 거짓말로든지 '나는 교우가 아니오.'라고 말 한마디만 하면 석방될 터인데 왜 말을 하지 않나? 거짓말로 배교하고 나가서 집에서 다시 천주교를 믿으면 되지 않겠나?"하고 말했습니다. 그러나 권득인 베드로가 말하기를 "천주교는 내 생명보다 더 귀한 것이오. 천주교를 배반하기보다는 차라리 죽는 것이 낫소."하였습니다.

8. 형조에서 4개월 동안 기아와 추위와 무서움을 겪었습니다. 형리들은 그를 강박하여 꼭 배교시킬 작정이었으나, 도리어 이런 고난 중에도 그의 의지는 더욱 굳어지고 그의 열성은 더해갈 뿐이었습니다. 기해년 1839년 5월 24일 그를 수레에 태워 형장인 서소문 밖으

로 끌고 나갔습니다. 수레가 경매골의 한 교우 집 앞을 지날 때 그는 그쪽을 바라보며 침착하고 평화스러운 모습으로 혼잣말로 "이 집의 교우들이 나를 바로 보고 있을까?"라고 말하는 듯했습니다. 사실 그때 많은 교우가 이 집에 모여서 그가 지나가는 모습을 지켜보았습니다. 결국 동료 8명과 더불어 그의 순교를 완성하니, 이때 그의 나이 35세였고, 참수 치명 후에도 그의 용모는 웃는 모양이었다고 전합니다.

9. 증인 김 프란치스코는 그때 **성 나 베드로(모방) 신부**가 권득인 베드로에 대하여 한 말을 이렇게 전하였습니다. "마침 모방 신부가 내 집에서 성사를 주고 있을 때 권득인이 체포되어 치명했다는 소식이 전해졌다. 모방 신부는 득인이 그의 목을 도끼 밑에 용감히 넣었다는 소식을 듣고 웃으며, 전에 득인이 내 앞에서 꿇어 앉아 인사했으나, 이제부터는 내가 득인의 앞에 꿇어서 인사해야 할 차례이다"라고 말했다고 합니다.

(1805-1839, 1839.5.24.순교, 축일: 9.20, 상인, 기해박해참수, 한국 )

### 52. 성 장성집 요셉은 어떤 분이신가요?
(순례길 151, 155)

1. **성 장성집 요셉**은 서울에서 태어나 한강변 서강에 살고 있으면서 와우산 밑에 있던 광흥창(이조 때 관원의 녹봉에 관한 사무를 맡아 보던 관아)에서 일하며 매우 가난하게 살았습니다.  그러나 일찍이 상처한 그는 일자리마저 잃게 되자 교우이던 그의 외숙모가 한때 그를 먹여 살렸습니다. 이어 재혼했으나 다시 상처하였고 약국에 취직하여 약방 주인의 장사를 도왔습니다. 그의 성품은 양순하고 온화했던 반면에 곧고 강직하기도 하였습니다. 나이 30세의 중년에 이르러서야 비로소 교리를 배우고 예비 신자로 열심히 생활하였습니다. 그러나 예수 그리스도가 동정녀이신 마리아의 몸에서 탄생했다는 교리는 도저히 이해할 수가 없다고 생각하였습니다.

2. 또한 무식한 그는 박학한 철학자처럼 천주강생의 신비에 대하여 한때 떠들어 댔습니다. 한편, 코린토 1서에서 성 바오로는 일찍이 이러한 문제에 대답하여 말하기를 "그러나 우리는 십자가에 못 박히신 그리스도를 선포합니다. 그리스도는 유다인들에게는 걸림돌이고 다른 민족에게는 어리석음입니다. 그렇지만 유다인이든 그리스인이든 부르심을 받은 이들에게 그리스도는 하느님의 힘이시며 하느님의 지혜이십니다."(1코린 1. 23-24)라고 말하였습니다. 그러나 그는 이러한 의심이 생겨 끝내 풀지 못하자 점차 신앙의 취미를 잃고 교리를 배우지 않게 되었습니다. 그리고는 다시 외인 친구와 상접하고 세속 정신에 물들

어 아침·저녁 기도마저 하지 않고 오로지 잘 살고 돈 벌 생각밖에는 하지 않았습니다.

3. 이렇게 신앙을 저버리고 사회의 유혹에 빠진 그는 회두시키려고 여러 교우들이 찾아가 권유해 보았으나 허사였습니다. 그런데 하루는 한 유식한 교우가 그의 의심을 풀어주는 데 성공함으로 그는 회두하였습니다. 이때에 그는 "내가 전에 냉담한 것은 전혀 세속의 유혹에 빠진 때문이다."라며 과거의 잘못을 깨닫고 다시 열심히 교회 규칙을 지키기 시작하였습니다. 그뿐만 아니라 세상의 유혹을 한층 효과적으로 피하려는 뜻에서 그는 외인과의 접촉을 일절 끊고 두문불출 하면서 기아와 추위도 아랑곳없이 오로지 기도와 묵상에만 일관하였습니다. 집안 사람들은 이같이 고통 받는 것을 걱정한 나머지, "이전처럼 출입도 하고 몸도 좀 돌본다고 해서 무엇이 나쁘겠는가."하고 외출을 권해 보았습니다.

4. 하지만, "나의 지난날의 죄가 오로지 의식을 풍족히 하려는 욕망에서 왔던 것이므로 포식난의[飽食暖衣·배불리 먹고 따뜻하게 입는다는 뜻으로, 의식(衣食)이 넉넉하게 지냄을 이르는 말]하여 죄를 짓느니 차라리 주님과 추위를 택하려는 것이다." 그리고 "장사를 하자면 고지식해 가지고는 돈을 못 벌겠고 돈을 벌려면 거짓말을 해야 되겠으니 이는 영혼의 멸망을 자초하는 일이 아니겠소. 차라리 육신 생명이 굶어 죽는 것이 낫지 어찌 양심을 속여 영혼을 죽이겠소!"라고 말을 하였습니다. 그뿐만 아니라, "이 세상 잠시 괴로움을 견디어냄으로써 죽은 후에 천국에 가서 영원한 복락을 누리면 이 어찌 즐거운 일이 아니겠는가."하고 변호하며 조금도 굽히려 들지 않았습니다.

5. 이렇듯 그의 굳센 정개(定改·다시 죄를 짓지 아니하기로 결심하는 일)와 독실한 신앙생활에 모두가 경탄해 마지않았습니다. 마침내 1838년 4월에 세례와 견진성사를 받았습니다. 기해년 박해 시초에 이미 잡힌 약간의 교우들이 불굴의 신앙에 감격하여 장성집 요셉은 돌연 자수할 뜻이 간절해져서 대부를 찾아가 상의했습니다. 그러나 "주님의 명은 기다릴 것이요. 자기의 힘을 믿을 것이 못된다."라는 대부의 만류로 일단 중지하고 주님의 명을 기다리기로 했습니다. 그 후 박해가 치열해질수록 혹형에 굴하지 않는 교우도 점점 많아지는 것을 목격한 그는 순교를 사모하는 마음이 날로 더해 감을 억제하기 어려웠습니다. 1839년 5월 18일 그의 소원이 성취되는 날이 왔습니다.

6. 장성집 요셉의 딸 장 로사의 증언에 의하면(장 로사는 시복 수속을 위한 교황청 조사록에서 그의 아버지 장성집 요셉의 생애에 관하여 상당히 상세한 증언을 남겨놓았다), 장 로사의 시동생의 고발로 아버지가 포졸들에게 잡혔는데 과연 며칠 후 하녀로부터 아버지가 잡히던 당시의 상황을 확인할 수 있었습니다. 포졸들이 달려들었을 때 마침 장성집 요셉은 열병을 앓고 있을 때인데 그는 "아이고! 이러다가는 순교할 기회를 놓치는 것인

가"하고 크게 걱정하고 있었던 중이라 마음속으로는 기뻐했으리라고 생각됩니다. 포졸들이 그를 가마에 태워 끌고 가려고 했으나 "나 같은 죄인이 감히 교군(轎軍·가마를 말함)을 타고 가다니"하며 결국 가마를 마다하고 스스로 걸어가는 겸손의 모범을 보였습니다.

7. 옛날 친하던 외교인들은 걸어서 포졸들은 따라가는 장성집 요셉을 보고 따라가며 "자네 이렇게 될 줄이야 누가 생각했겠는가?"하며 이러한 상황을 슬퍼하여 세상복락을 내세워 달래기도 했고, 포졸들 역시 여러 방법으로 유인했습니다. 이는 그의 성품의 아름다움과 그 생명을 아깝게 여긴 때문이라고 합니다. 그러나 그는 그들의 권고를 듣지 않을 뿐 아니라 그들에게 천주교 교리를 설명하여 주었습니다. "천지와 만물을 창조하신 천주님 계시니 사람들은 마땅히 그를 공경하여야 하며, 또 천주께서는 우리에게 생명을 주시고 우리를 기르시고 보존하시며 착한 이는 천당에 올려 상주시고 악한 자는 지옥에 내려 벌하시니 어찌 짧은 인생을 사랑하며 영원이라는 대사를 위태롭게 하며 그것을 잃어서야 되겠습니까?"

8. 이러한 변론을 하기에 여러 시간을 보냈습니다. 포졸들은 거의 한나절 동안이나 그에게 배교를 강요하며 갖가지로 괴롭혔으나 그의 대답은 추호도 허약한 빛이 보이지 않았습니다. 이를 본 포졸들은 부득이 포청에 가두었습니다. 옥에서 밤새도록 형벌받기를 고대했으나 며칠을 두고 감옥 한 구석진 곳에 내팽개쳐 두고 문초도 없고 형벌도 없자 그가 소리를 질렀습니다. "사형에 처하라고 잡아온 사람을 어째서 형벌도 하지 않고 이렇게 내버려 두는 거요." 아무리 여러 번 이 말을 되풀이하여도 아무 대답이 없으므로 그는 감방에서 나와 더 큰 소리를 지르기 시작하였습니다.

9. 포교가 그 소리를 듣고 어째서 그러느냐고 물었으나 사람들이 병으로 인하여 헛소리를 하는 것이라고 대답하니 다시 옥에 가두라고 명하였습니다. 그는 "헛소리가 아니라 신념을 가지고 이렇게 말하는 것입니다."하고 대답하였으나 그의 말을 들은 척도 하지 않았습니다. 얼마 뒤에 포도대장이 그를 문초하여 배교하기를 거듭 강권했으나 그 말에 대답하는 대신 천주교 교리 및 조목을 설명하여 주었습니다. 그 뒤 곤장 25대를 맞을 때에 조금도 굴하지 아니하였으나 감옥으로 돌아와서는 즉시 절명하였습니다. 때는 1839년 5월 26일이요, 그의 나이는 54세였습니다.

(1786-1839, 1839.5.26.순교, 축일: 9.20, 기해박해옥사, 한국)

## 53. 성녀 김 바르바라는 어떤 분이신가요?
(순례길 151, 153, 155)

1. **성녀 김 바르바라**는 본성이 솔직하고 굳세고 정직하였고, 진주엄마라고 널리 불렸는데, 시골 아주 가난한 집에서 태어났습니다. 아버지와 어머니와 동생들이 교리를 알고 있었지만 독실하게 믿고 있지는 않았
습니다. 김 바르바라는 13세에 서울 부자 황 마리아 교우 집에서 하녀로 일하면서 입교하여 신앙생활을 하게 되었습니다. 본시 동정할 원의가 있었으나 하루는 아버지가 서울로 찾아와서 집주인과 딸을 속여 말하기를 "혼인할 마땅한 데가 있어서 허락하였으니 준비하라"라고 하자 김 바르바라는 "동정 지키기가 원입니다"하고 거절하였습니다. 그러나 아버지는 "혼인하여 부부가 함께 신앙 생활하는데 방해가 없을 것이고, 또한 너 자신이나 네 부모와 동생을 위해서도 유익할 것이니 고집하지 말라."하고 말하였습니다. 이렇게 아버지가 여러모로 말씀하시어 부득이 결혼에 동의하였습니다. 그런데 김 바르바라는 상대 청년이 교우인지를 알아보니 외교인이었습니다.

2. 그러나 어찌할 도리가 없었습니다. 그 뒤 15년 동안 김 바르바라는 남편을 예로서 섬기며 입교를 권면해 마지않았는데 그는 고집불통이었습니다. 자녀를 여럿 두었음에도 불구하고 부부 사이의 화해는 날이 갈수록 어려워지자 그간 겪어야 했던 고초는 이루 형용키 어려운 것이었습니다. 많은 자녀들 중에 겨우 딸 진주만이 영세 시킬 수 있었습니다. 결국은 남편이 개종하지 않고 말년에 이르러 빌어먹다가 결혼한 지 15년 만에 객사하게 되었습니다. 과부가 된 후에도 김 바르바라는 딸을 데리고 기도와 선행에 전념할 수 있었고 선교사 신부가 입국하여 성사를 받게 된 후부터는 그 어느 때보다도 더욱더 독실하게 신앙생활을 하게 되었습니다. 1839년 4월 중순께 그녀가 살고 있던 집주인들과 같이 체포되어 포도청으로 가 옥살이를 하게 되었습니다. 기해년 1839년 5월에 **성 정국보 프로타시오**에 이어 이번에 김 바르바라, **성녀 이 바르바라**가 같은 날 옥사하였습니다.

3. 「기해일기」는 옥에서 교수(絞首)하여 죽고, 곤장 맞아 죽고, 병들어 죽은 자가 모두 60여 명이 된다고 말함으로써 순교자가 적지 않았음을 시사하고 있습니다. 그런데 대개가 열병으로 죽어 갔으니, 사실 좁은 감방에다 너무 많은 사람을 가두고 매우 불결하게 두기 때문에 이러한 열병이 발생하지 않을 수 없었고, 이로 인해 여러 사람들이 죽어나갈 수밖에 없었습니다. 그러나 옥고 중에서 열병보다 더 무서운 것은 기아요, 갈증이었습니다. 다른 형벌을 받으면서도 용맹히 신앙을 증거한 이들도 주림과 목마름에는 넘어가는 사람

이 많았습니다. 하루에 두 번씩 주먹만 한 조밥 한 공기밖에는 얻어먹지 못했으므로 이들은 나중에는 자기들이 누워 자는 볏짚자리를 뜯어먹고 심지어는 옥안에 들썩거리는 이를 잡아먹기까지 하였습니다. 열병과 기아와 갈증이 옥에 갇힌 교우들의 고통을 더욱 견디기 어려운 것으로 만들었는데, 설상가상으로 이로 인한 옥사마저 영광된 순교로 간주될 수 없는 것이 아닌가 하는 생각이 당시 순교를 열망하는 교우들의 마음을 불안케 했습니다.

4. 그래서 **성 나 베드로(모방) 신부**는 자수하는 길에서 모든 교우들에게 편지를 통해 이 문제에 관하여 교우들의 마음에 안정을 주고자하였습니다. "비록 칼 아래에 죽지 아니하고 옥에서 죽을지라도 일정 지옥에 가지 않을 것이고, 칼 아래에서 치명한 사람과 같이 일정 영복을 얻을 것이니 마땅히 실망치 말고 주를 배반치 말지어다." 포도대장이 김 바르바라에게 배교하라고 하였으나 거절하고, 공범자 교우들을 대라고 하였으나 그것도 단연 거부하였습니다. 이리하여 주리를 틀리고 곤장을 몹시 맞아 팔이 부러지기까지 하였으나 조금도 주저함이 없이 신앙을 고백하였습니다. 형조로 이송된 후 고문에 주림과 목마름이 겹쳤고 결국 열병에 걸리어 3개월 옥살이 끝에 5월 27일 굶주림, 기갈, 염병 등으로 전옥서 옥의 맨바닥에 누워 거룩하게 세상을 떠나니 때는 5월 27일 그녀의 나이는 35세였습니다.

(1805-1839, 1839.5.27.순교, 축일: 9.20, 과부, 기해박해옥사, 한국)

## 54. 성녀 이 바르바라는 어떤 분이신가요?
(순례길 151, 155)

1. **성녀 이 바르바라**는 원래 부모 형제가 교우인 가정에서 태어나 서울 청파에서 살았습니다. 조실부모하자, 가난하고 의탁할 데가 없어 서울의 두 이모 즉, **성녀 허계임(許季任) 막달레나**의 두 딸인 **성녀 이정희(李貞喜) 바르바라**와 **성녀 이영희(李英喜) 막달레나**  밑에서 자라났습니다. 이는 오직 천주를 사랑하다가 며칠 동안에 천국에 오르기 위하여 태어났던 사람이라 볼 수 있습니다. 이 바르바라는 천성이 온순하고 아주 다정스러웠을 뿐만 아니라, 어려서부터 열심하여 가난을 참는 덕이 비범하였다고 합니다. 기해년 1839년 4월 11일 두 이모(이정희 바르바라와 이영희 막달레나)와 친척과 함께 포도대장에게 자진 출두하여 용감히 어린 나이로 혹형을 감수하였습니다. 교황청 조서에는 포도청에서 무수한 형벌을 당하였다고

기록되어 있습니다. 형조로 옮겨 가서는 재판관이 때로는 엄포하고 때로는 달래며 배교를 시키려 하였습니다. 그러나 도무지 말을 듣지 않았으며, 용렬한 말 한마디도 하지 않고, 지조를 굽히는 표정이 하나도 보이지 않았습니다. 재판관은 동정하여 형조에게 처단하기에는 나이가 너무 어리다는 명목으로 포도청으로 돌려보냈습니다.

2. 이 바르바라는 같은 감방에서 그와 동갑인 세 소년이 갇혀 있었는데 그들은 서로 권면하고 서로 격려하면서 날을 보냈습니다. 그러던 중 이 바르바라는 불행히도 열병에 걸렸습니다. 이것은 당시 옥에 갇혀 있던 교우들의 고통을 더 심하게 만들었는데 좁은 감방에 너무 많은 사람을 가두고 또 너무 불결하게 두기 때문에 발생하는 일종의 열병이었습니다. 순교자 **성 안 안토니오(다블뤼) 주교**도 기해박해 당시의 감옥에서 열병이 발생하지 않을 수 없음을 이렇게 증언하였습니다. "우리 교우들은 어떻게나 빽빽이 갇혀 있었던지 잘 때에 자리도 펴지 못할 지경이었다. 그들이 한결같이 말한 것은 이 참혹한 옥중의 괴로움에 비하면 고문 같은 것은 아무것도 아니라는 것이었다. 상처에서 흘러나오는 피와 고름으로 자리는 곧 썩어 버리고 견딜 수 없는 악취를 풍기며 열병이 발생하여 여러 사람이 죽어 나갔다." 우리의 용감한 소녀 이 바르바라는 일주일 동안 병고로 신음하다가 1839년 5월 27일에 숨을 거두었습니다. 그때 그녀의 나이는 15세였습니다.
(1825-1839, 1839.5.27.순교, 축일: 9.20, 동정녀, 기해박해옥사, 한국)

## 55. 성녀 김노사(金老沙) 로사는 어떤 분이신가요?
(순례길 148, 155)

1. **성녀 김노사(金老沙) 로사**는 1783년 서울 외교인 부모에게서 태어났습니다. 일명 감곡집으로 불렸는데 아마도 감곡골이란 곳으로 출가했던 것이 아닌가 생각됩니다. 남편이 죽은 후에 비로소 천주교를 알게   되었습니다. 천주교인 친척과 같이 살고 있었으므로 교리와 기도문을 부지런히 배워 익혔습니다. 열심히 벌어 의식이 구차하지 않았고, 어머니와 동생들을 회두시키고 그들과 화목하게 살아 나가기가 어렵지 않았습니다. 매번 진실한 통회를 바라고 기도생활에 아주 충실했습니다. 신부가 입국하자 예비를 철저히 준비하고 성사를 자주 받았습니다. 또한 신부에 대한 정성이 지극하여 자주 음식을 성의껏 준비하여 드리곤 했습니다.

2. 김노사 로사는 1839년 1월 16일 **성 권득인(權得仁) 베드로** 등과 함께 체포되었습니다. 밤중에 수많은 포졸들이 불시에 달려들자 처음에는 어리둥절했으나 곧 마음을 수습

하고 예수 마리아를 부르며 위주치명(爲主致命·하느님을 위해 순교함)할 결심을 하고 동서와 함께 잡혀갔습니다. 1839년 7월 20일 서소문 밖에서 치명한 8명 중 맨 처음으로 투옥된 김노사 로사를 포도대장이 출두시켜 "네가 천주학을 한다니 사실이냐?"하고 신문하자 "네, 과연 그러하옵니다."라고 신앙을 고백하였습니다. 포도대장은 그 앞에 많은 형틀을 벌여 놓게 하고, "다리를 부러뜨리고 몸을 천 조각 만 조각으로 내기 전에 어서 천주를 배반하고 공범자를 대라."하니 "천주를 배반할 수도 없고 공범자를 댈 수도 없습니다."하고 대답했습니다.

3. "어째서 못하겠느냐?"하고 추궁하자 김노사 로사는 "천주는 모든 사람의 창조자시요, 아버지시며, 덕을 사랑하시고 악을 벌하시며 덕 있는 사람에게는 상을 주시고 악한 사람에게는 끝없는 형벌을 주십니다. 천주를 배반함은 죄악이니 삼가야 할 것이요, 사람을 해하는 것도 나쁜 일이니 하지 못할 것입니다. 이 이상 더 강권하셔도 쓸데없습니다. 저는 피를 흘리어 이 진리를 증명하기로 결심하였습니다."라고 하였습니다. "그러나 국왕께서는 이교를 금하시지 않느냐?"하고 재차 물으니 "저는 국왕께 매어 있기는 합니다마는 그보다 먼저 천주께 속하여 있습니다."하고 대답하였습니다. 이에 포도대장은 크게 노하여 잔인한 형벌을 강하게 했으나 그녀의 굳센 의지는 한결같았습니다.

4. 세 번을 계속하여 이 같은 고문을 하였으나 김노사 로사는 "죽을 따름입니다."하고 대답할 뿐이었습니다. 형조로 이송된 후에도 포청에서와 같이 몹시 매를 맞았지만 한결같은 그녀의 굳은 신앙을 조금도 약화시킬 수는 없었습니다. 드디어 참수형이 언도된 채, 여러 날 동안을 그대로 옥에 머물러 있다가 4월에 붙잡힌 교우들이 갇힐 때 서로 만나게 되었습니다. 마침내 1839년 7월 20일 예수, 마리아를 부르며 7명의 교우와 함께 서소문 밖 형장에서 참수형을 받아 순교하였습니다. 옥살이 8개월 만에 그들과 같이 염원해 마지않던 순교의 월계관을 쓰니 그녀의 나이는 56세였습니다.

(1784-1839, 1839.7.20.순교, 축일: 9.20, 과부, 기해박해참수, 한국)

## 56. 성녀 김성임(金成任) 마르타는 어떤 분이신가요?
(순례길 148, 155)

1. **성녀 김성임(金成任) 마르타**는 인천 부평의 외교인 집안에서 태어났습니다. 「기해일기」를 보면 그녀를 부평댁이라고 불렀다고 하는데 부평사람과 결혼했었기 때문입니다. 그러나 그녀는 남편과의 사이가 좋지 않

아 서울로 숨어 들어가 점쟁이 소경 이씨에게 개가하였습니다. 개가한 집안에 원래 천주교를 아는 사람이 있어서 그녀는 그에게서 천주교 얘기를 듣고 믿게 되었습니다. 소경 남편을 여읜 후 김성임 마르타는 이단에 협조한 것을 통회하였습니다. 죽은 소경 남편의 재산이 다소 남아 있었지만 집을 떠나 예수 그리스도를 위하여 자진하여 아주 가난뱅이가 되었다고 합니다.

2. 그 후 의식을 돌보지 않고 이 집 저 집을 전전하면서 교우 집의 애긍으로 살았습니다. 김성임 마르타는 그 은혜를 갚기 위해서 여러 가지로 교우들의 일을 거들어 주기를 게을리 하지 않았습니다. 그의 생활은 퍽 괴로워서 어떤 때에는 자기가 애긍받는것 때문에 마음 쓰라림을 뼈저리게 느끼곤 했습니다. 그러나 언제든지 온화하고 천주께 의탁하는 마음을 잃지 않았습니다. 그녀는 떠돌이 신세로 지내다가 **성녀 이영희(李英喜) 막달레나** 집의 방 한 칸을 얻게 되었습니다.

3. 그 후 기해년 1839년 박해가 일어나자 김성임 마르타는 이영희 막달레나 집안의 네 식구와 함께 자진하여 자수하기로 결심하였습니다. 포청에 나타난 김성임 마르타는 다섯 차례나 주리형을 받아 팔다리를 쓰지 못하였지만 형상이 태연하고 대답이 한결같았습니다. 김성임 마르타는 결국 형조로 이송되었고 거기서 또 한 번 매와 문초를 받은 다음 사형선고를 받았습니다. 1839년 7월 20일 서소문 밖 형장에서 참수 치명하니, 그녀의 나이는 50세였습니다.

(1790-1839, 1839.7.20.순교, 축일: 9.20, 과부, 기해박해참수, 한국)

## 57. 성녀 이매임(李梅任) 데레사는 어떤 분이신가요?
(순례길 148, 155)

1. **성녀 이매임(李梅任) 데레사**는 경기도 시흥 봉천골 이씨 집에서 제일 먼저 입교한 사람인 **성녀 허계임(許季任) 막달레나**의 시누이이며, **성녀 이영희(李英喜) 막달레나**의 고모입니다. 외인 시절에 결혼한
이매임 데레사는 스무 살에 과부가 되어 친정으로 돌아왔습니다. 같은 동리의 한 여교우가 그녀를 불쌍히 여겨 전교하였으며, 그 후 그녀는 자신이 입교할 뿐만 아니라 집안 식구들에게도 열심히 전교하였습니다. 그리하여 자기 올케인 허계임 막달레나가 우선 입교하였고, 또한 어머니는 딸들을 입교시키게 되었습니다. 이매임 데레사는 판공성사 때가 되면 올케 언니 허계임 막달레나와 함께 상경하여 판공성사를 보고서는 조카딸 이영희 막달레나의 집에서 묵어가곤 하였습니다.

2. 여느 때처럼 기해년 봄에도 그녀는 올케와 함께 서울에 와서 성사를 보고 잠시 조카딸 이영희 막달레나의 집에 들렀는데, 때마침 군난(軍亂)이 크게 일어났습니다. 이때 조카딸 집에는 다른 여교우 1명과 함께 5명이 같이 모여 있었습니다. 많은 교우들이 잡혀가 용감히 신앙을 고백했으며, 특히 **성 남명혁(南明赫) 다미아노**와 **성 이광헌(李光獻) 아우구스티노** 두 회장의 어린 자녀들이 혹형 가운데 보여준 용기와 불굴의 신앙은 이 용감한 6명의 부인들로 하여금 천주를 위해 그들의 생명을 바치려는 열망에 이르게 하였습니다. 그들은 즉석에 자수하기로 의견을 모으고 아직도 포졸들이 남아 파수를 보고 있는 남명혁 다미아노 회장 집으로 달려가 자수하였습니다. 이때가 1839년 4월 11일이었으며 **성녀 이 바르바라**도 함께 붙잡혔을 것이 확실합니다.

3. 포졸들은 어리둥절하여 믿으려 들지 않고 도리어 증거물의 제시를 요구했습니다. 그래서 묵주를 꺼내 보이자 그들을 결박하여 먼저 포도대장의 집으로 끌고 갔습니다. 포도대장은 다음과 같이 물었습니다. "너희들은 천주교 교리가 옳은 것이라고 믿느냐?" 그러자 "물론입니다. 만약 거기에 대해서 조금이라도 의심을 가졌다면 지금 이 자리에 있지 아니할 것입니다."하고 대답했습니다. 포도대장이 "배교하고 천주교 책을 바쳐라."하니 "차라리 죽을지언정 배교는 못하겠습니다."하며 굳은 의지를 보였습니다. 여기서 주리 4차례를 하여도 굴복하지 않으므로 포도청으로 보냈습니다. 5일 후 포도대장이 다시 불러내어 "너희들이 당한 형벌과 옥중의 무서움이 너희들의 혼미함을 깨우치지 못하였을까?"하고 물으니 "저희들더러 배교하라고 권하시는 것은 시간을 허비하는 것뿐입니다. 저희들이 자수를 한 것은 예수 그리스도를 증거하기 위함인데 그를 배반하라고 하신단 말씀입니까? 아니올시다. 참된 교우는 천주를 위하여 살고 천주를 위하여 죽는다는 것을 깨달으십시오. 나라 법이 저희들을 사형에 처한다면 즐겨 죽겠습니다. 그러나 저희 교를 배반한다는 것은 절대로 안 될 말입니다."하고 대답했습니다. 그들은 다시 전번과 같은 혹독한 형을 당하였습니다. 그리고 10일 간의 구류 끝에 형조로 이송되었습니다. 형조에서 이매임 데레사는 문초 끝에 사형이 선고되었습니다. 마침내 1839년 7월 20일 서소문 밖 형장에서 참수 치명하니, 그녀의 나이는 52세였습니다.

(1788-1839, 1839.7.20.순교, 축일: 9.20, 부인, 기해박해참수, 한국)

## 58. 성녀 김장금(金長金) 안나는 어떤 분이신가요?
(순례길 148, 155)

1. **성녀 김장금(金長金) 안나**는 「기해일기」에 의하면 서울 구교 집안에서 태어나서 어려서부터 신앙생활을 했습니다. 중년에 이르러 과부가 된 후로는 늙은 어머니를 모시고 살면서 노모와 함께 **성 이광렬(李光烈) 요한**과 친하게 지내며 어머니에게 극진히 효도하였습니다. 어머니는 다행히 신부 입국하는 데까지 살아서 성사를 잘 받고 선종하였습니다. 원대의 어머니라고 불리고, 과부인 김장금 안나는 같은 날 함께 순교한 이광렬 요한과 같이 조그마한 장사를 하며 생계를 유지해왔습니다.

2. 그녀는 일생 동안 자기 처지에 맞는 덕을 닦았고, 가난의 시련을 참을성 있게 견디어 나갔습니다. 김장금 안나는 이광렬 요한의 집 곁에 살았는데 두 집안이 화목하기로 한 집안이나 다름없었습니다. 그러한 관계로 1839년 4월 7일 이광렬 요한과 같이 잡혀 문초와 고문도 같이 받았습니다. 그러나 끝까지 배교하지 않으므로 형조로 옮겨져 사형이 확정되었습니다. 감옥에 있은 지 5개월 만인 7월 20일 서소문 밖 형장에서 51세의 나이로 순교하였습니다.
(1789-1839, 1839.7.20.순교, 축일: 9.20, 과부, 기해박해참수, 한국)

## 59. 성 이광렬(李光烈) 요한은 어떤 분이신가요?
(순례길 148, 155)

1. **성 이광렬(李光烈) 요한**은 경삼으로도 불렸으며, 명문 양반인 광주 이씨의 후예로 태어났습니다. 기해년 1839년 음력 3월 5일에 이른바 사학퇴치령(邪學退治令)의 공포와 함께 기해박해가 본격적으로 시작되자 맨 처음으로 남교우 3명과 여교우 6명이 5월 24일 서소문 밖에서 참수치명 당했습니다. 그 후 박해는 뜻밖에 주춤하였고 이렇게 한때 중단된 시기를 이용하여 교우들에게 성사를 주려고 상경했던 **성 범 라우렌시오(앵베르) 주교**도 수원으로 안전하게 피신할 수가 있었습니다. 그러나 돌연 1839년 음력 5월 27일 그간 포졸들이 정찰에 태만하였음을 책하고 앞으로 철저한 수색을 통해 중형으로 대처한다고 위협하는 새로운 훈령이 나왔습니다.

2. 때를 같이 한 밀고자 김여상의 상세하고도 정확한 정보 제공에 힘입어 **성 정하상(丁夏祥) 바오로, 성 조신철(趙信喆) 가롤로, 성 유진길(劉進吉) 아우구스티노** 같은 교회의 주요 인물들이 속속 검거되었습니다. 날로 강경해져가는 정부의 대 천주교 조치는 드디어 7월 20일 다시금 사형집행을 재가하기에 이르렀습니다. 이때 8명의 교우가 참수 치명하니 이광렬 요한은 그중의 한 분이었습니다. 이 용감한 대열의 우두머리인 그는 **성 이광헌(李光獻) 아우구스티노** 회장의 동생이며 **성녀 이 아가타**의 삼촌입니다. 그는 형 이광헌 아우구스티노와 함께 참수될 것이었지만 원래 우리나라 법에 형제를 함께 죽이는 것이 금지되어 있었으므로 그의 사형이 연기될 수밖에 없었습니다.

3. 이광렬 요한은 관변 측 기록에 나오는 이름이고 교회 측 기록인 「기해일기」에는 그의 이름이 경삼으로 되어 있습니다. 경기도 광주 이씨의 양반 가문에 속해 있었고 신앙 면에서 4명의 순교자를 배출한 이광헌 아우구스티노 집안의 한 사람이었습니다. 본시 외교인 집안에서 태어난 그가 천주교를 믿게 된 것은 중년에 이르러서이고 형의 입교가 그 계기가 되었습니다. 그때까지 그는 총각이었다고 하는데 아마 형이 몹시 가난하게 살았기 때문이었을 것입니다. 증인 정 아가타는 이 집이 얼마나 가난한지 이렇게 말했습니다. "나는 10여 세에 가끔 외할머니를 따라 이 회장 집에 갔었다. 이 집 식구들은 아주 가난하게 살았지만 그 어려움을 잘 참았다. 세상 것을 생각지 않고 늘 무릎을 꿇고 기도하였다. 우리 집에서 두부 장사를 하고 있었으므로 외할머니는 나를 시켜 비지를 갖다 주게 하였다."

4. 그뿐만 아니라 당시의 교우들은 거처할 곳 없는 처지를 가련히 여겨 추렴하여 서소문 밖 고마창골에 기와집 한 채를 마련하여 공소로 사용하고 형이 거처하게 되었습니다. 그러나 그는 형과 같이 거처하지 않고 형의 집에서 멀지 않은 이웃골의 조그마한 초가집에서 어머니를 모시고 따로 살았습니다. 그리고 **성녀 김장금(金長金) 안나**라는 여교우와 같이 분장사를 하며 생계를 이어나가기 위해 열심히 일했습니다. 그러면서도 교우의 본분을 잃지 않고 다했으므로 모두 교우들이 그의 착한 표양과 덕행을 칭찬하여 마지않았습니다. 그는 아주 강직하고 열성 있고 신앙이 깊어서 입교한지 얼마 되지 않아 여러 회장들한테 인정되어 북경으로 가는 사신들과 동행하였고, 또 거기서 교회 일을 보는 데 참여하였습니다.

5. 이 임무를 수행한 후 북경 신부들로부터 세례와 기타 성사를 받았습니다. 그러므로 수년간 북경을 왕래하며 **성 나 베드로(모방) 신부, 성 정 야고보(샤스탕) 신부**를 맞아들이는 중책을 맡아 보는 지도층 교우 틈에 끼게 되었습니다. 그는 두 차례나 북경을 왕래

하였고 북경의 수사와 신부들은 이광렬 요한의 충직한 모양과 주님에 대한 간절함을 보고 경탄하였다고 합니다. 이광렬 요한이 북경에서 성사를 받고 돌아온 후에는 종전보다 신앙이 배가 되어 육식을 일절 하지 않았고, 또한 결혼할 생각을 단념하고 세상의 모든 희망과 쾌락을 버리고 독신으로 지낼 결심을 하게 되었습니다. 특히 묵상과 관상을 통한 그의 정신수렴은 비상한 것이어서 주님과 끊임없는 결합을 누구도 방해할 수 없었습니다. 그것은 외형에서도 드러나 그에게서 성사의 특별하고 신기한 효험을 능히 체험할 수 있었으며 성령을 충만히 받은 자라고 보는 사람마다 탄복했다는 것입니다.

6. 1839년 4월 7일 포졸들이 한밤중에 갑자기 쳐들어와 형을 비롯한 온 집안사람이 체포되었으니 어머니를 모시고 있던 그도 어머니와 같이 잡혔을 것은 의심할 여지가 없었습니다. 항시 순교할 원의를 품고 있던 그에게는 절호의 기회였을 것입니다. 형과 함께 문초와 형벌을 받았고 형과 함께 굳세게 머물렀습니다. 포도대장은 먼저 형을 향하여 "한마디 배교한다는 말만 한다면 너뿐 아니라 네 처와 동생과 자녀를 다 놓아주겠다. 또 네 가산도 다 돌려주겠다."라고 달래 보았으나 소용이 없었습니다. 다음 동생에게로 와서 여러 차례 주리와 곤장으로 배교하라고 협박하였습니다. 그러나 그는 조금도 굴복함이 없이 예수 그리스도께 대한 신앙을 고백하며 언제까지라도 그것을 버리지 않겠노라고 단언하였습니다. 사형선고를 받고서도 오랫동안 옥중에서 고생하다가 1839년 7월 20일 초여름에 서소문 밖 형장에서 참수 치명하니 그의 나이 45세였습니다.

(1795-1839, 1839.7.20.순교, 축일: 9.20, 공인, 기해박해참수, 한국)

## 60. 성녀 이영희(李英喜) 막달레나는 어떤 분이신가요?
(순례길 148, 154-155, 192)

1. **성녀 이영희(李英喜) 막달레나**는 경기도 시흥 봉천골의 가난한 양반집에서 태어났습니다. 어머니 **성녀 허계임(許季任) 막달레나**, 언니 **성녀 이정희(李貞喜) 바르바라**, 고모이던 **성녀 이매임(李梅任) 데레사**, 조카 **성녀 이 바르바라** 등 집안에 열심히 신앙생활을 하는 교우들이 많았으나 아버지는 그렇지가 않았습니다. 천주교를 반대하는 아버지는 이영희 막달레나가 17세 되던 해 그녀를 외인과 결혼시키려 하였으나, 동정 지키기를 간절히 원하였기 때문에 이를 거절하기로 결심하였으며, 아버지의 승낙을 얻지 못할 줄 알고 집을 뛰쳐나가기로 하였습니다.

2. 음력 11월 16일 이 날은 그녀의 생일 전날이었습니다. 그녀의 집에는 젊은 여교우가 하인으로 있었는데 그녀에게 자기의 결심한 바를 밝히고 나서 다른 사람에게는 모르게 다음과 같이 일러 주었습니다. "여기서 서울까지는 30리라더라, 나는 길을 모르지만 아버지가 내일 서울에 갈 터이니까 그 뒤를 따라서 자취를 잃어버리지 않도록 해라. 그러면 나는 또 네 뒤를 따라 갈 터이니." 그리고 그날 밤에 떠날 준비를 하고 헌 옷을 입고 입었던 옷을 개어서 옆구리에 끼고 몰래 집을 빠져 나갔습니다. 이영희 막달레나는 숲이 우거진 산 가운데로 뚫고 들어가 몸에 몇 군데 상처를 낸 뒤에 옷에 피 칠을 하고 찢어서 여기저기 흩어놓고 날이 새기를 기다렸습니다.

3. 이른 새벽에 아버지는 서울을 향하여 길을 떠났고 하인과 그녀는 계획대로 그의 뒤를 따라 서울에 이르러서 고모 이매임 데레사의 집으로 갔습니다. 고모는 조카딸이 남루한 옷을 입은 것을 보고 크나큰 불행을 당한 것이나 아닌가 하여, "아이쿠, 그게 무슨 꼴이냐? 무슨 불행이 생겼니?"하며 부르짖었습니다. "쉬! 가만히 계셔요! 다 이야기를 해드릴 테니 아무 말씀도 마세요." 그녀는 이렇게 대답하고 나서 자초지종을 쭉 이야기하였습니다. 이야기를 겨우 끝냈을 즈음 아버지가 왔다고 하여 그는 빨리 옆방으로 가서 숨었습니다. 그동안 본 집에서 딸의 생일상을 차려놓고 기다리던 어머니는 그녀가 보이지 않으므로 놀라서 불러보기도 하고 제 방으로 가보기도 하고 사방으로 찾아보기도 했으나 종적이 묘연하였습니다.

4. 어머니는 딸이 이상하게 자취를 감춘데 대하여 극도의 불안에 사로잡혔습니다. 삼촌 한 사람이 이 소식을 듣고 숲속으로 들어가 보니 피 흔적이 있고 그것을 따라가니 조카딸의 옷이 찢어져 흩어져 있었습니다. 그는 당장 서울 사는 이매임 데레사의 집으로 달려와 남매(아버지와 고모)가 대화하고 있는 곳으로 뛰어 들어가 별안간, "큰일 났습니다. 큰일 났어요. 이영희가 호랑이에게 잡혀 갔습니다"하고 말하였습니다. "내 딸이"하고 아버지는 부르짖으며 기절하여 넘어졌습니다. 사람들은 그를 깨어나게 한다, 운다, 큰소리를 지른다 하며 야단이었습니다. 자기 혼자만이 알고 있는 비밀을 눈치 채지 못하게 하기 위하여 이매임 데레사도 오라비들과 함께 눈물을 흘리었습니다.

5. 아버지는 사냥꾼들을 풀어 산림을 샅샅이 뒤져 보게 하였으나 호랑이를 찾아낼 길이 없었습니다. 처녀의 생사를 알지 못하고 지내는 것도 어언 석 달이 되었습니다. 그러나 어머니는 어떻게 해서 딸이 행방을 감춘 비밀을 알게 되어 그때부터 덜 슬퍼하는 것같이 보였습니다. 아버지는 눈치를 채고 딸이 죽지는 않았나 보다고 생각하고 어느 날 아내에게 말하였습니다. "얼마 전부터 당신은 근심이 덜한 것 같으니 바른대로 말해 보시오. 그

애가 아직 살아 있지? 모든 것을 토설해 주오. 이제부터는 그 애 뜻을 거스르지 않기로 단단히 약속할 터이니." 이에 이르러 아내가 사실대로 말하여 주자 그는 곧 동생 이매임 데레사의 집으로 달려가 딸이 무사히 있는 것을 보고 기쁨을 이기지 못하여 "네가 아직 살아 있는 것을 보기만 해도 그만이다. 이제부터는 너 하고 싶은 대로 해라. 네가 결혼하지 않겠다는데 더는 반대하지 않으마."하고 말하며 딸이 고모 집에 머물러 자유로이 신앙생활을 하는 것까지도 허락하였습니다.

6. 아버지가 사망한 후 이영희 막달레나의 고모인 이매임 데레사는 친정인 시흥 봉천으로 이사하여 올케 허계임 막달레나와 같이 산 것 같고 이영희 막달레나만이 서울에 남아 신앙생활을 열심히 하였습니다. 어쨌든 서울의 교우 집을 전전하다가, 하다리에 조그마한 집 한 채를 마련하여 정착하게 되었습니다. 어떤 증인의 말에 의하며 유방제(劉方濟: 중국 이름 余恒德, 파치피코) 신부가 이 집을 사주었다고 합니다. 하여간 이영희 막달레나는 여기에서 실을 만들어 팔며 간신히 생계를 유지했습니다. 그런데 결혼했던 언니 이정희 바르바라도 남편을 잃고 과부가 된 후 동생한테 와서 서로 의지하여 살게 되어 그녀들의 빈곤한 살림이란 이루 표현하기 어려운 것이었습니다.

7. 또한 봉천의 모친도 판공 때가 되면 늘 고모와 함께 서울에 와서 판공성사를 보고서는 딸의 집에 와서 묵어가곤 하였습니다. 때마침 큰 박해가 일어나, 하루는 이영희 막달레나와 이매임 데레사 그 외 두 여교우가 교회 박해와 순교자의 용맹, 천국의 부활 등을 이야기하다가 거룩한 열정이 분발하여 포청에 자수해서 신앙을 증거하고자 결정하였습니다. 갈바리아산 위에서 그리스도께서 십자가에 못 박히신 이래 사람의 가슴에 가장 치열하고 가장 순결한 불꽃을 일으키는 것은 언제나 십자가의 나무였던 만큼, 이를 발견하였던 것입니다.

8. 마침 때를 같이하여 어머니 허계임 막달레나가 상경하여 용감한 이 여인들은 4월 11일 포도대장에게 자수하였습니다. 10일간 구류 끝에 형조로 이송되어 세 번의 형문을 거쳐 사형이 선고되었습니다. 마침내 1839년 7월 20일 서소문 밖 형장에서 참수 치명하니 그녀의 나이 31세였습니다. 이영희 막달레나의 올케 선 막달레나는 자기의 남편을 시켜 허계임 막달레나, 이정희 바르바라, 이영희 막달레나 세 모녀의 시신을 거두어 자기 집 뒤 가족묘지(오늘의 봉천동)에 매장케 하였습니다. 동시에 후에 순교한 최 필립보가 그들의 성명을 적어 후세에 길이 남기고자 사발에 그녀들의 성 본명을 적어 같이 묻었습니다. 세 모녀의 유해는 오늘날 절두산 지하 성당에 나란히 안장되어 있고, 쓰던 사발은 기념관에 전시되고 그 씌어 진 글씨는 오늘날까지도 선명하여 순례자들의 신심과 관심을 집

중시키고 있습니다.

(1809-1839, 1839.7.20.순교, 축일: 9.20, 동정녀, 기해박해참수, 한국)

## 61. 성녀 김누시아(金累時阿) 루치아는 어떤 분이신가요?
(순례길 148, 155)

1. **성녀 김누시아(金累時阿) 루치아**는 동정 순교자로서 강원도 강촌 공덕에서 외인 집안의 15남매 중 막내딸로 태어났습니다. 아버지는 일찍이 세상을 떠났고 그때 그녀의 어머니가 한 교우로부터 천주교 얘기를 듣게 되었습니다. 어머니가 아직 주모경 밖에 익히지 못했을 때의 일입니다. 겨우 아홉 살인 김누시아 루치아가 하루는 어머니에게 "엄마, 엄마가 나를 낳았지? 그러면 엄마는 누가 낳았어?"하고 물었습니다. "할머니지"하고 대답했으나 김누시아 루치아는 인류의 원조까지 질문을 그치지 않았습니다.

2. 어머니는 말이 막혀, "난 아무 것도 모른다. 내일 밤 섬 할아버지가 오실 테니 물어 보아라"하고 대답하였습니다. 이튿날 그 할아버지에게 김누시아 루치아는 천주교 교리를 듣고 배웠습니다. 3일 만에 읽는 것을 배웠고 또 3일 후엔 문답을 다 외웠습니다. 신부가 들어온 후에는 세례를 받는데 **성 정하상(丁夏祥) 바오로**의 누이동생 **성녀 정정혜(丁情惠) 엘리사벳**이 대모를 섰습니다. 김누시아 루치아는 14세 때에 이미 용모가 뛰어나고 성품이 온화하며 재주가 비상했는데 그녀는 이 타고난 자기 재능을 겸손히 여기고 자기의 동정을 예수 그리스도께 봉헌하기로 결심하였습니다.

3. 어머니가 살아 있는 동안에는 같이 지냈으나 어머니를 여읜 후에는 조그마한 유산을 팔아 빚을 청산하고 장례비에 충당하였습니다. 그리고는 의지할 곳이 없어 **성 이광헌(李光獻) 아우구스티노** 회장 집 등 여러 교우 집을 돌아다녀야 했습니다. 한 집에서 너무 오래 신세나 폐를 끼칠까 염려하여 이 집 저 집 떠돌아다니면서 신세를 졌습니다. 2-3일 동안 아무것도 먹지 않고 지낸 때도 있었습니다. 하루는 언니가 찾아와서 며칠씩 아무 것도 먹지 않은 것을 보고, "이 놋요강을 팔아서 한 번이라도 요기를 하도록 해라"하고 권고했습니다.

4. 그러자 그녀는 "오늘 이것을 팔아버리면 포졸들이 잡으러 올 때 그들에게 무엇을 팔아 신 값을 줄 수 있겠습니까?"하고 대답하였습니다. 그녀가 항상 치명할 원의를 품고 있었음을 이 한 가지 사실만으로도 알 수가 있습니다. 김누시아 루치아도 **성녀 이영희(李英**

홈) **막달레나**의 집에 모인 다른 5명의 여 교우와 함께 자수하기로 하였습니다. 이때 김 누시아 루치아가 그 곳에 거처하고 있었는지 아니면 잠깐 다니러 왔었는지는 분명하지가 않습니다. 어쨌든 그녀는 자수할 결심을 하고 나서 올케인 황 마리아에게 자기의 남은 재산인 수저를 주면서 "내겐 이제 소용이 없는 것이니 마음대로 쓰세요. 그리고 올케도 잡힐 때가 되면 천주를 위해 치명할 기회를 놓치지 마세요."하고 당부하였습니다.

5. 이리하여 1839년 4월 11일 다른 여교우와 같이 자수한 그녀는 두 손이 뒤로 결박된 채 법정에서 서서 판관과 다음과 같은 질문을 나누었습니다. "저렇게 잘 생기고 아름다운 색시가 사학을 믿다니 웬 일이냐?" "나는 천주교를 참교로 믿기 때문에 봉행합니다." "이제라도 배교하고 네 목숨을 구하여라." "못하겠습니다." "곤장을 맞고 유혈이 낭자하게 되어도 배교를 못하겠느냐?" "장하에 죽사와도 배교는 못하겠습니다." "왜 배교를 못하는지 이유를 말해라." "천주님은 하늘과 땅과 신과 사람을 조성하셨습니다. 당신 섭리로 만물을 다스리고 선한 사람에게 상을 주시고 악한 자를 벌하시는 그 이유로 배교를 못하겠습니다."

6. 너는 누구에게서 이교를 배웠고 몇 살 때부터 믿었느냐?" "어려서부터 어머니로부터 배웠습니다." "네가 여기저기 교우 집을 찾아다니며 대접을 받았으니 그 집들을 알 것이 아니냐. 어디 있는지 말하라." "내 은인들을 해칠 수가 없고 또 성 교회법에서도 금합니다." "왜 남편이 없느냐?" "나이 스무 살이 그렇게 많은 나이가 아니니, 아직도 얼마든지 때가 있을 것이고 또 처녀 하나가 시집가고 안 가는 것은 당신께서 관여할 바가 못 되옵니다." "그래 네 말도 옳구나. 그런데 책에 가끔 영혼이란 말이 나오니 영혼이 무엇이냐?" "영혼은 신령한 체라 육목으로는 볼 수가 없습니다." "어디에 있느냐?" "사람 전체에 있으며, 영혼이 육체를 움직이게 하고 생명을 주니 영혼이 떠나면 육신은 죽고 썩습니다."

7. "너는 죽음이 무섭지 않느냐?" "죽기를 무서워하고 살기를 원합니다. 그러나 천주를 위하여 이 생명을 버리고 다른 생명을 바랍니다." "네가 천주님을 본 일이 있느냐?" "그의 창조하신 업적을 보고 그의 존재를 압니다. 이 광범위한 조물들과 그들의 완벽한 질서와 상호 연결이 창조주 계심을 증명합니다. 시골 백성들이 임금님을 뵈옵지는 못하나 그가 계신 줄을 의심치 않습니다." 판관이 처녀의 지혜와 웅변에 감복되어 그녀의 꽃다운 나이와 아름다운 용모에 사로잡혀 그녀를 보존하려고 전력을 다하였습니다. 처음에는 감언이설로 달랬다가 나중에는 형벌로 그녀의 의지를 꺾으려 하였으나, 그녀는 요지부동으로 맞서 모든 문초와 질문에 달변과 변론으로 놀라게 하였습니다. 그녀는 얼굴색 변함이 없이 대답이 민첩하여 귀신을 접하는 것이 아닌가 의심이 갈 정도였습니다.

8. 형조에서는 포도청에 비하여 형문이 더 무서웠으나 그녀의 굳셈은 여전하였습니다. 그녀는 문답한 말을 기록하여 여러 번 교우들에게 보냈습니다. 또 옥중에서 굶주린 교우들을 위해 자신의 길고 아름다운 머리카락을 잘라 팔기까지 하였습니다. 1839년 7월 20일 서소문 밖 형장에서 동료 7명과 같이 참수 치명하니, 동정과 순교의 두 월계관을 받았습니다. 그때 그녀의 나이 22세였습니다. 김누시아 루치아가 동료 교우에게 보낸 편지 중에 아래와 같은 용맹하고 감탄할 만한 말이 적혀있습니다. "나는 지금 천주의 은혜로 형벌과 고통 가운데에서도 굴하지 아니하고 결국 사형 선고를 받았습니다. 언제나 천주께서 나를 부르시려는지 알 수 없습니다. 그러므로 우리를 위하여 천주께 기도하고 될 수 있는 대로 빨리 우리 뒤를 따르십시오. 우리는 다만 천주의 부르심을 기다릴 뿐입니다."
(1818-1839, 1839.7.20.순교, 축일: 9.20, 동정녀, 기해박해참수, 한국)

## 62. 성녀 원귀임(元貴任) 마리아는 어떤 분이신가요?
(순례길 148, 155)

1. **성녀 원귀임(元貴任) 마리아**는 1817년에 고양군 용머리에서 태어났습니다. 일찍이 어머니를 여의고 걸식하는 아버지를 따라 이곳저곳으로 방황하였습니다. 그러다가 아홉 살 때에 아버지마저 여의고 고아가 되
었습니다. 고아가 된 원귀임 마리아는 열심한 교우인 고모뻘 되는 원 루치아로부터 요리문답과 기도문을 배웠습니다. 한편 원 루치아의 집이 수놓아 생활하는 집이었기 때문에 원귀임 마리아도 수놓는 일을 본업으로 삼았습니다. 양순한 성품에 항상 신심이 평화스러웠으며 비록 나이는 어리지만 매사에 신중하고 성숙한 태도를 보여서 모든 이를 탄복케 했습니다.

2. 15세에 신부로부터 세례를 받고, 얼마 지나지 않아서 혼인 말이 났으나 동정을 지키기로 결심하고 거절하였습니다. 그리고 이듬해에는 머리를 올려 시집간 여자모양으로 쪽을 지었습니다. 기해년에 군난(軍亂)이 크게 일어나 1839년 3월 29일 밤중에 포졸들이 원 루치아의 집을 포위했을 때 그녀는 요행히 빠져나와 성문 밖으로 피신할 수 있었습니다. 그러나 길에서 아는 사람을 만나 그 사람의 고발로 포졸들에게 체포되었습니다. 이때 세 사람이 잡혔다고 하는데, 처음에 그녀는 당황한 나머지 정신 나간 사람 모습이었습니다. 하지만 모든 것이 주님의 명 아닌 것이 없을 뿐더러 이것도 천주께서 주시는 은혜일 것이라는 생각이 곧 그녀의 마음을 진정시키고 기운을 북돋아 주었습니다.

3. 포도청에서 우선 종사관이 대략 문초한 다음 포도대장이 직접 그녀를 불러서 다음과 같이 심문하였습니다. "네가 천주교인이냐?" "말씀하시는 바와 같이 저는 천주교인입니다." "배교하라. 그러면 살려주마." "저는 천주를 공경하고 제 영혼을 구하고자 합니다. 제 결심은 단단하여서 죽어야만 한다면 죽겠습니다. 그저 무엇보다도 제 영혼을 구하는 것이 제일입니다. 배교하면 영혼을 잃게 됩니다." 그녀는 주리를 틀리고 곤장을 맞고 여러 번 문초를 당하고 뼈가 여러 개 어그러졌습니다. 그러나 조금도 마음이 흔들리지 않고 언제나 정신을 잃지 않으며 조용히 또 품위 있게 대답했습니다. 용감한 그녀는 그 뒤 형조로 옮겨졌고, 두세 주일 지난 후에 법정에 끌려 나가 포도청에서와 같은 문초를 또 당하였습니다.

4. 형조에서는 그녀에게서 한마디 배교한다는 말을 얻어내고자 친절하게 달래기도 하였습니다. 또 부귀영화로 유혹하다 뜻대로 되지 않자 마침내는 가혹한 고문으로 위협하는 등 온갖 방법을 동원하였으나 도리어 그녀의 순교의 뜻을 굳힐 뿐이었습니다. 이밖에도 그녀는 감옥에서 굶주림과 갈등과 열병 등으로 고초를 겪어야 했으나 그녀의 마음은 항상 평온함을 잃지 않았습니다. 드디어 5개월의 구류 끝에 그녀는 자신의 피로써 직접 그리스도와 혼인 계약에 수결(手決)함으로써 신랑을 마중 나가는 지혜로운 동정녀 측에 끼는 영광을 차지하였습니다. 때는 1839년 7월 20일 서소문 밖 형장에서 참수 치명하니 그녀의 나이는 22세였습니다.

(1818-1839, 1839.7.20.순교, 축일: 9.20, 동정녀, 기해박해참수, 한국)

## 63. 성녀 박 큰아기(朴 大阿只) 마리아는 어떤 분이신가요?
(순례길 148, 155)

1. **성녀 박 큰아기(朴 大阿只) 마리아**는 1785년에 부유한 집안에서 태어났습니다. 출가한 후와 전해 내려오는 이야기는 별로 없습니다. 시집을 가서 남편이 있다는 것은 사실이나, 생별인지 사별인지는 알 수 없습니다.  여하간 동정 궁녀 **성녀 박희순(朴喜順) 루치아**의 언니로 동생 박희순 루치아의 권면으로 입교하게 되었습니다. 동생이 궁중에서 빠져 나온 후로 그들 자매는 완강한 외교인 아버지를 피하여 조카 집에서 함께 생활하였습니다. 그녀는 본시 충직하고 순수하였습니다. 자매가 함께 있으면서 의식을 절약하여 애긍에 힘썼으며, 묵상과 기도를 부지런히 하여 신자의 본분을 착실히 지켰습니다.

2. 기해박해 때 조카 집에서 1839년 4월 15일 동생 박희순 루치아와 함께 피신해 있던 **성녀 전경협(全敬俠) 아가타**의 집에서 체포되어 포도청을 거쳐 형조로 이송되었습니다. 동생 박희순 루치아와 함께 같은 날 참형이 선고되었으나, 두 근친자를 한날 죽이는 것은 국법에 금지되어 있으므로 동생 박희순 루치아가 먼저 1839년 5월 24일 처형되고, 언니 박 큰아기 마리아는 집행이 연기되었습니다. 오늘날 비록 박 큰아기 마리아의 행적과 신심이 잘 전해지지는 않지만 끝까지 신앙을 견지하면서 일생 중에 또는 죽을 때 훌륭한 신앙심과 위대한 영혼의 모범을 보여준 것이 분명합니다. 동생 박희순 루치아가 처형된 지 100여 일 후인 1839년 9월 3일 서소문 밖 형장에서 참수 치명하니 그녀의 나이 54세였습니다.

(1786-1839, 1839.9.3.순교, 축일: 9.20, 부인, 기해박해참수, 한국)

## 64. 성녀 권희(權喜) 바르바라는 어떤 분이신가요?
(순례길148, 155)

1. **성녀 권희(權喜) 바르바라**는 **성 이광헌(李光獻) 아우구스티노**의 아내요, **성 이광렬(李光烈) 요한**의 형수이며, **성녀 이 아가타**의 어머니입니다. 본래 외교인 집안에서 태어났으나 1817년경 23세에 남편과 같이 천주교에 입교했습니다.  그녀의 남편이 서울에 거처하면서 회장으로서 주교와 신부를 보필하고 있었으므로, 내조자로서 그녀는 생명의 위험을 무릅쓰고 **성 범 라우렌시오(앵베르) 주교**와 전교 신부들에게 숙소를 제공했습니다. 교우들이 그녀의 집에서 고해성사를 타당하게 예비하도록 여러 교우들을 힘써 인도하고 가르쳤으며 미사에 참례케 하였습니다.

2. 1839년 4월 7일(음력 2월 25일) 한밤중에 포졸들이 습격해와 체포되었습니다. 체포된 가족 중에는 17세의 딸 이 아가타와 12세의 이 다미아노라는 어린 자녀가 끼어있었습니다. 그녀는 수많은 형벌을 당하였습니다. 특히 그녀의 마음을 가장 괴롭게 한 것은 자기와 같이 붙잡혀 들어와서 혹독한 곤장을 여러 차례 맞고 주림과 목마름과 추위로 가혹한 시련을 당하는 열일곱 살인 이 아가타와 열두 살 된 이 다미아노의 고통이었습니다. 어린것들이 목마름과 열병의 옥고를 겪고 있다는 말을 자주 들으며 어머니 된 마음이 타는 듯 했으나 천주를 만유 위에 사랑하는 그녀의 마음을 굽히지는 못하였습니다.

3. 권희 바르바라는 너무나도 무례한 언동을 한다고 군관을 꾸짖은 일이 있었습니다. 이때

그녀의 남편의 경고를 듣고 크게 깨달은 바 있어 그 후로는 형벌과 욕을 많이 받았으나 다 감수 인내하게 되었다는 것입니다. 권희 바르바라 일가족은 모두 같은 날 체포되어 같은 날에 사형선고를 받았습니다. 또한 같은 날에 같이 순교하기를 간절히 원했음에도 불구하고 당시 국법에 아주 가까운 친척을 한날에 죽이는 것이 금지되어 있었으므로 부득이 부부 중 한 명의 사형집행이 연기될 수밖에 없었습니다. 그러므로 권희 바르바라는 남편 이광헌 아우구스티노가 순교한 후 여러 차례의 곤장과 주리를 틀렸습니다. 그러나 끝내 관헌에게 굴복하지 않고 남편이 순교한 뒤 4개월 후인 1839년 9월 3일 5명의 교우와 함께 서소문 밖 형장에서 46세의 나이로 참수 치명하였습니다.
(1794-1839, 1839.9.3.순교, 축일: 9.20, 부인, 기해박해참수, 한국)

## 65. 성 박후재(朴厚載) 요한은 어떤 분이신가요?
(순례길 148, 155)

1. **성 박후재(朴厚載) 요한**은 1798년에 경기도 용인에서 태어났습니다. 원래 부모가 교우였던 관계로 그는 이미 유아 때 세례를 받았으나 신부로부터 보례를 받은 것은 거의 중년에 이르러서입니다. 관변 측 기록에  는 그의 이름이 박후재로 되어 있었으나, 「기해일기」에는 명관으로 되어 있는 것으로 보아 교우들 간에는 명관으로 불린 듯합니다. 명관의 생애와 순교 사실에 관해서는 「기해일기」 외에도 바로 명관의 아내 안나의 생생한 증언으로 그 확실성을 한층 더해주고 있습니다. 원래 친척이 없어 고독한 처지에 1801년 신유년의 박해로 아버지 **복자 박취득(朴取得) 라우렌시오** 마저 여읜 이래 어머니를 모시고 서로 의지하며 살았습니다.

2. 박후재 요한은 양반도 아니요 부자도 아니지만, 항상 참수 치명한 아버지의 피가 그의 혈관 속에 흐르고 있다는 것을 자랑으로 삼고 있었습니다. 장인 장모가 그의 딸을 박후재 요한과 결혼시킨 이유는 당시 모든 교우들이 그의 덕행을 칭찬해 마지않았기 때문입니다. 그가 결혼한 것은 36세 때의 일이고 그때 그는 한강 가에 있는 오막살이에서 지내고 있었습니다. 어머니는 멀고 가까움을 따질 것 없이 교우 집에 물을 길어다 주는가 하면 아들은 짚신을 삼는 일로 근근이 목숨을 이어 나갔습니다. 그러나 그는 이러한 빈궁을 기쁜 마음으로 참아 받으며 또한 기해년 정월에 어머니가 선종할 때까지 항상 늙은 어머니에게 지극한 효성을 다했습니다.

3. 그의 아내 안나는 아직 나이가 젊었던 관계로 이와 같이 큰 가난을 참아 내기가 어려워

가끔 불평하는 말로 남편을 괴롭히곤 했습니다. 그럴 때마다 그는 고통을 잘 참아 받으라고 아내를 타일렀습니다. 하루는 사람이 자기 영혼을 구하려면 자기의 비천한 육신의 곤궁을 어떻게 참아 받아야 할 것인가를 구체적으로 예를 들어 말하였습니다. "옛날 어떤 성인은 자기의 썩은 몸에서 구더기가 기어 나와 땅에 떨어지는 것을 보고 그것을 주어서 다시 종기에 더 넣으며 먹을 것을 두고 어디를 가느냐고 말했다니 우리네 것 같은 조그만 고통쯤 못 견디어 낼 것이 무엇이오."하고 도리어 반문했다는 것입니다.

4. 그뿐만 아니라 그는 평상시에 교회의 본분을 충실히 이행하였고, 일을 부지런히 하여 항상, "내 영혼을 구하려면 치명을 해야 해"하고 말했습니다. 또한 짚신 만드는 방망이로 자기 정강이를 치는 고생도 하였습니다. 기해년 4월에 박해가 치열해지자 그는 아내에게 "교우들이 많이 붙잡혔으니, 우리도 더욱 조심합시다."하고 말하였으나 자신은 조금도 두려워하지 않는 것 같았습니다. 그때 돈이라고는 한 푼도 없었는데 큰 그릇을 40푼에 팔아서 20푼은 자기가 갖고 나머지 20푼은 아내에게 주며 마음대로 쓰라고 했습니다. 바로 그 날 저녁 그는 아내더러 숙모 집에 가서 하룻밤을 지내고 오라고 말하였습니다.

5. 이튿날 아침 아내는 남편이 데려오기를 기다렸으나 정오가 되어도 아무 소식이 없어 그때서야 무슨 일이 일어난 것이 아닌가 하는 의심이 생겼습니다. 그래서 사촌오빠 치화를 보내어 알아보게 하였더니 돌아와서 전하는 말이, 지난밤에 포졸들이 와서 그의 남편을 잡아갔다는 것이었습니다. 이때가 1839년 기해년 5월 3일이었습니다. 그러나 사실은 자기 남편이 어떤 예비 교우에게 고발당한 것을 알게 되었습니다. 그럼에도 불구하고 그의 아내는 "그이는 곧 잡힐 것을 예감하였으며, 그래서 나를 숙모 집으로 보낸 것으로 믿는다."라고 증언했습니다. 그는 사관청을 거쳐 포도청으로 인도되었습니다.

6. 종사관이 그의 성명과 내력을 묻고 난 다음 포도대장이 직접 문초하기를 "배주하고 일당을 대라"고 위협했습니다. 그러나 그는 "죽사와도 못하겠습니다."하고 대답했습니다. 이에 치도곤 40대를 치니 그의 살이 떨어지고 피가 흘러 내렸으나 끝내 굴복하지 않았습니다. 이때 또 주리를 틀며 달래고 때리고 여러 방면으로 유인해 보았으나, 그의 의지를 더욱 굳게 해줄 뿐 아무 소용이 없었습니다. 뿐더러 그는 교우와 도적들 앞에서도 주야로 그치지 않고 천주교 교리를 설명하였습니다. 그의 사촌 처남 치화는 천주교 이야기를 들어 알고는 있었으나, 아직 입교는 하지 않고 있었으므로 감옥에 드나들며 그 곳 사정을 탐지해 낼 수 있었습니다.

7. 하루는 그를 보러 감옥에 갔더니 그가 처남에게 "나는 치도곤 40대를 맞아 죽은 사람처럼 되었으나 이제는 보는 바와 같이 부활했네."하고 말했다고 합니다. 또한 처남 치화는

그의 사형집행도 목격했는데, 희광이가 그의 목을 내리쳤으나 그의 목이 도무지 떨어지지 않았다고 합니다. 그러자 희광이는 오랫동안 칼을 돌에 갈았고, 그동안 그의 전신은 무서운 경련을 일으키며 떨었습니다. 이윽고 희광이가 돌아와서 그의 목을 완전히 내리쳐서 그의 순교를 완수시키니, 때는 1839년 9월 3일이었고 장소는 서소문 밖 형장으로 5명의 교우와 함께 순교하였습니다. 그의 나이 41세였습니다. 그는 형조를 통해 아내에게 편지를 보내면서, "곧 나간다."라고 말한 적이 있는데, 아내는 처음에는 이 말을 출옥으로 잘못 알아들었으나 곧 그 참뜻이 출문(出門)임을 깨달았습니다. 즉, 그는 나간다는 말로서 "드디어 사형이 선고되었으니, 곧 서소문 밖으로 나갈 것이다."라는 뜻으로 한 것입니다.

(1799-1839, 1839.9.3.순교, 축일: 9.20, 상인, 기해박해참수, 한국)

## 66. 성녀 이정희(李貞喜) 바르바라는 어떤 분이신가요?
(순례길 148, 154-155, 192)

1. **성녀 이정희(李貞喜) 바르바라**는 경기도 시흥 봉천골에서 어머니 **성녀 허계임(許季任) 막달레나**와 시골양반인 외교인 아버지 이씨 사이에서 1799년에 출생하였습니다. 어려서부터 어머니 허계임 막달레나와  동생 **성녀 이영희(李英喜) 막달레나**와 함께 열렬한 신앙을 가지고 있었습니다. 그러나 외교인이며 천주교 신자를 몹시 미워하는 아버지 때문에 이들은 기도와 신앙생활을 몰래 할 수밖에 없었고, 집안의 귀찮은 일을 수없이 당해야 했습니다. 그녀가 시집갈 나이가 되자 아버지는 어떤 외교인 청년과 약혼을 시켰으나, 그녀는 그와 결혼하지 않기로 마음먹고 크나큰 신앙 정신과 대단히 강렬한 의지력을 나타냈습니다.

2. 그녀는 양심이 허락하지 않는 이 결혼을 하지 않기로 결심하고 다리를 못 쓰게 되어 일어날 수 없는체하였습니다. 그녀는 그렇게 늘 앉거나 누워있었고 결혼이 연기된 후 이러한 고통을 3년이나 견디는 항구심을 보여 주었습니다. 그렇게 3년이 지나자 그녀의 다리가 낫기를 기다리다 지친 약혼자는 딴 데로 장가들고 말았습니다. 사건의 내용을 속속들이 알고 있던 어떤 신자가 그에게 곧 청혼을 하여 간신히 직산에 사는 한 교우에게 시집갈 수 있었습니다. 그러나 동거 2년 만에 남편을 여의고 게다가 신앙생활하기도 불편해서 봉천마을 친정에 와서 얼마 동안 지냈습니다. 그러다 결국 서울의 동생 이영희 막달레나 집으로 가서 함께 의지하면서 같이 살았습니다.

3. 한 때는 고모 **성녀 이매임(李梅任) 데레사** 집에서도 있었다고 합니다. 그녀는 1839년 4월 초순 판공성사를 보러 상경한 모친 허계임 막달레나와 **성녀 김성임(金成任) 마르타**, **성녀 김 누시아(金累時阿) 루치아** 그리고 동생 이영희 막달레나, 고모 이매임 데레사 등과 함께 순교하기를 결심하였습니다. 그래서 같은 달 11일 **성 남명혁(南明赫) 다미아노**의 집을 지키고 있던 포졸에게 묵주를 내보이며 천주교인임을 밝혔습니다. 이들이 얼마나 용감히 자수하였고, 옥중 고초와 형벌을 씩씩하게 참아 받았는가는 앞서 기술한바 그대로입니다.

4. 이매임 데레사의 조카 이정희 바르바라도 그와 못지않게 형벌을 당하고 용기를 보여주고 같은 고문을 당하였습니다. 이정희 바르바라는 순교에 앞서 옥중에서 올케에게 보낸 편지에서 5명의 순교자를 낸 자기 가문의 영광을 자랑하면서, "우리 집안은 의심 없이 동양에서 첫째가 될 것이니 열심히 수계한 후에 천국에서 같이 만납시다."하고 격려했다고 합니다. 형조에서 다 같은 날 사형선고를 받았으나 고모인 이매임 데레사와 동생 이영희 막달레나가 먼저 순교하였습니다. 그리고 그녀는 어머니인 허계임 막달레나보다 23일 앞서, 1839년 9월 3일 서소문 밖 형장에서 참수 치명하니 그녀의 나이 41세였습니다. 이정희 바르바라의 유해는 절두산 순교기념관에 안치되어 있습니다.

(1799-1839, 1839.9.3.순교, 축일: 9.20, 과부, 기해박해참수, 한국)

## 67. 성녀 이연희(李連熙) 마리아는 어떤 분이신가요?
(순례길 148, 155)

1. **성녀 이연희(李連熙) 마리아**는 **성 남명혁(南明赫) 다미아노**의 부인으로 성품이 강직하고 사리에 밝았습니다. 그녀는 영리한 머리와 용기를 가졌으며 교리에 밝아 많은 여교우들을 가르쳐 성사를 타당하게 받   을 수 있도록 지도했습니다. 그녀의 남편 남명혁 다미아노가 회장으로 있으면서 자기 집을 공소(公所)로 사용하고 교우들의 숙소로도 사용하였습니다. 주교와 신부를 정성껏 집에 모시고 봉사하며 내조로써 헌신적으로 일했다는 것이 분명합니다. 체포 경위는 남편 남명혁 다미아노와 같은데 체포 당시 이연희 마리아는 열두 살 난 어린 자식이 있었습니다.

2. 그러므로 자신이 겪어야 했던 수많은 형벌은 말할 것도 없었으며, 특히 마음을 가장 아프게 한 것은 어머니로서 어린 자식이 받는 고통이었습니다. 그녀는 열두 살 된 아들과 서로 다른 감방에 갇혔는데, 형리들이 그 아들을 형벌한 뒤 잔인스럽게도 싱글벙글하며

와서 이 가엾은 어머니에게 그 이야기를 하였습니다. 그녀는 아들이 가혹한 형벌을 이기지 못하여 혹시 배교하지 않을까 걱정이 되었습니다. 그럴 때일수록 그는 두려운 가슴을 진정하고, 마음을 천주께 향하며, "이것은 주의 가장 크신 영광을 위하는 것입니다." 하고 말하며 평온한 마음을 조금도 잃지 않았습니다.

3. 또한 체포 당시 포졸들이 무례한 것을 보고 언동을 엄히 꾸짖었습니다. 그러나 남편 남명혁 다미아노로부터 "교우는 천주를 위해 순량한 양같이 죽어야 하는 것이니, 이런 훌륭한 기회를 놓치지 말라."라는 주의를 듣고서는 모욕과 학대를 받으면서도 원망하지 않고 참아냈습니다. 그녀는 마음을 송두리째 바쳐 천주를 진실히 사랑하였고, 그 영혼의 원은 오직 천국을 향하여 있었다고 합니다. 그녀는 남편과 같은 날 순교하기를 간절히 원했으나 당시 법에는 이것이 허용되지 않았습니다. 이연희 마리아는 여러 차례 곤장을 맞고 주리를 틀렸습니다. 마침내 그녀에게 참수형이 언도되어 남편이 순교한 후 100일 후인 1839년 9월 3일 서소문 밖 형장에서 다섯 명의 교우와 함께 참수 치명하니 그녀의 나이는 36세였습니다.

(1804-1839, 1839.9.3.순교, 축일: 9.20, 부인, 기해박해참수, 한국)

## 68. 성녀 김효주(金孝珠) 아녜스는 어떤 분이신가요?
(순례길 148, 155-156)

1. **성녀 김효주(金孝珠) 아녜스**는 동정 순교자로서 언니 **성녀 김효임(金孝任) 골룸바**와 같이 서울 근교 밤섬의 한 부유한 가정에서 태어났습니다. 그 후 경기도 고양군 용머리로 이사해 살았으며, 아버지를 여읜  뒤 온 가족이 함께 입교하여 중국인 유방제(劉方濟:중국 이름 余恒德, 파치피코) 신부에게 세례성사를 받았습니다. 언니 김효임 골룸바, 동생 김 클라라와 함께 동정을 지키기로 결심하고는 아름다운 덕행과 극기로써 모범적인 신앙생활을 하였습니다. 김효주 아녜스와 언니 김효임 골룸바는 어머니가 이 자매를 임신할 때마다 문고리에 달린 거문고를 꿈에 보았고 또 그 기묘한 소리 때문에 잠에서 깨어났다는 일화가 남아 있습니다.

2. 한편, 아버지는 천주교 이야기를 전혀 들으려 하지 않을 뿐더러 집안에서 이를 엄하게 금했습니다. 또한 부인과 딸들에게 미신 행위를 강요하므로 그녀들은 그때마다 몸을 피하여 절대로 복종하지 않았습니다. 결국 아버지는 절망한 나머지 패가망신할 것이 두려워 이웃과 다투다가 스스로 목을 졸라 목숨을 끊기에 이르렀습니다. 김효주 아녜스는 천성

이 온순하고 상냥했으며, 그녀의 온순한 모습은 외모에도 역력했습니다. 입교한 지 얼마 안 되어 벌써 그녀의 아름다운 표양에 탄복하는 이들이 많았습니다. 그녀의 집은 본시 부유했으나 그녀는 전혀 재물에 마음을 두지 않았습니다.

3. 다만 열심히 신앙 생활하는데 전념했으며, 그녀는 묵주를 직접 만들어서 묵주가 없는 교우에게 나누어 주었습니다. 이처럼 그들은 가난한 교우들에게 많은 애긍을 하였고, 또한 그들은 그것을 자신들의 본분으로 여겼습니다. 때는 정확히 알 수 없으나 어쨌든 그녀의 일가는 그 사이 밤섬에서 고양 땅 용머리로 이사하여 오빠 집에 살고 있었습니다. 그러던 중 기해년의 박해가 점차 치열해져 사방에서 교우들이 체포되었습니다. 마침내 1839년 5월 3일 포졸들이 아는 사람을 데리고 와 오빠인 김 안토니오의 집을 포위하였습니다. 모두 피신하고 김효주 아녜스와 언니 김효임 골룸바와 그리고 3살 된 어린아이만이 체포되었습니다.

4. 이들은 일단 마을의 이장에게 인도되었다가 어린아이만을 남겨둔 채 김효주 아녜스와 언니 김효임 골룸바만을 서울 포도청으로 압송했습니다. 체포 당시 포졸들이 동생 김효주 아녜스에게 몹시 심하게 굴자 언니 김효임 골룸바는 "당신들이 우리를 잡아가면 따라 갈 것이다. 하지만 왜 이렇게 거칠게 군단 말이오?"하고 용감하게 포졸들을 꾸짖었습니다. 포도청에 온 그녀는 언니 김효임 골룸바와 함께 모진 고문과 혹형을 받았습니다. 하루는 형리들이 그녀를 외딴 감방으로 끌고 가서 학춤이라는 형벌을 가하였습니다.

5. 이 형벌에 대하여 전해지는 바에 의하면 그것은 죄수를 옷을 다 벗기고 손을 뒤로 결박 지우고 팔을 공중에 달아매고 네 사람이 번갈아 가며 매질을 하는 것입니다. 몇 분만 지나면 혀가 빠져 나오고 입에 거품이 고이며 얼굴빛은 검붉어져서 죄수를 내려 쉬게 하지 않으면 곧 죽어버리는 형벌입니다. 그래서 조금 쉬다가 다시 그 같은 형벌을 가하곤 했습니다. 형리들은 그녀를 혹독하게 때리며 일찍이 들어 본 적이 없는 갖가지 조롱과 욕설을 퍼부었습니다. 그러나 그녀는 더욱더 열심히 자기의 고통을 천주님께 바치며 아무 말도 하지 않았습니다. 때론 형벌을 중지시키고 달래 보기도 했으나 그녀는 "천주 대전에 가기 위해 나를 빨리 죽여주시오."하고 간청할 뿐 결코 굴복하지 않았습니다.

6. 형조에서 많은 고통을 당하고 자기 자신이 당하는 혹형에다가 언니 김효임 골룸바가 겪은 형벌은 본시 그것이 남이라도 차마 듣고 보기 어려운 것이었습니다. 하지만 그녀는 이 혈육에서 오는 고통까지도 달게 참아 받았으니, 그녀의 온순함은 저 무서운 고문이나 죽음보다도 더욱 강했습니다. 드디어 1839년 9월 3일 옥에 있은 지 4개월 만이며 언니 김효임 골룸바 보다는 23일 앞서 다섯 명의 교우와 함께 서소문 밖 형장에서 참수 치명하니

동정녀, 순교자란 두 가지 승리의 월계관을 차지하였습니다. 그녀의 언니 김 베네딕타는 그 당시 그녀의 나이가 24세였다고 증언하였습니다. 1839년 기해년 박해 시 김효주 아녜스와 언니 김효임 골롬바가 주님을 위해 동정을 지키고 순교한 사실은 너무나 진실하고 값진 것이었습니다. 그래서 오늘날까지 널리 알려서 우리에게 많은 교훈을 주고 있습니다.

(1816-1839. 1839.9.3.순교, 축일: 9.20, 동정녀, 기해박해참수, 한국)

### 69. 성 최경환(崔京煥) 프란치스코는 어떤 분이신가요?
(순례길 143, 145, 151, 154-155, 168, 177, 192)

1. **성 최경환(崔京煥) 프란치스코**는 충청도 홍주 지방 다락골에서 아버지 최인주 슬하의 3형제 중 셋째로 태어났는데, 그의 집안은 한국 천주교회의 창설 시대 때부터 천주교를 믿어 온 집안이었습니다. 두 번   째 한국인 사제인 **가경자 최양업(崔良業) 토마스 신부**의 아버지인 그는 어려서부터 신앙인의 본분을 지켜왔습니다. 결혼한 다음에는 보다 열심한 신앙생활을 위하여 가족들과 상의한 끝에 교우들이 많이 살고 있는 서울 벙거지골이라는 마을로 이주하였습니다. 이곳에 있던 외교인들의 탄압이 심하여 가산을 버리고 서울을 떠나 강원도 금성, 경기도 부평을 거쳐 과천의 수리산에 정착하여 교우촌을 건설하고 오로지 신앙생활에만 몰두하였습니다.

2. 1836년 큰 아들 최양업 토마스를 **성 나 베드로(모방) 신부**에게 신학생으로 맡겨 마카오로 유학을 보냈습니다. 그의 신심은 자신의 성격에 많은 영향을 끼쳤는데, 처음에는 괄괄하고 불같은 성격이었던 것을 믿음의 정신으로 수없이 노력한 결과 주위 사람들은 본래 그의 성품이 온순한 것으로 알고 온화한 그의 성품에 탄복했다고 합니다. 최양업 토마스 신부에 의하면 '아버지는 많은 교육을 받지는 못했지만 깊은 묵상과 신심서적 읽기에 열성을 보여 교회의 가르침에 놀랄만한 지식을 취하셨다'고 합니다. '또한 아버지는 천주에 대한 열성과 함께 사람에 대한 박애심이 열렬하여 과일을 추수할 때가 되면 가장 좋은 것을 가난한 이웃을 위한 몫으로 남겨놓으셨다'고 전합니다.

3. 1839년 수리산공소 초대회장으로 임명되면서 곧이어 기해박해가 일어나자 순교자들의 유해를 거두어 안장하였습니다. 교우들을 위로 격려하면서 돌보아주던 중 그해 7월 31일에 서울서 내려온 포졸들에게 마을 교우들과 일가 등 40여 명의 교우와 함께 체포되어

서울로 압송되었습니다. 아들을 나라밖으로 내보내어 신학 공부시킨다는 죄가 더 추가되어 남달리 혹심한 고통과 형벌을 받았습니다. 태장 340대, 곤장 110대를 맞았으나 끝까지 신앙을 잃지 않았습니다. 그해 9월 11일 최후로 곤장 25대를 더 맞고 그 다음 날 옥중에서 일생을 마쳐 순교의 놀라운 기쁨을 가지고 주님 앞으로 나아갔습니다. 그때 그의 나이는 35세였습니다.

(1805-1839, 1839.9.12.순교, 축일: 9.20, 회장, 기해박해옥사, 한국)

### 70. 성 범 라우렌시오(앵베르·범세형·范世亨) 주교는 어떤 분이신가요?
(순례길 143, 145-147, 149-150, 152, 154-155, 178, 187, 192)

1. **성 범 라우렌시오(앵베르·범세형·范世亨) 주교**는 프랑스에서 태어나 1819년 12월 18일 파리외방전교회의 신부가 되었습니다. 다음 해인 1820년 3월 20일 파리를 떠나 중국 사천교구로 가서 전교 활동을  하던 중 조선교구 초대 교구장인 브뤼기에르 주교가 조선에 입국도 못한 채 병사하였습니다. 그러자 조선교구 제2대 교구장으로 임명되어 1837년 5월 주교품을 받았으며, 같은 해 말 조선 입국에 성공하였습니다. 1837년 12월 17일에 봉황성 변문에 도착, 그 다음 날 조선 땅을 밟은 첫 주교가 되었습니다. 이미 입국한 **성 나 베드로(모방) 신부**와 **성 정야고보(샤스탕) 신부**와 함께 전교에 힘쓴 결과 1839년 초에는 천주교 신자가 9,000명이 될 정도로 교회 발전에 이바지 하였습니다.

2. 성직자 양성에 힘을 쏟아 세 소년(김대건, 최양업, 최방제)을 유학 보냈고, 어른으로서 적임자를 뽑아 라틴어와 신학을 가르치는 등 교회발전에 다각적인 노력을 하였습니다. 1839년 기해박해가 일어났을 때 자신의 거처가 알려지게 되자 교우들에게 화가 미칠 것을 염려하여 모방 신부와 샤스탕 신부에게도 인편으로 자수할 것을 권유하여 스스로 다 같이 포졸들에게 잡히는 몸이 되었습니다. 세 사람 모두 1839년 9월 21일 새남터에서 군문효수라는 극형으로 순교하여 이 땅의 복음화의 뿌리가 되었습니다. 이때 그의 나이는 43세였으며 조선에 입국한 지 불과 2년 만이었습니다.

(1796-1839, 1839.9.21.순교, 축일: 9.20, 주교, 기해박해군문효수, 한국)

## 71. 성 나 베드로(모방·나백다록·羅伯多祿) 신부는 어떤 분이신가요?
(순례길 143, 145-147, 150, 152, 154-155, 168, 173, 179, 187, 192, 194)

1. **성 나 베드로(모방·나백다록·羅伯多祿) 신부**는 파리외방전교회원으로 프랑스에서 태어나 1829년 5월 13일에 신부가 되었습니다. 1831년 파리 외방전교회에 들어가 이듬해 중국 사천교구 선교사로 임명되어 마카오로 떠났습니다. 그러나 도중에 조선교구장 브뤼기에르 주교를 만나 조선 선교사가 되기로 자원하였습니다. 1836년 1월 15일 **성 조신철(趙信喆) 가롤로와 성 정하상(丁夏祥) 바오로** 등의 인도로 입국, 파리외방전교회원으로서 최초로 조선에 들어온 신부가 되었으며, 조선말을 공부하며 경기도와 충청도 교우촌을 방문, 200여 명에게 영세를 주었습니다.

2. 1836년 2월에 최양업을, 3월에는 최방제를, 7월에는 김대건을 서울로 불러 직접 라틴어를 가르치고 성직자가 되는데 필요한 덕행을 쌓게 하였습니다. 때마침 귀국하는 중국인 유방제(劉方濟:중국 이름 余恒德, 파치피코) 신부와 함께 이들을 비밀리에 마카오로 유학 보냈습니다. 1839년 **성 범 라우렌시오(앵베르) 주교**의 권면으로 9월 6일 홍주 근처에서 **성 정 야고보(샤스탕) 신부**와 함께 대기 중인 포졸들에게 자수하였습니다. 서울로 압송되어 모진 형벌을 받은 끝에 9월 21일 서울 새남터에서 군문효수로 순교하여 천국의 문턱을 넘어갔습니다. 그때 그의 나이는 36세였으며, 한국에 입국한 지 3년 9개월만이었습니다.

(1803-1839, 1839.9.21.순교, 축일: 9.20, 신부, 기해박해군문효수, 한국)

## 72. 성 정 야고보(샤스탕·정아각백·鄭牙各伯) 신부는 어떤 분이신가요?
(순례길 143, 145-147, 150, 152, 154-155, 167-168, 187, 190, 192)

1. **성 정 야고보(샤스탕·정아각백·鄭牙各伯) 신부**는 1803년 프랑스에서 태어나 1827년에 신부가 되어 파리외방전교회에 입회, 마카오에 도착했습니다. 조선으로 떠나는 브뤼기에르 주교에게 조선 포교지를 자원하였고, 1836년 12월 31일 **성 조신철(趙信喆) 가롤로, 성 정하상(丁夏祥) 바오로, 성 이광렬(李光烈) 요한**의 안내로 변문을 통과하여 이듬해 1월 15일 서울에 도착하였습니다. 두 번째로 조선에 입국한 서양인 선교사입니다. 서울에 도착하여 곧 한국말

을 배우는 한편 **나 베드로(모방) 신부**와 함께 각 지방에 퍼져 있는 교우들을 찾아 성사를 거행하였습니다. 당시의 서양인 성직자들은 상제 옷으로 변장하고 험한 산길을 헤매야 했고, 소금에 절인 야채 따위로 주린 배를 채워야 했습니다.

2. 밤새도록 고해성사를 주고 미사를 드린 다음 날 새벽에는 또 다른 마을로 길을 재촉해야만 했습니다. 그들은 이러한 고난을 감수해 가며 오직 복음 전파에만 힘썼던 것입니다. 1839년 기해박해가 일어난 후, 이미 체포된 **성 범 라우렌시오(앵베르) 주교**는 박해가 확대되어 신자들이 고통당하는 것을 막기 위해 선교사들의 자수를 권고하자, 이에 순명하여 모방 신부와 같이 자수하였습니다. 1839년 9월 21일 새남터에서 앵베르 주교, 모방 신부와 함께 군문효수형으로 순교하여 한국 천주교회의 밑거름이 되었습니다. 그의 나이는 36세, 이 땅에 들어온 지 2년 9개월 만이었습니다.
(1803-1839, 1839.9.21.순교, 축일: 9.20, 신부, 기해박해군문효수, 한국)

## 73. 성 유진길(劉進吉) 아우구스티노는 어떤 분이신가요?
(순례길 148, 155, 180)

1. **성 유진길(劉進吉) 아우구스티노**는 소년 **성 유대철(劉大喆) 베드로**의 아버지로서, 서울의 유명한 역관(譯官) 집안에서 태어났습니다. 어려서부터 학문에 뜻을 두고 열심히 공부하였으며, 특히 철학적, 종교적   사색을 즐겨하여 주위의 모든 사람들은 그를 '만권의 책과 동서고금의 학문이 가슴에 가득한 인물'이라고 일컬었습니다. 이처럼 진리를 향한 정신적인 갈망을 해소하기 위해 노력하던 그는 우연히 자기 집 세간에 붙어 있는 헌 종이에 영혼, 각혼, 생혼이라는 글자를 보고 그 내용이 「천주실의」(天主實義)라는 책의 일부분임을 알고, 사방에 수소문한 끝에 한 교우를 만나게 되어 교리를 터득한 후 곧 입교했습니다.

2. 그 후, 성직자 영입운동을 전개하던 **성 정하상(丁夏祥) 바오로**를 만나게 되었으며, 역관의 신분을 이용하여 북경교회와 연락하면서 자신도 성직자 영입운동에 참여하게 되었습니다. 1824년 동지사(冬至使)의 수석 역관으로 북경에 가서 세례성사를 받고 북경교회의 연락을 담당하였습니다. 1826년 교황에게 성직자 파견을 간청하는 편지를 북경 주교에게 전달하는 등 전후 8회에 걸쳐 북경을 왕래하면서 조선교회의 상황을 북경에 알렸습니다. 그 결과 1831년 조선교구가 설정되었고, 1833년 중국인 유방제(劉方濟:중국 이름 余恒德, 파치피코) 신부와 그 뒤에 **성 나 베드로(모방) 신부, 성 정 야고보(샤스**

탕) 신부와 **성 범 라우렌시오(앵베르) 주교**가 입국하게 되었습니다.

3. 1839년 기해박해가 일어나자 박해 초에는 정3품 당상역관(堂上譯官)이라는 높은 지위와 권세가와의 친분으로 체포되지 않으나 1839년 7월 17일에 체포되어 갖은 혹형과 고문을 받았습니다. 서양 신부가 숨어있는 곳을 대라는 요구에, 박식한 그는 교리 설명과 함께 그들의 요구에는 함구하면서 끝까지 신앙을 지켰습니다. 주리형과 줄톱질형을 받는 형벌에서도 의연한 자세를 지켜 믿음의 위대함을 보여주었습니다. 국법을 어겨 매국노와 공모한 사학의 무리라는 죄목으로 1839년 9월 22일 정하상 바오로와 함께 서소문 밖 형장에서 49세의 나이로 참수형을 받아 모든 진리의 근원이신 전능하신 주님의 품에 안겼습니다.

(1791-1839, 1839.9.22.순교, 축일: 9.20, 역관, 기해박해참수, 한국)

## 74. 성녀 허계임(許季任) 막달레나는 어떤 분이신가요?
(순례길 148, 154-155, 192)

1. **성녀 허계임(許季任) 막달레나**는 그의 며느리 선 막달레나의 증언에 의하면 1772년 음력 11월 3일 경기도 용인(龍仁)에서 출생했습니다. 아버지와 어머니는 다 외교인이었으나, 과천의 봉천리에서 외교인이던  성주 이씨와 결혼한 후, 시누이 되는 **성녀 이매임(李梅任) 데레사**에게서 비로소 천주교에 대한 것을 알게 되어 **성녀 이정희(李貞喜) 바르바라**와 **성녀 이영희(李英喜) 막달레나** 두 딸과 함께 입교하였습니다. 그녀는 아들이 없으므로 늘 "나는 열심히 믿다가 죽는 길밖에 없다"라고 말하면서 스스로를 위로했습니다. 그러나 후에 양자를 들였고 선 막달레나를 며느리로 맞아들였습니다.

2. 남편이 신앙생활을 못하게 온갖 방해를 했음에도 불구하고 허계임 막달레나는 그녀의 결심을 굽히지 않았습니다. 한번은 남편이 이른 아침부터 그녀에게 폭행을 가하고 나서 외출하였습니다. 그녀는 집안 식구를 모아 놓고, "오늘 아침 너의 아버지가 내게 그렇게 난폭하게 굴었으니 저녁에 돌아오면 아마 더할 것이다. 천주를 위해 죽기 전에 이렇게 잔치를 베푸는 것이 아마 이번이 마지막일 것이다"라고 하면서 잔치를 준비하기 시작했습니다. 과연 저녁에 남편이 돌아오자 크게 화가 나서 아내를 괴롭히며 그녀의 목에 칼을 대고 협박했습니다. 그녀는 결국 "이후에는 신앙생활을 하지 않겠습니다."라고 굴복함으로써 간신히 죽음을 면했습니다.

3. 그 후 그녀는 이 장면을 회상할 때에는 그때 배교한 것을 개탄하였고 순교의 기회를 놓친 것을 후회하며 슬피 울었습니다. 그러나 그 후로 계속 남편으로부터 박해를 받았으나 더 이상 굽히지 않고 열심히 신앙생활을 하게 되었습니다. 1838년 남편이 임종하게 되어 그녀는 남편을 개종시키려고 온갖 노력을 기울였으나 허사였습니다. 그녀는 판공 때가 되면 시누이 이매임 데레사와 함께 상경, 딸 이영희 막달레나의 집에 머무르면서 성사를 받고 돌아가곤 했습니다. 기해년 1839년 3월 마침 성사를 보러 상경했을 때, 박해가 크게 일어나서 교우들이 많이 잡혀갔습니다.

4. **성 남명혁(南明赫) 다미아노**와 **성 이광헌(李光獻) 아우구스티노**의 어린 자녀들이 혹형과 고문에도 굽히지 않고 신앙을 지켰다는 이야기를 전해 들었습니다. 시누이 이매임 데레사와 두 딸 이정희 바르바라와 이영희 막달레나 그리고 **성녀 김성임(金成任) 마르타**, **성녀 김 누시아 루치아** 등과 순교를 결심하고 4월 11일 남명혁 다미아노의 집을 지키던 포졸에게 묵주를 내보이며 자수하였습니다. 1839년 9월 25일 "내일 네 어머니가 형장으로 나갈 것이다"라는 소식을 전해들은 허계임 막달레나의 아들은 그날 밤 급히 상경하였습니다. 그래서 어머니의 순교하는 광경을 직접 목격할 수 있었는데, 첫 번 희광이가 칼을 쳤으나 목이 떨어지지 않자, 다음 희광이가 다시 한 번 칼을 치니 그녀의 목이 떨어져 나갔다고 합니다.

5. 때는 1839년 9월 26일 서소문 밖 형장에서 8명의 교우와 함께 참수하니 그녀의 나이 67세였습니다. 1839년 9월 26일에 처형된 순교자들이 문초당한 이야기는 몇 분만 제외하고는 상세하게 알려지고 있어 그들의 마음의 위대함과 신념의 확고함을 증명할 수 있게 되었으나, 그녀에 대해서는 기록이 가장 적게 남아 있습니다. 우리에게 알려진 것은 그녀의 두 딸 이정희 바르바라와 이영희 막달레나와 같이 혹형을 참아 받아냈다는 것뿐입니다. 두 순교자(이정희 바르바라, 이영희 막달레나)의 어머니로서 순교자가 되었으니, 어떤 다른 영광이 그녀를 더 찬란히 꾸밀 수가 있겠으며 그녀의 신앙을 더 높이 현양하고 그녀의 모성을 온전하게 성화할 수 있는 천주의 강복이 어디 또 있겠습니까? 허계임 막달레나의 유해는 절두산 기념관에 안치되어 있습니다.

(1773-1839, 1839.9.26.순교, 축일: 9.20, 부인, 기해박해참수, 한국)

## 75. 성 남이관(南履灌) 세바스티아노는 어떤 분이신가요?
(순례길 148, 155, 174)

1. **성 남이관(南履灌) 세바스티아노**는 1780년 서울의 양반 교우 가정에서 명망 높은 가문의 후예이자 교우 부모의 자녀인 4형제 중 막내로 태어났습니다. 열네 살 때 일찍이 모친을 여의고 18세에 조 프란치스코의  딸 **성녀 조증이(趙曾伊) 바르바라**와 결혼하여 슬하에 한 아들을 두었으나 얼마 안 되어 죽었습니다. 1801년 신유년에 박해를 당하여 그의 부친 남필용이 잡혀 혹독한 형벌을 받았으나, 신앙을 고수한 결과 유배를 가게 되어 결국 그 유배지에서 선종하였습니다. 이때 남이관 세바스티아노는 처가로 피신하였으나 결국 그도 잡혀서 경상도 단성으로 유배되었습니다.

2. 여기서 그는 50세가 넘을 때까지 무려 30년간의 귀양살이를 해야 했고, 그래서 1832년에야 겨우 귀양살이에서 풀려나게 되었습니다. 그의 아내 조증이 바르바라는 남편이 정배되자 하는 수 없이 이천의 친정으로 내려가 동생을 데리고 살았습니다. 경상도 단성은 교우가 없는 지방이어서 남이관 세바스티아노는 교리를 배우지도 못하였고, 아침저녁으로 겨우 주모경을 외우는 것으로 그쳤습니다. 그러는 동안 차차 냉담하게 되고 심지어는 첩까지 얻어 자식까지 낳았으나 그것이 중한 죄라는 것은 조금도 알지 못하였습니다. 그러나 그가 약 50세가 되었을 무렵 중병에 걸렸을 때, 이웃 지방에 귀양 온 교우로부터 교리의 가르침을 받아 첩을 멀리하고 대세를 받은 뒤부터는 교우다운 생활을 하였습니다.

3. 그 후 5-6년 만에 귀양살이에서 풀려나 우선 과천의 처가로 와서 보냈습니다. 처가는 **성 정하상(丁夏祥) 바오로**를 만나 그는 이때부터 정하상 바오로와 더불어 신부 영접하는 일을 도모하였습니다. 1833년 말 중국인 유방제(劉方濟:중국 이름 余恒德, 파치피코) 신부가 입국하게 되자, 그는 위험을 무릅쓰고 정하상 바오로와 함께 의주까지 가서 신부를 영접하였습니다. 그리고 신부가 입국한 후로는 서울에 교회 집을 마련하고 집주인 노릇을 하며 신부에게 봉사하였습니다. 유방제 파치피코 신부로부터 세바스티아노란 세례명으로 영세하고 견진까지 받았습니다.

4. 신부를 위해 모든 의무를 맡아 보는 한편, 염경과 묵상을 착실히 하였습니다. 그 후 유방제 파치피코 신부가 본국으로 돌아가게 되자 남이관 세바스티아노는 서울에 집 한 채를 따로 마련하여 아내와 딸과 함께 지냈습니다. 1839년 기해년 박해 시초에 시골 교우를 격려하러 갈 생각으로 서울을 떠났습니다. 그러나 기록에 의하면 그는 너무도 유명하

여 수색의 그물을 빠져 나가지 못할 것을 잘 알고 신변에 닥칠 위험을 예측하고 진천을 거쳐 이천으로 피신하였습니다. 그해 1839년 6월 9일 포졸이 그를 체포하러 왔으나 그를 잡지 못하고 그의 부인 조증이 바르바라와 15세 된 딸만 잡아 갔습니다.

5. 동시에 그의 집에서 많은 성화, 성서, 성상이 발각되어 압수되었습니다. 한편 시골로 피신한 그도 잡히는 것을 면치 못할 줄 알고 치명을 예비하며 기도로써 장차 당할 옥중의 고통을 견디어 나갈 준비를 하고 있었습니다. 결국 한 교우가 포졸을 데리고 가서 그를 체포한 곳은 이천 고을 '금죄'라는 곳이었습니다. 1839년 8월 10일 그를 체포하여 서울로 압송해 왔습니다. 포도청은 그가 심상한 천주교인이 아님을 알고 즉시 형조로 이송하였고, 이어 **성 김제준(金濟俊) 이냐시오**와 함께 의금부로 보내져서 여기서 **성 유진길(劉進吉) 아우구스티노**, 정하상 바오로 등과 함께 국문을 받게 이르렀습니다.

6. 그리고 8월 13일의 국청심문에서 그는 부친이 천주학을 한 까닭으로 이를 배우게 되었으나 신유년 이래 30년 동안을 폐기하였다가 5-6년 전에 비로소 집에 있는 십계에 관한 교리책과 기타 서적을 보고 그 내용이 심히 좋아서 아내와 함께 강습하게 된 것이라고 자신의 경위를 상세히 자백하였습니다. 다음 선교사 영접에 관하여 그는 자신으로 인해 천주교가 널리 퍼질 수 있어 다행이라고 하면서, 나라에서 천주교를 금해서는 안 될 이유를 이렇게 용감히 논박하였습니다.

7. "나라의 금하시는 바는 도의 본지를 살피지 아니하신 것이니, 제가 본 바인즉 스스로 옳다고 하는 까닭이올시다. 대저, 부모의 명령도 옳은 것이 있고 옳지 않은 것이 있은즉 국가의 금하는 영도 또한 마땅히 옳은 것도 있고 옳지 않은 것도 있을 것이오니 국가에서 그 옳고 옳지 않은 것을 분별하여 금하였은즉 제가 어찌 이 지경에 이르렀겠습니까?" 이어서 그는 천주교가 옳다고 생각되는 두 가지 사실을 말하며 하나는 천지의 주제를 존중하는 것이요, 또 하나는 사람 사랑하기를 자기 몸같이 하는 것임을 구체적으로 지적하였습니다. 그는 의금부에서 형문 한 번에 곤장 7대를 맞았습니다.

8. 이틀에 걸쳐 심문을 끝낸 국청은 그를 그 정절이 심히 흉악하나 유진길 아우구스티노와 정하상 바오로와는 조금 다르다고 결론하고 형조로 돌려보내 의법 처단키로 하였습니다. 드디어 1839년 8월 15일 형조는 그에 대하여 소위 사서를 강습하여 일심으로 고혹하였으며, 죽어도 뉘우치지 아니하니 당일로 서소문 밖에서 부대시참(不待時斬·시기를 가리지 않고 사형을 집행하던 일)에 처한다고 결정하였습니다. 그러나 어떤 이유에서 인지 처형은 4일간이나 연기되었고, 그래서 1839년 9월 26일 8명의 교우와 함께 서소문 밖 형장에서 참수 치명하니 그의 나이는 60세였습니다.

9. 형장으로 나가는 수레를 타게 될 즈음에 그는 환희용약(歡喜踊躍·기뻐 날뜀)하며 한 군사에게 옥중에 있는 자기 아내에게 전해달라고 부탁하여 말하기를 "동일(同日) 동사(同死) 하자 하였더니 이는 못하여도 동지(同地) 동사(同死)나 하자"고 하였습니다. 과연 3개월이 지나 그의 아내 조증이 바르바라도 서소문 밖 형장에서 참수 치명하니 비록 같은 날(同日)은 아니라 하더라도 같은 장소(同地, 서소문 밖 형장)에서나마 치명하자는 그의 소원이 성취되었습니다.

(1780-1839, 1839.9.26.순교, 축일: 9.20, 회장, 기해박해참수, 한국)

## 76. 성녀 김유리대(金琉璃代) 율리에타는 어떤 분이신가요?

(순례길 148, 155)

1. **성녀 김유리대(金琉璃代) 율리에타**는 태중 교우이며 동정 순교자로서 본시 시골 출생이나 1801년 이전에 부모를 따라 서울로 이사 와서 살았습니다. 1801년 신유박해가 발발했을 때 김유리대 율리에타의 나
이는 17세였습니다. 이때 부모가 출가시키려고 하자 김유리대 율리에타는 스스로 동정을 지키려는 간절한 마음에서 가위를 가지고 자기 머리털을 잘랐습니다. 그리고 머리털을 뽑아 버렸으나 그녀의 부모는 딸에게 "머리털이 다시 자라나면 그때 다시 의논해 보자"라고 말하였습니다. 그녀의 앞으로의 상황이 어떠할지는 아직 예측하기 어려웠습니다. 신유박해가 끝나자 부모는 다 냉담하여 고향으로 내려갔으나 김유리대 율리에타는 함께 따라갈 마음이 없어 대궐로 들어가 궁녀가 되었습니다. 「기해일기」에 보면 김유리대 율리에타는 결혼 나이가 되었을 때 부모가 그녀를 출가시키려 하므로 동정을 지키기 위하여 집을 나와 서울로 올라와서 궁녀가 되었는데 그때 그녀의 나이 18세였다고 증언하고 있습니다. 아무튼 김유리대 율리에타는 17-18세에 궁궐에서 지내게 되었는데, 궁 안에는 교우도 없었고 미신도 많아서 신앙생활을 제대로 하지 못했으며 다만 배운 기도문만 열심히 외우는데 그쳤습니다. 그러던 중 다행히 한 교우의 권고로 마침내 10년 만에 궁을 나오게 되었고, 그때부터 신앙생활을 정식으로 영위하기 시작했습니다. 처음엔 교우 집에 의지하여 실장사로 겨우 생계를 이어가다가 차차 돈을 모아 자그마한 집을 사서 거기서 홀로 거처하면서 기도와 묵상을 즐기는 한편 성사를 부지런히 보았습니다. 강하고 곧은 성격에 말과 행동이 아주 준엄해서 교우들은 매양 그녀를 조심스레 대하였고, 또한 그녀는 비록 죽는 한이 있어도 결코 악을 향할 여인이 아니라고 그녀의 덕행을 칭찬해 마지않았습니다.

2. 기해년 1839년 박해가 한창일 때 김유리대 율리에타는 혼자 몸이어서 쉽게 피신할 수 있었지만 조용히 집에 남아 주님의 명을 기다리며 치명을 대비하고 있었습니다. 이렇게 포졸을 기다리고 있은 지 수개월 결국 1839년 7월 초순경에 포졸들이 들이 닥쳐 결국 잡혀갔습니다. 포도대장이 김유리대 율리에타에게도 다른 여러 순교자들과 같이 엄포하였습니다. "배교하고 동교인을 대라. 그리고 네 책이 어디에 있는지 말해라. 그렇지 않으면 모진 형벌을 당하리라." 그러나 그녀는 "매를 맞아 죽는 한이 있더라도 내 천주를 배반할 수는 없습니다. 만약에 어떤 사람을 고발하면 그 사람에게 사형을 내리실 것이니 나는 죽는 길밖에는 없습니다."하고 대답했습니다. 이리하여 혹독한 매를 맞았으나 그의 용기는 조금도 흔들리지 않았습니다. 결국 형조로 이송되었는데, 형조의 판관은 처음에는 감언으로 꾀었고, 나중에는 혹독한 형벌로 얼마간이라도 마음을 움직여 보려고 세 차례나 몹시 매질을 하였습니다. 김유리대 율리에타는 조금도 신음하지 않고 참아 받았습니다. 드디어 1839년 9월 26일 서소문 밖 형장에서 8명의 교우와 함께 참수 치명하여 동정과 순교의 월계관을 함께 받으니 그녀의 나이 56세였습니다.

(1784-1839, 1839.9.26.순교, 축일: 9.20, 궁녀, 기해박해 참수, 한국)

## 77. 성녀 전경협(全敬俠) 아가타는 어떤 분이신가요?
(순례길 148, 155)

1. **성녀 전경협(全敬俠) 아가타**는 서울 태생으로 부모가 모두 외교인이었습니다. 이미 어려서 아버지를 여의고 의탁할 곳이 없게 되자, 안형광이라는 궁녀에게 구제되어 그녀는 궁에서 자라게 되었습니다. 그녀가  결혼할 나이가 되자 그녀의 오빠가 그녀를 출가시키려 하였으나 거절당하였고, 이때부터 정식으로 궁녀가 되었다고 합니다. 그런데 관변 측 기록에는 그녀가 의방궁의 나인이었다고 하는데 아마도 정조(正祖)의 빈(嬪)이었던 의빈 성씨를 가리킨 것이 아닌가 생각됩니다. 궁내에서 그녀는 동료 궁녀인 **성녀 박희순(朴喜順) 루치아**와 가깝게 지냈습니다.

2. 그러한 관계로 박희순 루치아가 입교하게 되자 그녀도 따라 입교했습니다. 그러나 얼마 후 박희순 루치아가 궁내의 온갖 미신행위를 피해 밖에서 보다 자유로운 신앙생활을 영위하기 위해 병을 핑계로 출궁하게 되자, 그녀도 박희순 루치아의 뒤를 따르려 했지만 여의치가 않았습니다. 왜냐하면 오빠가 그녀의 신앙생활을 박해할 것이 뻔했기 때문입니

다. 그러나 그녀는 주님을 위해 괴로움 받기를 굳게 결심하고 드디어 병을 핑계로 궁을 나와 버렸습니다. 친척이라고는 모두 외교인이어서 하는 수 없이 박희순 루치아에게 의탁하게 되어 5-6년간 그들은 가난과 비참 가운데서도 서로 의지하며 지냈습니다.

3. 그녀는 궁녀 출신답게 옷차림이 아주 깨끗했고 몸가짐이 단정하였을 뿐만 아니라, 총명하고 강한 성격의 소유자였습니다. 항상 몸에 병이 있었으나, 천주께서 자신을 더욱 단련시켜 성덕에 나아가게 하기 위해 여러 가지의 병을 앓게 하셨다고 이를 감사해 하였습니다. 지난 날 풍요롭고 사치스럽던 궁궐의 생활을 조금도 그리워하거나 후회하는 일이 없었습니다. 도리어 고생을 낙으로 여겨 모든 역경을 잘 극복하고 기도와 묵상과 영적 독서를 부지런히 했습니다. 이와 같이 그녀의 표양이 겸손하므로 모든 교우들이 탄복할 뿐만 아니라 외교인들도 그녀를 사모하게 되어 입교하는 이가 많았다고 합니다.

4. 1839년 기해년에 박해가 일어나자, 그녀가 박희순 루치아의 집으로 피신했다는 기록으로 미루어 보아 이 무렵에 그녀는 박희순 루치아와 같이 살고 있지 않은 것이 분명합니다. 그러나 수삼 일이 못 되어 밀고자 김여상의 고발로 포졸들이 습격하여 집에 있던 사람들을 모조리 체포하니 그녀와 박희순 루치아 자매 외에도 8, 9명이나 되었습니다. 때는 4월 15일이었습니다. 포도청 감옥에 있던 그녀는 궁녀의 지위에 있었기 때문에 더 많은 문초와 더 혹독한 고문을 당하였습니다. 포도대장은 그녀에게 "너는 궁녀로서 다른 부녀자들보다 탁월한 자거늘 사도에 혹하였다고 하니 참말이냐?"하고 물었습니다.

5. "천주는 천사와 사람과 만물의 임금이시요, 주재자이십니다. 이 천주께서 우리를 창조하시고 기르시고 우리의 생명을 보존하여 주시고 착한 이를 상주시고 악한 이를 벌하는 것이며 그분이 우리의 대군 대부이십니다. 그러므로 나는 그를 흠숭하고 섬기는 것이니 결코 사도를 좇는 것이 아닙니다."라고 하면서 "재목 없이 어떻게 집이 서 있을 수 있겠습니까? 그러므로 만일 대들보가 집의 가장 중요한 재목이라면 우리를 보존하시는 천주는 하늘과 땅에 있는 모든 것을 창조하신 이가 아니십니까? 그러니 이러한 이유로 그를 공경하는데 무슨 죄가 있다고 하시겠습니까?하고 대답했습니다. 포도대장은 형벌을 가하기도 하고 혹은 감언으로 달래어 배교를 시키려고 여러 번 꾀하였으나 헛수고였으므로 그녀를 형조로 보내었고 형조판서도 포도대장과 같이 그를 다시 문조하였습니다.

6. "너는 궁녀로서 어떻게 나라에서 금하시는 일을 감행한단 말이냐? 천주를 배반하고 동료를 고발하고 네 책이 있는 곳을 말해라"하고 추궁하였으나 그녀는 "만 번 죽을지라도 그렇게 할 수 없습니다."하고 대답했습니다. 그녀는 다섯 차례나 삼릉장(세모진 방망이)으로 몹시 맞아 살이 헤어져 떨어져 나가고 뼈가 부러지고 피가 땅을 적시었으나 조금도

안색이 변하지 않고 이런 혹형을 참아 냈으며, 그녀의 변함없는 용기를 본 외교인들까지도 모두 놀라워하였습니다. 이때 그녀의 덕분으로 상당히 벼슬을 지내게 된 외교인이던 그녀의 오빠는 그 자리를 잃을 것을 걱정하여 거듭 찾아와서 동생에게 배교하기를 거듭 간청하였습니다. 그러나 그녀는 위험과 매를 견디어 나간 것과 같이 그의 간절한 청에도 넘어가지 않았습니다.

7. 이에 그 몹쓸 오빠는 동생을 독살하려고 꿀과 계란과 납으로 만든 과자를 동생에게 보냈습니다. 그녀는 수상한 생각이 들어서 그것을 먹기 전에 비녀로 찔러 보니 비녀가 과자에 닿자 빛이 변하였습니다. 그녀는 모든 것을 알아차리고 음식을 입에 대지 않았습니다. 이상은 그녀의 조카딸의 증언인데,「기해일기」에는 그녀가 독약이 섞인 음식을 모르고 먹었으나 독을 토하여 죽지 않았다고 기록되어 있습니다. 어쨌든 그녀의 오빠는 만일 동생이 형장에서 공공연하게 처형되는 날이면 그는 지위를 잃게 될 뿐만 아니라 패가망신하게 될 것이라고 생각하여 이것으로 단념하지 않고 형리 중에 으뜸 되는 자를 찾아가서 뇌물을 써서 동생을 매질하여 죽여 달라고 청하였습니다.

8. 형리는 이청을 받고 그녀를 형벌하였으나 죽이지는 않았습니다. 재판관도 이와 같은 끈기를 보고 놀라 "거 참 고약하군! 이 색시는 한마디만 하면 나가서 편안히 살 수 있을 텐데" 하고 말하였습니다. 그녀를 그다지도 몹시 학대하던 오빠의 딸인 조카딸은 "고문으로 인하여 받은 상처가 겨우 하루 사이에 나았을 뿐 아니라 흔적까지 씻은 듯이 없어졌다."라는 이야기를 하며, "그것은 참으로 기이하고 알아들을 수 없는 일"이라고 말하였습니다. 자기 오빠의 청에 의하여 자기는 죽을 때까지 옥에 갇혀 있게 되리라는 말을 들은 그녀는 순교의 영광을 얻지 못하게 되는 것을 섭섭히 여겨 지극히 겸손한 태도로 "이것 내 탓입니다. 나는 평생에 많은 죄를 지었고 공은 하나도 없으니까요."하고 말하였습니다.

9. 그러나 마음속에 깊이 피를 흘릴 희망을 버리지 아니하여 "모든 것이 천주의 명으로 되는 것입니다. 옥 안에서 죽는 것만 하여도 내게는 큰 은혜입니다. 그렇기는 하지만 그래도 칼을 받아 치명하였으면 합니다."하고 말하였습니다. 그런데 돌연 1839년 9월 26일 옥고 5개월 만에 동료 8명과 같이 서소문 밖 형장에서 참수 치명의 영광과 동정의 화관을 얻게 되니 인자하신 천주께서는 결국 그녀의 간절한 소원을 들어 허락하신 것입니다. 그녀의 나이 53세였습니다.

(1787-1839, 1839.9.26.순교, 축일: 9.20, 궁녀, 기해박해참수, 한국)

## 78. 성 조신철(趙信喆) 가롤로는 어떤 분이신가요?
(순례길 148, 155)

1. **성 조신철(趙信喆) 가롤로**는 덕철(德喆)이라고도 불리던 강원도 회양 사람으로 가족은 전부 외교인이 었습니다. 다섯 살 때에 어머니를 여의고 얼마 안 되는 가산은 아버지가 탕진하였으므로 앞길이 막연한
소년은 집을 떠나 절에 들어가서 머리를 깎고 스님들과 같이 몇 해를 지냈습니다. 그 후 환속하여 서소문 밖에서 거주하면서 이집 저집 다니며 머슴살이를 하면서 생계를 이어 나갔습니다. 하루는 북경에 왕래하는 사신의 하인으로 들어가지 않겠느냐는 말을 듣고 곧 승낙하여 동지사(冬至使)의 마부가 되었는데 그때 그의 나이 스물 셋이었습니다.

2. 그는 정직하고 사심이 없고 용감하여 동료들이 우러러 보는 모범이 되었으며, 사신의 종복 중에서 가장 훌륭하다는 평판을 들었습니다. 그는 약간의 금전을 절약하여 아버지와 형제를 도와주고 다시 여러 차례 북경을 왕래하였습니다. 이렇게 왕래하던 중 **성 유진길(劉進吉) 아우구스티노**와 **성 정하상(丁夏祥) 바오로**가 그를 눈여겨보고 입교시키기로 하였습니다. 그가 나이가 30세가 되었을 때 어떤 교우 집에 몰래 불려 갔습니다. 그 때 그에게 천주교에 대하여 처음으로 말을 꺼내는 일은 유진길 아우구스티노가 맡기로 했습니다. 저들이 맨 처음으로 이런 말을 하였을 때 그는 깜짝 놀라고, 몇 가지 교리를 풀어 주는 것도 어리둥절하여 무슨 말을 하는지 도무지 이해를 못하였습니다.

3. 그러나 며칠 동안 계속해서 가르치니 그의 정신이 신앙의 빛으로 향하여 전심으로 천주교를 믿기로 약속하였습니다. 그는 마두의 역부로서 연경에 들어가기를 15-16차례 하였는데, 1826년부터는 유진길 아우구스티노와 동행하게 되어 북경 신부를 만나보고 세례와 견진과 성체성사를 받는 행복을 누렸습니다. 조선에 돌아오자 그는 기쁨을 걷잡지 못하였고, 겸손과 인내와 천주께 대한 사랑으로 신입 교우들을 자기 힘닿는 데까지 애긍시사(哀矜施舍·가난한 이를 위해 재산을 행하는 것)로 도우면서 그중에서 뛰어난 존재가 되었습니다. 그는 자기 아내를 권유하는데 많은 노력을 기울여 마침내 그녀의 내키지 않았던 그녀의 마음을 움직여 입교시켰습니다.

4. 아내는 열심한 신자가 되었으나 얼마 후 아내가 선종하자, 열심한 여교우 **성녀 최영이(崔榮伊) 바르바라**와 재혼하여 아주 평안한 가운데 충실히 계명을 지키며 살았습니다. 참으로 헌신적인 그는 비천한 지위에 있으면서도 조선 천주교회에 대단히 많은 공헌을 하였으니, 그 활동력과 그의 이름은 정하상 바오로와 역관 유진길 아우구스티노의 이름과 함

께 더욱 빛난 존재라 할 수 있습니다. 그는 북경에서 영세한 이래 병술년(1826년)부터 북경 여행을 할 때마다 중국 신부를 파견해 줄 것을 간청해 마지않았습니다. 그 결과 9년 만에 결국 선교사 파견을 약속받아 중국인 유방제(劉方濟:중국 이름 余恒德, 파치피코) 신부를 위시하여 프랑스 신부들이 잇따라 입국하게 되었습니다.

5. 사실 그의 끊임없는 주선이 없었더라면 이같이 중대한 일이 여러 번 성사되기는 극히 어려웠을 것입니다. 또한 **성 나 베드로(모방) 신부**가 처음으로 지방에 성사를 주러 갔을 때에는 아직 신부가 말이 잘 통하지 않으므로 그의 통역이 되어 교우들이 성사를 타당하게 받도록 도운 일도 있었습니다. 조선 천주교회를 위하여 해마다 북경에 왕래하는 교우들을 언제나 앞장서서 인도하던 그는 오래전부터 예수 그리스도를 위하여 고통 받기를 진심으로 원하고 있었습니다.

6. 1839년 초에 귀국하는 길에 그는 꿈을 꾸었는데, 구세주께서 타불산 위에 계신 것을 보았습니다. 사도 성 베드로와 성 바오로가 모시고 있었는데, 예수는 그에게 말씀하셨습니다. "올해 순교의 큰 은혜를 내려주마" 그는 여러 번 감사 기도를 드리며 절을 하였습니다. 게다가 같은 꿈을 두 번이나 다시 꾸게 되자 깊이 감격하지 않을 수 없었습니다. 서울에 올라오자마자 박해의 진행 형세를 보고 그 신비로운 꿈이 오래지 않아 그에게 현실로 나타나리라는 것을 깨닫고 그는 순교를 준비할 생각을 하였습니다. 포교들이 그의 집에 들이 닥쳤을 때에 그는 마침 집에 없었는데, 집으로 돌아오면서 젖먹이들까지 데리고 가는 포교들을 만났습니다. 천주의 섭리의 명령을 앞질러 갈까 봐 감히 자수하지는 못하고 잡혀가는 교우들의 뒤를 따라 처음에는 사관청으로, 다음에는 포도청으로 갔습니다.

7. 군졸들이 구경꾼들을 모두 쫓아 버리는데 그는 혼자 남아있겠다고 고집을 부렸습니다. 등을 밀어 내는데도 저항을 하니, 어떤 사람이 물었습니다. "도대체 당신은 누구요?" 그러자 그는 대답했습니다. "나는 교우들이 잡힌 집의 주인이요" 이리하여 즉시 잡혀 포도대장 앞에 출두하였습니다. 그는 자기 집 돈으로 북경에서 사온 물건을 아직 처분할 시간이 없었습니다. 그래서 그것들은 모두 포졸들의 손에 압수되었습니다. 거기에는 서적, 묵주, 성패 등 교회에 필요한 물건이 꽤 있었는데 포졸들이 포도청에 갖다 바쳤습니다.

8. 포도대장은 그에게 그 출처를 물었습니다. 포도대장은 그것의 출처를 물으며 심문하였고 그는 이렇게 대답했습니다. "이 물건은 누구의 것이며 누가 그것을 장만해 오라고 네게 시키었으며, 같이 일을 꾀한 자는 누구냐?" "이 물건은 몇 해 전부터 북경에 왕래하여 장사하는 상품이올시다." "물건 주인과 공범자를 대라." "천주의 계명이 사람을 해하지 말라 하였으니 어떤 사람을 막론하고 도무지 고발할 수 없습니다." 그러자 포도대장은 "너

는 천주의 계명을 지킨다고 하면서 나라와 재판관이 네게 묻는 말에 거절한단 말이냐?" 하며 그의 팔과 다리를 주리 틀게 하고 공중에 매달고 마구 치게 한 후 질문을 거듭하였으나 그는 대답은 한결같았습니다.

9. **성 범 라우렌시오(앵베르) 주교**가 검거되었을 때, 그는 그와 무릎맞춤을 당하였습니다. 포도대장은 교회의 일을 책임지고 맡아 보는 그의 친구들과 또 정탐꾼들이 아직 찾아내지 못한 두 전교 신부의 처소를 대라고 강박하며 주리를 틀고 줄 톱질을 하며 삼롱장으로 다리를 사뭇 내리치게 하였습니다. 이와 같은 혹형을 당하기 무릇 네 차례였으나, 그는 오직 침묵을 지킬 뿐이었습니다. 재판관들은 어이가 없어 서로 수군거렸습니다. "저 사람은 몸은 살이 아니고 목석인가 보오." **나 베도로(모방) 신부**와 **정 야고보(샤스탕) 신부**가 붙잡힌 후 그는 그들과 같이 불려 나와 함께 금부(禁府·조선시대에 중죄인을 심문하는 일을 맡아하던 관아)로 옮겨 갔습니다.

10. 거기서 연 사흘 동안 문초를 당하고 세 차례에 걸쳐 곤장을 수없이 맞았습니다. 여기서 그는 신앙을 용감히 고백하고 증거하였을 뿐만 아니라 선교사 영접의 이유와 또한 그것이 결코 역적 행위가 될 수 없음을 명백히 하였습니다. 1839년 7월 21일 의금부에서 형조로 이송되어 소위 사서를 강습하여 일심으로 미혹하였다는 죄목으로 부대시참이 선고되었습니다. 그는 자기의 사형 집행일이 확정되었다는 소식을 듣고 한 옥졸에게 말하였습니다. "나는 좋은 데로 가니, 내 가족들에게 어김없이 나를 따라오라고 일러 주십시오." 이 옥졸은 몹시 서글픈 표정으로 그의 가족에게 그의 말을 전달하였습니다.

11. 그는 끝까지 참으로 훌륭하였습니다. 그는 11회나 고문을 당했는데 마지막 순간까지 참으로 안온하고 명랑하여 옥졸들과 웃고 농담을 주고받기도 했습니다. 형장으로 끌려가며 그는 얼굴에 아주 기쁜 빛을 띠고, 큰 소리로 기도를 하였습니다. 서소문 밖 형장에 이르러서는 8명의 교우와 함께 홀연히 웃으면서 칼을 받으니, 때는 1839년 9월 26일 그의 나이 45세였습니다. 여기서 조신철 가롤로에 대한 사형 선고문은 명나라 법률의 주문에 의한 것임을 알 수 있는데 다음과 같이 되어 있습니다.

12. 유회장 간의<형조 주청문 부록> 8월 19일(1839. 9. 26) <명나라 법은 주문과 마술에 관한 장에 이르러, 주문과 마술을 만들거나 그것을 전파하여 무리를 속이는 자는 참수를 당할 것이라고 하였고, 같은 법률에 사형 선고를 받은 자로서 선고의 재가를 받아야 하는 자에, 관헌장에 이르렀으되 열 가지 중죄 중에 하나를 범하였다는 확증이 드러나서 사형 선고를 받은 자는 지체 없이 형을 집행할 것이라 하였나이다. 그러므로 묘당에 보고하여 죄인 조신철을 지체 없이 집행하여야 할지 문의하였나이다. 대답은 "윤(允)이라"

하였다. 위의 법문을 베껴 신철을 이 법문대로 처단하기를 주청하였는바, 상께서는 "위의 법문대로 하라"는 대답이 계셨다.>

13. 정하상 바오로와 역관 성 유진길 아우구스티노가 참수 치명한지 불과 나흘이 지난 9월 26일 같은 형장에서 또 남녀 교우 9명이 처단되어 치명되었습니다. 이들의 순교일은 9월 26일에 해당되므로 사실상 우리는 그들의 순교일을 시성 이전에는 모든 복자의 축일로 지냈습니다. 이 날이 복자 축일로 추대된 것도 아마 79위 복자 중에서 9월에 순교한 이가 가장 많았고, 또 9월 중에서도 26일에 제일 많았기 때문일 것입니다. 어쨌든 9명의 순교자는 교회 고유의 전통대로 그들의 천상 탄일이 바로 그들의 축일로 택일되었다는 점에서 다른 성인들보다는 행운의 성인들이라 할 수 있습니다.

(1795-1839, 1839.9.26.순교, 축일: 9.20, 복사, 기해박해참수, 한국)

## 79. 성 김제준(金濟俊) 이냐시오는 어떤 분이신가요?
(순례길 148, 153, 155-156, 163)

1. **성 김제준(金濟俊) 이냐시오**는 우리에게 널리 알려져 있는 한국 천주교회의 최초의 신부 **성 김대건(金大建) 안드레아 신부**의 아버지이며, **복자 김진후(金震厚) 비오**의 손자입니다. 교회 내에서는 시명이라고
불리었는데 아마도 자(字)인 것 같습니다. 보명은 제인이라고 하며, 그는 원래 김해김씨 안경공파 가문의 충남 면천 땅 솔뫼 사람입니다. 김택현(金澤鉉)의 삼 형제 중 둘째 아들로 태어난 김제준 이냐시오는 백부(伯父)인 김종현(金淙鉉)에게 사학을 배웠다고 합니다. 솔뫼에서 이름 있고 유복한 이 집안이 천주교와 인연을 맺은 것은 이미 그 할아버지인 김진후 비오 때부터였습니다.

2. 김대건 안드레아 신부는 어려서부터 집안의 영향으로 신앙생활 속에서 성장하였습니다. 그의 집안에서 가장 먼저 천주교 신앙을 받아들인 이는 종조부인 김종현이었습니다. 그의 선교로 동생들인 김택현·김종한(金宗漢, 漢鉉, 안드레아)·김희현(金僖鉉, 루도비코)이 신앙을 받아들였습니다. 김대건 안드레아 신부의 증조부인 김진후 비오는 천주교 신앙을 외면하다가 아들들이 열심히 신앙생활을 하자 그도 천주교를 받아들였습니다. 이렇게 김대건 안드레아 신부의 집안이 천주교 신앙을 받아들이게 된 것은 인근 지역에 살던 **하느님의 종 이존창(李存昌, 루도비코 곤자가)**의 선교를 통해서였습니다.

3. 여기에 조부인 김택현(金澤鉉)이 이존창 루도비코 곤자가의 형의 딸인 이 멜라니아와 혼

인함으로써 김대건 안드레아 신부 집안의 신앙은 더욱 깊어졌습니다. 김제준 이냐시오의 할아버지 김진후 비오가 비로소 천주교 이야기를 듣고 벼슬을 버리고 이단을 끊고 외인 친구와 절교하고 마침내 입교하게 된 것은 나이 50세에 이르러서였습니다. 1791년 신해년 박해에 잡혀 처음으로 용감히 자백하였으나 웬일인지 풀려났습니다. 그 후에도 연달아 4-5차례 더 잡혀서 문초와 고문을 겪었고, 1801년 신유년 박해 때 다시 잡혔으나 불행히도 그때에는 배교를 하여 귀양가게 되었습니다.

4. 머지않아 귀양살이에서 돌아왔으나 1805년 다시 잡혀 해미 병영으로 압송되었습니다. 이번에 그는 신앙을 증거하였으나 그를 처형하지도 않고 그렇다고 석방하지도 않은 채 그대로 옥에 가두어 두었습니다. 그는 이렇게 감옥에서 허다한 괴로움을 감수해 내며 공공연하게 열심히 신앙을 지키다가 결국 옥에 갇힌 지 10년 만인 1814년 74세를 일기로 파란 많은 일생을 옥에서 마쳤습니다. 이처럼 김제준의 할아버지가 직접 순교까지 하였으나 신앙생활에 있어서 영향을 준 것은 할아버지보다는 오히려 그의 큰아버지였습니다. 사실 그는 본인이 입교하게 된 것이 큰아버지인 김종현(金淙鉉)이였음을 거듭 고백하고 있습니다.

5. 그러나 그가 신앙생활에 적극성을 띠기 시작한 것은 선교사가 입국한 뒤 그를 직접 찾아온 후부터였습니다. 선교사가 입국하기 시작한 1835년경에 이미 그의 일가는 솔뫼를 떠나서 경기도 용인으로 이사를 하여 살고 있었습니다. 그 이유는 정해박해를 피해 고향에서 신앙생활하기가 어려워져서라기보다는 자유롭게 천주님을 믿기 위하여 산중(용인골 배매실)을 택하게 된 것입니다. 이어 아버지가 사망하게 되자 그는 늙은 어머니를 모시고 처자와 함께 농사를 지으며 살아갔습니다. 그러던 중 서양 선교사가 나와서 **성 정하상(丁夏祥) 바오로**의 집에 유숙하고 있다는 소식을 듣고 상경하여 **정 야고보(샤스탕) 신부**를 찾아보고 그에게 이냐시오라는 세례명으로 세례와 견진을 받고 고향으로 돌아와서 회장의 직책을 맡아보며 교우를 열심히 권면하며 가르쳤습니다.

6. 그는 곧고 성실한 성격에 육체적으로도 건강하게 태어나 5-6명의 장정들도 능가할 만큼 기운이 센 장사였다고 합니다. 1836년 초에 **성 나 베드로(모방) 신부**가 남부 지방으로 내려가는 도중 그의 집(은이공소)에 들르게 되었습니다. 거기서 모방 신부는 16세 된 그의 아들 김재복(김대건)을 보고 제자로 삼기를 원하여 그는 아들을 기꺼이 바치게 되었습니다. 그 후 모방 신부는 김재복(김대건)을 장차 신부로 만들고자 그를 멀리 마카오로 유학시키게 되었습니다. 그가 잡힌 것은 기해년 1839년 9월 초순이었다고 전해질뿐이며 그 날짜는 확실치 않습니다. 진천 지방으로 내려갔던 포졸들이 돌아오는 길에 용인에 들

러 그를 잡아 서울로 데려왔다고 하는데 밀고자 김여상이 그의 집을 물으므로 먼저 잡은 그의 사위 곽씨를 앞세우고 갔다는 것입니다.

7. 그러나 관변 측 기록에 의하면, 9월 10일(음력 8월 7일)까지는 그가 문초를 받은 기록은 없습니다. 어쨌든 그는 처음 입교 후 바쁜 농사일로 착실히 신앙생활을 하지는 못하였으나 5-6년 전에 모방 신부를 만난 후부터 다시 열심히 신앙생활을 하게 되었습니다. 그는 모방 신부가 아들 김재복(김대건)을 제자로 삼으려 하기에 마지못해 이를 허락했고 또 우매한 나머지 모방 신부의 말을 믿고 아들을 타국까지 보내게 되었다고 거짓으로 말하였습니다. 또 지난 3월에 **성 조신철(趙信喆) 가롤로**를 통해 아들의 편지를 받아 보았다고 하였습니다. 이렇게 그의 아들이 국법을 어기고 외국으로 나간 사실이 드러나게 되니, 사건은 커지고 죄목이 극히 중해져서 이후 형벌이 일층 혹독해졌습니다.

8. 게다가 이와 같이 중대한 사건은 포청에 일임할 수 없다 하여 의금부로 보내어져 엄한 국문을 받게 되었습니다. 9월 13일(음 8월 13일) 심문에 이어 이튿날 신장(訊杖) 15대의 형벌을 받게 되어 그는 일시 배교하는 허약성을 드러내며 심문에 이렇게 대답합니다. "지금에 와서 네 자식을 생각하는 마음이 없느냐?" "어찌 생각하는 마음이 없겠습니까!" "그러한즉 뉘우치고 싶은 마음이 없느냐?" "지금 와서는 추후로 뉘우칩니다." 이에 그가 시골의 한 촌부로서 사학의 내용도 모르고 몸만 따를 뿐이었으며 지금에 와서 이 사실을 깨닫고 뉘우치게 되었다는 결론을 내린 끝에 석방은 되지 않고 그를 형조로 보내어 위법 처단하게 하였습니다. 그러나 옥에 있는 교우들은 그의 죄가 얼마나 큰가 하는 것과 그러한 배교도 그를 놓아주는 데에는 아무 소용이 없다는 것을 일러 주며, "놓아 주어 나가는 것은 꿈에도 생각지 마십시오. 당신은 의심 없이 처형될 것입니다. 그러니 마음을 돌려 당신이 거짓말한 잘못을 고백하고 재판관 앞에 나가 불신한 말을 한 것을 취소하고 치명자로 세상을 마치도록 하십시오."하고 거듭 권고하였습니다.

9. 영생의 길과 갈바리아로 올라가는 길에서도 사람은 넘어질 수가 있는 것이요, 비록 신앙이 확실한 교우일지라도 그럴 수가 있는 것입니다. 베드로는 용감한 사도였지만 세 번씩이나 주님을 배반하고 넘어졌고, 예수 그리스도께서 돌아보시는 시선에 부딪치자 다시 일어났습니다. 베드로처럼 그도 범죄 하기 전보다 더 강한 자가 되어 다시 일어났습니다. 그가 배교한 잘못을 깊이 뉘우치고 진심으로 통회하고 형관 앞에 이르러 앞서 배교한 사실을 취소하며 이렇게 말했습니다. "양인을 데려온 것과 자식을 외국에 보낸 것은 모두 천주를 공경하여 받들려는 까닭이었고, 일심으로 심혹하였으나 만사무석(萬死無惜·죄가 무거워 만 번을 죽어도 아까울 것이 없음)입니다." 이때 세 차례나 혹형을 당하였으나

그는 다시는 마음을 굽히지 않았습니다. 드디어 1839년 9월 26일 교우 8명과 함께 서소문 밖에서 참수 치명하니, 그때 그의 나이 44세였습니다.
(1796-1839, 1839.9.26.순교, 축일: 9.20, 회장, 기해박해참수, 한국)

## 80. 성녀 박봉손(朴鳳孫) 막달레나는 어떤 분이신가요?
(순례길 148, 155)

1. **성녀 박봉손(朴鳳孫) 막달레나**는 서울 태생인데 아직 외교인으로 15세 되던 해에 시골로 시집갔으나 딸 하나를 낳고는 과부가 되었습니다. 이어서 시부모마저 여의게 되니 하는 수 없이 친정으로 돌아왔습니다.  친정에 와보니 마침 김 체실리아라는 훌륭한 여교우가 계모로 와있어서 결국 계모의 권고와 가르침을 받아 1834년경에 입교하게 되었습니다. 증인 박 클라라는 외사촌 시누이인 박봉손 막달레나의 사람됨과 평소의 신앙생활을 회상하면서 이렇게 증언하였습니다. "시누이는 원래 굳센 성격이었으나 겸손하고 인내할 줄도 알고 천주님과 이웃에 봉사하는데 아주 열성적이었다. 견진도 받았고 해마다 두 번씩 규칙적으로 고해성사를 보고 성체성사를 받았다. 나도 시누이에게서 성체문답을 배웠다"라고 말하였습니다.

2. 친정으로 돌아온 지 얼마 안 되어 외삼촌 김사문의 곁방살이를 하게 되었는데 김사문은 계모의 오빠였습니다. 곁방살이의 신세가 얼마나 고단하고 비참했을지는 쉽게 상상할 수 있을 것입니다. 집은 작은 데다 가난한 사람, 늙은이, 어린이 등 10여 명이 동거하고 있었으므로, 마치 장바닥처럼 시끄럽지 않는 날이 하루도 없었습니다. 게다가 교우들의 왕래가 잦고 보니 번잡함이 그지없었습니다. 그러나 그녀는 그런 중에도 궂은일은 자기가 도맡아 하고 쉬운 일은 남에게 양보하면서 번잡한 중에서도 즐거워하였습니다.

3. 또한 불쾌한 기색을 드러내는 일이 없었으며, 도리어 영성에 있어서 자기의 본분을 소홀히 할까 두려워 할 뿐이었습니다. 이처럼 그녀의 애주애인(愛主愛人·하느님을 사랑하고 이웃을 사랑함)하는 열정과 마음속의 빛나는 덕행은 실로 측량하기 어려운 것이었습니다. 입교한지 불과 5년 만에 박해를 맞게 되었을 때, 아직 외삼촌과 함께 남대문 밖 이문골에 살고 있었는데 집안사람은 모두 피신했으나 그녀는 혼자 집을 지키며 포졸들이 오기를 기다렸습니다. 그러던 중 1839년 4월 중순경 외삼촌이 마침 집에 들르게 되니 포졸들이 달려들어 외삼촌과 그녀를 함께 잡아갔습니다.

4. 그녀는 오라(예전에 도둑이나 죄인을 묶는 데 쓰였던 붉고 굵은 줄)에 묶여 포도대장 앞

에 끌려 나와 첫 번째 문초를 받았습니다. "배교하고 집안사람들이 간 곳을 대라. 그리고 책과 동교인들을 대지 않으면 심하게 때리겠다."라고 포도대장이 으름장을 놓자 그녀는 "배교는 할 수 없고 집안사람은 저도 모르게 피신하였은즉 그들이 간 곳을 알 수 없으며, 동교인과 책에 대해서도 아는 바 없나이다."하고 대답하였습니다. 그러나 포도대장은 피신한 사람들의 행방을 알아내려고 형벌을 더하고 주리를 틀게 하고 나서, "네 집에 왕래한 사람이 많은 줄로 알고 묻는 것인데 어찌 모른단 말이냐?"라고 캐물었지만 그녀는 혹형 중에서도 침착하게 "과연 어떤 사람이 내왕했는지 모릅니다."라고 대답할 뿐 아무도 고발하지 않았습니다.

5. 형조로 이송된 후에도 형관이 이제라도 단념하면 놓아주겠다고 또 한 번 달랬으나 그녀는 "단념하려 했으면 벌써 포도청에서 했을 것인데 여기까지 온 것은 위주치명(僞主致命·하느님을 위하여 자기 목숨을 바침)하고자 함이니 국법대로 죽여주십시오."하고 다시 묻지 말라고 대답할 뿐 아무런 반응도 보이지 않았습니다. 옥고생활 6개월 만에 서소문 밖 형장에서 8명의 교우와 함께 1839년 9월 26일 참수 치명하니 그녀의 나이 44세였습니다. 그녀의 올케는 그녀가 형장에서 세 번째 칼에 쓰러졌다는 증언을 남겨 놓았습니다.

(1796-1839, 1839.9.26.순교, 축일: 9.20, 과부, 기해박해참수, 한국)

## 81. 성녀 홍금주(洪今珠) 페르페투아는 어떤 분이신가요?
(순례길 148, 155)

1. **성녀 홍금주(洪今珠) 페르페투아**는 서울에서 태어나, 어려서 부모를 여의고 할머니 밑에서 자랐습니다. 10여 세에 약간의 천주 교리는 알았으나, 15세에 외교인에게 출가하면서 신앙이 냉담해져 외교인과 다름   없이 지냈습니다. 그녀는 성품이 굳세고 활달할 뿐더러 도량이 넓어 외양에 남자 같은 기상이 있었습니다. 젊어서 남편과 사별하게 되니 집도 재산도 없는지라, 어린 자식 박호랑 하나를 데리고 여기저기 교우 집을 돌아다니며 의탁하면서 생계를 이어갔는데, 한편으로는 교리도 익히고 조그마한 일에 봉사하는 것으로 만족하였습니다. 그러다가 의지하던 아들 박호랑 마저 잃게 된 후로는 미나리골에 사는 최필립보의 행랑에 방 한간을 얻어 들었습니다. 여기서 성사를 받고 열심히 묵상할 때와 기도할 때면 언제나 눈물을 흘려서 같이 있던 사람들도 감격하여 신심을 더하게 되는 이들이 많았습니다.

2. 유 바르바라의 증언에 의하면, 하루는 그녀가 "내 소원은 붉은 옷을 입는 것이다"라는 말에 "그 말이 무슨 뜻이냐?"라고 물었더니, "순교가 바로 나의 소원이다"라고 대답했다고 합니다. 돌연 1839년 기해박해가 일어나 그녀의 소원이 성취될 날이 다가왔습니다. 그때 사람들은 그에게 피신하도록 여러 번 권했으나 끝끝내 듣지 않았습니다. 결국 1839년 4월 하순경에 포졸들이 최필립보의 집에 침입하여 그의 동생 야고보와 아내를 잡아갈 때 그녀도 함께 잡혀갔습니다. 그녀는 배교를 거부하고 교우들을 대라는 명령을 듣지 않았으므로 주리를 틀렸습니다. 그러나 신음도 하지 않고 이 혹형을 잘 견디었습니다. 또 하루는 포졸들이 저희들 멋대로 그를 특별한 옥으로 끌고 가서 옷을 벗겨 대들보에 매달아놓고 능욕하고 비소(非笑·남을 비방하거나 비난하여 웃음)하며 매를 무수히 때려보았으나 그녀는 태연자약하여 얼굴빛도 변하지 않았습니다.

3. 끝내 굴복하지 않았으므로 사흘이 지난 후 형조로 이송되었고, 형조에서도 세 번이나 다리에 곤장을 맞았습니다. 그러나 조금도 마음을 움직이지 않았습니다. 이에 사형선고를 받고 옥으로 끌려가 집행 때까지 갇혀 있어야 했습니다. 삼복더위가 겹쳐 4, 5차례나 염병을 앓아야 했으나, 다행히 병이 낫자, 그녀는 옥중 교우들의 상처의 고름을 씻어 주기도 하고, 이도 잡아주며 온갖 시중을 들었습니다. 이처럼 남 돌보기를 자기 몸보다 더하는 그녀를 옥중의 교우들은 친누이처럼 신뢰하게 되었습니다. 옥에 있은 지 6개월 만인 1839년 9월 26일 서소문 밖 형장에서 8명의 교우와 함께 참수 치명하니 그녀의 나이는 36세였습니다.

(1804-1839, 1839.9.26.순교, 축일: 9.20, 과부, 기해박해참수, 한국)

## 82. 성녀 김효임(金孝任) 골룸바는 어떤 분이신가요?
(순례길 148, 155-156)

1. **성녀 김효임(金孝任) 골룸바**는 **성녀 김효주(金孝珠) 아녜스**의 언니로 서울 근교 밤섬의 한 부유한 가정에서 6남매 중 셋째로 태어났습니다. 부친을 여읜 후 가족과 함께 입교하여 중국인 유방제(劉方濟: 중국 이름 余恒德, 파치피코) 신부에게 세례성사를 받았고, 그 뒤에 두 여동생, 김 클라라와 김효주 아녜스와 함께 동정을 지키기로 결심하였습니다. 매주 두 차례씩 대재[大齋·금식재(禁食齋)를 말함]를 지키면서 병약자들과 가난한 이들을 성심껏 돌보아주어 그 덕행과 아름다운 모범에 교우들뿐 아니라 외교인들까지 감탄하였습니다.

2. 그러던 중 1839년 기해박해가 일어나자 그해 4월 이사해 살고 있던 경기도 고양 땅 용머리에서 동생 김효주 아녜스와 함께 체포되어 서울로 압송되었습니다. 포도청에서, 남동생 김 안토니오의 피신처와 교회 서적을 감춘 곳을 캐내려는 관헌에게 매우 혹독한 고문과 형벌을 받았습니다. 동생과 함께 학춤이라는 혹형 이외에 불에 달군 쇠꼬챙이로 몸의 열세 곳을 지져대는 잔혹한 고문을 당했으며, 옷을 벗긴 채 남자 죄수의 방에 넣어지기도 하였습니다. 하지만 남자 죄수의 방에서는 갑자기 신비스러운 힘이 생겨 흉악한 죄수들이 감히 두 자매를 범할 수 없었습니다.

3. 이렇게 포도청에서의 혹형과 고문을 이겨낸 그녀는 김효주 아녜스와 함께 형조로 이송되었으며, 형조판서의 신문에 겸손하고 영리하게 대답하여 형조판서를 감동시켰습니다. 신문 후 포도청에서의 불의한 고문과 능욕에 대해 항의하여 결국 자신과 동생에게 능욕을 가한 포졸들은 귀양가게 되었습니다. 그 뒤 5개월 동안 옥에서 병과 고통과 싸우며 순교를 준비하던 중, 1839년 9월 26일 서소문 밖 형장에서 8명의 교우와 함께 참수형을 받고 20여 일 먼저 순교한 동생 김효주 아녜스의 뒤를 따라 장렬하게 순교하여 천상의 신랑이신 주님의 품으로 올라갔습니다. 그때 그녀의 나이는 26세였습니다.

(1814-1839, 1839.9.26.순교, 축일: 9.20, 동정녀, 기해박해참수, 한국)

## 83. 성녀 김 루치아는 어떤 분이신가요?
(순례길 151, 155)

1. **성녀 김 루치아**는 서울의 가난한 가정에서 태어났는데 태어날 때부터 몸이 불구였으며, 그래서 김 루치아는 교우들 사이에 '꼽장할멈'으로 통했습니다. 그녀는 장성하여 외교인에게 출가하였으나 남편이 다른  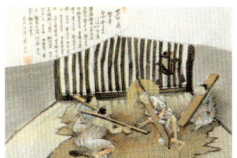 교우와의 상종을 막고 교우의 본분을 지키는 것을 방해하므로 그녀는 이것을 너무 비관하여 남편을 버리고 여러 교우 집으로 피해 다녔습니다. 교우들은 김 루치아를 기쁜 마음으로 받아들였습니다. 김 루치아는 집안일을 도와주고 아이들과 병자와 허약자를 돌보며 그 은혜에 보답하고 자기의 열성으로 사람들을 감화시켰습니다. 그리고 좋고 궂은 일을 가리지 않고 했습니다.

2. 그녀는 무식한 부인이었지만 천주를 전심으로 사랑하고 영혼 구하기에 열중하여 여러 외교인을 입교시켰습니다. 그녀의 논지와 대답은 상식이 풍부하고 독특한 것이었습니다. 한번은 어떤 양반 외교인이 물었습니다. "지옥이 그렇게 좁다고 하니 어떻게 사람을 그

리 많이 집어넣을 수 있을꼬." 그러자 김 루치아는 "당신의 그 작은 마음이 비록 만권 서적을 품고 있어도 그것 때문에 좁다고 생각하신 적은 한 번도 없지요."하고 대답하였습니다. 이 말을 들은 그는 대답할 말이 없어 "천주교인들은 무식한 사람도 모두 조리 있는 말을 한단 말이야."하고 중얼거리며 물러갔습니다.

3. 김 루치아가 71세 되던 1839년 4월 중순에 잡혀서 옥으로 끌려가게 되었는데, 그곳에서도 병자를 도와주며 얼마 안 되는 자기 돈을 그들에게 나누어주었습니다. 포도대장이 교우들의 이름과 주소를 대라고 하자, 그녀는 아무 말도 할 마음이 없고 죽기로 작정하였노라고 하며 "나는 아무 것도 모릅니다. 다만 죽기가 원입니다."라며 "이 이상 더 강박하지 마십시오. 나는 교우이니 어서 형장으로 보내주십시오. 즐거이 가겠습니다."하고 대답했습니다. 김 루치아는 태형(笞刑) 30대를 맞았는데 매가 그의 마른 몸에 닿을 때마다 마치 뼈를 때리는 것같이 소리가 났다고 증언하였습니다.

4. 이 형벌을 받은 후에 다시 옥에 갇혔는데 옥안에 들어오자마자 기진하여 쓰러져서 다시는 일어나지 못하였습니다. 1839년 7월 초순경 그녀는 옥에 함께 갇혀있던 여 교우들의 간호를 받으며 예수 마리아를 부르면서 71세의 고령으로 운명하였습니다. 순교자들의 영혼에서 우러나는 것은 가장 고결한 신앙과 용기라는 것에는 의심할 여지가 없습니다. 그러나 이러한 것을 보잘 것 없는 여인에게서 발견한다면 회장이나 혹은 공소의 으뜸 되는 교우에게서 발견할 때보다 우리는 한층 더 감동을 받게 됩니다.

5. 김 루치아를 보면 우리는 이와 같은 생각을 깊이 하게 됩니다. 그녀는 오주 예수께 대한 그토록 깊은 사랑과 영웅적인 신덕을 대체 어디서 얻었던 것일까? 물론 이와 같은 높은 성덕에 달하고 거기에 머물러 있기 위해서는 천주님의 은총이 필요하였을 것입니다. 그러나 이 은총은 또한 열렬한 신심과 진실한 겸손에 의하여 그녀에게 내려졌을 것입니다. 그녀는 우리가 알고 있는 성모 마리아의 노래 "당신 종의 비천함을 굽어보셨기 때문입니다. 이제부터 만세가 나를 복되다 하리니. 전능하신 분께서 나에게 큰일을 하셨기 때문입니다."(루카 1.48-49 참조)라는 성경 구절을 자연 되풀이하게 됩니다.

(1769-1839, 1839.7월 순교, 축일: 9.20, 과부, 기해박해옥사, 한국)

## 84. 성녀 이 가타리나는 어떤 분이신가요?
(순례길 151, 155)

1. **성녀 이 가타리나**는 1783년에 태어나 어려서 부모와 함께 입교하였고, 14세 때 조(趙)씨 성을 가진 외교인과 혼인하여 3남매를 두었습니다. 남편이 먼저 세상을 떠났는데 이때 남편은 그녀의 권고로 대세를 받   아 선종하였습니다. 3남매 중에서 맏딸인 **성녀 조 막달레나**가 제일 열심이었습니다. 외인 친척들이 천주교 믿는 것을 매우 반대했음에도 불구하고 조 막달레나는 어머니 이 가타리나 곁에서 부지런히 기도문을 배우고 7, 8세가 되어 외가로 온 후에도 더욱 부지런히 교리서를 읽으며 교리 설명을 들었습니다. 그리고 매일 아침 일찍 일어나 기도를 바쳤습니다. 그렇게 하기를 하루도 빠진 적이 없을 만큼 대단히 열심이었다고 합니다. 이 가타리나는 딸이 장성함에 어떤 교우에게 시집보내려 했으나, 딸은 그것을 거절하고 어머니에게 동정 지킬 원의가 있음을 고백하였습니다.

2. 이 가타리나는 딸의 소원을 이해할 만큼 열심하기는 했으나 외교인들이 이것을 이상히 여기고 의심할 것 같고, 또 자기가 죽을 경우 딸을 아무 의지할 곳도 가족도 없이 버려두는 것이 염려가 되어, 그 연유를 딸 성녀 조 막달레나에게 설명하여 주었으나 딸을 설득시키지는 못하였습니다. 1838년 말 자신이 살던 고장에 박해가 일어나자 그녀는 집과 재산을 버리고 자녀들과 함께 서울로 올라가 조 바르바라의 집에서 같이 살았습니다. 그러던 중 1839년 기해박해 때 주인집 세 모녀 그리고 자신의 큰딸 조 막달레나와 함께 체포되었습니다. 103위 한국 순교성인 중에서 이름 없는 분으로 일곱 성녀가 있는데 그 중 두 분이 이 가타리나와 조 막달레나입니다.

3. 서소문 밖 형장에서 참수 치명되어 피를 흘리며 찬란하게 그들의 순교를 완성한 사람들이 있습니다. 그런가 하면 비록 사람들의 눈에는 그렇게 찬란하게 비치지 않았으나, 그들 못지않게 용감하고 항구하게 신앙을 증거한 결과 감옥에서 조용히 숨을 거둔 증거자들도 여러분 있었습니다. 이들은 어머니와 딸이 함께 붙잡혀 같은 옥에 갇혔다가 비슷한 시기에 예수 그리스도를 위하여 죽었습니다. 그들의 생애와 그들이 받은 형벌은 이 세상에서 가난하고 비천하게 살고 옥에서 죽음을 맞이한 것이었지만, 하느님께서는 천국에서 불멸의 부와 영광을 그들에게 주신 것입니다. 이 모녀의 생애에 관해서는 오늘날 「기해일기」밖에 전해지는 기록이 없으니 애석한 일입니다. 이 가타리나는 모진 고문과 주리를 당하고 3개월의 모진 옥중 고통으로 염병에 걸려 1839년 9월 하순 옥중 선종하니,

그때 그녀의 나이는 57세였습니다.
(1783-1839, 1839.9월 순교, 축일: 9.20, 과부, 기해박해옥사, 한국)

## 85. 성녀 조 막달레나는 어떤 분이신가요?
(순례길 151, 155)

1. **성녀 조 막달레나**는 **성녀 이 가타리나**의 맏딸입니다. 아버지를 여읜 후 천주교의 어떤 규칙도 지키는 것을 엄금하는 친척들과 같이 살게 되었습니다. 그러자 어머니 이 가타리나와 조 막달레나는 외할머니에게   돌아와 그들의 영혼을 더 자유롭게 돌보기로 결심하였습니다. 조 막달레나는 어머니의 가르침을 고분고분하게 들어 열심히 배워 천주와 이웃을 사랑하는데 빠른 진보를 보였습니다. 매일 이른 새벽에 일어나 신심의 일을 다 한 다음에 열심히 집안일을 돌보며 바느질과 길쌈으로 어머니와 어린 동생을 부양하였습니다. 그녀는 일상생활에도 이처럼 규칙적으로 모든 일을 부지런히 하였습니다.

2. 조 막달레나의 나이 18세에 어머니는 딸을 교우에게 출가시키려 하자 그녀는 비로소 어머니에게 수정(守貞)할 소원을 간절히 표명했습니다. 그러나 어머니는 여러모로 타이르고 마침내는 성을 내어 꾸짖기도 하였으나 아무런 효과도 없었습니다. 이 처녀에게는 천주님께 몸을 바치는 것이 가장 행복하고 안전한 장래로 생각되었던 것입니다. 조 막달레나는 집안과 싸우고 외교인에게 의심을 받고 하는 것을 피하기 위해 서울로 올라가 어떤 교우집의 하인으로 들어갔습니다. 그러나 쉴 틈조차 없는 노동과 음식이 넉넉지 못하여 이내 지쳐서 병에 걸려 자리에 눕게 되었습니다.

3. 조 막달레나는 병 때문에 도리어 천주께 봉사하고 자신의 영혼 구원을 추구하는데 장애가 되지 않을까 염려가 되었습니다. 그래서 도리에 밝은 교우에게 이 일을 상의하고 병이 나은 뒤에는 일이 조금 덜 고된 다른 교우 집으로 갔습니다. 여기서 곁방살이를 하며 생계를 이어나갔는데 자신을 위해서는 극히 필요한 것 외에는 절약하며 시골에 있는 어머니와 동생들의 생활을 도왔습니다. 그리고 집주인에게 복종하고 만족을 주기 위해 최신을 다하였습니다. 그렇다고 해서 기도를 걸하는 적도 없었기에 보는 이들이 모두 감탄하였습니다. 이렇게 여러 해를 지내다 나이 서른 살이 지나자 이제는 혼담을 이야기할 사람도 없으리라고 생각하고 어머니 곁으로 돌아와 효성과 열심한 자선사업으로 그들의 모범이 되었습니다.

4. 교리를 모르는 이에게는 교리를 가르쳐 주고, 병자들은 간호하고 위로해주고, 죽어가는 어린아이들에게는 대세를 주었습니다. 또 남을 험담하는 일이 결코 없었습니다. 그녀는 온화하고 겸손하고 자기를 잊을 정도로 헌신적이어서 쉬운 일은 남에게 시키고 힘든 일은 자기가 도맡아 하였습니다. 그녀는 자기 고생을 돌보지 아니하였고 박해로 인하여 당할 수 있는 위험을 조금도 개의치 않았습니다. 그녀가 어찌나 여러 가지 일을 했던지 사람들은 여자 몸으로 그렇게 많은 일을 하는 것을 이해하기 어려울 지경이었다고 합니다. 지방관청에서는 교우들이 못 견디도록 괴롭히기도 하고, 또 박해의 소문이 나돌기 시작하여 위험이 더 급박해졌으므로 조 막달레나는 어머니를 모시고 서울로 올라와 살기로 하였습니다.

5. **성 범 라우렌시오(앵베르) 주교**는 조 막달레나 모녀가 정처 없이 아주 비참하게 지낸다는 소식을 듣고 몇몇 회장에게 분부하여 교우 집에 살도록 주선해주었습니다. 모녀는 주교의 이러한 자비심에 무한한 감사의 정을 느끼며 회장이 주선한 조 바르바라의 집으로 갔습니다. 그런데 이 집에는 조 바르바라와 그의 두 딸이 함께 살고 있었는데 그들의 신세도, 조 막달레나의 경우와 비슷하였습니다. 조 막달레나 모녀가 안심하고 지낸 것은 불과 5, 6개월에 지나지 않았습니다. 조 막달레나가 모면하려던 박해는 다른 어느 지방보다도 서울에서 더 심했습니다. 모녀는 용감하게 박해를 당할 작정을 하였습니다.

6. 하루는 여러 친구들이 모여 포졸들이 주교 계신 곳을 알아내려고 사방으로 찾아다닌다는 것을 이야기하고 있을 때 "만일 주교께서 잡히시면 우리도 자수하도록 합시다."하고 한 사람이 말을 내니 조 막달레나는 힘찬 목소리로, "예, 자수하는 것이 관계없다면 우리 예수님과 우리 주교님의 뒤를 따르기 위하여 그렇게 합시다."하고 부르짖었습니다. 그러나 이들이 자수할 필요도 없이 한 달이 못된 1839년 7월 초 어느 날 수많은 포졸들이 달려들어 주인집 세 모녀와 조 막달레나 모녀를 체포해 갔습니다. 포도대장이 그들을 불러 문초하고 각각 주리 한 번을 틀게 한 다음 옥에 가두게 하였습니다.

7. 그런데 감방은 좁은데다가 교우들로 가득 차 있었고, 시기가 아주 무더운 한 여름이어서 열병이 발생하였습니다. 수 주일 동안 옥고 생활을 하던 중 두 모녀는 마침내 이 열병에 걸려 1839년 9월 하순 며칠 사이를 두고 차례로 천주님을 찬미하면서 세상을 떠났습니다. 이렇게 옥중에서 선종하니 그녀의 나이 33세였습니다. 그의 피는 그녀가 '우리 예수'라고 부르던 그 분을 찾아 들었으니, 그의 초자연적 사랑으로 간절히 원하던 것이 이것으로 이루어 진 것입니다.

(1807-1839, 1839.9월 순교, 축일: 9.20, 동정녀, 기해박해옥사, 한국)

## 86. 성 유대철(劉大喆) 베드로는 어떤 분이신가요?
(순례길 151, 155)

1. **성 유대철(劉大喆) 베드로**는 역관 **성 유진길(劉進吉) 아우구스티노**의 장남으로 서울에서 태어났습니다. 이 집안은 이상하게도 부자(父子)는 열심히 천주교를 믿는 반면에 모녀(母女)는 믿기는 커녕 이를 반대하여 가정에 불화가 그칠 날이 없었습니다. 그의 어머니는 끝내 외교(外敎)를 고집하여 자기 아들이 기도하는 것을 방해하고 조상숭배에 다시 끌어넣으려고 하는 일이 종종 있었습니다. 유대철 베드로는 이런 처지에 있었으며, 모든 신심의 의무를 충실히 행하는 그는 끊임없이 어머니와 누나의 방해를 받았고, 자주 견디기 어려운 집안의 박해를 받았습니다.

2. 그의 어머니와 누나가 "어째서 너는 부모의 말에 순종하지 않고 하지 말라는 일을 고집하느냐?"하고 말하면 그는 할 수 있는 일이라면 복종하겠으나 하늘의 임금, 만물의 주인의 법을 따르는 것이 옳지 않느냐고 온화하고 상냥하게 대답하였습니다. 그뿐만 아니라 어린아이의 입에서 감명을 주는 이 말과 함께 어머니와 집안사람들을 어루만지는 다정한 말도 잊지 않곤 하였습니다. 천주 앞에서 어머니의 눈이 어두움을 한탄하면서도 어머니께 대하여는 언제나 지극한 효성을 보여주었습니다. 박해가 발발하자 그는 마음속에 순교하고자 하는 열렬한 욕망이 생겨남을 느꼈습니다. 증거자들이 보여주는 꿋꿋한 마음의 훌륭한 본보기는 그의 마음에 불을 질러 놓았습니다.

3. 당시 아버지 유진길 아우구스티노도 옥에 갇혀 있었습니다. 그리하여 아버지가 체포된 후 천주께 대한 열광적인 사랑에 끌려 유대철 베드로도 1839년 8월 관헌들에게 자수하였습니다. 재판관은 그의 집안 내력을 자세히 물어보고 교우의 자식임을 알게 되자 옥에 가두게 하였습니다. 그는 곧바로 법정에 끌려 나갔습니다. 그리고 그에게 한마디만이라도 배교한다는 말을 하게 하려고 어르고 엄포하고 고문하는 등 수만 가지 방법을 사용하였습니다. 그리고 옥사쟁이들은 법률에도 없는 오직 형리의 무자비한 혹형을 그에게 가하였습니다. 몸이 갈기갈기 찢기고 사방에서 흘러내리는 자기 피를 보는데도 이 용감한 어린이의 마음은 흔들리지 않았습니다.

4. 관헌들은 옥중에서 자주 다른 형벌을 가했습니다. 하루는 어떤 포졸이 구리로 된 담뱃대 통으로 그의 허벅지를 들이박아 살점을 한 점 떼어내면서 소리쳤습니다. "이래도 천주교를 버리지 않겠느냐?" 그러자 그는 "그러믄요. 이것쯤으로 배교할 줄 아세요?"하였

습니다. 그러니까 포졸들은 벌겋게 달구어진 숯 덩어리를 집어가지고 입을 벌리라고 하였습니다. 그가 "자요."하고 입을 크게 벌리니 포졸들은 놀라 물러나고 말았습니다. 다른 교우들이 그에게 "너는 아마 많은 괴로움을 당한 줄로 생각하겠지만 큰 형벌에 비하면 이것은 아무것도 아니다."하고 말하자 그는 "저도 알아요. 이건 쌀 한 말에 대해서 한 알 같은 것이요."하고 대답하였다.

5. 그 후 고문을 다한 끝에 까무러친 그를 데려와서 다른 죄수들이 정신을 들게 하느라고 허둥지둥할 때 그가 말한 첫마디는 죄수들과 형리들을 놀라게 했습니다. "너무 수고를 하지 마시오. 이런 것으로 해서 죽지는 않을 거예요." 그가 자기 몸에서 헤어져 매달려 있는 살점을 떼어서 재판관들 앞에 던지며 웃으니, 관원들은 모두 치를 떨었습니다. 감옥에서는 그 어린 나이에 사도의 직분을 행하여 연약한 자들을 위로하며 배교한 자를 회개케 하니 한번은 어떤 자에게 "당신은 회장이고 어른인데 나는 어린아이입니다. 당신이 나를 보고 잘 참아 받으라고 권면해야 옳은 터인데 도리어 내가 어른인 당신을 권면하니 부끄럽지 않습니까? 빨리 회개하여 예수를 위해 죽으십시오."하였습니다.

6. 겨우 열세 살밖에 되지 않은 어린아이에게 이와 같은 혹형을 가했다는 이야기를 들으면 혹시 너무 과장하는 것이나 아닌가 하고 생각될 수도 있을 것입니다. 그러나 혹독한 고문과 그의 용맹을 목격한 증인은 열 명이 넘으며 그들 증인은 천주님 앞에 맹세를 한 후에 그 사실을 단언한 것이니 우리에게 남은 것은 오직 이와 같이 훌륭한 용기 앞에 깊이 머리를 숙이는 것뿐입니다.

7. 당시 박해상황을 보면 이미 자수한 **성 범 라우렌시오(앵베르) 주교**는 남은 두 신부마저 자수한다면 반드시 박해가 끝날 줄로 확신하였기 때문에 "착한 목자는 자기 양을 위해 목숨을 바칩니다. 아직 배로 떠나지 않았으면 포교 손계창에게 자수하십시오."하며 두 신부에게 스스로 나타날 것을 분부하였습니다. 그러나 주교의 이러한 희망과 기대와는 달리 세 선교사의 순교 후에도 박해는 여전히 계속되었습니다. 뿐만 아니라 공교롭게도 이 무렵 조정의 세도 싸움에서 이지연이 물러나고 대신 조인영이 우의정이 되어 정권을 장악하게 되니 박해는 도리어 더욱 치열해졌습니다. 풍양 조씨의 중심인물로 안동 김씨의 세도정치에 대결했던 조인영은 천주교인에 대해서도 아주 무자비하고 잔인했다고 합니다. 이제 와서 보니 교인들에게는 구관이 된 이지연이 도리어 명관으로 생각될 정도였습니다. 교우들에게 교수형이 집행되기 시작한 것도 이 무렵의 일이고 조인영이 그것을 지령했을 것이라고 합니다.

8. 유대철 베드로를 아무리 가혹한 형벌을 가해 보았지만 시종일관 굴복하지도 않고 죽

지도 아니하였습니다. 10여 세의 미성년을 형장으로 끌고 가서 공공연하게 목을 벨 수는 없었습니다. 법이 허락하지 않아서 만이 아니라 이로 인해 민중에게서 일어날 결과가 더욱 무서웠기 때문입니다. 때마침 교우들에게 교수형을 실시하라는 지령이 내려지자 1839년 10월 31일 형리가 옥안으로 들어와 상처투성이가 된 그 가련한 작은 몸뚱이를 움켜잡고 목에 노끈을 둘러 감아 이 영웅적 소년을 졸라 죽였습니다. 이때 그의 나이는 13세였습니다. 그는 조선 천주교회의 103위 한국 순교성인 중 가장 어린 순교자이며, 가장 훌륭한 순교자 중 한분이십니다. 유년 시절을 겨우 벗어난 이 땅의 작은 천사가 벌써 구세주가 마신 술잔을 마시며 예수 그리스도의 이름을 두려움 없이 증거하는 이 모습을 우리 신앙 후손들은 가슴에 깊이 새겨 두어야 합니다.

(1827-1839, 1839.10.31.순교, 축일: 9.20, 소년, 기해박해교살, 한국)

## 87. 성녀 유소사(柳召史) 체실리아는 어떤 분이신가요?
(순례길 151, 155, 183)

1. **성녀 유소사(柳召史) 체실리아**는 서울에서 태어나 스무 살 되었을 때 경기도 양근 지방 마재에서 사는 상처한 **복자 정약종(丁若鍾) 아우구스티노**와 혼인하였습니다. 정약종 아우구스티노는 명도회의 첫 회장   이었습니다. 교회 초창기의 열심한 교우의 한 분이였던 만큼 남편의 권고로 출가 온 지 불과 삼년 만에 입교하여 남편과 함께 열심히 신앙생활을 하였습니다. 1800년 양근 지방에 박해가 일어나자 그녀는 남편을 따라 서울로 피신해 왔습니다. 이때 어린 자녀와 함께 **복자 주문모(周文謨) 야고보 신부**로부터 영세를 받았습니다.

2. 다음 해 신유년 서울에서 큰 박해가 일어나서 이 박해로 남편 정약종 아우구스티노와 전처의 아들 **복자 정철상(丁哲祥) 가롤로**가 순교하였습니다. 이때 그녀도 잡혀 어린 자식들을 데리고 옥에 갇혔다가 얼마 후 석방은 되었지만 이미 가산은 몰수되어 의지할 곳이 없었습니다. 그녀는 큰 딸과 일곱 살의 **성 정하상(丁夏祥) 바오로**와 다섯 살의 **성녀 정정혜(丁情惠) 엘리사벳** 이렇게 어린 3남매 외에도 전처의 자부와 그 아들 등 모두 5명을 돌봐야 하는 막중한 책임이 있었습니다. 친척들은 한결같이 죽음이 두려워서 그들을 맡으려 하지 않았습니다.

3. 그럼에도 불구하고 남편의 친구가 그들을 마재로 데리고 와 시동생 정약용(丁若鏞) 요한의 집에서 붙어살았습니다. 시숙들은 차마 그들을 내쫓지는 못했으나 그들을 도우려 하

지도 않았으므로, 이때부터 그녀에게는 빈궁과 시련의 날이 시작됐습니다. 얼마 안 되어 12세의 큰 딸과 자부와 조카를 잃게 되니, 오직 그녀는 슬하의 남매를 키우는 것을 낙으로 삼고 의지하며 지내던 중, 아들 정하상 바오로 마저 부득이 교회 일로 서울에 가게 되었습니다. 모녀는 주님의 안배에 전 소망을 걸고 빈궁을 참아 냈으니, 그 사이 모녀가 겪은 고통은 어찌 다 형언할 수가 없었습니다.

4. 어느 날 밤 그녀는 꿈을 꾸었는데 꿈에서 남편 정약종 아우구스티노로부터 이런 말을 들었습니다. "나는 천국에서 방이 여덟이 있는 집을 하나 지었는데 다섯은 벌써 차고 셋만 남았소. 그러니 생활의 곤궁함을 잘 참아 받으시오. 그리고 꼭 우리를 만나러 오도록 하시오." 과연 그들의 가족은 여덟 식구에서 다섯이 죽었습니다. 이 꿈은 나중에 꼭 들어맞았지만 그때 그녀의 가슴에 깊은 신앙을 박아주고 그녀의 용기를 북돋아 주었습니다. 그녀의 아들 정하상 바오로는 선교사들을 조선에 잠입케 하려는 중대한 계획에 전심하여 여러 해 동안 어머니와 떨어져 살았습니다.

5. 이것이 그녀에게는 너무나 외로운 시련이었으니, 아들이 북경으로 길을 떠날 때마다, 이것이 그대로 마지막 이별이 되지는 않을까 하여 그녀의 가슴은 천 갈래, 만 갈래로 찢어지는 것 같았습니다. 북경을 왕래하던 중 한번은 북경 주교가 정하상 바오로에게 집안 소식을 묻더니 노모와 누이동생을 외교 지방에 홀로 버려둠이 불가하다는 것이었습니다. 정하상 바오로는 귀국하자 주교의 분부대로 어머니와 누이를 서울로 몰래 모셔와 같이 살았습니다. 그녀는 아들과 다시 같이 살게 된 것을 천주께 감사드리며 그녀의 신앙 생활을 배가하였습니다. 그 후에도 아들은 여러 번 북경 길을 떠나야했습니다.

6. 6-7개월 동안 훗날 아들을 다시 보려는 희망에서 모든 것을 성모님께 의지하고 떠날 때부터 열심히 기구하기를 그치지 않았습니다. 그녀 일가는 서울에서 다시 충청도로 이사 했습니다. 신앙 생활하는데 좀 자유롭지 않을까 해서였습니다. 그러나 6-7년 만에 다시 서울로 되돌아오게 되었는데 그것은 아마도 1827년 이 지방에 있었던 박해를 피해서 온 것으로 추정됩니다. 신부와 주교가 잇달아 들어오고 아들이 주교를 모시게 되니 그녀는 주교와 같은 집에서 사는 영광을 차지하게 되었습니다. 이제 칠순의 고령인지라 직접 주교님께 시중들지는 못했으나, 그 대신 날마다 닭이 울면 일어나서 미사에 열심히 참례했습니다. 또한 성사를 착실히 보고 대재를 지켰으며, 애인(愛人)하는 마음이 간절하여 가난한 사람을 만나면 으레 자기 차지의 밥을 주는 것이었습니다.

7. 1839년 기해년 2월에 박해가 심해지자 하루는 조카가 와서 시골로 피신하기를 권했지만 그녀는 "나는 늘 치명하기가 소원이었다. 이제 그 기회가 왔으니 아들과 함께 치명하

련다."라고 말하며 이를 거절했습니다. 주교마저 피신한 뒤 모녀는 날마다, 시간마다 포졸이 오기를 기다리고 있었습니다. 그 사이에 아들도 주교를 피신시켜 드리고 돌아왔습니다. 드디어 1839년 7월 11일 많은 포졸이 달려들어 거기 있던 그녀와 정하상 바오로와 정정혜 엘리사벳 남매와 하인 김 데레사를 전부 체포하여 포도대장에게 대령시켰습니다. 포도대장이 그녀를 향하여, "네가 천주학을 한다는 말이 사실이냐?"하고 물었습니다. 그녀는 "과연 사실입니다."하고 대답하였습니다.

8. 이에 포도대장은, "배교하고 일당을 대라"하자 "비록 죽는 한이 있어도 배교는 할 수 없습니다. 또한 저와 같이 아주 나이가 많은 늙은이가 무슨 분별이 있어서 사람들을 알리가 있겠습니까? 사실 아는 사람이란 없습니다."하고 대답하였습니다. 그러자 포도대장은 그녀를 옥에 가두게 했습니다. 79세의 고령임에도 불구하고 국사범과 같이 오라를 지었습니다. 그것은 그녀의 집안 내력 때문이기도 하지만 아들 정하상 바오로가 외국인과 상종한 데도 원인이 있을 것입니다. 그 후에도 그녀는 다섯 번의 문초를 받았고 문초 때마다 50대의 매를 맞음으로써 도합 230대의 매를 맞았으나 그녀의 마음은 한없이 태연하기만 했습니다. 그녀는 칼 아래 순교하기가 실로 소원이었습니다.

9. 그래서 주 예수의 수고수난에 관한 이야기를 하며, 그 무한한 은혜에 감격해 마지않았습니다. 하지만 당시 국법은 미성년은 물론이요, 노인인 경우에도 목을 베는 것이 금지되어 있었습니다. 그녀는 옥에 갇혀 있는 5개월 동안 열두 차례의 문초와 동시에 무거운 형벌을 받음으로써, 마침내 기력이 쇠퇴하여 옥에서 선종하니 그녀의 나이 79세요, 때는 1839년 11월 23일이었습니다. 마지막 숨을 거둘 때까지 예수 마리아를 부르기를 그치지 않았던 그녀는 실로 3남매(정철상 가롤로, 정하상 바오로, 정정혜 엘리사벳)의 순교자를 낳은 가장 훌륭한 순교자의 한 분인 정약종 아우구스티노의 배필이기도 합니다. 그리고 한국 천주교회 103위 한국 순교성인 가운데 최고령 순교자입니다.
(1761-1839, 1839.11.23.순교, 축일: 9.20, 과부, 기해박해옥사, 한국)

## 88. 성 최창흡(崔昌洽) 베드로는 어떤 분이신가요?
(순례길 148, 155)

1. **성 최창흡(崔昌洽) 베드로**는 1786년 서울서 최초의 박해가 일어날 때까지 관리 노릇을 하던 어떤 중인의 집안에서 태어났으며, 교회에서는 여칠이라고도 하였습니다. 열세 살 때에 아버지를 여의고, 총회장인

**복자 최창현(崔昌顯) 요한** 형마저 1801년 신유박해 때 참수 치명하니 보호자나 지도자도 없이 버림받아 외인이나 다름없이 살았습니다. 그의 성품은 부드럽고 온순하였으며, 무엇보다도 놀라울 만큼 겸손하여 언제나 남을 좋게 말하였습니다. 자기 자신은 남보다 못한 줄로 믿고 있었으므로, 모든 이와 아주 화목하게 지낼 수 있었습니다. 형 최창현 요한이 순교 후 파산을 당한 집안의 자손으로서 나이가 어리어 교리도 잘 모르는데다 지도자도 거의 희생되어 가르침을 받을만한 사람도 전혀 없다 보니 냉담한 상태였습니다.

2. 박해 후 3-4년이 지나자 교우들이 차차 모여 들고 다시 일어나게 됨에 따라 그도 교우들을 만나게 되고 교리를 배울 기회를 갖게 되었습니다. 그럼에도 불구하고 그는 아직 열심히 믿으려 하지 않았습니다. 거의 30세가 되어서 결혼을 하게 되었는데 역시 서울 출신인 **성녀 손소벽(孫消碧) 막달레나**를 아내로 맞아들였습니다. 그의 아내도 원래 천주교 집안에서 태어났지만 역시 신유박해로 아버지를 잃었고 어머니도 일찍 여의게 됨으로써 할머니 밑에서 교리를 배우고 차차 신앙생활을 하게 되었습니다. 1821년 콜레라가 유행하여 갑자기 많은 사람이 죽어가는 것을 보고 그는 부인과 함께 대세를 받게 되었고, 이때부터 부부가 함께 열심히 신앙생활을 하였습니다.

3. 그 후 1833년 중국인 유방제(劉方濟: 중국 이름 余恒德, 파치피코) 신부의 입국을 계기로 신부의 교훈과 성상의 은혜로 힘을 얻어 신앙생활을 열심히 배가하였습니다. 이 무렵 모든 교우들로부터 모범적인 교우라고 평판을 듣게 되었지만 그는 스스로 한탄하며 늘 이렇게 말했습니다. "과거의 내 행실을 생각하면 내 영혼을 구하기 위해서는 치명하는 길밖에 없다." 순교에 대한 그의 원의는 이렇게 간절하였습니다. 1839년 5월에 박해가 치열해져감에 따라 그의 순교에 대한 소망도 더욱 굳어만 갔습니다. 그는 자녀 열한 명을 낳았으나 그중 아홉 명은 어려서 죽었습니다. 결국 그는 그의 아내 손소벽 막달레나와 1839년 6월 친정으로 피신해 온 큰 딸 **성녀 최영이(崔榮伊) 바르바라**, 사위 **성 조신철(趙信喆) 가롤로**와 두 살 난 어린 외손녀 딸과 함께 체포되었습니다.

4. 이렇게 네 식구가 잡혔으나 두 살짜리 젖먹이는 육정의 유혹 때문에 친척에게 맡겼습니다. 포도대장이 그를 대령시켜 문초하였습니다. "네가 사교를 믿느냐?" "나는 사교를 믿지 않습니다. 다만 하느님만 흠숭하고 믿습니다." "배교하라, 그러면 살리라." "나의 창조주를 배반할 수 없습니다." "언제부터 천주교를 믿었느냐?" "교우인 나의 부모들이 내가 어렸을 때부터 창조주에 대한 말을 들려주었습니다." 이 말에 포졸들은 웃으며 조롱하면서 "여기 큰 학자가 하나 났구나."라고 빈정거리며 그를 모욕하는 것이었습니다. 문초 일곱 번에 문초 때마다 주리를 틀고 곤장을 맞았습니다. 150매의 곤장을 맞으며 동교인을

대라고 위협했으나, 그의 열심은 더할 뿐이었습니다.

5. 그는 지난날의 자신의 죄를 뉘우치기를 그치지 않았습니다. 형조로 이송된 후에도 포도청에서와 다름없이 똑같은 문초와 형벌을 받았으며 마침내 사형선고를 받았습니다. 1839년 12월 29일 서소문 밖 형장으로 나갈 때 한 옥졸에게 옥에 있는 아내 손소벽 막달레나와 자기 딸 최영이 바르바라에게 전해달라며 "눈물과 고통은 욕정에서 말미암은 것이다. 도리어 주를 찬미하고 이같이 큰 은혜를 감사하며, 나의 뒤를 따르라."라고 말하였다는 것입니다. 그는 수레 위에서도 기도하는 것을 그치지 않았고 뒤에 있는 사람에게 머리를 돌리어, "천국에서 같이 만나야 합니다. 잘 준비하십시오."란 말을 남긴 다음 칼을 받고 순교하니 그때의 그의 나이 53세였습니다.

(1787-1839, 1839.12.29.순교, 축일: 9.20, 회장, 기해박해참수, 한국)

### 89. 성녀 조증이(趙曾伊) 바르바라는 어떤 분이신가요?
(순례길 148, 155, 174)

1. **성녀 조증이(趙曾伊) 바르바라**는 경기도 이천의 양근 조동섬(유스티아노) 가문의 후손이요, 아버지는 조 프란치스코입니다. 명문 가문의 딸로서 1782년에 태어나서 1801년 신유박해 이전인 열여섯 살 때 가문  이 좋은 **성 남이관(南履灌) 세바스티아노**에게 출가하여 4년 만에 아들을 한명 낳았으나 곧 잃고 말았습니다. 때마침 일어난 신유박해의 풍파로 아버지 조 프란치스코가 순교하였으며, 조동섬(유스티아노)도 함경도 무산으로 유배되었고, 조동섬(유스티아노)의 아들 토마스는 양근군 옥에서 옥사하였습니다. 3년 뒤에는 양근에서 조동섬(유스티아노)의 일가인 **복자 조숙 베드로**가 참수 치명하였습니다.

2. 그러나 그녀의 할아버지는 박해 때 성물을 땅에 묻으며, 그녀에게 그 사실을 알려주었습니다. 당시 증언에 의하면, 박해가 지나자 그녀는 위험을 무릅쓰고 성물을 파내어 잘 말리어 소중히 간직해 서울로 가지고 올라갔다고도 전해집니다. 한편 그녀의 남편 남이관 세바스티아노도 잡혀 경상도 단성으로 유배되었습니다. 남편이 귀양 가게 되자, 집에 혼자 남아 있을 수 없어서 부득이 경기도 이천의 친정으로 돌아와 어린 동생과 함께 지냈습니다. 여기서 그녀는 실로 형용키 어려운 여러 가지 위험과 허다한 시련과 고초를 겪어야 했습니다. 또한 그녀의 신앙생활도 냉담자와 별로 다를 바 없었습니다.

3. 자신의 교회 지식이 불충분한데다 박해로 인하여 자연히 교우들과의 접촉도 끊겼기 때

문입니다. 이러한 냉담상태가 10여 년 계속되다가 1811년 나이 30이 되었을 때 그녀는 다행히 서울의 한 교우 일가 집으로 와서 거처하게 되었습니다. 그럼으로써 점차 교리를 깨우치고 열심히 신앙생활을 하게 되었는데, 허송세월을 보상하고자 신심생활에 전념하고 온갖 선행에 전력을 기울였습니다. 무엇보다도 이 나라에 하루속히 선교사를 모시려는 열망에서 외가 친척인 **성 정하상(丁夏祥) 바오로**가 추진하는 선교사 영접 계획이 실현되도록 힘껏 도왔으며, 열심히 벌어서 정하상 바오로의 북경 여비를 충당하였습니다.

4. 1832년 유배지에서 돌아오는 남편 남이관 세바스티아노도 정하상 바오로의 일을 도와 이듬해는 중국인 유방제(劉方濟: 중국 이름 余恒德, 파치피코) 신부를 입국시키는데 성공하였습니다. 그녀는 유방제 파치피코 신부를 자기 집에 모시고 남편과 함께 신부에게 정성껏 봉사하였습니다. 3년 후 유방제 파치피코 신부가 본국으로 돌아가게 되자, 따로 집을 마련하고 딸 하나를 데리고 지냈습니다. 여기에서도 **성 나 베드로(모방) 신부**와 **성 정 야고보(샤스탕) 신부**, **성 범 라우렌시오(앵베르) 주교**를 그녀의 집에 영접하여 들였습니다.

5. 그리하여 그의 집은 교우들이 와서 기도하고, 고백하고 미사에 참례하는 공소가 된 적이 한 두 번이 아니었습니다. 그녀는 기도와 묵상을 부지런히 하였습니다. 그리고 사람 앞에서 늘 "만일 군난(軍亂)이 일어나면 죽을 터이니 치명을 잘 준비하여 천주의 영광을 드러내고 우리 영혼을 구하자"며 입버릇처럼 말했습니다. 증인 김 프란치스코는 남이관 세바스티아노의 집을 방문했을 때 받은 인상을 이렇게 회고하고 있습니다. "내가 한번 서울에 왔을 때 남이관 세바스티아노의 집에 초대받아 간 적이 있다. 이때 나는 조증이 바르바라가 어떻게 이웃을 권면하고 수많은 외교인을 입교시키며, 신앙생활을 열심히 하고 있는가를 목격하였다. 당시 교우들은 모두 조증이 바르바라를 성녀라고 불렀다."

6. 기해년에 박해가 일어나 남편 남이관 세바스티아노가 이천으로 피신해 버리니 집에는 모녀만이 남게 되었습니다. 이때 딸의 나이 열다섯 살이었습니다. 6월 9일 남편을 체포하러 온 포졸들이 남편 대신 조증이 바르바라 모녀를 잡아갔습니다. 동시에 집에서 많은 성서와 성물이 발각됨으로써 교우의 정상이 여지없이 드러났습니다. 포도대장이 그녀에게 주리를 틀게 하고 "배교하라. 그리고 가장이 간 곳과 친척과 동교인을 대라"며 무수히 위협을 가했으나 그녀는 단연 거절하여 남편의 잠복소를 대지도 않고 신앙을 배반하지도 않았습니다.

7. 혹독한 심문에도 그녀는 "만 번 죽어도 나의 천주를 배반할 수 없고 또 내 남편이 어디 숨어있는지 알지도 못합니다."하고 대답했습니다. 몇 주일 동안에 그녀는 다섯 번이나 같

은 문제에 대해서 문초를 당했습니다. "죽든지 그렇지 않으며 네 교를 배반하고 교우를 대든지, 두 가지 중에 한 가지를 택해야 할 테이니 잘 생각하여 보아라."하고 다그쳤지만 "잘 생각해 보았습니다. 차라리 만 번 죽을지언정 죄를 하나도 범할 수 없습니다."라고 대답하며 굽히지 않으므로 포도대장은 그녀를 옥에 가두게 하였습니다. 하옥된 후에도 군졸들이 제멋대로 끌어내어 사사로이 학대하기를 20여 차례나 하였습니다. 그 사이에 남편 남이관 세바스티아노가 이천에서 붙잡혀 서울로 압송되어 왔습니다.

8. 그러나 불과 10일 만인 8월 19일 아내 조증이 바르바라에게 비록 동일동사는 못할지언정 동지동사는 하자는 유언을 남기고 먼저 순교의 영예를 차지하였습니다. 그녀는 포도청에서 문초를 받던 중 주리 한 번과 대장 도합 180대를 맞았습니다. 몸에서 계속 고름이 흐르고 온몸이 상처투성이어서 이제는 더 이상 형벌을 가할 수 있는 곳이 없었습니다. 그러나 형조로 이송된 후에도 세 차례나 곤장을 맞고서야 비로소 고대하던 사형선고를 받았습니다. 옥에 있은 지 근 6개월 드디어 6명의 교우와 함께 동지동사나 하자는 남편 남이관 세바스티아노의 예언대로 서소문 밖 형장에서 그는 순교함으로써 남편과 함께 순교의 월계관과 성인 영예를 차지하게 되었습니다. 이때 그녀의 나이 58세였습니다.

9. 그녀는 형장으로 향하는 마당에도 옥정(獄情)을 끊기 어려워 눈물을 흘리며 동정하는 옥중의 동료 교우들을 보고 신심과 애정에 넘치는 말로 힘써 그들을 위로하며 그들의 용기를 북돋아 주었습니다. 그러나 아직 치명 시간이 멀었다는 소식이 전해지자 그녀는 태연히 자리에 누워 조용히 잠을 자는 것이었습니다. 그리고 마침내 형장으로 떠날 시간이 되자 일어나 용약하며 형장으로 향했습니다. 이러한 모습은 그녀의 마음에 조그마한 두려움도 없었을 뿐더러 도리어 평화에 가득 차 있었음을 잘 말해주는 것입니다.
(1782-1839, 1839.12.29.순교, 축일: 9.20, 부인, 기해박해참수, 한국)

## 90. 성녀 한영이(韓榮伊) 막달레나는 어떤 분이신가요?
(순례길 148, 155)

1. **성녀 한영이(韓榮伊) 막달레나**는 가난한 시골 양반의 외교인 집에서 태어나 장성하여 권영좌 진사(進士)의 후처로 들어갔습니다. 권영좌는 문장과 명필로 당대에 이름을 떨친 사람이었는데, 중년에 이르러 천   주교로 개종하여 임종 시에는 대세를 받고 선종하였습니다. 유가족으로는 부인 외에 어린 딸이 있었습니다. 권영좌는 생전에 아내에게 입교를 권고하였고, 임종 시에도 재삼 부

탁하는 것을 잊지 않았습니다. 남편의 유언에 따라 신앙생활을 하려는 의도에서 그녀는 어린 딸 **성녀 권진이(權珍伊) 아가타**를 데리고 교우 집에서 붙어 지냈습니다.

2. 이 집은 그녀의 집보다 더 가난해서 여기서 두 모녀가 겪어야 했던 비참과 고통은 이루 표현키 어려운 것이었습니다. 딸 권진이 아가타가 차츰 장성하여 열세 살이 되었을 때 시골 한 교우에게 출가하게 되었습니다. 그러나 이미 혼례식을 올렸음에도 불구하고 남편이 가난하여 자기 아내를 데려갈 수 없게 되니 그녀는 부득이 딸을 데리고 사위의 친척인 **성 정하상(丁夏祥) 바오로**의 집에 있게 되었습니다. 유방제(劉方濟: 중국 이름 余恒德, 파치피코) 신부가 입국하여 정하상 바오로의 집에 거처하게 되자 모녀는 신부를 극진히 모셨습니다. 그러는 동안에 박해를 맞았습니다.

3. 1839년 7월 17일 그녀와 딸 권진이 아가타 그리고 그녀의 친구 **성녀 이경이(李瓊伊) 아가타** 세 명은 배교자 김여상의 고발로 천주교를 믿던 여종과 함께 붙잡혔습니다. 포도대장은 그들의 성명을 물은 다음 그녀 혼자만 옥에 가두게 하였고, 젊은 세 여자는 이웃집에 남겨두고 파수(把守·경계해 지킴)를 보게 하였습니다. 배교자 김여상이 찾아와서 감언이설로 꼬이기도 하고 엄포도 하며 권진이 아가타가 자신을 따라오도록 회유했지만 그녀는 그저 이를 업신여기는 말투로 대답할 따름이었습니다.

4. 포교들은 그녀의 젊음과 아름다움에 동정하여 도망갈 기회를 주어 김여상이 치근거리는 것을 면해 주기로 했습니다. 이리하여 며칠 후 권진이 아가타는 젊은 여종과 함께 도망하였습니다. 그러나 관청에서 이 사건의 내용을 알게 되자 김여상의 말을 들었던 이 관원을 파면시키고, 파수병 여럿을 귀양 보내고 포졸을 보내어 권진이 아가타를 추적시켜 다시 붙잡고야 말았습니다. 이 사건의 결과로 한영이 막달레나는 한층 가혹한 형벌을 받게 되었으니 발에는 착고(着庫·발목에 채우는 형구)까지 채워 엄하게 다루었습니다.

5. 그뿐만 아니라 교우 10여명이 새로 잡혀, 그녀만이 아니고 옥중의 교우들은 삼엄한 감시를 받게 되었습니다. 도망했던 두 여자가 잡혀 들어오자, 포도대장은 모녀를 잡아들여 지난 사건과 관련하여 더욱 가혹한 형벌을 가하였습니다. 그러나 끝내 굴복하지 않으므로 포도청에서 형조로 옮겨 가서 다시 여러 번 곤장을 맞았으나 천주교 신앙에 대한 변함없는 애착심을 기꺼이 선언하였습니다. 드디어 사형이 선고되어 1839년 12월 29일에 서소문 밖 형장에서 6명의 교우와 함께 참수형으로 순교하였습니다. 그 당시 그녀의 나이 56세였습니다.

(1784-1839, 1839.12.29.순교, 축일: 9.20, 과부, 기해박해참수, 한국)

## 91. 성녀 현경련(玄敬連) 베네딕타는 어떤 분이신가요?
(순례길 148, 155)

1. **성녀 현경련(玄敬連) 베네딕타**는 대대로 벼슬하던 서울의 중인 역관 집안에서 태어났습니다. 역시 역관이었던 그녀의 아버지 **복자 현계흠(玄啓欽) 플로로**는 이 나라의 천주교가 퍼지자 오래지 않아 입교하였고, **복자 주문모(周文謨) 야고보 신부**가 입국하게 되자 그로부터 세례성사를 받았습니다. 그 후 1801년 신유박해의 후기에 이르러 **하느님의 종 황사영(黃嗣永) 알렉시오**의 백서(帛書) 사건과 관련되었다는 혐의로 붙잡히게 되었습니다. 왜냐하면 백서 가운데 한 교우가 수년 전에 동래에 표류한 외국 상선을 가서 보고 서양 상선 한 척이 우리나라 전선 백 척을 당할 만하다고 말했다는 내용이 나오는데, 이 말을 한 교우가 바로 현계흠 플로로 이였음이 드러났기 때문입니다.

2. 이때 현계흠 플로로는 30세의 나이로 황사영 알렉시오와 함께 순교하게 되었습니다. 이와 같이 아버지 현계흠 플로로가 아주 열심한 교우였으므로 그녀도 이미 아주 어릴 적에 베네딕타라는 세례명으로 주문모 야고보 신부로부터 세례를 받았습니다. 형제는 모두 4남매였는데 언니들이 출가하여 일찍 죽게 되자 동생 **성 현석문(玄錫文) 가롤로**와 어머니 이렇게 세 식구만 남게 되었습니다. 아버지 현계흠 플로로가 순교한 후 그들은 일시 강원도 금성에 피신해 살았으나, 얼마 후 다시 서울로 돌아와 정착하게 되었습니다.

3. 그녀는 나이 17세가 되던 1811년 서울의 총회장이던 영화로운 순교자 **복자 최창현(崔昌顯) 요한**의 아들과 결혼했습니다. 최창현 요한도 1801년 신유박해 때에 순교하였으니, 그녀는 이 신유박해로 아버지 현계흠 플로로와 시아버지 최창현 요한을 동시에 잃게 되었습니다. 불행은 겹쳐, 결혼한 지 3년 후에는 자식 하나 없이 남편과도 사별하게 되었습니다. 젊어서 과부가 된 그녀는 자식 하나 없다 보니 외롭고 서러운 심정을 달랠 길이 없는 처지가 되었습니다. 그러나 그녀는 도리어 "내가 보다 자유롭게 나의 영혼구원에 힘쓰도록 천주께서 돌보신 것이다."라고 말하며 늘 천주께 그 은혜를 감사하고 그와 같은 은혜를 주신 그분을 찬미하였다는 것입니다.

4. 그녀는 친정으로 돌아와 늙으신 어머니와 동생을 데리고 삯바느질로 생계를 도모하였습니다. 손으로 버는 돈이 적지 않았으나 몽땅 집안 살림에 사용할 뿐 자기를 위해서는 한 푼도 남겨 놓지 않았습니다. 또한 그녀는 바쁜 일손 가운데에서도 일정한 시간을 정하여 규칙적으로 기도와 묵상과 영적 독서에 전념하는 것이었습니다. 그리하여 모두가 이 집

안의 완전한 화목과 규칙적인 신앙생활에 탄복해 마지않았습니다. 그녀는 이처럼 자기 성화에 노력하였으나 그것으로 결코 만족하지 않았습니다. 원래 무척 개방적인 성격에다 아주 총명한지라 교리 지식이 아주 깊었습니다. 그래서 그녀는 무식한 교우들을 가르치고 냉담자를 찾아 권면하였으며, 임종을 맞는 많은 유아들을 찾아 대세를 붙이기도 하였습니다.

5. 유방제(劉方濟: 중국 이름 余恒德, 파치피코) 신부가 입국하자 그녀로 하여금 신부댁 살림을 맡아보게 하고 동시에 여교우들의 일을 보살피게 하였습니다. **성 범 라우렌시오(앵베르) 주교**가 "현 베네딕타는 여회장직을 감당할 수 있다"라고 말한 것으로 미루어 보아 그녀가 여회장직을 맡아 보았음이 확실합니다. 김프란치스코의 증언에 의하면 명도회의 직책까지 맡아 보았다는 것입니다. 앵베르 주교는 그녀에게 「기해일기」를 계속해서 작성하는 사명까지 맡겼습니다. 얼마 지나지 않아 자기 자신도 잡힐 것을 짐작하고 앵베르 주교는 자신이 시작한 순교자 행전의 편찬이 중단될 것을 염려하여 그녀와 **성 정하상(丁夏祥) 바오로**에게 순교일기 작성을 계속해 주길 부탁하기에 이른 것입니다.

6. 기해년 박해가 일어났을 때 동생 현석문 가롤로는 집에 없었습니다. 남쪽지방에 전교 중인 **정 야고보(샤스탕) 신부**를 보필하기 위해 그곳에 가 있었기 때문입니다. 그녀는 즉시 고발되었으나 얼마 동안 홀로 집안 식구를 거느리고 피신해 있었는데 그해 1839년 7월 초에 결국 포졸에게 붙잡혔습니다. 관청에서는 그녀의 동생 현석문 가롤로가 서양 신부의 충복인 것을 알고 있었기 때문에 어떻게 해서라도 그가 숨은 곳을 누이의 입을 통해 알아내려고 훨씬 더 혹독한 고문을 그녀에게 가했습니다. 그녀는 여덟 차례나 문초를 당하였고 포졸들의 사사로운 박해를 20여 차례나 받았습니다.

7. 두 번은 주리를 틀렸고 나머지 여섯 번은 태형으로써 매번 50대씩 도합 300대를 맞았습니다. 또 포졸들은 그녀에게서 선교사들에 관한 정보를 얻어서 그들을 체포하는 자에게 준다는 현상금을 탈 생각으로 저희들 멋대로 가혹한 형벌을 가하였습니다. 그러나 그녀의 강인한 신앙심은 그들의 증오와 탐욕에서 나온 노력을 헛되게 하였으므로, 참고가 될 만한 말을 단 한마디도 들을 수가 없었습니다. 이렇게 끝까지 굴복하지 않자 1839년 9월 23일 형조로 이송되어 한 달이 넘도록 아무런 소식이 없다가 10월에 들어서 형관이 잡아 올려 신문을 했습니다. 형관이 동생 현석문 가롤로와 선교사의 은신처를 알아내려고 했으므로, 여기에서도 그녀는 남보다도 한층 가혹한 고문을 받아야 했습니다. 상처에서는 피와 고름이 계속 흐르고 거동할 수가 없었습니다. 게다가 염병에 걸리어 병세는 위독해 졌습니다.

8. 하루는 형관이, "이제라도 배교하는 한마디 말만 한다면 놓아 주겠다"고 회유하였으나 그녀는 "더 묻지 마십시오. 주를 위하여 죽을 따름입니다."하고 대답할 뿐이었습니다. 이어 사형선고를 받았습니다. 그녀가 쓴 편지가 있었는데 이에 대해 "옥중에서 동생에게 편지를 써 보냈다. 여러 교우들도 신망애덕의 열심에서 우러나오는 격려의 말로 가득 찬 이 편지를 읽고 감탄하여 한편 슬픈 감회를 금치 못했다"라고 합니다. 하지만 불행히도 이 편지는 보존되어 있지 않습니다. 1839년 12월 29일 드디어 다른 교우 6인과 함께 서소문 밖 형장으로 나갈 날이 밝았습니다. 예정보다는 시간이 늦어진다는 말을 듣고 그녀는 누워서 편히 잠을 잤습니다. 시간이 되었으니 나오라는 소리에 일어나 그녀는 옥중의 여교우들과 작별하고 기쁜 낯으로 떠났습니다. 마치 잔치에 나가는 듯 즐거워하였고 조금도 두려워하는 기색이 없었습니다. 서소문 밖 형장에서 칼을 받고 순교하니 그녀의 나이는 46세요, 옥중에 갇혀 있은 지 7개월 만이었습니다.

(1794-1839, 1839.12.29.순교, 축일: 9.20, 여회장, 기해박해참수, 한국)

## 92. 성녀 정정혜(丁情惠) 엘리사벳은 어떤 분이신가요?
(순례길 148, 155, 183)

1. **성녀 정정혜(丁情惠) 엘리사벳**은 동정녀 순교자로서 **복자 정약종(丁若鍾) 아우구스티노**의 딸입니다. 1800년 6월에 박해를 피하여 아버지 정약종 아우구스티노가 온 집안 식구를 데리고 고향인 광주 마재   를 떠나 서울로 피신해 왔을 때 정정혜 엘리사벳의 나이는 겨우 네 살이었습니다. 그녀는 어머니 **성녀 유소사(柳김史) 체칠리아** 그리고 두 살 위인 오빠 **성 정하상(丁夏祥) 바오로**와 마찬가지로 **복자 주문모(周文謨) 야고보 신부**에게 세례를 받았습니다. 다음 해 1801년 신유박해 때 일가가 모두 잡혔으나 아버지 정약종 아우구스티노와 이복 오빠 **복자 정철상(丁哲祥) 가롤로**만 순교하고 다른 식구들은 석방되었습니다.

2. 석방은 되었으나, 이미 가산은 몰수된 뒤라 그들은 하는 수 없이 고향 광주 마재로 돌아가 숙부인 삼촌 정약용(丁若鏞) 요한의 집에서 살면서 길쌈과 바느질로 가족들의 생계를 꾸려 나갔습니다. 친척들의 구박과 냉대를 아름다운 덕행과 인내로 극복하였습니다. 이처럼 그녀는 아주 어려서부터 모진 시련과 고난이 잇달았는데, 옥문을 나서는 다섯 살의 그녀에게는 또 다른 시련이 기다리고 있었습니다. 그것은 다름 아닌 가난과 비참이요, 추위와 굶주림이었습니다. 그러나 그는 어머니 유소사 체칠리아의 모범을 따라 시련의

가운데서도 그의 신앙을 보존할 줄 알았습니다.

3. 이와 같이 그녀의 착하고 아름다운 표양은 패가망신의 원인이 된다며 천주를 저주하고 천주교를 적대시하던 친척들에게도 감동을 주었습니다. 그래서 7년 만에 그녀의 친척 5-6명이 다시 천주를 믿게 되었습니다. 가난보다 더 쓰라린 것은 이별일 것입니다. 마재로 피신하여 온지 얼마 안 되어 올케와 사랑하는 언니를 잃었습니다. 여덟 살 되던 해 오빠 정하상 바오로도 집에 남아있을 수 없어 서울로 가버렸습니다. 그 때부터 남은 모녀는 가난뿐 아니라 외로움마저 참아내야 했습니다. 그러는 동안 북경 주교의 분부도 있고 해서 정하상 바오로가 돌아와 어머니와 여동생을 데리고 충청도 교우 마을에 정착하였습니다.

4. 오래간만에 일가가 다시 한 곳에서 살게 되어 그들은 같이 교리를 배우고 극기하며 공부를 더욱 부지런히 하였습니다. 그러나 머지않아 이 지방에도 박해의 태풍이 불자 그들은 다시 서울로 올라왔습니다. 그녀는 아주 총명하였고 어려서부터 의지가 강했지만, 비록 친척일지라도 남자를 똑바로 쳐다보는 일이 없을 만큼 수줍어했다고 합니다. 어쨌든 그녀는 일찍부터 동정을 지킬 결심을 하고 용감히 살아왔습니다. 그러던 중 그녀는 자기 힘을 너무 믿었던 것은 아니나, 서른 살쯤 되었을 때 마음이 약해짐을 깨달았고 5년 이상이나 강렬한 유혹의 굴레에 빠졌습니다.

5. 그는 이 유혹을 이기기 위해 모든 성인들이 사용하기를 권고한 방법, 즉 기도와 대재와 편태(鞭笞·어린아이를 벌줄 때 쓰는 길쭉하고 가는 나뭇가지)를 사용하여 드디어 갈망하던 승리를 얻었습니다. 그녀는 선교사 신부들이 조선에 이르기를 간절히 원하여 진심으로 천주님께 간구하였습니다. 그래서 **성 범 라우렌시오(앵베르) 주교**와 두 분 신부가 자기 집에 오시자 그녀의 기쁨은 대단하여 정성 들여 그들을 보살펴 드림으로써 감사의 뜻을 표시하였습니다. 교우들과 신입교우들이 자주 그녀의 집에 모이므로 그녀는 그들을 가르치고 권고하였으며, 극빈한 자에게는 자선을 베풀었습니다.

6. 앵베르 주교는 그녀에 대하여 "정정혜 엘리사벳은 참으로 여회장직을 맡을 만하다."라고 말하였습니다. 그러나 이와 같은 신앙과 신심을 가졌음에도 불구하고 박해가 일어남을 보고 무서움을 감추지 못하였으니, "내게는 과한 짐이 될까봐 무섭다"라고 말하였습니다. 앵베르 주교가 서울을 떠나 시골로 피신하여 갔을 때 그녀와 그녀의 어머니 유소사 체칠리아와 오빠 정하상 바오로는 힘써 교우를 위로하며 옥에 갇힌 이들에게는 교회의 재산으로 음식과 의복을 장만하여 주었고 그와 동시에 자기들도 순교할 예비를 게을리 하지 않았습니다.

7. 그녀는 1839년 7월 11일 어머니 유소사 체칠리아와 오빠 정하상 바오로와 같이 체포되었는데, 이들의 순교에 대해서는 이미 말한바 그대로입니다. 그녀에 관한 문초록의 일부분이 보존되어 있는데, 그 내용은 다음과 같습니다. "네 남편은 어디 있느냐?" "저는 시집간 적이 없습니다." "어째서 아니 갔느냐?" "저같이 영락(零落·세력이나 살림이 줄어들어 보잘것없이 됨)한 집 딸을 누가 아내로 삼으려 하겠습니까?" 다음에는 포도대장 앞에 끌려 나갔다. "네가 천주학을 한다니 참말이냐?" "그렇습니다." "누구에게서 배웠느냐?" "어려서부터 어머니한테서 배웠습니다." "천주를 배반하라." "그것은 할 수 없습니다." "네 오라버니를 죽이기로 결정하였다. 그러나 네가 한마디만 하면 너도 네 어미도 다 살려주마." "여기서 내가 살려면 천주를 배반해야 할 터이니 그렇게 할 수는 없습니다."

8. 그녀의 저항을 꺾으려고 극도로 잔학무도한 형벌을 가했는데, 그녀는 문초를 당할 때마다 45-50대의 곤장을 맞아 도합 320대를 맞았습니다. 그러나 그녀는 "천주를 배반한다는 말은 도저히 할 수가 없습니다."하고 대답하기를 주저하지 않았습니다. 이와 같은 혹형 가운데서도 그는 평온한 마음과 늠름한 태도를 잃은 적이 없었습니다. '천주 성모의 특별한 안배로 나같이 가난하고 하찮은 것이 오늘까지 무사히 살아온 것은 오주 예수의 수고하심의 만 분의 일이라도 이해하시려 함이니, 적어도 즐거운 마음으로 내 괴로움을 참아 받아야 하겠다.'고 그녀는 속으로 생각하였습니다. 1839년 11월 7일에 형조로 옮겨가서 여섯 차례나 법정에 출두하여 문초를 당하고 다리에 곤장을 세 차례나 맞았으나 그녀는 안색조차도 변하지 않았습니다.

9. 사람들은 그녀가 무감각한 것을 이상히 생각하여 연유를 물으니, "천주의 특별한 은혜로 장하(杖下)의 죽음을 면했습니다. 그래서 구세주께서 받으신 괴로움이 얼마나 컸던가를 조금이나마 깨달았습니다."하고 대답하였습니다. 갇혀 있는 동안 그녀는 기도와 묵상을 계속하고 함께 갇혀있는 교우들을 격려하고 위로하였습니다. 드디어 혹독한 문초 끝에 사형이 선고되어 1839년 12월 29일 그녀는 서소문 밖 사형터로 떠나면서 옥중 교우들에게 흉년으로 살아갈 길이 막연한 교우들을 특별히 기구(祈求) 가운데 기억해 줄 것을 부탁하였습니다. 이처럼 그녀는 가난하고 고통 받는 이들에 대한 일을 죽는 순간까지 마음 아프게 생각하였습니다. 수레 위에 매달려서도 기구와 묵상을 그치지 않았습니다. 서소문 밖 형장에 이르러 칼을 받고 동정과 순교로 이중의 월계관을 차지하니 그때 그녀의 나이 43세였습니다.

(1797-1839, 1839.12.29.순교, 축일: 9.20, 동정, 기해박해참수, 한국)

## 93. 성녀 고순이(高順伊) 바르바라는 어떤 분이신가요?
(순례길 148, 155)

1. **성녀 고순이(高順伊) 바르바라**는 1801년 신유박해 때 순교한 고광성(高光晟)의 딸로서 1797년에 서울에서 출생하였습니다. 성격이 굳세고 또 대단히 총명한 여자였습니다. 불과 네 살 되던 신유년 큰 박해 때 아버지를 여의고 어머니와 함께 열심히 신앙생활을 하였습니다. 18세 때 한 외교인이 고순이 바르바라에게 구혼해 왔으나 그녀의 어머니가 허락하지 않았습니다. 그래서 이로 인한 시비가 분분하였으나 그녀는 이 일을 용감히 물리치고 교우와 결혼하였는데 그가 바로 훗날 그녀보다 한 달 후에 순교한 **성 박종원(朴宗源) 아우구스티노**입니다. 남편도 역시 순교자를 배출한 열심한 가문의 후손으로서, 이들 부부는 함께 열심히 계명을 충실히 지켰습니다.

2. 궁색한 살림에도 그들이 화목한 것을 보고 모든 이가 탄복해 마지않았습니다. 삼 남매를 낳아 슬하에서 모두 열심한 신자로 키웠습니다. 이렇게 그녀는 아버지의 피로 견고케 한 신앙을 이어받아 자기 가정을 그리스도교 신자 가정의 모범으로 만들었습니다. 유방제(劉方濟: 중국 이름 余恒德, 파치피코) 신부의 입국을 계기로 하여, 성사를 잘 준비하여 받은 후로 신앙생활을 더 열심히 하게 되었습니다. 박종원 아우구스티노의 회장 직무를 거들고 자기 자신도 냉담자를 권면하고 무식한 교우들을 가르치며 가난한 이를 위로하고 병자를 간호하는 데 전심하였습니다. 1839년 기해년에 박해가 일어나자 박종원 아우구스티노는 즉시 피신하였습니다. 그러나 8개월 만에 집에 돌아온 남편은 결국 포졸들에게 붙잡히고 말았습니다.

3. 평소에 박해 얘기를 들을 때마다 무서워하던 그녀였지만 일단 남편이 잡혀가자 치명 예비를 하며 속히 자신도 잡히기를 원할뿐더러 자원할 생각마저 갖게 되었습니다. 그러나 그럴만한 시간이 없었으니, 이튿날 포교들이 들이닥쳐 붙잡힌 것입니다. 이때 그녀는 "이 은혜를 어떻게 보답할꼬! 감사하며 위주 치명하자" 이렇게 혼자 말을 하며 마음을 굳게 먹었습니다. 포도청의 감옥에서 다시 만난 부부는 이 같은 은혜를 주신 천주께 감사하고 서로 축하하며 바야흐로 열릴 고난의 길을 같이 용감히 걸어가자고 서로 격려하였습니다. 부부가 함께 문초를 받고 고문을 당하였고, 용감히 형벌을 인내하며 감수했습니다. 그녀는 남편과 함께 여섯 차례에 걸쳐 혹독한 고문을 당하여 팔과 다리를 쓰지 못할 지경이 되었음에도 불구하고 화평한 안색으로 끝까지 이겨냈습니다.

4. 그리고 10일 후에 형조로 보내졌으며, 형조에서도 살이 떨어지고 뼈가 드러나 유혈이 낭자했으나 종시 굴복하지 않았습니다. 남편과 함께 사형선고를 받은 후 하옥되었습니다. 그녀는 말하기를 "평상시에는 치명이란 말만 들어도 무섭더니 성신의 은총으로 저 같은 극한 대 죄인을 도우시므로 이제는 겁도 안 나고 도리어 기쁘다. 죽는 것이 이렇게 쉬운 것인 줄을 전에는 몰랐다"라고 하였습니다. 평온하고 기쁨에 가득 차 죽을 날을 기다리며 하루에도 몇 번씩 그 날을 손꼽아 기다리는 것이었습니다. 드디어 1839년 12월 29일 서소문 밖 형장에서 다른 교우 6명과 함께 참수 치명하니 그때 그녀의 나이는 42세였습니다. 그녀는 순교하는 순간에도 저 무한한 천주의 은혜를 감사하고 기뻐하며 칼을 받았다고 합니다.

(1798-1839, 1839.12.29.순교, 축일: 9.20, 부인, 기해박해참수, 한국)

## 94. 성녀 이영덕(李榮德) 막달레나는 어떤 분이신가요?
(순례길 148, 155)

1. **성녀 이영덕(李榮德) 막달레나**는 동정녀인 동시에 순교자로서 외교인 양반 가문에서 태어났으며, 어려서 외할머니의 권면으로 신앙을 갖게 되었습니다. 어머니 조 바르바라, 동생 **성녀 이인덕(李仁德) 마리아**와 함께 천주교를 믿게 되었는데, 아버지가 천주교를 몹시 싫어했기 때문에 아버지가 지방으로 여행 간 틈을 타서 나머지 식구들과 함께 세례를 받았습니다. 혼기에 이르러 아버지가 외교인과 혼인할 것을 강요하자 동정을 지키기로 결심하고는 꾀병을 앓기도 하고, 손가락을 잘라 혈서를 써 보이기까지 하였습니다. 그러나 완고한 아버지의 고집을 꺾을 수 없어 **성 범 라우렌시오(앵베르) 주교**에게 가출할 수 있도록 청원하였습니다.

2. 그러나 주교가 허락하지 않으므로 어머니 조 바르바라와 동생 이인덕 마리아와 함께 집을 나와 교우들의 집에서 숨어 살았습니다. 이 사실을 알게 된 주교는 처음에는 집으로 돌아가라고 명령하였습니다. 그러나 조선 풍습에 가출했던 부녀자가 집으로 돌아간다는 것은 절대 용서받을 수 없음을 알고는 세 모녀가 살 수 있도록 집 한 채를 마련해 주었습니다. 1839년 기해박해가 일어나자 순교를 각오하고, 앵베르 주교가 체포되면 자수하기로 하였습니다. 그러나 자수할 틈도 없이 1839년 6월 어느 날 집에 있던 사람들과 함께 포졸들에게 체포되어, 옥살이 끝에 1839년 12월 29일 6명의 교우와 함께 서소문 밖

형장에서 28세의 나이로 참수형을 받아 순교하였습니다.

(1812-1839, 1839.12.29.순교, 축일: 9.20, 동정녀, 기해박해 참수, 한국)

## 95. 성녀 김 데레사는 어떤 분이신가요?
(순례길 151, 155)

1. **성녀 김 데레사는 성 김대건(金大建) 안드레아 신부**의 당고모가 됩니다. 순교자의 후손으로서 기해박해 때에 할아버지 **복자 김진후(金震厚) 비오**와 아버지 **복자 김종한(金宗漢) 안드레아**가 모두 순교하였습
니다. 아버지 김종한 안드레아는 순조 15년 을해박해 1815년 때 안동에서 잡혀 이듬해 1816년 대구에서 참수 치명하였습니다. 그녀의 고향은 바로 김대건 안드레아 신부의 고향이기도 한 면천의 솔뫼였습니다. 본래 부모가 열심한 교우였으므로 그녀는 어려서부터 부모의 교육을 잘 듣고 자신도 열심히 신앙생활을 하였습니다. 어머니를 여의게 되자 집안이 가난하여 외가에 붙어 자랐습니다. 단아하고 본성이 착실하며 자선심이 많은 처녀였던 그녀는 원래 수절할 뜻이 있었으나, 아버지가 결혼을 명하여 열일곱 살 때 교우인 손연욱 요셉과 혼인하였습니다. 여러 자녀를 낳아 모두 천주님을 경외하도록 교육하였으며, 1824년 남편 손연욱 요셉이 해미에서 순교하자 서른두 살 때에 미망인이 되었습니다. 그때부터는 매주 수요일과 금요일에 대재를 지키면서까지 고행에 전심하였으니, 그녀야말로 어진 아내와 교우다운 미망인의 모범이라 할 수 있습니다. 비록 살림살이가 비천하고 가난하였지만, 수절하며 정결한 덕행으로 모든 교우의 모범이 되고 그들의 존경을 받았습니다. 매일 같이 겪어야 했던 궁핍 생활에 불평하지 않고 기도와 묵상에 전념하며 자신의 허물을 간절히 뉘우쳤습니다. 남편이 죽은 뒤에 얼마 동안 서울 친척집에 와 있다가 다시 시골 계모에게로 돌아갔습니다. 그러나 때마침 중국에서 유방제(劉方濟: 중국 이름 余恒德, 파치피코) 신부가 입국하게 되자 신부 댁에서 시중들 마땅한 사람이 없어서 교우들이 그녀를 적임자로 추천하게 되었습니다. 그래서 서울로 불려와 **성녀 정정혜(丁情惠) 엘리사벳**과 같이 신부 댁 살림을 돌보게 되었습니다. 그녀는 이 비천한 종살이가 자기 신분에 저촉됨을 조금도 꺼려하지 않을 뿐더러 겸손하게 또 즐거이 맡은 바 소임을 다하였습니다. 모두가 그녀의 겸손에 탄복해 마지않았고 유방제 파치피코 신부도 그녀를 칭찬하였습니다.

2. 유방제 파치피코 신부가 떠난 뒤에도 그녀는 정정혜 엘리사벳을 따라 **성 범 라우렌시**

오(앵베르) 주교 댁에 와서 시중들고 있었습니다. 그녀는 본디 치명할 원의가 간절했습니다. 그래서 박해가 일어나자 시골로 쉽게 피신할 수 있었음에도 불구하고, 정정혜 엘리사벳과 같이 치명하고자 피신하기를 거절하고 체포를 기다렸습니다. 소원대로 1839년 7월 11일 **성 정하상(丁夏祥) 바오로** 일가와 함께 붙잡혔습니다. 문초 때마다 대장 50대씩 치며 "배교하라, 일당을 대라, 신부에 관한 사정을 말해라"하며 엄명했습니다. 이렇듯 여섯 번 문초에서 총 280대의 대장을 맞았습니다. 그러나 그녀는 옥에서 만난 **성 이광헌(李光獻) 아우구스티노**의 딸인 **성녀 이 아가타**와 함께 서로 위로하고 격려하며 인내와 용기로 이 모든 혹형을 극복하고 신앙을 굽히지 않았습니다. 감옥에 갇힌 지 일곱 달 후 마침내 교수형을 선고 받았습니다. 형리들이 옥안으로 들어와 그녀를 끌어내어 특별한 옥으로 데려가서 그녀의 목에 끈을 감고 양쪽으로 오랫동안 잡아당기었습니다. 그리고 끈 양쪽 끝을 말뚝에 단단히 감아 놓았습니다. 이렇게 해서 자신의 순교를 완성하니, 때는 1840년 1월 9일이며 그녀의 나이 45세였습니다.

(1796-1840, 1840.1.9.순교, 축일: 9.20, 과부, 기해박해교수, 한국)

## 96. 성녀 이 아가타는 어떤 분이신가요?
(순례길 151, 155)

1. **성녀 이 아가타**는 동정 순교자로서 서울에서 출생했으며, 순교자 부부 **성 이광헌(李光獻) 아우구스티노**와 **성녀 권희(權喜) 바르바라**의 딸입니다. 그녀는 1839년 4월 8일 꽃다운 나이인 17세 때에 부모와 같  이 옥에 갇히어 양친의 용기와 인내의 본을 따랐습니다. 어려서부터 부모의 거룩한 표양을 따라 충실히 신앙생활을 하였고, 일찍이 동정을 지킬 결심을 하였습니다. 기해박해 초에 부모와 함께 잡힌 그녀는 포도청에서 배교를 거부하자 부모와 함께 형조로 옮겨졌습니다. 형관이 우선 좋은 말로 달래도 보고 그 다음에는 가혹한 형벌로 위협해 보았지만, 다른 사람이 보기에 기이하게 여길 정도로 확고부동하였습니다. 그러나 나라에서 나이 어린 것의 목을 베는 것을 금한다는 핑계를 삼아 그녀를 포도청으로 도로 돌려보냈습니다.

2. 그녀는 한사코 부모와 생사를 같이 하겠다고 눈물로 호소해 보았으나 소용이 없었습니다. 하루는 그녀에게 "네 부모가 배교하고 집으로 돌아갔다"라고 거짓말을 하였습니다. 그러나 그녀는 동생 다미아노의 대답까지 대신하여 "부모님이 배반을 했거나 안 했거나 그것은 우리가 알 바가 아닙니다. 우리로서는 늘 섬겨 온 천주를 배반할 수 없습니다."라

고 대답하였습니다. 그러는 사이에 아버지 이광헌 아우구스티노가 순교하고 이어 숙부인 **성 이광렬(李光烈) 요한** 그리고 어머니 권희 바르바라까지 차례로 순교하였습니다. 무엇보다도 두 부모님이 순교했다는 소식은 그녀에게 큰 용기를 북돋아 주었습니다.

3. 실로 그녀의 인내와 용기에는 경탄하지 않을 수 없었습니다. 옥중에서 아홉 달 이상 굶주림과 추위, 갈증과 열병으로 겪어야 했던 온갖 옥고 외에도 그녀는 300대 이상의 태형과 90대 이상의 곤장을 모두 끝까지 이겨냈기 때문입니다. 그뿐만 아니라 추잡한 간수들의 손아귀에서도 천주의 도우심으로 홀로 자신의 정결을 지킬 수 있었다는 기록은 음탕한 간수들과 투쟁하여야 했음을 시사해 주고 있습니다. 옥에서 만난 **성녀 김 데레사**와 함께 서로 위로하고 격려하며 신앙을 지켜 나갔습니다. 결국 그녀는 교수형을 선고받았습니다. 형리들이 옥안으로 들어와 그녀를 끌어내어 특별한 옥으로 데려가서 그녀의 목에 끈을 감고 양쪽으로 오랫동안 잡아당기었습니다. 그리고 끈 양쪽 끝을 말뚝에 단단히 감아 놓았습니다. 때는 1840년 1월 9일 서울 포도청에서 성녀 김 데레사와 함께 순교하니 아직 나이 겨우 18세의 소녀였습니다.

(1823-1840, 1840.1.9.순교, 축일: 9.20, 동정녀, 기해박해교수, 한국)

## 97. 성 민극가(閔克可) 스테파노는 어떤 분이신가요?
(순례길 151, 155, 178)

1. **성 민극가(閔克可) 스테파노**는 양반의 후예로 굳고도 온화한 성격과 냉정한 판단력의 소유자였습니다. 인천 지방에서 살고 있던 부모가 외교인으로 있을 때에 태어나 아주 어릴 적에 어머니를 여의고, 그 뒤 아
버지와 형들과 함께 천주교에 입교하여 그 계명을 정확히 지키었습니다. 교우 여자를 아내로 맞이하였지만 결혼한 지 얼마 안 되어 그의 나이 20세가 조금 넘었을 때, 아내가 세상을 떠났습니다. 교우들이 재혼을 하라고 권하였지만, 그는 혼자 살기로 결심하고 그렇게 여러 해를 지냈습니다. 그 후 아버지의 뜻에 따라 재혼하여 딸 하나를 두었으나 6, 7년 뒤 재혼한 아내와 딸마저 잃게 되었습니다. 이때부터 그는 일정한 주소기 없이 부평, 인천, 수원 등 이곳저곳을 다니며 책 베끼는 일로 생계를 이어나갔습니다.

2. 그는 처자를 여읜 후 영혼 구원의 일을 마음 놓고 하려고 혼자 살기로 결심하였습니다. 그의 열성은 불타는 듯하며 또한 교리에 관한 지식이 깊어서 가는 곳마다 외교인을 권고하며 많은 이를 회두시켰습니다. 이때 선교사들은 열성과 박애심이 깊은 그를 회장으

로 임명하였습니다. 그는 이 직책을 훌륭히 수행할 수 있었고, 말과 모범으로 교우들에게 많은 이익을 주었습니다. 또한 **성 범 라우렌시오(앵베르) 주교**는 수원 양간에 전답을 서서 그로 하여금 정착케 하였습니다. 1839년 박해 때에는 서울이나 지방의 냉담자들, 신앙이 약한 자들을 권면하였고, 교회의 이익이 되는 일을 하게 될 때에는 가장 어려운 일을 맡아 보았습니다.

3. 이때 배신자 오치서 등이 서울의 포졸들과 함께 수원 양간 교회에 속한 전답을 빼앗으려고 공모하기 시작하였고, 그래서 그를 만방으로 수색하였습니다. 결국 서울에서 그리 멀지 않은 어느 교우 집에서 1830년 1월 25일 체포되었습니다. 포도대장은 그에게 말하였습니다. "이 교를 버리고 싶다면 즉시 놓아주마." 그러나 그는 "그렇게는 못하겠으니 법률이 명하는 대로 하시오"하고 대답하였습니다. 그리하여 그에게 고문을 가하게 되었는데 이 형벌을 하는 동안 형리들은 끊임없이 이렇게 말하였습니다. "배교하라. 그러면 석방된다." 그러나 그는 지치지 않고 "만약에 나를 놓아주면 다시 내 종교를 준행할 뿐 아니라 다른 사람들에게 전교를 하겠습니다."하고 대답하였습니다. 관원은 화가 나서 치도곤을 치게 하며 말하였습니다. "이놈은 죽어 마땅한 놈이니 사정없이 쳐라"

4. 그리고 형리들을 격려하기 위하여 직접 매번 때리는 것을 살펴보았습니다. 30대째 쳤을 때 이 참을성 있는 사람이 이겨내지 못하리라는 것을 알아차리고 옥으로 보냈습니다. 옥중에서도 그는 심한 상처에도 불구하고 배교자들을 꾸짖고 목숨이 아까워서 결심이 약해지는 자들을 권면하였습니다. 그의 노력은 눈에 띄게 효과를 나타냈으니 배교자 여럿이 배교를 철회한 것입니다. 그는 옥리들과 포졸들을 상관하지 않고 교우들에게 참말을 다하였으며, 죽음 같은 것은 우습게 아는 듯하였습니다. 그 이튿날도 다시 고문을 당하였으나 첫 번째와 마찬가지로 아무 소용이 없었습니다. 관원은 결심이 대단한 사람으로 상대해야 한다는 것을 알고, 할 수 있는 대로 일찍 처치해 버리기로 작정하였습니다. 이리하여 옥에 갇힌 지 5일 후인 1840년 1월 30일 목 졸리어 옥에서 치명하니, 그의 나이 54세였습니다.

(1787-1840, 1840.1.30.순교, 축일: 9.20, 회장, 기해박해교수, 한국)

## 98. 성 정화경 안드레아는 어떤 분이신가요?

(순례길 151, 155, 178)

1. **성 정화경 안드레아**는 충청도 정산 고을의 넉넉한 교우 집안에서 태어났으며, 어려서부터 열심히 천주

교를 믿었습니다. 본성이 순진했을 뿐더러 너무나 고지식해서 두 번이나 배교자의 간악한 말에 넘어가 교회에 큰 불행을 초래했습니다. 가산도 부유하였고 신앙생활도 소홀히 하지 않았습니다. 그러나 많은 친구와 외교인 친지들로 인하여 신앙생활 하는데 큰 지장이 있어서 마침내 고향을 떠나기로 결심하였습니다. 이때 여러 곳으로 이사를 다니다가 수원 양간에 정착하게 되었고, 그곳에서 회장 일을 맡아 보며 판공 때가 되면 자기 집을 공소 집으로 제공하였습니다.

2. 한편 서울을 자주 왕래하며 교회 일을 힘 닿는데까지 도왔습니다. 1839년 기해년 박해가 일어나자 그는 매일같이 교우 집을 방문하여 "모두가 주의 명령입니다. 잡히면 위주치명 하십시오. 이 같은 좋은 기회를 놓치면 언제 또 이러한 기회를 바랄 수 있겠습니까?" 하며 순교를 격려하는데 전력을 다하였습니다. **성 범 라우렌시오(앵베르) 주교**가 시골로 내려와 잠시 피신하려 하므로 그는 자기 집 근처에 안전한 피신처를 마련하였습니다. 주교는 이곳으로 내려와 아무도 모르게 피신하고 있었습니다. 그런데 하루는 배교자 김여상이 교우 수명을 앞세운 채 포졸을 거느리고 그를 찾아왔습니다.

3. 처음에는 속아 넘어가지 않았으나 결국 하는 수없이 혼자 가서 주교의 피난처를 알아보겠다고 말하니 김여상이 "나만 따라가겠다."고 했습니다. 그 말에 정화경 안드레아는 "죽어도 못가겠다"고 거절하자 김여상이 "함께 갔다가 도중에서 떨어지겠다."고 말하면서 온갖 방법으로 그를 유인하였습니다. 정화경 안드레아는 스스로 생각하기를 "같이 가다가 만일 김여상이 멈추지 않으면 나도 안가면 되지"하고 마음을 먹고 함께 떠났습니다. 김여상이 자신이 말한 대로 가는 도중에 발길을 멈추었습니다. 정화경 안드레아는 혼자서 주교의 은신처에 도착하여 찾아온 까닭을 주교에게 말했더니 주교는 "너는 마귀에 속았다"고 말하고 나서 즉시 행장을 차리고 김여상과 포졸 앞에 자수하였습니다.

4. 같이 따라오려는 정화경 안드레아에게 주교는 따라오는 것을 엄히 금하고 집으로 돌아가라고 명하였습니다. 또 포졸들도 그를 잡지 않고 돌아가게 했습니다. 그는 집으로 돌아와 자기의 잘못을 깊이 뉘우치며 말할 수 없는 비통 속에서 밤새 통곡하였습니다. 그 후 포졸들이 다시 내려와 그를 만나 체포하였습니다. 관가에 다다른 그는 포교들의 속임수에 또다시 속아 마침내 종교의 자유가 온 것으로 잘못 알고 교우 수명을 고발하였습니다. 또 포교들은 그를 이용하여 **성 나 베드로(모방) 신부**와 **정 야고보(샤스탕) 신부**도 찾아내려 했습니다.

5. 이번에는 그도 배교자들의 모략을 간파하여 지금까지 속았던 것처럼 이후에도 또 속을 수 있다는 것을 깨닫고 도망하였습니다. 전교 신부들을 비밀리에 찾아 신변의 위험이 닥

쳤다는 것을 그들에게 알려주고 자기의 잘못을 고백한 후 박해자들을 찾아가 자수할 뜻을 밝혔습니다. 그러나 자수를 만류하는 신부들의 뜻에 따라 몸을 피하려 했지만 끝내는 붙잡혀 갇히는 몸이 되었습니다.

6. 포도대장은 그에게 배교하기를 명하였습니다. 그러나 그는 우둔하기는 하나 확고한 신앙을 가진 교우였으므로 포도대장이 재촉하는 것을 단연 거절하였습니다. 그리고 주리와 찌르는 형벌을 용감히 참고 받았습니다. 다섯 달 동안을 옥에 갇혀 있으면서도 조금도 마음을 굽히지 않고 위주 치명하기로 결심하였습니다. 치도곤(治盜棍·조선시대의 형구. 곤장의 일종이며 버드나무로 넓적하고 길게 만들어 죄인의 볼기를 치는 데 사용) 1백대를 맞고도 계속하여 신앙을 지키다가 마침내 1840년 1월 23일에 목이 졸리어 순교를 완성하니 그의 나이 34세였습니다.

(1807-1840, 1840.1.23.순교, 축일: 9.20, 회장, 기해박해교수, 한국)

## 99. 성 허협 바오로는 어떤 분이신가요?
(순례길 151, 155)

1. **성 허협 바오로**는 독실한 교우 가정에서 태어났습니다. 서소문 밖 형장인 당고개에서 불과 이틀 사이에 9명의 증거자들이 목이 잘려 그들의 순교를 완수하는 동안, 감옥에서도 한명의 증거자가 매를 맞고 숨을 거
두었습니다. 그가 바로 성 허협 바오로입니다. 그는 훈련도감 병정으로 있으면서 온 집안 식구와 함께 천주교 계명을 열심히 지켰습니다. 1839년 기해박해가 일어나자 그 해 8월에 체포되어 포도청에서 매우 혹독한 형벌과 고문을 받았습니다. 포도청에 끌려간 그는 포도대장에게 배교를 강요당하고 주리를 틀리고, 꼬챙이로 찔리고 치도곤 70대를 맞는 등 혹형을 당하였으나, 일평생 교를 버리지 않겠다고 언명하였습니다.

2. 그랬건만 몇 주일이 지난 뒤 유혹을 입어 배교하였으나, 곧 잘못을 뉘우치고 그 즉시 재판관을 찾아갔습니다. "나는 죄를 지었으나 지금은 그걸 뉘우칩니다. 입으로는 배교하였으나 마음으로는 교우였고, 지금도 교우입니다"하고 말하였습니다. 재판관이 그를 가두게 하니 옥사장들이 그를 괴롭히며 "말로 취소하는 것만으로는 부족하니 네가 뉘우친다는 표를 우리에게 보여주어야 한다."고 말하였습니다. 그리고 대소변이 가득 찬 통을 가리키며 "네가 참으로 뉘우친다면 여기 사발이 있으니 저 통에 있는 것을 퍼서 먹고 마셔라"하고 말하였습니다.

3. 그는 서슴지 않고 그것을 한 사발 듬뿍 퍼서 단숨에 삼켜버리고 다시 뜨려고 하니 옥사쟁이들이 소리를 질렀습니다. "그만 두어라. 그만 둬. 그렇지만 여기 십자가가 있으니 네 교를 배교하기 싫거든 십자가 앞에 엎드려라." 그는 꿇어서 이마를 땅에 대고 조아리며 잠깐 동안 생각 없이 입으로 배반하였던 예수를 온 마음을 다해 통회하고 예배하였습니다. 이렇게 그의 배교 취소가 진정임을 증명하였습니다. 포도청에 있는 수개월 동안 무려 치도곤 130대를 맞아야 했습니다. 결국 이 때문에 1840년 1월 30일 옥중에서 선종하니 그의 나이 46세였습니다. 이렇게 인자하신 천주께서는 그에게 사죄와 더불어 순교의 은총까지도 주신 것입니다.

(1795-1840, 1840.1.30.순교, 축일: 9.20, 군인, 기해박해옥사, 한국)

## 100. 성 박종원(朴宗源) 아우구스티노는 어떤 분이신가요?
(순례길 144, 155)

1. **성 박종원(朴宗源) 아우구스티노**는 서울에 살던 중인 계급인 교우 집안에서 출생하였습니다. 아버지를 여의고 어머니와 함께 매우 궁핍하게 살면서 열심히 신앙생활을 하였습니다. 겸손하고 온순하며 친절   한 성품에도 뛰어난 재주와 학식 때문에 모든 사람들의 칭찬의 대상이 되었습니다. 한때 그는 약방의 거간 노릇을 해가며 생계를 유지하였다고 합니다. 가난으로 인해 의식이 박한 자기의 신세를 조금도 불평하지 않고 참아 받으며, 한편으로는 어머니에게 극진히 효도하였습니다. 또 한편으로는 어머니와 한가지로 신앙생활하며 교우로서의 모든 본분에 충실하였습니다.

2. 그는 자라서 역시 서울 출신이고 또한 순교자의 자손인 **성녀 고순이(高順伊) 바르바라**와 결혼하여 슬하에 세 남매를 두어 다 같이 열심히 신앙생활을 하였습니다. 집안사람을 교훈할 일이 생기면 자애롭게 하였습니다. 잠을 적게 자고 깨어 있으면서 기도와 묵상을 부지런히 함으로써, 스스로 열심히 신앙생활을 영위하였을 뿐만 아니라 남의 영혼 구원에도 전적으로 헌신하였습니다. 교리 지식이 깊고 밝아 교우와 외교인을 가르치고 인도하는 것을 자기의 소임으로 삼았으며, 죽음의 위험에 처해 있는 외교인 어린이를 찾아 대세 붙이는 것도 잊지 않았습니다.

3. 남의 결점이나 어떤 큰 과실을 보게 되면 친절한 말로 부드럽게 타일렀습니다. 남이 죄의 상태에 빠져있는 것을 보면 괴로워하는 일이 얼굴에 드러났습니다. 그의 충고는 아주 감

동적이어서 그의 충고를 받아들이지 않는 사람이 매우 드물었다고 합니다. 매양 좋은 일은 남에게 사양하고, 궂은일은 자기가 앞서서 맡아 했습니다. 그의 다정함은 세간에 널리 알려져 교우들은 웃으며, "박 아우구스티노가 골내는 것을 언제나 볼 수 있을까?"하고 말했다는 것입니다. 늘 예수 그리스도의 수고 수난을 생각하여, "오주 예수께서 나를 사랑하셨으니 나도 오주 예수를 사랑하는 것이 마땅하다. 예수께서 나를 위하여 고난을 받으시고 죽으셨으니 나도 예수를 위하여 치명함이 마땅하다"고 말하였습니다.

4. 그는 늘 이렇게 치명준비에 힘썼습니다. 조선에 전교 신부를 영접하려고 준비하고 있을 무렵에는 그도 주야를 가리지 않고 여행을 하며, 이 중대한 일에 힘자라는 데까지 기여하였습니다. 마침내 중국인 유방제(劉方濟: 중국 이름 余恒德, 파치피코) 신부가 입국하였고, 그의 비상함과 열심함이 머지않아 신부에게도 알려지게 되었습니다. 그래서 유방제 파치피코 신부는 그를 내포지방에 파견하여 그곳의 교우들을 가르쳐 그들의 열성과 용기를 북돋우게 하였습니다. 이어 입국한 **성 범 라우렌시오(앵베르) 주교**도 그의 재능과 덕행을 인정하여 그를 서울 회장으로 임명하였습니다.

5. 이에 그는 이 중하고 위험스러운 회장직을 성심껏 이행하려고 열성을 배가하였습니다. 많은 외교인을 개종시켰고 주일이면 교우 집을 두루 찾아다니며 모든 교우들이 성사를 타당이 받을 수 있도록 끊임없이 권면하였습니다. 교우들만이 아니라 외교인들까지도 그의 공적을 평가하고 있었으므로, 1839년 기해년에 박해가 일어나자 곧 그의 이름이 드러나게 되어 피신하지 않을 수 없었습니다. 그러나 그는 비록 피신 중이라 할지라도 위험을 무릅쓰고 밤이 되면 감옥을 찾아가서 잡힌 교우들의 동정을 살피고 그들을 위로하고 용기를 북돋아 주며 교우들과 서로 상통하게 하였습니다.

6. 이와 같은 그의 필사적인 노력의 결과 이 무렵의 순교자에 대한 상세하고도 많은 사실이 후세에 길이 알려지게 되었습니다. 8개월 동안 피신하여 다니던 끝에 결국 1839년 10월 26일 포졸에 붙잡혔고 이튿날에는 그의 아내 고순이 바르바라도 함께 붙잡혀 부부가 포도청에서 재회하였습니다. 부부가 같이 고문과 문초를 받았고, 부부가 함께 용감하게 이겨냈습니다. 포도청에서의 그의 열성은 같이 갇혀 있던 이들의 마음을 감동시켰는데, 그래서 그들은 그의 이야기를 듣는 것을 좋아했습니다. 심지어 포졸들까지도, "오늘 저녁엔 박종원의 교리 얘기를 들으러 가자"고 말했다는 것입니다.

7. 포도청에서 받은 여섯 차례에 걸친 혹독한 고문으로 팔과 다리를 쓰지 못하게 되었지만, 그는 마음이 화평하여 안색이 여전하고 열정이 간절하여 의연히 굽히지 않았습니다. 그러므로 10여 일 만에 아내와 함께 형조로 이송되기에 이르렀습니다. 형조에서도 가해지

는 문초를 받아 살이 떨어지고 뼈가 드러나 유혈이 낭자했지만 종시 굴복하지 않았습니다. 결국 부부에게 사형이 선고되었고, 아내 고순이 바르바라가 먼저 서소문 밖 네거리에서 참수 치명하였습니다.

8. 부인이 순교한 후에도 그는 한 달 남짓 더 오랜 시련을 겪어야 했는데 그간 1월 11일과 13일 두 번에 걸쳐 형문을 다시 받았습니다. 그는 죽기를 맹세하고 배교를 거부하였을 뿐만 아니라 더 나가서 천당 지옥이 엄연히 존재하고 제사는 헛된 예식이어서 지낼 필요가 없다고 가르쳤습니다. 옥에 있는 지 4개월 만인 1840년 1월 31일 다른 5명의 교우와 함께 당고개 형장에서 참수 치명하니 그의 나이 49세였습니다.

(1792-1840, 1840.1.31.순교, 축일: 9.20, 회장, 기해박해참수, 한국)

## 101. 성 홍병주(洪秉周) 베드로는 어떤 분이신가요?
(순례길 144, 155, 166)

1. **성 홍병주(洪秉周) 베드로**는 **성 홍영주(洪永周) 바오로**의 친형입니다. 그들은 매우 유명한 가문의 자손들이며, 1801년 신유박해 때 순교한 **복자 홍낙민(洪樂敏) 루카**의 손자이자, 1840년 1월 기해박해 때  전주에서 순교한 **복자 홍재영(洪梓榮) 프로타시오**의 조카가 됩니다. 아버지 홍빈영은 1801년의 난을 치르고 나서 충청도 내포평야에 있는 서산 고을 여사울로 이사하여 살았습니다. 그리스도에 대한 신앙과 이에 대한 견고한 가르침은 아버지가 자녀에게 넘겨준 유일한 유산이었습니다. 한편 자녀들은 이 가정의 전통을 이어받아 열심히 신앙 생활하여 남달리 뛰어난 그들의 덕행은 모든 이의 칭송을 받게 되었습니다.

2. 이 나라에 들어온 선교사 신부들은 이 형제들을 내포 지방의 회장으로 임명하여 교우들을 돌보고 지도하게 하였습니다. 이에 형제들은 더욱 열심히 분발하여 염경 묵상과 독서를 부지런히 하였습니다. 집안 식구와 모든 교우들을 정성스럽게 권면하며, 가난하고, 병든 사람을 찾아 돌보고 위로하였습니다. 그들의 열성과 교우들에 대한 회장으로서의 꾸준한 책임 수행은 모든 이의 존경을 받게 하였고, 전교 신부들도 그들의 재능과 헌신에 감격하여 여러 번 그들에게 부탁하기도 하였습니다. 1839년 기해년에 박해가 크게 일어나 사세가 극히 위험할 때에 형제는 한 선교사 신부에게 피난처를 제공하였습니다.

3. 이와 같은 무모한 행위로 목숨을 잃게 될 것을 확신한 그들은 순교를 열심히 준비하고 있었습니다. 결국 1839년 9월 말에 서울 포졸에게 잡히어 서울 포도청으로 압송되었습

니다. 배교자 김여상이 기어코 잡아야 할 유력한 교우 명단에 그들의 이름을 올려놓았기 때문입니다. 포도대장은 그들 두 형제를 불러 문초하기를 "배교하여라. 그리고 책과 동교인을 대라"고 하였습니다. 그러나 그들 형제는 치명자의 후손답게 문초에 따르는 가혹한 고문에도 불구하고 한결같이 굳세어 굴복하지 않았고, 교우를 고발하는 일도 없고 비겁한 말을 하는 일도 없었습니다.

4. 그들은 곧 형조로 끌려갔는데, 이때 병조판서는 그들 형제의 친척으로 한 증인의 말에 의하면 홍석주였다고 합니다. 병조판서 홍석주는 자신이 직접 고문을 가하기가 싫어서 보조관으로 하여금 기어코 배교하도록 하여 사형에 처하지 않도록 지시했다는 것입니다. 이로 인하여 형제가 얼마나 더 혹독한 고문을 수없이 받아야 했던가를 쉽게 짐작할 수 있습니다. 그들을 배교시켜 병조판서에게 잘 보이려고 온갖 잔인한 고문을 아끼지 않았던 것입니다. 그러나 다 소용이 없었고 오히려 그것으로 형제의 신앙을 더욱 빛나게 하였을 뿐이니, 사실 형조에서는 이 형제의 문초에 대하여 이렇게 절망적으로 보고할 수밖에 없었습니다.

5. "홍병주인즉 홍낙민이 할아버지가 되고 홍재영이가 숙부가 되므로 그들에게서 도를 배운 만큼 미혹됨이 더욱 심하다." "홍영주인즉 요서와 요술을 가정의 학문이라고 자칭하고, 주재의 초상을 거짓으로 지어냈으며, 형벌을 감심(甘心·괴로움이나 책망 따위를 기꺼이 받아들임)하고 죽기를 맹세하여 뉘우치지 않는다."고 하였습니다. 그리하여 결국 형제에게 사형이 선고되었습니다. 홍병주 베드로는 1840년 1월 31일 5명의 교우와 함께 서울 당고개 형장에서 참수 치명하니 그의 나이 43세였습니다. 그는 동생 홍영주 바오로보다 하루 먼저 순교하였습니다. 그는 형장으로 가면서 "천주의 모친과 천신과 성인들을 만나러 가는데 시간이 늦는다."라고 하여 수레를 몰고 가는 사람을 보고 빨리 가기를 재촉하였다고 합니다.

(1798-1840, 1840.1.31.순교, 축일: 9.20, 회장, 기해박해참수, 한국)

## 102. 성녀 손소벽(孫小碧) 막달레나는 어떤 분이신가요?
(순례길 144, 155)

1. **성녀 손소벽(孫小碧) 막달레나**는 앞서 순교한 **성 최창흡(崔昌洽) 베드로**의 아내요, **성녀 최영이(崔榮伊) 바르바라**의 어머니가 되며 **성 조신철(趙信喆) 가롤로**의 장모가 됩니다. 서울 구(舊) 교우의 가

정에서 태어났으나 1801년 신유박해 때 아버지는 유배되어 그곳에서 세상을 하직하였고, 어머니도 일찍 돌아가시게 되어 할머니 밑에서 자랐습니다. 그녀는 성격이 온순하고 말씨가 상냥하고 몸가짐을 삼가는 품이 출중하였으며, 바느질과 수 솜씨 같은 여자가 하는 일에 뛰어났다고 합니다. 원래 태중 교우였지만 패가(敗家) 된 가문에서 홀로 살아남은 그녀인지라 더 이상의 불행이 두려워서 교우들과 같이 상종하지를 못하였습니다.

2. 또 오랫동안 교우가 없는 지방에서 살았기 때문에 천주교를 배우기가 무척 어려웠습니다. 그러나 늘 마음에 자기 영혼구원에 힘써 지옥의 영고를 면하고 천당영복을 차지해야겠다는 생각을 갖고 있었습니다. 그래서 교우들과 접촉하여 교리를 조금씩 배우게 되었고, 열세 살 때부터 신앙생활을 하기 시작하였습니다. 열일곱 살 때 최창흡 베드로에게 출가하였고 몇 해가 안 되어 콜레라로 사람들이 별안간 많이 죽어나가는 것을 보고 남편과 함께 일가가 모두 대세를 받았습니다. 그 후 선교사들이 입국하게 되자 예비를 하여 성사를 받고 열심을 더하게 되었습니다.

3. 그녀는 자녀 열한 명을 낳았으나 그중 아홉은 어려서 죽었고, 슬하에는 맏딸 최영이 바르바라와 두 살 난 막내딸 밖에 남지 않았습니다. 그녀는 1839년 박해가 시작될 때 포교의 눈을 피하기 위하여 친척들과 같이 숨어 있었으나 그해 7월 초에 붙잡히고 말았습니다. 포도대장이 대강 문초하고 난 뒤에 포창이 여러 가지 질문과 함께 회유와 협박을 할 때 그녀는 이렇게 대답했습니다. "너는 누구에게서 천주교를 배웠느냐? 언제부터 신봉하느냐? 네 집에 내왕하는 자는 몇 명이나 되느냐? 네 집에서 꺼낸 물건은 무엇에 쓰이는 것이냐? 그 물건의 주인은 누구냐? 동교인을 대고 천주를 배반하라." "천주교를 배우기는 할머니께 배웠으며 어려서부터 봉행합니다. 말씀하시는 물건은 누가 들여온 것인지 똑똑히 알 수 없으며 동교인을 고발하면 그들이 해를 입을 터이니 말할 수 없고, 천주를 배반한다는 것은 도무지 있을 수 없는 일입니다." "한마디만 말하면 자유백방 되어서 헤어진 딸과 남편과 함께 살 수 있겠지만 만약 고집하면 죽으리라." "제 목숨은 제 것이 아닙니다. 목숨을 보전하기 위해서는 삶과 죽음을 다스리시는 천주를 배반해야 할 터이니 그것은 할 수 없습니다."

4. 그녀는 일곱 번이나 문초를 당하는 동안 주리를 세 번 틀리고 곤장 260매를 맞아 살이 헤어져 떨어지고 상처에서는 피가 줄기지어 흘러 내렸습니다. 그러나 그녀는, "만일 천주께서 나를 도와주시지 않으면 내 힘만 가지고는 다만 일각이라도 벼룩이나 이가 나를 뜯어먹는 것만이라도 참아 견딜 수 있겠습니까? 그러나 천주께서는 참아 받을 힘을 내게 주시는 것입니다."하고 말했습니다. "네 어린 자식이 불쌍하지도 않느냐? 생명을 보존하

여라."하고 회유했지만 "주님께서는 생사의 권한을 가지고 있습니다. 즉 나의 생명은 천주님께 달려있습니다. 그분을 거역하면서까지 내 생명을 보존할 수는 없습니다. 내가 천주님을 위해 죽으면, 천주님께서 내 딸을 돌보아 주실 것입니다."하고 말하며 늘 천주께 감사드리는 것이었습니다.

5. 그녀는 두 살 된 막내딸을 옥안에까지 데리고 왔는데, 그 가엾은 어린 것이 공기도, 광선도, 또 어떤 때는 먹을 것까지도 없이 괴로워하는 것을 보면, 혹 마음이 언짢고 용기가 꺾일지 모르므로 그를 품에서 떼어 일가 부인에게 맡겼습니다. 포도청으로 이송된 후에도 포청에서와 마찬가지로 많은 곤욕과 혹형을 받았지만 그녀는 굴복하지 않았습니다. 또 세 차례의 형문가운데 곤장을 맞고 나서 결국 사형선고를 받았습니다. 7개월 동안이나 옥고를 치른 후 1840년 1월 31일 당고개 형장에서 5명의 교우와 함께 참수 치명하니 그의 나이는 40세였습니다.

(1801-1840, 1840.1.31.순교, 축일: 9.20, 부인, 기해박해참수, 한국)

## 103. 성녀 이경이(李瓊伊) 아가타는 어떤 분이신가요?
(순례길 144, 155)

1. **성녀 이경이(李瓊伊) 아가타**는 시골에서 여러 해 이어 온 천주교인 양반 집안에서 태어났습니다. 결혼할 때에 모르고 고자에게 속아 출가하였으므로, 친정으로 돌아와 지내다가 **성 범 라우렌시오(앵베르) 주교**가 그 혼인을 무효화시켰습니다.  따라서 그녀는 친정에 남아 사는 길밖에 없었습니다. 그러나 아버지를 일찍 여읜데다 유산도 없어진 뒤라 거처할 집이 없어서 어머니는 시골 동생 집으로 내려가고 그녀는 서울로 올라와 **성녀 권진이(權珍伊) 아가타**의 모녀에게 의탁하게 되었습니다. 권진이 아가타와 어머니 **성녀 한영이(韓榮伊) 막달레나**와 그녀 세 사람이 서로 의지하며 착실히 신앙생활을 하고 있었습니다.

2. 돌연 1839년 기해년 7월 17일 한밤중에 포졸이 달려들어 모두 잡아 포청으로 끌고 갔습니다. 종사관이 기초 신문을 하더니 한영이 막달레나만을 포정에 가두고 두 아가타와 잡혀 온 여종은 따로 사관청(仕官廳)에 가두는 것이었습니다. 이때 배교자 김여상이 와서 같이 도망하자고 권진이 아가타를 감언으로 유인하였습니다. 그 후 포졸들이 와서 그녀들의 젊고 아름다운 용모에 매혹되어 그들을 유괴하려는 속셈에서 우선 도망하게 하였습니다. 이 사실이 국왕에게까지 알려지자 임금은 엄한 교지로써 포도대장을 파면하고

파수하던 군졸 한 명은 사형에 처하고 두 명은 귀양을 보냈습니다.

3. 또한 갇혀있는 교우들의 고문은 더욱 가혹해지고 감시가 삼엄해졌으며, 감방의 문을 밤낮으로 잠그게 하였습니다. 한편 달아난 사람을 사방으로 수색하고 추적하는 바람에 새로 교우 10여 명이 잡혀 들어왔습니다. 감옥을 탈출한 그녀는 교우 집을 찾아 피신하였는데 증인 정 아가타는 그의 피신을 이렇게 증언하였습니다. "우리 집 부근 한 교우 집에 피신하였으나, 도무지 안전하지가 않아서 아버지께서 오막살이를 만들어 숨겨 주었다. 그러나 근처 양반이 오막살이집을 보고 하인을 시켜 헐어버렸다. 그녀는 하는 수 없이 다른 교우 집으로 가서 벽장에 숨었으나, 거기서 하루 이상 견딜 수가 없어서 결국 우리 집으로 와서 숨었다." 그때 성녀 이경이 아가타가 정 아가타에게 "우리가 감옥에서 탈출한 것은 포졸 한 명이 나를 유괴하려고 했기 때문"이라고 말하면서, "네가 지금까지 영세하지 못한 것은 문답을 배우지 않았기 때문이다. 그러니 문답을 익히도록 힘쓰라. 그리고 영세하게 되면 우리와 같이 아가타란 세례명을 택하라."고 덧붙였습니다.

4. 다음 날 밤에 포졸들이 갑자기 습격해 와서 두 아가타를 체포하고 식구들 모두를 붙잡아 가려 했습니다. 그녀는 "식구들에겐 조그마한 잘못도 없습니다."하고 간청하므로 두 아가타만 잡아갔습니다. 그러나 이튿날 다시 와서 그 집 아버지도 잡아갔습니다. 두 아가타가 잡힌 것은 같이 달아났던 여종이 그들의 은신처를 밀고했기 때문이라고 합니다. 도망쳤던 죄로 포도청에서의 문초와 고문이 한층 가혹했지만 그녀는 끝내 굴복하지 않았습니다. 결국 형조로 이동되어 사형언도를 받고 옥고 6개월만인 1840년 1월 31일 당고개 형장에서 5명의 교우와 함께 참수로써 동정과 순교의 이중 월계관을 차지하니 그의 나이는 28세였습니다.

(1813-1840, 1840.1.31.순교, 축일: 9.20, 동정녀, 기해박해참수, 한국)

## 104. 성녀 이인덕(李仁德) 마리아는 어떤 분이신가요?
(순례길 144, 155)

1. **성녀 이인덕(李仁德) 마리아**는 서울 외교인 양반 가문에서 태어났으며, **성녀 이영덕(李榮德) 막달레나**의 동생으로, 어려서 교우인 외할머니의 가르침과 권면으로 신앙을 갖게 되었습니다. 1839년 기해박해   가 일어나자 순교를 각오하고, **성 범 라우렌시오(앵베르) 주교**가 체포되면 자수하기로 하였습니다. 그러나 자수할 틈도 없이 1839년 6월 어느 날 조 바르바라, 언니 이영덕 막

달레나와 함께 체포되었습니다.

2. 포도청에서 잔악한 매질을 당했지만 조금도 그 뜻을 굽히지 않았습니다. 1840년 1월 형조판서로 부터 외국인과 만나 깊이 사학을 믿고 숭배하였다는 죄목으로 사형 선고를 받고 1월 31일 당고개 형장에서 5명의 교우와 함께 참수하여 동정과 순교의 이중 월계관을 차지하니 그때 그의 나이는 23세였습니다.

(1818-1840, 1840.1.31.순교, 축일: 9.20, 동정녀, 기해박해참수, 한국)

## 105. 성녀 권진이(權珍伊) 아가타는 어떤 분이신가요?
(순례길 144, 155)

1. **성녀 권진이(權珍伊) 아가타**는 죽을 무렵에 영세한 권영좌 진사(進士)와 순교한 **성녀 한영이(韓榮伊) 막달레나**의 딸로서 육체적으로나 정신적으로나 모든 재질을 타고난 이상적 여성의 모델이었습니다.   특히 남달리 뛰어난 그녀의 미모는 대단하였다고 합니다. 나이 13세에 결혼하였으나 남편이 너무 가난해서 데려가지 못하고 있던 중 중국인 유방제(劉方濟: 중국 이름 余恒德, 파치피코) 신부가 조선에 왔을 때 그녀는 그의 처소에 살림꾼으로 들어갔습니다. 그녀가 영리하고 온화한 여자였으므로 신부는 그녀를 매우 귀여워하였습니다. 그뿐만 아니라 그녀가 동정을 지킬 의향이 있음을 말하자, 그렇게 할 수 있도록 유방제 파치피코 신부가 전에 한 혼인을 취소시키기까지 하였습니다.

2. 그러나 안타깝게도 이것이 위험한 길로 들어서는 첫걸음이었다는 것이 얼마 안가서 드러나게 되었습니다. 여러 달 동안 유방제 파치피코 신부와 그녀 사이의 좋지 못한 소문이 나돌아 교회에 해를 끼쳤던 것입니다. 그러나 그 후 그녀는 **성 나 베드로(모방) 신부**의 권면에 감동하여 용기를 내어 유방제 파치피코 신부와의 불의의 관계를 끊어 버렸습니다. 꺼지지 않았던 그녀의 신앙이 그 관계의 죄스러움을 밝혀 깨닫게 하였던 것입니다. 마치 조선의 막달레나 성녀라고 일컬을 수 있을 것입니다. 친정어머니 한영이 막달레나가 그녀를 유방제 파치피코 신부의 처소에서 친정으로 데리고 나왔습니다.

3. 친정으로 돌아온 때부터 그녀는 열절한 보속과 열렬한 기도 속에 생활하였습니다. 예전에 자신의 단정치 못한 행동으로 말미암아 걸려 넘어졌던 이들을 도리어 덕의 길로 권유하였던 것입니다. 자기 죄를 기워 갚고 천주님께 그 죄의 사함을 얻기 위하여 그녀는 순교하기를 간절히 원하였습니다. 이 무렵 의지할 데 없는 **성녀 이경이(李瓊伊) 아가타**가

찾아와서 그녀의 집에 붙어 지내게 되었습니다. 그녀의 모녀와 이경이 아가타 세 사람이 의지하며 착실히 신앙생활을 하고 있었습니다. 1839년 기해년 7월 17일 한밤중에 그녀 모녀와 이경이 아가타, 그리고 여 교우인 동네사람이 잡혀갔는데, 한영이 막달레나만 가두고 관원과 배교자 김여상 등이 세 여자를 도망시켰습니다.

4. 계집종은 시골로 내려 보내고 그녀와 이경이 아가타는 서울에 한 초라한 교우 집에 잠복해 있었습니다. 그런데 이 계집종이 먼저 잡혀서 저들이 잠복하고 있는 곳을 알려주었으므로, 포졸들이 이들을 붙잡아다 포도청으로 다시 압송하였습니다. 그러나 형벌을 수없이 받았어도 이들의 신앙은 끝끝내 조금도 흔들리지 않았습니다. 그리고 형조로 끌려가 다리에 모진 매를 맞았습니다. 그녀는 재판관에게 "나는 교우요. 죽는 날까지 교우로 있겠습니다."하고 대답하였습니다. 그녀는 그보다 한 달가량 앞서 간 그녀의 어머니 한영이 막달레나와 옥중에서 최후의 이야기를 하였습니다.

5. 우리는 발길을 멈추고 자기의 신앙을 위하여 같은 옥에 갇혀, 같은 투쟁을 겪고, 같은 용맹을 발휘한 뒤에 예수 그리스도를 위하여 피를 흘리러 가기에 앞서 마지막 사랑의 말을 주고받는 이 어머니와 딸을 오랫동안 바라보아야 할 것입니다. 그들은 다시 만날 천국을 꿈꾸며 얼마나 정다운 하직을 서로 나누었을 것인가? 형조에서 사형선고를 받은 그녀는 죽을 준비만 하면 그만이었습니다. 그녀는 열심으로 죽음을 준비하였는데 그녀의 기쁨과 천주성의에 순종함에 대하여 그녀가 어떤 교우에게 편지를 보냈는데 "그 말은 열정이 넘쳐흐르며 참으로 초자연적인 순종을 보여주는 것이었다."고 합니다.

6. 이 편지에 대하여는 이것밖에 알려진 것이 없으나 이와 같은 간략한 말만 가지고 상상할 수 있는 것보다는 훨씬 더 흥미 깊은 것이었는지도 모릅니다. 그녀는 자기 죄를 생각하고 겸손해 하는 것이었을까? 회개할 용기를 주시고 죄를 기워 갚을 은총을 내려주심을 하느님께 감사하는 것이었을까? 하여간 무한한 용서를 받은 이 가련한 여자는 향유와 눈물이상의 것을 예수께 바치게 된 것입니다. 드디어 형장인 당고개 형장에서 5명의 교우와 함께 1840년 1월 31일 참수 치명하니 그때 그의 나이 22세였습니다.

(1819-1840, 1840.1.31.순교, 축일: 9.20, 부인, 기해박해참수, 한국)

## 106. 성 홍영주(洪永周) 바오로는 어떤 분이신가요?
(순례길 144, 155, 166)

1. **성 홍영주(洪永周) 바오로**는 **성 홍병주(洪秉周) 베드로**의 동생입니다. 그들은 매우 유명한 가문의

자손들이며, 1801년 신유박해 때 순교한 **복자 홍낙민(洪樂敏) 루카**의 손자이며, 1840년 1월 기해박해 때 전주에서 순교한 **복자 홍재영(洪梓榮) 프로타시오**의 조카가 됩니다. 아버지 홍빈영은 1801년의 신유박해 난을 치르고 나서 충청도 내포평야에 있는 서산 고을 여사울로 이사하여 살았습니다. 그리스도에 대한 신앙과 이에 대한 견고한 가르침은 아버지가 자녀에게 넘겨준 유일한 유산이었습니다. 한편 자녀들은 이 가정의 전통을 이어받아 열심히 신앙생활을 하여 남달리 뛰어난 그들의 덕행은 모든 이의 칭송을 받게 되었습니다. 이 나라에 들어온 선교사 신부들은 이 형제들을 내포 지방의 회장으로 임명하여 교우들을 돌보고 지도하게 하였습니다.

2. 이에 형제들은 더욱 열심히 분발하여 염경 묵상과 독서를 부지런히 하고, 집안 식구와 모든 교우들을 정성스럽게 권면하며, 가난하고, 병든 사람을 찾아 돌보고 위로하였습니다. 그들의 열성과 교우들에 대한 회장으로서의 꾸준한 책임 수행은 모든 이의 존경을 받게 하였습니다. 선교사 신부들도 그들의 재능과 헌신에 감격하여 여러 번 그들에게 부탁하기도 하였습니다. 그는 형 홍병주 베드로보다 세 살 아래이나 형 못지않게 열심히 신앙생활을 하였다고 합니다. 그의 숙부인 홍재영 프로타시오는 1801년 신유박해 때 귀양 가서 수십 년을 열심히 신앙생활 하다가 1839년 기해년에 다시 잡혀서 아들 **하느님의 종 홍봉주(洪鳳周) 토마스**의 처인 **복자 심조이 바르바라**와 함께 치명하였습니다. 신유, 기해 두 큰 풍파에 홍낙민 루카 풍산 홍씨의 가문에 홍낙민 루카, 홍재영 프로타시오, **복자 강완숙(姜完淑) 골룸바, 복자 홍필주(洪弼周) 필립보**, 홍봉주 토마스, 심조이 바르바라, 홍병주 베드로, 홍영주 바오로 등 3대에 걸쳐 8인이 순교하니 드문 일이라 할 수 있습니다. 형 홍병주 베드로가 처형된 다음 날인 1840년 2월 1일 그도 당고개 형장에서 교우 1명과 함께 참수 치명하니 이때 그의 나이 40세였습니다.

(1801-1840, 1840.2.1.순교, 축일: 9.20, 회장, 기해박해참수, 한국)

## 107. 성 이문우(李文祐) 요한은 어떤 분이신가요?
(순례길 144, 155, 174)

1. **성 이문우(李文祐) 요한**은 일명 경천이라고도 불렸으며, 경기도 이천 동산 밑에 살던 양반 교우 집에서 태어났습니다. 그의 나이 겨우 다섯 살 때 부모를 여의고 의탁할 데 없는 고아가 되어 버렸습니다. 다행히 어느 교우의 알선으로 서울의 여교우 오 바르바라가 그를 데려다 양자로 키웠습니다. 그

는 본시 수정할 마음을 먹고 있었으나, 양어머니가 결혼할 것을 강력히 권하여 하는 수 없이 결혼하였습니다. 아내와 열심히 신앙생활하며 자녀를 두었으나 얼마 되지 않아 아내와 두 자녀를 모두 잃었습니다. 사람들이 재혼할 것을 권했으나 이번에는 이에 응하지 않고 평생을 독신으로 살았습니다.

2. 선교사 신부들의 입국을 계기로 하여 성사를 타당하게 보고 그는 더욱 열심히 신앙생활을 하였습니다. 또한 **성 나 베드로(모방) 신부** 곁에서 1년 이상 복사(服事)를 하면서 그의 전교생활을 도와 드리곤 했습니다. **성 범 라우렌시오(앵베르) 주교**로부터 회장으로 임명되어 전교에 힘쓰고 앵베르 주교를 도와 지방을 순회하였습니다. 앵베르 주교와 모방 신부는 다 시골로 피신하였으므로 그들에게 서울의 정세를 알리기 위하여 여러 번 지방을 내왕하였습니다. 그러나 박해는 치열해져서 주교나 신부는 물론 지도급 교우들도 거의 다 잡히게 되니 그의 신변도 매우 위험해졌습니다.

3. 그는 피신할 수 있었지만 주교, 신부들의 일과 옥중에 있거나 피신 중인 교우들의 딱한 사정을 돌보지 않을 수 없었으므로 이리저리로 두루 피해 가며 일이 끝나기를 기다렸습니다. 1839년 기해박해로 많은 교우들이 체포되자 사방에서 희사를 모아 옥에 갇힌 교우들을 도왔습니다. 박해 상황을 주교와 신부들에게 보고하던 중 주교와 신부를 위시하여 많은 교우들이 잇달아 순교하게 되었습니다. 그는 7-8명의 교우와 함께 여러 날 상의한 끝에 밤을 이용하여 새남터 형장으로 가서 앵베르 주교, 모방 신부, **성 정 야고보(샤스탕) 신부**의 시신을 모셔다 노고산에 안장하였습니다.

4. 그 후 그는 시골로 피신할 결심을 하고 마지막 밤을 서울 어느 교우 집에서 지내러 갔을 때, 바로 그날 1839년 11월 11일 밤중에 포졸들이 들이닥쳤습니다. 처음에 그는 깜짝 놀라 어리둥절했으나 곧 침착하게 말하였습니다. "천주께서 특별한 은혜로 나를 부르시니 어찌 그 말씀을 따르지 않으리오." 그리고 자신이 먼저 포졸들을 재촉하여 포도청에 끌려가서는 간단한 문초를 받았습니다. 조금 후에 오라로 결박을 당해서 포도대장 앞에 출두하니, 포도대장은 그에게 선교사에 대해 물었습니다. 이미 모든 것이 알려진 뒤였으므로 그는 모든 이가 아는 사실을 이야기하였습니다.

5. 포도대장이 자유해방 될 희망을 보여서 그의 마음을 돌리게 하려는 생각으로 "너는 가문도 훌륭하고 아직 젊었으니 문(文)을 숭상하여 고명하게 되고 무(武)를 닦아 명성을 날릴 수 있거늘 사도(邪道)를 좇아 법을 범하고 부끄러운 죽음을 당할 위험을 무릅쓰니 어째서 그러느냐? 무슨 이유가 있어서 그런 행동을 하느냐? 지금이라도 배교하기를 승낙하면, 대관께 잘 여쭈어서 네 목숨을 구해줄 터이니 깊이 생각해 보아라. 아무 이유도 없

이 저 무식장이들 모양으로 죽고자 한단 말이냐?"고 하였습니다. 그러나 그의 대답은 이러하였습니다. "삶을 사랑하고 죽음을 두려워함은 인간의 상정이거늘 어찌 즐거운 마음으로 죽기를 원할 수가 있겠습니까? 그러나 나라 법률에 복종하려면 우리의 대군대부시요, 하늘과 땅과 천사와 사람과 만물을 만드신 무상의 창조주를 배반하여야 할 것이니 죽어도 그렇게 할 수는 없습니다. 그뿐만 아니라 대인께서 지금 말씀하신 모든 것에 대하여는 벌써 오래 전부터 깊이 생각하고 결심한 것이니 이상 더 묻지 마십시오." 포도대장은 그래도 치근덕거리며 음식과 술을 그에게 주며 달랬으나 소용이 없었습니다. 또한 그는 대답하기를, "판관께서도 국왕이 무엇을 명하시는데, 어떤 지방관원이 왕명과 반대되는 것을 명한다면 누구의 말을 받들겠습니까? 이 세상은 제왕들과 관장들이 다스리나 천주님의 명을 받들어 온 세상을 다스리는 그들은 천주님의 기계와 심부름꾼에 지나지 않습니다. 그런즉 왕도 천주님께 복종하여야 합니다." 하였습니다.

6. 갖가지 수단으로 그를 달래 보았으나 허사였으므로 판관이 분하여 도둑과 배교자들이 갇혀 있는 옥에 가두게 하였습니다. 한 하급관리가 와서 그를 불러내어, "네 옷이 훌륭한 것을 보니 돈을 감추어 둔 것이 분명하다. 어디 있는지 대라" 하였습니다. 아무 것도 가진 것이 없다고 그가 대답하자 곤장 20대를 때리게 한 뒤에 도로 가두었습니다. 불행히 배교한 약한 교우들을 보자 그는 슬프고 두려운 생각이 들었습니다. <'나는 어떻게 될 것인가? 이 불쌍한 사람들이 혹 나보다 훨씬 훌륭한 생활을 하였을지도 모르는 일이다. 그런데도 이렇게 타락하지 않았는가. 천주여 나약함을 붙들어 주소서'> 그는 이렇게 생각하였습니다. 그 뒤로 형조에서도 포도청에서와 같이 끈기 있게 신앙을 증거하였습니다.

7. 그는 형조에서 음력 1839년 12월 27일자로 유가족에게 긴 편지를 써 보냈는데 여기서 형조에서 문초받은 사실을 이렇게 전하였습니다. <'음력 1839년 10월 20일에 판관이 나를 불러내어 보통 이상으로 곤장을 때리게 했습니다. 내 힘 만으로야 어떻게 그것을 견딜 수 있겠습니까? 그러나 천주의 도우심과 성모 마리아의 천신, 성인과 우리 모든 순교자들의 전구하시는 덕택으로 거의 괴로운 줄을 모를 지경이었습니다. 이와 같은 은혜는 도저히 갚을 길이 없으며 그러므로 내 목숨을 바쳐야 마땅할 것입니다. 그러나 내 행동은 이렇게도 규율이 없고 내 힘은 이다지도 약하니 부끄럽고 두려움을 금치 못하겠습니다.'>

8. 그간의 순교자들의 편지가 모두 그러하듯이 우리는 순교자들의 편지를 읽을 때마다 특히 이문우 요한의 편지를 읽을 때 천주님의 은총의 기묘하고 역력한 효과에 놀라지 않을 수 없습니다. 그의 편지는 또한 성모 마리아께 대한 그의 신심이 얼마나 지극하였는지를

입증해 주고 있습니다. 특히, '성모 마리아의 전구하심을 잊지 말고 구하십시오. 그러면 청하는 것을 반드시 받게 될 것이요. 만 명 중에 한 사람도 거절당하지 않을 것입니다.'라고 적고 있습니다. 그는 지상의 어머니에 대해서도, 비록 양어머니이었을지라도 친어머니처럼 똑같은 효성과 존경으로 대하였고, 잡히기 전에 한 여교우에게 어머니를 부탁하는 것을 잊지 않았습니다. 옥에 있은 지 근 3개월, 마침내 1840년 2월 1일 다른 두 교우와 함께 당고개 형장에서 참수로 그의 순교를 완수하니 그때 그의 나이 32세였습니다.
(1809-1840, 1840.2.1.순교, 축일: 9.20, 복사, 기해박해참수, 한국)

## 108. 성녀 최영이(崔榮伊) 바르바라는 어떤 분이신가요?
　　(순례길 144, 155)

1. **성녀 최영이(崔榮伊) 바르바라**는 아버지 **성 최창흡(崔昌洽) 베드로**와 어머니 **성녀 손소벽(孫小碧) 막달레나**의 11남매 중 맏딸로서 1818년 서울에서 출생하였습니다.   말이 11남매라고 하나 그녀의 형제자매는 어려서 9명이나 죽었고, 어린 여동생만 남게 되었습니다. 그녀는 본성이 순량하고 총명하였습니다. 부모와 한 가지로 영세를 받고 부모의 열심한 모범에 따라 어려서부터 그녀의 열심히 배우고자 하는 열의가 사람들의 이목을 끌었습니다. 열다섯 살 때, 강론을 들은 후로 기도와 영적 독서에 전념하기 시작하였으며, 신부로부터 성사를 받은 후 더욱 열심히 분발하게 되었습니다.

2. 스무 살이 되던 해 부모가 그녀를 출가시키기 위해 결혼 이야기를 꺼내자, 그녀는 부모에게 말하였습니다. "이렇게 중요한 일에 있어서 지위가 높다든지, 부자라든지, 가난하다든지 하는 것은 보지 말도록 하세요. 저는 그저 열심하고 글을 많이 배운 교우와 혼인했으면 좋겠어요." 그래서 사실 문벌과 나이에 큰 차이가 있음에도 불구하고 **성 조신철(趙信喆) 가롤로**와 결혼하게 되었습니다. 이때 그녀의 나이는 스무 살이었고, 남편 조신철 가롤로는 마흔 네 살이었으니 무려 스물네 살이나 차이가 났습니다. 그렇지만 3년 동안을 같이 사는 동안 한 아들을 낳아 길렀고 서로 격려하며 독실하게 신앙생활을 하였습니다. 점차 박해가 치열해지자, 그녀의 양친은 사위인 조신철 가롤로 집으로 피신 와 있었습니다.

3. 그러나 1839년 7월 초순에 그녀는 아버지 최창흡 베드로와 어머니 손소벽 막달레나와 함께 체포되어 포도대장 앞에 끌려가, 7회에 걸쳐 지극히 엄혹한 심문을 당해야 했습니

다. 포도대장이 그녀를 불러 문초하기를 "배주하고 일당을 대라."고 강요하고, 또한 집에서 압수하여온 중국 물건의 출처를 물었습니다. "차라리 죽을지언정 천주를 배반할 수는 없습니다. 그리고 저는 아직 나이가 어려서 아는 사람이 많지 않고 따라서 동범도 없습니다. 물건으로 말씀드리면 누가 그것을 사라고 하였는지 모릅니다."하고 대답하니 주리를 틀어서 하옥시켰습니다. 그녀는 일곱 번의 문초 중 두 번의 주리와 대장 260매를 맞아야 했습니다.

4. 옥에서 그녀는 젖먹이를 데리고 있었습니다. 그런데 본능적인 모성애와 육정이 유혹이 되어 순교하는데 방해가 될까봐 두려워 용감히 어린 것을 떼어 친척에게 보냈습니다. 형조로 이송된 후에도 포도청에서와 마찬가지로 많은 문초와 혹형을 받았지만 한결같이 굴복하지 않았습니다. 또 세 차례의 형문 가운데 곤장을 맞고 나서 결국 사형선고를 받았습니다. 그녀는 감옥에서 한 교우에게 편지를 보냈는데, 그 내용인즉 대략 다음과 같습니다. <'부모와 남편과 부자 모두 치명하였습니다. 혈육에서 오는 괴로움이 오죽하겠습니까마는 천당을 생각할 때, 도리어 위로가 되고 이 은혜를 주신 천주께 감사합니다. 내 마음은 기쁨에 넘쳐 즐겁기만 합니다.'> 마침내 1840년 2월 1일 당고개 형장에서 다른 교우 2명과 함께 참수 치명하니 그때 그녀의 나이는 23세였습니다.
(1818-1840, 1840.2.1.순교, 축일: 9.20, 부인, 기해박해참수, 한국)

## 109. 성 김성우(金星禹) 안토니오는 어떤 분이신가요?
(순례길 145, 151, 154-155, 173, 192)

1. **성 김성우(金星禹) 안토니오**는 1794년에 경기도 광주 귀산의 유복한 집안에서 태어나 이미 여러 대에 걸쳐 이곳에 정착하여 농사를 지으며 꽤 부자라는 소리를 듣고 지냈습니다. 삼 형제 중 맏이였던 그 는 성품이 온순하고 너그러웠으며, 아직 외교인이었을 때부터 모든 이의 존경을 받았습니다. 그 종손들이 고향에서 존경을 받으며 사는 것은 사람들이 그 증조부의 유덕을 기억하기 때문이라고 전해집니다. 그와 그의 형제들은 천주교에 대한 말을 듣자 그것을 알아보고 받아들였습니다. 어머니는 외교인으로서 세상을 떠났지만, 아버지는 다행히 중년에 이르러 입교하여 선종하였습니다.

2. 그 후 얼마 안 되어 자녀들도 입교하게 되었고 그는 중국인 유방제(劉方濟: 중국 이름 余恒德, 파치피코) 신부로부터 직접 영세하였습니다. 그리고 친구들과 이웃사람들에게도

교리를 가르쳐 마침내 귀산이라는 동네는 열심인 천주교 부락이 되었습니다. 그는 고향에서 신앙생활하는 것이 여의치 않을 뿐더러 성사를 좀 더 용이하게 받으려는 의도에서, 고향을 떠나기로 결심하였습니다. 서울로 올라와 처음에는 누리골에 살다가 얼마 후에는 동대문 밖 마장 안에 큰집을 사서 이사하였습니다. 그리고 집에 조그마한 경당을 마련하고 한동안 신부를 모시기도 했습니다. 열심히 이웃을 권면하였고, 비록 자신의 생활이 넉넉하였을지라도 세상 재물에 개의치 않았습니다.

3. 그러는 동안 첫째 부인과 상처하고 열심한 교우를 둘째 부인으로 맞이하여 즐거운 가정을 이룩하는 한편 더욱 열심히 신앙생활을 하였습니다. 그러던 중 그가 체포된 것은 1839년 기해년도 다 저물어 가는 섣달 20일경이었습니다(1840년 1월). 한 배교자의 고발로 포졸들이 들이닥쳐 그와 그의 사촌 김 스테파노를 잡아갔습니다. 김 스테파노는 시골에서 다니러왔다가 변을 당했고, 그의 아내와 딸은 피신하여 귀산으로 돌아갔습니다. 그 후 그의 집과 가산은 몰수당하였습니다. 한편 귀산에 살고 있던 두 동생은 박해가 일어나자 곧 잡히어 막내 동생 김덕심 아우구스티노는 43세로 옥사하고, 둘째 김윤심 베드로 알칸타라 동생은 옥중살이를 하고 있었습니다.

4. 그는 감옥을 마치 자기 집처럼 생각하고 여기서 여생을 보내기로 결심하였고 따라서 옥중생활 15개월 동안 살아보겠다거나 석방되려는 생각은 추호도 없었다고 합니다. 외교인 죄수들까지도 그의 설교를 즐겨 들었다고 하며 그의 설교가 아주 감명적이어서 그중 두 명이 입교하게 되었습니다. 한번은 문초 때 그가 판관에게 "당신의 모든 문초와 권고에 대해서 대답할 말은 한가지뿐입니다. 즉 나는 천주교인이고 또한 천주교인으로서 죽겠습니다."하고 대답했다는 것입니다. 포도청에서 형조로 이송되어 1841년 4월 말에 그는 다시 법정에 출두하여 곤장 60대를 맞았으나, 그의 훌륭한 용기는 변함이 없었습니다.

5. "나는 천주교인이오. 살아도 천주교인으로 살고 죽어도 천주교인으로 죽을 따름이오."라는 신앙 고백을 남기고 마침내 이튿날 밤, 즉 그 달 29일 옥중에서 선종하니 그의 나이 48세였고 옥에 갇혀있은지 15개월 만이었습니다. 그의 시신을 거둔 교우들은 한결같이 그의 교수치명을 입증했습니다. 왜냐하면 그는 목에 교수된 흔적이 뚜렷하였기 때문입니다. 그의 유해는 현재 수원교구 구산성지 묘지에 안장되었습니다. 그는 처음 남한산성 옥에 갇히어 있다가 서울 의금부로 옮겨간 것 같습니다. 이렇게 해서 1838년 말에 시작된 기해박해는 1841년 4월 29일 김성우 안토니오의 순교로 종말을 고하였습니다. 그의 유해 일부는 절두산 순교기념관에 안치되어 있습니다.

6. 1839년 기해년의 박해는 김성우 안토니오의 순교로 마쳤으나, 강원, 충청, 전라 등에 전

반적으로 미쳤습니다. 특히 무엇보다도 서울에서 박해가 가장 심하였고, 따라서 순교자가 가장 많이 나온 곳도 서울입니다. 서울에서 대략 2백여 명의 교우가 잡혀 그중 50여 명이 참수되었으며, 60여 명이 목이 졸리었고, 또는 매로 또는 병으로 옥사하였습니다. 이에 「기해 일기」에 오른 순교자 수는 78명으로서 그 중 8명을 제외하고 70명이 성인품에 올랐습니다. 박해 후 한국 천주교회의 참담한 광경은 이루 표현키 어려운 것이었습니다. 무엇보다도 한국 천주교회는 세분의 목자(**성 범 라우렌시오 앵베르 주교, 성 나베드로 모방 신부, 성 정 야고보 샤스탕 신부**)를 모두 잃게 되어 다시 목자 없는 고아가 되어버렸습니다.

7. **성 유진길(劉進吉) 아우구스티노, 성 조신철(趙信喆) 가롤로, 성 정하상(丁夏祥) 바오로** 등 지도급 평신도들도 거의 다 희생되었습니다. 그러나 불행 중 다행히도 **성 현석문(玄錫文) 가롤로, 성 이명서 베드로, 성 최형(崔炯) 베드로** 등 선교사의 측근자가 몇 명 살아남음으로써 이후 교회의 재건을 꾀하고 선교사 영입운동을 시작할 수 있었습니다. 한편 선교사들은 이미 중국에 와서 우리 신학생들과 함께 입국을 시도하고 있었습니다. 그러는 동안 페레올 신부가 조선교구 제3대 교구장으로 임명되었고, **성 김대건(金大建) 안드레아 신부**가 한국 최초의 사제로 서품 되었습니다. 1845년 10월에 주교와 함께 입국한 김대건 안드레아 신부는 이듬해 선교사들을 위한 새로운 입국로를 개척하고자 연평도 앞 바다에 나갔다가 뜻하지 않은 사건으로 붙잡혔습니다. 그래서 1846년 병오박해가 시작되었습니다.

(1794-1841, 1841.4.29.순교, 축일: 9.20, 회장, 기해박해교수, 한국)

## 110. 성 현석문(玄錫文) 가롤로는 어떤 분이신가요?
(순례길 147, 155)

1. **성 현석문(玄錫文) 가롤로**는 1796년에 대대로 벼슬을 지내던 서울 중인 가정에서 태어났습니다. 아버지 **복자 현계흠(玄啓欽) 플로로**가 1801년 신유년에 순교한 이후 어머니와 누이와 함께 열심히 신앙생활을 하   였습니다. 그는 전 생애를 선교사들과 교우들을 돕는 데에 바쳤으며, 교황청 조서는 그에 대하여 "공적이 많고 덕이 높으며 성격이 온화하고 상냥하고 솔직한 사람"이라고 기록되어 있습니다. **복자 주문모(周文謨) 야고보 신부**가 순교한 후 이 나라에 주교나 신부가 아직 한분도 들어오지 못하고 있을 무렵에 그는 **성 유진길(劉進吉) 아우구스티노,**

**성 조신철(趙信喆) 가롤로**, **성 정하상(丁夏祥) 바오로** 등 당시 쟁쟁한 인물들과 늘 교회 일을 상의하였습니다.

2. 무엇보다도 선교사를 모셔오는 일과 성직자를 양성하는 중대한 일에 적극적으로 참여했습니다. 이로 인하여 그는 위험한 국경지대를 여러 번 드나들면서 김대건, 최양업 등 신학생을 외국으로 떠나보내는 한편 국경에서 대기 중이던 주교 신부를 영접하게 되었습니다. 기해년 박해 때 그는 **성 정 야고보(샤스탕) 신부**의 복사를 하고 있었는데, 주교와 신부를 따라 포도청에 자수하여 신앙을 증거하고자 하였습니다. 그러나 선교사들은 그것을 말리면서 차라리 남아서 목자 없는 교회와 교우들을 돌보기 위하여 깊이 숨고 세밀한 주의를 하여 잡히지 않도록 하라고 부탁하였습니다.

3. **성 범 라우렌시오(앵베르) 주교**는 세상을 떠나기 전에 조선 교회를 그에게 맡겼습니다. 주교가 그를 얼마나 중히 여겼으며 교우들에게 얼마나 두터운 신뢰를 받았는지는 이 한가지 사실만으로도 충분히 알 수 있습니다. 또 앵베르 주교는 전교회장인 그에게 어떤 일이 있어도 살아서 순교자의 행적을 만들도록 부탁하였습니다. 여기에 순교한 교우들의 행적을 기록한 것이 「기해일기」입니다. 앵베르 주교는 기해년 1월부터 5월까지 사이의 교회사정과 순교자의 간단한 전기를 만들게 되었습니다. 그러나 주교 자신이 머지 않아 잡히게 될 것을 생각하고 그 뜻깊은 일을 서울 교우의 회장이던 그에게 맡기게 된 것입니다.

4. 이후 3년간 그는 포졸들에게 쫓기며 변장을 해가면서 깊은 산중의 극빈한 교우의 오막살이집에서 나날을 보내야하는 등 이루 표현키 어려운 온갖 고초를 겪어야 했습니다. 이렇게 막다른 처지에 있으면서도 그는 지방을 두루 다니며 애긍을 거두어 옥중 교우들의 사식을 돌보고 순교자들의 시신을 거두어 안전한 곳에 이장하는 일을 게을리 하지 않았습니다. 그리고 그는 신입 교우들을 격려하고 권면하여 포졸들이 수색을 당할 염려가 가장 적은 동네로 모이게 하는 등 동분서주하며 맡은 바 직책을 성의껏 수행하였습니다. 또한 순교자들에 관한 증언을 수집하라는 주교의 분부를 잊지 않고 스스로 자료와 증언을 수집하고 그간 최 필립보, 정하상 바오로 등이 수집한 것을 다시 조사하여 책으로 정리하여 모든 교우들로 하여금 두루 읽게 하였습니다. 이것이 순교 자서전인 「기해일기」라는 것이며 이 귀중한 순교의 자료를 오늘날까지 전하게 하였습니다.

5. 그가 지방으로 피신해 다니는 동안 서울에서는 식구들이 모두 붙잡혀 순교하였습니다. 먼저 누이 **성녀 현경련(玄敬連) 베네딕타**가 참수 치명한데 이어 김 데레사와 은석 처자가 옥사하였습니다. 홀로 남은 그는 박해 후 서울과 지방 각지를 두루 다니며 교우들

의 용기를 북돋아 주었고 냉담자를 찾아 다시 신앙생활을 할 것을 권면하였습니다. 무엇보다도 그에게는 목자 없는 교회에 선교사를 맞아들여 교회를 부흥시키는 일이 가장 시급하였습니다. 그리하여 국경과 북경에 사자를 파견하여 그간 두절되었던 중국 교회와의 통신을 부활시킴으로써 마침내 김대건 안드레아 부제를 입국시키는데 성공하였습니다.

6. 그리고는 들우물골에 집 한 채를 마련하고 나서 상해로 건너가 주교와 신부를 영접하여 온 후 실제로 신부댁 주인 노릇을 하며 교중 일을 맡아보았습니다. 1845년에는 **성 김대건(金大建) 안드레아 신부**와 함께 상해에 다녀오기도 하였습니다. 1846년 김대건 안드레아 신부의 체포 소식을 전해들은 그는 즉시 김대건 안드레아 신부 집을 어느 비신자에게 맡기고 그 집에 있던 교회의 돈과 물건을 옮겼습니다. 동시에 여교우들을 가마로 태워서 **성녀 이간난(李干蘭) 아가타** 집으로 피신시키는 한편, 자기는 사포서동에 새집을 마련하고 그곳에 숨었습니다.

7. 그러나 포졸들은 가마를 매고 간 사람들을 찾아내어 이간난 아가타의 집에 남아있던 **성녀 우술임(禹述任) 수산나**를 앞장 세워 그의 새집을 습격함으로써 그를 비롯해 5명 모두 체포하여 포도청에 가두었습니다. 때는 1846년 7월 10일이었습니다. 포도청에서는 우술임 수산나가 집을 가르쳐 주었다고 해서 이간난 아가타 사이에 시비가 벌어졌습니다. 그는 이 광경을 보고, "천주를 위하여 순교할 수 있는 좋은 기회를 놓치지 맙시다."라고 타이르며 그들을 화해시켰고 마침내 모두가 훌륭히 순교하게 되었습니다.

8. 그는 포도청에서 1846년 7월 23일과 26일 양일 사이에 여섯 번의 문초를 받았습니다. 첫 번 문초에서 그는 "제 자호는 덕승 나이 겨우 다섯 살에 아버지가 신유년 사학에 복법(伏法·형벌을 받아 죽임을 당함)이 되었고, 어머니가 저를 데리고 동래로 가서 살다가, 열네 살에 서울로 올라와 약국을 업으로 살았더니, 기해년 사옥에 저의 성명이 모든 초사에 나오는 고로 이재영이라고 성명을 고치고, 호서와 호남으로 도망하여 살다가 재작년에 서울로 올라와, 사포서동 김조이 집에 숨었다가 잡히게 되었습니다."하고 그간의 피신한 경위를 자백하였습니다. 그 다음 문초에서 그는 김대건을 유학 보냈고 또한 귀국할 때에 그를 인도하였으며, 그가 체포되었다는 소식을 듣고 비로소 피신한 사실 등도 아울러 자백하였습니다.

9. 1846년 9월 19일 정부는 그를 모반 죄인으로서 군문 효수형에 처할 것을 명하였습니다. 선고문에 이르기를 "마땅히 모반한 법률로 시행할 것이나, 저같이 더럽고 작은 자를 왕부(王府)까지 번거롭게 할 것이 없으니 김대건의 예에 의하여 군문을 내어주어 머리를

잘라 매달아 민중을 깨우칠 것이다"하였습니다. 같은 날 그를 사장에서 많은 주민들이 지켜보는 가운데 목을 잘라 매달아 민중을 깨우쳤다고 전합니다. 현석문 가롤로만은 소위 사학의 괴수라 하여 김대건 안드레아 신부처럼 새남터에서 군문효수로 처형하고, 그 다음 날 나머지 7명은 옥에서 목을 옭아매어 죽이게 하였습니다. 이때 그의 나이 51세였습니다. 후에 교우들이 그의 시신을 찾아내어 왕십리에 이장했다고 합니다.

(1796-1846, 1846.9.19.순교, 축일: 9.20, 회장, 병오박해군문효수, 한국)

## 111. 성 남경문(南景文) 베드로는 어떤 분이신가요?
(순례길 151, 155)

1. **성 남경문(南景文) 베드로**는 서울의 중인계급의 가난한 집안사람이었습니다. 그의 아버지는 1801년 전부터 천주교인이었으나, 너무 일찍 세상을 떠나 그에게 신앙을 전해 주지 못하였습니다. 그의 나이 스무   살이 되었을 때, 교우 처녀 허 바르바라와 결혼한 것이 그가 천주교를 알게 되는 계기가 되었습니다. 이때 박 베드로라는 교우로부터 입교의 권고를 받고 개종하여 대세를 받고 신앙생활을 하기 시작하였습니다. 그는 금위영(禁衛營·조선 후기 국왕 호위와 수도 방어를 위해 중앙에 설치되었던 군영)의 군인 신분으로 근무하는 한편 조그마한 식료품 장사를 했습니다.

2. 또한 그의 딸 남 데레사는 아버지의 생계를 위하여 비싼 이자놀이를 했다고 합니다. 그러나 중국인 유방제(劉方濟: 중국 이름 余恒德, 파치피코) 신부로부터 교회가 그러한 고리 대금을 금하고 있는 사실을 뒤늦게 알고 즉시 이자놀이를 그만두고 그간 받은 이자도 힘껏 보상하였습니다. 유방제 파치피코 신부로부터 회장에 임명된 후로는 파치피코 신부가 성사를 주기 위하여 지방 교우들을 방문하러 다닐 때 따라다니며 복사하였습니다. 기해년 박해 때 외교인 형제들의 도움으로 체포를 겨우 모면했다고도 하고, 일단 잡히긴 했으나 외교인 형제들의 덕택으로 풀려나게 되었다고 주장하는 이도 있습니다. 어쨌든 박해가 그친 후로 그는 점차 냉담하기 시작했을 뿐만 아니라 여교우를 첩으로 삼고 둘 사이에 아이를 낳는 등 타락한 생활을 3년이나 계속하게 되었습니다.

3. 그러나 **성 김대건(金大建) 안드레아 신부**를 만나 진심으로 회개하고 성사를 받은 후에는 첩들과의 관계를 완전히 끊고 자신이 낳은 자식들의 부양비를 책임질 것도 약속하였습니다. 방탕하였던 과거를 속죄하기 위하여 매일 아침 새벽에 일어나 오랫동안 기도

를 하며 보속하는 뜻으로 한겨울 동안 불을 때지 않고 지냈습니다. 서울같이 추위가 대단한 지방에서 이러한 고행을 하였으므로 그는 몸이 쇠약해지게 되었지만 이것을 오히려 천주의 특별한 은혜라고 하며 기뻐하였습니다. 그가 이렇듯 속죄하는 것을 보고 교우들이 경탄해마지 않았습니다.

4. 또 그는 친구들에게 늘 이런 말을 하였습니다. "지난 날 이렇게 행동한 내가 천당에 가려면 치명하는 길밖에 없다" 그가 천주교인이라는 것은 오래전부터 알려져 있었는데, 드디어 김대건 안드레아 신부가 잡힌 후 1846년 7월에 병오박해가 일어나자 임성룡의 밀고로 남대문 밖 자기 집에서 잡히게 되었습니다. 자신이 잡힐 것이라고 짐작을 하고 있었지만 그는 피하지 않고 있었습니다. 그가 잡히기 전날에는 그의 딸 남 데레사가 친정에 왔는데, 즉시 돌아가라고 재촉하므로 딸은 영문도 모르고 그날 저녁으로 집으로 돌아갔습니다. 다음 날 새벽 포졸들이 그를 습격했습니다. 포졸들이 그를 체포하자 아내가 그의 옷소매를 붙잡고 "난 어떻게 살란 말이오."하며 눈물로써 애원하였습니다. 그러나 그는 "이제 끝장이다. 나는 더 이상 살고 싶지 않소."하고 아내를 뿌리쳤습니다.

5. 포졸들이 그를 붙잡아 좌포도청에 가두었습니다. 포졸이 다시 와서 그의 어머니와 아내도 잡아가는 동시에 집과 가산까지 몰수하였습니다. 포도청 감옥에 갇혔을 때 그 형제 하나가 그를 만나보러 왔다가 뜻을 이루지 못하고 돌아가 음식과 옷을 들여보냈습니다. 그러나 그는 "옥안에서 얻어먹는 음식과 지금 입고 있는 옷도 내게는 너무나 과하니 다른 것을 더 가져올 것 없다."라고 이르게 하였습니다. 또 어떤 증인의 말에 따르면, 동생이 찾아오면 혹 그로 인하여 타락하지나 않을까 하여 찾아오지 말라고 청했습니다. 그러나 동생이 말을 듣지 않고 다시 찾아오자 그는 그에게 말도 건네지 않았습니다.

6. 한 번은 문초 중 허리춤에서 군사의 패를 떼어 포도대장에게 바치며 말하였습니다. "나는 천주께서 창조하신 물건으로 오늘까지 살아왔고 또 나라에서 쌀도 많이 받아먹었습니다. 그러나 이제는 죽는 길밖에 없으니 군사의 패도 도로 바칩니다." "네가 배교만 하면 살려 줄 뿐만 아니라 네 직업도 잃지 않게 해 주마."하고 포도대장이 약속하였으나 그는 듣지 않았습니다. 이에 포도대장이 명하여 곤장으로 때리는데 어찌나 혹독하게 쳤던지 어깨 위에서 곤장이 부러져 나가기까지 하였습니다. 그 후 군인친구 열 명 가량이 찾아와서 천주교를 배반하여 자유 백방되어 나오라고 간절히 권하였으나, 그들의 말을 통 귀담아 듣지 않았습니다.

7. 친구들은 나중에 이런 말을 하였습니다. "그와 같이 친절하고 성실한 사람이 천주학에 그렇게까지 미혹될 줄은 도무지 생각도 못하였다. 거기서 끌어내려고 아무리 애를 써도

도무지 소용이 없었다." 그에게 교우들을 고발하라고 재촉하니 그는 죽은 사람 이름을 몇 마디 댈 뿐이었습니다. 형리들은 양 손목을 잡아매어 공중에 매달고 채찍으로 마구 갈겼습니다. 그러나 그는 모든 것을 잘 참아 견뎌냈습니다. 마침내 1846년 9월 20일 6명의 교우와 함께 교살되어 순교를 달성하니 그때 그의 나이 51세였습니다.

(1796-1846, 1846.9.20.순교, 축일: 9.20, 회장, 병오박해교수, 한국)

## 112. 성 한이형(韓履亨) 라우렌시오는 어떤 분이신가요?
(순례길 151, 155)

1. **성 한이형(韓履亨) 라우렌시오**는 충청도 덕산 고을 양반집 자제로서 농사일로 생계를 유지하였습니다. 그는 성격이 강직하고 희생적 정신이 강했는데, 14세 때 천주교 교리를 배워 몇 주일 후에는 참으로  비상한 열심을 보여주었습니다. 그는 여러 시간 동안 십자가 앞에서 묵상하며 전에 범한 죄를 통회하는 일이 많았습니다. 그리고 주일과 파공(罷工) 축일에는 비가 오든지 바람이 불든지 집에서 10리가량 떨어진 교우촌 공소에 가서 본분을 지켰습니다. 나이 스물한 살 때 교우 여자와 결혼한 후에는 아주 산골로 들어가서 살았습니다. 이때부터 더욱 열심히 한 것 같습니다.

2. 그는 신심이 클 뿐 아니라 박애심도 또 대단하여 빈궁한 사람이면 누구를 막론하고 기꺼이 받아들여 대접하였고, 혹 남루한 사람을 만나면 자기 옷을 주기까지 하였습니다. 사람들이 애긍을 지나치게 한다고 말하면 그는, "헐벗은 이를 입히고 굶주린 이를 먹이는 것은 거저 주는 것이 아닙니다. 때가 이르면 천주께서 이자를 듬뿍 붙여서 모든 것을 갚아 주실 테니까요."하고 대답하였습니다. 그는 밭이 두세 뙈기 있어 그것을 자작(自作)하고 있었는데 일이 아무리 급한 때라도 주일파공을 완전히 지켰고 사순절에는 날마다 대재를 지켰습니다. **성 범 라우렌시오(앵베르) 주교**가 조선에 들어온 후 그를 회장에 임명하였는데, 그의 학식으로 보든지 평소 덕행으로 보든지 이 직책의 적임자라 할 수 있었고, 모든 이가 만족하리만큼 이 어려운 직무를 잘 수행하였습니다.

3. 당시 그는 얼마 되지 않는 그의 땅이 있는 경기도 양지(陽智) 고을 은이에 살고 있었습니다. **성 김대건(金大建) 안드레아 신부**가 잡힌 후 포졸들은 이재용을 김대건 안드레아 신부가 거처하던 집주인이라 생각하고 그를 잡기로 하여 그의 삼촌 한명을 잡아 조카가 있는 곳을 대라고 추궁하였습니다. 이재용이 포교들을 이끌고 은이로 왔을 때는 이미

그 동네 교우들이 전부 도망친 뒤였습니다. 그 바람에 가까운 동네에 살았던 그가 붙잡혀 조롱을 당하고 매를 맞았습니다. 포졸들은 그의 옷을 벗기고 들보에 매달아 놓은 후 배교하라고 하고, 동교인을 대라고 닦달하며 몹시 매질을 하였습니다. 그가 거절하자 두 다리를 매고 양발 사이에는 깨어진 접시며 질그릇 조각을 끼우고 발목을 굵은 줄로 묶어서 앞뒤에서 잡아당겨 살을 톱질하는 듯하였습니다.

4. 그러나 그가 이 혹형을 얼마나 용감히 참고 견디었는지 형리들까지도 교우들에게 "너희도 천주학을 하려면 이 사람처럼 해야 된다"고 말하게 되었습니다. 그 후 서울로 압송해 올라올 때 포졸들이 말을 태워주마 하였으나, 거절하고 또 상처 때문에 신발을 신을 수가 없어 맨발로 일백 이십 오리 이상이나 되는 울퉁불퉁한 길을 걸어 올라왔습니다. 그것은 십자가를 지고 골고타 언덕으로 올라가시는 예수님을 따르기 위함이었습니다. 포도청에 와서 문초와 형벌을 당하는데도 끝까지 굽힐 줄 모르는 용기를 드러냈습니다. 드디어 1846년 9월 20일 6명의 교우와 함께 교수형에 처하니 그때 그의 나이는 49세였습니다.
(1798-1846, 1846.9.20.순교, 축일: 9.20, 회장, 병오박해교수, 한국)

## 113. 성녀 우술임(禹述任) 수산나는 어떤 분이신가요?
(순례길 151, 155)

1. **성녀 우술임(禹述任) 수산나**는 경기도 양주의 양반 외교인의 딸로 태어났습니다. 15세 때 인천의 어떤 교우에게 출가하여 남편의 권고로 입교하기에 이르렀습니다. 1828년에 처음 체포되어 관장 앞에 끌려가   사형선고를 받을 뻔한 일이 있었습니다. 그러나 임신한 지 여러 달이었으므로 관장은 고문하고 옥살이를 2개월 시킨 뒤에 놓아 보냈는데, 그 뒤부터 늘 고문의 후유증을 앓았습니다. 남편을 여의고 과부가 되어 1841년에 서울로 이사를 하였는데, 거기서 그의 덕행은 뭇사람의 눈길을 모았습니다. 그녀는 여러 교우 집에서 종노릇으로 생계를 이어나가면서 기도와 겸손과 인내에 전념하여 가난과 좋지 못한 대우를 기쁘게 참아 받았습니다.

2. 그녀가 괴로워하고 아까워 한 것은 다만 순교의 기회를 놓친 것뿐이었습니다. 이렇게 남의 집 종살이로 천한 생활을 하며 전전하던 중 **성녀 이간난(李干蘭) 아가타**의 초청을 받았습니다. 두 과부는 함께 벌이를 하며 열심히 신앙생활을 하였고 그녀는 묵상을 부지런히 하였습니다. 1846년 봄 **성 김대건(金大建) 안드레아 신부**가 잡히게 되자 **성 현석문(玄錫文) 가롤로** 회장은 김대건 안드레아 신부 곁에 남아 있던 여교우들을 새집으

로 옮기는 도중 일단 이간난 아가타 집으로 이들을 피신시켰습니다. 이간난 아가타도 새 집으로 가 있었고 우술임 수산나 만이 혼자 집에 남아 있었습니다.

3. 포졸들이 여교우들이 피신할 때 가마를 메고 갔던 교군들을 앞세우고, 곧장 이간난 아가타 집을 습격하고 새 집이 있는 곳을 대라고 협박하는 바람에 우술임 수산나는 놀라고 겁이 나서 결국 포졸들을 현석문 가롤로 회장집으로 인도하였습니다. 현석문 가롤로와 이간난 아가타 등 모두 5명이 1846년 7월 10일에 붙잡혀 좌포도청에 갇혔습니다. 옥중에서는 그녀가 현석문 가롤로 회장집을 가리켜줌으로써 모두가 잡히게 되었다고 하여 이간난 아가타와 우술임 수산나 사이에 한때 분쟁이 있기도 하였으나 현석문 가롤로와 **성녀 김임이(金任伊) 데레사**의 권고로 둘은 화해를 하게 되었습니다.

4. 그녀는 옥중에서 인내와 애덕과 겸손의 모범을 보여주었습니다. 치도곤, 대형주리 등 혹형을 당하였는데 「승정원일기」[102]에도, "여러 가지 모양으로 문초하였으나 배교한다는 소리는 한마디도 그녀에게서 들을 수가 없었다."고 기록되어 있습니다. 1846년 9월 19일 군문효수하여 민중을 깨우칠 것이고, 나머지 죄수도 포청에 분부하여 경중을 따라 처리하겠다는 최종판결이 내려짐에 따라 현석문 가롤로 회장은 그날로 군문효수에 처해졌습니다. 나머지 우술임 수산나외 3명(김임이 데레사, 이간난 아가타, **성녀 정철염 가타리나**)의 여교우는 이미 곤장과 혹형에 거의 죽게 된 것을 옥에서 교살해 버렸습니다. 그때 우술임 수산나의 나이는 45세였습니다.

5. 1846년 9월 20일은 일곱 순교자(성 남경문 베드로, 성 한이형 라우렌시오, 성녀 우술임 수산나, 성 임치백 요셉, 성녀 김임이 데레사, 성녀 이 아가타, 성녀 정철염 가타리나)의 영광의 날이었습니다. 이들은 모두 교수되어 숨을 거두었습니다. 이것은 법정 증인들이 명백하게 확인한 바이며 「승정원일기」도 증언하고 있습니다. 「승정원일기」는 당시 상황을 이렇게 기록하고 있습니다. <한이형, 이녀간난, 우녀술임, 김녀임이, 정녀철염은 여러 차례 주리를 틀고 여러 가지 문초를 하였으나, 목석과 같이 완악하여 배교하는 말을 한 마디도 말할 수가 없는지라. 그러므로 매로써 쳐 죽인 줄로 감히 아뢰나이다.> 이런 종류의 죽음에 대하여 뮈텔 주교가 지적한 바는 매우 흥미 있는 것입니다. 여기에 기록된 것과 순교자 중 몇 명은 교살되었다는 증거를 종합해 보면, 당시는 죽이기로 선고한 죄수가 지극히 가혹한 매질에도 이내 죽지 않으면 목을 졸라 죽여 버렸던 것입니다.

(1802-1846, 1846.9.20.순교, 축일: 9.20, 과부, 병오박해교수, 한국)

---

[102] 1623년부터 1910년까지 승정원에서 왕명출납·행정사무·의례적 사항 등을 기록한 관청일기.

## 114. 성 임치백(林致百) 요셉은 어떤 분이신가요?
   (순례길 151, 155)

1. **성 임치백(林致百) 요셉**은 서울로부터 그리 멀지 않은 한강변(마포)에서 출생하였습니다. 어렸을 때 어머니를 여의고 홀아버지의 극진한 사랑을 받으면서 자랐으나 천성이 순량하고 많은 덕행을 쌓았습니다. 관변 측 기록에만 임치백이라고 나오는데, 보통 군집(君執)이란 이름으로 불리었다고 합니다. 임치백은 12년 동안이나 글방에 다니어 한문을 배우고 활도 잘 쏘며 시, 음악, 그림도 잘하여 친구가 많았습니다. 그의 아내와 아들이 먼저 입교하여 그에게도 세례받기를 권했으나 그는 항상 "뒷날에 입교하겠다."고 말하곤 했습니다. 그는 교우들을 깊이 신용하여 그들을 형제처럼 사랑하고 가난한 사람을 구제하는 것을 무엇보다 즐겁게 여겨 몸 둘 곳이 없는 4-5명을 그의 집에서 살게 하였습니다.

2. 그의 집에는 항상 많은 교우가 드나들었으므로 그도 신앙을 같이 하는 사람으로 여겨져서 이웃 사람들로부터 멸시와 비난을 받았으나 이를 조금도 두려워하지 않았습니다. 1835년 그의 친구였던 몇몇 교우들이 잡히게 되자 그는 다른 교우들을 보호하기 위해 그의 이름을 포교의 명단에 넣게 하였습니다. 1846년에 아들인 임성룡 베드로는 **성 김대건(金大建) 안드레아 신부**를 따라서 연평도를 나갔다가 5월 5일 김대건 안드레아 신부와 더불어 잡히게 되었습니다. 이 소식을 듣고 그는 곧 아들이 잡혔다는 마을로 가보니 이미 아들은 황해도 감영으로 넘겨졌으므로 그는 그 길로 다시 해주로 달려가서 아들의 석방을 청원하였습니다.

3. 이때 황해감사는 그의 요구를 들어주기는커녕 그를 잡아서 옥에 가두고 "너는 천주교를 믿고 있느냐?"하고 물었습니다. 그러자 그는 "비록 오늘까지 실천하지는 않았으나 어찌 천주를 공경하고 섬길 마음이 없겠습니까?"하고 대답했습니다. 그래서 소위 사학죄인 취급을 받고 서울로 압송되었습니다. 서울의 포졸들은 마포의 그의 집을 습격하고 남은 식구들은 붙잡아 가는 동시에 집과 가산을 완전히 몰수하였습니다. 서울로 잡혀온 그는 감옥에서 김대건 안드레아 신부를 만나 신덕에 불타는 신부의 말을 들으며 큰 감동을 받았습니다. 그리하여 어느 날 그는 같이 갇힌 교우들에게 "나는 오늘부터 천주교를 믿겠다. 너무 오랫동안 끌어왔다."라고 말하였습니다.

4. 김대건 안드레아 신부는 그에게 "당신이 옥에 갇히게 된 것은 천주의 특별한 은혜이오니 감사와 지성으로써 이에 응하여야 한다."고 가르쳐 주었습니다. 그날부터 그는 기도문

을 배우고 며칠 후에는 김대건 안드레아 신부의 손에 의하여 요셉이라는 세례명으로 세례를 받게 되었습니다. 이렇게 해서 그는 1839년에 순교한 **성녀 김아기 아가타**의 뒤를 이어 박해 때 옥중에서 영세한 두 번째 성인이 되었습니다. 그의 친구들은 어떻게 하든 그의 목숨을 구제하려고 그에게 배교하기를 거듭 권하였으나, 그는 "천주는 나의 임금이시며 아버지이다. 나는 천주를 위하여 죽을 결심을 하고 있고, 이미 죽은 사람이니 다시는 그런 말을 하지 말라"고 대답할 뿐이었습니다.

5. 그로부터 3개월이 지나 그는 포도대장에게 나가서 사형선고가 있으리라는 소문을 듣고 나서 얼굴에 즐거운 빛을 띠며 같이 있는 교우들에게 "나는 본래 아무런 공적이 없으나, 천주의 특별한 은혜로 여러분보다 앞서서 천국에 가게 되면 반드시 천국에서 내려와 여러분의 손을 잡고 아버지이신 천주의 나라로 안내할 터이니 여러분은 특히 용기를 내시오"라고 말했습니다. 그리고 15분쯤 지난 후 그는 포도대장 앞에 끌려 나가 포도대장과 다음과 같은 말을 주고받았습니다. "너는 사실 천주교를 믿고 있느냐?" "예, 감옥에 들어온 후 기도문을 배우고 있습니다." "그러면 천주십계를 외워 보라." "저는 아직 외울 수가 있도록 되어있지 못합니다." "십계조차 알지 못하면서 어떻게 천국에 갈 수 있느냐? 천국에 가려면 여기에 있는 이 마티아(이신규: 이승훈의 아들)처럼 유식해야 하느니라." "제 말을 좀 들어보십시오. 자녀들이 많은 큰 집안에는 큰 자식도 있고 작은 자식도 있습니다. 또 영리한 자식도 있고 둔한 자식도 있으며 어머니께 매달리는 젖먹이도 있습니다. 크고 영리한 자식들은 아버지를 알아보고 깨닫는 재능이 크나 둔하고 나이가 적고 더구나 젖먹이들은 아버지를 알아보고 깨닫는 능력이 부족합니다. 그러나 모든 자식들이 아버지를 사랑하는 마음은 한결같습니다. 우리 천주교회 집안에서 나는 갓난아기입니다. 비록 천주님을 잘 모르지만 우리 아버지이신 줄은 잘 압니다. 나는 그를 사랑하기를 원하면서 그를 위해 죽기를 예비하고 있습니다."

6. 이때 포졸들이 천주께 욕되는 말을 함부로 지껄이니, 그는 "여보, 이 마티아씨! 당신은 총명하고 박학한 사람으로 천주님께 대해서 나보다 훨씬 더 많이 알고 나이도 지긋하고 교리도 밝은데 나는 무식해서 답변을 못하지만 당신은 왜 듣고도 벙어리처럼 가만히 있소?"하였습니다. 그리고 이어지는 포도대장의 말에도 그는 여전히 자신의 뜻을 굽히지 않고 말했습니다. "잔소리 말아라. 배교하면 살려주되, 그렇지 않으면 죽여 버릴 뿐이다." "천주를 버리다니 천만번 죽어도 못하겠습니다." "너는 이번 사건에 전혀 연루되어 있지 않다. 그런데도 어째서 꼭 죽으려만 하는가. 참 이상하구나. 배교하기가 싫으면 여기서 나가 네 두 아들을 석방시키고 싶다는 한마디 말만 하여라." "나는 신부님과 더불어 죽을

약속을 하고 있습니다." "신부님과 같이라니. 그 신부님은 죽을 까닭이 없다. 정부에서는 그에게 벼슬을 줄 생각을 가지고 있는데 너는 혼자서 죽어가려느냐?" "나는 신부님의 말씀을 듣고 있습니다. 당신이 말씀하신대로 되지 않을 것을 뻔히 알고 있습니다." 이에 포도대장은 그를 고문하라고 명하여 대꼬챙이로 그의 살을 찌르게 하고 세 번이나 주리를 틀게 하였습니다. 이때 그가 으응하는 신음소리를 내니 포도대장은 "만일 네가 그러한 소리를 내면 그것으로써 배교행위라고 보겠다."고 소리쳤습니다. 이에 그는 굳게 입을 다물고 잔악한 고문을 받아 기절하니 형리들은 급히 그를 밖으로 내다놓았습니다.

7. 이리하여 옥으로 돌아왔을 때 그는 마치 유쾌한 산보를 하고 돌아온 것처럼 싱글벙글 웃으며 "나는 고문을 받았는지 안 받았는지 알 수 없다. 왜냐하면 아무것도 보이지 않으니 말이다."라고 말하고 흙바닥에 누워서 조용히 쉬었습니다. 조금 있다가 **성 남경문(南景文) 베드로**가 온몸에 상처를 입고 고문장에서 돌아오니 그는 그의 상처를 돌봐주는 한편 그를 위로하였습니다. 그 후로도 그는 여러 차례 고문을 받았으나 그의 마음에는 변함이 없었습니다. 그래서 1846년 8월 말에는 그를 때려죽이라는 명령이 내려져 다음 달 9월에는 정오부터 해가 질 때까지 옥리들이 그를 뭇매질을 하였습니다. 그러나 매질하는 이들이 기진맥진하게 되어도 그의 목숨이 끊어지지 않자 그를 옥안으로 끌고 와서 목을 매니, 그가 큰 소리로, "오 주여! 내 영혼을 당신 손에 맡깁니다."하고 6명의 교우와 함께 순교하였습니다.

8. 때는 1846년 9월 20일이며 그의 나이 44세였습니다. 그다음 날에 임치백의 두 아들이 감옥으로 찾아와서 몹시 슬퍼하는 것을 보고 옥지기와 다른 죄수들은 그들에게, "그리 슬퍼할 것 없소, 어제 밤에 당신들 아버지의 몸에 이상한 빛이 둘러싸여 있어서 온 방안이 환하게 비치었으니까요."라고 말하였습니다. 이러한 알 수 없는 신비한 일에 크게 감동을 받은 듯한 옥지기는 하늘까지도 존경하는 것처럼 느껴지는 이 사형수의 시신을 공손히 매고 감옥에서 5리쯤 떨어진 곳에 있는 언덕 위에 묻었습니다. 사형자를 이렇게 곱게 묻어주는 일은 조선 왕조시대에는 전혀 볼 수 없는 일이었습니다.
(1803-1846, 1846.9.20.순교, 축일: 9.20, 포졸, 병오박해교수, 한국)

## 115. 성녀 김임이(金任伊) 데레사는 어떤 분이신가요?
(순례길 151, 155)

1. **성녀 김임이(金任伊) 데레사**는 동정녀이면서 순교자로서 서울 관부 물골에서 1810년에 출생하였습니

다. 원래 부모가 교우였으므로 그녀는 어렸을 때부터 열심히 신앙생활을 하였습니다. 그녀는 무엇보다도 성인전 읽기를 좋아했고, 그들의 덕행과 모범을 열심히 본받으려고 노력을 하였습니다. 그리고 교우집에 초상이 나면 만사를 제쳐놓고 가서 연도를 해줄 뿐더러 여교우일 경우에는 전혀 거리낌 없이 손수 장사 지내고 그들을 위하여 오랫동안 기도하는 것을 자기의 직분으로 여겼습니다. 그녀는 나이 17세가 되었을 때 동정을 지키기로 결심하였습니다. 그러나 부모는 딸이 결혼하지 않으려는 것을 이상히 여겨 결혼할 것을 재촉하였고, 게다가 친한 외교인들마저도 이를 이상하게 여겼습니다.

2. 그래서 그녀는 몸을 피하는 것이 낫겠다고 생각하여 왕비 궁에 침모로 들어가 3년간 지냈습니다. 그 후 그녀는 궁궐에서 나와 나이 20세에 아버지를 여의고 얼마동안 오빠 김 베드로 집에 머물러 있다가 이모 집에서 살기도 하는 등 차례로 몇몇 친척집을 전전하며 살았습니다. 그 후 오 바르바라의 집에 가서 5년 동안 이모와 함께 일을 하며 서로 도우면서 살았습니다. 왜냐하면 1839년에 순교한 오 바르바라의 양자 **성 이문우(李文祐) 요한**이 잡히기 전에 그녀에게 그의 양모 오 바르바라를 돌보아줄 것을 간곡히 부탁하였기 때문입니다.

3. 1845년 **성 김대건(金大建) 안드레아 신부**가 일시 귀국하여 들우물골에 거처를 정하게 되자 그녀는 이 집에 들어가 가정부로서 김대건 안드레아 신부가 잡힐 때까지 봉사하였습니다. 한번은 그녀가 동생 김 가타리나에게 "만약 신부님이 박해를 당하게 되면, 나도 신부님을 따르게 될 것이기 때문에 자수하게 될지도 모르지만 상관없어. 나는 더 이상 살고 싶지 않으니까"라고 말했다고 합니다. 1846년 봄 김대건 안드레아 신부가 잡힌 후 그녀는 **성 현석문(玄錫文) 가롤로**가 마련한 새 집으로 피신하였습니다.

4. 그러나 곧바로 이곳을 급습한 포졸들에게 붙잡히고 말았습니다. 때는 1846년 7월 10일 오후 4시경이었습니다. 잡히기 전날 그녀는 동생 김 가타리나의 집에 갔었습니다. 동생이 자고가라고 붙들었지만 그녀는 "오늘밤 현석문 가롤로와 다른 교우들이 새 집으로 모여 일을 의논하게 되어 있으니 꼭 돌아가야 한다."고 말하고는 떠나가 버렸습니다. 사실 그녀는 자신이 잡히게 될 것을 조금도 의심하지 않았고, 함께 잡혀 온 네 명의 여교우 중에서 가장 용맹하였습니다.

5. 그녀는 동료들 사이에 어떤 분쟁이 일어나면 좋은 말로 화해시키려고 노력하였고 동료들을 수시로 권면하여 그들이 겪는 고통을 이겨내도록 힘을 북돋아 주었습니다. 그리고 형벌을 참아내지 못하던 **성녀 이간난(李干蘭) 아가타**도 그녀의 권고를 듣고 비로소 끝까지 형벌을 참고 이겨내게 되었습니다. 그러다 옥에 있은 지 70일 만인 1846년 9월 20일

에 다른 교우 6명과 함께 옥에서 교살되니 순교자와 동정녀라는 이중의 영예를 차지하였습니다. 이때 그녀의 나이 37세였습니다. 그녀의 친척과 교우들은 수구문 밖에서 그녀의 시신을 찾아 그 근처에 매장하였습니다.

(1810-1846, 1846.9.20.순교, 동정녀, 병오박해교수, 한국)

### 116. 성녀 이간난(李干蘭) 아가타는 어떤 분이신가요?
(순례길 151, 155)

1. **성녀 이간난(李干蘭) 아가타**는 1813년 서울에서 출생하였습니다. 그녀의 동생 이 엘리사벳의 증언에 의하면, 언니 이간난 아가타가 18세 때에 시집갔는데 부모가 외인이었던 관계로 외교인에게 출가하게 되었다
고 합니다. 그러나 시집간 지 불과 2년 만에 남편을 여의고 과부가 되어 친정으로 돌아왔습니다. 이 무렵 천주교인이던 외할머니가 손녀에게 예수 마리아를 부르게 하였습니다. 이 말에 놀라 비로소 천주교를 알아보려 하였으나 아는 교우가 전혀 없어서 어머니에게 교우를 소개해줄 것을 간청하였습니다. 다행히 어머니의 친척 가운데 한 바울라라는 여교우가 있어서 그녀의 집을 찾아가 교리를 열심히 배우고 입교를 하게 되었습니다.

2. 영세준비를 하고 유방제(劉方濟: 중국 이름 余恒德, 파치피코) 신부에게 아가타라는 세례명으로 영세하였습니다. 곧 어머니와 오빠도 입교하였습니다. 그녀는 성품이 곧고 근면하였으며 교회 본분도 충분히 이행하였습니다. 종교 서적을 부지런히 읽는 한편 희생과 극기를 많이 했고 특히 대재를 자주 지켰습니다. 남들이 재혼을 권했으나 이미 절개를 지키기로 결심하고 들어오는 청혼을 거절하였습니다. 그녀의 언행이 매우 정결하고 단정해서 교우들은 "이간난 아가타는 얼음처럼 맑고 설화석고처럼 희다."고 경탄해 마지 않았습니다. 그러나 집안사람들이 천주교를 믿는다는 소식을 듣고 크게 화가 난 그의 아버지는 그들이 신앙생활을 하지 못하도록 전력을 다해 방해했으나, 그러면 그럴수록 그들은 더욱 열심히 믿었습니다.

3. 그러자 아버지는 아내와 아들을 멀리 경상도로 쫓아내는 동시에 딸 이간난 아가타도 이미 죽은 남편 집으로 돌려보냈습니다. 시집으로 돌아온 후 그녀는 시누이들을 설득하여 마침내 그들도 입교시킬 수 있었습니다. 그러나 시집에서도 자유롭게 신앙생활을 할 수가 없어서 길쌈으로 돈을 푼푼이 모아 결국 서울 잣골에 집 한 채를 사서 따로 살게 되었습니다. 그리고 교우 집을 떠돌아다니던 **성녀 우술임(禹述任) 수산나**를 오게 하여 친 자

매처럼 서로 의지하고 도우며 살았습니다. 1846년 7월 10일에 박해가 일어나자 그녀는 잠시 숨어 있다가 다시 나와 지나가는 길에 **성 현석문(玄錫文) 가롤로** 회장 집에 들렀는데 그날 밤에 그만 포졸들에게 들키어 붙잡히게 되었습니다. 그러나 그녀는 얼굴빛도 변하지 않은 채 "우선 내 집으로 가서 옷가지를 가지고 떠납시다."라고 말하였습니다.

4. 그녀가 당한 신문과 고문에 대해서는 알려져 있지 않습니다. 어떤 사람의 말에 따르면 그녀는 한동안 배교의 유혹을 받아 형벌을 받을 때 정직하게 대답하지 않았다고 하나, 현석문 가롤로 회장과 **성녀 김임이(金任伊) 데레사** 두 명의 권면이 그녀의 용기를 불러 일으켰다고 합니다. 그녀의 고통과 아픔은 모든 순교자들이 기꺼이 받아들이는 고통이요 아픔이었습니다. 1846년 9월 20일 옥에서 6명의 교우와 함께 교살되어 처형되니 그때 그녀의 나이 34세였습니다.

(1813-1846, 1846.9.20.순교, 축일: 9.20, 과부, 병오박해교수, 한국)

## 117. 성녀 정철염(鄭鐵艶) 가타리나는 어떤 분이신가요?
   (순례길 151, 155)

1. **성녀 정철염(鄭鐵艶) 가타리나**는 경기도 수원의 교우 부모에게서 태어났습니다. 천성이 온순하고 순박한데다 총명하기도 이를 데 없었다고 하며, 일명 '덕이'라고도 불렸습니다. 그녀는 자라서 포천지방 수평   에 사는 한 양반 김씨 집에 하인으로 들어갔는데, 원래 주인이 외교인이라서 미신을 강요할 뿐만 아니라, 심지어는 그녀를 첩으로 삼으려고 하였으므로 더 이상 머물러 있을 수 없어서 서울로 도망을 쳤습니다. 서울에 와서는 우선 회장인 **성 남이관(南履灌) 세바스티아노**의 집에서 얹혀살았습니다. 그 후 화계동의 **성녀 김임이(金任伊) 데레사** 집으로 이사하여 그녀와 같이 살았습니다.

2. 김임이 데레사의 동생 김 가타리나는 언니 집에서 그녀를 자주 만날 수 있었다고 하며, 그때 보고 들은 것을 이렇게 회상하였습니다. "그녀는 30세가량의 결혼하지 않은 동정녀였다. 어머니는 열심한 교우였다. 시골에서 나서 시골 양반집의 하인으로 들어갔는데 주인 과부가 정철염 가타리나에게 미신행위를 명하고 배교까지 강요하였다. 그러나 그녀가 조금도 복종하지 않자 주인 과부는 수없이 그녀에게 매질을 하고 불로 지지는 등 온갖 학대를 가하였다. 그래서 서울로 피신해 왔다." 1845년 김임이 데레사가 들우물골 **성 김대건(金大建) 안드레아 신부**의 집에 가정부로 들어가게 되자, 그녀를 따라 김대건

안드레아 신부의 집에 와서 하인노릇을 하며 신앙생활을 하는데도 충실하였습니다.

3. 그녀는 신체적으로 매우 허약했는데, 시골 김씨댁 하인으로 있을 때 주인으로부터 매 맞은 흔적이 곳곳에 남아 있었습니다. 그래서 그녀의 몸은 부어있었고 얼굴은 황색이었습니다. 온몸이 성치 않아서 힘든 일은 거의 할 수도 없었습니다. 김임이 데레사를 따라 **성 현석문(玄錫文) 가롤로** 회장이 새로 마련한 집에 피신하였다가 김임이 데레사와 함께 1846년 7월 10일 잡혀 갔습니다. 그 후 포도청에서 김임이 데레사와 같은 날인 9월 20일에 교살되어 순교의 영광을 차지하였습니다. 이때 그녀의 나이 31세였습니다. 수구문 밖에 버려진 시신을 교우들이 거두어 이웃에 매장하였습니다.

4. 이렇게 영광스러운 최후에도 불구하고 그녀의 일생에는 하나의 어두운 그림자가 있었습니다. 그녀는 체포되기 전까지 현석문 가롤로 회장과 동거생활을 하고 있었습니다. 선교사들은 전혀 이 사실을 모르고 있었고, 교우들 중에서도 알고 있는 이가 매우 적었습니다. 그럼에도 불구하고 이 두 사람의 동거생활은 의심할 여지가 없었습니다. 현석문 가롤로 회장의 첩이었다고도 하고 내연의 처였다고도 하는데, 그녀의 신분이 여종에 불과했으므로 내연의 부부로 보는 것이 타당할 것입니다. 그러나 그 두 사람은 모두 예수 그리스도를 위하여 용감히 목숨을 바침으로써, 하느님으로부터 용서를 받았을 뿐 아니라, 극히 소수에게만 허락되는 순교의 탁월한 은총까지 받게 되어 성인이 되었습니다.

(1816-1846, 1846.9.20.순교, 축일: 9.20, 부인, 병오박해교수, 한국)

## 118. 성 유정률(劉正律) 베드로는 어떤 분이신가요?
(평양에서 순교하여 대동강에 버려짐)

1. **성 유정률(劉正律) 베드로**는 평양지방의 윤리면 답현리(일명 논재골)에서 1836년에 태어났습니다. 어려서 일찍 고아가 되어 호구지책으로 하는 수 없이 짚신을 삼아 생계를 이어 가고 있었습니다.  원래 성격이 급했던 그는 자기 아내가 고집을 피우거나 대들면 이를 참지 못하여 빈번하게 부부싸움을 하게 되고, 또 다투다 보면 아내를 때리거나 노름판으로 달려가곤 하였습니다. 1864년 어느 날인가 그는 천주교를 알게 되었습니다. 그는 이웃에 사는 정태현 빈체시오와 함께 천주교 공부를 하고 그 해에 **성 장 시메온(베르뇌) 주교**한테 베드로라는 세례명으로 세례를 받게 되었는데, 그때부터 그의 생활이 근본적으로 바뀌게 되었습니다.

2. 그는 노름에 완전히 손을 끊고 어떠한 난폭한 행위도 전혀 하지 않을 뿐만 아니라, 참을

성 많고 상냥한 사람으로 완전히 변했습니다. 그리고 아내를 때리는 버릇을 고치기 위해 자기 몸을 채찍질하곤 하였는데 때로는 피를 흘려 가면서 자문자답하기를 "너 아프지? 네가 아프면 네가 때린 남도 아플 것이 아니겠는가"하였습니다. 옆에 있는 아내도 달라진 남편을 보고 감화를 받아 고집이 센 자기 기질을 차츰 죽여 감으로써 마침내 그녀도 착하고 친절한 아내가 되었습니다. 이렇게 신앙생활을 시작한 그는 점차 마음속에 신앙의 열이 더해짐에 따라 많은 이들을 천주교에 입교시키었습니다.

3. 1866년 초 천주교인들에 대한 박해가 터질 것이라는 소문이 그의 주위에 나돌고 있었습니다. 그 자신도 내심 어떤 큰 일이 일어나고 말 것이라는 예감이 들었지만, 다 큰 아들 앞에서도 아무 일도 없는 양 태연하게 살아갔습니다. 음력 정초가 되어 그는 친척집을 찾아다니면서 인사 겸 "평안히 들 계십시오. 우리는 서로 멀리 떨어져 살고 있는 것이 아닙니다. 오늘 가면 언제 다시 만나 뵐지 모르겠습니다."하며 인사말을 하였습니다. 바로 이 날 땅거미가 짙어질 무렵 그는 고둔리라는 마을에 가 있었습니다. 이곳에는 정태현 빈첸시오 회장이 살고 있었습니다.

4. 공소 강당이 있어 교우들이 모여 함께 기도를 하고 복음을 듣고 있었는데, 갑자기 밖에서 개들이 요란하게 짖는 소리가 들렸습니다. 교우 하나가 밖에 나갔다가 되돌아 와서 하는 말이 5-6명의 낯선 사람들이 집주인을 찾는다는 것이었습니다. 말이 다 끝나기도 전에 포졸들이 방문을 박차고 들어서며 "감사님이 너희들을 보자고 하신다."하고 집주인 정태현 빈첸시오 회장을 노려보며 말하였습니다. 때가 마침 정초였기 때문에 설날을 위해 준비했던 음식을 포졸들에게 차려 주고 술을 따라 주었습니다. 이들이 술에 취하고 기분이 좋아지자, 이 기회를 타 많은 신자들이 피하게 되고 결국 남은 사람은 정태현 빈첸시오 회장과 그의 조카 그리고 유정률 베드로, **성 우세영(禹世英) 알렉시오**와 다른 4명뿐이었습니다.

5. 다음 날 포졸들은 이들만을 잡아 결박하지도 않고 데리고 길을 떠났습니다. 먼 길을 가는 동안 그는 "오늘에 이르러서야 비로소 주 예수님께서 우리를 불러 주셨도다."라고 하면서 마냥 기뻐했습니다. 평양 감영에 도착하자 문초도 하지 않고 이들을 즉시 감옥에 가두었습니다. 몇 시간이 지난 후 평양감사 정지용을 위시한 남정 군졸 등 약 200명 이상이 버티고 있는 단상 앞에 불려 나가서도 이들 모두는 한결같이 목숨을 걸고 묵묵히 대기하고 있었습니다. 이윽고 천주교 신봉여하에 대하여 문초가 시작되자 신자들은 한마음 한뜻이 되어 신앙을 고백하면서 끝내 사수할 것을 천명하였습니다.

6. 그러다가 심한 곤장이 수차례 계속 되어 4명이 배교하여 풀려나가고 정태현 빈첸시오 회

장과 유정률 베드로만이 남게 되었습니다. 그리고 얼마 후 정태현 빈첸시오 회장도 친구들과 배교자들을 따라가니 결국 성 유정률 베드로만이 혼자 남게 되었습니다. 그래서 감사는 이에 배교한 자를 다시 불러드리라고 명령하여 이들에게 몽둥이를 주면서 회장이며 동료인 유정률 베드로에게 곤장을 치게 하였습니다. 이것을 거절하자 군졸들이 마구 때리면서 강제로 명령을 따르게 하였습니다. 강박만으로는 잘 되지 않자 그를 때리겠다고 할 때까지 배교자들에게도 곤장을 쳤습니다.

7. 거기 있던 배교자들이 강요에 못 이겨 유정률 베드로에게 곤장을 치니 그는 자기를 때리는 동료들에게 "살이 살을 잡아먹는구나"하고 말하면서 정신을 잃고 땅바닥에 쓰러졌습니다. 이때 옥에 갇혀 있던 백여 명의 교우들에게도 각자 세대씩을 치라고 명령했습니다. 그가 무려 300여대를 맞고 순교하니 때는 잡혀 간 바로 다음 날인 1866년 2월 17일이며 그의 나이 31세였습니다. 아직 본격적인 병인년 대박해가 시작되지 않을 때였습니다. 포졸들이 죽었다고 보고하자 감사는 "다시 코에 심지를 박고 불을 켜 대라"고 명령하였습니다. 불이 타들어가도 그가 전혀 움직이지 않자 그때서야 감사는 5명의 배교자들에게 명하여 그의 시신을 강에 던지게 하였습니다.

8. 이들은 시신을 메고 오륙노라는 곳까지 가서 유정률 베드로의 시신을 대동강에 던졌습니다. 그의 아내는 관장에게 돈을 주고 사공인 사돈을 시켜 시신을 건져 논재골 선산에 묻었습니다. 당시 사람들은 그가 순교한 자리에서 환한 빛이 번쩍였고 가라앉지도 않고 그 자리에 둥둥 떠 있었다고 말했습니다. 그 후 10년이 지난 1876년 관헌의 명령으로 그 강변에 쑥돌을 갈아 한문으로 글을 새겨 비석을 세웠습니다. 이것은 평양감사가 사교의 선동자들을 반대하고 억압한 행적을 칭찬하여 세운 기념비였습니다. 우리는 바로 이 비석에서 유정률 베드로의 영웅적인 죽음을 읽을 수 있게 된 것입니다. 지금도 평양 부벽루 옆에 있는 영명사에 이 기념비가 그대로 서 있습니다.

(1836-1866, 1866.2.17.순교, 축일: 9.20, 회장, 병인박해장살, 한국)

## 119. 성 장 시메온(베르뇌 시메온·장경일·張敬一)은 어떤 분이신가요?
(순례길 147, 149-150, 152, 154-155, 170, 192, 194)

1. **성 장 시메온(베르뇌) 주교**는 프랑스 르망교구의 샤토 뒤르와르에서 1814년 5월 14일에 태어났습니다. 1837년에 사제가 되었고 동양의 선교 지역인 베트남으로 건너갔다가 2년 동안 옥살이를 치렀습니다. 그

뒤 만주 요동 지역에서 10여 년 동안 활동하였고, 페레올 주교의 사망 후 3년 만에 조선 교구 제4대 교구장으로 임명되어 1856년 3월에 조선에 입국하여 서울로 들어왔습니다. 그는 서울에 들어온 후 그동안에 겪은 고생으로 말미암아 심한 병환을 얻게 되었습니다. 그러나 그 후 그의 건강도 차차 회복되어 5명의 신부를 거느리고 비교적 평온한 가운데서 전교에 힘쓰게 되었습니다.

2. 언제나 지칠 줄 모르는 열정을 지닌 그는 우선 서울에서 40일 동안 있으면서 조선말을 배웠습니다. 한편, 전교의 방침을 세우고 나서 이후 8개월 동안은 경기도 지방에 전교하기 위하여 돌아다녔으니, 그의 놀라운 정열을 가히 엿볼 수 있습니다. 그는 하루에 22시간 동안을 공부에 바치고 겨우 두 시간 동안만 잠자리에 누웠다고 하는데, 그때 당시가 사방에서 이름난 사람들이 천주교로 나온 시기였기 때문이었습니다. 우선 학당을 배론에 세워 신학생을 양성하기(1856-1866년) 시작하고 출판업도 착수했으며, **성 안 안토니오(다블뤼) 신부**를 부주교로 임명하는 등 실로 10년 동안 눈부신 활동을 했습니다.

3. 동료 선교사에게나 신자들에게 대해서도 한결같이 공정하고 자비로운 목자가 되었습니다. 당연히 신자들은 나날이 그 수가 불어났습니다. 참으로 그는 글자 그대로 그리스도인 공동체의 진정한 지도자였습니다. 천주교 박해가 다시 일어남에 따라 1866년 2월 23일 수많은 군졸들이 그의 집을 포위하고 포졸 여러 명이 집안으로 들어왔습니다. 베르뇌 주교가 그들을 맞이하니 "당신은 양반이요?"하고 한 포교가 물었습니다. 그는 대답이 없었습니다. 그러자 그 포교는 "당신 서양 사람이요?"하고 재차 물었습니다. "그렇소. 그런데 여기는 왜 왔소?"하고 되묻자 "임금님의 명령으로 서양 사람을 잡으러 왔소."하고 포교가 말했습니다. 베르뇌 주교는 "좋소, 밥을 좀 먹고 오겠소."하고 대답하고는 식사를 마친 뒤 포졸들이 이상한 눈으로 보고 있는 가운데 그가 물었습니다. "어떻게 하고(무슨 옷을 입고) 가야 하겠소?" 포교는 "그대로요"하고 대답하고는 결박을 하지도 않고 그다지 심하게 다루지도 않으면서 데려다가 포도청에 가두었습니다.

4. 포졸들은 갇힌 이의 품위에 감명을 받아 일반 옥에 가두지 않고 그들의 초소 안에 마련된 장소에 가두고 발을 사슬로 묶은 채, 여러 날을 엄중히 감시했습니다. 그는 다시 포도청 옥으로 옮겨졌는데 그 때에는 칼까지 씌웠습니다. 「일성록」에는 신문 때마다 주교에게 고문이 가해졌다는 기록이 있습니다. 거기에는 베르뇌 주교의 경우, 고문이 열 차례나 가해졌다고 기록되어 있는데, 그것은 의자 다리만큼 굵은 세모 몽둥이로 열 번이나 힘껏 내리쳤다는 뜻입니다.

5. 그는 아무 말도 하지 않은 채 다만 매를 맞을 때마다 긴 한숨을 내쉬었다고 한 증인이 말

하였습니다. 그가 혼자서는 몸을 움직일 수가 없었기 때문에 포졸들이 감방으로 옮겨 가야 했는데, 약이라고는 없었고 그중의 한사람이 살이 떨어져 나간 주교의 다리를 유지로 꿰매주는 것이 고작이었습니다. 그동안에 1866년 2월 26일에는 **성 백 유스토(브르트니에르) 신부**가 붙잡혔고, 다음 날인 27일에는 **성 김 헨리코(도리) 신부**와 **성 서루도비코(볼리외) 신부**가 붙잡혔습니다. 세 사람이 모두 주교가 있는 옥에 갇혔고 신문과 고문을 같이 당했습니다.

6. 1866년 3월 7일에는 주교와 동료 세 사람이 일반 옥으로 옮겨져서 그곳 맨 땅위에 선고의 결과를 기다렸습니다. 이 날짜에 대하여 「일성록」에는 이렇게 기록되어 있습니다. <금부에서 다음과 같이 아룁니다. 그 서양인 네 명에 대하여는 1839년의 전례에 따라 군 당국에 넘겨주어 참수하고 효수하여 무리들에게 교훈이 되게 하고자 하나이다.' 하니 임금은 윤허하였다.> **하느님의 종 홍봉주(洪鳳周) 토마스**가 주교에 대해 한 말 가운데서 그가 가졌던 태도를 우리에게 알려줍니다. "주교님은 항상 품위와 성덕이 가득 차 계셨습니다." 이번에는 드디어 많은 일을 하고 많은 고통을 겪은 생애를 끝마무리 지을 참이었습니다.

7. 1866년 3월 7일 베르뇌 주교와 세 선교사 신부들은 그들의 영광스러운 죽음을 향해 형장 새남터로 떠났습니다. 그들은 투박한 들것에 머리와 몸이 밧줄로 단단히 묶인 채 누워 있었습니다. 옥에서 나오면서 그는 이렇게 외쳤습니다. "우리가 조선에서 이렇게 죽으니 잘되었다." 성문에 모여 있는 군중을 보자 베르뇌 주교는 여러 번 한숨을 지었습니다. "아, 저 사람들이 어찌 불쌍하지 않으리오!" 그는 자기 때문이 아니라 주님을 반대하는 사람들로부터 크나큰 불행을 당할 것으로 예측되는 그의 조선교구 때문에 눈물을 흘리는 것이었습니다. 행렬은 여러 번 정지했습니다.

8. 그는 그 틈을 타서 형벌을 같이 받는 그의 동료들에게 천국에 대하여 이야기했습니다. 세 사람은 모두 매우 기쁜 표정으로 눈을 하늘로 향했습니다. 호위 군사 400여 명이 빙 둘러서고 중앙에 깃대를 하나 세우고 사형집행을 주재하게 될 관리의 장막을 세웠습니다. 준비가 끝나자 관리는 사형수들을 그의 앞으로 데려오라고 명령했습니다. 이들은 들것에서 풀려났습니다. 그러나 그들의 팔다리는 오랫동안 아주 단단히 묶여 있었기 때문에 움직일 수가 없었습니다. 그래서 병졸들에게 부축되어서 관리 앞에 출두했습니다. 그리고는 사형을 위한 준비가 시작되었습니다. 옷을 벗기고, '사교죄인 아무개'란 글이 씌어 있는 속적삼도 벗기고 귀를 접어 화살로 꿰뚫고 얼굴에 물을 뿌린 다음 생석회를 뿌렸습니다.

9. 그러니까 사형수들은 눈을 뜨지 못하게 되었고, 회가 상처 입은 귀에서 흘러내리는 피와 엉기었습니다. 그런 다음 뒤에 함께 겨드랑이에 굵은 몽둥이를 찔러 넣어 그 양쪽 끝을 병졸 한 사람씩 들러 메게 되어 있었습니다. 그리고 팔방돌이라고 하는 행진이 시작되어 군사들 앞으로 구경꾼들이 보는 가운데 사형장을 돌았습니다. 그가 맨 앞에 가고 세 선교사가 뒤를 따랐습니다. 이 비통한 행렬이 사형장을 여덟 바퀴 돌아 마침내 사형장 한 가운데에 이르게 되었습니다. 흰 깃발이 펄럭이고 있는 깃대 가까이 와서 사형수들은 땅바닥에 내려지고, 집행관은 사형선고문을 읽으라고 명령했습니다.

10. <너희 모두 듣거라. 너희가 전파하는 종교는 조선에서 엄금하는 바이다. 그런데 너희들은 남의 나라에 와서 너희 사교를 전파하였다. 그러므로 조선 국왕께서는 너희들을 사형에 처하라고 명하신다. 너희는 그것을 알아라. 너희는 곧 죽을 것이다.> 그와 선교사들은 한 마디 말도 하지 않았습니다. 생석회로 눈이 다 타버려서 그들은 서로 볼 수가 없었습니다. 이 광경을 지켜 본 교우들은 백발 때문에 알아볼 수 있는 그를 빼놓고는 그들을 분간할 수가 없었습니다. 최후의 제사 시간이 다가오고 있었습니다. 관리가 신호를 하자 각기 칼을 든 희광이 여섯 명이 "자아! 저놈들을 죽이자, 쳐 죽이자."라고 외치면서 신앙 증거자들에게로 달려들었습니다.

11. 병졸이 그의 머리채에 단단히 밧줄을 매어 그 한 끝은 깃대에 붙들어 매고 다른 끝은 병졸 한 사람의 다리에 감았습니다. 그리하여 희생자의 목을 꼿꼿이 하고 머리는 앞으로 숙여지게 하니, 희광이 한 사람이 그를 내리쳤습니다. 그러나 그의 머리는 칼을 두 번 맞고서야 떨어졌습니다. 군사들이 머리를 주워 집행관에게 갖다 보인 다음 처형된 시신 주위에 말뚝 네 개를 땅에 박고 위를 다발로 묶어 그곳에 머리채를 매달았습니다. 이때 베르뇌 주교의 나이 52세였습니다. 증인들의 말에 의하면 그는 형 집행을 당하는 순간에 브르트니에르 신부에게 말을 건네면서 미소를 지었고, 그의 머리는 죽었을 때에도 그대로 미소 짓고 있었다고 합니다. 그의 머리는 참수된 후 효수하였습니다.

12. 군문효수라는 극형을 선고받고 1866년 3월 7일 새남터에서 참수당한 베르뇌 주교, 브르트니에르 신부, 도리 신부, 블리외 신부 네 분 성인의 시신은 처형된 후 그대로 버려져 있었는데, 그 부근에 살던 외교인들이 4일 후에 그 곳에 구덩이를 파고 함께 묻었습니다. 조선에서는 사람이 죽으면 그의 일가나 친구가 그 시신을 찾아다가 묻거나 그렇지 못하면 그 죽인 곳이 마주 보이는 동네에 묻는 법이었습니다. 서울의 교우들은 이 거룩한 시신들을 찾아 묻을 생각은 간절했으나, 그때로서는 어찌할 수가 없었습니다. 교우들은 6개월 후에야 이들을 다시 파서 서울에서 남쪽으로 5리쯤 떨어진 외와 고개(지금 용산 우

체국 뒷 고개) 골짜기에 묻었습니다. 이 어려운 일을 맡아 본 교우는 한때 왕궁의 호위병을 지냈고 한 강가의 서빙고에 숨어 살고 있던 전교회장 박순집 베드로였습니다. 성인의 유해는 현재 절두산 순교기념관에 안치되어 있습니다.

(1814-1866, 1866.3.7.순교, 축일: 9.20, 주교, 병인박해군문효수, 한국)

### 120. 성 백 유스토(랑페르 드 브르트니에르 유스토·白·白)는 어떤 분이신가요?
(순례길 147, 149-150, 152, 154-155, 170, 192)

1. **성 백 유스토(브르트니에르) 신부**는 1838년 2월 28일 프랑스 디종(Dijon)교구 관할인 샬롱쉬르손(Chalon-sur-Saone)에서 브르트니에르 남작과 안나(Anna de Montcoy)의 차남으로 태어났으나, 형   이 이미 8년 반 전에 사망한 터였으므로 태어나자마자 장남이 되었습니다. 그의 부모는 매우 신심 깊은 어른이었기에 자녀들의 신앙생활을 늘 뒷바라지하였습니다. 1865년 5월 27일 저녁 여섯 시에 그는 동료들과 함께 조선 땅에 발을 들여놓았습니다. 교우들은 친절과 놀람과 공포가 섞인 감정으로 그들을 맞이했습니다. 교우들은 구원을 위하여 헌신하고자 오는 선교사 신부들을 보고 기뻐했습니다.

2. 그러나 선교사들이 들어오는 것이 교우들에게 마냥 기쁘기만 한 것은 아니었는데, 그것은 무엇보다도 외국인들의 조선입국에 가담한 자들이 당하는 사형이 두려웠기 때문입니다. 선교사들을 데리고 온 배주인조차도 감히 그들을 돌보려 하지 않았는데, 그들은 어쩔 수 없이 계약을 이행했고 따라서 책임을 벗었다고 생각하는 것이었습니다. 선교사들은 **성 장 시메온(베르뇌) 주교**가 불안한 마음으로 그들을 기다리고 있을 서울에 갈 방법을 찾기 시작했습니다. 다행히도 하느님의 섭리가 그들을 보살피고 있었습니다. 집이 불에 타버린 **성 안 안토니오(다블뤼) 신부**는 피난처를 찾아 내포지방에 와서 선교사들이 상륙했던 동네에서 20리 쯤 되는 곳에 있었습니다.

3. 다블뤼 신부는 선교사들이 와 있다는 사실을 알자마자 그들이 있는 곳으로 달려와서 한 시도 지체하지 않고 서둘러 안전하지 못한 그곳에서 빠져나오게 했습니다. 1865년 5월 28일 다블뤼 신부는 한 교우를 시켜 그를 서울로 인도하게 하고 자신은 그가 거처하던 거더리(합덕) 교우촌으로 다른 선교사들을 데리고 갔습니다. 베르뇌 주교는 그를 기쁘게 맞이하고 그를 그냥 서울에 두기로 결정하고, 남대문 밖 자암에 있는 회장 **성 정의배(丁義培) 마르코**의 집에 그의 거처를 정해 주었습니다. 그는 다블뤼 주교가 오랫동안 살았

던 3평 정도 되는 좁은 방에 들었으며, 그 방이 그의 사무실 겸 경당 노릇을 했습니다.

4. 거기서 1866년 2월까지 살면서 시간을 쪼개서 말도 배우고 기도도 드리고 했습니다. 다만 세례와 견진을 주는 일과 밤에 주교를 찾아뵙는 시간을 제외하고는 참된 피정의 생활을 거기서 했습니다. 그는 선교사의 생활이 견디기 어려운 현실이라는 것을 자각했습니다. 그 무렵 생 쉴피스 신학교의 이전 지도자에게 이런 편지를 보냈습니다. <이런 종류의 생활을 지망하는 사람들에게 다음과 같이 말을 아무리 되풀이해 주어도 지나치지는 않을 것입니다. 즉 사람들이 찾아가는 순교가 피의 순교인 때는 드물겠지만, 언제나 좋건 싫건 즉 공로가 있건 없건 자기의 모든 경향과 자기의 취미와 뜻을 버리는 순교일 것이며 대단히 심한 육체적 고행 외에 그보다 더 많은 정신과 마음의 고행이 따를 것이라고 말입니다.>

5. 이 글은 그가 조선에 도착한 지 얼마 안 되어 거의 완전한 은둔상태에서 풍토순화에 적응과 말공부라는 힘든 시기를 지내고 있을 때 쓴 것입니다. 오래지 않아 그는 훌륭한 사도 베르뇌 주교의 지도를 받으며 실질적인 사도직을 시작했습니다. 그가 80명가량의 고백을 듣고 어른 40명에게 세례를 주고 몇 번의 견진성사를 주고 병자들에게 여러 번 성사를 주었는데, 1866년 2월이 되자 박해가 일어났습니다. 1866년 2월 23일 그가 혼인성사를 집전하고 견진성사를 주고 있을 때 베르뇌 주교가 체포되었다는 소식을 들었습니다. 그는 서둘러 그 소식을 다블뤼 신부와 거주지를 아는 선교사들에게 알렸습니다.

6. 다음 날인 24일 하루는 조용히 지나갔고 그는 미사성제를 드렸는데, 그것이 마지막 미사가 되었습니다. 하루가 더 지나 2월 25일 그가 살던 집주인 정의배 마르코가 붙잡혔고, 그는 그날 하루 밤을 감시를 받으며 지냈습니다. 26일에는 베르뇌 주교의 하인이었던 이선이(李先伊)의 밀고로 이번에는 그가 붙잡혔습니다. 그는 포졸들에게 "당신이 올 줄 알았소."라고만 말했습니다. 결박은 당하지 않고 그저 옷소매만 붙들린 채 포청으로 끌려갔습니다. 신문을 당하자 그는 이렇게 똑똑히 말했습니다. "나는 당신들의 영혼을 구하려고 조선에 왔소. 나는 천주를 위해 기꺼이 죽겠소." 그리고 조선말로 완전히 알리지 못하는 것을 용서해 달라고 했습니다.

7. 그 포도청에서 하루 낮 밤을 지낸 뒤 금부옥(禁府獄·조선시대의 감옥)으로 끌려갔습니다. 그의 목에는 칼이 씌워지고 발에는 사슬이 채워졌습니다. 포도청에서 그는 신문은 당하지 않고 고문만 당했는데, 모진 형벌에도 한마디 말도 없이 견뎌냈습니다. 1866년 3월 7일 새남터 형장으로 끌려가는 사형수들의 행렬에서 수고와 고통 때문인지 나이보다는 더 노인처럼 보이는 베르뇌 주교 뒤에는 키가 크고 곱슬곱슬한 엷은 밤색머리에 얼굴

이 부드럽고 명랑한 젊은 선교사가 따르고 있었습니다. 그가 바로 28세 밖에 되지 않은 한국성이 백(白)씨인 브르트니에르 신부였습니다.

8. 그는 형장에 갔을 때, 목이 몹시 말랐습니다. 그래서 포졸들에게 물을 좀 달라고 청했으나, 이들은 듣지 못했거나 혹은 못들은 체했습니다. 그것을 목격한 증인 박 베드로가 불쌍한 생각이 들어 물 한 바가지를 떠 가지고 와서 형벌 받는 사람에게 갖다 주게 하고 관리에게 청했습니다. 집행관은 한 병졸에게 갖다 주라고 명했습니다. 그러나 병졸은 분개해서 물을 땅에 쏟아 버리며 말했습니다. "금방 죽을 죄인들에게 먹을 물을 줘서 뭐합니까?" 그러자 그는 그의 머리 위에 늘어져 있는 밧줄 끝을 움켜잡아 씹었습니다. 그러니까 침이 약간 생겨서 그것을 한숨을 쉬며 삼켰습니다. 구경꾼 하나가 "너희 나라에서는 아무것도 않던 네가 남의 나라에서 이렇게 죽으니 후회가 되지 않느냐?"하고 외치자, "그대는 그렇게 생각하지만 나는 이것이 좋은 일이라고 생각한다."고 그는 대답했습니다.

9. 그리고 "좋다"는 말을 세 번 되풀이했습니다. 팔방돌이를 하는 동안 그의 허리띠가 끊어져 바지가 흘러내렸습니다. 집행관은 병졸에게 바지를 추켜 주라고 명했습니다. 베르뇌 주교와 몇 마디 마지막 대화를 나눈 다음 주교의 참수를 끝까지 지켜보았습니다. 이어 그의 차례가 되어 다섯 번째로 내려친 칼에 그의 목이 땅에 떨어졌습니다. 이들 순교자들의 머리는 그곳에 사흘간 매달려 군중들에게 현시되었다가 후에 교우들이 정성껏 안장하였습니다. 성인의 유해는 절두산 순교기념관에 안치되어 있습니다.
(1838-1866, 1866.3.7.순교, 축일: 9.20, 신부, 병인박해군문효수, 한국)

## 121. 성 김 헨리코(도리 베드로 헨리코·김·金)는 어떤 분이신가요?
(순례길 147, 149–150, 152, 154–155, 170, 176, 192)

1. **성 김 헨리코(도리) 신부**는 프랑스 뤼송교구의 생 팅리르 드몽의 르 포르라는 동네에서 1839년 9월 23일, 즉 **성 범 라운렌시오(앵베르) 주교, 성 나베드로(모방) 신부, 성 정 야고보(샤스탕) 신부** 등이 조
선에서 순교한 이튿날에 태어났습니다. 한국 성이 김(金)씨인 그는 동료들이 꼬마 또는 '방데 지방의 작은 꽃'이라고 불렸습니다. 그는 드 베세 백작의 소작인인 아주 수수한 농부 가족의 팔 남매 중 여섯 째 아들이었습니다. 영세대장에는 이렇게 기록되어 있습니다. <대부, 아기의 사촌형, 대모, 아기의 누나, 참석한 아버지 모두가 필요한 사항에 서명

할 줄 모른다고 말했음>

2. 이렇게 비록 지식은 도리 비뇨노 집안에서 높이 평가되지 못했지만 신앙은 높이 평가되고 있었고, 부모는 많은 자녀의 확고한 그리스도적 교육을 보장했습니다. 백작의 자선심 덕택으로 그는 1852년 10월 소신학교에 입학해서 8년을 거기서 지내게 되었습니다. 그는 거기서 모든 이의 사랑을 받았고 졸업할 때에는 "성교회를 위하여 훌륭한 희망이 되는 소년"으로 소개받게 되었습니다. 중등부 1학년 때부터(그는 그때 15세였다) 극동에서 전교하는 것을 생애의 목적으로 삼았으며 제일 좋아하는 독서가 잡지(유년)을 읽는 것이었습니다. 그는 복권으로 이 잡지 전질을 탄 적이 있었습니다.

3. 1860년에는 뤼송의 대신학교에 들어갔는데 거기서 뛰어나지는 못했지만 성실하게 수학하였습니다. 하느님을 기쁘게 해드리고 영혼을 구하겠다는 간절한 소망으로 지탱된 근면 덕택으로 착실한 공부를 했습니다. 그는 공부와는 반대로 감정의 순진한 너그러움과 고상한 생각과 열렬한 신앙심과 선교에 대한 열망으로 사람들의 주목을 끌었습니다. 뤼송교구의 요청에 의해 1861년 12월 21일에 삭발례를 받고 이듬해 6월 14일에 서품을 받은 뒤에 그는 그해 학년말로 외방전교회 신학교에 입학원서를 냈습니다. 출발은 쉽게 이루어지지 않았습니다.

4. 가족과 교구와 공부를 할 수 있도록 도와주었던 은인이었던 백작의 곁을 떠나야 하는데 이들의 반대가 없지 않았던 것입니다. 뼈에 사무치게 고마움을 느끼고 있는 그가 제일 먼저 그의 결심을 알린 사람 중의 하나는 드 베세 백작이었습니다. 백작은 그의 선택에 대해 몹시 반대하였습니다. 자신이 보호하는 학생의 병약한 체질이 그에게는 선교사 성소에 금기로 보였고 교구를 떠나는 떠나는 것도 조심성을 무시하는 것처럼 보였습니다. 그러나 백작은 신학생의 부드러우면서도 확고한 결심에 마침내 손을 들고는 이렇게 말했습니다. "자네가 그렇게 원하니 떠나게. 그리고 하느님이 자네와 함께 계시기를 바라네."

5. 그는 다음에는 본당 신부와 과감하게 맞섰습니다. 역시 본당 신부도 똑같은 이유로 반대를 했기 때문입니다. 그는 솔직하고 열렬하게 반박했습니다. "신부님 저는 신부님이 생각하시는 것보다 더 건강합니다. 두고 보십시오. 선교생활의 피로를 감당해 낼 수 있을 테니까요. 그리고 또..." 이어서 이렇게 마음속을 드러내 보이는 것이었습니다. "이 조그마한 몸뚱이로 하느님의 마음에 맞는 선교사가 되고 또 누가 압니까, 순교자가 된다면 신부님은 기쁘고 자랑스럽지 않으시겠습니까?" 착한 본당 신부는 자기 교우의 명분에 완전히 이끌려 자기가 직접 선교사 지망자를 교구 주교에게 추천하겠다고 했습니다.

6. 주교는 떠나는 사람을 친절히 맞이해서 격려하고 진심에서 우러나오는 강복을 주었습니다. 이 강복은 최종적인 이별의 예측으로 몹시 괴로워하는 부모 형제자매에게 가까이 가는데 매우 필요한 것이었습니다. 몇 주일 동안의 방학이 그에게는 큰 시련이었습니다. 그가 파리로 출발하기로 정한 하루 전까지도 부모의 동의를 얻지 못하고 있었던 것입니다. "신부는 되라, 그렇지만 교구에 남아 있어야지 외방전교회에는 갈 생각은 하지 마라"며 만류하는 어머니를 향해 그는 이렇게 말했습니다. "어머니, 외방전교회를 생각하지 않는다는 것은 저로서는 할 수 없는 일입니다. 그 계획을 세운 것이 8년이나 돼요. 하느님께서 제 마음에 말씀하셨으니 저는 순종해야 합니다."

7. "그렇지만 우리와 같이 있으면서도 하느님을 섬길 수 있지 않니? 제발 어미를 버리지 말아다오." "그럼 어머니가 꼭 그렇게 하라고 하시니 어머니 곁에 남아 있겠습니다. 그렇지만 그렇게 되면 전교지방도 그만이고 신부되는 것도 그만입니다. 어서 바지하고 작업복하고 곡괭이를 주세요. 동생 있는 데로 가서 같이 밭일을 할 테니까요." 그의 말에 어머니는 반대하는 것을 포기했지만 눈물이 마르지 않았습니다. 아버지는 무거운 침묵을 지키며 아들과 그의 짐을 생팅레르로 데려다 주고 옮기고 하는 것을 저녁 내내 고집스럽게 거부했습니다. 그러다가 아들의 고통을 당해내지 못하고 마침내 중얼거리었습니다.

8. "자! 뭣 좀 먹고 좀 쉬어라. 몇 시간 후 생팅레르로 데려다 주마." 새벽 두시에 아버지는 집의 수레에 말을 매고 아들을 생팅레르역으로 데리고 갔습니다. 때는 1861년 8월 11일이었습니다. 부모는 양보했으나 그렇다고 마음이 가라앉은 것은 아니었습니다. 그는 부모를 자기 성소의 수준에 올려놓으려고 애정을 가지고 노력하였습니다. 그는 부모에게 자주 편지를 보내고 서품 받을 사람의 기쁨을 알렸습니다. 그러나 부모는 여전히 고향에 돌아오는 것을 바랐고 아들을 다시 보는 기쁨을 은총인 양 청했으나 그는 그렇게 하기를 거부하고 "나는 세상없어도 고향에는 돌아가지 않겠습니다."하고 말하는 것이었습니다.

9. 그것은 자신의 마음이 약해질까봐 두려워서였고 무엇보다도 선교사가 되기를 간절히 원했기 때문이었습니다. 1864년 5월 21일 사제품을 받은 그는 그의 선교 활동지역에 대한 장상들의 결정을 조용히 기다렸습니다. 1864년 6월 3일 그는 한 친구에게 이런 편지를 보냈습니다. <나는 얼마 안 있어 배를 타고 가라는 데로 가게 되었네. 목적지에 대해서는 아직 아무것도 모르네. 티벳에서는 박해가 다시 시작되었고 조선 사람들은 수많이 입교를 한다네. 거기건 다른 데건 상관없이 내가 떠나지 못하게 된다는 생각이나 마찬가지로 거기에 대한 생각은 이제 하지 않게 되었네. 이 평온이 언제까지고 계속되도록 기도해 주게.>

10. 그로부터 얼마 지나지 않은 6월 13일 조선에 배정되었다는 말을 듣고서 그는 이렇게 말했습니다. "조선 만세! 내게 이렇게도 아름다운 전교 지방을 주신 것을 하느님께 감사드려요." 이 전교 지방이 그에게는 두 배로 아름다웠습니다. 그곳은 주께서 그를 보내시는 땅, 그의 꿈과 기도가 실현되기를 바라는, 즉 복음을 위해 피 흘리기를 희망하는 땅이었고 또한 그의 거룩한 친구 **성 백 유스토(브르트니에르) 신부**와 함께 있게 될 땅이었던 것입니다. 그는 1864년 7월 19일 마르세이유에서 배를 타고 브르트니에르 신부 **성 서 루도비코(볼리외)**, **성 민 루카(위앵) 신부**와 같이 길고 위험한 항해를 했고 그들과 같이 1865년 5월 27일 조선에 몰래 들어왔습니다.

11. 하느님께서는 그의 착한 뜻만으로 만족하실 것입니다. 그가 작은 교우촌 용인 손골리에 보내져서 거기에 자리를 잡고 아직 조선말을 배우고 있던 중에 박해가 일어났습니다. 그는 아직 본격적인 활동에 나서지는 않고 있었습니다. 그도 **성 장 시메온(베르뇌) 주교**가 체포되었다는 통지를 받았으나, 교우들의 체포가 뒤따르지 않는 것을 보고 그는 참으로 박해가 시작되는 것인지 의아하게 생각했습니다. 이런 상태에서 그는 교우들에게 해가 돌아가지 않을 수 있도록 그를 돌보고 있던 교우 이군옥까지 피신시킨 뒤에 혼자만 1866년 2월 27일 베르뇌 주교의 하인이었던 이선이(李先伊)의 밀고로 붙잡혔습니다. 그가 손골리에서 지낸 8개월간 교우들이 자기를 김(金) 신부라고 부르는 것을 자랑으로 여기며 기뻐했는데, 그것은 조선에는 김이란 성을 가진 순교자가 많기 때문이라고 하였습니다.

12. 과연 그는 자기의 소원대로 입국한지 10개월 만에 볼리외 신부와 함께 투박한 들것에 실려 서울로 압송되어 서울 옥에서 동료들과 합류했습니다. 그 후 동료들과 같이 고문을 당했습니다. 「승정원일기」에 보면 그는 고문을 당했는데 곤장 치는 것이 아홉 차례에 가서 멈추어졌다고 합니다. 그는 크나큰 용기를 보였습니다. 새남터의 형장에서 그는 눈을 감고 묵상하는 것 같았다고 한 증인이 말했는데 이 증인은 "나는 그 분이 순교에 대한 마음준비를 하고 있다고 생각했습니다."하고 덧붙였습니다. 1866년 3월 7일 군문효수형으로 새남터에서 처형된 네 순교자 중에서 그는 맨 마지막으로 참수되었는데 그의 머리는 두 번째 칼에 떨어졌습니다. 그 당시 그의 나이 27세였습니다. 성인의 유해는 절두산 순교기념관에 안치되어 있습니다.

(1839-1866, 1866.3.7.순교, 축일: 9.20, 신부, 병인박해군문효수, 한국)

## 122. 성 서 루도비코(볼리외 베르나르도 루도비코·서몰례)는 어떤 분이신가요?
(순례길 147, 149–150, 152, 154–155, 170, 192)

1. **성 서 루도비코(볼리외) 신부**는 프랑스 보르도교구 인 랑곤에서 1840년 10월 8일 유복자로 태어났습니 다. 그의 아버지는 결혼한 지 다섯 달 만인 1840년 5 월 18일에 세상을 떠났습니다. 한편 19세밖에 안 되
었던 그의 어머니는 성품이 온화한데다 열심하여 이 어린 아들을 성모님께 봉헌하였습 니다. 그리고 1843년에는 그의 장래 교육을 위해서 죽은 남편이 하던 장사를 포기하고 딸 하나를 데리고 사는 홀아비 뒤푸르씨와 재혼했습니다. 그는 여섯 살 되던 해에 공민 학교에 들어갔습니다. 이 학교에서는 다행히도 교사들이 학생들의 종교교육을 잘 지도 하고 있었습니다.

2. 그는 일곱 살 때부터 복사를 하였는데 아마도 이때부터 이 소년 안에 성소의 싹이 트기 시작했던 것 같습니다. 당시 담임선생은 그의 부모를 설득하여 1849년 10월 보르도에 있는 소신학교로 그를 보냈습니다. 같은 해에 그는 보르도에서 다시 숙천[중국에 소재한 시(市)]에서 전교생활을 한 신부에게 가 있게 되었습니다. 먼 나라 중국에서의 전교생활 에 대한 이야기를 자세히 여러 번 듣게 되면서 어린 그의 마음 안에는 전교에 대한 열망 이 타오르기 시작하였습니다. 1857년 그는 보르도의 대신학교에 입학하여 사제직을 성 실히 준비하였습니다. 한편 그의 성품도 성숙되어 갔습니다.

3. 어느 날 그와 가장 친했던 벗 아멜리앵 비락이 죽게 되자 그는 그의 아버지한테 "저는 아드님이 운명할 때 증표를 달라고 청했습니다. 그리고 아드님이 천당에 들어가던 날에 는 하느님께 선교사로서 죽는 특은을 달라고 기도했습니다."라고 말하였습니다. 1858년 11월 7일 갑자기 그의 어머니가 세상을 떠났습니다. 그녀는 남편이 죽을 때와 같은 심한 고통으로 사경을 헤매다가 이 땅 위에 하나밖에 없는 아들과 마지막 혈육의 정을 끊었던 것입니다. 한편, 그는 선교사의 길을 떠나려면 아직도 4년을 더 기다려야만 했습니다. 그 이유는 지도 신부가 그의 성소를 좀 더 확실히 알아보고 싶어 했기 때문입니다.

4. 또 다른 이유는 교구 일에 집착해 있던 보르도교구 도네 대주교가 누구든 교구를 떠나 는 것을 원치 않아 그가 청원할 때마다 매번 거절하였기 때문입니다. 그는 이에 결코 굽히지 않고 파리외방전교회 장상에게 전교지망의 편지를 자주 올려 가며 그 어느 때 보다도 전교 신부 생활에 큰 관심을 기울였습니다. 당시 그는 연령 미달로 사제서품을 못 받고 때를 기다리는 동안 소신학교 교수로 임명되어 소임을 다하고 있었습니다. 1863년

3월 그는 폐렴에 걸려 죽을 뻔했었는데 얼마 후 또 재발되었기 때문에, 전교 신부 생활을 하겠다는 그의 희망은 전혀 실현될 수 없는 듯했습니다.

5. 그런데 같은 해 8월에 도네 대주교가 의외로 이 청년에게 즉시 출국해도 좋다는 허락을 내려 주었습니다. 그는 이때의 기쁨을 "내 안에서 힘이 다시 생겨나고 즐거움도 몇 배로 더 하였다."라고 표현하였습니다. 그러나 그 이면에는 자식처럼 돌보아 주었던 숙부로부터 심한 반대가 있었고, 또 다른 어려움도 계속 뒤따랐습니다. 당시 그는 숙부 집에 살면서 친아들처럼 사랑을 받고 있었을 뿐만 아니라, 출발 준비물까지도 실상은 숙부에게 부담을 지워야 하는 형편이었습니다. 그렇지만 그는 이런 모든 것에도 결코 굴하지 않고 자기 결심을 굳혀 1863년 8월 27일 숙부 집을 떠나, 그달 말 파리외방전교회 신학교에 들어갔습니다.

6. 거기서 그는 쉽게 주위환경에 적응하면서 필요한 애덕생활과 선행생활을 누구라도 감탄할 만큼 열심히 닦아 나갔습니다. 또한 그는 무엇보다도 성실한 사제가 되게 해 달라고 주님께 겸손 되게 기도하며 이윽고 1864년 5월 21일 사제품에 오르게 되었습니다. 같은 해 1864년 6월 15일 그는 조선의 전교 신부로 지명되자 즉시 출발을 서둘렀습니다. 물론 그는 자기를 기다리고 있는 조선 땅에서의 전교가 대단히 어려운 형편임을 잘 알고 있었지만 출발을 주저하지 않았습니다. 그는 1864년 7월 15일 프랑스를 출발하여 1865년 5월 27일 조선에 도착하였습니다. 물론 **성 장 시메온(베르뇌) 주교**의 뜨거운 환영을 받았으나, 당시는 전교 신부들을 분산시켜 산골 교우촌으로 피신시키지 않으면 안 되는 상황이었습니다.

7. 그와 **성 김 헨리코(도리) 신부**는 서로 가까이 있었기 때문에 규칙적으로 왕래하면서 고해성사도 보고 서로 의지하며 살았습니다. 이들은 외교인들이나 관헌들의 눈을 피해야 했는데 상복을 입고 다님으로써 서양 사람의 모습을 감출 수 있었습니다. 또한 이들은 서로 만나면, "이토록 잘 조직된 전교 지방에 오게 되다니 얼마나 다행한 일입니까! 이곳에서 가장 귀한 것이라고 한다면 이 나라에 있는 주교들과 전교 신부들이 모두 한마음 한 뜻이 되어 있다는 것입니다"라고 행복스럽게 서로 대화하면서 조선말을 익히곤 하였습니다. 왜냐하면 이들은 전교 신부로서의 처신을 잘 지켜 행여나 실수를 하지 않도록 무척 조심하였기 때문입니다.

8. 그들은 이렇게 생각하였습니다. <'어느 한순간이라도 술에 취하여 실수로 튀어나오는 말 한마디가 교우들을 대량 학살케 하고도 남음이 있을 것이다. 이렇게 되면 착하신 하느님은 우리를 어떻게 심판하실까? 이는 오직 그분만이 아시는 일이지만 우리 모두 누구보다

도 내가 먼저 지켜야 할 서약은 우리의 고귀한 신분에 맞추어 생명보다 하느님을 더 사랑하여야 할 중대의무를 증거 할 줄 앎이로다. 우리는 모두 위대한 성인들이 되도록 하느님을 열렬히 사랑해야 할지로다.'>

9. 1866년 2월에 접어들자 그는 성무수행에 불편이 없을 정도로 조선말에 능숙해졌습니다. 그래서 베르뇌 주교는 그에게 서울에서 동남쪽으로 수 십리 떨어진 광주지방을 맡아보라고 명령하였습니다. 그런데 그가 짐을 꾸려 막 떠나려 할 무렵 사건이 터지고 말았습니다. 1866년 2월 27일 그의 집 주인이었던 장제철의 밀고로 새벽 둔토리 마을에 갑자기 포졸들이 습격하여 그를 붙잡아 서울로 압송하였던 것입니다. 그는 옥고와 고문 끝에 마침내 사형선고를 받았습니다. 1866년 3월 7일 그는 다른 동료 신부들과 함께 새남터 사형장으로 끌려 나갔고 정해진 의식이 거행된 후 **성 백 유스토(브르트니에르) 신부** 다음으로 참수되었습니다. 그의 목은 세 번째 칼날에 땅에 떨어졌고 그의 머리는 3일 동안 그곳에 높이 매달려 현시되었습니다. 그때 그의 나이 26세였습니다.

(1840-1866, 1866.3.7.순교, 축일: 9.20, 신부, 병인박해군문효수, 한국)

## 123. 성 남종삼(南鍾三) 요한은 어떤 분이신가요?
(순례길 148-149, 154-155, 170-171, 182, 184, 192, 198)

1. **성 남종삼(南鍾三) 요한**은 1816년에 충청도 충주지방의 제천에서 태어났습니다. 일찍이 충주 의원을 지내고 1827년에 북경에서 영세 입교한 통정대부 남상교(南尙敎, 아우구스티노)의 양자가 되었습니다. 그   의 아버지는 여러 가지 중직이 신앙생활에 방해가 된다고 여겨 이를 거절하면서 살았습니다. 1843년 문과에 급제하고 1846년 경상도 영해군수가 된 남종삼 요한은 항상 재물과 부녀자를 멀리하였습니다. 청백리로서 의덕과 겸손의 청빈한 생활을 하여 모든 이들에게 존경을 받았습니다. 그런데 쉽게 신심생활을 익힌 그는 한편으로는 용감하게 신앙생활을 잘해 나갔지만, 또 다른 한편으로는 일반 사회에서 출세하고 싶은 소망이 컸었습니다.

2. 실제 그는 26세 때에 홍문관 교리에 급제한 뒤 이어 39세 때에는 일본해안 영해 경상도의 현감이 되었습니다. 그런데 그 당시에는 신자로서 관의 일을 맡아보려면 여러 가지 장애를 받지 않을 수 없었습니다. 실제 그도 국정의 공적 의식에 참여할 때마다 그것들이 조상숭배인 이상 미신 성격을 띤 일에 관여하지 않을 수 없게 되었습니다. 또한 그의 생

활에 있어서도 기생들과 어울리지 않을 수 없을 때가 자주 있기 때문에 올바른 그의 신앙생활에 많은 지장을 초래했던 것입니다. 그는 이때에 재물과 부녀자를 멀리하며 의덕과 정결과 가난 가운데서 모범적인 신앙생활을 함으로써 동료들에게는 경멸의 대상이 되었습니다.

3. 그는 겸손의 덕이 뛰어났는데, 자신이 가진 훌륭한 가문과 높은 벼슬, 깊은 학식에도 불구하고 늘 이렇게 말하곤 했습니다 "교우이건 종이건 다 천주한테 조성되었지, 천주대전에 누가 양반이 될 수 있는가. 그러므로 교우 중에 양반이란 있을 수 없어." 그는 이렇게 백성의 아버지 노릇을 하고 교우 본분을 조금도 소홀히 하지 않았으며, 몇 사람을 개종시키기도 했습니다. 그리고 그는 수령을 모시고 술자리 베푸는 일에는 으레 빠져서 각 고을에서 양성하던 관리들의 웃음거리가 되었습니다. 그는 한 번도 그들을 부른 일이 없었기 때문입니다. 이렇듯 교우의 본분을 지키면서도 당시 제사를 지내는 것이 미신행위로 알고 있었지만 이를 피하기가 힘들었다고 합니다.

4. 한편, 그로서는 자기 직책을 버릴 수 없던 큰 이유 중의 하나가 가까운 데서부터 먼 친척에 이르기까지 가문의 생계를 꾸려가야만 했기 때문입니다. 따라서 그는 절대적 미신 성격을 띠지 않은 공적 의식만을 참여하려고 노력했습니다. 현감 직무를 통해 모든 이에게 정의를 지켜주고 곤경을 당하는 가난한 자들과 천민들을 보호해 주며, 선정을 베풀어 다른 이들에게 모범을 보여 주려고 노력하였습니다. 그러다가 몇 년 후 마침내 퇴직하여 가정에 돌아와 가사에 종사하며 성체성사 등 신앙생활에 열중하고 선교사들에게 한국말을 가르쳐 주면서 살아갔습니다. 그 뒤 1863년에는 가사가 어려워져 생계를 돌보아야 할 불가피한 일이 생김에 따라 그는 다시 서울로 올라가지 않을 수가 없었습니다.

5. 이때 그는 승지가 되어 왕궁에 머무르면서 대신들의 자녀들에게 한문을 가르치게 되면서 흥선대원군(興宣大院君)과 자주 대면하게 되었습니다. 그러던 중 1866년 러시아의 배 한척이 함경도 국경을 넘나드니 모든 사람이 겁을 먹고 당황하게 되었는데, 흥선대원군(興宣大院君)을 비롯한 모든 대신들은 어떻게 하면 발등에 떨어진 이 위험을 모면할까 하며 고심하지 않을 수 없게 되었습니다. 이들은 이미 북경에 와 있는 프랑스 사람들과 영국 사람들이 소련 사람들을 몰아낼 수 있지 않을까 하고 생각하게 되었습니다. 그런데 문제는 그 외국인들을 어떻게 입국시키느냐 하는 것이었습니다.

6. 이때 천주교인들에게 대단히 협조를 잘 해 주던 흥선대원군(興宣大院君) 부인 민씨가 나서서 한국에 이미 프랑스 선교사들이 와 있는 줄로 안다고 말하면서 천주교 신자인 승지 남종삼을 불러 의논하면 **성 장 시메온(베르뇌) 주교**를 통해 북경에 있는 프랑스 사

람들에게 의뢰할 수 있을 것이라고 암시를 주었습니다. 이리하여 흥선대원군(興宣大院君)은 승지 남종삼을 불러 천주교에 대한 이야기를 나눈 후 베르뇌 주교를 대궐로 모셔다가 그분에게 이일을 맡기자고 하였습니다. 이런 사실에 미루어 볼 때 일단 조선 교우들에게 잠시나마 종교의 자유가 보장되었다고 생각할 수도 있습니다. 그런데 남종삼 요한은 베르뇌 주교를 찾아 나섰을 때는 이미 그가 서울을 떠난 직후였습니다.

7. 그로부터 며칠이 지나 그가 평양에서 다시 서울로 돌아왔을 때에는 이미 러시아 사람들이 물러간 때라서 침략 위험이 저절로 사려져 버린 훨씬 후였습니다. 그런데 조정 관리들은 이 기회를 놓치지 않았습니다. 즉 이들은 흥선대원군(興宣大院君)이 득세파에게 행동자유를 주어 천주교의 힘이 대궐 안에까지 뻗치게 했던 것에 불만을 품고 있었기 때문입니다. 즉시 흥선대원군(興宣大院君)이 했던 일을 취소시키는 한편 소련의 침략으로 잠시 겁을 먹고 늦추었던 천주교 박해를 다시 내리도록 임금에게 탄원했습니다. 이로 인해 1866년 3월 1일 남종삼 요한이 체포되었는데, 그 이유는 천주학을 따른다는 것 이외에 그와 **하느님의 종 홍봉주(洪鳳周) 토마스, 하느님의 종 이유일(李惟一) 안토니오**등과 논의하여 영불(英佛) 동맹을 맺어 러시아의 남하를 견제하자는 소위 방아책(防俄策)을 흥선대원군(興宣大院君)에게 제출한 청원서 때문이었습니다.

8. 그 청원서에는 당시 러시아의 침입을 막기 위하여 베르뇌 주교의 힘이 작용했다는 것이 기록되어 있었습니다. 그는 고향 묘재에 과세 차 내려갔다가 자신이 곧 체포될 것이라는 사실을 깨닫고 제천의 배론 학당을 찾아가 고해와 영성체로서 순교를 준비하였습니다. 한편 상경 중 베르뇌 주교의 체포소식을 듣고 고양으로 피신하였습니다. 그러나 베르뇌 주교의 하인이었던 이선이(李先伊)의 밀고로 고양군 축베더리에서 서울 포졸들에게 잡혔습니다. 가마를 타고 서울 좌포도청에 압송된 후 얼마 동안 그 곳 감옥에 갇혔다가 의금부로 옮겨지니 거기서 베르뇌 주교와 다른 신부들을 만나게 되었습니다. 그는 문초 중 다른 교우들을 대라는 말에 "그런 말은 두 번 다시 거듭하지 말라"고 딱 잘라 대답할 뿐이었습니다. 또한 앞무릎에 30대의 곤장을 맞았으나 말없이 용감하게 참아 받았습니다.

9. 1866년 3월 4일과 5일 이틀에 걸쳐 심한 고문과 곤장을 여러 번 당했습니다. 그리고 그 다음 날인 6일에는 천주교를 신봉한다는 죄목으로 사형선고가 내려졌습니다. 그에 대한 사형선고문의 몇 구절을 소개하면 다음과 같습니다. <서양학문이라고도 하는 이것은 사악한 잡교로서 아버지 어머니 몰라보고 임금도 몰라보는 종교로다. 또한 이는 나라의 벼슬까지 누리는 자로서 전심으로 이 교를 숭상하고 다른 이들에게 퍼뜨려 오래 전부터 크게 해를 끼쳐 왔도다. 정도에 위반되는 사교를 오히려 정도라고 고집하였으니 참수해

야 마땅하다.> 드디어 1866년 3월 7일 그는 서소문 밖 형장에 끌려가 홍봉주 토마스와 함께 참수형을 당해 순교했습니다. 용감하게 참수 치명하니 그의 나이 51세였습니다. 그는 예수 마리아를 계속 부르다가 병졸이 내리치는 첫 번째 칼에 목을 떨어뜨리고 세상을 떠났습니다. 그의 시신은 3일 후 정중히 안장되었습니다. 성인의 유해는 절두산 순교기념관에 안치되어 있습니다.

(1816-1866, 1866.3.7.순교, 축일: 9.20, 승지, 병인박해참수, 한국)

## 124. 성 전장운(全長雲) 요한은 어떤 분이신가요?
(순례길 143, 148, 149, 155-156)

1. **성 전장운(全長雲) 요한**은 1810년에 서울의 애오개 교우 집에서 출생하여 남문 밖 이묵에서 살았습니다. 병인박해 때 순교한 근 만 명에 가까운 순교자들 가운데 시복될 분에 대하여 가장 많은 증언을 남긴 박
순집 베드로에 의하면 그는 일명 승연이라고도 불리었습니다. 그가 태어난 지 얼마 안 되어 어머니가 과부가 되었는데, 아주 열심하고 용감한 어머니였다고 합니다. 홀어머니를 모신 그는 불가피하게 농사를 지으며 가죽부대를 만들어 팔아 집안 생계를 도왔습니다. 그는 1839년 기해년 대 박해 때 체포되어 약 한 달 동안 갇혀 있었습니다.

2. 그러나 혹형과 고문을 못 이겨냈고 또한 당시만 해도 아직 신앙이 굳지 못해 감언이설로 배교하여 풀려 나왔습니다. 그리고 실망한 끝에 교회를 떠나 한때 냉담한 적도 있었습니다. 그러나 열심한 어머니의 권면으로 배교한 것을 뉘우쳤으나, 기해박해 이후 조선에 성직자가 없었으므로 고해할 데가 없었습니다. 그는 깊은 실망에 빠졌습니다. 그러나 본분을 충실히 지켜 **성 김대건(안드레아) 신부**가 입국하자 1845년에 고해를 하고 회개하였습니다. 한동안 천주님을 덜 사랑하고 배반하기까지 했던 만큼 그분을 더욱 더 사랑하기를 원했습니다. 그의 열심한 보속과 신앙심은 다른 교우들을 크게 감화시켰습니다.

3. 그는 결혼하여 세 아들을 두었는데 어떻게나 모범적인 생활을 했던지 교구는 그에게 대세 주는 권한을 주었으며, 1866년에는 교구의 인쇄소 일을 맡기기까지 하였습니다. 그가 직책을 맡자마자 이전 인쇄소 담당 주임 임치화(요셉)은 박해가 무서워 숨어 있으려고 떠났습니다. 그는 위험을 잘 알면서도 집에 혼자 남아 있었습니다. 어떤 교우가 그에게 몸을 피하라고 권하였지만 그는 이렇게 대답하였습니다. "천주께서 나를 죽음으로 부르시면 내가 어디 가 있든지 붙잡힐 것입니다. 더구나 이 사실은 천주교에 매우 중요한 것

입니다. 그래서 나는 이 때문에 고난을 당한다 해도 도망가지 않겠습니다." 마침내 그에게도 올 것이 오고야 말았습니다. 상부의 명령으로 포졸들이 1866년 3월 1일 작은 인쇄소에 들이닥친 것입니다.

4. 그들을 보자 그는 힘차게 말하였습니다. "당신들이 올 줄 알았소. 갑시다." "네가 이 집 주인이냐"하고 묻자 그는 "나는 주인이 아니오"하고 대답하였고, "그렇다면 천주교를 믿느냐"하자 "물론이오. 천주교를 믿소"하고 대답했습니다. 이 말을 들은 포졸들은 그를 포도청으로 데리고 갔습니다. 거기서 다시 인쇄소 주인이냐는 질문을 받고, 그는 이렇게 대답하였습니다. "가난해서 목판을 사지는 못했습니다. 그러나 주교님과 타협해서 내 품삯으로 값을 치른다는 조건으로 목판을 인수했습니다." "그렇다면 주인이 어디로 갔는지 말해라"하고 다그치자 그는 매우 적절하게 이렇게 대답하였습니다. "목숨을 건지려고 피해 가는 사람이 어디로 간다고 다른 사람에게 말하고 갑니까?"

5. 그 뒤 다시 심문을 받았는데 "너는 서양교를 오래 전부터 믿었고 많은 제자를 가르쳤으니 모두 대라"는 말에 그는 이렇게 대답하였습니다. "나으리는 그렇게 말씀하시지만 천주교 법에 따라 그 사람들을 댈 수가 없습니다. 그 사람들의 이름을 대면 그 사람도 나와 같이 고문을 당할 것입니다. 만 번 죽는 한이 있더라도 그들을 밀고하지 않겠습니다." 고문을 당하면서 같이 갇혀 있던 동료인 **성 최형(崔炯) 베드로**와 같이 무서운 형벌을 받았는데 끊임없이 예수 마리아의 이름을 부르며 간구했습니다. 재판관들은 마음 약한 말 한마디나 밀고하는 말 한마디도 얻어내지 못했습니다. 사흘 동안의 심문과 고문이 있은 후 1866년 3월 9일에 사형선고를 받고 선고문에 서명했습니다.

6. 바로 그 날 그는 최형 베드로와 함께 57세의 나이로 서소문 밖 형장에서 참수되었습니다. 그리고 성철이라는 희광이는 공교롭게도 전에 교우였고 또 전부터 잘 아는 사이였기 때문에 "내 어찌 차마 자네 목을 벨 수 있겠소"하며 거절하려 하자, "당신은 임금에게 복종하고 나는 천주님께 복종하는 것뿐인데 무엇을 꺼리는 거요"하고 말하였습니다. 그리고 그의 칼 밑에 목을 드리웠습니다. 그의 시신은 얼마 동안 이리 저리 들판에 굴러다니는 것을 후에 교우들이 '청파데다리'에서 발견하여 노고산에 안장하였습니다. 현재 그의 유해는 절두산 순교기념관에 안치되어 있습니다.

(1810-1866, 1866.3.9.순교, 축일: 9.20, 상인, 병인박해참수, 한국)

### 125. 성 최형(崔炯) 베드로는 어떤 분이신가요?
(순례길 148-149, 152, 154-156, 192)

1. **성 최형(崔炯) 베드로**는 충청도 홍주의 훌륭한 가정에서 출생하였고, 그의 아버지는 20세에 천주교에 입교한 후에 매우 열심히 신앙생활을 하였습니다. 그는 14세 때 부모의 권면으로 입교하였는데, 가족이   모두 독실한 천주교 신자였습니다. 1836년 마카오 유학길에 오른 3명의 신학생중 병사한 최방제(崔方濟, 프란치스코, 수학 중병사)는 그의 동생이었습니다. 큰 누이는 평생 동정녀로 살았으며 형 최수(崔燧)는 병인박해 때 절두산에서 참수되었습니다. 그는 일명 치장이라고도 불렸습니다. 이러한 독실한 가정에서 성장한 그는 어렸을 때 한문을 배웠으나, 부모가 가난했기 때문에 손일을 해서 집안을 도와야만 했습니다.

2. **성 나 베드로(모방) 신부**는 그가 조선에 들어왔을 때인 1836년 당시 스물세 살인 그를 만났습니다. 그의 깊은 신앙심과 재능을 인정하고, 심부름꾼으로 써서 자신이 순교하는 1839년 9월까지 계속 곁에 두었습니다. 1840년에 그와 그의 아버지는 천주교인이라고 해서 붙잡혔습니다. 그러나 그때는 박해의 흥분이 가라앉은 때였으므로 그들은 몸값을 치르고 배교하지 않은 채 석방되었습니다. 그 뒤 마카오에서 돌아온 김대건 부제와 함께 페레올 주교와 **성 안 안토니오(다블뤼) 신부**를 조선에 모셔 들이기 위해 중국으로 가야 하는 배를 준비하는 일을 도왔습니다.

3. 그는 그 배에 함께 승선하여 1845년 8월 17일 상해에서 거행된 한국의 첫 번째 신부인 **성 김대건(金大建) 안드레아 사제** 서품식에도 참여했습니다. 그 후 돌아올 때 그가 탄 배는 심한 풍랑을 만나 돛대가 모두 부러지고 날아가 버려 마치 성난 파도 위의 호도껍질과 같았습니다. 임시변통으로 모은 승무원인 6, 7명의 교우는 낙망하여 울며 부르짖었습니다. 그동안 주교는 조용히 기도를 드리고 있다가 갑자기 큰 소리로 말했습니다. "왜들 그렇게 소리치오, 성모 마리아께서 여기 계시오. 내일 열시에는 그대들이 조선 땅을 눈으로 보게 될 거요." 이 말에 교우들은 용기를 얻었고, 특히 그는 아주 기쁜 얼굴을 하였습니다.

4. 과연 이튿날 열 시에 제주도 한라산이 보였고 10월 21일 저녁에는 42일간의 항해 끝에 여행을 마쳤습니다. 그는 김대건 안드레아 신부가 1846년 9월에 순교할 때까지 그의 시중을 들었습니다. 그때 나이가 33세였는데 아직 결혼하지 않았습니다. 그는 독신으로 남아 있고 싶었으나, 혼자 살기가 어려워 가정을 꾸리기로 결정하였습니다. 그는 서울 남

대문 밖에 자리 잡고 조그마한 가게를 경영하면서, 천주교 서적을 베끼고 묵주를 만들며 외교인들과 예비 교우들을 철저하게 맞아들였습니다. 그는 정식으로 회장은 아니었는데 **성 장 시메온(베르뇌) 주교**에게서 세례를 줄 수 있는 허가를 받았습니다. 이것만 보아도 그가 얼마나 주교의 신임을 받고 있었는지를 알 수 있습니다.

5. 여러 가지 사건들로 미루어 왔지만 자기 양들에게 견실한 지식을 확보해 주기를 바라는 목자의 머릿속에서 떠나지 않고 있던 한 계획을, 베르뇌 주교가 1862년 그에게 밝혔습니다. 그것은 천주교 인쇄소를 세우는 일이었습니다. 이 계획은 끊임없이 박해가 일어나고 있는 이 나라에서는 어려운 일이었습니다. 그것을 위해서는 헌신과 숙련이 모두 필요했습니다. 베르뇌 주교는 그로 인해서 천주님께 영광이 돌아가고 영혼들에게 이익이 될 것이라는 점을 그에게 강조했고, 이에 그는 장애와 위험에도 불구하고 이에 동의했습니다. 그는 인쇄소를 세워 4년 동안에 수천 권의 책과 소책자를 그의 손으로 냈습니다.

6. 베르뇌 주교의 재판 때 재판관은 포졸들이 압수한 책이 많은 것에 놀라 주교를 넘겨주었던 배교자 이선이(李先伊)에게 그 책들이 어디에서 온 것이냐고 물었습니다. 이선이는 최형 베드로와 그의 동료 임치화 요셉의 이름을 댔습니다. 그는 포도청의 수색을 예측하여서 딸과 사위를 안전하게 피신시키고 나서, 아내에게 어떤 교우의 주막을 일러주었습니다. 포졸들은 집에서 그를 찾아내지 못한 데 실망해서 그의 아내를 고문해서 남편이 있는 곳을 알아내려고 해보았으나, 아내는 그것을 일러바치지 않았습니다. 그리고 밤에 군사들이 감시하고 있었는데도 탈출하는데 성공했습니다.

7. 그러나 집에 열네 살 먹은 어린 심부름꾼을 남겨 두었는데, 이 소녀가 이튿날 아침 매와 무서운 엄포에 못 이겨 그가 숨어 있는 곳을 일러 주었습니다. 1866년 2월 27일 날이 새기 전에 그는 포졸들의 손에 붙잡혔습니다. 포졸들은 그를 마구 차고 때리며 갓과 옷을 갈기갈기 찢고서는 이런 몰골을 한 그를 좌포도청으로 끌고 갔습니다. 그는 거기서 관례에 따라 성명과 활동에 대한 심문을 받았습니다. "몇 해 전부터 천주학을 하였느냐? 누가 시켜서 그 책들을 찍었느냐? 네가 자발적으로 했느냐?" 그는 심문에 이렇게 대답했습니다. "죄인은 어려서부터 천주교를 믿었습니다. 책은 주교님과 합의해서 찍었습니다."

8. "생계를 위해서 그렇게 했느냐? 또 다른 목적으로 그랬느냐?" "물론 밥벌이를 하려고 그렇게 했습니다마는 그 성서들은 외교인들의 회개를 뜻에 두었습니다." "흉악한 놈! 너는 죽어 마땅한 죄를 지었다." "천주 앞에서는 저는 죄를 짓지 않았습니다. 그러나 법이 금하는 일을 했으니 법대로 판결해 주십시오." 그는 그가 갇혀 있던 여러 곳의 옥에서 아주 무서운 고문을 훌륭한 용기로 참아 받았습니다. 처음에는 다리뼈에 매를 맞고 머리채로

매달려 세모난 몽둥이로 무섭게 맞았고, 그 다음에는 정강이에 몽둥이질 서른 번을 당했고 '대장'이라는 형벌에서 또 서른 대를 맞았는데, 이 형벌은 다리와 어깨와 발가락을 동시에 치는 것이어서 발가락이 문자 그대로 으스러졌습니다.

9. 그가 범했다고 고발된 두 가지 죄는 천주교를 믿었다는 것과 사악한 책을 찍어냈다는 것이었습니다. 교우들을 밀고하고 협력자들의 이름을 대라는 독촉을 받고는 힘 있게 거절하고 자기 혼자만 책임이 있다고 주장했습니다. 이름 하나만을 댔는데 그것은 이미 붙잡혀서 그와 같이 출두한 **성 전장운(全長雲) 요한**의 이름이었습니다. 1866년 3월 9일 형조에서는 법의 시행, 즉 두 죄인에 대한 사형을 요구하는 청원을 임금에게 올렸습니다. <이 자들은 사교에 깊이 빠졌으며 사악한 책들을 찍어 내서 전파하며 나라의 안정을 염두해 두지 않고 혼란을 일으켰나이다. 그들의 마음이 사교에 미혹되었고 온몸이 거기에 빠졌사오며 그들의 마음은 쇠와 돌과 같이 단단하여 비록 가혹한 고문을 받아도 그것을 버리지 않겠다고 맹세하였나이다. 그 자들은 사실을 고백하고 선고문에 서명하였나이다. 법에 의하면 선고는 그자들이 지체 없이 참수되어야 한다는 것입니다.> 「일성록」에는 이 청원서에 뒤이어 청원대로 '윤허하노라' 하는 왕록이 기록되어 있습니다.

10. 바로 그날 3월 9일 서소문 밖 형장에서 54세의 나이로 그는 동료인 전장운 요한과 함께 참수 되었습니다. 그의 시신은 형장 근처 벌판에 오랫동안 버려져 있었는데 후에 교우들이 **성 남종삼(南鍾三) 요한**의 시신과 함께 교우들이 거두어 안장하였다고 합니다. 그 때 어깨와 다리에 깊은 상처가 여럿 있고 많은 뼈가 부러져 있는 것을 확인했습니다. 그들은, "모든 신앙 증거자 중에서 최형 베드로가 가장 혹독한 고문을 당한 사람"이라고 말했습니다. 그의 유해는 절두산 순교기념관에 안치되어 있습니다.

(1813-1866, 1866.3.9.순교, 축일: 9.20, 회장, 병인박해참수, 한국)

## 126. 성 정의배(丁義培) 마르코는 어떤 분이신가요?
(순례길 143, 149, 152, 155)

1. **성 정의배(丁義培) 마르코**는 서울 창동에서 태어났는데, 과거급제를 위해 유학을 공부했으며, 외교인 집안이기 때문에 온 가족들은 천주교를 늘 경멸하며 살고 있었습니다. 과거공부를 끝마친 정의배는 서울 글  방에서 아이들에게 한문을 가르치며 살다가 결혼한 지 얼마 안 되어 아내가 죽게 되자 몇 년 동안을 자식도 없이 홀아비 생활을 하였습니다. 그 뒤 1839년 우연한 기회에 **성**

**범 라우렌시오(앵베르) 주교**와 **성 나 베드로(모방) 신부, 성 정 야고보(샤스탕) 신부**의 순교를 목격하게 되었습니다. 당시 46세였던 그는 천주교는 위험한 도당이며 조상들에게 제사 지내는 것을 금하기 때문에 그들이 단죄되어 마땅하다고 생각하였습니다.

2. 그렇지만 선교사들과 갖가지 계급의 천주교인들이 아주 희한하게도 기쁨을 안고 죽음으로 나가는 것을 보고 충격을 받았습니다. 이처럼 놀라운 종교에 대해 연구해 보고 싶은 호기심을 가지고 천주교 교리의 신통한 효험을 알아보고자 책 몇 권을 장만하였습니다. 본디 마음이 착한 그는 천주교 교리의 참됨을 깨닫게 되었고, 아현리에 살던 황생원에게서 교리를 배웠습니다. 그 후 그는 이를 즐거워하며 말하기를, "내가 전에는 천주교를 믿는 사람들이 착하지 못한 줄로 알았으나, 이제 참됨을 알게 되니 사람은 반드시 천주교를 믿어야만 착하게 된다."고 하였습니다. 이리하여 그는 바로 입교를 하였고, 더 나아가 페레올 주교가 조선에 입국하였을 때 그가 너무도 열렬한 신앙과 갈고 닦은 덕행을 지니고 있음을 보고 주교는 그를 서울 회장으로 임명하였습니다. 그는 죽을 때까지 이 직책을 맡아 모든 이에게 유익을 주기 위해 열심히 이를 수행하였습니다.

3. **성 장 시메온(베르뇌) 주교**는 그에 대하여 일종의 외경심을 가지고 있어서, 여러 차례 선교사들에게 이렇게 말하였습니다. "저 노인을 보시오. 저분의 말들은 완전하고 저분의 길은 바릅니다. 나는 천국에서 저분의 자리만큼 훌륭한 자리를 가지게 되었으면 좋겠습니다." 그의 열성은 참으로 놀라웠는데, 끊임없이 신자와 예비 신자들을 가르치고 병자들을 찾아가 위로하고 그들에게 성사 받을 준비를 시키는 일을 했습니다. 그의 행동에는 항상 변함이 없었고 입술에는 늘 미소를 띠고 있었습니다. 또한 주야를 막론하고 그를 부르는 사람들을 도와 줄 태세를 갖추고 있었으며, 항상 온화하여 그가 성내는 것을 본 사람이 없었습니다.

4. 그는 먹을 것이 없어 고생하면서도 1854년 성영회(聖嬰會)[103]가 설립되었을 때 이 단체를 맡아 버려진 고아를 데려다가 도와주는 일을 했습니다. 그는 매우 가난했지만 신자들로부터 아무 것도 받으려 하지 않았기 때문에 그의 식탁은 아주 보잘 것이 없었습니다. 두 번째 맞은 부인 피 가타리나(1898년 3월 12일 순교)는 삯바느질, 품팔이로 살림을 꾸려갔을 뿐이고 다른 수입은 없었습니다. 이들은 슬하에 자녀가 없어 처조카인 피영록 바오로를 양자로 삼았습니다. 이때 그의 집에는 **성 백 유스토(브르트니에르) 신부**가 손

---

[103] 1843년 프랑스 파리에서 올봉 장송(Holbon Janson)이 창설한 고아 구호 단체. 위험에 처한 아이에게 대세(代洗)를 주고, 버려진 아이들을 거두어 양육함을 목적으로 한다. 한국에서의 성영회가 소개된 것은 1852년 말 한국에 도착한 메스트르(Maistre, 李) 신부에 의해서였다.

님으로 잠시 와 있었는데 피영록 바오로는 브르트니에르 신부에게 한국말을 처음으로 가르쳐 주기도 했습니다.

5. 정의배 마르코 회장은 변함없이 늘 침착하고 신덕이 깊었을 뿐 아니라, 믿음도 대단히 굳세어 모든 신자들이 그를 아버지처럼 사랑하고 성인처럼 공경하였습니다. 그는 자주 "순교한다는 것은 참으로 좋은 일이로다. 반면 자기 집에서 앉아 안일하게 죽는 것은 진정 두려울 수밖에 없도다."하고 말하곤 하였습니다. 미사참례 때 그의 열심은 "누구든지 미사참례는 정의배 마르코처럼 해야 할 것입니다."라고 브르트니에르 신부가 말할 정도로 대단하였습니다. 박해가 시작되자 남대문 자암에 살던 그는 조카 피영록 바오로를 우선 피신시킨 다음 자기 직분에 충실하며 자리를 뜨지 않았습니다.

6. 그는 어려울 때일수록 자기가 남아 있는 그 자체가 교우들에게 절대적으로 유익하다는 것을 잘 알고 있었기 때문입니다. 1866년 2월 25일 한때 베르뇌 주교를 시중들던 이선이(李先伊) 바오로가 고발하여 체포되니 이때 그는 웃으면서 "그대들이 올 줄 알고 있었소. 자, 갑시다."하면서 포졸들을 따라 나섰습니다. 포도대장에게 갈 때에 그의 어깨엔 오라가 걸렸으나 다만 형식적으로 했을 뿐 그는 결박되지 않았습니다. 군졸 두 명이 그의 옷소매를 잡고 있는 것을 포졸 우두머리가 보고서는 "이 점잖은 노인을 혼자 걷게 내버려 두어라. 이 분이 도망칠 염려는 조금도 없으니 그저 호위만 하고 너무 빨리 걷지도 말라."고 말하였습니다.

7. 포도청에 와서도 아무도 그를 마구 천대하지 못했습니다. 왜냐하면 그는 나이가 73세나 된 노인인데다가 그의 인품도 포도대장까지도 존경하지 않을 수 없을 정도로 고매하고 위풍당당하게 보였기 때문이었습니다. 그는 처음에는 구류간에 갇혔다가 의금부로 옮겨져 선교사 **성 안 안토니오(다블뤼) 주교, 성 민 루카(위앵) 신부, 성 오 베드로(오매트르) 신부와 동료 교우 성 우세영(禹世英) 알렉시오**와 4일 동안에 걸쳐 신문과 형벌을 받았습니다. 특히 그가 천주교인들의 우두머리 중 한 사람이라는 사실이 알려졌으므로, 여러 차례 걸쳐 특별한 고문을 가하여 그로 하여금 교우들을 밀고하도록 강요하였습니다. 그가 이미 죽은 사람이나 가공인물 또는 외교인들의 이름만 대자 이것을 안 관원은 더욱 심한 곤장을 치게 하였습니다. 그는 끝내 한 사람의 교우 이름도 대주지 않고 버텼습니다. 그리고 관장에게 "나으리 눈에는 천주교를 믿는 것이 죽어 마땅한 죄로 보이는데 정말 딱한 일이오. 배교할 수 없으니 죽여주시오."하며 반복하기만 하였습니다.

8. 이윽고 1866년 3월 6일 군문효수라는 사형선고가 내려졌고, 다음 날 즉시 임금의 윤허가 내려졌습니다. 3월 11일 새남터 형장으로 가는 길에 그는 눈을 밑으로 내리감고 열심

히 기도하는 모습으로 발걸음을 내디뎠습니다. 그는 네 번째 칼에서야 비로소 목이 떨어져 순교하니 그의 나이 73세였습니다. 동료 순교자 우세영 알렉시오와 함께 순교하였습니다. 본시 머리털이 없는 대머리였던 관계로 그의 수염을 대신 이용해 그의 목을 3일 동안 매달았습니다. 그 뒤 그의 아내 피 가타리나가 돈을 주고 그의 귀중한 시신을 모셔와 정중히 매장하였습니다. 그의 유해는 절두산 순교기념관에 안치되어 있습니다.
(1794-1866, 1866.3.11.순교, 축일: 9.20, 회장, 병인박해군문효수, 한국)

## 127. 성 우세영(禹世英) 알렉시오는 어떤 분이신가요?
(순례길 149, 154-155, 192)

1. **성 우세영(禹世英) 알렉시오**는 일명 세필이라고도 불렸던 황해도 서흥 향교 마을에서 부유하고 유명한 선비의 셋째 아들로 태어났습니다. 이 선비는 자기 아들의 뛰어난 재질에 몹시 충격을 받아 그의 교육을  특별히 돌보았습니다. 그가 18세가 되었을 때 빛나는 성적으로 진사시험에 급제하게 되었는데, 바로 이때 우연히 전교회장 김요한을 만나 처음으로 천주교 이야기를 듣고 감복하여 이를 믿게 되었습니다. 이리하여 그는 다시 **성 정의배(丁義培) 마르코**로부터 교리를 배우고 곧 아버지에게 세례를 받으러 서울로 떠나겠다고 말씀을 드렸습니다. 그는 눈물과 꾸지람과 모진 대우를 무릅쓰고 아버지의 집에서 빠져나와 몇몇 다른 예비 신자들과 함께 **성 장 시메온(베르뇌) 주교**에게 세례성사를 받았습니다.

2. 베르뇌 주교는 그의 정신적인 통찰력과 보통 사람들에게서는 찾아보기 힘든 그의 자질을 인정하였습니다. 하지만 그의 신앙이 가족으로부터 얼마나 무서운 유혹에 직면하게 될 것인지를 예견하고 우선 그를 시험하고자 하였습니다. 베르뇌 주교는 그의 동행인들에게는 모두 세례를 주어 고향으로 돌려보냈으나, 그에게는 새로운 사태가 발생할 때까지 세례 주기를 거절하였습니다. 그는 슬퍼서 눈물을 펑펑 쏟으며 주교에게 세례를 줄 것을 간청하고 자기 가족이 무슨 일을 하든지 천주의 도우심으로 신앙을 굳게 지켜 나가겠노라고 약속하였습니다.

3. 주교는 정의배 마르코 회장에게 그를 집으로 데리고 가서 주의 깊게 그를 가르치고 관찰하라고 이르고 1주일 후에 정의배 마르코의 유리한 증언을 듣고 나서야 그에게 알렉시오라는 세례명으로 세례를 주었습니다. 때는 1863년이었고 주교는 신입교우들에게 "그대가 천주의 아들이 되었다는 것을 기억하고 마귀를 섬기지 않도록 조심하며 부모님을 그

대의 행복에 참여시키도록 힘쓰시오"하고 말하였습니다. 그는 아버지와 형제들에게 매우 차가운 대접을 받았습니다. 매일 욕을 먹어야 했고 자주 매를 맞아야 했습니다. 그 수개월 동안을 참고 지내다가 자기 자신의 나약함에 겁이 나서 하루는 아버지에게 말하였습니다.

4. 저는 천주교를 배반할 수 없습니다. 그래서 아버지의 생활을 줄곧 슬프게만 해드립니다. 그러니 떠나게 허락하여 주십시오." 그러자 아버지는 "거 잘되었다. 빠르면 빠를수록 더 좋겠다."며 선뜻 허락하였습니다. 그는 서울로 올라와 정의배 마르코 회장 집에 유숙하기를 청하였습니다. 그는 정의배 마르코 회장 집에서만 1년을 오로지 묵상 속에서 지내고 생활비를 벌기 위하여 책을 베끼고 자기 가족을 위하여 천주님께 기도하기를 그치지 않았습니다. 마침내 그의 기도는 효력을 발하기 시작하였습니다. 그의 아버지는 기분이 훨씬 나아진 것 같았고, 그의 소식을 여러 차례 물었으며 그를 다시 보자고 한다는 말을 황해도의 신자 두 명에게서 들었습니다.

5. 그는 서둘러 아버지에게로 돌아갔습니다. 그가 도착한 지 며칠 후 아버지는 그를 따로 불러 가지고 말하였습니다. "너도 알다시피 임금님과 나라의 고관들이 천주교를 박해하고 그 사람들을 죽여 마땅하다고 생각하고 있으며, 이 교를 믿는 사람은 종교 의무를 지키지 않고 특히 조상들에게 제사를 지내지 않아서 자신의 명예를 떨어뜨린다고 하지 않느냐. 그렇지만 네 머리가 꽤 영리해서 심한 오류에 빠지지는 않을 것이고 또 마음이 착해서 네 늙은 아비와 온 가족을 일부러 슬프게 하지는 않을 것으로 생각한다. 이 천주교의 비밀을 가르쳐다오. 아무 것도 숨기지 말고." 이 말에 그는 매우 기뻐서 당장 천주교의 중요한 진리를 설명하기 시작하였고, 천주님의 은총의 도움으로 몇 주일 후에는 그의 아버지와 온가족이, 그리고 몇몇 친척들까지 모두 20명이나 함께 세례를 받았습니다.

6. 이리하여 이제까지 천주교가 그리 전파되어 있지 않던 황해도 지방에도 그의 활동으로 복음의 씨가 뿌려지게 되었는데, 그의 집안은 서흥 지방에서 이름난 양반이었으므로 입교한 후 그 지방에서 그대로 살 수 없게 되었습니다. 그리하여 그의 집 식구는 모든 관계를 끊어 버리고 그들의 종교를 자유로이 신봉하기 위하여 평안도 노재 고을로 이사하였습니다. 그러던 중 그의 아버지는 몇 달 후 세상을 떠났습니다. 박해가 시작되었을 때 그는 다른 신자 16명과 함께 붙잡혀 평양 중군영에 갇히게 되었습니다. 박해가 이미 전해의 겨울부터 시작되었던 것입니다.

7. 이것은 때마침 1865년 11월에 러시아인이 경흥지방으로 침범하여 통상을 강요하는 사건이 발생한 때였습니다. 조정에서는 국경지방의 병사에게 외국인과 통상하는 백성을 잡

아들여 처벌하게 하였던 것입니다. 이러한 정부의 명령에 따라 우선 평안도의 교우들이 먼저 잡히게 된 것입니다. 이리하여 평안도 병사는 조정의 명에 따라 그를 혹독하게 다스리게 되었습니다. 특히 젊은 그는 첫 번째 고문으로 말미암아 몸의 살이 다 헤지고 뼈가 드러나게 되었고, 두 번째 심문을 당할 때에 심약하여 배교한다는 말을 하였습니다. 그는 이내 풀려나게 되었지만, 관정에서 나오자마자 그는 울기 시작하였고 자기의 잘못을 통회하였습니다.

8. 그 후 사람들에게서 베르뇌 주교와 **성 백 유스토(브르트니에르) 신부**가 잡혔다는 말을 듣고는 "나는 파멸이야. 이제는 누구한테 내 죄를 고백하고 어디 가서 용서를 받나"하고 부르짖었습니다. 그런 다음 잠시도 지체하지 않고 진정으로 뉘우친 후 상처를 싸매달라고 하고서는 말 한필을 장만하여 서울로 떠났습니다. 그를 만류하는 사람들에게 그는 이렇게 말하였습니다. "말리지 마시오, 아마 너무 늦었을지도 모르겠소, 나는 내 죄를 고백하고 싶소. 그리고 신자들은 나를 아는 서울의 모든 이에게 내 치욕과 내 뉘우침의 증인이 되어 주기를 원하오." 서울에 도착하자마자 그는 정의배 마르코 회장의 집으로 달려가 집안에 포졸이 가득 차 있는 것을 보고 자기가 천주교인이라고 명백하게 선언하였습니다.

9. 1866년 2월 26일 스승인 정의배 마르코 회장이 잡힌 바로 그 이튿날 즉시 체포되어 구류간으로 끌려갔는데, 거기서 베르뇌 주교를 만나는 행운을 얻었습니다. 자기 죄의 사함을 받은 것과 그를 예수 그리스도께 나가게 해주었던 그 공경하올 주교의 권면으로 강해져서 그는 더욱 형벌에 흔들리지 않고 꾸준히 참아 받았습니다. 그의 내력을 알고 있는 관장은 그를 이기려고 여러 차례 시도하였습니다. "네가 그렇게 젊으니, 목숨이 아깝지 않느냐?" "아깝습니다."하고 그는 대답하였습니다. "그러면 목숨을 건져라"하고 관장이 말하자 그는 "저는 더 이상 바라는 것이 없습니다."하고 말했습니다. 이리하여 형벌은 그 전보다 더욱 혹독하였습니다. 그리고 마침내 군문효수의 사형언도가 내려져 1866년 3월 11일 새남터 형장으로 끌려가는 데 다시금 투쟁을 겪어야 했습니다.

10. 포졸들이 그에게, "관장의 명령이니 배교하라"고 말하였습니다. 그러자 그는 "내가 무슨 일을 당하게 될지 알고 왔으니 당신들이 무슨 말을 해도 나는 아무 말도 않겠습니다." 관리들은 계속해서 설득하려고 했습니다. "배교한다고 맹세 한마디만 하면 너는 풀려나서 살게 된다." 그는 대답했습니다. "나는 그런 맹세는 할 줄 모르니, 맹세하지 않겠습니다." 그들은 다시 말했습니다. "그럼 너는 죽을 것이다." "나는 죽으려고 왔습니다." 그러자 재판관이 끼어들었습니다. "한마디만 해라" 재판관은 젊은 그를 살리고 싶어서 "한마디만

해라"하는 말을 여러 번 되풀이하였습니다. "나는 지난번에 배교한 것이 몹시 가슴 아픕니다. 그러니 스승이신 주교님과 함께 죽기를 원합니다."하고 대답했습니다. 그러자 그의 등에 사형판결문이 붙여지고 그는 같은 형을 받게 된 동료 정의배 마르코 회장과 푸르티에 신부, 프티니콜라 신부와 함께 넘겨졌습니다.

11. 그러나 처형장에 와서도 포졸들은 젊은 신앙증거자의 마음을 돌려보려고, "지금이라도 한마디만 해라, 그러면 풀려난다. 한마디만 해라"하고 말했습니다. 그러나 그는 그의 운명에 만족해서 희광이의 칼 아래 머리를 숙이는 편을 택했습니다. 그때 그의 나이 23세였습니다. 6개월 후인 9월 초 박해가 약간 숨이 죽었으므로 서울의 신자들은 새남터의 순교자들에게 좀 더 정중한 장사를 지내기로 하였습니다. 그러나 그들은 그 무서운 해의 재난을 겪은 뒤 한층 더 가난해져서 관을 살 돈을 자기들끼리 모으는데 많은 어려움을 겪었습니다. 교우들은 유일한 장신구인 끼고 있던 가락지를 내놓아 정해진 시간에 40명의 신자가 밤을 틈타서 시신들을 거두어 안장했습니다. 그의 유해는 절두산 순교기념관에 안치되어 있습니다.

(1844-1866, 1866.3.11.순교, 축일: 9.20, 역관, 병인박해군문효수, 한국)

## 128. 성 안 안토니오(다블뤼 안토니오 · 안돈이 · 安敦伊)는 어떤 분이신가요?
(순례길 150, 154-155, 157, 159, 161-162, 164-165, 190-194, 197, 201-202)

1. **성 안 안토니오(다블뤼) 주교**는 1817년 3월 16일 프랑스 아미앙이란 고장에서 가장 신임을 받으며 고을을 위해 큰 역할을 하고 있던 한 가정에서 태어났습니다. 1845년 10월 12일에는 페레올 주교와 **성 김대건(金大建) 안드레아 신부**와 함께 조선에 들어왔는데, 외부의 의심을 살까 두려워 이 세 사람은 바로 다음 날 헤어졌습니다. 그는 한 교우의 안내를 받아 산골에 피신해 있다가 1846년부터 선교활동을 시작하였습니다. 처음 두 달 동안 7백여 명의 교우들을 돌보며 많은 이들에게 성체성사를 주는 등 실로 눈부신 활동을 하였습니다. 얼마 후 페레올 주교를 찾아 방문하여 그곳에서 며칠을 지내고 있는 동안 1846년 병오년 박해가 일어났습니다.

2. 이때 김대건 안드레아 신부가 체포되어 1846년 9월 16일 한강변 새남터에서 순교하게 되자 그는 다시 페레올 주교와 작별하고 다른 곳으로 피신하지 않으면 안 되었습니다. 사정이 급박하여 습기가 심한 불결한 방에 몸을 숨겨야만 했던 그는 심지어 앓기까지 하

였습니다. 그는 상류 가정에서 자랐던 관계로 조선 풍속에 익숙하기가 퍽 어려웠던 것입니다. 그러나 다행히도 이때는 서양 사람들이 입국해 있다는 사실이 드러나지 않았기 때문에 그는 다음 해부터 다시 전교활동을 계속할 수 있었습니다. 그래서 그는 2년 동안 1,700여 명의 영세자를 내면서 외교인에게 천주교가 무엇인지를 소개하여 줄 수 있었습니다.

3. 한편 숨어 지내야 하는 그의 생활이 너무 어려웠던 관계로 그의 건강은 점점 쇠약해지고 위병까지 생겨 심한 고통을 계속 받고 있었습니다. 그 후 1850년에는 병이 더 악화되어 생명까지 위험하게 되었으므로 페레올 주교는 그에게 쉬라는 명령을 내려 그가 완전히 건강을 회복할 때까지 신자 가정방문을 금하였습니다. 쉬는 동안 그는 집에 앉아 신학생 소년들을 모아 라틴어를 가르치고 「한불중사전」을 편찬하였고 또한 「신명초행」, 「영세대의」 등 많은 책을 번역하였습니다. 그리고 이 당시는 아니었지만 훗날 수많은 자료를 수집하는 등 10여 년에 걸친 각고 끝에 「조선순교자 비망기」를 만들어 내는 큰 업적을 이룩했습니다.

4. 1853년 2월 3일에는 페레올 주교가 선종함에 따라 메스트로 신부가 교구장 서리에 임하고, 그는 서울 남쪽 산기슭에서 선교활동을 하고 있었습니다. 그러다가 1856년에 2월 **성 장 시메온(베르뇌) 주교**를 맞게 되니 그의 기쁨은 이를 바 없이 컸었습니다. 베르뇌 주교는 입국하자마자 즉시 그를 자기 부주교로 선정 임명하고, 1857년 3월 25일 밤 서울 장안 어느 교우 집에서 비밀리에서 주교품을 준 다음, 이어 최초의 조선성직자 회의를 주관하게 되었습니다. 이 회의를 통해 성직자들은 조선의 전교문제를 서로 상의하고 그 활동방안을 세밀하게 검토하였습니다.

5. 한편 다블뤼 부주교의 지칠 줄 모르는 활발한 선교는, 곧 조선 천주교 발전을 뜻하기도 하였습니다. 그는 일하기 가장 곤란한 지방들을 자원하여 돌보면서 귀중한 출판 사업에도 착수하여 교회사를 펴냈습니다. 또한 신앙생활과 신심생활의 실천이 얼마나 중요한지를 간파하는 한편 자기가 먼저 솔선수범하여 다른 이들에게 좋은 표양을 보여주었습니다. 얼마 후 1866년 2월 23일 베르뇌 주교가 잡혀 3월 7일 참수 치명하게 되자 이때부터 그는 23일간 비록 짧은 기간이나마 조선 제5대 교구장으로 일을 맡아 보았습니다.

6. 1866년 3월 11일 포졸들이 홍주 거더리마을 이씨 집으로 달려왔을 때 이곳에는 그와 그의 복사인 **성 황석두(黃錫斗) 루카**가 있었습니다. 당시의 한 목격자는 훗날 다블뤼 주교의 자현경위를 다음과 같이 진술했습니다. "이곳에 주교가 있다는 정보를 듣고 달려온 포졸들은 먼저 이 고을 원님을 찾았다. 원님 역시 교우였는지라 서양 사람들이 있다는

밀고를 받고 왔다는 포졸들의 말에 그럴 리가 없다면서 부정하였다. 그러나 포졸들은 원님 말을 신용하지 않고 마을 집들을 수색하기 시작했다. 이때 다블뤼 주교는 복사를 보내 상황을 알아본 후 복사더러 포졸들을 불러오라고 명했다. 포졸들이 이르자 그는 태연하게 들어오라고 말하면서 그들 앞에 선뜻 나섰던 것이다."

7. 마침 그때는 그가 교우들의 명단을 다 없애버린 다음인지라 마을엔 별다른 일이 없었고 단지 본인만이 며칠 동안 포졸들의 감시 속에 감금되었습니다. 1866년 3월 14일 **성 민 루카(위앵) 신부**와 **성 오 베드로(오매트르) 신부**가 잡혀오자 이윽고 포졸들은 이 세 사람을 서울로 압송하였습니다. 처음에는 이들은 결박하거나 나쁜 언동을 가하지 않았습니다. 그러다가 1866년 3월 19일 서울 가까이 와서부터는 죄수복을 입게 하고 붉은 포승으로 어깨를 결박한 다음 목에 쇠사슬을 걸치게 하고 머리에는 삿갓을 씌웠습니다.

8. 일행이 신창에 이르렀을 때, 그는 자기를 밀고하여 붙잡히게 한 사람도 투옥되었다는 사실을 알고는 그 사람을 풀어줄 것을 부탁하였고, 그렇게 해서 후에 그 사람이 자유를 누리게 해주었습니다. 어떠한 질문을 받든지 그는 죽음을 전혀 겁내지 않고 태연하게 대답하면서 기어이 교우 중 단 한 사람의 이름도 말해주지 않았습니다. 마침내 1866년 3월 23일이 되자 흥선대원군(興宣大院君)은 임금에게 다블뤼 주교와 두 선교사 신부들을 사형으로 처벌해야 한다고 상소하였고, 임금은 그 상소를 윤허해 주었습니다. 그러나 사형장은 서울에서 멀리 떨어진 보령 땅의 수영 갈매못으로 결정되었습니다.

9. 사형장이 바뀐 이유는 두 가지였습니다. 첫째, 그때 임금이 아직 어리고 몸이 아파 누워 있었는데 여러 가지로 수소문해본 결과 주교 신부를 서울에서 피를 흘려 죽이면 뒤끝이 좋지 않다고 해서 이를 두려워했기 때문입니다. 둘째 이유는 궁내에서 고종 임금의 가례(결혼)를 치러야 했는데 서울 땅에서 피를 흘리게 되면 후사가 좋지 못할 것으로 생각했기 때문이었습니다. 그리하여 선교사들은 죄수복을 입고 고문으로 인해 상한 다리를 질질 끌면서 말에 실려 사형장으로 이송되었습니다. 그런데 압송되는 도중 1866년 3월 20일 바로 성 목요일 다음 날로 정해져 있는 사형이 연기될 우려가 있음을 알아차린 그는 즉시 포졸들에게 남은 기력을 다하여, "성 금요일인 내일 죽게 해 달라."고 간곡히 부탁하였습니다.

10. 그의 간청이 받아들여져 성 금요일 이들은 행렬을 지어 정해진 사형장으로 향하였습니다. 사형장에 도착하자 규칙에 따라 포졸들은 주교 신부들에게 무릎을 꿇어 포도대장한테 절을 하라고 강요하였습니다. 그러나 그는 이를 거절하고 간단하게 서양식으로 인사만 하였습니다. 마침내 정해진 절차들이 끝나자 곧바로 처형이 시작되었습니다. 그때 형

장이었던 갈매못은 수영에서 약 10리 떨어진 보령지방의 바닷가인데 순교 장면의 목격자인 이 힐라리오는 이렇게 전했습니다 "포졸들이 맨 먼저 주교를 칼로 쳤다. 목이 완전히 베어지지 않고, 반만 잘렸다. 주교는 한번 크게 경련을 일으켰다. 이렇게 망나니가 목을 반만 벤 다음 수사에게 자기의 수고 값으로 400냥을 요구했다. 수사는 주겠다고 승낙했다. 다시 그에게 와서 한번 목을 치니 주교의 목이 몸에서 완전히 떨어졌다"

11. 순교 당시 그의 나이는 49세였습니다. 그는 적응하기 어려웠던 당시의 한국 풍습에 대해서도 잘 극복하였고, 한국말도 잘 했으며, 가장 조선적이었다고 말할 수 있습니다. 그는 낯선 이 땅에 들어와 보좌주교와 교구장으로 합쳐서 20여 년간 이 땅의 양떼를 위해 봉사하다 마침내는 순교의 영광까지 누렸습니다. 그는 군문효수의 극형으로 처형되었으니 3일간 목이 매달려 있다가 그 후 사형장 한구석에 묻혔습니다. 그러다 그로부터 훨씬 훗날에서야 교우들이 홍산 땅으로 옮겨서 정중히 안장하였습니다. 지금 그의 유해는 절두산 순교 기념관에 안치되어 있습니다.

(1817-1866, 1866.3.30.순교, 축일: 9.20, 주교, 병인박해군문효수, 한국)

## 129. 성 민 루카(위앵 마르티노 루카·민·閔)는 어떤 분이신가요?
(순례길 150, 154-155, 157, 162, 165, 192)

1. **성 민 루카(위앵) 신부**는 1836년 10월 20일 랑그르교구의 기용벨에서 태어났으며 한국 성은 민(閔)씨입니다. 그의 부모는 포도밭을 경영하는 매우 화목한 집안으로, 이미 자녀 여덟을 둔 아이부자였고 그는   아홉째로 막내였습니다. 그는 일에 대해서 많은 애정을 가지고 있었으며, 훌륭한 천주교 집안의 유산도 이어 받았습니다. 1861년 사제가 된 그는 1864년 6월 13일 그는 조선으로 떠나게 되었을 때 이렇게 표현했습니다. <'조선 만세! 제가 곧 일생을 바쳐 일하러 갈 곳이 바로 이곳입니다. 그리고 만일 하느님께서 원하시면 제가 복음을 증거하기 위해 피를 흘릴 수 있을 곳도 바로 여기입니다.'>

2. 바로 다음 날 그는 곧바로 그의 기쁨을 부모님과 나누고자 이렇게 적었습니다. <'제가 선교사 대열에 끼이는 것을 거절하지 않으신 하느님께 감사드립니다. 저는 기쁨에 넘쳐 있습니다. 사랑하는 아버지, 그리고 자상하신 어머니, 오늘 저는 두 분을 생각하고 또 두 분께서 오래전부터 희생하셨음을 알고 있기에 제 기쁨을 같이 하시라고 이렇게 서둘러 이 훌륭한 소식을 전해 드립니다. 두 분께서는 어쩌면 순교자가 될지도 모르는 선교사가

예수 그리스도께 바치신 것으로 인해서 하늘나라에서 두 분을 기다리고 있는 영광을 저를 두 분 곁에 머무르게 함으로써 받으셨을 지극히 빨리 지나가고 마는 만족과 바꾸시기를 원하시겠습니까?'>

3. 1864년 7월 15일 다른 선교사 아홉 명과 함께 파리를 떠난 그는 **성 백 유스토(브르트니에르) 신부**와 **성 김 헨리코(도리) 신부**와 함께 수많은 우여곡절을 겪으며 긴 여행을 했습니다. 그 여행은 1865년 5월 27일 내포지방에서 **성 안 안토니오(다블뤼) 주교**를 만남으로써 끝이 났습니다. 그는 1865년 6월 18일 성체축일까지 다블뤼 주교와 함께 있었습니다. 그런 다음 주교가 있던 곳에서 십리 떨어진 홍주 황무실 교우촌으로 갔습니다. 그는 그때의 감동을 이렇게 적었습니다. <'이것이 제 성체거동이었습니다. 그때에 나는 유럽에서 당신네의 그 화려한 예절에 참석한 것보다도 더 기뻤습니다.'> 어느 회장을 따라 걸어가면서 그는 성체 찬양가를 흥얼거렸습니다.

4. 이후로 그는 쾌활하게 조선식 생활을 하기 시작했습니다. 소금도 기름도 안치고 물로만 익힌 쌀밥을 하루 세끼씩 먹고 땅바닥에 깐 돗자리 위에서 잠을 자고 쪼그리고 앉아서 먹고 일하며 찾아오는 사람을 맞았습니다. "이러한 풍습에 익숙해지기는 아주 힘든 일이기는 하지만 무엇 때문에 희생이란 말을 하겠습니까? 이것은 내가 죄를 속죄하고 하느님께 조금이나마 사랑을 증거하기 위해 내가 스스로 그리고 일부러 선택한 몫이 아닙니까?"하고 그는 말하였습니다. 조선 사람 집에 혼자 있으면서, 그는 한문공부도 하면서 조선말을 열심히 배웠습니다.

5. "이 조선말 공부도 하느님을 위해서 하는 일이 아니라면 쉽게 사람을 낙담시킬 수 있는 일일 것입니다. 하느님을 위해서라고 생각했기 때문에 낙담이라는 것은 한 번도 생각한 적이 없습니다."하고 말한 그는 노력의 대가로 조선말 실력이 눈에 띄게 발전했습니다. 1866년 2월 말부터는 교우들의 고백을 듣고 교리를 가르칠 수 있게 되었습니다. 교우들은 매우 좋아해서, "겉 인상은 그래도 그분은 우리들에게 자식을 교육할 줄 아는 정말 어머니 같은 역할을 하고 있다."고 말했습니다. 이 선교 일꾼은 풍성한 활동을 시작하려는 것같이 보였습니다. 그러나 하느님께서는 당신의 일꾼이 준비를 하고 있는 것으로 만족하실 참이었고 그는 피를 흘림으로써 조선교회를 기름지게할 참이었습니다.

6. 이 선교사는 조선에 올 때, 제2의 고향인 조선을 순교자의 고장으로 생각하고 경우에 따라서는 순교하는 일이 일어날 수도 있다는 것을 미리 내다보았습니다. 그러나 그는 또 선교활동을 하는 것도 희망했었습니다. 그래서 참수형을 당하기에 앞서 그는 다음과 같이 분명히 말했습니다. "내가 이처럼 젊은 나이에 죽는다는 것과 또 이처럼 비천한 곳에 와

서 죽는다는 것은 조금도 고통스럽지 않지만 다만 불쌍한 영혼들을 구하기 위해 아무것도 하지 못한 채 죽는다는 것은 괴롭습니다." 그가 500명가량의 고백을 듣고 열다섯 내지 스무 명의 병자들에게 성사를 주고 몇 차례 혼인 강복을 주었는데 그럴 즈음 종교박해가 시작되었던 것입니다.

7. 1866년 2월 25일 다블뤼 주교는 브르트니에르 신부를 통해 **성 장 시메온(베르뇌) 주교**가 체포되었다는 소식을 들었으나, 아직 본격적인 박해가 시작되었다고 믿으려 하지 않았습니다. 그는 만주교구 교구장 배롤 주교에게 다음과 같이 전하였습니다. "포졸의 수색이 얼마나 심해졌는지 선교사는 한 사람도 남아나지 못할 것 같습니다." 다블뤼 주교는 얼마 떨어지지 않은 곳에 있던 **성 오 베드로(오매트르) 신부**와 **성 민 루카(위앵) 신부**를 함께 1866년 3월 9일에 만났는데, 그때 그들에게 어떤 뜻밖의 사태에도 대비할 수 있도록 하라고 일렀을 것입니다.

8. 다블뤼 주교는 거더리에 그대로 남아 있고 그는 새 거리로 물러갔습니다. 그러나 포졸들은 이미 마을마다 침입해서 집들을 뒤지기 시작했습니다. 1866년 3월 11일 다블뤼 주교가 자현하였고 주교는 그에게 전갈을 보내 그가 있는 곳으로 오라고 했습니다. 바로 그날 그는 오랫동안 고해성사를 준 다음 미사를 드리려고 하고 있는데 교우들은 밤에 떠나라고 재촉했습니다. 그래서 높은 뫼 마을까지 양반 교우 신 바오로의 집에서 낮 시간을 보내고 밤이 되자 그곳에서 20리 떨어져 있는 쇠재로 가서 거기서 다블뤼 주교의 전갈을 받았습니다.

9. 포졸들이 상관하지 않겠다고 한 약속을 어기고 전갈을 가져 오는 사람을 따라왔습니다. 그들은 그를 살펴보고는 이렇게 물었습니다. "당신이 정말 민 신부요?" "그렇소, 내가 민 신부라는 사람이요." "조선에 온지 얼마나 되오?" "작년에 왔소." "같이 온 사람이 몇이나 되오?" "여럿이 왔소." "그 중에 어떤 사람을 본지가 오래되오?" "요전에 오 신부를 보았소." "오 신부는 어디 있소?" "모르오." 그는 사슬에 묶여 다블뤼 주교 있는 곳으로 끌려 왔습니다. 그때가 1866년 3월 12일이었습니다. 같은 날 오매트르 신부도 동료들과 합류했고 그리스도를 위해 붙잡힌 이 세 사람 모두 서울로 압송되었습니다.

10. 그들은 1866년 3월 19일 서울에 도착하여 고약한 그곳 옥에 갇혔다가 1866년 3월 20일부터 22일까지 심문과 무서운 고문을 당했습니다. 극형인 군문효수란 사형선고를 받고 그들은 처형 장소인 보령 땅의 수영 갈매못으로 느릿느릿 끌려갔습니다. 처형 장소에 있었던 한 목격자는 그가 처형되기 조금 전에 눈물을 흘리는 것을 보았다고 했는데, 이것은 충분히 이해할 수 있는 일이었습니다. 그는 눈앞에서 다블뤼 주교가 목이 반쯤 잘린

채로 비참한 단말마의 고통 속에 몸부림치는 것을 보고 있었고, 그 자신도 몹시 기진맥진해 있었습니다. 조선교회를 위해 무척이나 일하기를 열망했던 그는 그렇게도 젊은 나이에 인간적으로 아주 끔찍한 죽음 앞에 있었던 것입니다.

11. 그런 상황에서 감수성이 특히 예민했던 그는 흥분할 수도 있었을 것입니다. 그러나 그렇다고 해서 용기가 꺾이지는 않았습니다. 그날이 바로 성 금요일이었는데 스승 예수께서도 당신의 죽음을 앞두고 고통 중에 슬픔과 두려움 그리고 혐오를 맛보지 않으셨던가? 스승 예수께서 그랬던 것처럼 그도 마지막 고난의 언덕을 용감하게 기어 올라갔고, 머리를 망나니 앞에 내밀었습니다. 그의 머리는 단칼에 떨어졌습니다. 때는 1866년 3월 30일. 그는 30세의 나이로 이 땅에 신앙의 씨앗을 뿌리고 주님 품에 안겼습니다. 그의 유해는 절두산 순교기념관에 안치되어 있습니다.

(1836-1866, 1866.3.30.순교, 축일: 9.20, 신부, 병인박해군문효수, 한국)

### 130. 성 오 베드로(오매트르 베드로·오·몿)는 어떤 분이신가요?
(순례길 150, 154-155, 157, 162, 165, 176, 192)

1. **성 오 베드로(오매트르) 신부**는 1837년 4월 8일 앙굴렘교구에 있는 애젝이라는 작은 마을에서 태어났으며 한국 성은 오(吳)씨 입니다. 집안은 경제적으로 넉넉하지 못했고, 그는 다섯 자녀 중 장남이었습니다.  그의 아버지는 조그마한 땅을 경작하면서 나막신을 만들었습니다. 비록 경제적으로는 가난했지만 그의 아버지는 훌륭한 천주교인이었고 어머니 역시 훌륭한 교인이었습니다. 어머니는 어떤 신비스러운 예감에 의해서 하느님께서 그의 맏아들에게 주시려고 하는 훌륭한 장래를 직감했습니다. 1862년 6월 사제서품을 받은 그는 1862년 8월 3일, "하느님께서 당신의 이름을 사랑하시고 찬미하게 하라고 저를 보내시는 나라는 조선입니다."하고 아버지에게 알렸습니다.

2. 그 뒤 고국을 떠나 패낭 신학교에서 공부하고 있던 두 조선인 신학생을 데리고 왔습니다. 그 다음해인 1863년 6월에 중국 어선을 타고 연평바다를 거쳐 6월 23일 비교직 무사히 그의 전교 지방에 도착하게 되었습니다. 조선에 도착한 다음 수원 샘골에 배치된 그는 평소와 같이 끈기 있게 조선말을 배웠고 그런 다음 거주지가 미리내로 되어 있는 구역에서 성무집행을 시작했습니다. 그러다가 얼마 안 되어 **성 안 안토니오(다블뤼) 주교**가 활동하는 신리마을 거더리에서 꽤 가까운 곳인 내포지방에 자리 잡았습니다. 그의 성직

수행을 교우들은 매우 훌륭하다고 생각했고 그를 너그럽고 착한 사람으로 보았습니다.

3. **성 장 시메온(베르뇌) 주교**도 그의 성직수행을 높이 평가했는데 그에 대해서 다음과 같이 전해 주었습니다. <이 작은 초심자가 어지간히 놀라운 일을 곧 잘합니다. 그는 힘과 어짐을 겸하고 있을 뿐 아니라 그가 맡은 교우 집단을 잘 다스리고 그들에게 성체와 성모께 대한 신심을 가르쳐 줍니다.> 1866년 초 서울을 중심으로 박해가 가해지기 시작하였고 베르뇌 주교 등이 잡히게 되었습니다. 이런 소식을 듣고 교우들이 불안해하자 그는 교우들에게, "걱정 마시오. 외교인들에게 천주교에 대해 소리 높이 말해 줄 때가 왔습니다."하고 말했습니다. 그런 다음 그는 자문을 구하기 위해 거더리에 있던 다블뤼 주교를 만나러 떠났습니다.

4. 그를 만난 주교는 인근마을 세거리에서 활동 중이던 **성 민 루카(위앵) 신부**도 불러서 여러 가지 의논을 하였습니다. 이때가 다블뤼 주교가 잡히기 이틀 전인 1866년 3월 9일이었습니다. 주교나 두 신부 모두 이번 박해를 모면하리라고는 생각할 수 없을 만큼 박해는 심각하였고, 그런 불안 속에 그들은 일단 헤어졌습니다. 이때 그는 소덜로 갔고 위앵 신부는 세거리로 돌아갔습니다. 그 뒤 그는 다블뤼 주교와 함께 밤을 이용하여 배를 타고 조선을 탈출해 보려고 하였으나 역풍으로 실패하고 말았습니다. 그러자 그는 다시 그가 머무르던 교우촌으로 돌아갔습니다.

5. 하지만 그 곳에서도 오래 숨어 있을 수 없었고 그는 자신도 숨어 있으려고 하지 않았습니다. 그는 곧 다블뤼 주교를 찾아 거더리로 향했는데 그가 머무르고 있던 마을을 떠나기 전에 만일의 경우에 대비해서 성물들을 어느 우물 속에 감추었습니다. 그것들을 가지고 떠날 수는 없었고 발각되면 교우들에게 누가 될 것을 우려했기 때문입니다. 그러고 나서 복사 이 빈첸시오를 데리고 신리를 향해 떠났습니다. 어느 갈림길에 이르렀을 때 그는 빈첸시오에게 "나는 신리쪽 거더리로 갈 텐데, 당신은 나하고, 같이 거더리로 가든지 공주 쪽으로 가든지 마음대로 하시오"하고 말했습니다.

6. 그러자 빈첸시오는 "저는 신리로 갈 수는 없어요."하고 대답했습니다. "그렇다면 가서 잘 숨어 있으시오. 나중에 다시 만납시다."하고 말하고 그는 혼자서 길을 계속 걸어 새벽에 신리마을 다블뤼 주교가 사는 동네에 이르렀습니다. 그가 정자나무 곁에 서 있는 것을 한 포졸이 발견하고, 누구냐고 물었으나 신부는 아무 대답도 하지 않았습니다. 그러자 그 포졸은 집안으로 들어가, "방금 이상한 사람이 하나 왔습니다."하고 일렀습니다. 다블뤼 주교가 문을 열어 보고는, "여러 말 하지 말고 저 사람을 들어오게 하시오"하고 말했습니다. 그 뒤 서울로 압송되어 그는 그의 어른이요, 아버지인 주교와 같이 문초를 당하

고 고문을 받았습니다.

7. 그리고 군문효수의 사형선고를 받고 400리나 떨어진 사형장인 보령 땅의 수영 갈매못에서 1866년 3월 30일 정오에 다블뤼 주교 다음으로 참수 치명하니 그 날이 바로 예수 수난 성 금요일이었고, 그때가 바로 예수님께서 십자가상에서 운명하신 시간이었습니다. 당시 그의 나이 29세였습니다. 이때 처형된 다블뤼 주교, 위앵 신부, 오매트르 신부, 이 세 성직자는 죽기 전 강제로 그들의 옷을 벗겼는데, 주교의 옷은 모두 벗겨 버리고 다른 순교자의 옷은 저고리만 벗겼습니다. 그런데 그날 밤에 어떤 악한 무리가 나타나서 남은 옷조차 모두 벗겨가 버리고 말았습니다.

8. 그래서 순교자들의 시신은 3일 동안 그 자리에 그대로 버려져 있었는데 이상하게도 그 많은 까마귀와 개들이 이들의 시신을 조금도 해치는 일이 없었습니다. 그렇게 3일이 지난 후 그 근처에 살던 외인들이 이들의 시신을 그 자리에 모래로 묻었습니다. **성 황석두(黃錫斗) 루카**의 시신만 며칠 후에 친척이 찾아가고 남은 시신들은 그해 6월 초에 이르러 교우들이 찾았습니다. 그 곳에서 30리쯤 떨어진 홍산 고을에 옮겨다가 묻게 되었는데 돈이 없어서 관을 마련하지 못하고 무덤 하나를 넓게 판 후 시신을 칠성판 하나씩에 받쳐서 묻게 되었습니다. 그런데 이상하게도 이미 죽은 지 두 달이 넘은 이들 시신은 모두 썩지 않고 있었고 다만 위앵 신부의 시신만이 조금 썩기 시작하였을 뿐이었습니다. 그의 유해는 절두산 순교기념관에 안치되어 있습니다.

(1837-1866, 1866.3.30.순교, 축일: 9.20, 신부, 병인박해군문효수, 한국)

## 131. 성 장주기(張周基) 요셉은 어떤 분이신가요?
(순례길 154-155, 157, 162, 178, 181, 192)

1. **성 장주기(張周基) 요셉**은 본래 이름을 낙소라고 불렀는데, 1802년 경기도 수원 느지지(현 경기도 화성군 양감면 육당리) 고을의 부유한 집안에서 태어났습니다. 농사를 업으로 하고 있었지만 한문을 잘 아   는 유식한 사람이었습니다. 그는 병술년 1826년에 병이 들어 위독하게 되었을 때, 양지 고을로 보내져서 거기서 두 번째로 조선에 입국한 중국인 유방제(劉方濟: 중국 이름 余恒德, 파치피코) 신부에게서 세례를 받은 후 자기 부인과 자녀들에게 교리를 가르쳐 모두 세례를 받게 하였습니다. 이는 가족 전부를 입교시켰던 열심한 교우인 형수 김 바르바라의 덕택이었습니다.

2. 그의 천주교에 대한 풍부한 지식과 깊은 신앙심, 그리고 매사에 신중함을 보고 1839년에 순교한 **성 나 베드로(모방) 신부**는 그를 회장으로 임명하였습니다. 그는 죽을 때까지 이 직책을 다하였습니다. 그가 얼마나 열심한 교우였던지 교우들은 "저런 분은 또 다시 없다"고 입을 모았습니다. 그는 박해 때문에 네 번이나 시골에 피신할 수밖에 없었으며, 깎아지른 듯한 산에 둘러싸인 조그만 골짜기에서 12년 동안 살았습니다. 그리고 이 메스트르 요셉 신부가 외교인들의 눈을 피해 그 곳에 와서 신학교를 세웠습니다. 이 선교사는 이곳에서 그의 집 부속건물 모양으로 학교를 짓고 푸르티에 신부가 올 때까지 학생 세 명과 함께 거기에 머물러 있었습니다.

3. 프르티에 신부는 1856년에 와서 프티니콜라 신부의 도움을 받으며 신학교를 관리해 나갔습니다. 그는 명의상으로는 신학교의 주인이었고, 실제로는 헌신적인 경리 책임자였습니다. 그의 신중하고도 솜씨 있는 운영 덕분에 이 작은 신학교는 천주교를 금하고 사형으로 벌하기까지 하는 나라에서 11년 동안이나 존속할 수 있었습니다. 또한 신학교의 농사일과 기타 모든 잔일을 돌보는 한편, 배론의 회장으로서 이웃에 있는 교우 공동체에 많은 도움을 주고 교리를 가르치며, 외교인을 입교시키는 데 열중하였습니다. 그는 매일 미사에 참례하였을 뿐만 아니라, 아침마다 북을 쳐서 미사시간을 알리는 일을 하였습니다. 그는 신부가 다른 곳을 갈 때나 병자를 찾아갈 때에는 반드시 따라다니면서 선교사의 오른팔 노릇을 하였고, 마치 수사와도 같은 생활을 하였습니다.

4. 이러한 활동으로 그는 교회에 공헌을 하였지만, 부득이 여러 차례 이사를 다닐 수 밖에 없었기 때문에 그로 인해 입은 손해로 파산을 하게 되었습니다. 그럼에도 불구하고 그는 봉사에 대한 대가를 도무지 받으려 하지 않았기 때문에 스스로 일을 해서 식구들을 먹여 살려야 했습니다. 따라서 그의 무사 무욕한 모습은 다른 사람들이 그를 우러러보게 만들었습니다. 1866년 3월 2일 포졸들이 배론 골짜기를 덮쳤을 때 그들은 선교사들의 말에 따라 동네를 떠나가던 노회장인 그를 제일 먼저 붙잡았습니다. "너는 누구냐?"하고 묻자 그는 "나는 학교집 주인 장낙소요."하고 대답했습니다. 그러자 포졸들이 말하였습니다. "그러면 네 서양인 선생들과 같이 가자." 그는 그의 스승들과 같이 있게 된 것이 매우 기뻐서 누가 그의 석방을 위해 부탁해 주기를 원치 않았습니다.

5. "나는 이 기회를 놓치고 싶지 않습니다. 언제까지 기다려야 합니까?"하고 그는 말하는 것이었습니다. 그러나 프르티에 신부는 이 노인의 공로가 크다는 것을 알고 또 앞으로도 많은 구원의 일을 할 수 있으리라는 것을 알기 때문에 포졸들에게 부탁을 하였습니다. "이 불쌍한 노인을 잡아다 무엇하겠소. 제 발로 걸어서 무덤으로 가게 내버려 두시오."

하며 돈을 집어주자, 포졸들은 그를 놓아 주었습니다. 군사들이 붙잡힌 사람들을 데리고 그 이튿날 떠나기로 결심했기 때문에 그는 선교사들과 같이 집에 그대로 있었습니다. 포졸들은 천주교인 집을 약탈해서 배를 채웠습니다.

6. 다음 날 서울로 향해 출발했는데, 그는 소를 타고 멀찌감치 두 신부의 뒤를 따랐습니다. 이를 본 신부는 포졸들을 꾸짖었습니다. "당신들은 이 노인을 그냥 놓아 준다고 약속하지 않았소? 그러니 저 노인을 돌려보내도록 하시오." 그러자 포졸들은 "알겠소."하고는 그를 돌아가도록 강요하였습니다. 그는 눈물을 흘리면서 하는 수 없이 신학교로 돌아와 닷새 동안을 머물렀습니다. 그 후 먹을 것이 떨어졌으므로 배론에서 30리쯤 떨어진 노럴골에 살고 있는 어느 교우 집으로 양식을 구하러 갔습니다. 그가 그 곳에 도착하자마자 포졸들이 들이닥쳤습니다. 포졸들은 대부분 이 배론에서 신부를 체포하는데 가담했던 자들이라 대번 그들 알아보고는 "네가 여기는 무엇 하러 왔느냐? 네 뜻이 수상하다."하고 말했습니다.

7. 그러고는 곧바로 그를 체포하여 다른 교우들과 함께 제천 관장에게로 데려갔습니다. 관장은 그에 대한 고소내용을 들은 다음 이에 관해 서울에 의견을 물었습니다. 서울에서는 그가 정말 서양 신부들의 집주인이면 그를 서울로 보낼 것이고, 만일 그렇지 않으면 배교시켜서 집으로 돌려보내라는 회답이 왔습니다. 관장은 신원사항, 천주교 입교 여부 등 통상적인 질문을 끝낸 다음 본격적인 심문을 시작하였습니다. "네가 정말 서양 신부들의 집주인이냐?" "예, 틀림없습니다. 제가 집주인입니다." "거짓말 마라, 네가 아니고 이 아무개라고 하는데." 관장은 신학교에 살면서 한문을 가르치던 이경주 베난시오라는 양반선비를 암시하는 것이었습니다. "아닙니다. 제가 집주인입니다. 이씨는 그저 학교의 선생이었을 뿐입니다."하고 그가 대답했습니다. "그렇다면 너를 서울로 보내겠다." 그래서 그는 다시 옥에 끌려갔습니다.

8. 관장은 그의 위엄과 성실한 태도에 감동하여 그를 살리고 싶었고 그의 부하들도 그에게 유리하도록 말을 했습니다. 그러나 관장은 그가 "나는 천주교인이 아닙니다."라는 한마디 말을 결코 하려고 하지 않는 것을 보고서는 그를 도무지 동정할 필요조차 없는 바보로 취급했습니다. 관장이 다시 중앙정부의 의견을 물으니, 중앙에서는 그를 붙들어 서울로 데려오라고 포졸 네 명을 내려 보냈습니다. 포졸들이 여러 천주교인이 누워 있는 옥문 앞에 와서, "서울로 가게 된 자는 일어서라"하고 소리쳤습니다. 그러자 곧 그는 기쁘게 그들 앞에 나섰습니다. 그의 당당한 풍채에 놀란 포졸들이, "겁내지 마시오, 서울까지 조용히 모셔드리겠소"라고 말하자 그가 이렇게 대답했습니다. "무엇을 무서워하겠소? 오히

려 나는 원을 풀게 됐소." 그들은 그에게 차양이 내려진 노란 패랭이를 씌우고 붉은 밧줄로 걸쳤으나 포박은 하지 않았습니다.

9. 구류간에 갇힌 후 그는 문초를 받았고 포도청에서 찾고 있는 교우 이경주 베난시오에 대해서 말하기를 거부했기 때문에 고문을 당했습니다. 그는 배교하기를 계속 거부했고 서양신부들의 집주인임을 끊임없이 주장했습니다. 1866년 3월 22일자 「일성록」에서는 다음과 같이 기록되어 있습니다. <오메트르, 위앵 등 서양인들과 사교를 따르는 황가를 모두 포도청에서 충청도 수영으로 보내 참수하고 효수하여 훈계가 되게 하라는 왕령이 기록되어 있다.> 1866년 3월 24일자 「승정원일기」에는 다음과 같은 보고가 기록되어 있습니다. <포도청에 갇혀 있던 죄인들, 오매트르, 위앵, 황석두, 장주기 등 도합 다섯 명이 포졸들에게 넘겨져 충청도의 수영으로 압송되었음을 전하께 아룁니다.>

10. 충실한 장주기 요셉 회장도 주교와 그의 일행과 함께 1866년 3월 30일 충남 보령 땅 갈매못이라는 해변가 모래사장에서 군문효수형을 받고 65세의 나이로 순교했습니다. 시신들이 4일간이나 그대로 버려진 채 있었으나 개나 까마귀들조차 감히 접근하지 못하다가 사흘째 되는 날 저녁에 그 근처에 사는 외교인들이 바로 형장에 모래를 파고 시신을 묻었습니다. 몇 주일 후 박해가 약간 뜸해질 무렵 교우들이 시신을 거두어 그 곳에서 30리쯤 떨어진 흥산 고을에 안장하였습니다. 1882년에 황석두 루카의 유해를 제외한 나머지 넷의 유해는 일본으로 보냈다가, 1894년 다시 찾아와 용산 신학교에 안장하였습니다. 후에 명동대성당 지하실의 유해를 모신 곳으로 옮겨졌고 그 후 다시 절두산 순교기념관에 안치되었습니다.

(1802-1866, 1866.3.30.순교, 축일: 9.20, 회장, 병인박해군문효수, 한국)

## 132. 성 황석두(黃錫斗) 루카는 어떤 분이신가요?
(순례길154-155, 157, 159-160, 162, 165, 192, 195)

1. **성 황석두(黃錫斗) 루카**는 충청도 연풍에서 부유한 외교인 양반집 3대 독자로 태어났으며, 일명 재건으로도 불렸습니다. 그의 아버지는 아들이 자기 가문을 화려하게 번영케 할 것이라는 희망에 부풀어 그를 정   성껏 공부시켰을 뿐만 아니라, 과거에 급제하여 입신양명하기만을 학수고대하고 있었습니다. 20세가 되던 해 그는 종을 한명 거느리고 말에 올라 과거시험 길을 떠났습니다. 어느 날 저녁 주막에 들어가 묵고 있었는데, 거기서 어떤 천주교 신자를 만나 그로부터 천

주교 교리를 오랫동안 듣게 되었습니다. 젊은 그는 그토록 유식한 교우의 말에 크게 감명을 받고 그의 주선으로 천주 교리책을 여러 권 얻어 가지고 집을 떠난 지 3일 만에 아버지에게로 되돌아왔습니다.

2. 아버지가 놀라며 이상하게 생각하자 그는 과거 시험을 일찍 치르고 왔다고 둘러댈 수밖에 없었습니다. 그러나 아버지는 아들이 거짓말을 한다는 것을 이내 알아차리고 계속 캐물은 끝에 아들이 되돌아온 진짜 이유를 알게 되었습니다. 아버지는 분노가 치밀어 아들을 마구 때리기까지 했으나 그는 아무 말 없이 자기 방으로 들어가 천주교 교리책을 배우는 데에 열중하였습니다. 그리고 얼마 뒤에 자기 부인을 영세 입교시키고 집안의 몇 사람도 입교시켰습니다. 하지만 늙으신 아버지는 이 나라의 천주교 신자들이 얼마나 큰 위기에 처해 있는지를 잘 알고 있었을 뿐만 아니라 천주교가 가문을 파괴하는 종교라 여기고 있었습니다.

3. 그렇기 때문에 하루는 격분한 나머지 그를 불러, "어느 양반집에서 이런 짓을 하는 것을 볼 수 있단 말이냐? 이제부터 다시는 천주교 교리공부는 못한다."하고 말하였습니다. 그러자 그는 "죽어야 한다면 죽을지언정 교리공부를 하지 않을 수는 없습니다."하고 고집하였습니다. 아버지는 하인들에게 볏짚을 썰 때 쓰는 작두를 가져오게 한 다음 이렇게 말하였습니다. "네가 죽인다고 엄포해도 교리공부를 하겠다고 하니 목을 이 작두에 넣어라." "왜 제게 그런 명령을 하십니까?"하고 말하니 아버지는 "몹쓸 녀석! 목숨을 걸고라도 천주를 섬기겠다고 말하니 너를 죽이려고 그런다."하였습니다. 그래서 "제가 천주를 숭배하기 때문에 저를 죽이시려는 겁니까?"하고 묻는 말에 아버지가 "그렇다"고 하니 황석두 루카는 "그러면 목을 작두날 밑에 들이밀겠습니다."하고는 목을 들이대었습니다.

4. 하인들은 감히 작두의 발판을 밟아 누르지 못했고 아버지는 소리쳐 울면서 방을 뛰쳐나가 버렸습니다. 그는 자기 방으로 돌아와서 철저하게 침묵을 지켰습니다. 그리고 이후 3년 동안을 그는 말 한마디 하지 않고 진짜 벙어리처럼 지냈습니다. 이로 인해 온 집안 식구들은 걱정을 하며 그의 벙어리 병을 고치려고 할 수 있는 일이라면 가리지 않고 해보았지만 모두가 허사였습니다. 그러던 어느 날 그는 부모가 실의에 빠져 있는 것을 보고 아버지 방으로 들어가서 "아버지"하고 불렀습니다. 아버지는 "네가 말을 하다니"하고 깜짝 놀랐습니다. "저는 벙어리가 아니고 아버지께서 제가 하고자 하는 일을 엄금하셨기 때문에 말을 하지 않았습니다."하고 말하니 아버지는 그에게 "도대체 그 교리가 어떤 것이냐? 내가 좀 읽어 보게 그 책들을 가져오너라."하고 말했습니다.

5. 그의 아버지는 책을 읽어 보고 나서 슬픔과 경탄으로 가득 차서, 그 고장에 교리 선생이

있는지를 알아보게 하고나서 이렇게 말하였습니다. "교리 선생 한 분을 모셔오너라. 이왕 우리가 이 교리를 받을 바에야 몰래 믿지 말고 드러내 놓고 믿자꾸나." 이렇게 해서 아버지는 입교했고 가족도 모두 입교하였습니다. 그것은 1839년 기해박해가 있은 뒤의 일입니다. 시일이 지남에 따라 외교인들까지도 그의 신심과 열성, 그리고 이에 못지않은 그의 예의범절에 감탄하여 마지않았습니다.

6. 그러다가 페레올 주교가 한국에 입국하게 되니 그는 이 성교회를 위해 자기 일생을 바칠 것을 천주님께 서약하였습니다. 그래서 페레올 주교는 처와 별거하는 조건 아래 그를 사제품에 올릴 계획을 세웠습니다. 교황청에서는 당시 한국에는 여자 수도회가 없어 그의 부인이 지낼 곳이 없다는 이유로 거절하였습니다. 그러다 아버지가 사망을 한 이후부터 그의 친척들이 집안일을 맡아보게 되었는데, 그들은 아버지의 가산을 횡령하였을 뿐만 아니라 그의 유산마저 빼앗아 버렸습니다. 그리하여 그의 가족들은 곤궁에 빠지게 되었습니다. 그는 가족을 도우려고 여러 가지 투자를 하였으나, 빌린 돈을 갚지 못해 오히려 돈을 빌려준 사람들을 파산시키는 일들이 초래되었습니다.

7. 선교사들은 그들이 맺고 있는 그와의 관계를 이용하여 그에게 돈을 꾸어 주는 사람들이 그를 함정에 빠뜨리지 않을까 염려하여 그에게 출입을 금하였습니다. 이 일종의 추방 기간은 10년 동안 지속되었습니다. 1858년이 되자 페롱 신부는 그에게 모든 사업을 포기하도록 결심시키고, 그를 한문 선생으로 채용했습니다. 그 뒤 페롱 신부가 그에게 전교회장의 일을 맡기자 그는 이 회장 직분을 가장 열성적으로 훌륭히 수행하였습니다. "황석두 루카는 내가 공소에 가서 성무를 수행하는 데에도 따라다녔는데, 나는 그가 교구 전체에서 가장 훌륭한 회장이라고 생각했습니다."하고 선교사 페롱 신부는 증언했습니다.

8. 그는 조안노 신부 밑에서 회장이 되었다가 다시 **성 장 시메온(베르뇌) 주교** 밑에서 회장이 되어 주교와 함께 「회죄직지」(悔罪直指·1864년 **성 안 안토니오(다블뤼) 주교**가 천주교 신자들의 고해성사를 위해 지은 천주교서) 발간에 필요한 기초 원고를 썼습니다. 그리고 다시 주교를 도와서 번역 출판과 원고 교정에 힘을 기울였습니다. 그는 매우 검소한 생활을 하면서 선교사나 신자들에게서 받은 모든 것을 빚을 갚는 데 다 썼습니다. 그리하여 모든 이들은 다시 그를 신용하게 되었고, 그의 채권자들조차도 그에게 많은 존경과 애착을 보여 주었습니다.

9. 그러던 중 1866년 3월 11일 다블뤼 주교가 체포되었을 때 그는 자기의 영적 스승이요, 아버지인 주교를 따라 가기 원하여 포졸들에게 자기가 주교의 제자라고 말했습니다. 그때 다블뤼 주교가, "안전한 곳으로 피하라"고 말하자, "무슨 말씀이십니까? 세상에서는

같이 살았는데."하고 대꾸했습니다. 포졸들도 "오지 말라"고 하며 주교를 따라오지 못하게 하였으나 아무 소용이 없자 결국 그도 역시 죄인으로 잡아서 서울로 데리고 갔습니다. 옥에 갇혀 있으면서도 그는 관리들에게 한결같이 천주교 교리를 열심히 설명하였습니다.

10. 그러자 그들은 한때 '상부의 명령을 완화해서 이 사람을 살려 주었으면 좋겠다.'고 생각하기도 했습니다. 그러나 그의 열의가 워낙 대단해서 오히려 관리들은 더 가혹하게 곤장을 치게 하였습니다. 옥살이 4일째인 1866년 3월23일 드디어 군문효수라는 사형언도가 선고되었습니다. 그러나 때마침 고종이 병을 앓고 있었고 또 그의 자녀 혼인날도 한 달밖에 남지 않았습니다. 그래서 사람의 피를 서울 땅에서 흘리게 되면 국혼에 해롭다 하여 400리나 떨어져 있는 충청도 보령 땅의 수영에 있는 갈매못 바닷가로 데리고 가서 처형하라는 명령이 내려졌습니다. 그들은 즉시 임금의 윤허와 함께 보령의 갈매못에 압송되어 1866년 3월 30일 금요일에 처형하라는 명령이 내려졌습니다.

11. 감옥에서 마지막 식사를 손에 받아든 그는 "우리는 지금 천주님이 창조하신 음식을 마지막으로 먹습니다."하면서 기꺼이 먹었고 기도에 몰두하였습니다. 다블뤼 주교가 처형될 때 망나니가 첫 번째 칼을 내리치고 나서 돈을 더 내라고 하며 오랜 흥정을 하는 동안 그는 **민 루카(위앵) 신부**가 겁에 질려 울며 얼굴이 창백해지는 것을 보고 즉시 신부의 용기를 북돋아 주었습니다. 이에 위앵 신부는 다시 힘을 얻어 평소의 얼굴빛을 되찾을 수 있었습니다. 다른 두 신부들의 순교에 이어 그의 차례가 되자 용감하고 침착하고 즐거움이 넘쳐흐르는 표정으로 참수에 임하였으니 그의 나이 55세였습니다. 그의 시신은 3일이 지나서야 다블뤼 주교와 함께 같은 곳에 매장되었다가 얼마 뒤 그의 아들이 와서 모셔다가 장례를 지냈는데, 오뉴월이었으나 시신은 조금도 썩지 않았다고 합니다. 성인의 유해는 절두산 순교기념관에 안치되어 있습니다.

(1812-1866, 1866.3.30.순교, 축일: 9.20, 회장, 병인박해군문효수, 한국)

## 133. 성 손자선 토마스는 어떤 분이신가요?
(순례길 155, 165, 169)

1. **성 손자선 토마스**는 충청도 홍주 거더리 마을의 3대째 천주교를 신봉하는 집안에서 태어나 신리에서 살고 있었습니다. 태중 교우로 어려서부터 열심히 신앙생활을 하였으며, 나이가 젊은 관계로 교회의 직무

를 맡아 본 일은 없었습니다. 그는 점잖고 침착한 사람이었고 놀랄만큼 독실한 교우여서 어떤 일이 있어도, 또 아무리 바빠도 온 가족이 함께 저녁기도 드리는 것을 거른 적이 없었습니다. 또 더 빨리 끝내려고 기도를 혼자서 하는 일도 결코 없었다고 합니다. 주위 사람들은 그의 규칙적인 생활과 좋은 행실을 칭찬하였지만, 그가 그의 신앙증거 때 보여주게 될 영웅적인 용기를 가지고 있다고는 아무도 생각하지 않았습니다.

2. 매일의 일과에 충실해서 모범을 보이기는 했지만 단호한 성격을 가진 사람으로는 보이지 않았기 때문입니다. 그러나 병인박해가 일어나자 그에게 놀랄만한 용감성이 드러나게 되었습니다. 1866년 3월 11일 **성 안 안토니오(다블뤼) 주교**가 체포되고 며칠이 지났을 때의 일입니다. 덕산 관가에서 연락이 오기를 다블뤼 주교를 체포할 때 압수했던 돈과 물건을 찾아가라는 것이었습니다. 그때 교우들은 무서워서 아무도 가려고 하지 않았으나, 그는 위험을 무릅쓰고 포졸들이 빼앗아 간 주교의 돈을 찾으러 덕산으로 갔습니다. 그러나 관가에서는 그가 교우인 것을 알고는 돈을 내주기는커녕 그를 옥에 가두어 버렸습니다.

3. 그리고 관장은 심문하였습니다. "네가 천주교인이냐?"하자 그는 "그렇습니다. 천주의 은총으로 천주교인입니다."라고 똑똑히 대답하였습니다. "네가 배교하지 않으면 주교의 돈을 돌려주지 않을 것이고, 게다가 너는 죽게 된다."하자 "죽는 것이 아주 무서운 것은 사실이지만 저의 왕이시고 아버지이신 천주를 배반하는 것은 그보다 천배나 더 무섭습니다."하고 대답했습니다. 그러자 곧바로 묶였고 이어 고문이 시작되었습니다. 곤장이 세차게 내리쳐지자 피가 철철 흘렀습니다. 형리들은 때때로 곤장치는 것을 멈추고 배교하라고 위협했으나, 그는 여전히 완강하게 거부했습니다. 그는 매일 옷을 벗겨 곤장을 맞고, 가장 고통스러운 방법으로 포박을 당했습니다. 그를 거꾸로 매달아 놓고서는 얼굴에 오물을 붓고 입에 처넣기도 했습니다.

4. 이 더러운 모욕을 당하면서도 그는 다만 "잘 됐다"하는 한마디 말밖에는 하지 않았습니다. "무엇이 잘 됐단 말이냐"하고 물으니 그는 "며칠째 세수를 못했는데 당신들이 이렇게 세수를 시켜주니, 우리 주 예수 그리스도께 피땀을 흘리게 해드린 죄인에게는 잘 된 일이고, 게다가 목이 말랐었는데 당신들이 내 입에 넣어 준 것은 내 죄 때문에 예수께서 마시신 쓸개와 초 대신이 되는 것이니 꽤 잘 됐단 말입니다."하였습니다. 또 한 번은 손목을 붙들어 매서 매달았는데, 너무 오랫동안 그렇게 내버려두자 같이 갇혀있던 사람들이 이를 불쌍히 여겨 보복당할 위험을 무릅쓰고 그를 풀어주기까지 하였습니다. 그 사람들이 팔을 주물러서 썩은 피를 뽑아내려고 했지만 그는 싫다며 이렇게 말했습니다. "그럴

필요는 없습니다. 예수 마리아께서 오셔서 벌써 내 상처를 어루만져 주셨습니다." 실제로 이튿날 그의 상처는 아물어 있었습니다.

5. 덕산 관장은 그를 해미로 보내기로 결정했습니다. "젊은 친구, 배교하면 풀어준다고 했는데도 이를 거부하니, 너를 해미로 보내는데, 너는 거기서 죽게 된다. 해미로 가라." 해미로 이송되어 가자, 그 곳 관장이 이렇게 말했습니다. "덕산에서 배교만 하면 놓아준다고 했는데, 왜 천주교를 버리지 않고 해미까지 왔느냐?" "배교할 마음이 있었으면 덕산에서 배교했지, 제가 왜 해미까지 왔겠습니까? 저는 죽어도 배교는 못합니다."하고 그는 대답했습니다. "배교할 때까지 저 놈을 매우 쳐라"하고 관장이 명령했습니다. 그래서 형리들이 그에게 다리가 부러지기까지 고문을 가했지만 신앙증거자는 끄떡도 하지 않았습니다.

6. 관장은 배교라고 간주할 수 있을 만한 어떤 표도 얻어내지 못하자 독특한 술책을 썼습니다. "말만 가지고는 네가 배교하지 않는다는 것을 믿기에 불충분하다. 만일 네가 네 이빨로 네 살을 한 점 물어 뜯어내지 않으면 네가 배교한 것으로 치고 돌려보내 주겠다." 그러자 그는 이렇게 대답했습니다. "제가 결코 배교하지 않겠다고 분명히 말씀드리는데 왜 그런 사람으로 치시겠다는 것입니까? 제 몸은 천주께서 만들어 주신 것이니 제 것이 아닙니다. 그래서 제 몸을 해할 수는 없습니다. 그렇지만 관장께서 제게 대해 아버지와 같은 권한을 가지고 계신데, 그렇게 하라고 명하시니 제 신앙을 지킨다는 증거로 그렇게 하겠습니다." 그리고는 단 한 번씩 물어서 양팔에서 살을 한 점씩 뜯어냈습니다. 그러자 관리는, "그만 됐다. 사형에 처하게 너를 감사께로 보내겠다."고 말했습니다.

7. 그런데 해미 마을에는 마음이 약해져 배교한 그의 삼촌이 살고 있었습니다. 그 삼촌은 조카인 손자선 토마스에게 편지를 보내 신앙을 버리라고 권했고, 조카를 만나러 옥에 오기까지 했습니다. 그는 편지에 쓴 삼촌의 권고에 놀랐다고 말하면서 다시는 편지를 보내지 말라고 답장을 썼습니다. 삼촌이 그를 보러 왔을 때 그는 삼촌에게 말했습니다. "그와 같은 동기로 오신다면 다시는 여기 오지 마십시오." 해미에 있는 동안 그는 줄곧 신자다운 생활을 충실히 하면서 쉬지 않고 기도를 드리고, 금욕과 금식하기도 하였습니다. 그는 또한 자기의 옷까지도 가난한 사람에게 주면서 말하였습니다.

8. "죽을 날이 2, 3일 밖에 남지 않았는데, 이렇게 좋은 옷이 내게 무슨 소용 있는가?" 그 후 공주의 관찰사로 압송되어 갈 때에는 그를 떠메고 갈 수 밖에 없었습니다. 너무나 그는 심한 고문에 다리가 부러져 도저히 걸을 수가 없었던 것입니다. 공주 옥에서도 그는 심한 고문을 받았습니다. "이 흉악한 젊은 놈아, 너는 세 군데 읍으로 옮겨져 다니면서도 배교를 아니 했구나. 그래서 부러진 다리를 가지고 길을 다니는구나. 이 흉악한 젊은 놈

아, 너도 부모가 있을 터인데, 배교하고 나가라"하자 그는 대답했습니다. "배교를 했으면 다리가 부러지기 전에 했을 것입니다. 비록 죽어야 한다 해도 배교는 않겠습니다."

9. 그는 고문을 세 차례 받고 기절했습니다. 감사는 그가 그렇게도 끈질긴 데 지친 나머지 사형선고를 내렸습니다. 그리하여 그는 1866년 5월 18일 공주 옥에서 24세의 나이로 교수형을 받고 순교하였습니다. 그 후 사흘이 지나서 교우들이 손자선 토마스의 시신을 찾아서 덕산의 개골산 앞에다 묻었다가 20일 후에 신리로 옮겼습니다. 그런데 많은 시신 중 그의 것만은 도무지 썩지도 않았고 아무런 냄새도 없었다고 당시의 교우들이 전하고 있습니다. 무덤의 표시로 그가 감옥에서 써 보낸 기록을 술잔에 넣어 그의 발 옆에 놓았다고 하는데 이 기록문에는 그가 당한 문초와 고문의 실상이 자세하게 적혀 있다고 합니다. (1843-1866, 1866.5.18. 순교, 축일: 9.20, 농부, 병인박해교수, 한국)

## 134. 성 정문호 바르톨로메오는 어떤 분이신가요?
(순례길 154-155, 167, 192, 200-201)

1. **성 정문호 바르톨로메오**는 본래 충청도 임천 출신으로 그곳에서 천주교를 알아 입교하여 독실한 신앙생활을 했으며, 일명 계식으로도 불렸습니다. 병인박해가 일어날 당시 그의 나이는 67세였습니다. 박해로  인해 고향을 버리고 여러 지방을 유랑하다가 1866년 박해 때에는 전라도 전주지방의 교우촌인 대성동 신리골에 정착하게 되었습니다. 영세 입교하기 전에는 원님까지 지냈으나, 후에는 모든 관직을 거절하며 살아가고 있었습니다. 모든 이들한테 존경과 사랑을 받을 만큼 성품이 착했던 그는 교우들에게나 외교인들에게나 차별 없이 교리를 밝고 소상하게 가르쳐주었습니다.

2. 그뿐만 아니라 훌륭한 예의범절도 잘 가르쳐 주었기 때문에 모든 이들에게서 존경을 받고 있었습니다. 그런데 전라도 일대에 박해가 있다는 소문이 나돌게 되자 그는 밀사를 전주로 보내어 정세를 알아보게 하였습니다. 밀사는 오사영이라는 자로 외교인인데다가 그 고을의 관직도 있는 자였으므로 전주 포도청을 자유로이 드나들 수 있었는데, 예전에 천주교 교리를 조금 배운 적도 있었습니다. 또한 오사영은 자원하여 교우들을 도와 성심껏 협조해 주기도 하였습니다. 밀사가 떠나고 이틀이 지나도 아무런 전갈이 없자 그는 적이 안심을 하면서도 한편으로는 수상하게도 생각을 하고 있었는데, 1866년 12월 5일 저녁 그 마을에 포졸들이 들이닥쳤습니다.

3. 이들은 두 패로 나뉘어 한 무리는 성지동 마을로 들어가 **성 조화서 베드로**와 그의 아들 **성 조윤호 요셉**, **성 이명서 베드로**, 그리고 **성 정원지 베드로**, **성 한재권 요셉**을 체포하고, 다른 한 무리는 대성 마을로 침입하여 **성 손선지 베드로**를 체포하였습니다. 포졸들이 그의 집에 와서는 담배를 살 것처럼 주인을 찾았습니다. 집주인인 그가 문 밖으로 나서는 순간 천주학쟁이라고 고발되었으니 가자고 하며 끌고 갔습니다. 이어 다른 두 교우가 체포되어 이들 세 명은 성지동에서 잡혀온 조화서 베드로 일행과 함께 구진버리 주막에서 하루 밤을 묵었습니다. 그는 이때 잡힌 교우들 중에서 가장 나이가 많았습니다.

4. 다음 날 이 일곱 사람은 비장 감사 집까지 압송되어 가면서도 모두의 얼굴에는 기쁨으로 내내 가득 차 있었습니다. 얼마 후에 감사 집에 도착해서는 즉시 창고에 갇혔고 성지동에서 잡힌 일행은 전주 감옥 후면에 갇히어 분리되었으나, 옥중에서도 착실히 아침 저녁기도를 드려 치명의 예비를 단단히 하였습니다. 그리고 일곱 명이 한 옥에 갇혀 있었습니다. 처음에 그는 고문과 유혹에 넘어가 배교할 듯 보였습니다. 그러나 함께 갇혀 있던 교우들 가운데 가장 열렬한 조화서 베드로가 격려하여 다시 생각을 바꾸고 마음을 바로잡아 이후에는 평온한 마음으로 치명에 임할 준비를 갖추게 되었습니다.

5. 그는 순간적이나마 자신이 약해졌음을 참회하면서, 더욱 열심히 기도하고 용감한 마음으로 온갖 고문을 잘 이겨냈습니다. 또한 그는 원님에게, "나는 천주님을 배반하느니 차라리 죽기로 결심하였소."라고 서슴지 않고 말하였습니다. 그는 또한 처형날인 12월 13일 감옥에서 나오는 순간에도 희열에 가득 찬 얼굴로 열심히 계속 기도를 하여 병졸들을 놀라게 하기도 하였습니다. 전주의 숲정이 형장으로 향하는 도중 그는 조화서 베드로를 향하여 "우리는 오늘 천국의 과거시험을 보러가는 것입니다. 참으로 복된 날입니다"하고 말했는데, 이 말을 받아 조화서 베드로는, "그렇고말고요. 우리의 행복은 참으로 큰 것입니다."라고 응수하였습니다.

6. 마침내 사형선고문이 낭독되고 서명이 끝나자 처형준비를 서둘렀습니다. 그들 모두는 한결같이 평온한 마음과 용덕을 갖추어 처형에 임하였습니다. 이때 그는 1866년 12월 13일 장날 장꾼들이 보는 가운데 숲정이에서 5명의 교우와 함께 세 번째 칼에 목이 잘려 땅에 떨어지고 말았습니다. 참수 치명한 그의 시신은 오사영에 의해서 용미루재에 묻혔다가 이듬해인 1867년 3월 6일 그의 아들에 의해 정원지 베드로, 손선지 베드로의 시신과 함께 전주 근처의 막고개로 옮겨졌다고 합니다. 현재 그의 유해는 절두산 순교기념관에 안치되어 있습니다.

(1800-1866, 1866.12.13.순교, 축일: 9.20, 원님, 병인박해참수, 한국)

## 135. 성 조화서 베드로는 어떤 분이신가요?
(순례길 155, 158, 198, 200)

1. **성 조화서 베드로**는 구 교우 집안이었으며, 그는 수원 도마지에서 아버지 조 안드레아와 어머니 권 율리안나 사이에서 태어났습니다. 아버지가 1839년 기해박해 때에 순교하고 어머니마저 세상을 떠나자 충청도 신창 남반재의 교우촌으로 이사했습니다. 그리고 한 막달레나와 결혼하여 1828년에 아들 **성 조윤호 요셉**을 낳았습니다. 그는 한국의 두 번째 사제인 **가경자 최양업(崔良業) 토마스 신부**의 복사 일을 맡았습니다. 최양업 토마스 신부가 1861년 사망한 후 그는 최양업 토마스 신부의 복사로 일할 때 여러 번 와 본적이 있는 전주 유상리 성지동 공소로 이사했습니다.

2. 아내가 죽은 뒤 김 수산나와 재혼하였습니다. 그는 계명을 극진히 잘 지키고 애주애인(愛主愛人)하는 표양이 출중해서 사람들은 천주교를 믿을 테면 조화서 베드로처럼 해야 한다는 말이 나올 정도였습니다. 1866년 12월 4일 밤, 포졸들이 그의 집을 급습했는데 그때 그는 다른 마을에 있었습니다. 그의 아내가 이 사실을 알고 피신하도록 종용했으나, 그는 오히려 집으로 가서 체포를 당했습니다. 포교는 늘 하던 대로 천주교를 누구에게서 배웠는지, 그리고 믿는 일당들을 모두 대라고 다그쳤습니다. 그는 부모에게서 천주교를 배웠고, 나와 아들만이 믿노라고 하며 만 번 죽는 한이 있더라도 천주교를 믿겠다고 했습니다. 그러자 포졸들은 아들이 천주교를 믿는다고 고자질하는 놈이 사람이냐며 욕을 했습니다.

3. 그는 진영으로 끌려가기도 전에 혹독한 매를 맞았습니다. 그는 전주로 압송되면서 아들에게 전주 감영에 가서 고문을 당하더라도 마음이 약해져서는 안 된다고 말하였습니다. 그러자 아들은 오히려 아버지에게 믿음을 버려서는 안 된다고 당부했습니다. 이처럼 부자가 마음이 변치 않도록 서로 위로하는 말을 들은 외교인들은 천주학쟁이들은 죽는 게 무엇이 좋은지 기를 쓰고 죽으려 한다며 욕설을 퍼부었습니다. 그러면서도 한편으로는 그들의 신앙심에 경탄했습니다. 그는 아들 조윤호 요셉과 같은 날 치명하여 함께 천국에 가고자 했으나, 아들보다 먼저 순교의 칼을 받았습니다. 1866년 12월 13일 5명의 교우와 함께 전주 서문 밖 숲정이에서 참수형을 받아 53세의 나이로 순교하였습니다.

(1814-1866, 1866.12.13.순교, 축일: 9.20, 농부, 병인박해참수, 한국)

### 136. 성 손선지 베드로는 어떤 분이신가요?
(순례길 154-155, 167, 192, 199, 200-201)

1. **성 손선지 베드로**는 충청도 임천의 고인돌이라는 곳에서 태어났으며, 일명 승훈이라고도 불렸습니다. 결혼해서 두 자녀를 둔 아버지로 48세의 나이로 신앙을 위해 순교한 그는 한국의 한국의 상징적인 훌륭한   천주교인의 표상이었습니다. 그가 태어날 당시 아버지는 아직 천주교인이 아니었기 때문에 유아세례를 받지는 못했었습니다. 하지만 어려서 세례를 받았고 아주 열성적인 신입 교우인 아버지에게서 견실한 종교 교육을 받았습니다. 온순하고 경건하고 열심인 그가 얼마나 훌륭한 신앙생활을 했던지, 1839년 순교한 **성 정 야보고(샤스탕) 신부**는 16세의 어린 나이에도 불구하고 그에게 전교회장의 직분을 맡기게까지 되었습니다.

2. 그는 이 직책을 죽을 때까지 교우들과 선교사들이 만족해하는 가운데 잘 해냈습니다. 처음에는 충청도 임천 고을에서 살다가 전주 지방의 대성 고을로 이사와 자리 잡았는데, 그의 집은 그 마을의 많은 교우들의 강당이 되었습니다. 교우들은 그의 집에 모여 함께 기도도 드리고 교리문답을 배우기도 했습니다. 1866년 추수 때에는 박해가 뜸했으나, 논밭일이 끝나자 천주교인에 대한 수색이 더욱 심해졌다는 소문이 돌고 있었습니다. 그는 걱정하며 식구들에게 이렇게 말했습니다. "곡식을 키로 까불어서 검불과 분리시키는 것처럼 천주께서도 박해 때에 그렇게 하시는데, 나 같은 사람을 천주께서 당신 곳간에 받아 주실까요?"

3. 하루는 나무꾼들이 그의 집 앞으로 지나가면서 "서양교를 따르는 사람들은 오래지 않아 잡혀서 사형을 당할 테니 이 마을은 쑥밭이 되겠구나"하고 말했습니다. 아니나 다를까 1866년 12월 5일 밤에 저녁기도를 드린 후 어린 아기가 그를 부르는 소리를 들었는데, 그는 어떤 일이 벌어지고 있는지 이내 알아챘습니다. 그는 식사 준비를 하고 있던 아내에게 뒷문으로 도망치라고 하니 아내는 딸 데레사와 함께 가까운 밭으로 피해 달아났습니다. 그리고 나서 그가 나가 대문을 여니 포졸들이 와 있었습니다. "당신들은 누구시오?" 하고 그가 말하자, "담배를 사러 왔소."하고 포졸이 대답하였습니다 "담배 팔 것이 없는데요."하고 말하자 그들은 본색을 드러내며 말했습니다. "담배 있고 없고 간에 너를 체포한다. 가자." "무슨 죄를 지었다고 체포하는 거요?" "서양교를 믿는 죄인으로 잡는 것이다. 서양교를 믿느냐?" "믿습니다." "그러면 가자."

4. 그래서 그는 포졸들에게 끌려 그곳에서 3km 떨어진 구진버리 주막 거기서 그는 마을의

관리인 오사문을 시켜 손을 써보려고 했습니다. 그 관리인은 어머니가 외교인이기는 하지만 천주교에 호감을 갖고 있었고, 그도 평소에 손선지 베드로에게 잘 대해 주었던 사람이었습니다. 오사문은 주막으로 가서 최홍태라는 포졸을 만나 그의 석방을 청했습니다. 그러자 포졸은 "그의 석방은 우리에게 달린 것이 아니고 죄인에게 달렸소. 그가 천주교인이 아니라고만 말하면 일이 어렵지 않을 거요. 그 사람을 놓아주리다."하고 대답했습니다.

5. 그 말을 들은 오사문은 그의 곁으로 가서 말했습니다. "한마디만 하면 자네는 돈을 많이 낼 것도 없이 풀려 날걸세. 한마디만 하게 그 교를 믿지 않는다고 말이야." 그러나 손선지는 "그건 도저히 할 수 없네."하고 분명히 말했습니다. 오사문이 포졸에게 가서 그 사실을 말하자 포졸은 이렇게 말했습니다. "그 사람이 천주교인이 아니라는 말 한마디만 하면 그를 놓아줄 수 있는 핑계가 될거요. 그렇지만 그 말을 하지 않겠다고 한다니 절대로 석방할 수 없어요." 오사문이 다시 그에게 가서 배교를 권해 보았지만 그는 "나는 죽을 결심을 했네. 그런데 자네가 하는 일이 내게는 큰 유혹이 되니 가주게"하고 말했습니다. 오사문은 마을로 돌아와 그에게 배교를 권유했지만 실패했다는 이야기를 다른 사람들에게 했습니다.

6. 그 이튿날 붙잡힌 사람들은 모두 일곱 명이었습니다. 포졸들의 호위를 받으며 그들의 체포를 명령한 관리가 주재하는 전주로 갔습니다. 관아에 도착하자마자 그는 심문을 받았습니다. "네가 천주교를 믿는다는데 사실이냐?" "그렇습니다. 저는 천주교를 믿습니다." 같은 질문이 세 번이나 되풀이 되었습니다. "네가 천주교 믿는 자들의 우두머리니, 틀림없이 책을 많이 가지고 있을 것이다. 그 책들을 갖다 바쳐라. 그 뿐만 아니라 서양인이 네 집엘 드나든다고 하는데 그 서양인이 어디로 갔는지 말해라" 회장이라는 직책이 알려져 아주 가혹한 고문을 당하면서 그는 이렇게 대답했습니다. "저는 책은 가진 것이 없습니다. 서양 사람은 며칠 전에 들렀습니다마는 어디로 갔는지 모릅니다."

7. 사흘 후에 그는 다시 공식문초를 받고 고문을 당했으나 여전히 대답을 하지 않고 않았습니다. 이렇게 공식문초는 두 번 뿐이었으나, 포졸들에 의한 사사로운 형벌은 더 심해져 제멋대로 질문하면서 고문을 가하곤 했습니다. 그들은 그의 옷을 벗기고 넷이 한꺼번에 매질을 했습니다. "네가 서양교의 우두머리라는데, 네 집에 들른 서양인이 어디 있느냐? 서양교의 책을 어디다 두었느냐?" 그는 대답하였습니다. "서양 선생은 우리 집에 왔다가 서울 쪽으로 갔소. 그러나 서울 어디에 있는지는 모르오. 책으로 말하면 가진 것이 없소." 그러자 관졸들은, "네가 책이 없다는 게 말이 되느냐?"하고 팔을 어그러지게 해서

부러뜨리기까지 했습니다. 그때부터 그는 같이 갇혀 있는 사람의 도움을 받지 않고는 먹을 수도 없고 마실 수도 없었습니다.

8. 그러나 한 번도 정신적인 기력을 잃었다는 표를 보이지 않았습니다. 그가 체력이 줄어드는 것을 느꼈던 것일까? 죽기 며칠 전에 이미 오래지 않아 죽으리라는 것을 확신하고, 이웃사람들에게 음식 이야기를 하면서 할 수 있는 한 음식을 잘 보관해 두라고 권했습니다. 용감한 그는 끝까지 마음의 평온을 잃지 않고 모든 고통을 잘 참아 견디었습니다. 그가 숲정이 형장으로 향하기 위해 감옥을 나설 때도 그곳에 더 남아 기다려야 하는 다른 교우에게 옷을 주면서, "나는 이제 죽으러 가오. 이 옷은 더 이상 내게 소용이 없으니 이 옷을 입으시오"라고 태연하게 말하였습니다. 지정된 사형장에 도착해서도 그는 희광이한테 목을 내주기 전에 먼저 얼굴을 하늘을 향하여 쳐들고 기도를 드렸습니다.

9. 최 요셉이란 사람은 그가 여러 번 계속해서 예수님과 성모 마리아를 부르는 소리를 들었다고 후에 증언하였습니다. 1866년 12월 13일 참수형이 선고되어 이윽고 숲정이 형장에서 칼을 든 병졸이 그의 어깨를 내리치자 그는 죽은 체하기는커녕 오히려 머리를 쳐들며 "장난하지 마시오."하고 큰 소리로 외쳤습니다. 그러자 희광이는 다시 칼을 높이 올렸다가 힘 있게 내리쳐서 목이 땅에 떨어졌습니다. 그는 5명의 교우와 함께 순교하였습니다. 이때 그의 나이는 48세였습니다. 구경꾼들은 서로 이런 말을 주고받았습니다. "저 사람이 첫 번째 칼질을 받고 죽은 체했으면 살아남을 가망도 있었는데, 바보같이 소리를 지르는 바람에 영영 죽었네 그려." 처형된 지 3일이 지난 후에 교우들이 시신을 형장 근처의 용마루 재에 안장하였습니다. 그의 유해는 절두산 순교기념관에 안치되어 있습니다.

(1819-1866, 1866.12.13.순교, 축일: 9.20, 회장, 병인박해참수, 한국)

## 137. 성 이명서 베드로는 어떤 분이신가요?
(순례길 154-155, 192, 198, 200-201)

1. **성 이명서 베드로**는 충청도 출신으로 일명 재덕으로도 불렸습니다. 박해를 피해 여러 지방을 유랑하다가 1866년 병인박해가 일어나기 몇 해 전부터 전주 소양 지방의 교우촌인 성지동에 정착하였습니다. 결   혼하여 슬하에 많은 자녀를 둔 그는 열심한 신앙생활을 함으로써 주위에 있는 모든 사람한테 존경과 사랑을 받았습니다. 또 성품은 어질고 온순하였습니다. 잡히기 며칠 전에 **성 조화서 베드로**가 교우 여럿이 모인 자리에서 "우리는 며칠 후에 잡힐 것입니다. 그러

니 우리는 피신하여야 합니다. 피신하지 않는다는 것은 곧 수난을 자원한다는 것이나 다름없습니다."하고 말하자 그는 "사정이 그러하니 여러분은 곧 피하십시오. 나는 지금 이런 병(심장병이라고도 하며 가슴앓이라고도 한다)이 있어 기동도 힘들지만 며칠 안 되어 천주님께 불림을 받게 될 것입니다. 그때 내 병도 나을 것입니다."라고 말하였습니다.

2. 이것으로 미루어 볼 때 그는 순교로써 지상에서의 모든 고난을 탈피하여 천상에서의 영광을 위해 필요한 예비를 단단히 하고 있었음을 알 수 있습니다. 1866년 12월 5일 저녁 조화서 베드로를 붙잡아 가던 포졸이 별안간 그의 집을 덮쳤습니다. 막상 그 일이 닥치자 "너도 천주학장이지?"하고 포졸들이 호통 치는 바람에 당황하여 그는 자신도 모르게 부인하는 말을 했습니다. 그러나 옆에 있던 사람들이 그를 격려해 주었고, 특히 성질이 급한 조화서 베드로의 말에 용기를 얻어 그 즉시 정신을 되찾고, "네. 아까는 무서워서 그랬지만 사실 나는 천주교 신자입니다"라고 말하였습니다. 이 말을 듣자 포졸들은 그의 온 집안을 수색하며 책들과 돈은 어디 두었느냐고 캐물었습니다. 그는 책은 가진 것이 없고 모든 것은 귀로 들어서 배웠다고 말하자 포졸들은 참말인가 보려고 주기도문과 성모송을 외워보게 하였습니다.

3. 그러자 그는 주기도문과 성모송을 외웠습니다. 그리고는 자기가 환자이기도 하거니와 처자들을 생각하여 생명만을 부지해 달라고 포졸들에게 애원하였습니다. 그랬더니 늙은 포졸 하나가 그의 말을 듣고 동정심이 생겨 그를 놓아 주면서, 다른 포졸들한테 들키지 않게 밤을 이용해 도망가라고 말해 주었습니다. 그는 그 말만을 믿고 집에 그냥 머물러 있다가 다음 날 아침 포졸들이 도착할 무렵 보따리를 어깨에 메고 산으로 피하였습니다. 이를 본 포졸들이 몸이 쇠약하다는 그의 말을 믿지 않게 되었고, 그를 쫓아가 체포하여 다시금 집으로 끌고 와서 선생의 이름을 대라고 문초하였습니다. 그는 자기에게 선생이라고는 자기 부친밖에 없으며 책은 한 권도 갖고 있지 않다고 말하였습니다.

4. 그러자 포졸들은 그의 애원을 뿌리치고 끌고 나아가 조화서 베드로와 **성 조윤호 요셉**이 있는 어느 주막으로 데리고 갔습니다. 이때 관졸은 그가 환자이기 때문에 쉽게 배교하리라 생각하고 제일 먼저 심문을 하였습니다. 그러나 그들의 생각대로 되지 않았습니다. 그는 천주학을 하느냐고 묻는 원님에게 "내 수십 번을 죽는다 해도 천주교를 따를 것이오."하고 말하면서 배교를 단호히 거부하였습니다. 그리고 다른 교우들을 대라고 하는 것을 거절함으로써 주리를 트는 등 여러 가지 혹독한 고문을 받았지만, 그는 경탄할 정도로 용감하게 잘 이겨나갔습니다. 거기 있던 교우들 모두 감옥살이로 인해 몸이 쇠약해지고 거기다 여러 번 걸쳐 잔인한 고문까지 당했습니다. 하지만 이들은 모든 것을 잘 견

디어 내고 서로 격려하며 함께 기도를 드릴 뿐만 아니라, 기어이 배교를 거부함으로써 사형선고를 받게 되었던 것입니다.

5. 처형되는 날도 먼 길을 끌려가면서 모두가 한결같이 천국에 들어가게 됨을 기뻐하였습니다. 그때 그는 "여러분들이 말하는 그대로 오늘 우리 모두는 치명을 마치면 곧장 천국에 들어 참 행복자가 될 것입니다. 이 행복을 결코 작은 것이 아닙니다."라고 희열에 넘쳐 말하였습니다. 이러한 그의 얘기는 당시 주위에 있던 외교인들까지도 놀라게 하였던 것입니다. 물론 외교인들은 한마디만 하면 살아날 텐데도 이를 거절하는 교우들의 확고부동한 신앙을 알아들을 리 없었습니다. 정해진 전주 숲정이 처형 장소에 이르러 모든 절차가 끝난 후 47세 된 그는 첫 번째 칼에 목을 땅에 떨어뜨리며 숨을 거두었으니, 때는 1866년 12월 13일이었습니다. 마음이 착하고 독실한 구교우로서 지상에서 하여야 할 일을 기쁨으로 끝마치니, 그의 시신은 처형 3일 후에 교우들이 용마루 재에 안장하였습니다. 그의 유해는 절두산 순교기념관에 안치되어 있습니다.

(1820-1866, 1866.12.13.순교, 축일: 9.20, 농부, 병인박해참수, 한국)

## 138. 성 한재권 요셉은 어떤 분이신가요?
(순례길 154-155, 192, 200-201)

1. **성 한재권 요셉**은 태중교우로 충청도 진잠에서 아버지 한언적 도미니코와 어머니 성주 배씨 사이의 장남으로 태어났으며, 일명 원익으로도 불렸습니다. 부모의 착한 모범을 따라 독실한 신앙생활을 하였고 또  한 진잠 지방의 회장으로 활동하였습니다. 한편 그는 서 막달레나와 결혼했으나 슬하에 자식이 없어 동생 한재용의 장남인 한정석을 양자로 택하여 후대를 물리었습니다. 충청도 진잠에도 박해가 일어나자 아버지 한언적 도미니코는 전라도 고산 다리실(전북 완주군 비봉면 내월리 천호공소)로 피신하였습니다. 이때 그는 한재권 요셉, 한재용, 한재식, 한재관 4형제를 데리고 왔으나 다시 그곳에서 대성동 신리골(전북 완주군 소양면 대성동 신리)로 이사하여 살고 있었습니다.

2. 이곳에서는 그가 회장직을 맡지 않았는데, 그이보다 먼저 이 동네에 정착한 **성 손선지 베드로**가 그 직책을 맡고 있었기 때문이었습니다. 외교인이나 교우 모두가 그를 착실하고 성격이 좋은 사람으로 생각하고 있었습니다. 그는 교우 본분을 매우 충실하게 지켰으며, 그의 먼 조카뻘 되는 최 토마스는 "한재권 요셉은 여러 해 전부터, 즉 그가 아직 충청

도에 살고 있을 때부터 순교하기를 열망했다"고 말했습니다. 1866년 12월 5일 저녁 포졸들이 마을에 들이닥쳤을 때 그는 그것도 모르고 장작을 패고 있었습니다. 포졸들에게 잡히자마자 그는 곧 구진버리 마을의 주막으로 끌려가 대성과 성지동의 두 이웃마을에서 잡혀온 교우들과 같이 밤을 새웠습니다.

3. 이튿날 그는 다른 교우들과 같이 전주의 감영으로 압송되었습니다. 옥에서 겪은 시련이 그에게는 특히 어려웠습니다. 그는 동지들과 같은 문초와 고문을 당하고 배교를 시키려는 관리의 반복된 노력을 견디어 내야 했습니다. 그뿐만 아니라 그를 죽음에서 끌어내기로 결심한 가족들의 간청도 견디어야 했습니다. 어떤 사람의 말에 따르면 그는 한때 마음이 약해졌다가 순교를 하겠다는 매우 굳은 결심으로 곧 마음을 고쳐먹었다고 합니다. 그러나 시복소송의 증인들은 이 풍문을 자세히 이야기하면서 그는 결코 그에게 가해지는 압력에 굴복한 적이 없었다고 이구동성으로 단언하며 이를 증언하였습니다.

4. 그의 아버지는 박별감이라는 외교인 벼슬아치를 알고 있어서 그로 하여금 감사에게 청해서 아들이 풀려나게 해달라고 부탁을 했습니다. 박별감이 아직 감사에게 교섭을 하지 않았는데 그는 아래와 같은 아버지의 전갈을 받았습니다. "박별감에게 감사를 찾아가서 돈을 받고 너를 풀어주도록 해달라고 부탁했다. 네가 감사 앞에 불려나갔을 때 그가 '네가 천주교를 믿느냐, 그렇지 않느냐?'하고 물으면 그저 한마디 '아니오.'라고만 하면 일이 잘되어서 네가 풀려날 것이다. 그러니까 그렇게 말해라." 심부름꾼은 전에 그의 아버지와 한 동네에 산 적이 있는 송화인이라는 관리였습니다.

5. 그는 아버지께 이렇게 전해드리라고 했습니다. "그 말은 적합하지 않습니다. 아버지가 하시는 것같이 하는 것은 쓸데없는 일입니다." 이렇게 그가 동의를 하지 않았지만 박별감은 감사인 이근섭을 찾아가 이렇게 말했습니다. "저는 한씨의 친구입니다마는 그가 감사님께 아들 원서를 석방시키도록 돈을 드리라고 제게 부탁했습니다. 감사님은 어떻게 결정하시겠습니까?" 감사는 이 제의에 관심을 보이지도 않은 채 이렇게 대답했습니다. "그 한가가 서양교를 쫓지 않겠다고 말하면 풀어주겠지만, 비록 죽어야 한다 해도 그 교를 믿는다고 줄곧 되풀이하고 있으니 나는 그자를 석방할 수가 없네." 박별감은 이 일을 흥정하려고 다시 한 번 감사에게 가서 교섭을 했습니다. 그러나 감사는 화를 내며 박별감에게 썩 물러가라고 명했습니다. 그의 아버지는 그래도 실패한 것으로 생각하지 않고, 관아의 무리들에게 많은 선물을 했습니다.

6. 이들은 갇힌 사람을 내보내는 데 동의하고 싶었으나 그는 아버지에게 "제가 떠나더라도 아버지께서는 아들이 여럿 남아있습니다. 저는 이 기회를 꼭 붙잡아서 순교를 하려고 합니

다."하고 말하면서 이를 거절했습니다. 과연 그는 함께 갇혀 있던 동료 교우 5명(**성 정문호 바르톨로메오, 성 조화서 베드로, 성 손선지 베드로, 성 이명서 베드로, 성 정원지 베드로**)과 함께 1866년 12월 13일 전주 서문 밖 숲정이에서 참수형을 받고 단칼에 그의 머리가 땅에 떨어지니 그의 나이 32세였습니다. 그의 시신은 남녀 교우들에 의해 순교지 근처의 용마루 재에 묻혔으나 시신이 이장된 근처에 옮겨지니 곧 전주지방의 막고개가 바로 그곳입니다. 그의 유해는 절두산 순교기념관에 안치되어 있습니다.
(1835-1866, 1866.12.13.순교, 축일: 9.20, 회장, 병인박해참수, 한국)

### 139. 성 정원지 베드로는 어떤 분이신가요?
(순례길 155, 198, 200)

1. **성 정원지 베드로**는 충청도 진잠에서 태중교우로 출생하였으며, 일명 원조라고도 불렸습니다. 아버지는 일찍 순교하였고, 늙으신 어머니와 충청도 고향을 등지고 전라도 전주 부근의 수널마루에 피난해서 살   다가 금구지방으로 이사했습니다. 1866년 병인박해 당시, 즉 그가 잡히기 전에는 전주지방의 성지동에서 늙으신 어머니와 형, 그리고 아내와 함께 **성 조화서 베드로** 집에 셋방을 얻어 착실히 신앙생활을 하며 살고 있었습니다. 그러나 나이가 어렸기 때문에 그에 대한 평판은 그리 널리 알려지지 못했습니다. 조화서 베드로가 잡히던 1866년 12월 5일 그는 산으로 몸을 피신하였습니다.

2. 그러나 조용하던 마을의 동태를 살피는 사이 산으로 그를 잡으려고 올라온 포졸과 동리 뒤 산마루에서 마주쳐 잡히게 되었습니다. 그도 조화서 베드로 일행 5명과 함께 구진버리 주막에 끌려가게 되었습니다. 이때 "천주교를 믿느냐?"하고 한 포졸이 묻자 그는 엉겁결에 "나는 그런 잘못을 저지른 죄가 없어요."하고 대답했습니다. 그 말을 듣고 옆에 있던 조화서 베드로가 그를 호되게 나무랐습니다. "나하고 같은 집에서 사는 네가 천주교를 믿지 않는다고 말하니 이 사람들이 네 말을 믿을 수 있겠느냐? 그리고 이 교를 믿으면서도 믿지 않는다고 말을 하느냐?" 그러자 그는 "무서워서 그렇게 말했어요."하고 대답하고는 포졸들을 향해 "저도 천주교를 믿습니다."하고 말했습니다.

3. 그러자 포졸들은 큰소리로 말했습니다. "아니 이 불한당 녀석이 미쳤군 그래! 이 교를 믿지 않는다고 말했다가 이제 와서는 믿는다고 그러니 말이야." 그리하여 그도 사학죄인으로 취급되어 구진버리 주막에서 하룻밤을 묵고 전주 감영으로 옮겨졌으나 그가 갇힌

곳은 감옥 전면이었습니다. 그 후 포졸은 그에게 물었습니다. "네 교리 선생은 누구냐?" "저는 아버지 때부터 천주교인입니다. 아버지는 천주교를 믿었기 때문에 공주 감사에게 죽음을 당했고, 저는 어머니와 이리저리 떠돌아다닙니다." "네 아버지가 천주교를 믿었기 때문에 공주 감사에게서 사형을 받았다면서, 그래 너까지 그 교를 믿는단 말이냐?" "예, 저도 아버지 계신 데로 가려고 천주교를 믿습니다."

4. "네가 그 교를 믿지 않는다고 말하면 목숨을 살려 주마, 그저 믿지 않는다고만 말해라." "그건 안 됩니다. 저도 죽어서 아버지를 따라가고 싶습니다." 신앙 증거자인 그의 이 말을 듣고 포졸들이 말했습니다. "이 놈도 저 악당과 똑같은 놈이다." 포졸들은 그의 손과 발을 묶어 포도청 감옥에 가두었습니다. 그와 동료 모두가 치명의 영광을 기뻐했지만, 한편으로 그는 늙은 어머니를 생각하며 지극한 마음에 여러 번 눈물을 흘리기도 했습니다. 그러나 다른 교우들의 많은 격려를 받고 나서는 다시 전과 같이 기쁨에 넘치게 되었습니다. 그리하여 "천국에서 우리는 서로 만날 때가 있을 것이니 너무 근심하지 마십시오."라고 가족에게 위안을 남기기도 하였습니다.

5. 1866년 12월 13일 옥에 갇힌 지 이레 뒤에 그도 동료들과 함께 읍내의 서문밖에 있는 숲정이 처형장으로 끌려갔습니다. 거기서 사형집행의 준비절차가 행해지는 동안 사형수들은 앉아 있게 하였습니다. 그러나 옥졸 하나가 술기운에 사형수들의 주위를 빙빙 돌며 선동하기 시작했습니다. "하늘에 대고 모욕하는 말을 해라. 그렇게 하면 살려준다. 저 하늘보고 욕하란 말이다." 포졸들이 이 말을 여러 번 했을 때 사형수들 중에서도 나이 어린 그가 듣고 쏘아붙였습니다. "이 불한당 같으니라구. 그래 너는 아비 어미에게 악담을 하겠느냐?" 그리고는 머리를 숙였습니다.

6. "놀라운 일이군, 저 사람은 죽는 것을 무서워하지 않는군."하고 구경꾼들이 말했습니다. 그의 동료들은 머리를 숙이고 있었지만 슬픈 빛을 띠고 있지는 않았습니다. "그들은 한 방울의 눈물도 흘리지 않았다"고 한 증인이 말했습니다. 구경꾼들의 비난은 여전히 계속되었습니다. "저 사악한 사람들이 완전한 천주교인들이구먼, 그래서 입술을 움직이면서 하늘에 올라가기 위한 무슨 말을 외고 있구먼." 처형준비가 끝나자 감사는 사형집행관석에 자리 잡더니 여섯 명의 신앙증거자를 불러다 놓고 이렇게 말했습니다. "우리 공자의 도는 너무 심오해서 우리가 그것을 철저하게 알고자 해도 힘이 모자란다. 내가 너희를 죽게 하는 것은 너희가 외국의 종파를 따르기 때문이다. 너희는 죽게 되지만 너희의 죽음을 아무의 죄로도 삼지 마라."

7. 신앙증거자들은 "선고는 옳습니다."하고 대답했습니다. 그의 차례가 되자 그는 망나니에

게 목을 드리웠습니다. 그의 머리는 숲정이에 장을 보러 온 장꾼들이 주시하는 가운데 단칼에 떨어졌습니다. 이렇게 5명의 교우와 함께 참수치명 순교의 영광을 얻으니 그의 나이 22세였습니다. 그의 시신은 그날 함께 치명한 교우들과 함께 오사현의 주선으로 순교지 근처의 용마루 재에 임시로 묻혔다가 다음 해 3월 초에 그의 형 정원집의 손에 의해 고산지방의 다리실 천호산에 옮겨져 지금도 그 곳에 안장되어 있습니다.

(1845-1866, 1866.12.13.순교, 축일: 9.20, 농부, 병인박해참수, 한국)

## 140. 성 조윤호 요셉은 어떤 분이신가요?
(순례길 155, 158, 198)

1. **성 조윤호 요셉**은 1848년 충청도 신창 남방재에서 아버지 **성 조화서 베드로**와 어머니 한 막달레나 사이에서 태중 교우로 태어났습니다. 그는 어려서부터 신앙심이 남다르고 착실한 생활을 하였습니다. 1865   년 아버지와 함께 전주 유상리 성지동으로 이사하여 이 루치아와 결혼하고 아버지 집에서 함께 살았습니다. 1866년 12월 4일 밤에 그의 아버지가 체포되었는데 그는 도망가라는 아버지의 말을 듣고도 이때를 기다려 믿어왔으니 자신은 순교하겠다면서 도망치지 않았습니다. 그가 전주 감영으로 끌려와 심문을 받을 때 형장은 젊은 사람이 죽어서야 되겠느냐며 배교하고 나가라고 설득했습니다.

2. 그러나 그는 사람이 한 번 죽기를 면치 못하거늘 어찌 천주를 배반할 수 있느냐며 완강하게 거부했습니다. 이윽고 아버지 조화서 베드로의 처형 날이 왔습니다. 그는 형장으로 떠나는 아버지에게 '아버지께서는 오늘 영복을 누리는 곳으로 가시니 마음변치 마시고, 가시거든 저를 잊지 말아주십시오.'하며, 뒷날 천국에서 만나기로 하고 헤어졌습니다. 당시 형법에는 부자나 형제를 한 날, 같은 장소에서 같은 칼로 처형할 수 없었습니다. 아버지 조화서 베드로가 처형된 후 형장은 그에게 지금도 늦지 않았으니, 배교하면 석방시켜 주겠다며 설득했으나 그는 천지만물 대 주재를 알고 공경했는데 어찌 배반할 수 있느냐면서 완강히 거부했습니다.

3. 그래서 사형이 집행될 수밖에 없었습니다. 형장(刑場)은 서천교 장터가 있는 서천교 밑이었습니다. 부자를 같은 칼로 죽일 수 없다는 법 때문에 포졸은 그의 두 손을 합장시켜 턱을 고이고 태장을 쳤습니다. 태장을 200여 대쯤 치다가 몸이 움직이지 않자 포졸들은 그가 죽었는지 확인하였으나 아직 살아있었습니다. 그러자 목에 밧줄을 감고 거지들을 붙

들어다가 양쪽에서 잡아당기게 하여 그는 마침내 순교하였습니다. 그는 할아버지 조 안드레아와 아버지 조화서 베드로에 이어 가문의 3대가 함께 순교하는 영광을 얻었습니다. 때는 1866년 12월 23일, 그의 나이 19세였습니다.
(1848-1866, 1866.12.23.순교, 축일: 9.20, 농부, 병인박해교수, 한국)

### 141. 성 이윤일(李尹一) 요한은 어떤 분인가?
(순례길 154-155, 175, 185-186, 189, 196)

1. **성 이윤일(李尹一) 요한**은 충청도 홍주 출신의 태중 교우였으며 일명 제헌으로도 불렸습니다. 그는 고향을 등지고 경상도 문경의 여호목골에 이사하여 정주하고 있었습니다. 그는 농업에 종사하였고 결혼하여
슬하에 자녀를 낳아 기르면서 회장으로도 활동했습니다. 그는 큰 키에 길고 숱이 많은 수염까지 기르고 있어 외모에 특색이 있었고, 또한 신심이 깊고 열렬하고, 성품이 온순하고 솔직담백한 사람으로 정평이 나 있었습니다. 그의 가정은 역대로 내려오는 신앙가문으로서 선친들 중에 여러 분들이 전교회장을 지냈습니다. 그도 가풍을 이어받아 온갖 가능한 방법과 노력으로 자기 본분을 성실히 수행하고 있었습니다. 때는 1866년 11월 초, 그의 아들 이의서의 증언에 의하면 그는 포졸들이 자기에게 다가오는 것을 알면서도 집에 그냥 앉아 있었습니다. 몸을 피할 수도 있었지만 자리를 그대로 지키고 있기를 원했는데, 이처럼 그는 이미 순교할 준비가 되어 있었던 것입니다. 포졸들이 그에게 "이 마을을 대표하는 집주인이 누구냐? 천주교를 믿는 자가 누구냐?"하고 묻자 그는 선뜻 나서서 "바로 나요"하고 점잖게 말하였습니다. 계속해서 "이 마을 밖에도 천주교를 믿고 행하는 자가 있느냐?"하며 포졸들이 다그쳤지만 그는 없다고 대답했습니다. 이때 그와 함께 체포된 교우들의 수는 거의 30여명이나 되었는데 이들 중 그의 집안사람이 8명이나 되었습니다. 이들은 모두 문경으로 압송되어 감옥에 갇혔습니다. 때마침 현감이 공석중이라서 심문은 없었으나, 그 반면 포졸들이 설쳐 돈을 빼앗을 목적으로 그를 고문한 후 끝내는 집에까지 가서 재산을 모두 탈취해 갔습니다. 포졸들은 이곳에서 사흘을 끌다가 사주고을로 다시 압송하였습니다.

2. 그에게는 큰 칼(중죄인의 목에 씌우던 형구)을 씌우고 발은 쇠사슬로 묶었습니다. 상주에 도착하자 그는 세 번씩이나 끌려 나가 문초를 받았는데, 이때마다 자기는 천주교 신자임을 더욱 다짐하며 또한 자기와 함께 잡혀 끌려온 교우들 외에 다른 동료는 없다고 똑똑

하게 잘라 말했습니다. 상주 목사가 배교한다는 말을 한 번만 하라고 유혹해 봤지만, 그는 한사코 거절하였습니다. 그리고 계속된 갖가지 잔인한 고문과 형벌을 크나큰 용덕으로써 참아 견뎌 나갔습니다. 한편 상주 목사는 마지막 문초를 마친 다음 여러 곳에서 끌려온 70여명의 교우들을 세편으로 갈라 세웠습니다. 첫째 편에는 집으로 돌려보낼 배교한 자들과 어린 아이들이 있었고, 둘째 편에는 신앙을 버리지 않았기 때문에 처형을 당하게 될 21명의 교인들이 있었으며, 셋째 편에는 그들이 말하는 소위 사교의 두목들이었습니다. 상주 목사가 죄수들에 대한 보고를 서울로 보낸 후 하교를 기다리던 중 1867년 1월 4일 흥선대원군(興宣大院君)은 임금의 윤허를 얻어 군중에게 교훈이 되도록 결정적인 명령이 내렸습니다. 그에 따라 그와 회장 김씨 형제에게 사형선고문이 낭독되고 세 번씩이나 곤장을 때린 후 그와 셋째 편에 낀 그의 동료 김씨 형제는 상주를 떠나 관찰사가 있는 대구로 가게 되었습니다.

3. 그는 대구로 끌고가 처형할 것이라는 선고를 듣고 기뻐했습니다. 떠나면서 그는 아들에게 말했습니다. "나는 순교하러 간다. 너희들은 집에 돌아가서 열심히 천주계명을 지키고 후에 나를 따라라." 이러한 용기를 그는 기도에서 얻었는데 "그는 항상 기도하기를 그치지 않았다."고 같이 잡혔던 일행이 말했습니다. "그는 사람들에게 힘을 북돋아 주고 격려했으며, 무거운 칼을 쓰고 있는데도 늘 웃는 얼굴로 있었고 기쁜 듯이 보였다."고 덧붙였습니다. 대구에서 억류된 기간은 얼마 되지 않았습니다. 1867년 1월 21일 신앙증거자들은 남문 밖으로 끌려 나갔습니다 사형수들에게 아주 풍성한 식사가 제공되었습니다. 두 김씨 형제가 눈물을 흘리자 그는 용기를 내라고 그들을 격려하고, 기뻐하며 맛있게 식사를 했습니다. 그러고 나서 망나니를 불러 주머니 속에 있던 엽전 스물다섯 닢을 주며 말했습니다. "이것을 재물이라고들 하는데 나는 주머니에 이 돈을 지닌 채 죽지는 않겠네. 이걸 받고 내 목을 단칼에 자르게." 그리고 자기가 직접 나무토막을 갖다 목을 받쳐놓고는 망나니의 칼을 기다렸습니다. 결국 사교죄인이라는 죄목으로 김씨 형제와 함께 대구 남문 밖 관덕정에서 참수형을 받고 순교하니 그의 나이 46세였습니다. 참수형이 집행되는 순간까지 울고만 있던 회장 김씨 형제와는 좋은 대조가 되어 길이 칭송을 듣게 되었습니다. 그의 시신은 교우들에 의해 그날 밤 형장 근처에 임시로 묻었다가 3년 후 날미 뒷산으로 옮겨졌습니다.

(1822-1867, 1867.1.21.순교, 축일: 9.20, 회장, 병인박해참수, 한국)

PART 3

# 103위 한국 순교성인들과 함께 하는 순례여정

## 새남터 순교성지

새남터 형장의 본래 위치는 서부 이촌동 아파트 인근으로, 한자로는 사남기(沙南基) 또는 노량사장(鷺梁沙場)으로 표기되어 왔다. 한국 천주교회에서는 이미 1890년부터 이곳의 순교터를 매입하고자 하였으나 경부선 공사로 인해 실패하였고, 1956년이 되어서야 비로소 본래의 순교 터보다 북쪽으로 500보 남짓 되는 곳(현 용산구 이촌 2동)에 현양비를 세울 수 있었다. 현재 한식의 새남터 성당이 들어서 있는 곳이 바로 이 자리다. 이 새남터의 북쪽 공터는 일찍부터 군사들의 연무장으로 사용되어 왔고, 조선 후기까지 숲이 울창하였다. 따라서 군문효수형(軍門梟首刑)을 받는 중죄인인 경우에는 서소문 밖 대신 이곳을 형장으로 사용하였다. 1468년 모반죄로 처형된 남이(南怡) 장군의 형 집행도 이곳에서 이루어졌다.

새남터가 천주교 순교자들의 처형지로 이용되기 시작한 것은 1801년 신유박해(辛酉迫害)로 중국인 주문모(야고보) 신부가 군문효수형을 당한 때부터였다. 한국 천주교회가 맞이해 들인 최초의 성직자 주문모 신부. 그러므로 그의 최후를 지켜본 신자들은 훗날 그의 성덕을 기리면서 이렇게 증언하였다.

"사형 집행을 준비하는 동안 맑고 청명하던 하늘에 갑자기 두터운 구름이 덮이고, 형장 위에 무서운 선풍이 일어났다. 맹렬한 바람과 거듭 울리는 천둥소리, 억수같이 퍼붓는 흙비, 캄캄한 하늘을 갈라놓은 번개, 이 모든 것이 피비린내 나는 형벌을 집행하는 사람들과 구경꾼들의 가슴을 놀래고 서늘하게 하였다. 이윽고 거룩한 순교자의 영혼이 하느님께로 날아 가자 구름이 걷히고, 폭풍우가 가라앉고, 아름다운 무지개가 나타났다. 순교자의 머리는 장대에 매달렸고, 시신은 다섯 낮 다섯 밤 동안 그대로 버려져 있었다. 그러나 매일 밤 찬란한 빛이 시신위에 나타났다가 사라지곤 하였다."

[황사영의 '백서', 81행;신미년(1811년)에 조선 신자들이 북경 주교에게 보낸 서한]

# 제1장 서울대교구

## 142. 가톨릭대학교 성신교정 순례지는 어떤 곳인가요? (성인 인물약전 39번)

1. 가톨릭대학교 성신교정 순례지는 젊은이들의 활기가 넘치는 대학로 뒤편 낙산 산등성이 위에 한국 천주교회를 이끌어 나갈 젊은 신학도들의 못자리인 가톨릭대학교 신학대학 내에 자리하고 있습니다. 신학교 성당에는 우리나라 최초의 방인(邦人) 사제인 **성 김대건(안드레아) 신부**의 유해가 모셔져 있어 이 땅의 참된 목자가 되려는 신학도들의 모든 삶과 함께하고 있습니다. 가톨릭대학교 신학대학의 효시는 1830년대까지 거슬러 올라갑니다. 당시 선교사들은 **성 정하상(바오로)**과 소년들에게 국내에서 신학 교육을 시키는 한편 김대건 안드레아, 최양업 토마스, 최방제 프란치스코 등 세 명을 마카오로 유학을 보냈습니다. 그중 김대건 안드레아 신부와 **가경자 최양업(토마스) 신부**만이 사제품을 받고 귀국해 활동하다가 순교하였습니다.

2. 1855년 충청도 제천 배론에 설립된 성 요셉 신학당에서 시작된 가톨릭대학교의 역사는 박해를 이겨내고 1885년 강원도 여주군 범골(부엉골)에 예수 성심 신학교를 설립하였고, 2년 뒤인 1887년에 서울 용산 함벽정(현 원효로 4가)으로 신학교를 이전하였습니다. 1942년 일제에 의해 용산 신학교가 강제로 문을 닫기도 했지만, 해방과 함께 경성 천주공교 신학교로 개칭하여 다시 문을 열었고, 성신대학이라는 명칭을 거쳐 오늘에 이르고 있습니다. 1954년 가톨릭대학 의학부라는 이름으로 의학대학이 설립되었고, 1995년에는 성심여자대학교와 통합하여 명실상부한 종합대학의 면모를 갖추었습니다.

- 주소 서울시 종로구 창경궁로 296-12 ☎ 02-740-9714  • 홈페이지 http://songsin.catholic.ac.kr
- 관할 성신교정 총무과 ☎ 02-740-9707 / 개인: 동·하계 방학 중 방문 가능(1-2월, 7-8월)
  / 단체: 공문 접수 예약 후 방문

## 143. 노고산 성지는 어떤 곳인가요? (성인 인물약전 41, 69-72, 124, 126)

1. 노고산 성지는 천주교 박해 때 여러 처형장과 지리적으로 가까운 이유로 많은 순교자들의 시신이 매장되었던 유서 깊은 성지입니다. 현재 노고산 일대에는 예수회에서 운영하는 서강대학교가 자리하고 있습니다. 순교자들의 땅 위에 학교 부지를 마련한 서강대학교는 2009년 6월 15일 기해박해 당시 새남터에서 순교한 후 노고산에 4년 동안 매

장되었던 **성 범 라우렌시오(앵베르) 주교, 성 나 베드로(모방) 신부, 성 정 야고보(샤스탕) 신부**를 기리기 위해 정문에서 가까운 가브리엘관 앞 소나무밭에 세 성인의 순교 현양비를 세웠습니다. 노고산 성지는 천주교 박해 때 사형을 당하고 그대로 형장에 내 버려진 순교자들의 시신을 신자들이 목숨을 걸고 관가의 눈을 피해 모셨던 곳 가운데 하나입니다. 여러 처형장과 가까워 많은 순교자들이 임시로 매장되었습니다. 1839년 기해박해가 시작되고 세 명의 외국인 사제, 곧 앵베르 주교, 모방 신부, 샤스탕 신부가 9월 21일 새남터에서 순교하였습니다. 이때 앵베르 주교의 나이는 43세, 모방 신부와 샤스탕 신부는 36세로 동갑이었습니다. 이들의 시신은 사흘 동안 버려져 있다가 한강변 모래톱에 묻혔습니다.

2. 세 선교사뿐만 아니라 1866년 3월 9일(음력 1월 23일) **성 최형(베드로)**과 함께 사형선고를 받고 그날로 서소문 밖 형장에서 참수되어 순교한 **성 전장운(요한)**, 3월 10일 사형선고를 받고 다음 날 제자 **성 우세영(알렉시오)**과 함께 새남터에서 군문효수형을 받고 순교한 **성 정의배(마르코)**의 시신은 처형된 지 며칠 후 부인들이 포졸들에게 돈을 주고 거두어 노고산에 안장하였다고 전해집니다. 1835년 한강변에서 누나 **성녀 이 아가타**와 함께 체포되어 포청과 형조에서 가혹한 고문을 당한 후 1838년 11월 25일 형조 옥에서 병사한 **성 이호영(베드로)**의 시신도 노고산에 묻혔다가 현재는 절두산 성해실에 모셔져 있습니다. 1839년 9월 12일 포도청 옥에서 숨을 거둔 **성 최경환(프란치스코)** 역시 둘째 아들 최의정 등이 시신을 수습해 노고산 근처에 가매장했다가 수리산으로 이장했고, 복자품에 오른 뒤인 1930년 5월에는 명동성당 지하묘지로, 1967년에는 다시 절두산 순교성지 성해실로 옮겨 안장되었습니다.

● **주소** 서울시 마포구 백범로 35 서강대학교 가브리엘관 앞 ☎ 02-705-8161(서강대학교 교목처)

## 144. 당고개(용산) 순교성지는 어떤 곳인가요? (성인 인물약전 39, 100-108)

1. 당고개(용산) 순교성지는 서소문 밖 네거리, 새남터에 이어 세 번째로 많은 성인을 탄생시킨 거룩한 땅입니다. 1839년 기해박해 당시 서소문 밖 네거리에서 장사를 하던 이들은 음력설 대목에는 처형을 중지해 줄 것을 요청하였는데, 이에 따라 서소문 밖 형장을 피해 조금 한강가로 나간 곳이 당고개입니다. 이곳에서 1840년 1월 31일에는 **성 박종원(아우구스티노), 성 홍병주(베드로), 성녀 손소벽(막달레나), 성녀 이경이(아가타), 성녀

이인덕(마리아), 성녀 권진이(아가타), 가경자 최양업(토마스) 신부의 모친 복자 이성례(마리아) 7명이, 다음 날인 2월 1일에는 **성 홍영주(바오로), 성 이문우(요한), 성녀 최영이(바르바라)** 3명이 순교하였습니다. 이곳은 이렇게 이틀에 걸쳐 10명의 남녀 교우들이 순교함으로써 기해박해를 장엄하게 끝맺은 거룩한 곳입니다.

2. 서울시의 성지 인근에 대한 재개발로 인해 2008년 4월부터 대대적인 성지 재개발 공사를 시행한 당고개 성지는 3년여의 공사를 통해 관내 근린공원과 연계해 주변 환경과의 조화를 이루었습니다. 공원 명칭 또한 '순교성인의 역사'가 깃든 신계 역사공원으로 변경되어 신자가 아닌 사람들도 순교자들의 삶을 느낄 수 있는 공간으로 거듭났습니다. 특히 성지 전체를 '어머니의 따뜻한 품'으로 형상화해 순교자들의 고통보다 그들이 하늘나라에서 신앙의 후손인 우리를 감싸주는 모성적 사랑을 표현했습니다. 한옥과 황토 토담을 이용해 고층 빌딩 한가운데 고향 마을처럼 포근함을 갖도록 재개발된 당고개 성지는 2011년 9월 4일 봉헌식을 거행했습니다.

3. 한편, 증언에 따르면 1846년 9월 16일(헌종 12년, 병오박해) 최초의 조선인 사제 **성 김대건(안드레아) 신부**가 참수형 집행을 위해 새남터로 끌려가던 중 잠시 쉬어 갔던 곳이기도 합니다. 요한바오로 2세 교황은 10명의 순교자 중 9명을 1984년 5월 6일에 시성하였습니다. 어린 자식들 때문에 한때 마음이 약해져 배교했던 이성례 마리아는 뒤늦게 프란치스코 교황에게서 2014년 8월 16일 시복되었습니다. 이곳은 2011년에 신계 역사공원 내에 있는 '찔레꽃 아픔과 매화꽃 향기 가득 찬 어머니 성지'로 새롭게 단장되었습니다.

- 주소 서울시 용산구 청파로 139-26(신계동56) ☎ 02-711-0933 • 홈페이지 http://www.danggogae.org
- 관리 운영 시간 오전 9시~오후 5시
- 안내 미사 주일: 오전 11시, 오후 3시 / 월~금:오전 11시 / 토: 오전 11시(첫 토요일, 성인 전구 미사), 오후 3시(주일 미사)
- 고해성사 미사 20분 전 • 성화 전시실 항시 안내(사전 예약 시 영어 가능)
- 문화 신앙 강좌 1-10월 (홈페이지 참조) *피정가능(예약 필요)

### 145. 명동 주교좌성당 성지는 어떤 곳인가요? (성인 인물약전 69-72, 109)

1. 명동 주교좌성당 성지는 서울대교구 주교좌성당이며 우리나라 최초의 본당이자 한국교회의 상징으로 1784년 이곳 명례방에서 최초의 신앙공동체가 성립되었습니다. 한국 천주교회는 1784년 **하느님의 종 이승훈(베드로)**이 북경에서 세례를 받고 귀국한 이후 이승훈 베드로, 정약전(안드레아)·**복자 정약종(아우구스티노)**·정약용(요한) 삼형제, **하느님의 종 권철신(암브로시오)·권일신(프란치스코 하비에르)** 형제 등이 하느님의 종 이벽(세

레자요한)을 지도자로 삼아 종교 집회를 가짐으로써 시작되었습니다. 그 이듬해, 명례방에 살던 통역관 **하느님의 종 김범우(토마스)**는 이들의 영향을 받아 천주교에 입교하고 자신의 집에서 교회 예절과 교리 강좌를 열었는데 이로써 명례방 공동체가 탄생하였습니다. 그 후 1882년 한미 수호조약이 체결된 다음 블랑 주교가 종현의 땅을 부분적으로 매입하여 성당건립을 시도하던 중 신자수의 증가로 1892년 약현성당(현 중림동 약현성당)을 분가하고 코스트 신부가 성당 설계에 착수했습니다. 1896년 건립 도중 코스트 신부가 선종하여 후임인 프와넬 신부가 성당 건축을 마무리하였는데, 1898년 5월 29일 성령 강림 대축일에 뮈텔 주교의 집전으로 봉헌식을 하면서 한국교회의 주보인 원죄 없으신 성모 마리아께 성당을 봉헌했습니다.

2. 기해박해와 병인박해 때 믿음을 지킨 순교자의 유해를 받아 명동성당의 지하 성당에 모셨습니다. 현재 지하 묘역에는 **성 최경환(프란치스코), 성 범 라우렌시오(앵베르) 주교**와 **성 나 베드로(모방) 신부, 성 정 야고보(샤스탕) 신부**의 유해 일부, **성 김성우(안토니오)** 등 다섯 성인의 유해가 모셔져 있습니다. 또한 푸르티에 신부, 프티니콜라 신부의 유해와 기해박해의 이 에메렌시아와 무명 순교자 한 분의 유해가 모셔져 있습니다. 1927년 백동성당(현 혜화동성당)을 분가하고, 1939년 문화관을 신축하였으며, 1945년 광복을 맞아 성당 명칭을 종현성당에서 명동성당으로 변경하였습니다. 기공 후 12년 만에 완공된 명동 대성당은 순수한 고딕 양식 건물로 그 문화적 가치를 높이 평가받아 사적 제258호로 지정되었습니다. 2009년 초 6년여의 대대적인 보수공사를 마무리한 명동 대성당은 2010년 성당 보존과 시민에게 열린 광장 조성 및 사목 지원공간 확보를 위한 명동성당 종합계획을 발표하고 2011년 9월 1단계 기공식을 가졌습니다. 3년의 공사 끝에 1단계를 마무리하며 2014년 9월 교구청 신청사 축복식을 거행했습니다.

- **주소** 서울시 중구 명동길 74 ☎ 02-774-1784 • **홈페이지** http://www.mdsd.or.kr
- **미사** 주일: 오전 7시, 9시(영어), 10시, 11시, 12시, 오후 4시, 5시, 6시, 7시, 9시
  평일: 오전 6시 30분, 10시(지하 성당 성지 미사), 오후 6시, 7시(토 오후 6시, 7시 주일 미사)
  월요일 오후 7시 미사 없음
- **고해성사** 주일: 오전 10시–오후 6시 / 화–토: 오전 11시–오후 6시

### 146. 삼성산 성지는 어떤 곳인가요? (성인 인물약전 70–72)

1. 삼성산 성지는 1839년 기해박해 때 새남터에서 군문효수의 형을 받고 순교한 **성 범 라우렌시오(앵베르) 주교**와 **성 나 베드로(모방)**

신부, 성 정 야고보(샤스탕) 신부가 1843년부터 1901년 11월 2일 명동성당 지하묘소로 모셔질 때까지 묻혀 있던 자리입니다. 본래부터 삼성산이라는 이름으로 불리었던 이곳은 세 분의 순교성인이 묻힘으로써 명실 공히 삼성산(三聖山)의 품위를 갖추게 되었습니다. 한 배교자의 책략 때문에 앵베르 주교의 거처가 알려지자 주교는 여러 교우들에게 화가 미칠 것을 염려해 스스로 잡힌 몸이 되었습니다. 두 신부에게도 자헌치명(自獻致命), 곧 스스로 관헌에 나아가 신앙을 고백한 후 순교하기를 권하였습니다. 1839년 기해박해가 시작되고 세 명의 외국인 사제는 새남터에서 군문효수형으로 순교하였습니다.

2. 새남터에서 순교한 세 순교자의 시신은 사흘 동안 버려져 있다가 한강변 모래톱에 묻혔고, 몇몇 교우들이 죽음을 무릅쓰고 유해를 거두는 데 성공해서 임시로 노고산에 매장했습니다. 그리고 4년 후 박 바오로가 자신의 선산인 관악산 줄기 삼성산에 유해를 이장하였고, 그 사실을 아들인 박순집에게 알려 주어 후에 세 순교자의 유해를 명동성당으로 모실 수 있었습니다. 1984년 세 순교자가 시성된 후 인근 부지를 매입해 성지를 조성하였고, 1992년 삼성산성당이 신설되면서 성지를 관리 보존하고 있습니다. 세 성직자는 1925년 7월 25일 시복되었으며, 한국 천주교회 창설 200주년인 1984년 요한 바오로 2세 교황에 의해 시성되자 이를 기념하여 1989년 명동성당에서 세 성인의 유해를 일부 옮겨 와 안치하고 봉헌식을 가졌습니다.

- 주소 서울시 관악구 호암로 545 ☎ 02-875-2271 • 홈페이지 http://www.ssss.or.kr
- 관할 삼성산 성당 ☎ 02-875-2271
- 미사 월례: 매월 21일 오전 11시 / 주일: 오전 11시(부활 제2주일-그리스도왕 대축일)
- 고해성사 미사 전

## 147. 새남터 순교성지는 어떤 곳인가요?
(성인 인물약전 39, 70-72, 110, 119-122, 126-127)

1. 한양성 밖 남쪽 한강변에 있던 새남터는 본래 노들 혹은 한자로 음역(音譯)해서 사남기(沙南基)라고 불리던 곳으로, 조선 초기부터 군사들의 연무장으로 사용됐고 국사범을 비롯한 중죄인의 처형장으로 사용되어 왔습니다. 1801년부터 1866년까지 무려 10명의 프랑스인 사제와 성 김대건(안드레아) 신부를 포함한 11명의 목자가 이곳에서 거룩한 순교의 피를 흘렸습니다. 서소문 밖 네거리를 '평신도들의 순교지'라고 한다면 이곳은 '사제들의 순교지'라고 말할 수 있습니다. 이곳에 순교의 피가 뿌려지기

시작한 것은 1801년 신유박해 때 치명한 중국인 **복자 주문모(야고보) 신부**부터입니다. 주문모 야고보 신부가 입국한 지 6년 만인 1801년 신유박해 때, 자신 때문에 많은 희생자가 생기자 주문모 야고보 신부는 자진해서 의금부로 나섰고 새남터에서 순교하였습니다. 1839년 기해박해 때에는 조선 제2대 교구장 **성 범우렌시오(앵베르) 주교**와 **성 나 베드로(모방) 신부, 성 정 야고보(샤스탕) 신부**가, 7년 뒤인 1846년 병오박해에는 한국 최초의 사제인 **성 김대건(안드레아) 신부**와 「기해일기」를 작성한 **성 현석문(가롤로)**이 이곳에서 참수되었습니다.

2. 1866년 병인박해 때에는 **성 장 시메온(베르뇌) 주교, 성 백 유스토(브르트니에르) 신부, 성 김 헨리코(도리) 신부, 성 서 루도비코(볼리외) 신부**, 푸르티에 신부, 프티니콜라 신부 등 6명의 사제들이 순교하였습니다. 또한 **성 정의배(마르코), 성 우세영(알렉시오)** 두 평신도들이 순교의 피를 뿌렸습니다. 이렇듯 서소문 밖 네거리, 당고개와 함께 한국 천주교회사상 가장 많은 순교자를 배출한 새남터는 1950년 순교 기념지로 지정됐고, 1956년에는 여기에 '가톨릭 순교성지'라는 기념비가 세워졌습니다. 1981년에는 한강 본당에서 새남터 본당이 분리·독립했고 1987년에는 한국순교복자성직수도회에서 한옥 양식으로 현재의 기념성당을 건립해 봉헌했습니다. 2006년 9월 3일에는 성당 지하 주차장을 개조해 '새남터 기념관'을 새로 만들어 축복식을 거행하고 전시실로 사용하고 있습니다. 새남터가 다른 성지와 다른 점은 사제들의 순교지라는 것이며, 한국 최초의 신부인 김대건 안드레아 성인이 군문효수형을 당한 바로 그 장소라는 의미에서 한국 천주교회에 매우 중요한 부분을 차지하고 있는 곳입니다.

- **주소** 서울시 용산구 이촌로 80-8 ☎ 02-716-1791 • **홈페이지** http://www.saenamteo.or.kr
- **미사** 주일: 오전 6시, 9시, 10시 30분, 오후 6시
  평일: 오전 6시(월-수), 10시(목-금)/토: 오전 10시, 오후 6시(주일 미사)/순례자 미사: 오후 3시(월-주일)
- **고해성사** 미사 전    ※식사 가능(예약 필요)

### 148. 서소문 밖 네거리 순교성지는 어떤 곳인가요?
(성인 인물약전 40, 43-51, 55-68, 73-82, 88-94, 123-125)

1. 서소문 밖 네거리 순교성지는 새남터와 더불어 조선 왕조의 공식 처형장이었습니다. 1801년 신유박해 이래 이곳에서 순교하신 분 중 신원이 확인된 분만도 100명이 넘습니다. 이 가운데 44위[**성 정하상(바오로), 성녀 김아기(아가타), 성녀 박아기(안나), 성녀 이

소사(아가타), 성녀 김업이(막달레나), 성 이광헌(아우구스티노), 성녀 한아기(바르바라), 성녀 박희순(루치아), 성 남명혁(다미아노), 성 권득인(베드로), 성녀 김노사(로사), 성녀 김성임(마르타), 성녀 이매임(데레사), 성녀 김장금(안나), 성 이광렬(요한), 성녀 이영희(막달레나), 성녀 김누시아 (루치아), 성녀 원귀임(마리아), 성녀 박큰아기(마리아), 성녀 권희(바르바라), 성 박후재(요한), 성녀 이정희(바르바라), 성녀 이연희(마리아), 성녀 김효주(아녜스), 성 유진길(아우구스티노), 성녀 허계임(막달레나), 성 남이관(세바스티아노), 성녀 김유리대(율리에타), 성녀 전경협(아가타), 성 조신철(가롤로), 성 김제준(이냐시오), 성녀 박봉손(막달레나), 성녀 홍금주(페르페투아), 성녀 김효임(골룸바), 성 최창흡(베드로), 성녀 조증이(바르바라), 성녀 한영이(막달레나), 성녀 현경련(베네딕타), 성녀 정정혜(엘리사벳), 성녀 고순이(바르바라), 성녀 이영덕(막달레나), 성 남종삼(요한), 성 전장운(요한), 성 최형(베드로)]**가 1984년 5월 6일 한국 천주교 전래 200주년 행사를 위해 방한한 교황 요한 바오로 2세에 의해 시성되어 단일 순교지로는 가장 많은 성인을 배출한 곳입니다. 또한 한국교회가 추진한 124위 초기 순교자와 **가경자 최양업(토마스) 신부**에 대한 시복절차에 **복자 강완숙(골룸바)**를 비롯한 서소문 순교자 27위**[복자 최창현(요한), 복자 정약종(아우구스티노), 복자 홍교만(프란치스코 하비에르), 복자 최필공(토마스), 복자 홍낙민(루카), 복자 최필제(베드로), 복자 윤운혜(루치아), 복자 정복혜(칸디다), 복자 정인혁(타대오), 복자 정철상(가롤로), 복자 강완숙(골룸바), 복자 강경복(수산나), 복자 김현우(마태오), 복자 문영인(비비안나), 복자 김연이 (율리아나), 복자 이현(안토니오), 복자 최인철(이냐시오), 복자 한신애(아가타), 복자 김종교(프란치스코), 복자 홍필주(필립보), 복자 현계흠(플로로), 복자 손경윤 (제르바시오), 복자 이경도(가롤로), 복자 김계완(시몬), 복자 홍익만(안토니오), 복자 조숙(베드로), 복자 권천례(데레사)]**가 하느님의 종으로 선정되었었고, 이들은 모두 2014년 8월 16일 광화문 광장에서 프란치스코 교황에 의해 시복되었습니다. 이날 교황은 시복미사에 앞서 서소문 순교성지를 참배하여 순교자들의 정신을 기렸습니다. 한편, 하느님의 종 133위에는 서소문 밖 네거리 순교자 5위**[하느님의 종 이승훈(베드로), 하느님의 종 황심(토마스), 하느님의 종 옥천희(요한), 하느님의 종 황사영(알렉시오), 하느님의 종 홍봉주(토마스)]**가 포함되어 있습니다.

2. 서소문 밖 네거리 순교성지를 품 안에 두고 있는 성당으로서 중림동 약현성당(옛 약현성당)은 1891년 서울에 두 번째 본당으로 설정되었고, 1898년에 완공된 명동성당(옛 종현성당)보다 6년 앞선 1892년 한국교회 최초의 서양식 벽돌 건축물로 완공되었습니다.

1905년 종탑 꼭대기에 첨탑을 올렸고, 1921년에는 성당 내부 칸막이를 철거하고 벽돌기둥을 돌기둥으로 교체하였습니다. 1974년부터 대대적인 해체 복원공사를 통해 1977년 사적 제252호로 지정되었으나 1998년 한 취객의 방화로 소실되어 1년 6개월의 재복원 공사 끝에 2000년 9월 건립 당시 원형에 더 가깝게 복구하여 다시 축복식을 가졌습니다. 1991년 본당 설정 100주년을 맞아 서소문 순교자 기념관을 건립하였고, 1999년에 서소문 공원 안에 1984년에 건립되었다가 1997년 철거당한 순교자 현양탑을 새로 제작하여 세웠습니다. 2009년 9월 13일에는 기존의 피정의 집으로 쓰던 곳을 증개축하여 서소문 순교성지 전시관으로 새롭게 개관하였습니다. 한편 2011년 서울대교구가 '서소문 밖 역사유적지 관광 자원화 사업'을 제안하고 정부와 지자체의 협조로 2019년 서소문역사공원(지상)과 서소문성지역사박물관(지하)을 조성해 5월 29일 서소문 밖 네거리 순교성지 축성식을 거행하고 6월 1일부터 박물관을 개관했습니다.(103위 한국 순교성인 중 44위 순교)(124위 한국 순교복자 중 27위 순교)(133위 한국 하느님의 종 중 5위 순교)

- **주소** 서울시 중구 칠패로 5 ☎ 02-3147-2401
- **미사** 주일: 오전 11시, 오후 3시 / 월-금: 오전 11시 / 토: 오전 11시, 오후 3시
- **서소문성지 역사박물관** 오전 9시 30분-오후 5시(월요일 휴관)

### 149. 왜고개 성지는 어떤 곳인가요? (성인 인물약전 39, 43-51, 70, 119-127)

1. 왜고개 성지는 현재 군종교구청과 주교좌인 국군 중앙성당이 자리하고 있는 왜고개는 한자로 와현(瓦峴) 또는 와서현(瓦署峴)으로 불리던 곳으로 원래 옛날부터 기와와 벽돌을 구워 공급하던 와서가 있었던 데서 유래합니다. 왜고개는 병인박해 때 새남터에서 순교한 7명[**성 장 시메온(베르뇌)주교, 성 백 유스토(브르트니에르) 신부, 성 김 헨리코(도리) 신부, 성 서 루도비코(볼리외) 신부,** 프티니콜라 신부, 푸르티에 신부, **성 우세영(알렉시오)**]의 순교자의 시신을 찾아 새남터 부근에 임시 매장한 후 다시 왜고개로 안장하였습니다. 그리고 서소문 밖 네거리에서 순교한 **성 남종삼(요한)**과 **성 최형(베드로)**의 시신 또한 찾아내어 이곳에 모셨습니다. 또한 왜고개 성지는 1846년 9월 16일 병오박해 때 순교한 한국인 첫 사제 **성 김대건(안드레아) 신부**의 시신이 잠시 모셔졌다가 박해가 진정된 후 미리내로 이장된 역사도 지니고 있습니다.

2. 한편, 기해박해 순교자 [**성녀 김아기(아가타), 성녀 박아기(안나), 성녀 이소사(아가타), 성녀 김업이(막달레나), 성 이광헌(아우구스티노), 성녀 한아기(바르바라), 성**

녀 박희순(루치아), 성 남명혁 (다미아노), 성 권득인 (베드로)] 9명이 **성 범 라우렌시오(앵베르) 주교**의 지시에 따라 왜고개에 묻혔으나, 그 후 행방을 알 수 없게 되었다고도 합니다. 이런 역사를 통해 왜고개 성지는 모두 10명의 순교자가 묻혔던 곳으로 모두 1984년 5월 6일 교황 성 요한 바오로 2세에 의해 시성되어 성인의 반열에 올랐습니다. 따라서 왜고개 성지는 순교성인들이 쉬어 간 자리이면서 동시에 그들의 삶과 정신을 느끼기에 충분한 곳입니다. 이러한 교회사적 중요성과 순례자들의 기도를 돕기 위해 군종교구에서는 2013년 12월 순교자 현양비, 대형 십자가상, 십자가의 길, 기도처 등을 건립하여 성지를 확장하여 새 단장한 후 축복식을 가졌습니다. 현재 국군 중앙성당이 위치하고 있는 이곳은 기와를 만드는 곳이었는데, 용산 예수성심 신학교, 중림동 약현성당, 명동성당 건물에 쓰인 붉은 벽돌도 여기에서 구운 것이라 전해집니다.

- 주소 서울시 용산구 한강대로 40길 46
- 관할 국군 중앙 성당 ☎ 02-798-2457

### 150. 용산 성심신학교 순례지는 어떤 곳인가요? (성인 인물약전 39, 70-72, 119-122, 128-130)

1. 용산 성심신학교 순례지는 1855년 충청도 배론에 세워진 우리나라 최초의 신학교인 성 요셉신학당에서 그 기원을 찾습니다. 물론 그 이전에도 사제 양성을 위해 이미 정하상에게 신학교육을 시키고 1836년 김대건, 최양업, 최방제를 마카오로 보내 신학교육을 받게 했습니다. 1866년 병인박해로 배론 신학교는 폐교되었지만 신앙의 자유가 확보됨에 따라 1882년 21명을 페낭 신학교에 유학생으로 파견하기도 했습  니다. 1885년에는 경기도 여주군 강천면 범골(부엉골)에 예수 성심신학교가 문을 열었지만 2년 뒤인 1887년에는 바로 이곳 서울 용산으로 이전하였습니다. 1892년에는 신학교 교사를 신축했고, 성당은 그 10년 후인 1902년에 신학교 부속 성당으로 건립되어 축성되었습니다. 신학교 성당은 지난 1982년 교사와 함께 사적 제255호로 지정되어 보존되고 있습니다.

2. 옛 용산 신학교 성당인 성심성당은 많은 순교자들의 유해가 안치되었던 곳입니다. 우리나라 최초의 사제인 **성 김대건(안드레아) 신부**의 유해를 1902년부터 1958년까지 이곳에서 모셨고 조선교구 초대교구장 브뤼기에르 주교, 2대 **성 범 라우렌시오(앵베르) 주교**, 3대 페레올 주교, 4대 **성 장 시메온(베르뇌) 주교**, 5대 **성 안 안토니오(다블뤼)**

**주교**, 6대 리델 주교, 7대 블랑 주교, 8대 교구장이자 이 성당 봉헌식을 집전한 뮈텔 주교에 이르기까지 8명의 역대 조선교구장 주교들의 유해가 모두 이 성당에 안치되었었습니다. 기해박해 순교자인 **성 나 베드로(모방) 신부, 성 정 야고보(샤스탕) 신부**를 비롯해 배론 신학당을 세우고 병인박해 때 순교한 **성 백 유스토(브르트니에르) 신부, 성 김 헨리코(도리) 신부, 성 서 루도비코(볼리외) 신부, 성 민 루카(위앵) 신부, 성 오 베드로(오매트로) 신부** 등의 유해도 이 성당을 거쳤습니다. 이곳에 안치되었던 순교자들의 유해는 그 후 혜화동 신학교 성당을 비롯해 명동 주교좌성당, 절두산 순교성지 등지로 옮겨 모셔졌고, 역대 교구장들의 유해는 용산 성직자 묘지로 옮겨 안장했습니다. 현재 성심 수녀회 한국 관구 사무실과 성심 기념관으로 쓰고 있는 옛 용산 신학교 건물은 1892년 배론 예수성심 신학교가 용산구 원효로로 이전되면서 코스트 신부에 의해 학교 건물로 지어졌습니다. 6·25 전란 때 일부 파괴된 건물을 보수하여 사용하다 2007년 완전하게 복원하였고 옛 용산 신학교 성당과 더불어 사적 제255호로 지정되었습니다.

- 주소 서울시 용산구 원효로 19길 49
- 관할 성심 여자 고등학교 ☎ 02-701-5501
- 미사 월·수·금: 오전 6시 30분(단체로 오실 경우 미리 연락하시기 바랍니다.)
- 개방 연중 오전 9시–오후 5시 개방

## 151. 좌·우포도청 터 순교사적지는 어떤 곳인가요?
(성인 인물약전 42, 52-54, 69, 83-87, 96-99, 109, 111-117)

1. 좌포도청은 한성부 정선방 파자교 동북쪽(현 종로구 단성사 일대)에 위치하여 조선 시대 서울 동·남·중부와 경기좌도를 관할하였으며, 중종 무렵 설치되어 고종 31년(1894년) 7월 경무청으로 개편될 때까지 존속되었습니다. 포도청에서 천주교 박해에 개입한 것  은 1795년 북산 사건으로 발생한 을묘박해 때가 최초였습니다. 박해시기에 수많은 신자들이 좌·우포도청에서 순교하였으나 기록상 좌, 우포도청이 분명하게 구분되는 경우는 많지 않습니다. 기록상 명확하게 좌포도청에서 순교한 성인으로는 **성 최경환(프란치스코), 성 민극가(스테파노), 성 허협(바오로), 성 남경문(베드로), 성 임치백(요셉)**이 있습니다. 복자 가운데에는 1795년 을묘박해 때 **복자 윤유일(바오로), 복자 최인길(마티아), 복자 지황(사바)**가 좌포도청으로 끌려와 혹독한 매를 맞고 순교하였습니다. 또한 기해박해 때 103위 한국 순교성인 가운데 70명이 포도청에서 온갖 문초와 형벌을 받았는

데, **성 정하상(바오로), 성 범 라우렌시오(앵베르) 주교, 성 나 베드로(모방) 신부, 성 정 야고보(샤스탕) 신부**가 형장으로 끌려가기 전 마지막까지 이곳에서 신앙을 증언하였습니다.

- 주소 서울시 종로구 돈화문로 28 종로5가 파출소 종로3가 치안센터 옆 화단

2. 우포도청은 조선 중종 무렵 설치되어 1894년까지 350여 년 동안 존속한 서울의 포도, 순라 기관으로 중부 서린방 혜정교 남쪽 인근(현 광화문 우체국 자리)에 위치하였으며, 서울 서부, 북부와 경기우도 등을 담당하였습니다. 기록상 분명히 우포도청에서 순교한 성인으로는 1839년 기해박해 때 열세 살의 어린 나이로 순교의 영광을 얻은 **성 유대철(베드로)**이 있으며, 병오박해 때 **성 한이형(라우렌시오), 성 우술임(수산나), 성 김임이(데레사), 성 이간난(아가타), 성 정철염(가타리나)**가 우포도청에서 끝까지 신앙을 증거하다가 혹독한 매질 아래 순교하였습니다. 「기해일기」를 쓴 **성 현석문(가롤로)**도 우포도청에서 갇혔는데, 이때 신자들을 위로하고 순교로 나아갈 수 있도록 권면하였습니다. 특히 우포도청은 한국 천주교회의 마지막 순교자들을 탄생시킨 장소입니다. 1879년 드게트 신부와 함께 체포되어 우포도청에 수감되었던 **하느님의 종 이병교(레오), 김덕빈 바오로, 이용헌 이시도로**가 이곳에서 아사하여 한국 천주교회의 마지막 순교자가 되었습니다.

- 주소 서울시 종로구 종로 6 광화문 우체국 앞 화단

3. 103위 한국 순교성인 22위 중에 좌포도청에 순교한 성인은 5위[**성 최경환(프란치스코), 성 민극가(스테파노), 성 허협(바오로), 성 남경문(베드로), 성 임치백(요셉)**]이며, 우포도청에 순교한 성인은 6위[**성 유대철(베드로), 성 한이형(라우렌시오), 성녀 우술임(수산나), 성녀 김임이(데레사), 성녀 이간난(아가타), 성녀 정철염(가타리나)**]이고, 좌·우포도청 구분이 명확치 않은 성인은 11위[**성 정국보(프로타시오), 성 장성집(요셉), 성녀 이(바르바라), 성녀 김(루치아), 성녀 이(가타리나), 성녀 조(막달레나), 성녀 유소사(체실리아), 성녀 김(데레사), 성녀 이(아가타), 성 정화경(안드레아), 성 김성우(안토니오)**]입니다. 124위 한국 순교복자 중 5위는 좌포도청에서 순교한 복자 3위[**복자 윤유일(바오로), 복자 최인길(마티아), 복자 지황(사바)**]와, 좌·우포도청 구분이 명확치 않은 복자 2위[**복자 심아기(바르바라), 복자 김이우(바르나바)**]입니다.

4. 그리고 좌·우 포도청에서 신자들을 심문할 때 형조보다도 매질을 더 심하게 하였기 때문에 심문을 받는 과정에서 고문으로 순교한 신자들도 많았는데, 병사(病死) 또는 물고[글자 뜻 그대로 해석하면 '고의가 아닌 죽음'이란 말이지만 실제로는 고의적인 장살(杖

殺)에 속함]라고 기록되었습니다. 이렇게 볼 때 좌·우포도청 자리는 박해시기에 가장 많은 신자들이 순교한 장소라고 할 수 있습니다. 1775년(영조 51년)에서 1890년(고종 27년)까지 포도청에서 처리한 사건을 정리한 「포도청 등록」에는 천주교인들을 사학죄인이라 하여 체포하고 처형한 기록이 풍부하게 남아 있습니다. 즉 「우포도청 등록」과 「좌포도청 등록」에는 1830년대부터 1880년대까지 천주교에 연루되어 체포된 500여 명의 심문 기록이 실려 있습니다. 박해시기 수많은 신자들이 좌·우포도청에서 순교하였으나 기록상 좌·우포도청이 분명하게 구분되는 경우는 많지 않습니다. 따라서 대부분의 순교자들은 포도청에서 순교했다고만 알려지고 있습니다.(103위 한국 순교성인 중 22위 순교) (124위 한국 순교복자 중 5위 순교)

### 152. 의금부 터 순교사적지는 어떤 곳인가요? (성인 인물약전 40, 70-72, 119-122, 125-126)

1. 의금부 터 순교사적지는 조선 시대 왕명을 받들어 죄인을 추국(推鞫·조선시대에 의금부가 왕명에 따라 중죄인을 신문하는 일)하는 일을 맡아 보던 관청으로 금부, 금오, 왕부라 부르기도 하였습니다.  박해 시기, 천주교 신자들은 서울의 좌·우포도청과 지방의 각 진영과 군, 현에서 문초를 받았습니다. 그들 가운데 중죄인, 곧 주교와 신부, 평신도 지도자들은 국왕의 명령에 따라 의금부로 압송되어 국문을 받았습니다. 1801년 신유박해 때 **하느님의 종 권철신(암브로시오)** 이 순교한 이래 많은 천주교 선교사와 지도층 신자들이 이곳에서 신앙을 증언하였습니다.

2. **하느님의 종 이승훈 베드로와 복자 주문모 야고보 신부, 복자 최창현 요한 회장**도 의금부에서 문초를 당하였고, **성 범 라우렌시오(앵베르) 주교, 성 나 베드로(모방) 신부, 성 정 야고보(샤스탕) 신부, 성 정하상(바오로)** 등 성직자와 교회 지도자들이 의금부에서 혹독한 국문과 문초를 받았습니다. 1866년 병인박해 때에도 **성 장 시메온(베르뇌) 주교, 성 백 유스토(브르트니에르) 신부, 성 김 헨리코(도리) 신부, 성 서 루도비코(볼리외) 신부와 성 전장운(요한), 성 최형(베드로), 성 정의배(마르코)** 가 의금부에서 문초를 당하면서도 꿋꿋이 신앙을 지켰습니다.

● 주소 서울시 종로구 종로 47 SC 제일은행 본점 앞

### 153. 전옥서 터 순교사적지는 어떤 곳인가요? (성인 인물약전 41, 53, 79)

1. 전옥서(典獄署)는 형조 아래에서 감옥과 죄수를 관리하던 관서였습니다. 박해 시기 많은 천주교인들이 형조로 이송되어 심문을 받고, 형이 집행되기 전까지 전옥서에 구금되었습니다. 103위 한국 순교 성인 가운데 전옥서에서 순교한 성인은 **성 이호영(베드로)**과 **성녀 김 바르바라**입니다. 이호영 베드로는 **성녀 이소사(아가타)**의 동생으로, 1835년 이소사 아가타와 함께 체포되어 1839년까지 4년 동안 혹독한 옥살이로 얻은 병으로 순교하였습니다.

2. 성녀 김 바르바라도 포도청으로 끌려가 심한 형벌과 고문을 받았으나 용감히 신앙을 고백하였고, 전옥서에서 3개월 동안 옥살이를 하면서 굶주림과 전염병으로 순교하였습니다. **성 김대건(안드레아) 신부**의 아버지인 **성 김제준(이냐시오)**도 의금부에서 형조로 이송되어 처형될 때까지 전옥서에 구금되었습니다. 형조 아래의 감옥인 전옥서는 1785년 명례방 사건(을사추조적발사건) 때 **하느님의 종 김범우(토마스)**가 형조에 끌려가 신앙을 증언한 이래 많은 신자들이 신앙을 고백하고 순교한 장소입니다.

• 주소 서울시 종로구 종로 1가 지하철 1호선 종각역 6번 출구 화단

### 154. 절두산 순교성지는 어떤 곳인가요?
(성인 인물약전 39, 41, 60, 66, 69, 70-72, 74, 109, 119-123, 125, 127-132, 134, 136-138, 141)

1. 한강변에 우뚝 솟은 봉우리의 모양이 누에가 머리를 든 것 같기도 하고 용의 머리 같기도 하다고 해서 잠두(蠶頭) 또는 용두(龍頭)로 불리던 서강 밖의 봉우리가 절두산(切頭山)이 된 데에는 가슴 시린 아픔이 있습니다. 흥선대원군(興宣大院君)이 자신의 쇄국정책을 유지하기 위해 무자비한 살육을 자행함으로써 당시 절두산에서는 수많은 교우들이 목숨을 잃었습니다. 선참후계(先斬後啓·군율을 어긴 사람을 먼저 처형하고 나중에 임금에게 보고함)식으로 무명의 순교자들이 아무런 재판의 형식이나 절차도 없이 처형되었고, 그래서 29명을 제외하고는 아무런 기록이 남아 있지 않습니다. 1966년 병인박해 100주년을 기념해 순교터에 성당과 순교 기념관을 건립을 시작해 이듬해 10월 축복식을 가졌습니다. 우뚝 솟은 절벽 위에 3층으로 세워진 기념관은 우리 전통 문화와 순교자들의 고난을 대변해 주고 있습니다. 절두산 기념관은 순례성당과 순교성인 27위[**성 김대건**

(안드레아), 성 이호영(베드로), 성녀 이영희(막달레나), 성녀 이정희(바르바라), 성 최경환(프란치스코), 성 범 라우렌시오(앵베르) 주교, 성 나 베드로(모방) 신부, 성 정 야고보(샤스탕) 신부, 성녀 허계임(막달레나), 성 김성우(안토니오), 성 장 시메온(베르뇌) 주교, 성 백 유스토(브르트니에르) 신부, 성 김 헨리코(도리) 신부, 서 루도비코(볼리외) 신부, 성 남종삼(요한), 성 최형(베드로), 성 우세영(알렉시오), 성 안 안토니오(다블뤼) 주교, 성 민 루카(위앵) 신부, 성 오 베드로(오메트로) 신부, 성 장주기(요셉), 성 황석두(루카), 성 정문호(바르톨로메오), 성 손선지(베드로), 성 이명서(베드로), 성 한재권(요셉), 성 이윤일(요한)]와 1위의 무명 순교자의 유해를 모신 지하 성해실 그리고 한국 교회의 발자취를 한 눈에 볼 수 있는 수많은 자료와 유물들이 전시된 전시관으로 이루어져 있습니다. 절두산 순교성지는 한국 천주교회사를 대표하는 성지이나 인근 지역의 무분별한 개발로 인해 주변 환경이 급속도로 훼손되자, 1997년 11월 교회의 노력과 정부의 지원으로 성지 일원을 '양화나루, 잠두봉 유적'이란 명칭으로 사적 제399호로 지정했습니다. 그동안 지방 문화재로 지정된 성지는 있었으나 국가 사적으로 지정된 곳은 절두산 순교성지가 처음입니다.

2. 특히 박물관에는 교회의 귀중한 사료들과, 순교자들의 유품, 형구(刑具) 등 3,500여 점 이상의 유물이 소장되어 있어 그 수나 규모 면에서 한국 천주교회를 대표하는 박물관이라고 할 수 있습니다. 야외에 조성된 조형물과 기념비들은 아름다운 주변 경관과 어울려 기도와 묵상의 시간을 풍요롭게 합니다. 성지를 찾는 신자들뿐 아니라 지역 주민들에게까지 순교 신앙·선교·문화 체험 등의 공간을 제공하고 있습니다. 2000년 11월 말 절두산 순교 기념관과 꾸르실료 회관 사이에 이춘만 조각가의 웅장한 절두산 순교자 기념탑이 제작되어 설치되었습니다. 2001년에는 신유박해 순교 200주년을 맞아 절두산 순교 박물관으로 이름을 바꾸고, 2004년 개축공사에 이어 2007년 첨단 시설을 갖춘 수장고를 설치하고, 2009년에는 전시장으로서의 역할보다 박물관 본연의 역할에 더욱 충실하기 위해 시설 보완을 거쳐 한국천주교순교자박물관으로 재개관했습니다.

- 주소 서울시 마포구 토정로 6 ☎ 02-3142-4434
- 안내 미사: 오전 10시, 오후 3시(월요일 3시 미사 없음)
- 고해성사 미사 30분 전 토: 오후 12시-2시(서울대교구 상설고해소 운영)
- 박물관 이용 오전 9시 30분-오후 5시(월요일 휴관)   ※피정·식사 가능(예약 필요)

### 155. 한국 순교자 103위 시성 터 순례지는 어떤 곳인가요? (성인 인물약전 39-141)

1. 한국 순교자 103위 시성 터 순례지는 1984년 5월 6일 여의도 광장에서 요한 바오로 2세 교황이 '한국 천주교회 선교 200주년 기념 신앙대회와 103위 순교 복자 시성식'을 거행하였습니다. 한국 천주교회 순교 복자 김대건 안드레아와 정하상 바오로와 동료 101위를 성인의 반열에 올리고 전 교회에서 그들을 경건히 공경해야 함을 선포한 요한 바오로 2세 교황의 역사적인 시성 선언으로 한국 천주교회 103위 한국 순교성인이 탄생하게 되었습니다. 더욱이 요한 바오로 2세 교황이 직접 한국을 방문하여 103명의 복자를 성인의 반열에 올림으로써 한국 천주교회에 새로운 빛을 부여하였습니다.

2. 100년이 넘도록 계속된 박해 중에 만여 명이 순교하였지만 기해박해(1839년), 병오박해(1846년), 병인박해(1866년) 때 순교한 이들 가운데 1925년에 79위, 1968년에 24위가 시복되었고, 드디어 1984년에 이들 103위 모두 시성의 영광을 받았습니다. 한국 순교자 103위 시성 기념 표석 전면에는 '한국 순교자 103위 시성 터'라는 제목 아래 "이 땅에 빛을! 한국의 103위 순교자를 성인 반열에 올리노니, 세계 교회가 공경하기를 바랍니다. 1984년 5월 6일 교황 요한 바오로 2세"라는 시성 선언문 일부가 새겨져 있습니다.

● 주소 서울시 영등포구 여의공원로 68 여의도 공원 내 잔디 마당 언덕

### 156. 형조 터 순교사적지는 어떤 곳인가요? (성인 인물약전 41, 47, 50, 68, 79, 82, 124-125)

1. 형조는 조선 시대 중앙 관서인 육조(六曹)의 하나입니다. 추관 또는 추조라고도 하였으며, 사헌부, 한성부와 아울러 '삼법사(三法司)'라 부르기도 하였습니다. 형조는 한성부 서쪽 적선방에 있었는데, 한국 천주교회가 창설된 이후, 많은 천주교인들이 이곳으로 압송되어 문초를 받았습니다. 그 시작은 정조 9년(1785년)에 발생한 '을사추조적발사건'으로, 명례방에 있던 **하느님의 종 김범우(토마스)**의 집에서 신자들이 집회를 하는 중에 금리(禁吏)들에게 발각되어 형조로 압송된 사건이었습니다.

2. 이후 1801년 신유박해 때 **복자 최필공(토마스), 복자 최필제(베드로), 복자 윤운혜(루치아), 복자 정철상(가롤로)** 등이 형조에서 문초를 받았고, **복자 김천애(안드레아), 복자 유항검(아우구스티노), 복자 윤지헌(프란치스코)** 등은 전주에서 서울로 압송되어 신문을 받았습니다. **성 이호영(베드로)**은 형조 전옥서에서 얻은 병으로 1838년 11월 25일(음

력 10월 8일) 끝내 세상을 떠났습니다. 당시 그의 나이 36세였습니다. 1839년 기해박해 때 **성 이광헌(아우구스티노), 성 남명혁(다미아노), 성녀 김효주(아녜스), 성 김제준(이냐시오), 성녀 김효임(골롬바)** 등이 형조에서 문초를 받았으며, 1866년 병인박해 때에는 **성 전장운(요한), 성 최형(베드로)** 등도 형조를 거쳐 갔습니다. 형조 터는 세종로 세종문화회관 앞 버스 정류장 바닥에 서울대교구 순교자현양위원회에서 설치한 바닥 돌이 매립된 자리입니다.

- **주소** 서울시 종로구 세종대로 175 세종 문화 회관 앞바닥 돌

## 제2장 대전교구

### 157. 갈매못 순교성지는 어떤 곳인가요? (성인 인물약전 128-130, 131-132)

1. 갈매못 순교성지는 서해안 바닷가에 있으며 1866년 병인박해 때 **성 안 안토니오(다블뤼) 주교, 성 민 루카(위앵) 신부, 성 오 베드로(오매트르) 신부, 성 황석두(루카), 성 장주기(요셉)** 등 다섯 성인과 이름 모를 교우들이 순교한 바닷가로 한국교회의 순교사  를 생생하게 보여 주는 곳입니다. 1866년 3월 제5대 조선 교구장으로 임명된 다블뤼 주교는 4일 만인 11일에 신리(충남 당진시 합덕읍)에서 붙잡혀 더 이상 많은 교우들이 희생되는 것을 막고자 숨어 있던 오매트르 신부와 위앵 신부에게 자수를 권고하였습니다. 이에 순명하여 두 선교사가 신리로 와서 자수하였고, 황석두 루카도 함께 체포되었습니다.

2. 다블뤼 주교 일행은 서울로 압송되었고, 때마침 고종이 병을 앓고 국혼도 가까운 시기여서 서울에서 250여 리 떨어진 보령 수영 갈매곶 바닷가로 처형지가 옮겨졌습니다. 이들 4명과 배론 신학당의 집주인 장주기 요셉까지 합세하여 모두 다섯 명이 갈매못으로 향하는 죽음의 행진을 떠나게 되었습니다. 그날은 예수님께서 십자가에 못 박혀 돌아가신 성 금요일이었기에 주교를 비롯한 동료 순교자들은 기쁜 마음으로 자신들을 봉헌하였습니다. 성 금요일에 순교한 다섯 성인 중 황석두 루카의 유해는 가족들이 거두어 고향인 연풍에 안장했고, 나머지 넷의 유해는 사흘 뒤 사형장 부근에 매장했다가 그해 여름 용맹한 교우들에 의해 보령의 현 서짓골 성지에 안장되었고, 이후 일본 나가사키를 거쳐 1900년에 명동 대성당, 1960년대에 시복시성 운동이 전개되면서 절두산 순교성지로 옮겨졌습니다.

3. 고 정규량 신부가 1925년 순교지를 확인하고 이듬해 20평의 땅을 매입해 성지의 기초를 놓은 후, 1975년 9월 대전교구 대천본당 주임이었던 고 정용택 신부가 순교 당시의 위치를 재확인하고 순교복자 기념비를 세우면서 갈매못 순교성지가 알려지게 되었습니다. 그 후 1985년 9월 다섯 분의 순교성인 기념비와 야외 제단이 세워졌고, 2003년 2월 갈매못 성지본당이 설정되면서부터 성지개발이 본격화되었습니다. 2006년 10월 성지 언덕 위에 처형장인 바닷가를 내려다보는 승리의 성모성당을 완공해 봉헌식을 갖고, 2008년 4월에는 기존의 경당과 전시관으로 사용하던 건물을 수리해 갈매못 순교성지 기념관으로 새로 꾸며 성인들의 숨결을 느낄 수 있는 유물들을 전시하고 있습니다. 2013년 2월에는 갈매못 순교성지가 충청남도 기념물 제183호로 지정되었습니다.

- 주소 충남 보령시 오천면 오천해안로 610 ☎ 041-932-1311 ● 홈페이지 http://www.galmaemot.kr
- 미사 주일: 오전 8시, 11시 30분 / 평일: 오전 11시 30분(월요일 미사 없음) / 500명 미사 *식사 가능(예약 필요)
- 성지 개방시간 3월-11월: 오전 9시-오후 6시 / 12월-2월: 오전 9시-오후 5시 30분
  *성지 개방 시간 외에는 순례가 어렵습니다.

### 158. 남방제 순교사적지는 어떤 곳인가요? (성인 인물약전 135, 140)

1. 남방제 순교사적지는 박해시대의 교우촌이며, **성 조윤호(요셉)**가 태어난 곳이고, **성 조화서(베드로)**와 여러 순교자들이 살았던 곳입니다. 조윤호 요셉의 가문은 교우 집안으로 본디 경기도 수원 도마지에 살았습니다. 할아버지 조 안드레아가 1839년 기해박해 때에  순교하고, 할머니 권 율리아나가 선종하자 아버지 조화서 베드로는 남방제로 이주하였습니다. 여기서 한 막달레나와 혼인하여 1848년 조윤호 요셉을 낳았습니다. 조화서 베드로는 1850년경부터 **가경자 최양업(토마스) 신부**의 복사로서 전국 곳곳에 숨어 있는 교우들을 순방하는 길에 함께하였습니다.

2. 조윤호 요셉은 1865년에 아버지 조화서 베드로와 함께 전주 성지동으로 이사한 뒤 이듬해 이 루치아와 혼인하였습니다. 혼인한 지 얼마 안 된 1866년 12월 5일 밤 포졸들이 급습하여 조윤호 요셉과 아버지 조화서 베드로를 체포하였습니다. 이들은 전주 감영으로 끌려가 여러 차례 형벌을 받았으나 끝까지 신앙을 지켰습니다. 국법에 따라 부자를 같은 날 처형하지 않았으므로 아버지 조화서 베드로는 12월 13일 전주 숲정이에서, 아들 조윤호 요셉은 12월 23일 전주 서천교에서 순교하였습니다. 비록 순교일은 달랐지만 두 성인은 한국을 방문한 요한 바오로 2세 교황에 의해 같은 날인 1984년 5월 6일 성인으로

시성되었습니다.

- 주소 충남 아산시 신창면 서부북로 763-42 (신창면 남성리 412-3)
- 홈페이지 http://cafe.daum.net/nambangjaeshrine
- 관할 온양 신정동 성당 ☎ 041-534-2324
  *순례자 미사, 식사 가능(예약 필요)

### 159. 산막골·작은재 순교사적지는 어떤 곳인가요? (성인 인물약전 128, 132)

1. 베일 속에 가려져 있던 박해시대 서천 지역 신앙선조들의 삶의 터전이자 순교자들의 유해가 묻힌 무덤 터가 2010년 처음으로 모습을 드러냈습니다. 이 같은 사실은 호남교회사연구소가 발간한 '박해기 서천지역 천주교회사에 대한 연구' 자료집을 통해 밝혀졌습니다.  자료집에 따르면 천방산 산막골(현 충청남도 서천군 판교면 금덕리)은 신앙선조들이 1839년 기해박해 이후 군란을 피해 인적 없는 산간벽지에 숨어 신앙공동체를 이루며 살았던 곳이자 **성 안 안토니오(다블뤼) 주교**와 페롱 신부의 사목 중심지로 밝혀졌습니다. 페롱 신부가 1858년부터 1865년까지 보낸 서한들 가운데 산막골에서 보낸 편지가 6통 남아 있고, 조안노 신부가 1862년 11월 4일에 산막골에서 보낸 편지가 1통 전해집니다. 또한 이곳은 순교자들이 심한 형벌을 받고 피를 흘렸던 점으로 보아 순교사적지로서의 의미도 갖고 있는 것으로 드러났습니다.

2. 그리고 이곳은 **성 황석두(루카)** 일가가 충청북도 연풍에서 이주해 와 1866년 병인박해가 있기 전 10여 년 동안 머물면서 참회와 보속의 삶을 살았던 곳이기도 합니다. 특히 서천군 문산면 수암리 산 78번지의 천방산 기슭은 수암리의 독뫼 공소 터와 판교면 금덕리의 작은재 공소 터를 이어주는 고갯마루로 이름 없이 살다간 숱한 신앙선조들의 줄무덤이 있던 자리였습니다. 하지만 1994년 산림도로 개설과 함께 줄무덤 터는 콘크리트에 묻히고 말았으며, 당시 공사현장에서 숱한 유골과 함께 발굴된 십자가와 묵주 등 성물도 연고자가 없어 인근에 다시 묻혔으나 그 위치를 찾을 수 없는 것으로 밝혀졌습니다.

3. 대전교구 서천본당 주임으로 정성용 신부가 부임하면서 베일 속에 가려져 있던 박해시대 서천지역 신앙선조들의 숭고한 터전들이 하나씩 밝혀지게 되었습니다. 서천본당은 2010년 11월 천방산 고갯마루에서 대전교구장 유흥식 주교 주례로 '산막골 작은재 줄무덤 터 현양미사'를 봉헌하고, 수암리의 독뫼 공소 터에 세워진 성모동산과 공소 터에서 작은재를 오르는 산길에 세워진 십자가의 길 14처에 대한 축복식도 가졌습니다. 또한 독

뫼 공소와 작은재 공소 터에 기념비를 세워 교우촌 순례길을 돕고 있으며, 작은재 줄무덤 터에도 기념비를 세워 천주교 백색 순교자들을 현양하고 있습니다. 2018년 10월에는 산막골과 작은재 순교사적지 재단장을 기념해 미사를 봉헌하고, 두 순교사적지를 잇는 옛길 3.5km를 순례길로 복원하는 있는 중입니다.

- 주소 산막골: 충남 서천군 판교면 금덕길 81번길 119
- 관할 서천 성당 ☎ 041-951-9014
  *미사·식사 가능(예약 필요)

### 160. 삽티 성지 순교사적지는 어떤 곳인가요? (성인 인물약전 132)

1. 삽티 성지 순교사적지는 내포의 사도 **하느님의 종 이존창(루도비코 곤자가)**이 홍산으로 피신하여 선교 활동을 한 시절부터 교우들이 숨어 살기 시작한 곳입니다. 1850년대에 충북 연풍에서 배척받은 **성 황석두(루카)**는 가족들과 삽티로 이주하였습니다. 황석두 루카의 양자 황천일 요한과 조카 황기원 안드레아도 여기에 살았습니다. 황석두 루카는 인근 산막골에서 선교사 페롱(Feron) 신부를 보필하면서, 하부 내포의 산골 교우촌들을 순회하여 돌보았습니다. 병인박해로 1866년 3월 30일에 갈매못에서 **성 안 안토니오(다블뤼) 주교**와 함께 순교한 황석두 루카의 시신을 황천일 요한과 황기원 안드레아가 수습하여 그해 5월에 여기 삽티에 안장하였습니다.

2. 이 때문에 황천일 요한과 황기원 안드레아가 홍산 관아에 체포되어 서울에서 순교하였으며, 56년 후 황기원 안드레아의 딸 황 마르타는 다음과 같이 증언하였습니다. "1866년 4월 16일(양력 5월 29일)에 나의 백부가 가서 시신을 가져왔다고 합니다. 홍산 삽티에 묻었습니다. 지금은 자손이 없기 때문에 가더라도 찾지 못합니다."(시복 조사 재판 34회 차 황 마르타의 증언: 1922년 정리 번호220). 1964년 5월 산지 개간 작업 중 성물(聖物)이 발굴되었습니다. 2012년부터 하부 내포 성지에서 성물 발굴 지점을 중심으로 성역화를 진행하고 있습니다.

- 주소 충남 부여군 홍산면 삽티로 489-6 ☎ 041-836-9625
- 홈페이지 http://cafe.daum.net/southnaepo (하부 내포 성지)
- 관할 하부 내포 성지
- 미사 주일: 오전 11시 / 평일: 순례자가 원하는 시간
- 도보 순례 박해 시기 연통 산길(삽티 ↔ 도앙골)

### 161. 성거산 성지는 어떤 곳인가요? (성인 인물약전 128)

1. 성거산 성지는 한국의 성지 중에서 차령산맥 해발 500m의 높은 지대에 위치하고 있는 보기 드문 곳입니다. 성거산 주변에는 박해 당시 신앙의 선조들과 순교자들이 피신하여 신앙생활을 영위했던 삶의 터전(교우촌) 7개가 산재되어 있어 선조들의 신앙의 향취를 물씬  느낄 수 있는 곳입니다. 성거산 일대에는 1800년대 초부터 박해를 피해 숨어들어 온 신자들에 의해 형성된 교우촌들이 곳곳에 있었습니다. '학의 둥지와 같이 생겼다'하여 붙여진 소학골과 인근의 서들골을 중심으로 여러 교우촌들이 서로 의지하며 살아가던 산골 신앙공동체였습니다. 1860년대부터 1920년 사이에 세워진 교우촌으로 서덕골, 먹방이, 소학동, 사리목, 매일골, 석천리, 도촌 등이 있었습니다. 특히 소학골 교우촌은 1866년 병인박해 때 칼레 신부와 페롱 신부가 은거했던 곳입니다. 성거산 교우촌은 산골이면서도 주변의 다른 신앙공동체들과 연락을 취하기에 적합한 곳이었습니다.

2. 이런 까닭에 프랑스 선교사들이 성거산에 와서 휴식과 사목 활동을 하며 편지를 작성하여 본국으로 보내기도 했는데, 이곳은 또 주변의 공주와 서천, 충북 배티, 경기도와 경상도의 교우촌들과 연계도 가능하였습니다. 이곳에서 활동한 성직자는 **성 안 안토니오(다블뤼) 주교, 가경자 최양업(토마스) 신부**, 메스트르 신부, 페롱 신부, 프티니콜라 신부 등이 있습니다. 또한 병인박해 때 10명의 순교자가 탄생한 곳입니다. 병인박해가 일어나면서 성거산 출신의 순교자들이 생겨났습니다. 1866년 성거산에서 잡힌 **하느님의 종 배문호 베드로와 하느님의 종 최천여 베드로, 하느님의 종 최종여 라자로, 하느님의 종 고의진 요셉** 등 일곱 명이 공주와 청주에서 순교하였고, 1867년에는 배화첨 베드로 등 여덟 명이 서울과 죽산에서 순교하였습니다. 성거산 출신으로 다른 지역으로 이주해 살다가 순교한 이들도 8위 이상이 됩니다.

3. 공주 감영에서 참수된 배문호 베드로, 최천여 베드로, 최종여 라자로, 고의진 요셉, 채서방 며느리는 성거산 성지 제1줄무덤에 안치되었습니다. 성지 전체로는 제1줄무덤에 38기, 제2줄무덤에 36기의 묘봉이 있는데, 시신들이 겹쳐 있어 실제 안장된 순교자는 훨씬 많다고 합니다. 1959년 미군의 공군기지가 성거산 정상에 주둔하면서 도로를 개설할 때 도로 상의 묘봉 수가 107기였다고 하니, 이곳은 내포지방에 살다가 천주교 신자라는 이유로 순교를 당한 수많은 무명 순교자들의 안식처라고 할 수 있습니다. 성거산 성지는 2008년 12월 충청남도 기념물 제175호로 등록되었고, 2011년 5월 성거산 아래 성지 초입에 성당과 수산나 피정의 집이 완공되어 봉헌식을 가졌습니다.

- 주소 충남 천안시 서북구 입장면 위례산길 394 ☎ 041-584-7199 • 홈페이지 http://www.sgm.or.kr
- 미사 주일: 오전 11시 / 평일: 오전 11시(월요일 미사 없음)    *피정 가능(예약 필요)

### 162. 서짓골 성지 순교사적지는 어떤 곳인가요? (성인 인물약전 128-132)

1. 1866년 3월 30일 갈매못에서 **성 안 안토니오(다블뤼) 주교**와 **성 민 루카(위앵) 신부**와 **성 오 베드로(오메트르) 신부**와 **성 장주기(요셉)**와 **성 황석두(루카)**가 참수되어 그 시신이 모래자갈 속에 방치되었었습니다. 1866년 병인박해 때 충청남도 보령 갈매못에서  다섯 성인 중 황석두 루카의 유해는 일가에 의해 홍산 삽티에 안장되었습니다. 나머지 네 성인의 유해는 서짓골에 사는 이화만 바오로와 그의 아들들, 그리고 용감한 도앙골 교우촌 신자들의 도움으로 처형장에서 오포리 야산의 두 번째 무덤을 거쳐 그해 여름 배편을 이용해 서짓골의 담배 밭에 이장하여 모셔졌습니다. 네 순교성인의 유해는 1882년 일본 나가사키로 보내졌다가 1894년 용산 예수 성심신학교, 1900년 명동 성당 지하 묘역을 거쳐 1967년 절두산 순교성지에 안치되었습니다. 서짓골 성지는 15년 6개월 동안 네 순교성인이 머문 세 번째 무덤으로 순교자들의 피와 살, 잔뼈들이 진토가 된 거룩한 순교사적지입니다.

2. 서짓골은 부여 금사리 본당의 고 정규량 레오 신부가 1925년 기해·병오박해 순교자 79위 시복식을 기념하며 그 위치를 확인하였습니다. 하지만 이후 교회사에서 잊힌 땅이 되었다가 2007년부터 부여 만수리 공소에 윤종관 신부가 상주하면서 다블뤼 주교의 주 사목지이자 수많은 교우촌이 형성되었던 하부 내포지역으로 알려지게 되었습니다. 2012년 1월 대전교구에서 하부 내포지역을 성지로 선포하고 윤종관 신부를 전담으로 임명하면서부터 본격적인 성역화가 이루어져 2013년 10월 서짓골 성지 봉헌식을 거행했습니다. 2016년 하부 내포 성지 주관으로 나가사키 오우라 성당에 '병인 순교자 4위 기념비'를 세웠습니다. 서짓골의 '사성제대(四聖祭臺)'는 죽음을 무릅쓴 신자들의 신앙이 담겨 전해지는 '빈 무덤'입니다. 보령호 옆 도로변에 조성된 성지에는 네 순교성인의 무덤을 형상화한 야외 제대와 순교자 현양비, 정자와 편의시설 등이 마련되어 있습니다.

- 주소 충남 보령시 미산면 평라리 438-3 ☎ 041-836-9625
- 홈페이지 http://cafe.daum.net/southnaepo (하부 내포 성지)
- 관할 하부 내포 성지
- 미사 주일: 오후 2시 / 평일: 순례자가 원하는 시간
- 도보 순례 순교자 유해 봉송 길(완장포↔서짓골)

### 163. 솔뫼 성지는 어떤 곳인가요? (성인 인물약전 39, 79)

1. 솔뫼 성지는 한국 최초의 사제 **성 김대건(안드레아) 신부**의 탄생지로서, 성인이 박해를 피해 용인 땅 골배마실로 이사 갈 때인 일곱 살까지 살았던 곳입니다. '소나무가 우거진 작은 동산'이라는 뜻을 가진 '솔뫼'는 김해 김씨 안경공파인 김대건 안드레아 신부의 증조할아버지 **복자 김진후(비오)**, 작은할아버지 **복자 김종한(안드레아)**, 아버지 **성 김제준(이냐시오)** 그리고 김대건 안드레아 신부 등 4대의 순교자가 살던 곳입니다.  김대건 안드레아 신부는 1821년 솔뫼에서 태어나 중국 마카오에서 공부를 한 뒤 1845년 25세의 나이로 사제품을 받았습니다. 그의 탄생을 기념하려고 솔뫼에는 기와집 생가(대건당)가 복원되어 있고, 소나무 숲 한가운데에 김대건 안드레아 신부의 동상이 건립되었습니다. 김대건 안드레아 신부의 신앙은 솔뫼에서 대를 이어 살던 선조들의 모범으로 형성되었습니다. 그의 증조할아버지 김진후 비오는 솔뫼에서 신앙을 받아들여 살다가 1814년 해미에서 순교하였고, 작은 할아버지 김종한 안드레아는 1816년 대구에서, 아버지 김제준 이냐시오는 1839년 서울 서소문 밖에서 순교하였으며, 김대건 안드레아 신부는 1846년 병오박해 때 새남터에서 순교하였습니다. 이 작은 마을에 복음이 전래된 것은 '내포의 사도'로 불리는 **하느님의 종 이존창(루도비코 곤자가)**이 그의 고향인 충청도 지방의 전교를 맡으면서 시작되었습니다. 김대건 안드레아 신부의 증조할아버지인 김진후(비오)가 면천군수로 재직하고 있을 때 그는 이존창 루도비코 곤자가로부터 복음을 전해 듣고 곧 벼슬을 버리고 신앙생활에 전념하였고, 그로부터 이곳 솔뫼는 교우촌이 되었습니다.

2. 1906년 합덕성당 주임 크렘프 신부는 솔뫼를 성역화하기 위해 인근의 토지 매입을 시작하였고, 1946년 김대건 안드레아 신부 순교 100주년을 앞두고 백 필립보 신부는 김대건 안드레아 신부 100주년 순교 기념비를 세우고 생가 터를 매입하였습니다. 그 후 대전교구는 1976년부터 성지 개발을 본격화해 이듬해 3미터 높이의 김대건 안드레아 신부 동상과 기념탑을 건립했습니다. 이어 1983년에 순교자 신앙을 가르치고 전하는 솔뫼 피정의 집을 건립하여 솔뫼 성지를 '순교자 신앙의 학교'로 삼았습니다. 또한 1998년 7월 충청남도 기념물 제146호로 지정된 김대건 안드레아 신부의 생가 터에 지자체와 함께 2004년 9월 생가를 복원하였고, 2006년 3월에는 김대건 안드레아 신부 기념관 축복식을 갖고 성인의 성덕과 순교 정신을 기리고 본받기 위한 장을 마련하였습니다. 2009년부터 주차장 공사를 시작으로 솔뫼 성지는 다시 한 번 대대적인 정비에 들어가 성지의

위상에 걸맞게 야외무대와 광장을 조성하고 성지를 집회와 순례, 기념 공간으로 나누어 순례자들이 성지 순례의 참 의미를 묵상하도록 단장했습니다. 노후화된 솔뫼 피정의 집을 철거하고 그 자리에 1,300명을 수용할 수 있는 야외 공연장이자 문화공간인 솔뫼 아레나를 건립해 2011년 5월 축복식을 가졌습니다. 2014년 8월 15일에는 프란치스코 교황이 이곳을 방문해 제6회 아시아 청년대회에 참석한 청년들과 만남을 가졌고, 교황의 방한을 기리며 '매듭을 푸는 성모 경당'과 몇몇 기념물이 건립되었습니다. 2014년 9월 25일에는 '당진 솔뫼마을 김대건 신부 유적'이 국가 지정문화재 사적 제529호로 지정되었습니다.

- 주소 충남 당진시 우강면 솔뫼로 132 ☎ 041-362-5021  • 홈페이지 http://www.solmoe.or.kr
- 미사 주일: 오전 7시, 11시 / 평일: 오전 7시, 11시
  *1,000명 식사 가능 (예약 필요)

## 164. 수리치골 성모 성지 순교사적지는 어떤 곳인가요? (성인 인물약전 128)

1. 수리치골 성모 성지 순교사적지는 박해시대 교우촌 중의 한 곳입니다. 당시 공주 지방에는 국사봉(國師峰)을 중심으로 둠벙이, 용수골, 덤티, 진밭, 먹방이 등 여러 군데에 교우들의 은거지가 있었습니다.  그중에서도 수리치골이 가장 깊숙하고 넓어 많은 교우들이 모여 살았던 것으로 전해집니다. 중국 상해에서 첫 사제로 서품된 **성 김대건(안드레아) 신부**는 1845년 10월 3대 조선대목 페레올(Ferreol, 高) 주교와 신부, 그리고 11명의 신자와 함께 조선에 입국하였습니다. 1846년 뜻밖에 김대건 안드레아 신부가 체포되어 병오박해가 일어나자 페레올 주교와 **성 안 안토니오(다블뤼) 신부**는 수리치골로 피신하였습니다. 그해 11월 2일 두 선교사는 성모 마리아의 전구로 조선 교회가 박해에서 벗어나 자유롭게 신앙생활을 할 수 있기를 바라며 성모 성심회를 조직하였습니다. 수리치골이 특히 의의를 갖는 것은 두 선교사에 의해 한국에서는 처음으로 성모 성심회라는 신심 단체가 구성되어 공주 지방의 신앙 형성에 공헌을 했다는 점에 있습니다.

2. 성모 성심회는 수리치골의 한 오두막집에서 몇 명의 신자들로 시작한 작은 단체였습니다. 그러나 그 회의 본부가 있는 프랑스 파리의 '승리의 성모 대성당'에 편지를 보내 이 단체를 명부에 올려 달라고 청하여 서로 연대하였습니다. 신자들은 주일마다 수리치골에 모여 전 세계 회원들과 뜻을 모아 조선 교회의 평화와 죄인들의 회개를 위해 기도하

였습니다. 현재 이곳에는 성모 성심회의 뜻을 계승하는 '미리내 성모성심수녀회'의 총원이 자리하고 있습니다. 이 수리치골 교우촌이 확인 개발되기까지는 미리내 천주성삼성직수도회와 성모성심수녀회를 설립한 정행만 신부의 특별한 관심과 노력이 있었습니다. 수차례 답사를 통해 위치를 확인한 정행만 신부는 1986년부터 인근 부지를 매입하여 성직자들을 위한 성모성심 봉쇄수도원을 1990년에 완공하고 천주성삼상을 제막하였으며, 1993년에는 성모 칠고상을 제작하여 설치하였습니다. 1997년 봉쇄수도원이 다른 곳으로 옮긴 후 수리치골 성모 성지에는 미리내 성모성심수녀회 본원이 들어와 한국교회 성모성심 신심의 뿌리를 지키며 생활하고 있습니다.

- **주소** 충남 공주시 신풍면 용수봉갑길 544 ☎ 041-841-1750 ● **홈페이지** http://www.trihm.kr
- **미사** 주일: 오전 11시 / 평일: 사전 예약 필요

  *피정·식사 가능 (예약 필요)

### 165. 신리 성지 순교사적지는 어떤 곳인가요? (성인 인물약전 128-130, 132-133)

1. 신리 성지 순교사적지는 박해시대의 교우촌으로 **성 손자선(토마스)**의 생가이자 조선교구 제5대 교구장인 **성 안 안토니오(다블뤼) 주교**가 머물며 내포지방의 선교활동을 지휘하던 주교관이자 교구청으로 사용된 초가집이 복원되어 있는 유서 깊은 사적지입니다.  신리 성지 순교사적지는 조선 시대 천주교 수용 초기부터 형성된 교우촌으로 주민 400여 명이 모두 신자일 정도로 규모가 컸습니다. 신자들이 많았던 만큼 박해도 심하여 많은 순교자들이 탄생한 곳입니다. 특히 1866년 병인박해와 1868년 무진박해를 통해 마을 전체 신자가 순교하거나 피난할 정도였는데 인근에 있는 '무명 순교자들의 묘'가 이를 말해 줍니다. 신리는 박해를 겪는 조선 교회의 중심지 역할도 하였습니다.

2. 이곳에서 다블뤼 주교는 초기 순교자들의 행적과 교회사를 정리하여 '비망기(備忘記)'를 작성해 파리로 보냄으로써 한국 교회사의 귀중한 사료를 제공하였습니다. 그뿐만 아니라 각종 교회서적을 집필하고 출판함으로써 근대적 출판 인쇄를 시작하였습니다. 또한 1866년 병인박해가 일어나자 다블뤼 주교, **성 민 루카(위앵) 신부, 성 오 베드로(오매트르) 신부, 성 황석두(루카)**, 손자선 토마스가 신리에서 붙잡혀 보령 갈매못과 공주에서 순교하였고 후일 성인이 되었습니다. "예수님을 가진 자가 모든 것을 가진 자다."라고 한 다블뤼 주교의 말처럼 신리는 신앙을 위해 모든 것을 봉헌한 교우촌입니다. 신리의 다섯 성인들을 기리는 기념 성당에는 성인들의 유해가 안치되어 있습니다.

3. 이토록 유서 깊은 신리 성지 순교사적지는 2002년 샬트르 성 바오로 수녀회 수녀들이 파견되면서 그 중요성이 널리 알려지게 되었습니다. 대전교구는 2003년 말 다블뤼 주교가 쓰던 옛 주교관을 교회사적 고증을 거쳐 본래의 초가집으로 복원하고, 2004년 성역화를 본격화하였습니다. 기념성당의 첫 삽을 뜨고 부지 매입과 진입로 확장, 편의시설 확충 등을 거쳐 2006년 5월 6일에는 2년 가까운 공사 끝에 완공한 다블뤼·손자선 토마스 기념성당 및 사제관과 복원된 주교관에 대한 축복식을 가졌습니다. 2008년 12월에는 충청남도 기념물 제176호로 등록되었고, 2009년 기념성당 외벽에 순교자들의 부활을 주제로 대형 부조상을 설치하고 다음 해 7월말 야외성당(다블뤼 광장) 공사를 마무리하였습니다. 2014년 5월 6일에는 다블뤼 주교 시성 30주년을 기념해 신리 성지 순교사적지 내에 새로 건립한 다블뤼 기념관과 순교자 기념공원 봉헌식을 가졌고, 2017년 3월 기념관 지하 2층에 신리 교우촌을 중심으로 활동했던 성직자와 순교자들의 행적을 그린 순교 기록화 등을 전시한 국내 유일의 순교미술관을 개관하였습니다.

- 주소 충남 당진시 합덕읍 평야 6로 135 ☎ 041-363-1359 • 홈페이지 http://www.sinri.or.kr
- 미사 주일: 오전 11시 /평일: 오전 11시(월요일 미사 없음)

  *식사 가능 (예약 필요)

### 166. 여사울 성지 순교사적지는 어떤 곳인가요? (성인 인물약전 101, 106)

1. 여사울 성지 순교사적지는 조선시대에 충청도 서북 지역을 지칭하는 내포지역의 사도인 **하느님의 종 이존창(루도비코 곤자가)**의 생가 터가 있는 곳입니다. 상당한 경제력을 지닌 양인 농민의 아들로 태어난 이존창 루도비코 곤자가는 **하느님의 종 권일신(프란치스코 하비에르)**으로부터 교리를 배워 1784년에 세례를 받고 고향으로 돌아와 내포(內浦)라 불리는 충청도 서북부 지역에 복음을 전하여 신앙공동체를 형성하였으므로 그를 '내포의 사도'라 부릅니다. 고향인 충청도 지방 복음 선교에 매진할 뿐만 아니라, 가성직제도의 어긋남을 깨달은 뒤 **복자 주문모(야고보) 신부**를 영입하는 데에도 주도적인 역할을 했습니다. 그의 뛰어난 학덕과 영향력, 그리고 주변 사람들의 도움으로 여사울과 인근 지역에 천주교가 널리 전해졌습니다. 여사울을 중심으로 내포 지방에 복음이 전해지고, 또한 지속적으로 영향을 미쳤기에 이곳을 '신앙의 못자리'라고도 부릅니다. 1791년 신해박해 때 체포되어 혹독한 고문 끝에 배교를 하기도 했지만 그 뒤 홍산으로 이사한 후 지난 날의 잘못을 뉘우치며 더욱 열심히 신앙을 지키고 전교에 힘썼습니다. 그 결과 내포 지방은 그

어느 곳보다 교세가 커졌고 또 수많은 순교자를 배출했습니다. 1801년 신유박해 때 다시 체포된 이존창 루도비코 곤자가는 공주 황새바위에서 참수형을 받고 순교하였습니다. 이렇듯 여사울은 초기 내포 천주교회의 출발지이자 중심지로서 대전교구의 뿌리가 된 곳입니다.

2. 여사울 성지 순교사적지는 **성 홍병주(베드로)**와 **성 홍영주(바오로)** 형제 성인을 배출한 곳이고, 2014년 프란치스코 교황이 시복한 **복자 김광옥(안드레아)**과 그의 아들 **복자 김희성(프란치스코)**의 고향입니다. "충직한 신하는 두 임금을 섬기지 않는다."고 말한 김광옥 안드레아의 말처럼 여사울은 조선 후기 박해시대 내내 올곧게 꿋꿋한 신앙을 간직해 온 마을입니다. 여사울에는 첫 신자 이존창 루도비코 곤자가를 기리는 기념성당이 건립되어 있고, 인근에 옛 공소 건물이 보존되어 있습니다. 마을 안쪽과 언덕에 조그맣게 자리한 두 건물은 내포지방의 중심에서 빛과 소금의 역할을 하던 신앙의 자취를 느끼게 합니다. 내포지역과 여사울 순교사적지의 중요성을 인식한 대전교구는 교구의 뿌리인 여사울 성지를 개발하기 위해 2002년부터 신례원 성당을 중심으로 성지추진위원회를 구성하여 주변 부지를 매입하고 진입도로를 넓히는 한편 십자가의 길과 강당을 추가로 조성하였습니다. 2008년 1월 성지본당으로 지정하고, 그해 12월 충청남도 기념물 제177호로 등록되면서부터 성역화를 본격 추진하여 생가 터 앞 강당 자리에 이존창 루도비코 곤자가 순교자 기념성당을 신축하고, 기존의 공소 건물 뒤에는 사제관과 수녀원을 건립하였습니다. 스페인풍의 기와를 얹은 순교자 기념성당은 2010년 10월 16일 봉헌식을 가졌습니다.

- 주소 충남 예산군 신암면 신종여사울길 22 ☎ 041-332-7860 ● 홈페이지 http://cafe.daum.net/yeosaul
- 미사 주일: 오전 11시 / 화: 오후 7시 / 수-토: 오전 11시    *식사 가능 (예약 필요)

### 167. 지석리 순교사적지는 어떤 곳인가요? (성인 인물약전 72, 134, 136)

1. 지석리 순교사적지는 **성 정문호(바르톨로메오)**와 **성 손선지(베드로)**가 태어난 고향입니다. 1866년 병인박해 당시 전주 숲정이에서 참수 치명한 두 성인의 유해는 현재 천호 성지에 묻혀 있습니다. 두 순교자는 1984년 교황 성 요한 바오로 2세에 의해 성인의 반열에 올랐습니다. 당시 지석리에는 손선지 베드로의 후손들이 살고 있었는데, 가난한 생활 가운데서도 손선지 베드로의 시성비라도 세워 달라며 홍산성당에 밭을 기증했다고 합

니다. 홍산성당에서는 두 성인의 생가터를 정확히 확인할 수 없자 동네 땅 일부를 매입해 1988년 두 성인의 출생 기념비와 50여명 정도가 미사를 봉헌할 수 있는 야외제대와 기념비 안내문을 세웠습니다. 2014년에는 두 성인의 출생기념비를 새로 세우고 성지 표지석과 약간의 주차공간을 마련하는 등 순교사적지 주변 조경공사를 마무리해 새롭게 단장했습니다.

2. 어려서 입교한 손선지 베드로는 열심한 신앙으로 16세 때 **성 정 야고보(샤스탕) 신부**로부터 회장으로 임명되었고, 병인박해 때는 전주지방의 교우촌인 대성동 신리골에 살며 자신의 집을 공소로 사용하였습니다. 양반 집안에서 태어난 정문호 바르톨로메오는 천주교를 알게 되자 곧 입교했는데 교우들뿐 아니라 외교인들에게도 깊은 사랑을 받았습니다. 그 뒤 박해를 피해 고향을 떠나 여러 지방을 유랑하다가 1866년 병인박해 무렵에는 대성동 신리골에서 손선지 베드로와 함께 살았습니다. 두 성인은 혹독한 형벌 속에서도 평온을 잃지 않았고, 형장에서는 축복의 순간을 맞는 기쁨을 간직하며 칼을 받았습니다. 두 성인의 무덤은 같은 날 전주 숲정이에서 순교한 **성 한재권 (요셉)**과 함께 천호 성지에 있습니다.

- 주소 충남 부여군 충화면 지석리 368-1
- 관할 홍산 성당 ☎ 041-836-0067   *미사·식사 불가

### 168. 청양 다락골 성지는 어떤 곳인가요? (성인 인물약전 69, 71-72)

1. 청양 다락골 성지는 1791년 신해박해 이후 **가경자 최양업(토마스) 신부**의 할아버지 최인주가 모친 경성 이씨를 모시고 피난해 오면서 교우촌으로 거듭났습니다. 이곳은 한국의 두 번째 사제 최양업 토마스와 그의 부친 **성 최경환(프란치스코)**이 탄생했으며, 무명 순교자들의 줄무덤이 있는 곳입니다. 최경환 프란치스코는 1984년 한국을 방문한 요한 바오로 2세 교황에 의해 시성되었고, 최양업 토마스 신부의 모친 **복자 이성례(마리아)**는 2014년 프란치스코 교황에 의해 시복되었습니다. 최양업 토마스 신부는 한국 천주교 최초의 순교자가 아닌 가경자로서 시복 절차를 진행하고 있습니다.

2. 또한 청양 다락골 성지는 1839년 기해박해 때 순교한 프랑스 선교사 **성 나 베드로(모방) 신부**와 **성 정 야고보(샤스탕) 신부**가 마지막 미사를 봉헌한 곳입니다. 서울에서 먼저 체포된 **성 범 라우렌시오(앵베르) 주교**가 교우들의 피해를 막고자 다락골에 피난

해 있던 두 선교사에게 자수하도록 편지를 보냈습니다. 이에 두 선교사는 순명하며 양을 위해 목숨을 내어놓는 착한 목자로서 사명을 다하였습니다. 성지 내에 있는 줄무덤은 1866년 병인박해 때 홍주(현 홍성)와 공주에서 순교한 교우들의 무덤입니다. 줄무덤은 세 구역으로 되어 있는데, 총 37기(본래 40기)로 모두 무명 순교자·증거자들입니다.

3. 2003년 대전교구는 청양 다락골 성지에 상주 사제를 임명하여 성지 개발 및 보존, 순례자와 인근 교우들에 대한 사목을 담당토록 하였습니다. 그리고 교구 설립 60주년을 기념하여 2008년 11월 9일 최경환 프란치스코 일가와 무명 순교자들의 순교 영성 및 선교 정신을 널리 현양하기 위한 기념성당을 다락골 성지에 건립하여 봉헌하였습니다. 또한 인근에 있는 새터, 최경환 프란치스코 성인과 최양업 토마스 신부의 생가 터에 박물관 겸 소성당도 마련할 계획을 갖고 있습니다. 2019년 10월 3일 '땀의 순교자' 최양업 토마스 신부의 신앙과 삶을 한눈에 볼 수 있는 '최양업 신부 기념관'을 건립하였으며, 기념관이 성당과 근접한 공간에 위치함에 따라 성지를 찾는 방문객들이 성당을 방문할 때마다 최양업 토마스 신부의 신앙과 삶을 배울 수 있는 기회가 될 것으로 기대하고 있습니다. 기념관은 탄생·성가정·귀국·사목활동·선종 등 최양업 토마스 신부의 생애를 요약하는 5가지 주제를 담은 그림들을 중심으로 신앙과 순교의 의미를 묵상하도록 꾸며졌습니다.

4. 특히 연필 드로잉으로 한지의 독특한 질감을 살린 5점의 그림은 기념관을 찾는 순례객들에게 최양업 토마스 신부의 생애를 일목요연하게 볼 수 있도록 안내하고 있습니다. 또한 기념관은 최양업 토마스 신부가 태어난 다락골 새터와 무명 순교자들이 묻힌 줄무덤에 대한 안내와 소개도 하고 있습니다. 기념관은 특별히 '길 위의 사제'를 주제로 전체 전시 공간을 관람객들이 길을 걸어가듯 자연스럽게 관람하도록 꾸며졌습니다. "한국교회에서 최양업 토마스 신부의 신앙과 영성에 대해서는 이제 막 알려지기 시작하고 있다"며 "척박하고 열악한 환경에서 평생을 길 위에서 땀을 흘리며 사목활동을 하다가 돌아가신 최양업 토마스 신부의 뜻"을 더 잘 알리기 위해 기념관을 마련했습니다.

- 주소 충남 청양군 화성면 다락골길 78-6 ☎ 041-943-8123 ● 홈페이지 http://www.daracgol.or.kr
- 미사 주일: 오전 11시 30분 / 평일: 오전 11시 30분(월요일 미사 없음)
 *식사 가능(예약 필요)

### 169. 황새바위 순교성지는 어떤 곳인가요? (성인 인물약전 133)

1. 황새바위 순교성지가 있는 공주는 한국 천주교회가 안에서 그 유례를 찾기 힘들 정도로 많은 순교자들의 피가 뿌려진 거룩한 땅이요 충남 지역 신앙의 요람입니다. 공주에는 일찍부터 충청도를 관할하는 관찰사와 공주 감영이 있었고, 충청도 각지에서 잡혀 온 천주교인들은 공주 감영으로 이송돼 배교를 강요당하고 이를 거부할 때에는 '황새바위'라고 불리는 곳에서 여지없이 사형에 처해졌습니다. 공주 황새바위에서 처형된 순교자들의 출신지는 충청도, 전라도, 경기도, 한양 등 매우 다양하며, 그 중 이름이 밝혀진 순교자만도 248명에 이릅니다. 황새 바위 순교성지에서 기려야 할 순교자로는 병인박해 때 향옥에서 교수형으로 순교한 **성 손자선(토마스)**이 있고, 신유박해 때 참수 치명한 내포의 사도 **하느님의 종 이존창(루도비코 곤자가)** 순교자가 있습니다. 또한 **복자 이국승(바오로), 복자 김원중(스테파노)**, 청양 정산에서 순교한 **복자 이도기(바오로)**가 있습니다.

2. 현재 공산성을 마주하고 아담하게 조성되어 있는 공주 황새바위 순교성지에는 한국 천주교 전래 200주년을 기념해 공주 교동본당에서 세운 13.8미터 높이의 순교탑이 서 있고, 공주의 순교자 248위의 명패가 새겨진 돌무덤 형태의 경당이 있습니다. 또한 무덤 경당 앞 순교자 광장에는 12개의 빛돌이 세워져 있는데, 이는 무명 순교자들의 묘비석이자 12사도를 상징합니다. 2002년 11월 성지 입구에 미사와 강연 등을 위해 대 경당을 건립해 축복식을 가졌고, 2008년 12월에는 황새바위 순교성지가 충청남도 기념물 제178호로 등록되었습니다. 2009년 대 경당을 보수해 성당을 짓고, 2012년 1차 종합개발을 시행해 순교자 광장과 야외성당을 조성하고 무덤 경당을 원래 설계대로 재건축해 그해 10월 20일 축복식을 갖는 등 성지의 면모를 일신하였습니다. 이어 2014년 순교탑을 보수하고, 2015년 빛의 길·묵주기도 길·십자가의 길·십자가 언덕 등을 조성하고, 아담한 크기의 부활성당도 건립했습니다. 또한 맞은편에는 둘러서서 순교자들의 처형 장면을 지켜보던 공산성이 있는데, 백제 왕도의 성곽인 공산성은 유네스코 세계 문화유산에 등록되었습니다.

- 주소 충남 공주시 왕릉로 118 ☎ 041-854-6321~2  • 홈페이지 http://www.hwangsae.or.kr
- 미사 주일: 오전 11시 / 평일: 오전 11시(월요일 오전 9시 30분)    *식사 가능(예약 필요)

# 제3장 인천교구

### 170. 갑곶 순교성지는 어떤 곳인가요? (성인 인물약전 39, 119-123, 128-130)

1. 갑곶 순교성지는 많은 순교자들이 순교한 곳입니다. 강화도는 섬 전체가 하나의 역사 및 문화 유적입니다. 또한 1866년 병인박해를 초래했던 병인양요의 현장으로 강화대교 서쪽 끝에 있는 갑곶돈대에서부터 박해의 회오리가 일기 시작했습니다. 1866년 병인양요 때  프랑스인 성직자 7명[**성 장 시메온(베르뇌) 주교, 성 백 유스토(브르트니에르) 신부, 성 김 헨리코(도리) 신부, 성 서 루도비코(볼리외) 신부, 성 안 안토니오(다블뤼) 주교, 성 민 루카(위앵) 신부, 성 오 베드로(오매트르) 신부**]을 처형한 책임을 물어 강화도를 점령하고자 했던 프랑스 함대가 이곳으로 상륙하여 강화성과 문수산성을 점령했습니다. 결국 프랑스군은 후퇴했으나 이로 인해 강화 지방에서는 혹독한 박해가 시작되었습니다. 갑곶 순교성지에서 바라보이는 바다 백사장에서 많은 신자가 이슬로 사라졌습니다. 1868년에는 최인서(崔仁瑞, 요한), 장치선(張致善), 박순집(朴順集)의 형 박 서방, 50세 된 조참봉의 부친 등이 병인양요와 연루되어 강화에서 순교하였습니다. 1870년에는 통진 출신 권 바오로가 20세의 나이로 강화에서 교수형을 받기도 했습니다. 또한 1871년 신미양요 때는 미국 군함에 다녀왔다는 죄로 처형당한 강화에 살던 천주교 신자 우윤집(禹允集), 최순복(崔順福), 박상손(朴尙孫) 등이 갑곶진두에서 순교하였습니다.

2. 문헌상의 갑곶진두의 정확한 위치를 찾은 인천교구는 그 자리를 매입하여 지금의 갑곶 순교성지를 조성하였습니다. 이후 1999년 11월 성지를 새로 단장하고 2001년 7월 제대 및 십자가의 길과 성모상 축복식을 거행했습니다. 그해 9월 20일에는 신미양요 때 순교한 우윤집, 최순복, 박상손 순교자비를 세우고, 순교자들의 행적 증언자이며 인천교구 역사의 증인인 박순집 증거자의 유해 안장식을 가졌습니다. 2005년 4월에는 기존의 낡은 경당을 재단장해서 성당 축복식을 거행하고 **성 김대건(안드레아) 신부**와 **성 남종삼(요한)**의 유해 일부를 모셨습니다. 성당 아래에는 넓은 야외 미사 장소와 묵주기도 길, 쉼터 등을 조성하여 순례자들을 맞이하였습니다. 2011년에는 인천교구 설정 50주년 기념사업의 하나로 갑곶 성지와 연결하여 인천교구 50주년 기념 영성센터 건립을 추진하여 2012년 11월 준공하고 이듬해 12월 축복미사를 봉헌했습니다. 이로써 100여 명의 단체 피정이 가능한 숙박 시설과 새 성당, 강당 등을 갖추었습니다.

- **주소** 인천시 강화군 강화읍 해안동로 1366번길 35 ☎ 032-933-1525  • **홈페이지** http://gabgot.com
- **미사** 주일·토: 오전 11시, 오후 5시 / 평일: 오전 11시
- **고해성사** 매일 오전 11시 미사 1시간 전
- **피정** 인천교구 50주년 기념 영성 센터 / 개인·소그룹·단체 숙박 피정 가능

### 171. 일만 위 순교자 현양동산 순례지는 어떤 곳인가요? (성인 인물약전 123)

1. 일만 위 순교자 현양동산 순례지는 대부분 이름조차도 남아 있지 않은 무명 순교자들을 위해 현양하는 곳입니다. 2002년 인천교구는 강화도의 '바다의 별 청소년 수련원'내에 '한국 일만 위 순교자 현양동산'을 조성해 한국의 순교자들, 특히 무명 순교자들에게 봉헌하였습니다.  100여 년의 박해시대를 거친 한국 천주교회에는 적게는 1만 명, 많게는 3만 명의 순교자들이 있지만 이름 정도라도 알려진 순교자는 약 1,000여 명에 불과합니다. 현양동산에는 성모당, 십자가의 길, 순교자 현양당, 전국 유명 성지의 상징물이 있는 순교자의 길, 무명 순교자상, 무명 순교자 현양탑, 묵주 연못 등이 조성되었습니다. 2005년 11월 3일 무명관 2층에 '일만 위 순교자 기념성당'이 마련되었고, 성당 내에는 홀로 기도하고 싶은 이들을 위한 개인 성체조배실도 만들었습니다.

2. 2007년 6월에는 '주님 위로의 동산'과 '순교자의 십자가 길'이 조성되었고, 2007년 10월에는 병인박해 때 순교한 **성 남종삼(요한)**의 유해 일부를 모신 '남종삼 기념관'도 건립했습니다. 2018년 11월에는 침묵 순례를 돕기 위해 혼자 걷는 묵주기도 4 신비길도 조성해 축복식을 거행했습니다. 이곳은 순교자들의 신앙을 통해 하느님께 더욱 가까이 가는 길을 찾고 배우는 신앙의 학교이며, 아름다운 자연 속에서 누구나 편하게 찾아와 기도하고 쉬어갈 수 있는 삶의 성지라 할 수 있습니다.

- **주소** 인천시 강화군 내가면 고비고개로 741번길 107 ☎ 032-932-6318  • **홈페이지** http://ilmanwe.or.kr
- **미사** 주일·토: 오전 11시 / 평일은 단체 순례 신청 시 가능
- **개방 시간** 오전 8시 30분–오후 5시
- **고해성사** 미사 전    *피정·식사 가능(예약 필요)

### 172. 제물진두 순교성지는 어떤 곳인가요? (성인 인물약전 39)

1. 제물진두 순교성지는 1866년 병인박해와 1868년 오페르트의 무덤 도굴사건 그리고 서양세력의 침공과 관련해 천주교 신자에게 그 책임을

돌리고 척사 의식을 고양하려는 정부에 의해 인천 지역 최대 순교지가 되었습니다. 1868년 4월, '순교자들의 행적 증거자' 박순집 베드로의 이모인 김씨와 남편 손 넙적이 베드로, 사위 백치문 사도 요한, 이 마리아의 손자 등 4명이 도끼로 참수당하여 순교하였습니다. 또한 1871년 5월에는 **하느님의 종 이승훈(베드로)**의 증손자 이연구와 이균구 형제, 하느님의 종 이승훈 베드로의 손자 이재겸의 부인 정씨와 그의 손자 이명현, 신자로 추정되는 백용석과 김아지도 체포되어 이곳에서 함께 교수형으로 순교하였습니다.

2. 한편 **성 김대건(안드레아) 신부**가 부제품을 받고 입국하였다가 1845년 4월 사제품을 받기 위해 작은 목선(라파엘호)을 타고 중국 상해로 떠났던 역사적인 곳입니다. 1888년 7월 22일 샬트르 성 바오로 수녀회 소속 4명의 수녀들이 조선에 첫발을 내디딘 곳이기도 합니다. 인천교구는 제물진두 위치 규명에 이어 2011년 차이나타운 입구 한중문화관 옆 대지를 매입해 교구 설정 50주년 기념사업으로 성역화를 추진해 2014년 5월 제물진두 순교기념 경당 축복미사를 봉헌했습니다. 제물진두 순교성지에 건립된 15m 높이의 경당은 하늘을 향해 피어오르는 꽃 모양이자 하느님께서 순교자들을 감싸는 두 손 모양을 형상화했습니다.

- **주소** 인천시 중구 제물량로 240 ☎ 032-764-4191  **홈페이지** http://cafe.naver.com/jemuljin
- **미사** 화-토: 오전 11시
- **고해성사** 미사 30분 전

# 제4장 수원교구

### 173. 구산 성지는 어떤 곳인가요? (성인 인물약전 71, 109)

1. 구산 성지는 **성 김성우(안토니오)**의 고향이자 박해시대에 9명의 순교자 진묘(眞墓)와 얼이 스며있는 유서 깊은 교우촌인 구산 마을[뒷산이 거북이(龜) 형상을 닮았다 해서 이름붙여졌다고 함에 자리하고 있습니다. 구산에서 태어난 김성우 안토니오는 36세에 두 동생인 **하느님의 종 김덕심(아우구스티노), 하느님의 종 김윤심(베드로 알칸타라)**과 함께 세례를 받고 친척과 이웃들을 입교시켜 이 지역을 교우촌으로 만들었습니다. 한동안 유방제 파치피코 신부를 모시고 회장직을 수행하며 온 마을에 복음을 전한 성인은 1836년 **성 나 베드로(모방) 신부**가 입국하자 자기 집에 모시고 우리말과 조선의 풍습을 가르

쳤습니다. 1839년 기해박해 때 체포됐다가 간신히 풀려났고, 1840년 다시 가족들과 함께 붙잡혀 한양 포도청으로 압송되었습니다. 포도청에서 형조로 이송되어 갖은 고문을 당한 성인은 배교를 강요하는 재판관에게 "나는 천주교인이오. 살아도 천주교인으로 살고 죽어도 천주교인으로 죽을 것입니다."라는 신앙 고백을 남기고 1841년 4월 29일 48세 나이로 옥중에서 순교하였습니다.

2. 순교 후 그의 유해는 아들 김성희 암브로시오 등에 의해 수습되어 고향에 안장되었습니다. 1927년 5월 30일 발굴되어 용산 예수 성심신학교와 명동성당을 거쳐 절두산 순교자 기념성당 지하의 유해안치실에 모셔졌습니다. 현재 구산 성지 순교자 묘역에는 구산 출신 순교자 등 9위[김덕심(아우구스티노, 김성우 안토니오 아우), 김윤심(베드로 알칸타라, 김성우 안토니오 아우), 김성희(암브로시오, 김성우 안토니오 아들), 최지현 회두, 김경희(김윤심의 아들), 심칠여(아우구스티노), 김차희(김덕심의 외아들), 김윤희(김성우 안토니오의 5촌 조카)]의 무덤이 진묘와 의묘 형태로 조성되어 있습니다. 김성우 안토니오는 1984년 5월 교황 성 요한 바오로 2세에 의해 성인품에 올랐습니다. 박해의 칼날 아래 풍전등화 같은 교회 공동체를 보존한 구산 성지를 순례하면 신앙선조들의 순교사, 박해사, 생활사 등의 순교 영성을 느낄 수 있습니다. 앞으로 '신앙 선조 영성마을'을 건립하여 신앙선조들의 전통적인 신앙(기도)생활을 체득·체화할 수 있도록 할 계획입니다.

- **주소** 경기도 하남시 미사강변북로 99 ☎ 031-792-8540  **홈페이지** http://www.gusansungji.or.kr
- **미사** 오전 11시(8–11월까지 월요일 미사 있음) / 매일 미사 30분 전 묵주 기도 바침
- **고해성사** 미사 전 30분

  *성지 가이드·식사 가능(예약 필요)    *신앙 선조 삶과 박해사 성지 신부에게 강의 신청 가능

### 174. 단내 성가정 성지는 어떤 곳인가요? (성인 인물약전 39, 41, 45, 75, 89, 107)

1. 단내 성가정 성지는 1866년 병인박해 때 남한산성에서 순교한 **하느님의 종 정은(바오로)** 과 **하느님의 종 정(베드로)** 순교자의 고향이자 유해가 묻혀 있는 곳입니다. 박해의 회오리가 단내 마을(단천리) 교우촌에 몰아쳤을 때 포졸들은 정은 바오로를 붙잡기 위해 매봉에  숨어 망을 보았고, 당시 63세의 노인이었던 그는 추운 겨울날 낮에는 마을 뒤 '검은 바위' 밑 굴속에 숨어 있다가 밤이면 내려와 잠을 자고 올라갔습니다. 그러다가 결국 체포되어 남한산성으로 끌려갔고, 이때 그의 형님의 손자인 정양묵 베드로가 병든 작은 할아버지를 모시고자 자진하여 잡혀갔습니다. 배교 강요에 끝까지 굴하지 않은 그들은 그

해 말 백지사형(白紙死刑·손을 뒤로 결박하고 얼굴에 물을 뿌린 후 그 위에 백지를 여러 겹 붙여 질식사시키는 처형방법)을 받고 순교했습니다. 그들이 순교한 뒤 시신은 남한산성 동문 밖으로 시구문을 통해 던져졌는데 가족들이 몰래 정은 바오로의 시신을 찾아 이곳에 안장했습니다. 그러나 정양묵 베드로의 시신은 당시 함께 순교한 수많은 시신들 틈에 섞여 미처 찾아오지 못했습니다.

2. 단내 마을(단천리)은 우리나라에 교회가 세워지던 1784년 이전부터 천주교와 연관이 있었던 유서 깊은 교우촌입니다. 한국에서 역사가 가장 오래된 교우촌 가운데 하나이며, 동산 밑 마을(동산리)은 **성 김대건(안드레아) 신부**의 사목 활동지이기도 합니다. 또한 이천(동산 밑 마을)이 고향인 **성 이문우(요한), 성녀 조증이(바르바라)**와 그녀의 남편으로 이천에서 체포되어 순교한 **성 남이관(세바스티아노)**을 비롯하여 **성 이호영(베드로), 성녀 이소사 아가타** 등 다섯 분의 순교성인을 기념하는 성지이기도 합니다. 단내 성가정 성지에서 기념하는 순교자들은 대부분이 가족 순교자들이고, 또한 남달리 극진한 가족 사랑을 보여 준 분들입니다. 그래서 단내 성가정 성지를 가정 성화를 위해 순례하는 성가정 성지로 관리하고 있습니다. 성지에는 이문우 요한의 고향과 김대건 안드레아 신부의 사목 활동 경로를 조망할 수 있는 예수성심상과 병인박해를 전후해서 신자들의 은신처였던 검은 바위와 굴 바위 그리고 김대건 안드레아 신부의 사목 활동 경로를 따라 조성된 총 5.2km의 순례 코스가 마련되어 있습니다.

- 주소 경기도 이천시 호법면 이섭대천로155번길 38-13 ☎ 031-633-9531
- 홈페이지 http://www.dannae.or.kr
- 미사 오전 11시(월요일 미사 없음)
- 고해성사 미사 전 30분    *피정·식사 가능(예약 필요)

### 175. 미리내 성지는 어떤 곳인가요? (성인 인물약전 39, 141)

1. 미리내 성지는 **성 김대건(안드레아) 신부**의 시신이 안장되었던 곳으로 본래 박해시대에 형성된 교우촌입니다. 1883년 공소가 설립되었다가 1896년 본당으로 승격되었고, 초대 주임으로 부임한 강도영 신부와 신자들에 의해 1907년 초 성 요셉성당이 건립되었습니다.  1976년 성직자 묘지 상단에 수원교구 도처에 묻힌 무명 순교자 17위의 유해를 이장해 모셨는데, 그 중 이동면 묵리에서 이장해 모신 유해가 병인박해 때 순교한 **성 이윤일(요한)**으로 밝혀져 1986년 대구대교구로 천묘했습니다. 16위의 유해 중 서봉부락 돌무

덤 순교자 4위가 2013년 손골 성지로 이장되어 현재는 12위의 무명 순교자 유해가 합장되어 있습니다. 김대건 안드레아 신부의 시복에 맞춰 1928년 봉헌된 '한국 순교자 79위 시복 기념경당'에는 성인의 유해 일부가 모셔져 있고, 경당 앞에는 왼쪽부터 강도영(마르코) 신부, 김대건 안드레아 신부, 페레올(Ferreol, 高) 주교, 최문식 신부의 묘가 나란히 있습니다. 경당 밖 왼편에는 김대건 안드레아 신부의 어머니인 고 우루술라와 목숨을 걸고 김대건 안드레아 신부의 시신을 빼내어 자신의 고향인 미리내에 모시고 밤낮으로 돌본 이민식(빈첸시오)이 나란히 누워 있습니다.

2. 1970년대 미리내 성지의 본격적인 성역화 작업이 시작되어 미리내 천주성삼 성직수도회와 성모성심수녀회가 이곳에 자리를 잡았고, 1980년대에 경당 옆 광장을 확장하고 십자가의 길 14처 조각을 세웠습니다. 1991년에는 103위 성인 시성 기념 대성당을 완공하여 봉헌식을 가졌습니다. 기념성당 제대에는 김대건 안드레아 신부의 유해 일부가 안치되었고, 2층 전시실에는 박해시대 천주교인에게 사용된 고문 형구와 순교 참상 모형 전시장이 설치되었습니다. 그 후 기념성당과 경당 사이에 성모당이 건립되고, 입구에서 경당까지 오르는 길에 웅장한 돌조각으로 묵주기도 길이 조성되었습니다. 그리고 14처 조각이 기념성당 초입에서 시작해 경당 전에 기도를 마칠 수 있도록 성당 뒤편으로 옮겨 설치되었습니다. 2005년 10월 25일 수도회에서 29년간 관리 운영해온 미리내 성지의 관할권이 수원교구로 이관되었습니다. 2015년 4월에는 성지 입구에 흰 대리석으로 한국 순교자 성인복자상 부조 작품을 제작해 설치했습니다.

- 주소 경기도 안성시 양성면 미리내성지로 420 ☎ 031-674-1256 • 홈페이지 http://www.mirinai.or.kr
- 미사 주일: 오전 11시, 오후 2시 / 화-토: 오전 11시 30분
- 고해성사 미사 30분 전
  *피정·식사 가능(예약 필요)

### 176. 손골 성지 순교사적지는 어떤 곳인가요? (성인 인물약전 121, 130)

1. 손골 성지 순교사적지는 광교산에 있던 교우촌입니다. 박해시대 지방에서 신앙생활을 하던 신자들이 기해박해(1839년) 전후에 서울 가까이로 이동하여 교우촌을 이룬 것을 생각할 때 손골 교우촌도 이 시기에 형성된 것으로 보입니다. 손골 성지 순교사적지는 파리외방전교회 소속 선교사들의 주된 선교지로, **성 김 헨리코(도리) 신부**가 사목하다 신자들을 모두 피신시킨 후 홀로 포졸들에게 붙잡힌 곳입니다. 그뿐만 아니라 **성 오 베드로**

(오매트르) **신부** 등 여러 선교사들이 입국해서 한국말과 풍습 등을 배우며 선교를 준비하고 활동하던 곳입니다. 도리 신부는 한국에 입국한 이후 거의 대부분을 손골에서 지냈고, 손골에서 붙잡혀 순교하였습니다. 오매트르 신부도 손골을 포함한 지금의 수원교구 지역에서 사목하다가 붙잡혀 순교하였습니다. 이를 기념해 도리 신부 동상, 십자가의 길, 경당과 기념관, 피정의 집, 도리 신부 순교비가 건립되었습니다.

2. 수차례 변형 후 2014년 원래 모습으로 복원된 도리 신부 순교비 위에는 1966년 도리 신부 순교 100주년을 맞아 도리 신부의 고향 본당에서 신부의 부모가 쓰던 맷돌로 돌 십자가 두 개를 만들어 그중 하나를 손골로 보내와 기증한 돌 십자가가 부착되어 있습니다. 2013년 10월에는 손골에서 신앙생활하다 체포되어 서봉 인근 개울가에서 순교한 무명 순교자 4위의 유해를 미리내 무명 순교자 묘역에서 손골 성지로 옮겨 안치하고 순교자의 길을 조성하였습니다. 2015년 3월에 오매트르 신부 동상을 세우고, 2016년 5월에는 성지 설립 50주년과 병인박해 150주년을 기념해 새 성당 봉헌식을 가졌습니다. 이어 2017년 5월 기존의 경당을 보수해 손골 기념관을 개관해 성지와 성인 관련 각종 유물을 전시하고 있습니다.

- **주소** 경기도 용인시 수지구 동천로 437번길 67 ☎ 031-263-1242 ● **홈페이지** http://www.sonkol.co.kr
- **미사** 주일: 오후 2시 / 화-토: 오전 11시 ● **고해성사** 미사 전

### 177. 수리산 성지는 어떤 곳인가요? (성인 인물약전 69)

1. 수리산 성지는 안양 수리산(修理山)에 위치하고 있습니다. 안양 수리산은 예로부터 담배를 재배했다 해서 '담배골', 또는 골짜기의 생김새가 병목처럼 잘록하게 좁다고 해서 '병목골'이라 불렸습니다. 박해시대 외부와 단절된 천혜의 피난처 구실을 했던 수리산 성지는  **가경자 최양업(토마스) 신부**의 부친인 **성 최경환(프란치스코)**의 묘가 있습니다. 최경환 프란치스코는 본래 청양 다락골 사람으로 3대째 신앙을 지켜왔으나 장남 최양업 토마스가 신학생이 되어 마카오로 떠난 후 고발을 빙자한 수많은 협잡배들로 인해 가산을 탕진하고 가족과 함께 이곳저곳으로 떠돌다가 마지막으로 정착한 곳이 수리산 깊은 골짜기였습니다. 1837년 7월 수리산에 들어와 담배를 재배하면서 박해를 피해 온 교우들을 모아 교우촌을 가꾸고 전교 회장직을 맡아 활발한 선교활동을 펼쳤습니다.

2. 하지만 1839년 기해박해 때 서울에서 내려온 포졸들에게 체포되어 아들을 유학 보냈다

는 죄목으로 부인 **복자 이성례(마리아)**와 어린 자녀들까지 모두 옥에 갇혔습니다. 어린 자식 때문에 한때 배교하겠노라 말했던 이성례 마리아는 옥에 갇힌 남편 생각에 정신을 차리고 다시 옥을 찾았습니다. 1839년 9월 12일 최경환 프란치스코는 치도곤을 맞은 후유증으로 옥에서 치명하였고, 그 이듬해 1월 31일에는 부인 이성례 마리아는 당고개에서 참수되었습니다. 이성례 마리아는 2014년 8월 16일 광화문 광장에서 프란치스코 교황에 의해 시복되었습니다. 수리산 성지 입구에는 순례자 성당과 피정을 위한 성례 마리아의 집이 자리하고 있습니다. 조금 올라가면 2008년에 복원되어 성당으로 사용하는 최경환 프란치스코의 고택이 있고, 고택 왼쪽 계곡을 건너 산을 오르면 최경환 프란치스코 묘소가 나옵니다. 성인 묘소까지 오르는 길에는 1987년 안양 시내 교우들이 세운 십자가의 길 14처가 있고 묘역에는 성모 동굴과 야외 미사를 위한 제대가 마련되어 있습니다. 옛 교우촌 대부분이 그러했듯이 수리산 성지도 아주 깊고 후미진 산골에 자리 잡고 있었으나, 개발의 영향으로 안양역에서 4km밖에 떨어지지 않은 곳에 위치하게 되었습니다.

- **주소** 경기도 안양시 만안구 병목안로 408 ☎ 031-449-2842 • **홈페이지** http://www.surisan.kr
- **미사** 주일: 오전 11시 / 평일: 오전 11시(월요일 미사 없음)
- **고해성사** 미사 30분 전     *피정·식사 가능(예약 필요)

### 178. 요당리 성지 순교사적지는 어떤 곳인가요? (성인 인물약전 70, 97-98, 131)

1. 요당리 성지 순교사적지는 1801년 신유박해를 기점으로 서울과 충청도 내포 등지의 신자들이 피난하면서 형성된 양간 공소라 불리던 교우촌으로 추정하고 있습니다. 갓등이(현재의 왕림)와 은이 공소(현재의 양지)와 깊이 연계되어 활발하게 그리스도의 말씀을 전  파하였습니다. 그리고 바닷물이 유입되어 뱃길이 열렸던 지리적 특성상 충청도와 경기도 내륙, 서울을 잇는 선교 길의 교두보 역할을 했던 곳으로, 1839년 기해박해와 1866년 병인박해 때 순교로 하느님을 증거한 수많은 신자들의 신앙의 요람지였습니다. **성 장주기 (요셉)**와 **복자 장(토마스)**의 출생지이자 신앙의 터전이었고, 그 외에도 많은 순교자들의 고향이기도 합니다.

2. 또한 교회 재정 확보를 위한 전답이 운영되었던 곳으로 그 책임을 맡았던 **성 민극가(스테파노)**와 공소회장을 역임한 **성 정화경 (안드레아)**이 활동했던 곳입니다. 그리고 박해

를 피해 피신했던 **성 범 라우렌시오(앵베르) 주교**와 그분의 피신을 도운 **하느님의 종 손경서(안드레아)**의 얼이 서려 있는 곳입니다. 순교사적지로서의 이런 중요성으로 인해 수원교구는 2006년부터 전담 사제를 파견해 성지 개발을 본격화했습니다. 기도의 광장 양편으로 묵주기도 길과 십자가의 길을 조성하고, 성역화 광장에는 대형 십자가와 요당리와 관련 있는 순교자들의 묘를 조성했습니다. 그리고 2009년 성당과 부속건물들을 완공해 다음 해 5월 봉헌식을 가졌습니다.

- 주소 경기도 화성시 양감면 요당길 155 ☎ 031-353-9725 • 홈페이지 http://www.yodangshrine.kr
- 미사 오전 11시(월요일 미사 없음) • 고해성사 미사 전 30분

### 179. 은이·골배 마실 성지 순교사적지는 어떤 곳인가요? (성인 인물약전 39, 71)

1. 은이·골배 마실 성지 순교사적지는 한국 최초의 사제요, 순교자인 **성 김대건(안드레아) 신부**가 1836년 **성 나 베드로(모방) 신부**에게 세례성사와 첫영성체를 받고 신학생으로 선발된 곳으로서, 한국 천주교회에서 첫 번째로 사제성소의 열매를 맺은 곳입니다.  은이 마을은 한국인 최초로 사제가 된 김대건 안드레아 신부가 소년 시절을 보낸 골배 마실에서 불과 얼마 떨어져 있지 않은 곳으로 1836년 16세의 소년 김대건이 모방 신부로부터 세례를 받고 최양업, 최방제와 함께 신학생으로 선택되어 마카오로 파견된 곳입니다. 또 1845년 사제 서품을 받고 귀국한 김대건 안드레아 신부의 첫 사목지가 바로 은이 공소였습니다. 김대건 안드레아 신부가 성소의 씨앗을 뿌렸던 곳이자 그 열매가 가장 먼저 열렸던 곳이 바로 은이 마을, 은이 공소입니다. 그리고 1839년 기해박해 때 새남터에서 순교한 모방 신부의 사목 활동의 중심지 또한 은이 공소였습니다. 은이 공소의 교회사적 중요성을 인식한 양지성당은 1996년 그동안 방치되었던 은이 공소 터 일부를 매입하고 야외 제대와 김대건 안드레아 신부상을 세우면서 성지 개발을 위한 다각적인 노력을 기울여 왔습니다. 김대건 안드레아 신부 순교 150주년을 맞아 시작된 '김대건 안드레아 신부 기념관 건립 추진' 운동에 이어 2002년과 2003년에 주변 땅을 추가 매입하고 사제관과 성당, 숙소 건물 등을 마련하였습니다.

2. 이어 성지 전담 신부 발령으로 본격적인 은이 성지 개발이 시작되었습니다. 2013년 김대건 안드레아 신부가 세례 받은 곳으로 추정되는 은이 공소 터의 부지를 추가로 매입하고, 2015년 8월 금가항성당 복원과 김대건 안드레아 신부 기념관 기공미사를 봉헌했

습니다. 2016년 9월 김대건 안드레아 신부 순교 170주년을 맞아 새 성당 봉헌식과 바로 옆에 신축한 김대건 안드레아 신부 기념관에 대한 축복식을 거행했습니다. 이로써 은이 성지는 김대건 안드레아 신부의 탄생과 성장, 세례성사와 신학생 선발, 사제 수품, 사목 활동, 순교에 이르는 생애 전반을 기억하고 묵상할 수 있는 성지로 거듭났습니다. 한편, 골배 마실은 첩첩산중인 데다 뱀과 지네가 많아 '뱀 마을(배 마실)'이라고 불려 왔습니다. 김대건(당시 7세)의 조부 김택현과 가족들은 1827년경 박해를 피해 충청도 솔뫼에서 용인 배 마실(한덕동 경유)로 피신하여 정착하게 됩니다. 이곳은 세례를 받지 못한 소년 김대건이 목자를 기다리며 기도하고, 세례성사와 첫 영성체를 준비하며 설레는 마음으로 하느님을 향한 열정을 불사르던 한국 천주교회 첫 번째 사제성소의 거룩한 둥지입니다.

- **주소** 경기도 용인시 처인구 양지면 은이로 182  ☎ 031-338-1702   • **홈페이지** http://www.euni.or.kr
- **미사** 오전 11시(월요일 미사 없음)   • **고해성사** 미사 전후   *피정·식사 가능(예약 필요)

### 180. 천진암 성지는 어떤 곳인가요? (성인 인물약전 40, 73)

1. 천진암 성지는 한국 천주교회의 태생지입니다. 한국 천주교회의 출발은 **하느님의 종 이승훈(베드로)**이 북경에서 영세하고 돌아온 1784년 봄으로 잡지만, 그보다 5년이 앞선 1779년 겨울 천진암 주어사에서 당대의 석학 **하느님의 종 권철신(암브로시오)**이 주재하는  강학회가 있었습니다. 권철신 암브로시오·**하느님의 종 권일신(프란치스코 하비에르)** 형제와 정약전(안드레아)·**복자 정약종(아우구스티노)**·정약용(요한) 형제, 이승훈 베드로 등 10여 명의 학자들이 **하느님의 종 이벽(세례자요한)**과 함께 서학에 대한 학문적 지식을 종교 신앙으로 발전시키는 계기를 이 모임에서 마련하였습니다. 천진암 성지는 이처럼 한국 천주교회의 움이 트고 싹이 돋은 한국 천주교회 신앙의 고향이며, 전 세계에 유례가 없는 자생적인 한국 천주교회의 발상지입니다.

2. 북경에 가서 세례를 받고 귀국한 이승훈 베드로는 이벽 세례자요한에게 그리고 마재의 정약종 아우구스티노와 그 형제들, 양근의 권철신 암브로시오·권일신 프란치스코 하비에르 형제들에게 세례를 주고, 서울 명례방에 살던 통역관 **하느님의 종 김범우(토마스)**를 입교시켜 수도 한복판에 한국 천주교회의 터전을 마련했습니다. 한국 교회의 발상지인 천진암 성지는 오랫동안 잊혀오다가 1960년에 와서야 그 가치가 드러나 1980년 천진

암 일대 부지를 매입하여 그 초입에 가르멜 수녀원을 설립하고 '한국 천주교 창립 200주년 기념비'를 세웠습니다. 조선교구 설정 150주년을 기념한 1981년 정약종 아우구스티노, 이승훈 베드로, 권철신 암브로시오, 권일신 프란치스코 하비에르 형제 묘를 이벽 세례자요한의 묘 옆으로 이장해 창립 선조 묘역을 마련했습니다.

3. 그리고 성지 입구 삼거리에서 우측으로 올라가면 **성 정하상(바오로), 성 유진길(아우구스티노)**의 묘가 있는데, 이들은 성직자 영입 운동과 조선 독립교구 설정에 결정적 역할을 한 순교성인들입니다. 또한 이부만(이벽 세례자요한의 부친), 이석(이벽 세례자요한의 동생), 경주 이씨(이벽 세례자요한의 누이), 정지해(정약종 아우구스티노의 조부), 정재원(정약종 아우구스티노의 부친), 정약전(안드레아, 정약종 아우구스티노의 형) 등의 묘소도 가까이 모셔져 있습니다. 1982년 한국 천주교회 창립사연구원이 설립되었고, 한민족 100년 계획 천진암 대성당 공사가 시작되어 현재 기초공사를 진행 중입니다. 그 외에도 1994년 성지 입구에 광암 이벽 세례자요한 선생을 기념하기 위한 광암성당이 세워졌고, 1999년에는 성모경당 봉헌식을 가졌습니다. 1992년 박물관 건립 인준 후 1995년 기공식을 갖고 시작한 천진암 박물관은 2011년 건물 공사를 마치고 축성식을 거행하였습니다. 2013년 6월에는 22m 높이의 세계평화의 성모상을 세우고 축복식을 가졌고, 2016년 10월에 기존의 성모경당을 리모델링하여 성모성당으로 봉헌식을 거행했습니다.

- 주소 경기도 광주시 퇴촌면 천진암로 1203 ☎ 031-764-5994  • 홈페이지 http://www.chonjinam.org
- 미사 주일: 오전 7시, 12시  • 고해성사 미사 30분 전  • 천진회 미사 매월 마지막 화요일 12시

## 제5장 원주교구

### 181. 배론 성지는 어떤 곳인가요? (성인 인물약전 131)

1. 배론 성지는 박해를 피해 산과 계곡으로 숨어든 교우들이 모여 이룬 교우촌으로 주로 옹기 굽는 일을 하며 신앙생활을 하던 곳입니다. 앞길이 창창했던 **하느님의 종 황사영(알렉시오)**은 천주교의 오묘한 이치에 매료되어 세례를 받은 후에는 벼슬길도 마다하고 1801년 신유박해 때 배론으로 들어왔습니다. 그해 8월 **복자 주문모(야고보) 신부**의 순교 소식을 듣고는 낙심과 의분으로 북경 구베아 주교에게 보내는 탄원서를 배론의 옹기 토굴

에서 썼는데, 그것이 황사영 백서입니다. 하지만 백서를 품고 가던 **하느님의 종 황심(토마스)**이 붙잡혀 황사영 알렉시오도 대역무도의 죄인으로 극형을 받고 순교하였습니다. 1855년 초 **성 장주기(요셉)**의 집에 설립된 성 요셉 신학교에서 우리나라에서 처음으로 천주교 성직자 양성을 위한 서양 학문을 교육하였습니다. 1866년 병인박해 때문에 장주기 요셉과 교장 푸르티에 신부, 교사 프티니콜라 신부가 순교하자 신학교는 문을 닫게 되었습니다. 옹기 토굴 옆에는 한국 최초의 서구식 대학인 신학당이 복원되어 있고, 그 뒷산에는 땀의 순교자 **가경자 최양업(토마스) 신부**의 묘소가 있습니다. 그는 1849년 4월 사제품을 받은 후 12년 동안 불같은 열정과 놀라운 판단력으로 사목에 힘쓰다가 1861년 6월 과로로 문경에서 숨을 거두었습니다. 약 5개월간 배티에 가매장되었다가 배론으로 이장되었습니다. 2016년 4월 27일 교황 프란치스코는 최양업 토마스 신부를 가경자로 선포하였습니다. 이렇듯 배론 성지는 교회사적으로뿐만 아니라 문화사적으로도 중요한 곳으로, 2001년 3월 2일 그 중요성을 인정받아 성지 일대가 충청북도 기념물 제118호로 지정되었습니다.

2. 배론 성지는 1999년 최양업 토마스 신부 서품 150주년을 기념하고 시복 시성을 기원하기 위해 '최양업 신부 기념성당'을 건립하였는데, 그 모양이 마치 노아의 방주를 연상케 합니다. 또한 대성당과 소성당 두 동으로 건립된 기념성당은 성지 주변 골짜기가 배 밑바닥처럼 생겼다 하여 '배론'이라 불려온 지명과 어울리도록 배 모양으로 만들어졌습니다. 2002년 10월에는 성지 초입에 순례자들의 집을 봉헌하였고, 2004년 11월에는 대성당 뒤편에 최양업 토마스 신부의 거룩한 삶의 여정을 한눈에 보고 묵상함과 동시에 산 이와 죽은 이가 한자리에서 만나 기도할 수 있는 '최양업 신부 조각공원'을 조성해 봉헌하였습니다. 2005년 피정의 집으로 사용되는 순교자들의 집을 새로 단장해 축복식을 가졌고, 2010년 9월에는 신자들에게 문화와 영성을 교육하고 교구 교회사와 영성을 기록·보관·연구함으로써 교회와 지역사회 문화 발전에 기틀이 될 문화영성연구소를 설립하여 축복식을 거행했습니다. 2018년 3월에는 성지 내에 은총의 성모 마리아 기도학교 건립을 위한 기공식을 가졌습니다.

- 주소 충북 제천시 봉양읍 배론성지길 296 ☎ 043-651-4527 • 홈페이지 http://www.baeron.or.kr
- 미사 화–주일: 오전 11시 / 미사 시간은 본당 사정으로 변경될 수 있으니, 특히 단체 순례객은 사전 전화 문의 요망
- 고해성사 미사 전 30분  *단체 피정 30인 이상 가능 ☎ 043-651-4564  *식사 가능(예약 필요)

## 182. 성 남종삼 요한·순교자 남상교 아우구스티노 유택지 순교사적지는 어떤 곳인가요?
(성인 인물약전 123)

1. 성 남종삼(요한)·순교자 남상교(아우구스티노) 유택지 순교사적지는 **성 남종삼(요한)**의 아버지인 남상교 아우구스티노가 관직에서 물러나 신앙생활에 전념하려고 이사한 곳으로 남종삼 요한이 살던 곳입니다. 남종삼 요한은 조선 후기의 학자로 학문과 사상, 그리고 천주교 입교 등에서 아버지 남상교 아우구스티노의 영향을 많이 받았습니다. 본디 생부는 남원교이나 종숙부인 남상교 아우구스티노에게 아들이 없어 양자로 갔습니다. 남종삼 요한은 흥선대원군(興宣大院君)에게 프랑스 주교들을 통해 서구 열강과 동맹을 맺으면 러시아의 남하를 막을 수 있다는 상소문을 올렸고, 흥선대원군(興宣大院君)은 남종삼 요한의 상소문을 받아들였으나 주교들과의 만남이 이루어지기 전에 상황이 바뀌어 천주교를 박해하게 되었습니다.

2. 병인박해가 시작되자 남종삼 요한은 이곳에 피신하였다가 1866년 병인박해 때 치명을 각오하고 한양으로 가던 중 체포되어 3월 7일 서소문 밖 네거리에서 순교했습니다. 그 후 부친 남상교 아우구스티노도 붙잡혀 공주에서 순교하고, 장자 남명희는 전주로 유배되어 순교하였으며 처 이조이(필로메나), 막내아들 남규희와 두 딸은 경상도로 유배되어 노비 생활을 하게 되었습니다. 그 후 남종삼 요한의 부인 이조이(필로메나)도 창녕에서 순교하여 3대에 걸쳐 4명이 순교했습니다. 남종삼 요한은 1984년 교황 성 요한 바오로 2세에 의해 성인품에 올랐습니다. 1920년대부터 이 마을에 신자들이 들어와 살면서 교우촌을 이루었고, 1938년에 목조건물의 공소를 신축하였습니다. 유택 앞에 있는 옛 공소 건물은 1955년 9월에, 현재 사용하고 있는 학산공소는 1989년에 신축하였습니다. 또한 순교자의 후손과 은인들의 도움을 받아 1987년 유택을 보수하고 뒷산에 14처를 조성했으며, 1999년 5월 6일 유택 뒤편에 성모상을 세우고 축복식을 거행했습니다. 2013년 10월에는 공소 옆에 교육관을 신축했고, 2014년에는 유택을 해체해 전면 보수작업을 시행했습니다.

- 주소 충북 제천시 봉양읍 제원로 10길 15-7
- 관할 용소막 성당 ☎ 033-763-2343

# 제6장 의정부교구

### 183. 마재 성가정 성지 순교사적지는 어떤 곳인가요? (성인 인물약전 40, 87, 92)

1. **복자 정약종(아우구스티노)**을 비롯한 4형제[정약현, 정약전(안드레아), 정약종(아우구스티노), 정약용(요한)]가 태어난 곳으로 유명한 마재는 한국 천주교회의 요람이자 신앙의 태동지입니다. 한국 천주교회의 첫 번째 평신도 단체인 명도회의 초대 회장이자 최초로 한글 교리서 「주교요지」를 쓴 정약종 아우구스티노와 부인 **성녀 유소사(체칠리아)**, 아들 **복자 정철상(가롤로)**과 아들 **성 정하상(바오로)**, 딸 **성녀 정정혜(엘리사벳)** 가족을 기념하여 봉헌된 성지입니다. 4형제 중 정약종 아우구스티노는 천주 신앙을 위해 피를 흘린 순교자입니다. 2014년 8월 16일 광화문 광장에서 프란치스코 교황에 의해 시복되었고, 정약용(요한)은 조선 후기 실학을 집대성한 학자로 잘 알려져 있습니다. 1984년 5월 6일 성인품에 오른 정약종 아우구스티노의 아들 정하상 바오로와 딸 정정혜 엘리사벳도 바로 이곳 마재에서 태어났습니다.

2. 다산 정약용은 요한이라는 세례명을 갖고 10여 년간 열심히 신앙생활을 했으나 당쟁의 와중에 자명소(自明疏)를 올려 스스로 천주교를 떠났다고 밝히기도 했습니다. 또 1801년 신유박해 때 배교함으로써 죽음을 면하고 전남 강진으로 유배를 갔고, 18년간의 유배생활 동안 실학을 집대성하였습니다. 그러나 형 정약종 아우구스티노와 매부인 이승훈 베드로가 서소문 밖에서 순교한 데 대해 부끄러움을 표시했습니다. 긴 유배생활 중 신심을 되찾은 정약용 요한은 유배에서 돌아온 후 은둔과 묵상, 고행과 기도로 보속의 삶을 살다가 유방제 파치피코 신부에게 병자성사를 받고 75세를 일기로 세상을 떠났습니다.

3. 마재의 성가정은 교회 역사에도 찾아보기 힘든 가정입니다. 아버지 정약종 아우구스티노로부터 시작된 신앙이 두 차례의 대 박해 속에서도 이어져 내려오며 가족 전체가 목숨으로 신앙을 증언하였습니다. 더욱이 아버지 정약종 아우구스티노는 천주교의 창립 주역의 으뜸이 되었고 둘째 아들 정하상 바오로는 천주교를 재건하는 으뜸 지도자로 위대한 성인이 되었습니다. 이에 마재 성가정 성지 순교사적지는 성가정 성지로 순례하는 모든 이의 가정도 성가정을 이루는 데 밑거름이 되는 순교사적지입니다.

4. 마재는 천진암 주어사, 양근 등과 지적으로 초기 한국 천주교회의 기틀을 다진 곳입니다. 남양주시는 1999년부터 '다산 문화의 거리'를 본격적으로 개발해 여유당(與猶堂·정약용 요한의 생가의 당호)을 복원하고 실학 박물관을 건립하는 등 주변 환경을 대대적으

로 정비하였습니다. 의정부교구 또한 2006년 전담 사제를 임명하고 마재 성가정 성지 순교사적지에 대한 성역화에 나서 2007년 새로 마련한 현 부지에 전통 한옥 양식의 도마 성당과 명례방 등을 완공하였고, 이어 2008년 9월 28일 마재 성지 축복식을 가졌습니다. 그리고 2012년 2월 마재성지 본당 신설과 2014년 정약종 아우구스티노와 그의 아들 정철상 가롤로의 시복으로 가족 모두가 시복 시성된 것을 계기로 2년간 성가정 성지 조성작업을 실시해 2017년 5월 27일 마재 성가정 성지 선포 및 축복식을 거행했습니다.

- 주소 경기도 남양주시 조안면 다산로 698-44 ☎ 031-576-5412 • 홈페이지 http://www.majaesungji.or.kr
- 미사 주일: 오전 10시, 12시 / 화-토: 오전 11시(월요일 미사 없음)

## 184. 성 남종삼 요한과 가족 묘소 순교사적지는 어떤 곳인가요? (성인 인물약전 123)

1. **성 남종삼 요한**과 가족 묘소 순교사적지는 경기도 양주시 장흥면 울대리 산 22-2에 위치해 있습니다. 의령 남씨 가족 묘소에는 1866년 병인박해 때 새남터에서 순교한 남종삼 요한과 공주에서 순교한 부친 남상교(아우구스티노), 유배지에서 치명한 아내 이조이(필로메나)와 막내아들 남규희의 묘가 있으나 전주 서천교, 초록바위 순교지에서 순교한 장남 남명희의 묘는 없습니다.  1968년에 성인의 손자 남상철이 가족 묘역으로 조성하였습니다. 남종삼 요한은 103위 한국 순교성인 중 가장 높은 벼슬에 오른 분으로 부친 남상교 아우구스티노의 영향으로 일찍이 천주교 교리를 알고 입교한 것으로 보입니다. 승지까지 오른 남종삼 요한은 청백리로 의덕과 겸손의 가난한 생활을 함으로써 많은 이들에게 존경을 받았으나, 관리들의 시기와 제사 문제로 신앙과 관직이 양립할 수 없게 되자 관직을 내놓고 부친이 은거하던 묘재로 내려갔습니다.

2. 1863년 말경 흥선대원군(興宣大院君)이 정권을 잡으면서 남종삼 요한은 좌승지로 발탁되었고, 당시 수시로 러시아가 침범해 통상을 요구하자 '이이제이(以夷制夷)의 방아책(防我策)[104]'이라 하여 국내의 프랑스 주교를 통해 한불수교를 맺고 서양의 세력을 이용해 러시아를 물리칠 것을 건의했습니다. 그러나 일이 뜻대로 되지 않자 묘재로 가서 부친의 준엄한 가르침을 듣고, 치명을 각오하고 배론 신학당을 찾아 성사를 받은 후 한양으로 가던 중 체포되었습니다. 의금부로 압송된 남종삼 요한은 병인년 1866년 3월 7일 서소

---

104) 남종삼 요한이 흥선대원군(興宣大院君)에게 이이제이방아책(以夷制夷防俄策·오랑캐를 오랑캐로 제어한다는 대책으로 러시아 세력을 프랑스 세력으로 막아낸다는 것)을 건의하였다.

문 밖 네거리에서 참수되었습니다.

3. 이후 남종삼 요한의 시신은 **하느님의 종 홍봉주(토마스)**의 시신과 함께 용산 왜고개에 매장되었다가 1909년 유해가 발굴되어 명동성당에 안치되었고, 시복을 계기로 1967년 10월 다시 절두산 성지 성해실로 옮겨져 안치되었습니다. 이때 성인의 유해 일부를 가족 묘소인 울대리에 모셔 안장했습니다. 2004년 12월에 그동안 잘 알려지지 않았던 남종삼 요한과 가족 묘소를 성역화하기 위해 묘역 안내 표지석을 설치했습니다. 2010년 의정부 교구는 성인의 순교 정신을 현양하고 본받기 위한 '순교자의 길' 순례길을 개발하여 실시하고 있습니다. 2018년 8월에는 묘역이 속한 송추성당을 남종삼 요한과 가족 순교자 묘소와 **하느님의 종 황사영(알렉시오)** 순교자 묘 순례지로 지정했습니다. 그리고 그해 9월에 남종삼 요한 성인 묘비 제막식을 거행했습니다.

- **주소** 경기도 양주시 장흥면 울대리 산 22-2 의령 남씨 가족묘소 (천주교 길음동 교회 묘원 위)
- **관할** 송추 성당 ☎ 031-855-1215
- **미사** 매월 마지막 주 토요일 낮 12시(상황에 따라 일정 변경 가능, 송추 성당 카페에서 확인 가능)
  *http://cafe.daum.net/songchuchurch (송추 성당 카페)

## 제7장 대구대교구

### 185. 경상 감영과 옥 터 순교사적지는 어떤 곳인가요? (성인 인물약전 141)

1. 경상 감영과 옥 터 순교사적지는 조선시대 경상도 지역의 행정 중심지이며 천주교인들에게는 신앙을 증언한 곳이자 순교지입니다. 1815년 경상도 북부와 강원도 남부지방에 을해박해가 일어나자, 청송 노래산, 진보 머루산, 일월산 곧은정, 우련밭에 있는 신자들이  붙잡혀 감영으로 이송되어 취조를 받았습니다. 그들 가운데 **복자 김윤덕(아가타 막달레나)**은 장사(杖死)하고, **복자 최봉한 (프란치스코), 복자 김시우(알렉시오), 복자 서석봉(안드레아), 하느님의 종 김흥금, 하느님의 종 김장복, 하느님의 종 안치룡** 등은 경상 감영 옥에서 옥사하였으며, 살아남은 7명은 대구 관덕정에서 참수형을 당하였습니다.

2. 또한 1827년 정해박해의 여파로 상주 잣골, 상주 멍에목, 상주 앵무동, 봉화 곰직이에 살던 신자들이 체포되어 경상 감영으로 이송되었습니다. 이들 가운데 **복자 박경화(바오로), 복자 김세박(암브로시오), 복자 안군심(리카르도)** 등은 옥사하였고, 남은 3명은

1839년 기해박해 때 대구 관덕정에서 참수형을 당하였습니다. 1860년 경신박해 때에도 **하느님의 종 서태순(베드로)**를 비롯하여 10여 명의 신자들이, 1866년 병인박해 때에는 **성 이윤일(요한)과 하느님의 종 이(알로이시오 곤자가)**, 서인순(시몬) 등 많은 순교자들이 옥살이를 한 곳입니다. 을해박해 순교 200주년을 기념하여 2016년에 7인의 순교 복자비를 세우고 축복식을 거행하였습니다.

- 주소 대구시 중구 서성로 16길 77 ☎ 053-252-6249 ● 홈페이지 http://cafe.daum.net/DAEAN
- 관할 대안 성당
- 미사 주일: 오전 6시 30분, 11시, 오후 2시(영어), 4시(베트남어)/수·금: 오전 10시/화·목: 오후 7시 30분/토: 오후 6시
- 고해성사 미사 20분 전

### 186. 관덕정 순교 기념관 성지는 어떤 곳인가요? (성인 인물약전 141)

1. 관덕정(觀德亭) 순교 기념관 성지는 대구대교구 제2주보성인인 **성 이윤일(요한)**의 유해가 모셔져 있는 곳입니다. 대구 관덕정은 조선 시대 무과의 하나인 도시(都試)를 행하던 도시청(都試廳)으로 영조 25년에 세워졌습니다. 관덕정 앞마당에 자리한 연병장에서는 무과  를 위한 활쏘기와 말타기, 세시 민속놀이인 줄다리기도 행해졌습니다. 관덕정이 천주교와 연관을 맺은 것은 연병장 가장자리인 아미산 처형장에서 천주교인들이 순교하면서부터입니다. 당시 중죄인으로 취급됐던 천주교인들은 박해 때마다 이곳에서 온갖 참혹한 방법으로 처형되었습니다. 선조 34년에 경상도 감영이 대구에 설치되면서 경상도 전역의 교우들이 대구로 이송되어 감영에서 옥사하거나 처형장에서 순교했습니다. 이렇게 관덕정과 감영 등 대구 지역에서 순교한 20위[복자 김윤덕(아가타 막달레나), 복자 김시우(알렉시오), 복자 최봉한(프란치스코), 복자 서석봉(안드레아), 복자 김희성(프란치스코), 복자 구성열(바르바라), 복자 이시임(안나), 복자 고성대(베드로), 복자 고성운(요셉), 복자 김종한(안드레아), 복자 김화춘(야고보), 복자 박경화(바오로), 복자 김세박(암브로시오), 복자 안군심(리카르도), 복자 이재행(안드레아), 복자 박사의(안드레아), 복자 김사건(안드레아), 복자 이양등(베드로), 복자 김종륜(루카), 복자 허인백(야고보)]가 2014년 8월 16일 서울 광화문 광장에서 프란치스코 교황에 의해 시복되었습니다.

2. 관덕정이 순교 기념관 성지의 모습을 갖추기 시작한 것은 순교자 이윤일 요한이 시성되면서부터입니다. 이윤일 요한의 유해는 날뫼, 묵리 등을 거쳐 1976년 미리내 무명 순교자 묘역에 이장되었습니다. 그러다가 시성된 뒤 1986년 12월 21일 대구대교구청 내 경당

으로 옮겨 모셨고, 1987년 성인의 순교일인 1월 21일을 맞아 성모당에 안치하고 교구 제2주보성인으로 선포하였습니다. 그 뒤 1991년 관덕정 순교 기념관이 완성되자 성인의 유해를 관덕정 내 지하 성당 제대에 옮겨 모셨습니다. 대구대교구는 사형터로 고증된 부지를 확보하여 1985년 순교기념관 기공식을 시작으로 1991년 1월 20일 지하경당 축복식과 이윤일 요한의 유해 이전 봉안식을 갖고 그해 5월 31일 개관하였습니다. 지하 1층 지상 3층의 한식 누각으로 당시 관덕정 모습을 재현한 순교 기념관에는 이윤일 요한의 유해와 함께 많은 성인과 순교자들의 유해 그리고 영남 지역 교회사를 살펴볼 수 있는 귀한 자료와 유물들이 전시되어 있습니다. 연간 수많은 사람들이 찾는 관덕정 순교 기념관은 순교정신을 함양하고 신자들의 신앙 재교육과 선교의 장으로 활용하기 위해 1992년부터 매년 '성 이윤일 요한제'를 기획·거행하고 있습니다. 2002년 1월 21일에는 기념관 입구에 이윤일 요한의 동상을 세웠고, 2007년 1월 21일 기념관 바로 옆에 신관을 신축하여 축복식을 가졌습니다. 회의실과 강당 등을 갖춘 신관은 순교신앙 학습의 장으로 사용되고 있습니다. 2016년에는 개관 25주년을 맞아 2014년 시복된 124위 중 이곳에서 순교한 11위 '순교 복자 기념비' 제막식을 거행했습니다.

- **주소** 대구시 중구 관덕정길 11 ☎ 053-254-0151 • **홈페이지** http://www.daegusaint.com
- **미사** 화·목: 오전 10시 / 수·금: 오후 3시 / 토: 오후 5시(매월 첫째 주 후원회원 미사)
- **고해성사** 미사 20분 전
- **관람 시간** 오전 9시-오후 5시(월요일 휴관)　　*15명 이상 신청 시 미사 가능(사무실과 사전 협의 요망)

## 187. 복자 성당 성지는 어떤 곳인가요? (성인 인물약전 39, 70-72)

1. 복자 성당 성지는 대구 도심에 위치해 있으며, 병인박해 때 순교한 **복자 허인백(야고보), 복자 김종륜(루카), 복자 이양등(베드로)**의 묘소가 있습니다. 김해, 공주, 서울 태생인 세 순교자는 박해를 피해 경상도의 교우촌으로 피난해 온 이들입니다. 세 순교자는 본디 박

해를 피하여 언양 죽령리 공소 지역에서 살다가 더 안전한 곳으로 피신하여 경주 산내면 단석산 범굴에 숨어 살았습니다. 그러나 박해를 피해 산내면 단석산의 범굴에 피신했던 이들은 1868년 포졸들에게 체포되어 경주 진영으로 끌려가 심문을 받았습니다. 이들은 곤장으로 피와 살이 터져 나가는 고통 속에서도 끝끝내 배교를 거부하고 죽음을 택했습니다. 경주 진영에서 병마절도사가 있는 울산까지 80리 길을 걸어 도착한 울산 장대에서 그들은 1868년 9월 14일(음력 7월 28일) 순교의 월계관을 썼습니다. 울산 장대에서 한날 한시에 순교의 월계관을 받은 이들의 시신은 허인백 야고보의 부인 박조예에 의해 처형 직후 형장 근처의 강둑 아래 가매장되었다가 1907년 경주 산내면 진목정 앞산에 합장되었습니다. 그 후 1932년 월배동 감천리의 교회 묘지로 옮겨졌다가 1973년 복자성당 구내로 모셔져 오늘에 이르고 있습니다.

2. 복자성당은 대구대교구가 병인박해 100주년(1966년)을 기념해 교구민의 성금으로 1970년 설립한 성당입니다. 1973년 3위 순교자의 유해를 이장하면서부터 도심의 순례지로서 순교신심의 중심지가 되었습니다. 2002년 순교자 묘역에 대한 성역화사업을 추진하여 묘소를 새로 단장하고 묘역 둘레에 십자가의 길을 조성했으며, 묘소 앞에는 넓은 잔디마당을 마련했습니다. 2010년에는 노후화된 성당을 보수해 3위 순교자를 기리는 성당으로서의 면모를 일신한 후 감사미사를 봉헌했습니다. 3위 순교자는 모두 2014년 8월 16일 서울 광화문 광장에서 프란치스코 교황에 의해 시복되었습니다.

3. 세 순교자는 '하느님의 종'으로 선정된 데에 이어 절차에 따라 2014년 8월 16일 시복되었습니다. 묘소 뒤쪽에 보이는 성당이 병인 순교 100주년을 기념하여 교구민의 성금으로 설립한 복자성당입니다. 성당 외형은 **성 김대건(안드레아) 신부**가 중국에서 올 때 타고 온 배를 상징합니다. 전체적으로 유선형 모양을 이루고, 지붕의 처마 끝과 종각은 뱃전과 돛대를 닮아 있습니다. 성당 내에는 김대건 안드레아 신부, **성 범 라우렌시오(앵베르) 주교, 성 나 베드로(모방) 신부, 성 정 야고보(샤스탕) 신부**의 유해를 제대와 감실에 모시고 있습니다.

- 주소 대구시 동구 송라동 22 ☎ 053-745-3850 • 홈페이지 http://cafe.daum.net/bokjabondang
- 미사 주일: 오전 6시 30분, 9시, 11시, 오후 7시 30분 / 월: 오전 6시 30분 / 화-목: 오전 10시, 오후 7시 30분 / 금: 오전 10시 / 토: 오전 10시, 오후 4시, 7시 30분 • 고해성사 미사 15분 전

### 188. 비산(날뫼) 성당 순교사적지는 어떤 곳인가요? (성인 인물약전 141)

1. 비산(날뫼) 성당 순교사적지는 경상 감영의 사형 터 가운데 하나로 **하느님의 종 이(알로이시오 곤자가)**의 선대 때부터 신자들이 살았습니다. **가경자 최양업(토마스) 신부**의 서한에 따르면 날뫼에 교우촌이 이루어지기까지 어떤 노파의 노력이 있었음을 알 수 있습니다. "그 도시(대구)에 아주 열심한 노파가 한 사람 있었습니다. 그 노파는 많은 사람들에게 교리를 설명하여 많은 신자들로 이루어진 교우촌(날뫼로 추정)을 세웠고, 철저한 교

리 교육과 신심의 모범으로 그 교우촌을 지탱하여 왔습니다."(최양업의 열아홉 번째 서한). 병인박해로 관덕정에서 순교한 **성 이윤일(요한)**의 시신을 날뫼 뒷산에 묻었던 이응칠 가족도 이곳에 살았습니다. 1887년 로베르(김보록) 신부의 사목 보고서에 따르면 30명의 신자가 날뫼에서 살았다고 합니다.

2. 대구대교구가 설정된 뒤 신자들이 늘어나자 1927년 본당으로 승격되었습니다. 1931년 남산본당에서 이전해 온 명도회관 건물을 골격으로 성전을 짓게 되었고, 1958년 1월 29일 현재의 성전을 축성하였습니다. 이윤일 요한의 유해가 지나간 곳을 따라 순례를 하려면, 대구 관덕정 순교성지와 비산성당을 거쳐야 합니다.(이윤일 요한 유해 이장길: 관덕정 순교 기념관-비산성당-용인 묵리-미리내 성지-성모당-관덕정 순교 기념관)

- 주소 대구시 서구 북비산로 67길 31 ☎ 053-564-1004 • 홈페이지 http://cafe.daum.net/bisanseongdang
- 미사 주일: 오전 6시 30분, 10시 30분, 오후 6시 30분 / 월: 오전 6시 30분 / 화·목: 오후 7시 30분 / 수·금: 오전 10시 / 토: 오후 5시 • 고해성사 미사 20분 전

### 189. 성모당 순례지는 어떤 곳인가요? (성인 인물약전 141)

1. 대구대교구청 내에 위치한 성모당은 하느님의 뜻대로 살아가는 순례자들의 기도를 들어주는 열린 성지, 치유의 성지입니다. 1911년 조선대목구에서 대구대목구가 분리·설치되면서 부임한 드망즈 주교는 교구에 꼭 필요한 주교관, 신학교, 주교좌성당 증축을 이뤄  주면 교구의 가장 아름다운 장소를 성모님께 봉헌하여 그곳에 루르드의 성모동굴 모형대로 성모당을 세워 모든 신자들이 순례하도록 하겠다고 서원을 드렸습니다. 1913년과 1914년에 주교관과 성 유스티노 신학교를 건립했고, 주교좌성당 증축이 늦어지던 중 당시 계산 주교좌성당 보좌 소세 신부가 중병을 앓아 선종 직전에 이르자 드망즈 주교는 소세 신부를 낫게 해주면 주교좌성당 증축 전에 성모동굴을 봉헌하겠다고 새로 약속했습니다. 소세 신부가 기적적으로 살아나자 1917년 7월 31일부터 성모동굴 공사를 시작하여 1918년 8월 15일 공사를 마쳤고, 10월 13일 마침내 축성식을 가졌습니다.

2. 동굴 윗면에 있는 '1911 EX VOTO IMMACULATAE CONCEPTIONI 1918'의 1911은 대구대교구가 설립된 연도이며, 1918은 드망즈 주교가 교구를 위해 청한 3가지 소원이 다 이루어진 해를 가리킵니다. 'EX VOTO IMMACULATAE CONCEPTIONI'는 '원죄 없이 잉태되신 성모님께 바친 서원에서'라는 뜻입니다. 성모당은 신자들이 가장 즐겨 찾

는 거룩한 땅일 뿐 아니라, 각종 가톨릭 신심행사와 종교의식이 거행되는 사적지로 외교인들도 큰 호기심을 갖고 있는 대구의 명소입니다. 1973년 5월부터 성모의 밤 행사를 개최하면서 유명해졌고, 교구의 제2주보성인이신 **성 이윤일(요한)**의 유해도 제대 아래 모셨으며, 마더 데레사와 요한 바오로 2세 교황도 이곳을 방문하였습니다. 1990년 12월 대구시 유형문화재 제29호로 지정되었고, 1997년 보수공사를 하여 새로 단장했습니다. 2009년에는 로마의 성모 대성전과 영적인 유대를 맺은 성모 성지로 지정되었습니다. 2018년 10월에는 성모당 봉헌 100주년을 기념해 각종 행사와 기념미사를 거행했습니다.

- **주소** 대구시 중구 남산로 4길 112 ☎ 053-250-3055
- **미사** 월-토: 오전 11시  •  **고해성사** 미사 1시간 전/월-금: 오후 3-4시 상설 고해소 운영
  *피정·식사 가능(예약 필요)/숙박 가능(꾸르실료 교육관)  •  **문의** ☎ 053-254-4671

### 190. 신나무골 성지는 어떤 곳인가요? (성인 인물약전 72, 128)

1. 신나무골 성지는 신자들이 나무 아래 움막을 짓고 살았다고 해서 이름이 지어졌으며, 대구에서 서북 방향으로 20㎞가량 떨어진 곳에 있습니다. 영남지방 선교의 요람지인 신나무골은 박해시대 교우촌으로 1815년 을해박해 때부터 신자들이 모여 살았습니다.  신나무골은 외지고 깊숙한 산골이면서도 대구를 지척에 둠으로써 많은 선교사가 대구 진출의 전초 기지로 삼았습니다. **성 정 야고보(샤스탕) 신부, 성 안 안토니오(다블뤼) 주교**, **가경자 최양업(토마스) 신부**와 리델 신부가 사목 활동을 하였습니다. 경신박해 때 순교했다고 알려진 이선이 엘리사벳의 묘역이 있고, 대구 지역 첫 본당 터와 엘리사벳의 집(예수성심시녀회 은퇴 수녀들의 거처)이 있습니다. 1866년 병인박해로 신나무골의 신자들은 사방으로 흩어졌다가 박해가 잦아들면서 다시 모여들었습니다. 1882년부터는 영남지방 선교에 지대한 역할을 한 로베르(김보록) 신부가 순회 전교를 시작했습니다. 1885년 신나무골에 사제관을 짓고 정착한 김보록 신부는 이듬해 대구본당을 설립하고 곧이어 대구 읍성 전교에 나섰고, 1898년 계산동에 십자형 한옥성당을 건립했습니다. 그러나 이 성당이 화재로 소실되자 다시 그 자리에 현 계산동 주교좌성당의 원형이 되는 라틴 십자형의 고딕성당을 지어 1903년 축성식을 올렸습니다.

2. 대구 천주교회 첫 본당 터인 신나무골 성지는 1984년 한국 천주교회 창립 200주년을 맞아 성역화 사업의 일환으로 원래 선산에 있던 이선이 엘리사벳의 묘를 신나무골 성지 입구로 이장했습니다. 이선이 엘리사벳과 그의 남편 배정모 그리고 세 아이는 1860년 경신

박해 때 칠곡을 떠나 잠시 신나무골로 피신했습니다. 하지만 이곳에도 포졸들이 들이닥치자 한티로 다시 숨어들었지만 결국 포졸들에게 체포되었습니다. 남편 배정모는 배교했지만 이선이 엘리사벳과 장남 배도령(스테파노)은 "죽어도 성교(聖敎)를 믿겠다."라며 끝까지 신앙을 지키다 그 자리에서 작두날에 목이 잘려 순교했습니다. 배교하고 풀려났던 남편은 뼈저린 아픔 속에 부인과 아들의 시신을 그 자리에 묻었다가, 다시 선산이 있는 칠곡의 안양동으로 부인의 시신만 이장했습니다.

3. 1977년 제1차 신나무골 성역화 사업을 완수하고 이곳에 '대구 천주교 요람지 기념비'를 세웠습니다. 1984년 한국 천주교회 창립 200주년을 맞아 성지를 관할하던 성 베네딕도회 왜관수도원의 주선으로 순교자 이선이 엘리사벳의 유해를 이장하고, 대구본당의 첫 본당 터에 김보록 신부의 사제관과 신나무골 학당 등을 2차로 복원했습니다. 2015년 대구대교구로 성지 관리가 이관된 후 기존에 복원했던 건물을 철거하고 3차 성지 개발에 들어가 2019년 5월 새 한옥성당 봉헌식을 거행했습니다. 새 성당은 김보록 신부가 현 계산 주교좌성당 자리에 지었던 첫 한옥성당을 재현한 것입니다. 이로써 화재로 소실된 대구대교구의 첫 성당을, 대구의 첫 본당이 시작된 터에 다시 세웠습니다.

- **주소** 경북 칠곡군 지천면 칠곡대로 2189-24 ☎ 054-974-3217
- **미사** 수-주일: 오전 11시(월·화: 미사 없음)   • **고해성사** 미사 20분 전

## 191. 진목정 성지 순교사적지는 어떤 곳인가요? (성인 인물약전 128)

1. 진목정 성지 순교사적지는 경주시 산내면에 위치해 있으며, 인근 탑골과 상선필에 살던 천주교 신자들이 1801년 신유박해 이후 피난 와서 살게 된 것으로 추측됩니다. 이후 1837년 파리외방전교회의 신부들이, 1850년경부터는 **가경자 최양업(토마스) 신부**에 이어 **성 안 안토니오(다블뤼) 주교**와 리델 신부도 상선필과 이곳을 순회  선교한 것으로 전해집니다. 병인박해 때는 울산 살티에 모여 살던 **복자 허인백(야고보), 복자 이양등(베드로), 복자 김종륜(루카)**의 가족이 더 안전한 곳을 찾아 산내면 소태동 범굴로 피신해 살았습니다. 진목정 성지 순교사적지에는 허인백 야고보, 이양등 베드로, 김종륜 루카가 박해를 피해 숨어 살던 범굴과 울산 장대에서 순교한 후 시신이 안장되었던 의묘(懿墓)가 있습니다. 이양등 베드로는 울산 죽령 교우촌의 회장으로 병인박해를 피해 이주해 온 허인백 야고보와 김종륜 루카를 만나 서로 권면하면서 신앙생활을 했습니다. 그때까지도 이곳은 비교적 안전했지만 2년 뒤인 1868년 포졸들이 교우촌에 들이

닥쳐 경주 진영으로 끌려간 세 순교자는 혹독한 문초와 형벌을 받은 후 사형선고를 받고 울산 장대에서 1868년 9월 14일(음 7월 28일) 참수형을 받고 순교했습니다.

2. 이들이 순교한 후 허인백 야고보의 부인 박조예는 순교자들의 시신을 거두어 장대 인근의 강둑 아래에 안장했고, 박해가 끝난 후인 1907년 박조예의 확인을 거쳐 순교자들의 유해가 발굴되어 유족들에 의해 경주시 산내면 진목정 뒷산인 도매산에 안장되었습니다. 그 후 1932년 5월 말 순교자들의 유해는 월배동 감천리에 있는 교회 묘지로 옮겨졌고, 1962년 10월 교회 묘지 산상에 있는 성모상 앞의 석함에 옮겨 안치되었다가, 1973년 10월 대구시 동구 신천3동에 있는 복자성당 구내로 옮겨 안장되었습니다. 세 순교자는 2014년 8월 16일 서울 광화문 광장에서 프란치스코 교황에 의해 복자품에 올랐습니다.

3. 세 순교 복자가 묻혔던 도매산 아래에는 오래된 진목공소가 있고, 공소를 지나 약 700m 정도 산길을 오르면 1932년까지 세 순교자가 안장되었던 묘지가 있습니다. 대구대교구는 경주 산내본당에서 진목정에 이르는 도보 순례길을 조성하고, 진목공소와 순교자들의 묘지 인근에 개인과 가족을 위한 피정의 집을 세우고, 세 순교자의 묘지 위에 순교자 기념성당을 건립하고자 2014년 5월에 기공식을 가졌습니다. 3년의 공사 끝에 2017년 5월 진목정 순교자 기념성당과 하늘원(봉안당) 축복식을 거행했습니다. 진목공소에서 약 3.6km 떨어진 단석산(소태리 단수골)에는 세 순교자가 박해를 피해 숨어 살았다는 범굴이 있습니다. 소태골 피정의 집에서부터 시작되는 십자가의 길을 따라 산을 오르면 범굴에 이르게 됩니다.

- 주소 경북 경주시 산내면 수의길 192 ☎ 054-751-6488 • 홈페이지 http://www.jinmokjeong.or.kr
- 미사 주일: 오전 10시 30분(산내 성당) / 화: 오후 7시(산내 성당) / 토: 오전 11시(순교자 기념 성당)
  / 월요일 휴관 / '하늘원'과 순교자 기념 성당 / 오전 10시-오후 5시
  / 성지 사정에 따라 미사 시간은 변경될 수 있음    *피정·식사 가능(예약 필요)

## 제8장 부산교구

### 192. 오륜대 순교자 성지는 어떤 곳인가요?
(성인 인물약전 39, 41, 60, 66, 69-72, 74, 109, 119-123, 125, 127-132, 134, 136-138)

1. 오륜대 순교자 성지에는 부산에서 순교한 8명[**복자 이정식(요한)**,

**복자 양재현(마르티노)**, 이월주(프란치스코), 박소사(마리아), 이관복(베드로), 이삼근(야고보), 차장득(프란치스코), 옥소사(바르바라)]의 부산 순교자 묘소가 있습니다. 또한 한국 순교성인 103위 중 26위 성인의 유해[성 김대건(안드레아) 신부 발뼈, 성 이호영(베드로) 팔뼈, 성녀 이영희(막달레나) 손뼈, 성녀 이정희(바르바라) 손뼈, 성 최경환(프란치스코) 손뼈, 성 범 라우렌시오(앵베르) 주교 머리카락, 성 나 베드로(모방) 신부 머리카락, 성 정 야고보(샤스탕) 척추뼈, 성녀 허계임(막달레나) 목뼈, 성 김성우(안토니오) 손뼈, 성 장 시메온(베르뇌) 주교 손뼈, 성 백 유스토(브르트니에르) 신부 발목뼈, 성 김 헨리코(도리) 신부 손뼈, 성 서 루도비코(볼리외) 신부 손뼈, 성 남종삼(요한) 척추뼈, 성 최형(베드로) 발뼈, 성 우세영(알렉시오) 손뼈, 성 안 안토니오(다블뤼) 주교 발뼈, 성 민 루카(위앵) 신부 발뼈, 성 오 베드로(오매트르) 신부 턱뼈, 성 장주기(요셉) 발뼈, 성 황석두(루카) 목뼈, 성 정문호(바르톨로메오) 하지골, 성 손선지(베드로) 손뼈, 성 이명서(베드로) 두개골, 성 한재권(요셉) 하지골]를 안치한 순교자 성당이 있는 곳입니다.

2. 오륜대 순교자 성지에 들어서면 먼저 이정식 요한과 양재현 마르티노의 흉상, 그리고 성모자상이 순례자를 반기며 서 있고, "우리는 순교자의 후손"이란 글귀 너머로 박물관과 순교자 성당 그리고 그 뒤로 우거진 숲이 펼쳐집니다. 박물관 옆에 있는 순교자 성당 앞에는 김대건 안드레아 신부가 사제품을 받고 페레올 신부와 다블뤼 신부를 대동하고 상해에서 제주도로 표류한 끝에 충청도 강경 바닷가에 상륙한 라파엘호 축소 모형이 놓여 있습니다. 그 옆에 많은 천주교인들이 처형된 돌 형구가 있어 당시 박해 상황을 한마디로 이야기해 주는 듯합니다. 성당 뒤로는 십자가의 길과 묵주기도의 길이 이어지는데, 그 초입에 병인박해의 서슬 아래 1868년 수영 장대에서 순교한 이정식 요한과 양재현 마르티노를 포함한 8위 부산 순교자 묘역이 말끔히 정돈되어 있습니다.

3. 한국순교복자수녀회는 1946년 김대건 안드레아 신부 순교 100주년이 되는 해에 방유룡 안드레아 신부에 의해 복음 선포와 순교자 현양을 목적으로 설립되었습니다. 한국순교복자수녀회는 순교자들의 정신을 기리고 순교 신앙을 후손 대대로 물려주기 위해 순교자 관련 유물과 교회사 관련 자료 등을 수집하거나 기증받아 이를 전시할 기념관 설립을 계획했습니다. 서울대교구에서 병인박해 100주년 기념행사의 일환으로 1967년에 절두산 순교기념관(현 절두산 순교성지박물관)과 성당을 건립하자 한국순교복자수녀회는 서울에서 멀리 떨어진 부산 지역에 한국순교자기념관을 건립키로 결정하고 현 오륜대 부지에 분원을 설치했습니다. 한국순교복자수녀회는 순교자기념관 및 순교자 성당 건립을

추진하여 1977년 7월 한국 순교성인 유해 26위를 안치한 순교자 성당 축복식, 1981년 10월 한국순교자기념관 축복식과 척화비 복제, 라파엘호 모형 제작, 십자가의 길, 묵주기도의 길, 성모동굴 조성 등을 마쳤습니다. 1982년 9월 개관한 오륜대 한국순교자기념관은 많은 수녀들이 전국에서 수집·연구하고 간직해 온 순교자들의 유물과 서책 및 형구 등을 소장하고 있고, 순종비 순명효황후와 의친왕비 김수덕 마리아가 기증한 궁중·왕실 유물과 김인순 루갈다가 기증한 조선시대 민속품 등이 전시되어 있어 조선 말기와 개화기 연구에 큰 도움을 주고 있습니다. 2009년 3월 부산시에 1종 전문 박물관인 오륜대 한국순교자박물관으로 등록되어 가톨릭 신자뿐 아니라 일반 대중에게도 친근하게 다가갈 수 있는 교육·문화 공간으로 거듭났습니다.

4. 2013년 10월 한국순교복자수녀회에 이어 성지를 관리하게 된 부산교구는 오륜대 순교자 성지로 명명하고 전담 사제를 파견하여 본격적인 성지 정비 작업에 힘쓰고 있습니다. 2014년 9월 시복식을 기념해 성지 입구와 복자 흉상을 설치하고 순교자 묘역을 재정비했습니다. 이곳 부산에서는 1866년 병인박해에 이어 1868년 무진년 8월 4일(양력 9월 20일)에 동래지역의 회장이었던 이정식 요한과 그의 가족들 그리고 이정식 요한의 대자였던 양재현 마르티노를 비롯하여 함께 옥에 갇혔던 여덟 명의 신자들이 수영 장대에서 군문효수의 극형을 받고 순교하였습니다. 그 후 명장동(동래구 명장동 산 96)에 묻혀 있던 이정식 요한 회장의 가족 네 명의 무덤만이 조사 확인되어, 1977년 9월 19일 이곳 오륜대로 이장하여 부산 순교자 묘소로 꾸몄습니다. 현재에는 네 명의 무덤 외에 다른 네 명의 무덤이 가묘로 단장되어 있으며, 특히 이정식 요한과 양재현 마르티노는 2014년 8월 16일 복자로 시복되었으며 언젠가는 부산교구의 성인으로 공경을 받게 될 것입니다.

- 주소 부산시 금정구 오륜대로 106-1 ☎ 051-515-0030 · 홈페이지 http://www.oryundae.com
- 미사 월-주일: 오전 11시 · 고해성사 미사 30분 전 / 월·금(주 2회): 오후 2시-3시 30분(상설)
- 박물관 관람 시간(예약 필요) 오전 10시-오후 5시(월요일 휴관) ☎ 051-583-2923

*식사 가능(예약 필요)

### 193. 죽림굴 순교사적지는 어떤 곳인가요? (성인 인물약전 128)

1. 죽림굴 순교사적지는 기해박해(1839년)를 피해 충청도 일원과 영남 각처에서 피난해 온 교우들과 간월의 교우들이 좀 더 안전한 곳을 찾다가 발견한 곳입니다. 죽림굴, 곧 대재공소(1840-1868년)는 울주군의 간월산 정상 가까이에 있는 천연 석굴로 대나무와 풀로

덮인 낮은 입구 덕분에 눈에 잘 띄지 않아 박해시대 교우들의 피난처로 안성맞춤인 한국판 카타콤바(Catacombae)였습니다. 1839년 기해박해로 충청도 일원과 영남 각처에서 피난 온 교우들과 간월공소의 교우들이 보다 안전한 곳을 찾다가 발견하여 공소를 이룬 곳으로, 신자들이 모여 움막을 짓고 토기와 목기를 만들거나 숯을 구워 생계를 유지했던 곳입니다.

2. 이 공소는 **성 안 안토니오(다블뤼) 주교**가 1840년부터 1860년까지 사목을 담당했던 곳이기도 합니다. 특히 1860년 경신박해 때 **가경자 최양업(토마스) 신부**가 약 3개월간 은신하며 교우들과 함께 생쌀을 먹으며 박해를 피하고, 스승에게 보낸 마지막 서한을 썼던 곳이기도 합니다. 그리고 이때 김영제 베드로의 누이동생인 김 아가타가 포졸들을 피해 도망쳐와 3개월간 머물며 최양업 토마스 신부를 돕다가 선종한 곳입니다. 울산 병영 장대에서 순교한 대재공소 회장 **복자 이양등(베드로)**와 **복자 허인백(야고보)** 그리고 **복자 김종륜 (루카)**도 한때 이곳에서 생활했다고 전해집니다. 병인박해의 여파로 1868년에 교우들이 대거 체포되면서 100여 명이 넘었던 신자들은 사방으로 흩어지고 대재공소는 폐쇄되고 말았습니다. 1986년 10월, 당시 언양성당의 김영곤 신부와 평신도 11명이 죽림굴을 찾기 위해 노력했으나 실패했고, 그해 11월 평신도 4명이 재시도하여 대나무와 풀로 뒤덮인 굴을 발견했습니다. 이 굴은 100여 명을 수용할 수 있을 정도로 큽니다. 당시 굴 안에서 구유 조각과 나무 지팡이 등이 발견되었고, 지금은 언양성당 신앙유물 전시관에 보관되어 있습니다. 1996년 2월에는 죽림굴 주변을 정리하면서 안내석을 새로 세우고 입구에 계단도 만들었습니다.

- 주소 울산시 울주군 상북면 억새벌길 220-78
- 관할 언양 성당 ☎ 052-262-5312

# 제9장 청주교구

### 194. 배티 성지는 어떤 곳인가요? (성인 인물약전 71, 119, 128)

1. 배티 성지는 한국 천주교 박해기에 형성된 배티 교우촌에서 시작되었습니다. 천혜의 피신처라 할 수 있는 배티는 충북 진천군과 경기도 안성시가 경계를 이루는 지점에 위치한 깊은 산골로 박해시대 내륙 교통의 중심지 역할을 했습니다. 이런 지리적 특성으로 1830

년부터 본격적으로 교우촌이 형성돼 왔고 1837년 5월 **성 나 베드로(모방) 신부**에 의해 공소로 설정되었으며, 이를 전후하여 배티 골짜기 이곳저곳에는 비밀 신앙공동체들이 형성되었습니다. 박해 소설 「은화」의 무대가 된 삼박골(은화의 저자 윤의병 신부가 소년 시절을 보낸 곳이기도 하다)을 비롯하여 은골, 정삼이골, 용진골, 절골, 지구머리, 동골, 발래기, 퉁점, 새울, 지장골, 원동, 굴티, 방축골 등 배티를 포함해 모두 15곳이나 됩니다. 삼박골은 **성 장 시메온(베르뇌) 주교**와 페롱 신부가 박해를 피해 은신했던 교우촌으로 현재 공소는 없어지고 순교자 이진사의 부인과 딸의 묘소만이 남아 있습니다. 1850년에는 **성 안 안토니오(다블뤼) 신부**(1857년 주교 수품)가 최초의 조선 대목구 신학교를 설립하고, 배티 교우촌에 신학교 건물로 사용할 집 한 채를 마련하였습니다. **가경자 최양업(토마스) 신부**가 이 지역을 근거로 전국을 다니며 사목 활동을 했습니다. 이곳은 **복자 박경화(바오로), 복자 박사의(안드레아), 복자 김종륜(루카)**이 순교 전 피신했던 곳이기도 합니다. 배티 성지에는 1997년 봉헌된 최양업 토마스 신부 기념성당과 오솔길을 따라 각각의 맷돌에 새겨진 14처, 그리고 2002년 봉헌된 양업 영성관(피정의 집)이 마련되어 있습니다.

2. 배티 성지에서 내려와 배티 고개를 향해 조금 올라가면 최양업 토마스 신부가 머물던 사제관 겸 성당이 있습니다. 일 년 내내 도보로 전국을 다니며 사목하던 최양업 토마스 신부가 장마철에는 이곳에 머물며 「천주가사」(天主歌詞)를 집필했고, 최초의 한글 기도서인 「천주성교공과」(天主聖敎功課)와 「성교공과」(聖敎功課)를 번역한 한글 교리서 「성교요리문답」(聖敎要理問答)을 지었습니다. 1999년 최양업 토마스 신부의 성당 및 사제관 터를 확인한 후 그 부근의 농가를 헐고 2001년 원형에 가까운 모습으로 복원했습니다. 이 집은 이미 1849년 페레올 주교의 명으로 다음해 다블뤼 신부가 설립한 조선교구의 소신학교로 사용됐던 곳입니다.

3. 배티 고개 길을 따라 가파른 언덕길을 올라가면 배티에 숨어 신앙생활을 하던 선조들이 포졸들에게 잡혀 안성으로 끌려가다 집단으로 순교한 14인의 무명 순교자 묘역이 있습니다. 배티를 중심으로 진천 일대에서 1866년 병인박해와 1868년 무진박해 때에 60여 명의 순교자가 났는데, 그 가운데 순교 행적이 전해지는 순교자는 2014년 8월 16일 서울 광화문 광장에서 프란치스코 교황에 의해 시복된 8명[**복자 오반지(바오로, 진천 지장골), 복자 김원중(스테파노, 진천 발래기), 복자 장(토마스, 배티), 복자 송(베네딕토, 배티), 복자 송(베드로, 배티), 복자 이(안나, 배티), 복자 박경진(프란치스코, 진천 절골), 복자 오(마르가리타, 진천 절골)**]을 포함해 모두 34명에 이릅니다. 나머지는 배티 일대에 무

명 순교자 묘소들로 산재해 있습니다. 청주교구는 배티 성지의 성역화와 최양업 토마스 신부의 영성을 본받고 현양하기 위해 1999년 양업 교회사연구소를 설립했습니다. 2012년 4월 최양업 토마스 신부 선종 150주년 기념성당 봉헌식, 2014년 4월 11일 최양업 토마스 신부 박물관 축복식을 가졌습니다. 최양업 토마스 신부 박물관은 첨단 정보통신기술을 접목해 직접 체험할 수 있도록 꾸며졌습니다. 2017년 4월 진천읍 사석리에서 배티 성지 관내로 이장된 오반지 바오로 묘소가 있습니다. 이를 비롯하여 삼박골 모녀 순교자 묘, 새울 교우촌과 백곡공소의 순교자 묘소 등 유명·무명 순교자들의 묘소가 산재해 있습니다. 또 배티 성지의 6인 묘와 14인 묘에는 이름 없는 들꽃처럼 살다가 순교한 신앙선조들의 줄무덤이 조성되어 있습니다.

- **주소** 충북 진천군 백곡면 배티로 663-13 ☎ 043-533-5710  **홈페이지** http://www.baeti.org
- **미사** 주일, 화-토: 오전 11시  **고해성사** 미사 30분 전
- **감사의 밤** 셋째 토요일(오후 6시 30분-10시 30분)
- **박물관 관람** 오전 10시-오후 5시  *피정·숙박 가능(예약 필요)

## 195. 연풍 순교성지는 어떤 곳인가요? (성인 인물약전 132)

1. 연풍 순교성지는 **성 황석두(루카)**의 고향이며, **가경자 최양업(토마스) 신부**의 발자취가 서려 있는 교우촌입니다. 박해를 피해 연풍으로 몰린 교우들은 새재라는 천혜의 도주로를 이용해 관문 성벽 밑의 수구문을 통해 문경 땅을 넘나들며 모진 박해를 피했습니다. 연풍과 새재가 기억하는 첫 인물은 12년간 새재를 넘나들며 이 지역에 신앙을 전한 최양업 토마스 신부입니다. 새재 아랫마을인 문경시 진안리의 어느 주막에서 선종한 최양업 토마스 신부는 새재의 연봉인 배론 신학당 뒷산에 안장되었습니다. 황석두 루카는 부유한 양반집 자손으로 젊은 나이에 과거 길에 나섰다가 '천국의 과거 시험에 급제'하고 돌아와 가족들의 모진 반대를 극복하고 가족들을 모두 입교시켰습니다. 성인은 아내와 동정 부부로 살면서 일생을 교회에 헌신하다가 병인박해 때 **성 안 안토니오(다블뤼) 주교, 성 오 베드로(오매트르) 신부와 성 민 루카(위앵) 신부, 성 장주기 요셉**과 함께 충청도 갈매못에서 군문효수형으로 순교하였습니다. 병인박해 때 충주에서 순교한 연풍 출신 순교자로는 **하느님의 종 김(마르티노)**와 그의 아들 **하느님의 종 김(마태오)**가 있으며, 그 외에 충주에서 순교한 **하느님의 종 이기연** 외 3명이 포함되어 있습니다. 황석두 루카는 학식과 신앙이 깊었던 연유로 다블뤼 주교를 도와 성경 번역과 사전 편찬에 종사

하였습니다. 연풍 성지가 현재의 모습을 갖춘 것은 1963년 공소로 쓸 옛 향청 건물을 매입하면서부터입니다. 3백 년이나 된 이 건물을 매입할 때만 해도 순교 터라고는 생각하지 못했지만, 매입 후 논과 집터를 정리하던 중 형구돌이 발견되었습니다. 또 1968년 시복식 후 황석두 루카의 고향이 연풍임이 드러나자 성지 개발이 가시화되어 1979년 순교 현양비를 세우고 문중 산에 묻힌 황석두 루카의 유해를 1982년 연풍 성지로 천묘했습니다. 이어서 다섯 성인상과 반석, 대형 십자가와 경당, 향청 건물 복원 및 야외 제대와 성모상 등을 마련해서 순례객을 맞이하고 있습니다. 2014년 9월에는 황석두 루카 탄생 200주년 기념성당 봉헌식을 가졌습니다.

- **주소** 충북 괴산군 연풍면 중앙로 홍문 2길 14 ☎ 043-833-5064 ● **홈페이지** http://www.ypseongi.org
- **미사** 주일: 오전 11시/화~토: 오전 11시 ● **고해성사** 미사 전후 *식사 가능(예약 필요)


## 제10장 안동교구

### 196. 여우목 성지 순교사적지는 어떤 곳인가요? (성인 인물약전 141)

1. 여우목 성지 순교사적지는 103위 한국 순교성인 중 한 분인 **성 이윤일(요한)** 과 서치보(요셉) 가정에 의하여 이루어진 교우촌입니다. 부근에 있는 건학과 부럭이(부락이)라는 교우촌과 빈번한 접촉을 하면서 지냈습니다. 높고 험준한 대미산을 경계로 하여 소백산맥  이 충북 단양과 경계를 이루는 문경 지방의 최동북단에 위치한 여우목은, 옛날부터 경상도 동쪽지방의 사람들이 서울로 가기 위해서 이곳을 거쳐 문경 읍내와 새재로 넘어갔던 교통의 요충지였습니다. 1839년 기해박해를 전후해서 충청도 홍주 출신의 이윤일 요한 가정이 이곳으로 이사를 왔고, 경상도 지방의 첫 신자인 서광수의 손자인 서치보(요셉 1791-1840년) 가정도 박해를 피해 이곳에 와 살기 시작했습니다. 여우목에서 살다가 상주와 경산 등지로 피난 갔던 서치보 요셉의 아들 서인순(시몬), 서익순(요한), **하느님의 종 서태순(베드로)** 는 병인박해 때 순교했습니다.
2. 당시 여우목 교우촌의 회장이었던 이윤일 요한은 농사를 짓고 살면서 외교인들을 권면하여 30여 명을 입교시켜 큰 교우촌을 만들었습니다. 병인박해가 한창이던 1866년 11월 문경 포졸들이 들이닥쳐 30여 명의 신자들과 함께 문경 관아로 끌려갔다가 상주 진영으

로 압송되어 수차례 문초를 받고 사학의 두목이라 하여 다시 대구로 이송되어 1867년 1월 관덕정에서 참수형을 받고 순교했습니다. 한편, 서치보 요셉은 가족과 함께 이곳에서 열심히 신앙생활을 하다가 1840년 9월 19일(음)에 하느님 품으로 돌아갔습니다. 그때 나이 49세였습니다. 여우목 성지를 관리하는 문경성당은 서공석 신부의 도움으로 교우촌 터 부근에 1,255평 규모의 부지를 마련하여 1999년 9월 서치보 요셉과 서인순의 묘를 이장하고 다음 해 4월 대형 십자가, 11월 제대·성모상·십자가의 길 14처를 설치하고 꾸준히 조경 작업을 실시하여 2002년 9월 성지 축복식을 가졌습니다.

- 주소 경북 문경시 문경읍 중평리 96
- 관할 문경 성당 ☎ 054-572-0531(사제관) 054-572-0532(수녀원) / Fax: 054-572-0530
  *식사 가능(예약 필요)

## 제11장  전주교구

### 197. 나바위 성지 순교사적지는 어떤 곳인가요? (성인 인물약전 39, 128)

1. 나바위 성지 순교사적지는 **성 김대건(안드레아) 신부**가 중국에서 사제품을 받고 입국하여 첫발을 디딘 축복의 땅입니다. 1845년 8월 17일 상해 금가항성당에서 사제품을 받은 김대건 안드레아 신부는 그 해 8월 31일 11명의 교우들과 함께 페레올 주교와 **성 안 안토니오(다블뤼) 신부**를 모시고 작은 목선 라파엘호를 타고 귀국길에 올라 죽을 고비를 수없이 넘긴 끝에 10월 12일 충청도 강경 바닷가에 닻을 내렸습니다. 나바위성당이 바로 이곳에 세워졌는데, 베르모렐 신부가 성당을 세울 때는 김대건 안드레아 신부 일행을 기념한다는 생각은 하지 못하였습니다. 때문에 이곳에 성당이 세워진 일은 하느님의 섭리라고 할 수 있습니다.

2. 성당 뒷산에는 대구 교구장 드망즈 주교가 피정을 하던 망금정이 있고, 그 옆 너럭바위 위에는 1955년 화강석으로 만들어 세운 김대건 안드레아 신부 순교비가 있습니다. 성당 내부에는 김대건 안드레아 신부의 성해 일부가 모셔져 있고, 제대와 각종 성물들은 중국 남경 성 라자로 수도원에서 제작해서 성당 건축 당시 들여와 조립 또는 설치된 옛 모습 그대로 보존되어 있습니다. 화산성당으로도 불리던 나바위성당은 1897년 초대 주임

으로 부임한 베르모렐 신부가 1907년에 완성했습니다. 설계는 명동성당을 설계한 프와넬 신부가, 공사는 중국인들이 맡았으며 건축양식은 한국인의 정서에 맞게 한옥 형태를 취했습니다. 그 뒤 1916년부터 1917년 사이에 흙벽은 양식 벽돌로 바꾸고, 기존 종탑은 헐고, 입구에 고딕식 벽돌조 종탑을 세웠으며, 외부 마루는 회랑으로 바꿨습니다. 또 1922년에는 회랑 기둥 밑 부분을 석조로 개조했습니다. 한국의 전통양식과 서양의 건축양식이 혼합된 나바위성당은 1987년 사제관과 함께 사적 제318호로 지정되었습니다.

- 주소 전북 익산시 망성면 나바위 1길 146 ☎ 063-861-9210   • 홈페이지 http://www.nabawi.kr
- 미사 주일: 오전 6시, 10시(단체 예약시 따로 미사 가능) / 월: 오전 6시 / 화·목: 오후 7시 30분(동절기 오후 7시) / 수·금: 오전 10시 30분 / 토: 오후 6시
- 고해성사 미사 전후(특별 고해소 운영)   *피정·식사 가능(예약 필요)

## 198. 서천교, 초록 바위 순교사적지는 어떤 곳인가요?
(성인 인물약전 123, 135, 137, 139-140)

1  서천교 순교사적지는 **성 조윤호(요셉)**가 1866년 12월 23일 순교한 곳입니다. 조윤호 요셉은 충청도 신창에서 태어났는데, 부친 **성 조화서(베드로)**가 가경자 최양업(토마스) 신부의 복사를 할 정도로 열심한 신앙생활을 했기에 어려서부터 신앙생활을 익혔습니다. 아버지와 함께 전북 완주군 소양면 성지동에서 생활하던 중, 1866년 12월 5일 부친과 **성 이명서(베드로), 성 정원지(베드로)** 등과 함께 체포되어  전주로 끌려가, 옥중에서 아버지와 함께 순교를 다짐하며 배교의 유혹을 물리쳤습니다. 아버지는 12월 13일 전주 숲정이에서 동료들과 함께 참수되었고, 조윤호 요셉은 12월 23일 19세의 나이로 서천교에서 장형(杖刑)으로 순교하였습니다. 순교 후 얼굴에서 빛이 났다고 합니다.

2. 초록 바위 순교사적지는 **성 남종삼(요한)**의 장남 남명희와 순교자 **하느님의 종 홍봉주(토마스)**의 이름이 알려지지 않은 아들이 순교한 곳입니다. 남종삼 요한과 홍봉주 토마스는 1866년 3월 7일 서소문 밖 형장에서 참수되었습니다. 그리고 가족들은 연좌되어 공주, 창녕, 산청 등으로 끌려갔는데, 남종삼 요한의 장남 남명희와 홍봉주 토마스의 아들은 전주로 유배되었습니다. 이때 이들의 나이가 14살이었는데, 당시 국법으로는 15세 미만의 소년을 사형에 처할 수 없어서 나이가 찰 때까지 1년 동안 옥살이를 시켰습니다. 초록 바위에서 교수형으로 처형한 뒤 시신을 전주천으로 밀어 넣었습니다. 전주교구는

2006년 5월 성인의 순교터에 순교 기념 모자이크 벽화를 설치했습니다.

- 주소 전북 전주시 완산구 서완산동 1가 231-4 ● 관할 전동 성당 ☎ 063-284-3222
*서천교는 순교 터를 알리는 조형물만 설치되어 있어 미사를 봉헌할 수 없음.

### 199. 여산 하늘의 문 성당 성지는 어떤 곳인가? (성인 인물약전 136)

1. 여산 하늘의 문 성당 성지는 무진박해(1868년) 순교지입니다. 「치명일기」에 기록된 순교자만도 23명에 이르며 그 외에도 이름을 알 수 없는 많은 이들이 순교하였습니다[김성첨 토마스, 김성화 야고보, **성 손선지(베드로)**의 딸 손 막달레나 등]. 이들은 여산, 고산, 금산, 진산 등지에서 잡혀왔는데, 고산 넓은 바위에서 잡혀온 이들이 많았고, 여산옥, 숲정이, 뒷말, 배다리, 장터, 기금터, 백지사 터 등지에서 순교하였습니다. 여산 성지는 의로움 때문에 박해를 받은 순교자들이 하늘나라로 들어간 '하늘의 문'입니다. 순교자들은 박해의 모진 고난 가운데 성령의 도우심으로 마지막 순교의 순간까지 신앙을 고백하였습니다.

2. 특별히 성경에 나오는 성령의 모습을 순교자들이 직접 증언한 '성령의 순교지'라 할 수 있습니다. 참수형을 당한 숲정이는 '불의 순교지', 수장형을 당한 배다리는 '물의 순교지', 백지사형을 당한 백지사 터는 '바람의 순교지'로 세상의 힘이 성령의 활동을 막을 수 없음을 드러내는 곳입니다. 여산 숲정이 성지는 전라북도 기념물 제125호로 지정되어 있고, 백지사 터 동헌에는 흥선대원군(興宣大院君)의 척화비(익산 향토 유적 제7호)가 세워져 있습니다. 인근에 위치한 천호 성지에 이곳에서 순교한 분들의 유해가 모셔져 있습니다.

- 주소 전북 익산시 여산면 영전길 14 ☎ 063-838-8761
- 미사 주일: 10시 30분 / 월: 오전 6시 / 화·목: 오후 7시 30분 / 수·금: 오전 10시 30분 / 토: 오후 7시 30분 ● 고해성사 미사 전
*첫 토요일 월 피정 오전 10시-오후 1시    *순례객을 위한 미사·피정·식사 가능(예약 필요)

### 200. 전주 숲정이 성지 순교사적지는 어떤 곳인가요?
(성인 인물약전 134-139)

1. 전주 숲정이 성지 순교사적지는 인공으로 조성된 숲이 울창해 '숲정이' 또는 '숲머리'라고도 하는데, 군사훈련장이 있고 전주천이 흐르고 있어 사형장으로 사용되었습니다. 이곳은 신유박해 때 **복자 유항검(아우구스티노)**의 가족이 순교한 곳으로 우선 그의 동생인 유관검은 그

와 함께 같은 날인 1801년 10월 24일에, 그리고 동정부부 순교자로 유명한 장남 **복자 유중철(요한)**과 **복자 차남 유문석(요한)**은 1801년 11월 14일에, 부인 **하느님의 종 신희**와 조카 **복자 유중성(마태오)**, 옥중서간으로도 널리 알려진 며느리 **복자 이순이(루갈다)** 등은 1802년 1월 31일에 각각 순교하였습니다. 참으로 온 집안이 다 얼마나 독실한 신앙생활을 했는지 짐작이 될 만합니다. 이렇게 순교하면서부터 박해 내내 순교자의 피가 마르지 않은 곳이었습니다.

2. 기해박해(1839년) 때에는 **복자 이일언(욥), 복자 신태보(베드로), 복자 이태권(베드로), 복자 김대권(베드로), 복자 정태봉(바오로)** 등 5명의 복자가, 병인박해(1866년) 때는 전북 완주군 소양면 신리골에 살던 **성 정문호(바르톨로메오), 성 조화서(베드로), 성 손선지(베드로), 성 이명서(베드로), 성 한재권(요셉)** 그리고 이웃한 성지동에 살던 **성 정원지(베드로)** 등 6명의 성인이 참수 순교하였습니다. 또한 1867년에는 김사집 필립보를 비롯한 수많은 신자들이 순교하였습니다. 이 순교터는 이명서 베드로의 손자인 이준명(아나돌)의 노력으로 매입되었고, 이학수 회장의 도움으로 1935년 '천주교인순교지지'(天主敎人殉敎之地)라고 새긴 기념비가 세워졌습니다. 또한 이곳에 해성중고등학교가 세워져 운영되었는데, 1992년 시 외곽으로 이전되면서 '윤호관'[19세 청소년의 나이로 서천교에서 순교한 **성 조윤호(요셉)**의 이름을 딴 체육관]과 현 넓이의 성지 터만 남게 되었습니다. 1984년 전북 기념물 제71호로 지정되었습니다.

3. 여산본당은 지금은 숲이 아닌 논과 밭으로 변한 숲정이 부근 전답을 1980년에 매입해 성지를 조성했습니다. 야외 제대와 광장을 마련하고 주변에 나무를 심어 숲정이의 옛 모습을 재현하고자 했습니다. 2007년 전라북도 기념물 제125호로 지정된 여산 숲정이는 익산시의 지원으로 숲정이 일대 약 1만 평에 탐방로와 주차장, 분수대, 야외 성지 체험장, 피정의 집 등을 마련하는 공원화 사업을 순차적으로 추진하고 있습니다. 그 일환으로 2009년 말 야외 제대 및 중앙 광장 등을 새롭게 단장했고, 2014년 성지 입구 주차장과 화장실, 십자가의 길 14처 등을 마련해 순례자들을 돕고 있습니다.

- **주소** 전북 전주시 덕진구 공북로 19 ☎ 063-255-2677-8
- **관할** 전주 가톨릭 신학원 ☎ 063-256-2677-8

### 201. 천호 성지는 어떤 곳인가요? (성인 인물약전 128, 134, 136-138)

1. 천호 성지는 천호산 기슭에 자리 잡고 있으며 그 이름처럼 하느님의 부르심을 받은 백성들이 교우촌을 이루고 '하느님을 부르며(天呼)'

살아온 신앙의 터전입니다. 이곳은 1866년 12월 전주 숲정이에서 순교한 여섯 성인 중 네 명인 **성 정문호 (바르톨로메오), 성 손선지(베드로), 성 이명서(베드로), 성 한재권 (요셉)** 성인과, 같은 해 8월 충청도 공주에서 순교한 김영오, 1868년 여산에서 순교한 이름을 알 수 없는 순교자 열 명이 묻혀 있습니다. 또한 천호산 곳곳에는 순교자들이 종적을 알 수 없이 묻혀 있습니다. 천호산 일대는 박해 시대에 다리실(천호)을 포함한 총 7개의 공소가 있었는데, 그중 다리실은 가장 큰 공동체로 현재도 천호본당으로서 신앙의 전통을 잇고 있습니다.

2. 또한 미사굴은 1846년 **성 김대건(안드레아) 신부**가 잡히고 난 뒤, 페레올 주교와 **성 안 안토니오(다블뤼) 신부**가 약 2개월간 숨어서 미사를 드리던 유서 깊은 곳입니다. 어름골은 블랑 신부와 여러 선교사 신부들이 사목한 전라도 최초의 본당 사목지였고, 성채골은 전주교구 세 분의 주교(전주교구 3대 교구장 김현배 바르톨로메오, 8대 교구장 이병호 빈첸시오, 9대 교구장 김선태 사도요한)가 탄생한 못자리입니다. 또 낙수골은 이웃사랑으로 유명한 박준복의 일화가 전해 내려오는 곳이기도 합니다.

3. 전주교구는 시성식이 끝난 1984년 10월부터 천호 성지 개발에 본격 착수하여 1985년 11월 30일 새롭게 단장한 순교자 묘역을 축성하였습니다. 성모상과 십자가의 길 14처를 설치하고 1987년 피정의 집을 완공했습니다. 2007년 5월 천호 부활성당을 새로 건립했고, 2008년 5월에는 낡고 오래된 천호 공소 경당(현 천호 성당)을 새로 건립했습니다. 또한 다양한 도보 순례길을 개발하면서 2009년에 전북 지역 4대 종교 성지를 걷는 '아름다운 순례길'도 함께 마련했습니다. 2013년 12월에는 한국교회 최초로 '천호 가톨릭 성물박물관'을 개관하여 축복식을 가졌습니다. 천호 성지에는 피정의 집, 부활성당, 토마스 쉼터, 봉안경당, 성물박물관, 호남교회사연구소 등이 있습니다.

- 주소 전북 완주군 비봉면 천호성지길 124 ☎ 063-263-1004~5  • 홈페이지 http://www.cheonhos.org
- 미사 주일: 오전 11시 / 화-토: 오전 11시  • 봉안 경당 이용 시간 오전 9시 30분-오후 5시
  *피정·식사 가능(예약 필요)

## 제12장 제주교구

### 202. 용수 성지는 어떤 곳인가요? (성인 인물약전 39, 128)

1. 제주시 한경면 용수리 해안은 **성 김대건(안드레아) 신부**가 중국

상해를 출발하여 서해로 귀국하다가 표착한 곳입니다. 김대건 안드레아 신부는 1845년 8월 17일 중국 상해에서 한국인 최초로 사제품을 받았습니다. 그는 같은 해 8월 31일 페레올 주교와 **성 안토니오(다블뤼) 신부** 등 일행 13명과 함께 '라파엘호'를 타고 귀국하던 중 큰 폭풍우를 만나 표류하다가 9월 28일 이곳 용수리 해안에 표착(漂着·표류하다가 어떤 곳에 닿음)하였습니다. 김대건 안드레아 신부 일행은 용수리 해안에서 고국에서의 감격 어린 첫 미사를 봉헌하였고, 배를 수리한 후 이곳을 떠나 충청도 강경 바닷가에 상륙하여 귀국하였습니다. 김대건 안드레아 신부는 경기도 용인에서 사목 활동을 하다가 1846년에 체포되어 혹독한 고문을 받고, 그해 9월 새남터에서 군문효수형으로 순교하였습니다. 그때 그의 나이는 26세였습니다.

2. 제주교구는 1999년 제주 선교 100주년 기념사업의 일환으로 김대건 안드레아 신부의 선교 열정과 순교 정신을 기리기 위하여 라파엘호를 복원하여 해상 성지순례를 마치고 9월 19일 용수리 포구를 성지로 선포했습니다. 항해를 마친 라파엘호는 신창성당 마당으로 옮겨 보존하다가 2006년 11월 김대건 안드레아 신부 일행의 제주도 표착과 제주도에서 한국인 첫 사제의 첫 미사가 거행된 것을 기념하기 위해 건립된 '성 김대건 신부 제주표착기념관' 앞 잔디광장으로 옮겼습니다. 2008년 9월에는 기념관 바로 옆에 '성 김대건 신부 제주표착기념성당'을 건립하여 봉헌식을 가졌습니다. 2017년 10월에는 김대건 신부 제주표착기념관을 리모델링하고 사제관을 신축해 축복식을 거행했습니다.

- 주소 제주도 제주시 한경면 용수 1길 108 ☎ 064-772-1252
- 홈페이지 http://cafe.daum.net/St.FatherKimDaeGun
- 미사 주일: 오후 8시(동절기 오후 7시 30분) / 화: 오후 8시(동절기 오후 7시 30분)
  / 목: 오후 3시(순례자를 위한 미사)
- 성 김대건 신부 제주 표착 기념관 관람 시간 오전 9시-오후 6시

# PART 4
# 103위 한국 순교성인 후손인 우리들의 신앙여정

## 갈매못 순교성지

충남 대천과 광천 중간 지점에 주포(周浦)가 있고 여기서 서해안을 향해 30리쯤 달리면 바다와 만나게 된다. 충청도 수영(水營)에서도 바닷가로 더 나가 광천만이 깊숙이 흘러 들어간 초입, 서해를 내다보며 자리한 순교성지 갈매못. 한국 천주교회 최고의 성지로 꼽을 만한 곳이다. 충청남도 보령시 오천면 영보리 바닷가에 있는 이 순교성지는 서해안 지역에서 유일하게 개발되어 있는 성지라는 점에서 꼭 한 번 순례해 볼 만한 곳이다. 특히 일몰은 보는 이로 하여금 순교의 현장에 와 있는 듯한 느낌을 준다. 갈매못은 1866년 병인박해 때 다블뤼 안(安) 주교, 오메트르 오(吳)·위앵 민(閔) 신부, 황석두 루카·장주기 요셉 회장 등 다섯 명과 5백여 명의 이름 모를 교우들이 순교한 곳이다. 오늘의 갈매못 순교성지가 태어날 수 있었던 것은 순교자의 후예였던 고 정규량 레오(1883-1952년) 신부가 1925년 인근 신부들과 함께 목격 증인들의 증언 등을 바탕으로 순교지를 확인하고, 이듬해에 20평의 땅을 우선 매입해 1929년에 서울교구 천주교 유지재단에 귀속시켰기 때문이다. 그 후 갈매못이 순교성지로 다시 눈길을 모으기 시작한 것은 1962년 대전교구 대천본당이 설립된 후 순교자 현양운동과 함께 1975년 9월 당시 대천본당 주임이었던 고 정용택 사도요한(1998년 7월 3일 선종) 신부가 순교 당시의 위치를 재확인하고 순교복자 기념비를 세우면서부터이다. 그 후 1985년 9월에 다섯 분의 순교성인 기념비와 야외 제단이 세워졌다.

2003년 2월 17일 대전교구는 갈매못을 성지본당으로 설정하고 상주 사제를 두어 성지개발과 순례자들을 위한 사목에 박차를 가했다. 2004년 4월 성지 전시관 앞에 다블뤼 안 주교 동상을 건립해 축복하고, 2006년 10월에는 성지 언덕 위에 처형장인 바닷가를 내려다보는 승리의 성모성당을 완공해 봉헌식을 가졌다. 2008년 4월에는 기존의 경당과 전시관으로 사용하던 건물을 수리해 갈매못 순교성지 기념관으로 새로 꾸미며 성인들의 숨결을 느낄 수 있는 유물들을 전시하고 있다. 2013년 2월 12일에는 갈매못 성지가 '보령 갈매못 천주교 순교지'라는 명칭으로 충청남도 기념물 제183호로 지정되었고, 2016년 10월 15일에는 병인순교 150주년 기념 순교자 현양대회를 거행하며 승리의 성모성당 옆에 새로 세운 다블뤼 주교 등 다섯 성인상 축복예식을 가졌다.

### 203. 한국 천주교회에서 103위 한국 순교성인 시성의 의미는 무엇인가요?

1. "우리 주 예수 그리스도와 사도 베드로 바오로, 또 내게 맡겨진 권한으로 복자 안드레아 김대건 신부와 바오로 정하상 외 101명의 한국 순교자들을 성인으로 판정하고 결정하여 성인들 명부에 올리는 바이며, 세계 교회 안에서 이분들을 다른 성인들과 함께 정성되이 공경하기를 명하는 바입니다." 1984년 5월 6일 서울 여의도 광장에서 당시 서울대교구장이던 고(故) 김수환 추기경이 복자 103위 한국 순교자의 시성을 청원하자 교황 요한 바오로 2세는 103위 한국 순교복자를 성인 반열에 올렸습니다. 한국 천주교회 200주년 기념 대회에서였습니다. 교황의 엄숙한 '시성 선언'에 광장에 모여든 100만 인파 사이로 일시 침묵이 흘렀고, 이내 환호가 뒤따랐고, 기쁨도 그런 기쁨이 없었습니다.

2. 100년간의 박해를 거쳐 선교시대로 접어든 지 100년 만에 한국 천주교회가 시성의 영예를 안게 됐기 때문이었습니다. 이로써 여의도 광장은 우리나라 복음화의 선교 3세기를 연 역사의 현장이자 축복의 땅, 영광의 땅이 됐습니다. 시성식 직후 교황 요한 바오로 2세는 "오늘날 한국에서 교회가 이렇게 훌륭히 꽃피고 있는 것은 틀림없이 순교자들의 영웅적 증거의 열매"라고 말했습니다. 또 "지금도 그분들의 불굴의 기백이 비극적으로 갈라진 이 땅 북한 천주교회의 그리스도교 신자들을 받쳐 주고 있다"며 북한 천주교회에 대한 깊은 관심과 애정을 잊지 않았습니다.

3. 한국을 첫 사목 방문한 교황은 한국 주교단을 비롯해 성직자와 수도자, 평신도를 두루 만났으며, 타종교 지도자들과 정계 인사들도 만났습니다. 시성에 앞서 '화해의 날'로 정해진 1984년 5월 4일엔 특히 광주를 찾아 5·18 광주민중항쟁의 상처를 어루만졌습니다. 이날 행사 주제를 '화해'로 정한 광주대교구는 교구는 물론 지역 사회에 그리스도의 참된 가르침을 따라 하느님과 화해하고 자신과 화해하며 이웃과 화해할 것을 요청했습니다. 교황은 또 이날 국립 소록도병원을 방문, 나환우들의 고통과 아픔에 함께하며 사랑을 나누고 그리스도의 희망과 용기를 가슴 깊이 심어줬는데, 이는 '평화의 순례자'다운 사랑의 행보였습니다.

4. 교황은 '나눔의 날'인 1984년 5월 5일엔 대구대교구를 찾아 전국 12개 교구와 1개 수도회 소속 38명의 부제에게 시제품을 주고 청소년대회를 거행하며 고통과 희생이 전제되는 진정한 나눔과 봉사의 의미를 각인시켰습니다. 아울러 부산 일원 노동자들과 농·어민들을 만나 노동의 신성한 가치를 전하고, 이들에 대한 선교의 중요성을 강조했습니다. 그러나 한국 천주교회 200주년을 맞은 한국 천주교회에 가장 뜻깊었던 행사는 역시 '증거의 날'인 1984년 5월 6일 거행된 한국 천주교회 200주년 기념 대회와 103위 한국 순

교성인 시성식이었습니다. 103위 한국 순교성인 시성은 한국 천주교회는 물론 한국 사회에도 큰 반향을 불러일으켰고, 한국 천주교회의 위상을 한 단계 끌어올리는 결정적 계기가 됐습니다.

5. 더불어 200주년 기념 대회와 시성, 교황의 사목 방문은 한국 천주교회에 크나큰 긍지와 자부심을 안겼으며, 민족 복음화의 결정적 전환점이 됐습니다. 한국 천주교회 200주년 대회를 계기로 복음화율은 가파른 상승곡선을 그렸고, 또 한 번 한국 천주교회가 도약하는 계기가 되는 1989년 제44차 서울 세계성체대회 또한 그 연장선에 있습니다. 하지만 역시 한국 천주교회 200주년의 가장 큰 성과이자 업적은 '사목회의 의안'이었습니다. 1981년 1월 초 준비모임으로부터 시작해 1984년 11월에 폐막하기까지 12개 분과로 나눠 준비하고 교구 회람을 거쳐 최종 완성된 사목회의 의안은 한국 천주교회의 200년 교회생활 전반을 돌아보며 반성하고 현실을 비교 분석함으로써 겨레 복음화와 토착화, 선교 3세기에 대비하려는 취지에서 이뤄졌습니다.

6. 특히 교황 방한 중 1984년 5월 6일 전국 사목회의의 막을 올려 7개월간 한국 천주교회의 쇄신과 민족 복음화의 길을 모색했습니다. 우리 교회 200년 역사에서 이처럼 하느님 백성 전체의 목소리를 수렴하고 응집한 일이 없었기에 그 성과물인 '사목회의 의안'은 그 의미가 클 수밖에 없었습니다. 이것은 12권에 걸친 방대한 문서로, 성직자와 수도자, 평신도, 전례, 신심 운동, 지역 사목, 교리교육, 가정 사목, 특수 사목(청소년·농촌), 교회 운영, 선교, 사회정의 등 사목 전 분야를 모두 망라했습니다. 이 의안의 많은 내용은 1995년에 발간된 한국 천주교회의 지역 교회법이라 할 「한국 천주교 사목지침서」에 반영돼 한국 천주교회 사목의 준거가 되는 규범으로 오늘에까지 기능하고 있습니다.

## 204. 한국 천주교회에서 103위 한국 순교성인의 탄생과정은 어떠했나요?(1)

1. 1984년은 이 땅에 천주교회가 설립된 지 200년이 되는 해였고, 박해시기에 순교한 103위 한국 순교복자가 성인의 반열에 오른 뜻깊은 해였습니다. 이때 시성된 103위 한국 순교성인은 기해박해(1839년) 때 순교한 70명과 병오박해(1846년) 때 순교한 9명, 그리고 병인박해(1866년) 때 순교한 24명입니다. 이 가운데 기해박해와 병오박해 때 순교한 79명은 1925년 7월 5일에 복자가 되었고, 병인박해 순교자 24명은 1968년 10월 6일 로마에서 시복된 분들입니다. 이 두 가지 시성 건은 1976년 교황청에 시성 청원서를 제출하면서 통합적으로 추진되었습니다.

2. 한국 천주교주교회의 의장 김수환 추기경은 1982년 11월 19일 로마를 방문하여 요한

바오로 2세 교황을 알현했는데, 그 자리에서 교황의 방한을 요청했고, 시성식이 조속히 이루어지기를 바라는 주교단의 의사를 전달했습니다. 이어 한국 천주교회의 주교단은 1983년 7월 13일 시성식 장소를 한국으로 정해 줄 것을 요청하는 서한을 교황에게 보내기도 했습니다. 1983년 9월 27일 교황청은 103위 한국 순교복자의 시성을 확정하였으며, 김수환 추기경은 1983년 11월 25일에 1984년 5월 3일부터 7일까지 교황이 방한하여 시성식을 거행한다는 사실을 공식적으로 발표하였습니다. 시성식이 로마 밖에서 거행되는 것은 아비뇽 교황 시대, 곧 교황이 프랑스 아비뇽에서 지낸 시기 이후(1309-1377년) 처음 있는 일이었습니다.

3. 요한 바오로 2세 교황은 1984년 5월 3일 특별기편으로 김포공항에 도착했으며, 교황은 첫 방문지로 절두산 순교성지를 찾았고, 이어 청와대를 예방했습니다. 그리고 시성식 전날까지, 광주에 가서 1980년에 고통을 겪었던 광주 시민들을 위로했고, 국립 소록도병원을 방문했으며, 대구에서 열린 청소년 대회에 참석하는 등 많은 곳을 찾아 여러 사람을 만났습니다. 1984년 5월 6일은 한국 천주교회 200주년 기념 대회와 시성식이 열리는 날, 교황은 아침에 명동 대성당에서 기도를 드린 뒤 여의도로 향했고 60여만 명의 신자들과 함께 '김대건 안드레아와 정하상 바오로와 101위 동료 순교자'들에 대한 시성식을 거행했습니다. 설립 200년 만에 한국 천주교회에 성인이 탄생하는 순간이었습니다. 103위 한국 순교성인의 탄생은 한국 천주교회에 주어진 크나큰 축복이자 선물이었으며, 이로써 우리는 성인을 모시게 되었다는 자부심과 긍지를 가질 수 있었습니다. 아울러 시성식은 한국 천주교회 200년의 역사를 신앙적으로 일단락 짓는 의미 있는 사건이었고, 다가올 3세기를 준비하는 시발점이었습니다.

### 205. 한국 천주교회에서 103위 한국 순교성인의 탄생과정은 어떠했나요?(II)

1. 한국 천주교회 200주년 기념행사는 한국 천주교회 200년 역사와 신앙의 뿌리를 되새기고 3세기 복음화를 향해 새로운 지평을 연 역사적인 사건이었습니다. 한국천주교주교회의는 103위 한국 순교성인 시성을 준비하기 위해 2년간 398차례나 회의를 주관하면서 행사 개최에 온 힘을 쏟았으며, 그 땀과 노력 덕분에 교황 요한 바오로 2세의 입국에서 출국에 이르기까지 20권의 시나리오가 만들어졌고, 이 자료는 훗날 1989년 서울 세계성체대회, 2014년 8월 프란치스코 교황의 방한 때까지 요긴한 '참고 자료'가 됐습니다. 한국 교회에 신앙의 뿌리를 찾아주고 자부심을 느끼게 한 행사였습니다.

2. 한국 천주교회가 한 단계 도약하는 전기가 됐고, 신자들 자신도 천주교 신자라는 사실을

드러내고 선교에 나서는 기폭제가 됐습니다. 103위 한국 순교성인 시성은 신앙의 후손들, 그리고 세상 사람들에게 신앙은 죽음마저 불사하는 숭고한 가치인 동시에 세월을 넘어 영원히 기억된다는 것을 보여준 좋은 기회였습니다. 정부 측에서도 교황님의 방한은 86 아시안게임과 88 서울올림픽이라는 세계적 행사를 치르는 데 좋은 경험이 됐습니다.

3. 하지만 어려움도 많았습니다. 여의도 광장에 철골 빔 제대 설치비용 마련에 난항을 겪어야 했는데, 정부는 육군 공병대를 통해 자재를 포함, 설치비를 제공해주어 무사히 행사를 치르도록 도와주었습니다. 또한 행사 당일에는 열차와 버스를 이용하여 전국에서 수많은 사람들이 모였는데도 그 넓은 광장에 휴지 하나 남기지 않은 질서 있는 모습으로 천주교 신자들의 자부심과 긍지를 보여주었습니다. 더 이상 순교할 필요가 없는 자유롭고 풍요로운 시대에 살고 있다고 해서 순교의 의미가 퇴색하는 것은 결코 아닙니다. 103위 한국 순교성인은 오늘날 우리에게 목숨까지 하찮게 여길 정도로 하느님을 굳게 믿고 있는지 묻고 있습니다. 한국 천주교회 200주년 기념행사와 103위 한국 순교성인 시성식을 기억하는 것은 결국 우리의 신앙을 되돌아보는 것입니다. 우리는 103위 한국 순교성인의 삶과 신앙을 되새겨보며 그분들의 신앙을 나의 것으로 만드는 데 힘써야 합니다.

4. 이 어려운 여건 속에서도 103위 한국 순교성인이 탄생할 수 있었던 것은 한국 천주교회가 기울인 노력의 결실이며 자랑입니다. 그러나 여기서 우리가 간과하지 말아야 할 것은 한국 교회 창립자들의 시성 운동 저변 확대와 영성을 우리가 본받아야 한다는 것입니다. 현재 우리 교회가 영광스럽게 모시고 있는, 공적으로 시성된 성인 103위는 기해박해(1839년) 70위, 병오박해(1846년) 9위, 병인박해(1866년) 24위입니다. 그러나 유감스러운 일은 초기 교회에 뛰어난 용맹과 신앙을 보여주었던 지도자급 순교자들이 이 시성에서 누락되었다는 사실입니다(이 분들은 2014년 시복이 되었고 현재 시성절차가 진행되고 있음). 과연 우리 교회에 초석을 놓은 그 선구자들은 서적을 통해서 알게 된 그리스도의 복음을 깊이 깨달아 이를 실천하면서 전례와 형제애가 중심인 신앙공동체를 자발적으로 형성하였고, 사도적 사명을 열심히 수행했던 분들입니다.[105]

5. 성령으로 충만한 가운데 수행한 그들의 사도직이 놀라운 결실을 맺을 수 있었던 것은 그분들이 목숨까지 바칠 용의로 증거적 삶을 사셨기 때문입니다. 그들이 그러한 영성이 제대로 밝혀지고 이해될 때 그리고 그것이 순교의 은총을 받도록 했던 응답이었음이 부각될 때 우리는 참된 의미의 순교를 깨달을 수 있습니다. 그래야 오늘 우리가 살아야 할 순

---

105) 기쁜소식, 「새로운 복음화를 위한 한국교회의 영적자세」, 2001, 65-66 참조.

교 영성이 구체적으로 제시될 수가 있습니다. 순교의 은총을 준비하는 과정을 배제한 채, 다시 말해 성령께 대한 순응적 협력 자세를 생략한 채 단순히 그들의 장렬한 죽음만이 강조된다면, 과거 그들의 영웅적 자세를 기릴 수는 있으나 박해가 없는 오늘의 상황에 적용해야 할 순교의 영성을 설명하기 어려울 뿐만 아니라 생활화 교육도 불가능한 것이 되고 말 것입니다.

### 206. 오늘날 한국 천주교회에서는 103위 한국 순교성인을 어떻게 공경하고 따라야 할까요?

1. 1984년 5월 6일 103위 한국 순교성인 시성식 이후 36년이 지난 오늘날, 그토록 간절히 원했던 성인들에 대해 우리는 얼마나 현양하고 있을까? 이것을 알아보는 한 가지 방법은 전국에 있는 본당의 수호성인을 조사해 보는 것입니다. 2017년 8월 기준으로 전국의 본당은 16개 교구에 총 1,737개 본당이 있는데, 이 중 103위 한국 순교성인을 수호성인으로 모신 본당은 305개(17.6%)였습니다. 시성식 이후에 설립된 본당의 경우는 27.2%였고, 가장 비율이 높다는 전주교구도 27.1%에 불과했습니다. 전국 본당에서 수호성인으로 모셔진 103위 한국 순교성인은 40명(38.8%)으로, 그 성인들은 다음과 같습니다.(괄호 안의 숫자는 수호성인을 모신 본당 수)

2. **성 김대건(안드레아) 신부(96), 성 정하상(바오로)(49), 성 유대철 (베드로)(18), 성 최경환(프란치스코)(9), 성 남종삼(요한)(5), 성 김성우(안토니오)(5), 성 황석두(루카)(5), 성 유진길(아우구스티노)(4), 성 현석문(가롤로)(4), 성 김제준(이냐시오)(3), 성녀 김효주 (아녜스)(3), 성 손선지(베드로)(3), 성 이명서(베드로)(3), 성 정문호(바르톨로메오)(3), 성 권득인(베드로)(2), 성녀 김효임(골룸바)(2), 성녀 박희순(루치아)(2), 성 범 라우렌시오(앵베르) 주교(2), 성 이광헌(아우구스티노)(2), 성 이문우(요한)(2), 성 이윤일(요한)(2), 성 정원지(베드로)(2), 성 조윤호(요셉)(2), 성 조신철(가롤로)(2), 성 나 베드로(모방) 신부(1), 성 오 베드로(오매트르) 신부(1), 성 민극가(스테파노)(1), 성 장 시메온(베르뇌) 주교(1), 성녀 유소사(체칠리아)(1), 성 이광열(요한)(1), 성녀 이인덕(마리아)(1), 성 임치백 (요셉)(1), 성 장주기(요셉)(1), 성 조화서(베드로)(1), 성 최형(베드로)(1), 성 한재권(요셉)(1), 성녀 허계임(막달레나)(1), 성 박종원 (아우구스티노)(1), 성녀 고순이(바르바라)(1), 성 이호영(베드로)(1)** 이외 개별 성인이 아니라 '103위 한국 순교성인'을 수호성인으로 모신 본당이 45개였고, '당고개 순교성인'을 수호성인으로 모신 본당이 1개 있었습니다.

3. 그렇다면 103위 한국 순교성인 중 상기 성인을 제외한 나머지 63명의 성인은 어디에 있

는 것일까? 이러한 현상은 한국 천주교회가 36년 전에 시성식을 거행한 취지와 상당히 어긋나는 것입니다. 물론 성인들 중에는 관련 성지에서 현양되는 분들도 있고, '본당 수호성인과 103위 한국 순교성인의 관계'만으로 많은 한국 순교성인이 잊혀지고 있다고 단정할 수는 없습니다만 이러한 조사를 통해 대략적인 실태 파악은 가능하다고 봅니다. 한편, 한국 천주교회는 2014년 8월 16일 124위의 한국 순교복자를 새로 갖게 되었고(1801년 신유박해 순교자 중 86위, 1839년 기해박해 순교자 중 18위, 병인박해 순교자 중 20위), 그러면서 복자를 본당의 수호자로 모시는 경우도 생겼습니다.

4. 제주교구의 김기량본당은 **복자 김기량(펠릭스 베드로)**, 춘천교구의 만천본당은 **복자 홍인(레오)**, 원주교구의 무실동본당은 **복자 최해성(요한)**, 전주교구의 만성동본당은 **복자 유항검(아우구스티노)**, 송천와룡본당은 **복자 윤지충(바오로)**을 수호자로 모셨습니다. 복자의 탄생으로 많은 한국 순교성인이 잊힐 가능성은 더욱 커지게 되었습니다. 103위 한국 순교성인을 기억하고 현양하는 방법으로 '한국성인 세례명 갖기', 예를 들면 성 김대건(안드레아)을 세례명으로 정하고 싶으면 대건 안드레아로, 성 정하상(바오로)을 세례명으로 정하고 싶으면 하상 바오로로, 또 성녀 김효주(아녜스)를 세례명으로 정하고 싶으면 효주 아녜스로, 성녀 박희순(루치아)을 세례명으로 정하고 싶으면 희순 루치아로 정하는 등 몇 가지 방안이 제시된 바 있습니다.

5. 그와 함께 한국의 모든 교구와 본당이 한국 성인을 수호성인 또는 제2수호성인으로 정하여 교구와 본당 차원에서 103위 한국 순교성인을 현양하는 것이 가장 효과적입니다. 이미 이러한 운동을 실천하고 있는 교구와 본당이 있는데, 전주교구(전주 순교자 7위)와 의정부교구는 김대건(안드레아) 신부를 교구의 수호성인으로, 대구대교구는 이윤일 요한을 제2수호성인으로 모시고 있고, 서울대교구의 천호동본당은 원죄 없이 잉태되신 성모님과 함께 김성우 안토니오를 수호성인으로 모시고 있습니다. 신설 본당은 한국 순교성인을 수호성인으로 정하거나 제2수호성인으로 선정하고, 기존의 본당도 한국 순교성인을 제2수호성인으로 모시는 운동을 전개해야 합니다. 앞으로 한국 천주교회는 순교성인과 순교복자를 더욱 많이 갖게 될 것이며, 이러한 상황에서 103위 한국 순교성인의 현양 문제는 모든 교회 구성원이 함께 고민해야 할 대목입니다

### 207. 오늘날 한국 천주교회 순교자들의 유해공경은 어떤 의미인가요?

1. 초세기 로마교회 때부터 예수님의 모범을 따라 목숨 바친 순교자들의 성덕과 품위는 가장 출중한 것이라고 알려져 왔습니다. 그들을 존경하는 마음의 표현은 그리스도인들 사

이에서는 당연한 것이었고, 따라서 여러 공경 행위들이 생겨나고 발전된 것도 매우 자연스러운 일이었습니다. 순교성인들에 대한 공경 행위의 근본정신은, 무엇보다도 순교자들이 그리스도와 긴밀한 일치를 이루며 그분 안에서 완성된 성인이라는 데에 있습니다. 따라서 그들은 그리스도와 함께 영원한 생명에 참여하고 있음에 틀림없으며, 하느님 대전에서 언제나 우리를 위해 전구해 주시는 분들입니다. 이에 순교자들은 하느님 대전에서 인간들의 변호자, 중재자로 여겨지게 되었고, 신자들은 알맞은 예절과 함께 그들을 공경하며 전구를 청하게 됩니다.[106]

2. 교회역사 안에서 일찍부터 신자들에게 소중히 여겨져 보전되던 유해는 그 공경에 있어 찬반의 논란을 거치게 되었습니다. 교부들은 하느님께 드리는 흠숭과 성인에 대한 공경의 차이점을 설명하고, 하느님과 성인들 그리고 그 유해, 유품들 사이의 상호관계를 규명하면서, 성인 공경과 연결시켜 유해, 유품에 대한 공경 행위를 정당화하려고 하였습니다. 그들의 견해는 첫째 그리스도인은 순교성인을 그 유해를 통해서 인식할 수 있다는 것이고, 둘째 순교자들의 피와 그들을 고문한 도구, 감각적 유품들이 신자들의 용기를 불러일으키는 자극제이며, 셋째 유해와 유품은 하느님이 기적을 행하시는 가시적 도구이고, 넷째 유해는 하느님 대전에 전구자인 동시에 우리에게 친구인 성인이 지상에 남긴 유산이기에 공경의 가치가 있다는 것입니다. 교회 교도권으로부터 교의적으로 그것이 인정받고 정당화되면서 점차 순교자 공경 행위는 유해를 중심으로 해서 공적 전례의식으로 발전되었습니다. 따라서 그리스도인들은 순교자들의 유해를 보석이나 금보다도 더 소중히 여기게 되었습니다.

3. 한국의 초기 그리스도인들은 순교자들을 모범으로 모시고자 했으며, 열성으로 공경하였던 사실을 여러 정황에서 관찰할 수 있습니다. 무엇보다도 신자들 사이에 순교자들의 옥중 일기, 편지 등의 필사본이 퍼져서 널리 읽혔다는 점입니다. 순교자들로부터 압수된 성물, 서적들 중에는 언제나 그런 기록들이 끼어 있곤 하였습니다. 특별히 널리 애독된 것으로는 초기 교회 전반에 걸쳐 큰 영향을 미쳤던 「죄인 지중 일기」, 「이 루갈다의 편지」, 「이 바오로 일기」 등을 들 수 있습니다. 또 그들이 순교자들에 대한 공경이 열렬했다는 다른 증거는 압수된 성물 중에 한국 순교자들의 유해와 유품들이 자주 발견되었다는 사실입니다.

4. 기해박해로 인해 많은 수난을 받던 당시에 **성 범 라우렌시오(앵베르) 주교**는 언젠가

---

106) 기쁜소식, 「새로운 복음화를 위한 한국교회의 영적자세」, 2001, 58-60 참조.

주님께서 조선 땅에 종교의 자유를 허락하실 때가 되며 순교자의 유해가 소중한 보물로 추앙될 것으로 내다보았습니다. 앵베르 주교의 희망적인 예언이 오늘날 이 땅에서 그 이상으로 풍성히 실현되고 있습니다. '보석보다 더 귀하고 금보다 더 소중한' 순교자들의 유해는 한국 천주교회 200주년이었던 1984년에 거행했던 103위 한국 순교성인 시성식을 통해서, 또한 2014년에 거행됐던 124위 한국 순교복자 시복식을 통해서 '국가적인 유물'일 뿐만 아니라 '국제적인 유물'이 된 것입니다. 실제 한국의 성인들과 복자들은 이제 전 세계의 모든 제단에서 기억되는 영예를 받고 있는 것입니다.

### 208. 한국 천주교회사에서 수많은 무명 순교자들을 어떻게 공경하고 있나요?

1. 한국 천주교회에서는 매년 9월을 순교자 성월로 보냅니다. 한국 천주교회의 반석인 순교자들을 어느 때보다 더 깊이 묵상하고 공경하는 시기입니다. 순교자 성월을 맞이하며 순교자들은 누구이며, 그들에 대해 신자들이 얼마나 알고 있는지 새삼숙고하게 됩니다. 특히 신앙만을 지키다 이름도 남기지 못한 채 죽음에 이른 무명 순교자들의 존재에 대해 깊이 생각하게 됩니다. 순교는 교회의 가르침을 위한 죽음을 의미하며, 순교자는 주님을 위해 죽은 이를 말합니다. 과거에는 순교라는 말보다 목숨을 바침에 이른다는 의미를 지닌 치명(致命), 치명자라는 용어가 더 보편적으로 쓰였습니다.

2. 교회법적으로 순교자로 인정되기 위해서는 순교자 측의 질료적 사실로 실제로 죽어야 하고, 형상적 사실로 그 죽음이 신앙을 위하여 기쁜 마음으로 이뤄진 것이라는 두 가지 요소가 증명돼야 합니다. 또한 박해자 측의 질료적 사실로 죽인 행위 또는 죽음의 직접 동기가 된 가해행위가 있어야 하며, 형상적 사실로는 신앙에 대한 증오(in odium fidei), 적어도 이러한 증오가 주된 동기가 돼 죽게 한 것이 인정돼야 합니다. 교회에서 말하는 순교자는 순교자 측과 박해자 측의 질료적, 형상적 순교 사실이 모두 증명된 이들을 지칭하며, 이 중에는 신원이 밝혀지지 않은 수많은 무명 순교자도 큰 부분을 차지합니다. 순교자는 증거자와는 구별되며, 신앙을 증거하다 죽었다 해도 반드시 순교자가 되는 것은 아닙니다.

3. 교회사학자들은 흔히 한국교회 순교자 수가 1만 명이라고 말합니다. 1만 명 순교기 통설이기는 하나 1만 명이 넘는다는 주장도 간혹 있고, 반대로 1만 명보다 적다고 보는 견해도 유력하게 제시됩니다. 한국 순교자 수를 1만 명 선으로 보는 근거는 파리외방전교회 달레 신부가 지은 「한국천주교회사」에서 찾는 것이 일반적입니다. 달레의 「한국천주교회사」에 병인박해 기간(1866-1870년 무렵)에 8,000명이 순교한 것으로 기록돼 있

어 병인박해 이전인 신유·기해·병오박해 등의 순교자를 고려하면 전체 순교자는 1만 명으로 통상 받아들여지고 있고, 신분이 확인된 순교자에 비해 무명 순교자의 비중이 훨씬 더 높다고 말하고 있습니다. 이와 관련해 초기 박해인 신유·기해·병오박해 시기에는 비교적 순교자에 대한 재판절차가 충실히 지켜졌지만, 병인박해에 이르면 재판절차나 기록을 무시한 채 무차별로 신자들을 죽이게 되면서 무수한 무명 순교자가 나오게 된 것입니다.

4. 순교자들 중에서 교회에서 정한 시복시성 절차를 거쳐 복자와 성인반열에 오른 순교자들은 많은 신자들의 공경을 받게 됩니다. 그렇다고 해서 시복시성 절차를 진행할 자료조차 찾을 수 없는 무명 순교자들은 성인이 아니거나, 신자들의 공경을 받을 이유가 적은 것이 아닙니다. 한국천주교주교회의 발행 「시복시성절차 해설」 머리말에는 "교회의 시복시성을 거치지 않은 많은 성인들이 하늘 나라에 무수히 많이 계시다는 것을 우리는 알고 있다. 복자나 성인들이 이미 하늘 나라에서 누리는 영광을 생각한다면, 지상의 시복시성식은 초라할 수 있을 것이다"라고 밝힙니다. 그런데도 교회가 많은 시간과 인력, 비용이 드는 시복시성을 추진하는 이유는 무엇일까?

5. 「시복시성절차 해설」은 "시복시성의 이유는 현재를 살아가는 이들이 성인들을 기리며 거룩한 삶을 살도록 이끌기 위함이다"라고 말하고 있습니다. 실제 가톨릭교회 역사에서 초기 순교자들 공경시대(1-4세기)에는 오늘날과 같은 법적 시성제도가 없었으며, 초기 순교자들의 시성을 위한 조사나 선언, 결정을 한 자료도 없었습니다. 시복시성 법제화를 위한 교황과 교황청의 노력은 식스토 5세 교황(재위 1585-1590년)이 교황령 「영원한 하느님의 무한한 은혜」를, 우르바노 8세 교황(재위 1623-1644년)이 「거룩한 이들의 시복과 시성절차에서 지킬 규칙」을 제정하면서 구체화된 것입니다. 순교자에 대한 공경은 시복시성 법제화와 관계없이 가톨릭교회의 전통으로 오랫동안 지켜졌다는 의미입니다.

6. 가톨릭교회에서 모든 성인을 기려 11월 1일에 지내는 모든 성인의 날 대축일에서도 무명 순교자 공경의 근거와 취지를 알 수 있습니다. 모든 성인의 날 대축일에서 말하는 성인이란 시성식이나 전통에 의해 교회 안에서 공식적으로 성인으로 인정받는 이들만을 뜻하지 않고 그리스도의 가르침과 모범을 따라 생활하다 죽은 후 하느님과 일치를 누리는 모든 이를 말합니다(「한국가톨릭대사전」 참조). 한국 교회의 무명 순교자 역시 모든 성인의 날 대축일에서 말하는 성인으로 이해할 수 있는 근거입니다. 이와 같은 무명 순교자 공경에 대해 "한국 천주교회 103위 한국 순교성인이나 124위 한국 순교복자들이 공

경을 받아야 하는 것은 당연하고 하느님의 종들에 대한 시복시성 추진은 중요하다"는 것입니다.

7. "이와 다른 차원에서 무명 순교자들은 제도권 교회 밖에서 오히려 더 깊은 신앙을 지킨 만큼 하느님 보시기에는 성인이기 때문에 그분들께 전구를 청할 수 있다"라고 말할 수 있습니다. 아울러 "무명 순교자들을 조명하고 공경하는 노력은 과거와는 비교할 수 없을 정도로 성장한 한국 천주교회의 마땅한 의무"입니다. 한국천주교회주교회에서 인준한 전국 성지를 살펴봐도 "우리나라 천주교 성지는 무명 순교자의 흔적을 거의 가지고 있으며, 하느님의 구원과 사랑을 확신하고 순교한 분들은 무명(無名)과 유명(有名)의 구분 없이 똑같은 공경을 받아야 합니다."

8. 무명 순교자는 순교자로 불리긴 하지만 신원을 알 수 있는 기록이 없는 분들입니다. 박해시기가 끝난 지 150여 년이 지난 지금 무명 순교자들의 기록을 찾기는 쉽지 않으나, 무명 순교자들의 행적을 발굴하는 노력은 의외의 큰 결실로 이어지기도 합니다. 103위 한국 순교성인 중 한 분인 **성 이윤일(요한)**의 유해는 수원교구 미리내 무명 순교자 묘지에 묻혀 있다가 수원교구와 대구대교구, 한국교회사연구소의 협력으로 1986년 실체가 밝혀지기도 했습니다. 또 잊혀진 성지였던 서울 광희문 순교성지에 버려지거나 묻힌 순교자 794위 명단을 발굴하기도 했습니다.

### 209. 한국 천주교회에서 매년 순교자 성월을 보내는 의미는 무엇인가요?

1. 한국 천주교회는 신앙을 증거하다가 죽임을 당한 한국의 순교자들을 특별히 공경하고 그 행적을 기리기 위한 고유한 성월(聖月)로 9월을 순교자 성월로 기념하고 있습니다. 이 성월은 한국의 순교 선열들을 현양하고 기념할 뿐만 아니라, 오늘의 그리스도인이 그들의 정신과 삶을 본받아 시대가 요구하는 순교의 삶을 살아가도록 하는데 그 의의가 있습니다. 순교자(Martyr)란 예수님을 입증하려는 충정으로 자기 생명을 바친 자를 말하며, 성 정하상 바오로의 표현대로라면 '목숨을 걸고 참 종교를 증거함으로써 천주의 영광을 드러낸 자'입니다. 순교자는 하느님을 증거하기 위해 물의 세례뿐만 아니라 그리스도의 죽음을 직접 따르는 피의 세례를 통하여 주님의 파스카 신비에 동참한 사람입니다.

2. 한국 천주교회에서 순교자 성월이 시작된 것은 1925년 7월 5일 로마에서 거행된 기해·병오박해 순교자 79위의 시복식이 계기가 되었습니다. 한국 천주교회에서는 시복식이 끝난 이듬해인 1926년 8월, 복자들이 가장 많이 순교한 9월 26일을 '한국 치명 복자 79위 첨례'로 정하여 순교 복자들을 현양하도록 하였습니다. 그 이후 복자를 공경하는 신

자들의 신심이 확산되었고, 1939년에는 기해박해 순교 100주년을 맞아 순교자 현양사업이 전개되었습니다. 현재는 2016년 4월 26일 가경자로 선포된 최양업 토마스 신부 시복시성과 순교 복자 2차 시성 그리고 근·현대 신앙의 증인인 하느님의 종 시복시성을 추진, 진행하고 있습니다.

3. 매년 9월 순교자 성월을 맞는 우리는 하느님을 증거하기 위해 하나 밖에 없는 목숨을 기꺼이 내놓은 순교 선열들을 기억하면서 선열들의 삶이 우리의 일상의 삶 안에서 구현되도록 생활해 나가야 합니다. 하느님의 뜻에 순명하고 우리 인간을 구원하시려고 돌아가심으로써 순교자의 원형이 되신 예수 그리스도의 제자된 우리는 비록 목숨까지는 내놓지 못할지라도 일상의 작은 삶을 통하여 자신을 버리고 하느님과 교회를 사랑함으로써 영적으로 순교할 수 있습니다. 그리스도를 따르는 우리의 삶이 순교의 정신으로 무장될 때 우리 어떠한 난관도 순교 신앙 안에서 극복될 수 있음을 명심해야 합니다. 우리의 신앙 안에서 이것을 기억하고 실천하고자 한국 천주교회에서는 매년 9월을 순교자 성월로 기념하고 있는 것입니다.

## 210. 오늘날 우리 신앙인이 지켜야할 순교적 삶이란 어떤 모습인가요?(1)

1. 한국 천주교회가 정한 순교자 성월인 9월은 우리나라 성인들이 가장 많이 순교하신 달인데, 특히 9월 20일은 한국 순교성인 대축일입니다. 순교란 모든 압박과 박해를 물리치고 자신이 믿는 신앙을 지키기 위해 목숨을 바치는 일입니다. 성경에 보면 어원적으로 '순교'(Martyrdom)는 법정용어로, 증언, 증거, 증인의 의미가 들어 있고 구세사 안에서 순교로 발전했습니다. 이에 비해 '치명(致命)'은 우리 선조들 순교의 피가 묻은 말이며, '위주치명(爲主致命)', 즉 주님을 위해 목숨을 바친다는 뜻으로 헌신의 의미가 들어있습니다.

2. 우리 순교자들이 기쁘게 가난을 받아들이고 고통을 인내할 수 있었던 힘은 바로 이 위주치명의 삶에 근거했다고 볼 수 있으며, 따라서 위주치명은 한국 순교자에 들어 있는 옛말이 아니라 우리가 다시 새롭게 만나야 할 굉장히 아름다운 말입니다. 순교자의 피는 신앙의 씨앗입니다. 즉 현대를 살아가는 우리에게도 신앙을 지켜나갈 수 있는 뿌리는 바로 선조들이 행한 위주치명 안에 담겨 있습니다. 수많은 순교 중 가장 위대한 순교는 바로 예수님의 수난과 죽음이라고 할 수 있는데, 이것이 하느님 뜻을 밝혀주며 하느님 아버지의 뜻을 완수했기 때문입니다. 순교자의 죽음은 끝이 아닌 또 다른 삶, 곧 영원의 시작입니다.

3. 순교의 죽음 안에는 부활, 새 생명, 새 삶이 내포되어 있습니다. 어떤 한 사람이 자신을 희생하면 그에 상응해서 새 생명이 솟아나오는데, 예수님의 죽음으로 세상이 구원된 것을 떠올리게 합니다. 그리스도교 역사에서 순교의 발자취를 따라가 보면 의인과 죄인의 대결로 점철돼 있는데, 초기 교회부터 박해에도 불구하고 용감히 악과 맞서 싸운 순교자들이 있었습니다. 첫 번째 순교자라 할 수 있는 스테파노의 순교와 사도로서 첫 번째 순교자인 야고보 사도의 순교에서 이런 사실을 잘 알 수 있습니다. 이들의 순교가 교회에 불러일으킨 영향을 살펴보면 순교가 우리 신앙의 결정적 씨앗이 된 증거임을 알 수 있습니다.

4. 역사 속 예언자들의 몫은 하느님 말씀을 전달하다 죽은 것이라 볼 수 있는데, 하느님의 뜻을 전한다는 이유로 사람들의 미움을 사서 죽는 것은 바로 '한 분이신 하느님을 흠숭하여라.'하는 십계명 가운데 첫 번째 계명을 수행하는 것과 통합니다. 그것은 하느님을 다른 그 무엇과도 바꾸지 않고, 마음을 다하고 목숨을 다하고 능력을 다 바쳐 주님을 공경하고 사랑한 것이기 때문입니다. 우리 인류 역사에서 순교자와 위주치명의 완성자이며 대표자는 바로 예수님이라는 것을 알 수 있습니다. "그러한 까닭에 그리스도께서는 세상에 오실 때에 이렇게 말씀하셨습니다. '당신께서는 제물과 예물을 원하지 않으시고 오히려 저에게 몸을 마련해 주셨습니다. 번제물과 속죄 제물을 당신께서는 기꺼워하지 않으셨습니다. 그리하여 제가 아뢰었습니다. '보십시오, 하느님! 두루마리에 저에 관하여 기록된 대로 저는 당신 뜻을 이루러 왔습니다.'"(히브 10,5-7) 예수님 부활 이후 다시 순교의 역사가 이어지나 이는 예수님 안에 이루어집니다. "우리가 당신들에게 그 이름으로 가르치지 말라고 단단히 지시하지 않았소? 그런데 보시오, 당신들은 온 예루살렘에 당신들의 가르침을 퍼뜨리면서, 그 사람의 피에 대한 책임을 우리에게 씌우려 하고 있소"(사도 5,28)하며 추궁하는 말에 사도 베드로는 "사람에게 순종하는 것보다 하느님께 순종하는 것이 더욱 마땅합니다."(사도 5, 29)라고 한 것은 위주치명의 삶을 그의 행위로 실천해 보인 것입니다.

5. 이러한 예수님의 삶과 죽음, 예언자와 사도들의 삶을 통해 볼 때 결국 성경은 구세주 예수님을 중심으로 한 순교의 역사를 가르치고 있음을 알 수 있습니다. 가톨릭교회는 역사에서 살아 움직이며 살아 완성되는 교회입니다. 신앙인이란 살아 있는 신자들을 통해 순교의 대표자이신 예수 그리스도의 삶에 동참하도록 초대받은 것을 의미합니다. 신앙의 자유를 누리는 오늘의 우리는 과거 신앙의 선조들처럼 피 흘림의 순교를 요구 받지도 않고, 종교의 오해와 몰이해로 죽임을 당하지도 않습니다. 현대는 악인과 의인의 대

결로 이뤄졌던 과거의 순교 대신 그리스도를 위하는 마음으로 행하는 백색순교와 녹색순교가 필요합니다.

6. 백색순교란 "피 흘림은 없지만 그리스도를 따르는 온전한 봉헌의 삶으로서 그리스도를 증거하는 삶"을 말합니다. 또한 녹색순교란 "넓은 대지에 깊게 뿌리내리고 우뚝 선 상록수처럼 천수를 다하여 신앙을 증거하고 자기를 봉헌하는 것"을 말합니다. 오늘날 순교를 실천할 수 있는 방법은 생활 속에서 작은 불편을 이겨내는 것입니다. 작은 불편들이란 검소한 삶을 유지하며, 자연 보전을 위한 노력을 기울이는 것을 말합니다. 그렇다면 우리의 가정과 직장, 우리가 날마다 머무는 그 자리가 바로 우리의 순교현장이 되어야 합니다. 왜냐하면 신앙이 곧 생활이어야 하기 때문입니다. 순교자 성월을 보람 있게 보내기 위해 우리 모두 삶의 현장, 순교의 현장에 기쁘게 동참해야 합니다.

### 211. 오늘날 우리 신앙인이 지켜야 할 순교적 삶이란 어떤 모습인가요?(II)

1. "순교자들의 피를 밑거름으로 그리스도의 몸과 지체인 포도나무가 더욱 풍성하게 되었습니다."라는 토마스 성인의 말씀대로 그 풍성한 결실이 바로 지금의 한국 천주교회 모습이며, 한국 천주교회의 자랑은 우리의 장한 순교자들입니다. 우리 선조들은 새로이 발견한 그리스도 진리를 아는 데에 그친 것이 아니라 삶으로 증거함으로써 한국 천주교회에 신앙의 꽃을 자생적으로 피웠습니다. 신앙의 선조들은 복음을 온 마음을 다해 받아들였으며, 복음을 당시의 문화, 전통, 사고방식, 생활습관 등 그 어떤 것보다도 우위에 두었습니다. 그들은 하느님을 아버지로 영접하면서 당시 유교적 신분 차별을 뛰어넘어 모든 이가 평등한 하느님의 형제요 자매라는 새로운 가르침을 받아들이고, 이를 실천에 옮겼습니다.

2. 그러나 당시의 국가 통치자들은 이 새로운 진리가 확산되는 것이 국가 운영과 신분질서 유지에 위협적 요소가 된다고 판단하여 교회를 박해하기 시작하였습니다. 그래서 교회는 100여 년간 혹독한 박해와 시련을 받게 되었고 1만여 명의 증거자들이 순교를 하게 되었습니다. 이렇게 피로 얼룩진 역사 속에서도 증거자들이 굴하지 않은 이유는 하느님 뜻인 그리스도의 삶을 사는 것만이 이 민족과 세계를 구원할 수 있다는 삶의 이치를 깨달았기 때문입니다. 우리도 그리스도의 진리를 피로써 증거한 그 길을 가야합니다. 결코 교회의 바탕을 이루고 성장시킨 순교자들의 피와 정신이 퇴색되게 해서는 안 됩니다.

3. 한 교구에서는 순교자들이 지녔던 신앙과 사랑과 삶을 본받고자 순교자들의 삶을 체험하기 위한 도보 성지순례를 기획했습니다. 이 도보 성지순례를 통해 많은 신자들이 신

앙은 삶이고 체험이라는 사실을 깊게 깨닫게 되었습니다. 특히 허리가 굽어 움직이기 힘든 여건임에도 순례를 모두 마치고 기쁜 마음으로 성가를 부르던 할머니의 모습과 발톱이 모두 빠져도 포기하지 않고 끝까지 순례를 완수한 신자의 모습을 통해 순교자의 뜻을 따르려는 이들의 의지와 깊은 신앙심을 엿볼 수 있었습니다. 또 성지순례를 하면서 모든 성지에서 미사성제를 올리고 고해성사도 볼 수 있었던 것도 큰 은총이었습니다.

4. 전 교황 베네딕토 16세가 "순교자들은 항상 우리가 비춰볼 수 있는 거울과 같은 분들이십니다."라고 하신 말씀을 새기고, 성지에 한 번 가보는데 그치는 것이 아니라 언제든 다시 찾아가 순교자들의 신앙을 체험할 수 있도록 해야 합니다. 오늘의 한국 천주교회 상황이 피를 흘리며 복음을 증거하고 순교를 요구하는 시대는 아니지만, 그리스도에 대한 신앙의 충실한 증인 역할을 하는 것이 이 시대를 살아가는 순교자의 모습입니다. 이 시대 사람들은 자본이 중심이 되는 자본주의 시대를 살아가고 있습니다. 이로 인해 사람들은 안일주의, 상대주의, 실질주의라는 고질적 병폐를 앓고 있습니다. 신앙인으로 살아가는 우리들도 이런 시대적 조류에 휩쓸려 별로 다르지 않은 모습으로 살아가고 있는 것이 현실입니다.

5. 안일주의란 풍부한 물질문명의 혜택 속에 편리하게 길들여져 힘들고 더럽고 어려운 일은 기피하는 태도입니다. 우리의 신앙선조들은 육체의 안락함 속에서 신앙을 잃을까 두려워 고신극기(苦身克己)하는 모습을 보였습니다. 우리도 안일주의에 대항해 자신이 할 수 있는 희생의 삶을 살아야 합니다. 또 상대주의를 극복하기 위해 믿음과 생활이 일치하는 삶을 살아야 합니다. 세상을 보는 관점은 저마다 다르고, 모든 것은 상대적이라고 하는 입장은 옳고 그름을 판단할 수 있는 기준을 잃게 만듦으로써 갈등을 일으키게 만듭니다. 우리는 명료한 진리를 추구하면서도 상대방을 받아들이는 노력을 기울임으로써 다양성 안에서 일치를 이루도록 해야 합니다.

6. 마지막으로 실리주의는 과정을 중요하게 여기지 않으며 오직 결과만을 문제 삼고 평가하는 모습으로서, 이는 눈앞에 보이는 현실만의 이익을 위해 욕심을 채우려는 모습입니다. 좋은 결과를 위해서는 수단과 방법 모두가 복음적이어야 한다는 것을 명심해야 합니다. 우리가 살아야 하는 순교, 증거의 삶이란 이 시대에 그리스도의 삶을 절대가치로 삼아 상대주의를 퇴치하고 희생을 통해 진리를 지속적으로 찾아 나가는 모습입니다. 또한 진리를 실천하는 공동체의 삶, 영원을 바라볼 수 있는 그리스도의 시각이 바로 결과주의를 퇴치하는 증거의 모습입니다.

7. "자기 자신을 부정하면 모든 것에 열려 있게 됩니다."라는 구절이 말해주듯 우리는 자신

을 낮추고, 자기 중심적 이기주의를 부정할 때 온전히 하느님 안에 있게 됩니다. 자기 중심적 이기주의를 부정하면 복음의 논리를 따라서 살게 되고 그것이 삶의 기준이 되며 하느님으로 가득 찬 참된 자유와 행복을 느끼게 됩니다. 순교자들의 후손인 우리는 안일주의와 상대주의 그리고 결과주의에 대항해 오늘을 증거하며 사는 순교의 삶을 살아야 합니다.

8. 누군가를 위하여 목숨을 바치는 것은 사람이 할 수 있는 가장 숭고한 행동으로 여깁니다. 마찬가지로 교회 안에서의 순교는 신앙을 위하여 자신의 목숨을 내어놓는 것으로서 가장 숭고한 신앙의 증거로 받아들여집니다. 한국 천주교회는 이렇게 순교자들의 피로 세워졌고, 그들의 숭고한 증거로 시작되었습니다. 우리 천주교회의 뿌리와도 같은 순교자들은 분명 희망을 간직한 분들이었습니다. 지금 우리는 순교자들을 현양하지만 과연 순교자들의 삶을 살아가고 있는지 성찰하게 됩니다.

9. 예수님 때문에 겪는 고난을 기꺼이 받아들이고 극복하고 있는지 생각해 봅니다. 현대를 살아가는 우리에게 매 맞고 피 흘리는 박해는 없지만, 우리의 신앙생활을 흔드는 다른 어려움들이 있습니다. 우리 스스로 신앙에 충실하지 못한 경우도 많습니다. 순교자들을 기리는 가장 좋은 방법은 그들의 삶을 실천하는 것입니다. 신앙을 위하여 목숨을 내어놓은 그들의 정신을 이어받는 것입니다. 우리 삶에서 신앙을 부끄러워하지 않고, 열렬히 복음의 가치를 실천하고, 믿음을 통하여 얻는 기쁨을 위하여 다른 것을 포기할 줄 알아야 합니다.

### 212. 우리 신앙선조들의 순교영성의 특성은 무엇인가요?(1)

1. 영성이란 넓은 의미로 본다면 인간의 정신성을 의미하며, 개인적 삶과 공동체 활동의 내적 원리를 말합니다. 따라서 그리스도의 영성은 예수 그리스도를 통하여 계시된 하느님의 뜻을 자신의 삶의 원천과 목적으로 삼는 것입니다. 다시 말해서 성령 안에서, 성자 그리스도를 통하여, 성부 하느님과 일치를 이루는 삶을 의미합니다. 그리스도의 영성은 성부, 성자, 성령의 삼위일체적 사랑 안에서 하느님의 생명을 세상에 드러내며 사는 것입니다. 이러한 그리스도의 영성은 실천적인 면에서 ①종말론적인 영성과 ②강생의 영성이라는 두 가지 측면을 강조합니다.

2. ①종말론적인 영성은 '우리가 몸담고 있는 이 세상을 죄와 고통의 장소로 보고, 인간의 구원과 성화(聖化)는 천상적이고 종말론적인 면으로 여기는 영성'입니다. 따라서 이 영성에서는 초탈, 침묵, 관상, 자기 성화, 완덕 등을 강조합니다. 이런 뜻에서 종말론적인 영

성은 '그리스도 파스카 신비의 죽음에 참여하도록 권고하는 영성'이며 이 영성은 자기 포기, 자기희생, 고행, 고신극기 등을 강조하는 영성이기에 교회의 영성 가운데 보수적이고 전통적입니다. 그래서 관상 수도회를 비롯한 여러 수도회에서는 이 종말론적인 영성을 강조합니다. 한국 천주교회에서 모진 박해를 인내하고 자신의 목숨을 통해 신앙을 지켜낸 순교자들의 열렬한 신앙은 종말론적인 영성의 모범입니다.

3. 한국 땅에 그리스도교가 뿌리를 내릴 수 있었던 것도 이 종말론적인 영성에 근거한 순교자들의 신앙 덕분입니다. 우리의 선조 순교자들은 이 세상에서 아버지의 집으로 옮겨가 영원한 삶을 산다는 확신을 가지고 있었습니다. ②강생의 영성은 '그리스도 파스카('건너가다.', '무사히 이주하여 가다.'라는 의미로 죽음에서 생명으로 넘어가는 구원의 상징) 신비의 완성인 부활에 참여하는 영성'입니다. 이 영성은 그리스도 강생 신비의 완성인 부활에 참여하기 위한 것이기에 사랑, 봉사 활동, 헌신, 하느님의 정의 구현, 노동의 가치 등을 신앙 안에서 실천하도록 강조합니다.

4. 결국 이 영성은 현세적인 면에서 진보적이고 행동적인 것으로 그리스도께서 인간 세상에 오신 것에 중점을 두는 영성입니다. 다시 말해 그리스도께서 태어나신 이 세상, 그분으로 인해 거룩해진 이 세상에 하느님 나라를 건설하고 완성하려는 영성입니다. 이와 같은 강생의 영성은 세상에서 벌어지는 온갖 어려움과 즐거움, 슬픔과 기쁨 등 모든 것을 신앙 안에서 하느님의 뜻에 일치시키려고 합니다. 따라서 이 영성은 성(聖)과 속(俗), 지상과 천상을 구분하는 이원론은 거부하며, 세상의 것을 업신여기지 않고 올바르게 보고 판단하여 이 세상의 성화(聖化)를 추구합니다.

5. 즉, 강생의 영성은 하느님 나라를 이 땅에 건설하려는 영성을 말합니다. 우리의 선조 순교자들은 조선 후기 계급 차별, 인간 차별의 뿌리인 반상제도(班常制度·조선 시대 국가 사회적 신분 제도를 통칭하는 말로 지배계층 양반과 피지배계층 상인으로 크게 나누어 부르는 데서 붙여짐)를 넘어 하느님의 자녀로 서로를 바라보며 형제자매의 사랑을 나누었습니다. 서로 환대하며 우애를 나누는 이 사랑의 공동체에서 우리는 강생의 영성을 찾아볼 수 있습니다. 우리의 선조 순교자들은 자신의 것만 챙기지 않고 남의 것을 돌보는 "그리스도 예수님께서 지니셨던 바로 그 마음"(필리 2.5)을 지녔던 것입니다.

6. 우리 선조 신앙인들은 종말론적 영성으로 천상의 것을 향하면서도, 실제 신앙생활에서는 강생의 영성으로 신분 차별을 넘어서 모두가 하나 되는 삶을 실천하였습니다. 즉, 우리 선조 순교자들은 종말론적 영성과 강생의 영성을 함께 종합적으로 잘 조화시켜 신앙 생활을 한 그리스도의 파스카 신비에 참여하는 영성의 삶을 살았습니다. 이 영성은 예수

그리스도의 죽음과 부활의 신비를 실생활에서 체험하는 영성입니다. 우리는 결국 죽음을 맞이하게 된다는 것을 알고, 또한 그 죽음을 몸으로 경험하고 있으나 파스카 신비에 참여하는 영성을 따를 때, 우리는 예수님의 생명이 우리 몸 안에 살고 있다는 사실을 깨닫게 되며, 그래서 참 신앙인의 모습으로 살 수가 있는 것입니다.

### 213. 우리 신앙선조들의 순교영성의 특성은 무엇인가요?(II)

1. 순교는 무엇보다 스승이시며 주님이신 그리스도를 본받고 따르는 것입니다. 순교자들은 순교가 인류 구원을 위해 목숨을 바치신 주님을 가장 가까이 따르는 길이며, 가장 긴밀히 일치하는 방법이라고 믿었던 분들입니다. 순교는 또한 주님께서 함께 현존하시며 도와주심으로써 가능한 것입니다. 순교자들은 소중한 목숨을 바치면서도 주님을 증거할 수 있다는 것이, 자신의 힘이나 덕 또는 인간적 열의나 영웅심으로 가능한 것이 아님을 깨달았습니다. 오히려 질그릇같이 깨지기 쉬운 자신들의 연약함(2코린 4.7 참조)을 자각하고 겸손하게 인정하면서, 그들 안에 성령의 은총이 충만할 때 순교가 가능함을 고백하였습니다.

2. 그러므로 그들은 열렬한 애덕을 실천하면서 모든 성인의 통공 안에서 일치하는 공동체의 형제·자매들에게 기도의 도움을 청하였고 또한 성령의 특별한 힘을 끊임없이 간구하였던 것입니다. 한편, 순교의 은총이 결정적으로 허락됐을 때에 그들은 천상의 기쁨으로 주님께 감사를 드렸습니다. 또한 순교는 애덕의 완성이라고 일컬어지는데, 순교가 그리스도를 모방하는데 가장 훌륭한 방법이며, 그분과 가장 긴밀히 일치하기 위한 최고의 수단이라면 그것은 그리스도인들이 지향하는 이상적 정점으로서 완성입니다. "친구들을 위하여 목숨을 내놓는 것보다 더 큰 사랑은 없다."(요한 15.13)라고 주님께서 직접 가르치셨고, 또 이를 구체적으로 실천하신 그 말씀은 순교자들에게 그대로 적용됩니다.

3. 순교자들이 따르고자 했던 주님의 수난과 죽음 안에 실로 인류 구원을 위한 무한한 사랑이 담겨져 있기 때문입니다. 한국 초기 천주교회 순교자들의 기록이나 법정 증언을 살펴보면 순교자들은 앞서 언급한 보편적 순교 영성의 특성을 놀라울 만큼 잘 이해하고 있었습니다. 그것은 중국 천주교회에서 전해진 초세기 교회 순교록이나 선교 사제들의 가르침의 영향도 있었겠지만, 순교의 길로 이끌어주신 성령께서 직접 깨우쳐주신 것이라 할 수 있습니다. 한편, 한국 초기 천주교회의 순교자들에게 나타나는 순교 영성의 고유한 특성은, 순교자들의 옥중편지나 일기 또는 법정 진술을 살펴보면, 일반적으로 순교자들이 하느님께 대한 사랑을 전통적 사상과 문화적 배경에서 표현하고 있음을 알 수 있습니다.

4. 그것은 그리스도교 복음 안에서 전이되고 승화되며 또한 거양된 한국적 최고 사랑의 표현, 즉 토착화한 복음적 사랑의 표현으로서 충효사상이었습니다. 왕 중의 왕이시며 가장 높은 아버지이신 하느님께 목숨까지 기꺼이 바치는 그것은 바로 충효였습니다. **복자 이경언(바오로)**은 천주에 대해 묻는 질문에 '천주란 온 세상의 가장 높은 임금이시며, 만인의 대왕이시며, 아버지이심'을 고백하고 있고, **성녀 김노사(로사)**는 신앙을 금하는 왕에게 순종하기를 포도대장이 요구했을 때 충효의 서열을 들어 간단명료하면서도 단정적인 말로 '저는 국왕에게 매여 있기는 합니다만, 그보다 먼저 천주께 속하여 있습니다.'라고 답변을 하였습니다.

5. 똑같은 요청을 받은 **성 박후재(요한)**의 대답도 역시 하느님께 대한 최고 충효의 결단으로 끝맺었는데, '저는 국왕께보다도 천주께 더 복종할 의무를 가지고 있습니다.'라고 진술을 하였습니다. 이러한 고백들은 시대와 장소를 초월하여 하느님에 대한 같은 신앙, 같은 사랑을 표현한 순교자들의 고백과 맥락을 같이하는데 사도시대에 사도들과 함께 법정과 의회에서 외친 베드로의 고백과 본질적으로 같은 것입니다. 한국 초대 천주교회 순교자들의 하느님에 대한 충효의 자세를 통해 실로 우리 순교 신앙의 후손들에게 주는 가르침은 김노사(로사)가 증언한 '저는 피 흘려 이 진리를 증명키로 결심했습니다.'라는 결정적 답변으로 요약됩니다.

6. 또한 선교사 10명을 포함한 한국 순교성인 103위는 모두가 순교성인으로, 그들은 그리스도에 대한 신앙 때문에 그들의 생명을 희생함으로써 성인이 된 것입니다. 그들은 세상의 구원을 위해 기꺼이 죽음을 당한 스승 예수 그리스도를 본받아 박해자들 앞에서 하느님에 대한 사랑을 증거하고자 그들의 목숨을 바친 것으로서, 이러한 순교는 사랑의 최고의 증거입니다(「교회헌장」, 42항 참조). 그러므로 한국 성인의 순교는 하느님에 대한 최고의 사랑의 증거임에 틀림없으며, 동시에 그것은 한국이란 특수한 상황에서 특별한 의의와 가치를 지니는 것입니다. 조선 왕조는 유교적 이념을 국시로 삼았기 때문에 군부(君父)의 절대권을 내세워 군부에 대한 충효를 부동의 국민도덕으로 고수했었습니다.

7. 이런 국가체제 아래서 하느님에 대해 최고의 충성을 나타낸다는 것은 더욱 어려울 수밖에 없었습니다. 한국 순교자들은 군부에게 최고의 충성을 요구하는 박해자들 앞에서 "사람에게 순종하는 것보다 하느님께 순종하는 것이 더욱 마땅합니다."(사도 5,29)라고 한 사도들과는 다른, 즉 "천지신인(天地神人) 만물을 조성하시고 상선벌악(賞善罰惡)하시는 대군대부(大君大父)이신 천주를 결코 배신할 수 없습니다."라는 특수한 형식의 신앙고백을 하게 되었던 것입니다. 그래서 천주교는 무부무군(無父無君)의 종교로 낙인찍히게 된

것이고, 천주교를 무군(無君) 뿐만 아니라 무부(無父)의 종교로 낙인찍으려 한 것은 천주교인들이 부모에 대한 절대적인 효를 거부한 때문입니다.

8. 예수님은 그분의 제자가 되려면 부모나 형제나 자녀들보다 그분을 더 사랑할 수 있어야 한다고 말씀하였습니다(마태 10, 35-37 참조). 주님의 이 요구는 무엇보다도 한국 순교자들에게 가혹한 것이었습니다. 왜냐하면 한국만큼 혈연과 가족공동체가 중시되는 나라도 별로 없을 것이기 때문입니다. 고문보다는 육정을 못 이겨 배교한 사람이 많다는 것은 이런 사실을 입증하고도 남음이 있습니다. 사실 일반적으로 최대의 사랑의 증거, 즉 순교를 통한 애주만유지상(愛主萬有之上)은 오로지 이 육정을 이겨내느냐 못 이겨내느냐에 달려 있었습니다. 이 육정을 이겨냈을 때 그것은 도리어 서로의 순교를 격려하는 초자연적 사랑으로 승화하였는데, 한 가족에서 여러 순교자가 나올 수 있었던 것은 바로 이 때문이었습니다.

### 214. 오늘날 순교에 대한 현대적 의미와 그 영성은 무엇인가요?

1. 21세기를 살아가고 있는 우리들은 순교를 어떻게 이해해야 할까? 현대에는 칼에 목을 내밀 상황도 없고, 피를 흘려가며 신앙을 지켜야 할 박해의 위험도 없습니다. 그렇다면 이 시대의 신앙인들은 현대의 순교를 어떻게 이해해야 할까? 무엇을 생각하면서 신앙과 순교의 영성을 연결해야 할까? 순교는 자기희생의 행동을 넘어서는 신앙의 보편적 영성이 되어야 하는데 그것은 바로 십자가를 의미합니다. 각자가 자신의 삶 안에서 묵상하고 생각하고 찾아내야 하는 삶의 영성이 되어야 합니다. 순교의 현대적 의미와 그 영성이 우리들에게 미치는 영향은 크게 네 가지로 나누어 볼 수 있습니다.

2. **첫째, 인간의 근본을 생각하게 합니다.** 나는 어디서 와서 어디로 가는 존재일까? 회귀(回歸)해야 하는 우리 인간의 실존, 마땅히 돌아가야 할 곳이 있지 않을까? 그것을 **성 김대건(안드레아) 신부**께서는 '임자(壬子)'사상이라고 정의를 내렸는데, 임자는 소속을 의미합니다. "하느님은 나의 존재에 대한 임자이시다. 나는 하느님의 것이다."하고 말할 때와 부부끼리 "임자!"하고 부를 때는 내가 상대에게 소속되어 있음을 의미합니다. 우리 인간들 역시 원래 본 주인에게 되돌아가야 하는 회귀의식은 순교의 영성과 맥을 이룹니다. 회귀는 지상에 대한 애착, 현세에 대한 애착, 재물에 대한 애착에서 벗어나는 것입니다.

3. 종교의 목적이 마음의 평화, 복을 받고 만사형통하기를 바라는 것만으로 생각한다면, 그것은 이기적인 종교이자 기복적 신앙입니다. 그러나 순교의 영성은 우리들에게 원초적이면서도 원천적인 그리고 궁극적인 질문을 던지게 만듭니다. '어디서 왔으며 어디로 갈 것

인가?'를 묻게 하고 그 길을 찾아줍니다. 이는 마치 연어가 모천으로 되돌아가야 하는 본능적 소명에 따르는 것과 같습니다. 순교자들은 감지되는 원초적 영성에 따라 자신의 삶이 어디서 시작되었고 그래서 그 원천으로 회귀하는 것이 소명임을 알고 따라 간 사람들입니다.

4. **둘째, 파스카 체험을 구체적인 행동으로 실천하게 합니다.** 구원은 은총이지만 거저 주어지는 선물이 아닙니다. 이 지상에서 인간적인 실존은 비구원적 상황입니다. 누구나 예외 없이 고통, 실패, 아픔, 질병, 사고와 같은 부정 체험을 하지 않을 수 없습니다. 불교에서는 그 부정적 실체를 제거하고 싶어서 멸고(滅苦)라 말하지만, 그리스도교에서는 구원의 방법으로 사용됩니다. 삶에서 다가오는 부정 체험은 우리를 파스카의 여정으로 이끕니다. 자신의 삶에서 다가오는 부정 체험과 신의 부존재감, 공허는 인간이 필히 통과해야 하는 실존입니다. 그것들을 인식한다는 것은 이론이 아니라 뼈아픈 고통이 수반됩니다. 자신을 수용하고 승화시키지 않으면 파스카의 여정을 통과할 수 없게 되니 이 작업 역시 순교적 희생과 감내가 수반 됩니다.

5. **셋째, 신앙 속에서 십자가를 인식하게 합니다.** 신앙생활을 하다보면 많은 장애물을 만나게 됩니다. 나태함, 신앙의 무의미함, 신에 대한 의심, 의미상실, 타성화와 같은 장애물에서 벗어나려는 원동력, 바로 그 힘은 순교 정신에 있습니다. 장애물을 넘어서는 신앙의 강인함이 없이는 십자가를 넘어 하느님께 도달할 수 없고 그 원동력은 순교의 영성이 뒷받침되지 않으면 안 됩니다. **넷째, 순교 정신은 선교를 가능하게 합니다.** 순교의 어원은 신앙, 증거, 증언입니다. 신앙은 단지 나 혼자만 잘 살고 은총 많이 받기 위한 것이 아니라 이타적이고 적극적인 다가감입니다. 순교는 선교의 방법이고 결심입니다.

6. 이웃을 사랑함이 가장 큰 사랑이고 그 실행 방법이 선교입니다. 선교를 가능하게 하는 것이 순교의 영성이고 그것을 하느님의 선교라 합니다. 순교는 결코 과거에 대한 회상이나 추억이 아니고 역사적인 사건으로 돌아보는 것만도 아닙니다. 순교의 가치는 신앙의 현 주소를 물어보게 하는 가장 현실적인 영성입니다. 신앙의 가장 근본적인 문제, 곧 이 땅에 살고 있지만, 내세와 천상을 생각하게 하는 영성입니다. 그러므로 순교의 영성은 실존적이면서도 가장 궁극적이고 초월적인 가치를 지향합니다. 오늘 하루를 어떻게, 무엇을 지향하면서 살아내야 하는지를 가리키는 나침판의 역할이 순교의 정신이요 가치입니다.

7. 성경공부나 희생, 봉사, 기도, 미사참례 등 많은 신앙적, 신심적 활동이 있지만 신앙의 성숙도는 순교의 영성에 비례합니다. 실제 옛 교우촌 마을에 가서 구교 신자들과 이야기를 나누다 보면, 그들의 말속에 삶의 원천의식과 회귀적 영성의 지혜를 담고 있는데, 그들의

열심한 신앙은 바로 순교 영성에 그 뿌리를 두고 있습니다. 신앙생활을 열심히 하도록 강론대에서 훈계하고 독려하면 될 듯하지만 가장 빠른 길은 순교의 영성과 그 실천에 있습니다. 순교의 영성은 우리가 두 발을 딛고 살아도 마음은 '마음을 드높이, 주를 향하여'라는 방향성을 발견하고 사는 신앙여정, 인생여정인 것입니다.

### 215. 초기 박해시대에 신앙선조들은 미사 없이 신앙을 어떻게 지켰나요?(1)

1. 2020년, 교회 전례력으로는 예수 그리스도의 죽음과 부활을 묵상하는 사순시기에 전 세계를 뒤흔든 코로나19의 영향으로 미사 없는 주일이 이어졌습니다. 가톨릭 신앙 안에서 미사는 신앙생활의 가장 중심이 되는 전례이기는 하지만, 신앙인인 우리는 미사를 드릴 수 없다고 해서 신앙생활을 소홀히 할 수는 없습니다. 한국 천주교회의 커다란 박해시기에 미사 참례를 할 수 없었던 신앙선조들은 어떻게 미사 없이 거룩하게 주일을 지키며 신앙생활을 할 수 있었는지 되살펴봅니다. 우리는 달력이나 휴대전화 등을 통해 쉽게 주일을 알 수 있습니다. 그리스도의 탄생을 기점으로 하는 서력기원, 즉 서기(西紀)를 사용하고 있기 때문입니다.

2. '주님의 해(Anno Domini)'라고도 불리는 서기는 한 주간을 7일로 구분하고, 매주의 첫날을 일요일, 즉 '주일'로 삼고 있습니다. 그러나 박해시대 때 우리나라에는 서기에 대한 개념이 없었습니다. 우리나라가 공식적으로 서기를 사용한 것은 1962년부터이며, 일요일이라는 개념이 도입된 것도 1895년입니다. 이전부터 음력을 사용해 오던 우리 선조들은 주일이 무엇인지도, 언제가 주일인지도 알 길이 없었습니다. 그러나 신앙선조들은 이미 자체적으로 주일을 지키고 있었습니다. 성호 이익의 제자인 홍유한은 1770년 교회서적에서 7일마다 주일이 돌아온다는 기록을 읽고, 매달 7·14·21·28일, 즉 7의 배수가 되는 날을 정해 일을 쉬고 기도에 전념했다고 전해집니다.

3. 사제는커녕 세례 받은 이도 없던 시대에 신앙선조들은 비록 주일의 정확한 날을 알지는 못했지만, 나름대로 요일을 계산해 주일을 지켰던 것입니다. 1780년대 초를 전후로 비로소 신앙선조들은 보다 정확하게 주일을 지킬 수 있게 됐는데, 바로 주일과 축일, 성경의 내용 등을 해설한 「성경직해」를 접하면서부터입니다. 「성경직해」는 "달 28개의 별자리 가운데 허성, 묘성, 성성, 방성 등 네 개의 별자리가 태양과 만나는 날"이라고 주일의 정확한 날짜를 동양의 천문학을 바탕으로 계산할 수 있도록 했습니다. 이 「성경직해」는 **복자 최창현(요한)**이 우리말로 번역해 박해가 시작됐을 때는 이미 신자들 사이에 널리 퍼져있었습니다.

4. 이후 신앙선조들은 주일뿐 아니라 양력으로 셈해야 하는 교회력의 축일까지도 삶 깊숙이 받아들였습니다. 신앙선조들은 순교자들이 선종한 날을 음력이 아닌 양력으로, 심지어 그날의 축일까지 기억하곤 했습니다. 기록에 따르면 1821년 **복자 윤유오(야고보)**가 "예수 승천축일 정오에 죽으리라는 생각이 든다."고 말하고, 실제로 그날 삼종기도를 바친 후 사망했다는 일화도 있습니다. 이처럼 당시에도 주일과 축일을 받아들여 신앙생활을 했음을 알 수 있습니다.

5. 이렇듯 신앙선조들이 달력 없이도 주일과 축일을 지낼 수 있었던 것은 첨례표(瞻禮表·祝日表) 덕분이었습니다. 이 첨례는 축일을 뜻하는 옛 용어로, 첨례표는 교회력에 따른 주요 축일을 기록한 한 장짜리 표입니다. 초기교회 지도자들은 신자들이 전례력에 따라 신앙생활을 할 수 있도록 첨례표를 제작해 보급했습니다. 첨례표의 정확한 보급 시기는 확인되지 않으나 1791년 **하느님의 종 권일신(프란치스코 하비에르)**의 집에서 「신혜첨례」라는 서적이 나온 것으로 봐서 당시 신자들이 이미 첨례표를 접했던 것으로 보입니다. 또 1801년 신유박해 당시 잡힌 신자 윤현의 압수품 목록에 첨례단(瞻禮單·첨례표와 같은 용도로 추정됨)이 있는 것으로 볼 때, 당시에 이미 첨례표가 상당히 보급됐던 것으로 추정됩니다.

### 216. 초기 박해시대에 신앙선조들은 미사 없이 신앙을 어떻게 지켰나요?(II)

1. 초기 한국 천주교회 박해시기에 선교사들이 목숨을 걸고 활동을 했지만, 주일에 미사를 드릴 수 있었던 신자는 한정적일 수밖에 없었습니다. 대부분의 신앙선조들은 미사 없이 주일을 보내야 했지만, 성사도 없는 어려움에도 불구하고 주일을 경건하고 거룩하게 보냈습니다. 신앙선조들은 주일이면 파공(罷工·주일과 대축일에 육체노동을 금함)을 지키고, 대송(代誦·교회법에서 규정한 주일 미사 참석의 의무를 지키지 못한 사람이 그것을 대신하여 기도를 바침)을 바쳤는데 대송으로는 「천주성교공과」에 수록된 '주일경'과 '축일 기도문'을 바쳤습니다.

2. 「천주성교공과」는 박해시대부터 사용해온 한국교회의 공식 기도서로, 이 책에서는 기도서가 없거나 글을 몰라 '수일경'과 '축일 기도문'을 바칠 수 없는 경우에는 성로선공(聖路善功), 즉 십자가의 길을 바치라고 하고 있습니다. 십자가의 길도 바칠 수 없다면, 주님의 기도 33번씩 두 번을 바치도록 했으며, 또 글을 아는 이들은 주일에 마땅히 성경을 읽고 아랫사람들에게 그 말씀을 가르치도록 권고하고 있습니다. **성 한이형(라우렌시오)**은 주일과 축일에는 집에서 4km가량 떨어진 신자 마을을 찾아 신자들과 함께 기도했는

데, 비가 오나 바람이 부나 거르는 일이 없었다고 합니다. 또 그는 밭일을 하며 생활했는데, 아무리 일이 바빠도 주일 파공을 철저히 지켜 주일에는 농사일을 쉬고 기도에 전념했다고 전해집니다.

3. 제4대 조선 대목구장이었던 **성 장 시메온(베르뇌) 주교**는 1857년 편지를 통해 당시 신자들이 미사 없이 주일을 보내는 모습을 묘사했는데, 그는 편지에서 "주일이 되면 신자들 12명 내지 15명이 어떤 때는 이 집에, 어떤 때는 저 집에 모이는데, 외교인들에게 미행당하지 않으려고 언제나 은밀히 모인다."며 "그들은 낮은 목소리로 기도를 외우고 그날의 복음 해설을 들으며, 나머지 시간은 묵주신공과 교리문답을 배우고, 아이들에게 교리문답을 가르치며 보낸다."라고 말하고 있습니다.

4. 신앙선조들은 주일에 정성을 다해 기도와 말씀 묵상을 바치는 한편, 그리스도가 부활한 기쁨을 나누는 날로 삼았습니다. **복자 원시보(야고보)**는 주일과 축일이면 많은 사람들을 초대해 음식을 베풀곤 했습니다. 그는 사람들이 모이면 "오늘은 주님의 날이니 거룩한 기쁨으로 이날을 지내야 한다."하고 말하고, "또한 천주께서 주신 재산을 나눠 그분의 은혜에 감사해야 한다."라며 초대한 이들에게 천주교의 교리를 전하곤 했습니다. 양반 집안에서 행해온 접빈객(接賓客·손님을 접대함)을 통해 선행을 실천하며 신앙도 전파했던 것입니다.

5. **복자 이중배(마르티노)**와 **복자 원경도(요한)**도 그리스도의 부활을 특별히 더 기념하는 주일, 즉 주님 부활 대축일을 맞아 그 기쁨을 나누던 중 체포됐습니다. 두 복자를 비롯한 경기도 여주 지역의 신자들은 주님 부활 대축일을 맞아 양섬에서 잔치를 열었고, 신자들은 큰 소리로 '알렐루야'와 '부활삼종기도'를 바치며 고기와 음식을 나누던 중 관헌들에게 붙잡혔습니다. 박해시대 신앙선조들은 달력도 없고 사제도 없는 가운데에서도 박해를 하던 이들의 눈을 피해 주일을 지냈습니다.

6. 무엇보다도 성사를 갈망했던 우리의 신앙선조들은 실망하지 않고 경건한 마음으로 기도하고, 주일의 기쁨을 나누고, 선행을 실천하며 신앙심을 키워갔습니다. 신앙선조들은 혹독한 박해로 인해 주일 미사를 잃기도 하였지만, 주일의 정신은 잃지 않았던 것입니다. 코로나19의 확산으로, 1784년 한반도에 천주교가 전래되고, 1886년 천주교 신앙의 자유가 허용된 이후, 사실상 처음으로 전국적으로 미사 등 일상적 전례가 중단되는 일이 벌어졌습니다. 전 세계적으로 번진 코로나19로 인해 경제는 둔화되고 일상적인 사회활동은 마비되었습니다. 교회활동도 위축되고 신앙생활도 많은 영향을 받아 무엇을 어떻게 해야 할지 모르는 혼돈에 빠지게 되었습니다. 그러나 미사 참례를 못한다고 해서, 피정이

나 기도모임, 성지순례를 못한다고 해서 신앙생활이 무뎌지거나 약해져선 안 됩니다.

7. 신앙생활을 하는 방법은 생각보다 다양합니다. 앞서 말한 박해시대 신앙선조들의 신앙생활을 떠올려 보면, 코로나19로 인해 우리는 지금 마치 또 다른 박해시대를 사는 것 같습니다. 우리는 이럴 때일수록 복음적인 삶을 살아가는 데 빈틈이 없어야 하며, 주님의 일이 무엇인지, 우리 신앙이 어떤 모습인지 돌아볼 수 있는 소중한 기회로 삼아야 합니다. 영원한 생명을 지향하는 그리스도인들이기에, 신앙생활을 살펴보고 부족한 부분을 보충하는 노력을 늘 해야 하며, 혹시 우리가 행했던 자선과 기도와 단식이 지금까지는 주위 사람들을 의식한 겉치레 행위였다면 이번에는 제대로 한번 하느님 마음에 드는 자선과 기도와 단식을 해야 합니다.

8. 코로나19가 우리의 신심을 훼손하게 놔둬선 안 되며, 미사 중단이 끝나고 모든 것이 정상으로 돌아왔을 때, 오히려 영적으로 충만한 신앙인이 되어야 합니다. "주 너의 하느님께 경배하고 그분만을 섬기는"(마태 4,10 참조) 삶, 그리스도를 따르는 삶을 다시 한 번 깊게 생각해 볼 시기입니다. "우리는 온갖 환난을 겪어도 억눌리지 않고 난관에 부딪혀도 절망하지 않으며"(2코린 4,8) 주님과 함께 하는 주님을 향한 우리의 믿음과 희망, 사랑이 어떤 상태인지 돌아볼 수 있는 기회를 준 코로나19가 그리스도인들에겐 또 하나의 신앙의 시험대입니다.

## 217. 오늘날 우리나라의 시복시성 추진은 어떻게 진행되고 있나요?

1. 조선 왕조 치하에서 신앙을 증거한 천주교 순교자들의 시복시성 조사는 이미 박해시대부터 시작되었으며 지금도 진행 중입니다. 이러한 과정을 살펴보면서 현재 진행되는 시복 조사의 의미를 깨닫고 그분들의 신앙과 영성을 본받는 것이 후손의 도리일 것입니다. 한국 천주교회는 103위 성인과 124위 복자를 모시고 있는데, 이분들은 모두 순교자들입니다. 이들의 시성과 시복은 한국뿐만 아니라 세계 교회사에도 기록될 만한 사건이었습니다. 1984년 5월 6일 서울 여의도 광장에서 성 요한 바오로 2세 교황이 주례한 103위 한국 순교성인 시성식은 교황이 지역 교회를 사목 방문해 거행한 역사상 첫 번째 시성식이었습니다.

2. 또한, 2014년 8월 16일 서울 광화문 광장에서 프란치스코 교황이 주례한 124위 한국 순교복자 시복식은 한국 교회가 자력으로 추진해 일군 시복식이었습니다. 한국 천주교회는 현재 124위 한국 순교복자 시성과 가경자 최양업 토마스 신부, 하느님의 종 이벽 요한 세례자와 동료 132위, 홍용호 프란치스코 보르지아 주교와 동료 80위, 신상원 보니파시

오와 동료 37위 시복시성을 추진하고 있습니다. 현재 시복 시성을 추진하고 있는 ①가경자 최양업 토마스 신부(1821-1861년)는 한국 천주교회가 추진하고 있는 시복시성 대상자 가운데 유일하게 순교자가 아닌 '신앙의 증거자'로서, 프란치스코 교황에 의해 2016년 4월 가경자로 선포되었습니다.

3. 최양업 토마스 신부는 11년 동안 국내에서 사목에 헌신하면서 매년 2,800여km를 걸으며 교우촌을 방문, 성사를 집전하다 과로와 장티푸스가 겹쳐 1861년 6월 15일 선종했습니다. 그래서 그를 '땀의 순교자'라 부르고 있습니다. **성 최경환(프란치스코)과 복자 이성례(마리아)**가 그의 부모입니다. ②한편, **하느님의 종 이벽(세례자요한)과 동료 132위**[107]는

---

107) 하느님의 종 이벽(요한 세례자·1754-1785년)은 한국천주교회의 초석이자 초기 신앙공동체를 구성한 인물이다. 이벽은 이승훈(베드로·1756-1801년)을 베이징에서 세례 받게 했으며, 그 역시 1784년 겨울 자신의 집에서 이승훈으로부터 세례를 받았다. 이것은 조선 내 최초의 천주교 세례식으로서 이벽의 집은 한국교회 역사상 처음 세례식이 집전된 역사적 장소다. 이벽뿐만 아니라 함께 시복시성을 추진하고 있는 하느님의 종 132위는 초기 한국교회 안에서 고유한 믿음의 역사성을 드러내는 인물들이다. 그동안 한국 천주교주교회의 시복시성주교특별위원회는 2009년부터 2012년까지 각 교구에서 제출한 자료를 바탕으로 시복 추진 대상자 133위를 선정하였고, 주교회의 2013년 춘계 정기총회에서 새로 추진하는 안건의 제목을 "이벽 요한 세례자와 동료 132위"로 결정하였다. 그리고 2013년 4월 26일에는 시성성으로부터 하느님의 종 "이벽 요한 세례자와 동료 132위"의 예비심사 관할권 승인 교령(Prot. N. 6625/10)을 받았고, 시복 추진을 위한 현장 조사를 마친 상태이다. 하느님의 종 133위 명단은 다음과 같다. 이벽 요한 세례자, 김범우 토마스, 권일신 프란치스코 하비에르, 권철신 암브로시오, 이승훈 베드로, 이존창 루도비코 곤자가, 정종호, 임희영, 유한숙, 송 마리아, 신 마리아, 이명호 요한, 이부춘, 권아기련, 황심 토마스, 조상덕 토마스, 옥천희 요한, 황사영 알렉시오, 이기연, 김일호, 신희, 이육희, 김흥금, 김장복, 안치룡, 고동이 바르바라, 김호연 바오로, 황석지 베드로, 이 에메렌시아, 조 바르바라, 장사광 베드로, 손 막달레나, 이 막달레나, 손경서 안드레아, 김덕심 아우구스티노, 허대복 안드레아, 최영수 필립보, 권성여 프란치스코, 홍봉주 토마스, 서태순 아우구스티노, 이조여 요셉, 김면호 토마스, 박래호 요한 사도, 김이쁜 마리아, 이의송 프란치스코, 이붕익 베드로, 김한여 베드로, 김진구 안드레아, 김큰아기 마리아, 이기주 바오로, 이용래 아우구스티노, 박성운 바오로, 김준기 안드레아, 원윤철 요한 세례자, 박아기 막달레나, 정여삼 바오로, 최천여 베드로, 최종여 라자로, 고의진 요셉, 배문호 베드로, 황 요한, 안여집 요한 사도, 김선양 요셉, 심원경 스테파노, 김조이 수산나, 최 마리아, 김 아우구스티노, 서유형 바오로, 박 루치아, 윤평심, 홍창룡, 민윤명 프란치스코, 김사범, 여기중, 고시수 야고보, 유 바오로, 권중심, 이 요한, 문 막달레나, 정은 바오로, 정 베드로, 서태순 베드로, 김흥범 요한, 박의서 사바, 박원서 마르코,

103위 한국 순교성인과 124위 한국 순교복자에 이어 조선 왕조 치하에서 순교한 이들의 마지막 시복시성 대상자들입니다. 병인박해 순교자가 91명으로 가장 많고, 신유박해 전후 순교자 22명, 기해박해 순교자 10명 등입니다.

4. 또 1815년 을해박해와 1833년 정해박해 순교자 6명, 1878-1879년 무인·기묘박해 순교자 4명도 포함됐으며, 대표적인 인물로는 이벽(세례자요한), 김범우(토마스), 이승훈(베드로), 황사영(알렉시오) 등이 있습니다. ③이어서 하느님의 종 **홍용호(프란치스코 보르지아) 주교**와 동료 80위[108]는 한국천주교주교회의 차원에서 추진하는 근·현대 순교자의

---

박익서, 김화숙 베드로, 강 요한, 김양범 빈첸시오, 박 안드레아, 전 야고보, 이제현 마르티노, 정덕구 야고보, 고선양, 송백돌 베드로, 최사관 예로니모, 김윤심 베드로 알칸타라, 김성희 암브로시오, 정치도 요한, 심능석 스테파노, 서여심, 김입돌 베드로, 서응권 요한, 한용호 베네딕토, 손 빅토리아, 이유일 안토니오, 김조이 바르바라, 조치명 타대오, 김 우르시치나, 최제근 안드레아, 윤자호 바오로, 김 필립보, 박 마리아, 이 알로이시오 곤자가, 최용운 암브로시오, 김 마르티노, 박태진 마티아, 김 마테오, 박선진 마르코, 이문홍 바오로, 지 타대오, 방 데레사, 유 베드로, 김성실 베드로, 이 요한, 원 프란치스코, 유문보 바오로, 유치성 안드레아, 강영원 바오로, 피 가타리나, 최지혁 요한, 이아기 루치아, 이병교 레오이다.

108) 한국천주교주교회의 시복시성주교특별위원회는 한국교회 근현대 신앙의 증인들인 하느님의 종 홍용호 프란치스코 보르지오 주교와 동료 80위 시복 현장조사를 실시하고 시복을 위한 절차를 진행 중에 있다. 하느님의 종 81위 명단은 다음과 같다. 홍용호 프란치스코, 보르지아 패트릭 번(Patrick Byrne), 백응만 다마소, 앤서니 콜리어(Anthony Collier), 이현종 야고보, 제임스 매긴(James Maginn), 패트릭 라일리(Patrick Reilly), 강영걸 바오로, 패트릭 브레넌(Patrick Brennan), 데지레 폴리(De´sire´ Polly), 필립 페랭(Philippe Perrin), 로베르 리샤르(Robert Richard), 장 콜랭(Jean Colin), 마리우스 코르데스(Marius Cordesse), 피에르 를뢰(Pierre Leleu), 토머스 쿠삭(Thomas Cusack), 조제프 몰리마르(Joseph Molimard), 강만수 요셉, 존 오브라이언(John O'Brien), 유재옥 프란치스코, 이광재 티모테오, 유영근 요한, 서기창 프란치스코, 전덕표 안드레아, 양덕환 안드레아, 폴 비예모(Paul Villemot), 앙투안 공베르(Antoine Gombert), 쥘리앵 공베르(Julien Gombert), 프랜시스 캐너밴(Francis Canavan), 조제프 카다르(Joseph Cadars), 조제프 뷜토(Joseph Bultcau), 김선영 요셉, 김정자 안젤라, 김정숙 마리안나, 베아트릭스(Be´atrix de M. Odouard), 마리 메히틸드(M. Mechtilde), 테레즈(The´re`se), 전기수 그레고리오, 고광규 베드로, 신재순 아우구스티노, 강창희 야고보, 김운삼 요셉, 서봉구 마리노, 최종수 요한 사도, 윤갑수 시몬, 윤복수 라이문도, 박영옥 안드레아, 송상원 요한, 서정요 프란치스코, 서경석 마르코, 송해붕 요한 세례자, 김필현 루도비코, 최항준 마티아, 석원섭 마르코, 박용옥 티모테오, 장두봉 안드레아, 이재호 알렉시오, 서운석 보니파시오, 홍건환 갈리스토, 홍

첫 번째 시복시성 대상자들로서, 6·25 전쟁 전후로 북한 공산주의자에 처형된 순교자들입니다. 주교 2명, 몬시뇰 1명, 신부 47명, 신학생 3명, 수녀 7명, 평신도 21명 등 모두 81명입니다.

5. 서울·평양·광주·대전·춘천교구와 메리놀외방선교회, 성 골롬반외방선교회, 파리외방전교회, 메리놀수녀회, 서울 가르멜여자수도원, 샬트르 성바오로수녀회, 영원한 도움의 성모수도원 소속입니다. ④하느님의 종 **신상원(보니파시오 아빠스)**와 동료 37위[109]는

> 도근 요한 세례자, 윤의병 바오로, 이경호 안셀모, 조문국 바오로, 김교명 베네딕토, 이순성 안드레아, 이여구 마티아, 이재현 요셉, 정진구 마티아, 백남창 아가피토, 장정온 아네타, 서원석 요셉, 이규식 베드로, 송은철 파트리치오, 강유선 요셉, 최삼준 프란치스코, 김정희 안드레아, 김한수 라우렌시오, 조종국 마르코, 송경섭 루카, 정남규 요한 세례자이다.

109) 하느님의 종 신상원 보니파시오 아빠스와 동료 37위(이하 하느님의 종 38위)의 생애, 덕행 그리고 순교 명성에 대한 예비심사를 마무리하고 시복재판정 폐정식을 열었으며, 예비심사 폐정식에서 예비심사 조서와 사본을 비롯, 영어와 이탈리아어로 번역된 문서들을 봉인했다. 왜관수도원은 봉인된 문서를 2017년 10월 21일 교황청 시성성에 제출했다. 하느님의 종 38위 예비심사 문서를 접수한 교황청 시성성은 앞으로 면밀한 조사를 거쳐 시복 여부를 결정하게 된다. 지난 2007년 하느님의 종 38위 시복 추진 주체인 성 베네딕도회 왜관수도원이 시복시성 추진 교령을 반포함으로써 시복 추진이 본 궤도에 오른 지 꼭 10년만이다. 하느님의 종 38위는 20세기 한국 천주교회 순교자 가운데 첫 시복대상일 뿐만 아니라 스페인 내란(1936-1939년) 중의 가톨릭 순교자들을 제외하면 세계적으로도 유례가 드문 현대 순교자들의 시복 추진이어서 의미가 깊다. 이번에 시복시성을 위해 예비심사를 받은 대상자는 모두 38위로 성 베네딕도회 덕원자치수도원구와 함흥대목구 지역에서 사목활동을 펼치다 1949-1952년 북한 공산정권에 의해 순교한 이들이다. 하느님의 종 38위의 명단은 다음과 같다. 신상원 보니파시오(요셉) 사우어 주교 아빠스, 김치호(金致鎬) 베네딕도 신부, 고트리프(세례자 요한) 아우어 수사, 카누트(베네딕도) 다베르나스 신부, 장 악네타 헌신자, 최병권(崔丙權) 마티아 신부, 다고베르트(오토 프리드리히) 엔크 신부, 파스칼리스(요한) 팡가우어 수사, 루드비히(칼) 피셔 수사, 일데폰스(안드레아스) 플뢰칭어 수사, 페트루스(요셉 발렌틴) 게르네르트 신부, 마리아 프룩투오사(마리아) 게르스트마이어 수녀, 그레고르(루드비히) 기게리히 수사, 요셉(벤노) 그라하머 수사, 바실리우스(마틴) 하우저 수사, 솔라누스(루돌프) 헤르만 수사, 힐라리우스(베네딕트) 호이스 수사, 김봉식(金鳳植) 바오로 신부, 김종수(金宗洙) 베르나르도 신부, 김동철(金東哲) 마르코 신부, 김이식(金利植) 마르티노 신부, 루페르트(요셉) 클링사이스 신부, 구대준(具大浚) 가브리엘 신부, 이재철(李載喆) 베드로 신부, 이춘근(李春根) 라우렌시오 신부, 에우세비우스(막시밀리안) 로마이어 수사, 마르쿠스(시몬) 메쯔거 수사, 오이겐(미하엘) 오스터마이어 수사, 쿠니베르트(블라시우스) 오트 신부, 박빈숙 루시아 수녀,

6·25 전쟁을 전후해 북한에서 공산주의 체제 하에 목숨을 잃은 성 베네딕도회 남녀 수도자와 덕원자치수도원구, 함흥교구, 연길교구 사제들의 시복시성 건입니다. 성 베네딕도회 오딜리아연합회 한국 진출 100주년을 기념해 왜관수도원이 2009년 12월 예비 심사 법정을 열고 모두 17차례 회기를 거쳐 2017년 10월 폐정했으며, 현재 교황청 시성성에서 심의 중에 있습니다.

### 218. 오늘날 순교자들을 기리는 성지와 순례지, 순교사적지는 어떻게 다른가요?

1. 성지(聖地, Holy Land)와 순례지(巡禮地)와 순교사적지(殉敎史跡地)에 대한 차이점을 살펴보면, 성지에 대한 **첫 번째 의미**는 원래 예수님께서 태어나시고 활동하시다가 돌아가시고 부활하신 땅을 통틀어 일컫는 표현입니다. 이 땅은 구약성경에서 하느님께서 이스라엘 백성에게 약속하신 가나안 땅이기도 합니다. 이 땅을 교회에서는 라틴말로 '팔레스티나'라고 불러왔는데, 오늘날 이스라엘과 팔레스타인 자치지구 전체를 가리킵니다. 이렇게 '약속의 땅', '거룩한 땅'인 성지는 예수님의 삶과 죽음 그리고 활동 무대인 팔레스티나 전체를 가리키지만, 좀 더 좁은 의미에서 거룩한 장소(터)를 가리키는 성지(聖址, Holy Place)도 있습니다.

2. 이것은 팔레스티나 전체가 아니라 팔레스티나에서 예수님의 삶과 죽음과 관련되는 특정한 장소나 지역을 가리킵니다. 예를 들면, 베들레헴 동굴, 나자렛, 타볼산, 갈릴래아 호수, 베타니아, 겟세마니 등지를 말합니다. 성지에 대한 **두 번째 의미**는 세월이 점차 흐르면서 예수님과 관련되는 곳만이 아니라 성모님 발현지, 사도들의 활동지, 순교자나 성인들 순교지나 묘소, 하느님 은총으로 이적(異蹟)이 일어난 곳, 유서 깊은 성당 등에도 적용되기 시작했습니다. 팔레스티나를 가리키는 성지(聖地, Holy Land)와 거룩한 장소를 가리키는 성지(聖址, Holy Places)는 영어나 한자어로는 명확하게 구별이 되지만 우리말로는 구별이 되지 않습니다.

---

안셀름(요셉) 로머 신부, 루치우스(콘라드) 로트 신부, 아르눌프(요셉) 슐라이허 신부, M. 에바(오이게니) 쉬츠 수녀, 그레고르(루드비히 칼 프리드리히) 조르거 신부, 그레고르(칼) 쉬테거 신부, 한윤승(韓允勝) 필립보 신부, 신윤철(申允鐵) 베드로 신부이다. 이들은 신상원 보니파시오 주교 아빠스를 포함한 성직수사 15명, 덕원·함흥교구 사제 4명, 연길교구 사제도 2명, 평수사 13명, 수녀 3명, 평신도 1명이 포함돼 있다. 이 가운데 25명은 독일의 7개 교구 출신 수도자들이다. 1952년 살아남은 덕원지역 수도자들은 남한 왜관에 새로운 수도원을 설립했고, 살아남은 독일인 수도자들 또한 1954년 고국으로 귀환하거나 왜관으로 돌아갔다.

3. 그래서 「한국가톨릭대사전」에서는 거룩한 장소를 나타내는 두 번째 의미의 성지(聖址)를 성역(聖域)으로 바꿔 표현하고 있습니다. 하지만 이런 구별은 아무래도 복잡합니다. 그래선지 한국천주교주교회의 용어위원회는 성지(聖地, Holy Land)는 본래 예수님과 관련된 이스라엘 땅 팔레스티나를 말하지만, 성모님이나 성인 또는 순교자 관련된 순례지나 순교사적지를 일반적으로 성지(聖地, Holy Land)라고 하는 것에 대하여는 문제 삼지 않는다고 정리했습니다. 따라서 한국 천주교회에서는 팔레스티나 곧 이스라엘 땅뿐 아니라 성모님과 성인들, 순교자들과 관련된 순례지나 순교사적지까지 다 포함해서 성지(聖地, Holy Land)라고 부를 수 있도록 한 것입니다.

4. 한국천주교주교회의 순교자현양과 성지순례사목위원회에서 정리한 내용을 다시 살펴보면, **한국의 성지란** 103위 한국 순교성인, 124위 한국 순교복자, 하느님의 종들이 순교했거나 그들의 유해, 무덤이 있는 장소이면서 그들을 공경하는 전례가 지속적으로 이루어지는 곳을 말합니다. 한편, **한국의 순례지란** "많은 신자들이 교구 직권자의 승인 아래 특별한 신심 때문에 빈번히 순례하는 성당이나 그 밖의 거룩한 장소를 뜻한다."고 교회법은 규정하고 있고 순교자들과 직접 관련은 없지만 그들의 삶과 영성이 담겨 있는 곳, 또는 교구 직권자가 신자들의 영적 선익을 위하여 지정한 장소를 말합니다.

5. 조금 더 풀어서 설명하자면, 성인이나 순교자 무덤이나 순교지가 아니더라도 성인 유해가 모셔져 있는 곳, 성모님의 발현이 일어난 곳, 성체 기적 같은 특별한 기적이 일어난 곳 등에는, 많은 신자들이 찾아가 성인 유해를 참배하며 특별한 공경을 바치거나, 그 일이 일어난 의미를 되새기며 신앙을 키우곤 하는데, 이런 곳들에 대해서 교회가 공식으로 순례지로 인정할 경우에 순례지가 되는 것입니다. 이 순례지는 교구가 인정하면 교구 순례지로, 그 나라 주교회의가 인정하면 국가 순례지가 됩니다. 국제 순례지가 되려면 교황청 승인을 받아야 합니다.

6. 우리나라에는 국제 순례지로 서울 대교구의 서울 순례길이 2018년 9월 14일 교황청 공식 순례지로 선포되었습니다. 그리고 지난 2000년 대희년 때에는 각 교구들이 주교좌성당을 비롯해 교구 내 주요 성지들을 순례지로 한시적으로 지정한 바 있었습니다. 또한, **한국의 순교사적지란** 순교자들의 생가, 생활 터전, 옥살이했던 감영, 순교자 기념 성당이나 장소 등 국내 순교자들과 연관된 장소를 말합니다. 우리나라에는 2020년 10월 현재 한국천주교주교회의에서 공인된 성지는 54곳이며, 순례지는 46곳이고, 순교사적지는 67곳으로 합계 167곳입니다.

### 219. 성지순례하는 우리 신앙인들의 마음자세는 어떠해야 하나요?

1. 최근 들어 우리 가톨릭 신자들이 국내에 있는 성지와 순례지와 순교사적지를 꾸준히 순례하는 시간이 많아지면서, 자연히 성지와 순례지와 순교사적지에 대한 관심도 커지고 있습니다. 우리 한국 천주교회는 오랫동안 혹독한 박해를 받았고, 이 때문에 신앙선조들은 그리스도를 따를 것인가 아니면, 세상을 따를 것인가 중에서 하나를 선택해야만 했습니다. 놀랍게도 많은 신앙선조들은 애주만유지상(愛主萬有之上)의 정신으로 그리스도를 모든 것 위에 최우선으로 모시고 엄청난 희생을 치르셨습니다.

2. 그리스도를 위해서 특권과 명예, 재산과 땅을 포기하셨고, 나아가 목숨마저 바치셨습니다. 그분들은 과연 그리스도를 위해 사셨고, 그리스도를 위해 죽으셨습니다(로마 14,8 참조). 신앙선조들의 이런 고귀한 희생으로 오늘날 한국 천주교회는 크게 성장할 수 있었습니다. 신앙선조들 한 분 한 분의 삶을 깊이 들여다보면, 그분들의 굳은 신앙심에 절로 고개가 숙여집니다. 그리스도의 이름 때문에 모진 박해 속에서 극심한 고통을 받으셔야 했을 뿐만 아니라, 우리가 길이 이어받아야 하는 훌륭한 유산을 남기셨기 때문입니다. 프란치스코 교황께서는 지난 2014년 124위 한국 순교복자 시복 미사 강론에서 그 유산에 대해 말씀하신 적이 있습니다.

3. "이 땅에 믿음의 첫 씨앗들이 뿌려진 지 얼마 지나지 않아 순교자들과 그리스도인 공동체는 예수님을 따를 것인가 아니면 세상을 따를 것인가 중에서 하나를 선택해야만 했습니다. 그들은 당신 때문에 세상이 그들을 미워할 것이라는 주님의 경고를(요한 17,14 참조) 들었습니다. 그들은 예수님의 제자 됨의 대가가 무엇인지를 알았던 것입니다. 많은 사람에게 이것은 박해를 의미했고, 또 나중에는 산속으로 들어가 교우촌을 이루게 됨을 의미했습니다. 그들은 엄청난 희생을 치를 각오가 되어 있었습니다. 그리고 그리스도에게서 그들을 멀어지게 할 수 있는 그 어떤 것도, 즉 재산과 땅, 특권과 명예 등 모든 것을 포기하고자 했습니다. 그들은 오직 그리스도 한 분만이 그들의 진정한 보화임을 알았기 때문입니다."

4. 그것은 "진리를 찾는 올곧은 마음, 종교의 고귀한 원칙들에 대한 충실성, 애덕과 모든 이를 향한 연대성"입니다. 이런 유산은 오늘날 우리 교우들이 신앙을 굳게 지키며 더욱 정의롭고 자유로우며 화해를 이루는 사회를 건설하는 데 많은 영감을 주고 있습니다. 성지를 찾아 순교성인들의 삶을 묵상하면서 우리 신앙을 굳게 하는 것은 대단히 긍정적이고 바람직한 일입니다. 하지만 반드시 알아야 할 것이 있습니다. 어느 성지를 가든지, 어느 순례나 순교사적지를 가든지 간에 성지순례의 최종 목적은 그 성지와 관련되는 성인

의 신심이 아니라, 우리 신앙의 중심이며, 본질이요 목적인 예수 그리스도이시라는 것입니다.

5. 물론 성지마다 다른 성지와 구별되는 영성적 또는 신심적 특징이 있고, 해당 성지에서는 그런 특징들을 부각시키는 것이 당연한 것입니다. 그러나 성지순례를 통한 신심 행위가 자칫 달을 향하기보다는 달을 가리키는 손가락만을 향할 우려가 있습니다. 예수 그리스도께서는 일상에 지쳐있는 우리를 성지순례를 통하여 당신 자신께로 초대하고 계십니다. 그분의 초대에 훌륭한 신앙선조들의 유산을 물려받은 우리 후손들은 기꺼이 응답해야만 합니다. 성지순례를 하는 신자들뿐만 아니라 성지나 순례지 그리고 순교사적지 사목을 담당하는 사목자들도 이를 좀 더 유념해서 성지순례 신심이 올바로 고양될 수 있도록 함께 노력했으면 합니다.

### 220. 103위 한국 순교성인 시성 후에 한국 천주교회가 변화된 것은 무엇인가요?

1. 1984년 5월 6일 한국 천주교회는 여의도에서 103위 한국 순교성인 시성식을 거행했습니다. 그로부터 36년이 지난 지금에서 되돌아보면 그 당시 거행했던 시성식이 한국 천주교회의 양적 성장과 질적 성숙의 중요한 이정표였음을 확인할 수 있습니다. 1984년에서 지금까지 한국 천주교회 교세 내지 신자 비율은 크게 증가하였습니다. 1984년에는 한국 천주교회의 신자 수는 모두 185만여 명에 이르렀으나(당시 전체 인구의 6%), 2018년 말 기준 신자 수는 586만 명(전체 인구의 11.1%)으로 그 사이 신자 수는 3배 이상 늘었습니다. 그리고 성직자 수는 1984년 1,330명이었던 것이 2018년 말에는 5,430명으로 4배나 늘었습니다. 같은 기간 수사 수는 249명이었던 것이 1,569명으로 6배나 증가했으며, 수녀 수는 3,765명이었던 것이 10,167명으로 3배나 늘었습니다.

2. 좀 더 들여다보면 성직자의 경우 외국의 경우는 교구사제와 수도사제가 각각 절반 정도를 차지하는 데 비해 한국 천주교회는 교구사제가 80%를 상회하고 있습니다. 그 뿐만 아니라 교구사제를 양성하기 위한 신학교가 7개나 되는 것도 특색입니다(2019년부터는 부산교구 출신 신학생은 대구가톨릭대학교로, 마산교구 출신 신학생은 광주가톨릭대학교로 입학). 또한 신학생은 같은 기간 1.7배가량 늘었는데, 2010년에는 1,674명까지 꾸준히 늘었던 것이 2018년에는 1,273명으로 401명이나 줄어들었습니다. 이를 볼 때 앞으로 우리나라도 외국 교회와 마찬가지로 신학생 수가 급격히 줄어들 전망입니다. 2018년 말 기준으로 한국 천주교회 본당 수는 1,747개며, 공소는 729개입니다. 연평균 신자 증가율은 1980년대 7.5%에서 1990년대 4.3%였으며, 2018년 말에는 전년 대비 0.9% 증가 추

세를 나타냈습니다. 이는 현재 한국 천주교회가 외적 성장에 비례해 내적 충실을 다지지 못한 결과였으며, 이런 현상은 앞으로도 계속 될 전망입니다.

3. 또한 한국 천주교회가 중산층 계층에 의해 주도된다면, 교회가 추구하는 인간에 대한 보편적 구원은 결코 성취될 수 없을 것입니다. 가난한 자에 대한 우선적 선택이라는 교회 가르침을 잊지 말아야 합니다. 103위 한국 순교성인 시성식 이후 한국 천주교회의 흐름은 △시복시성운동 △성경 번역 및 성가집 편찬 △매스미디어를 통한 복음화 △토착화 신학 연구 진전 △대외 선교와 원조 강화 △2000년 대희년 준비 △창조질서 보존운동 △생산협동조합운동 △도시빈민운동 △민족화해운동 △해외 선교의 진전이 있었습니다. 특별히 해외선교와 관련, 1957년에 반포된 회칙 「피데이 도눔」(Fidei Donum, 신앙의 선물)에 따라 한국 천주교회는 남아메리카에 206명, 북아메리카에 37명, 아시아에 533명, 아프리카에 113명, 오세아니아에 36명, 유럽에 138명 등 총 1,063명의 성직자와 수도자를 해외 선교사로 파견하고 있습니다.(2018년 기준)

4. 103위 한국 순교성인 시성식 이후에 한국 천주교회가 사목에 중점을 두는 것은 △민족 복음화를 위한 노력 △민족 화해와 일치를 위한 노력 △인류 복음화를 위한 투신 △순교 정신의 현대적 적응입니다. 앞으로 한국 천주교회에서 추진하고 있는 시복시성 작업은 영성의 쇄신과 생활의 결단을 수반하는 작업이 돼야 합니다. 순교자들 모범을 기리기 위해 시복운동을 전개한다면, 우리는 당연히 오늘의 한국 천주교회가 직면한 현실의 도전을 의식하고, 그들의 죽음을 재해석할 수 있어야 합니다. 따라서 교회는 복음의 원점에 서서 자신의 신앙에 대한 반성을 게을리 하지 말아야 합니다. 지난 36년의 빛과 그림자에 대한 올바른 대책을 세워야 미래의 복음화에 참여할 수 있을 것입니다.

### 221. 103위 한국 순교성인 시성 후에 한국 천주교회의 진행방향은 어떠한가요?

1. 1984년은 한국 천주교회가 창설 200주년을 맞이하는 해였습니다. 이를 계기로 한국 천주교회는 여러 분야에 걸쳐 기념비적 사업을 진행하였습니다. 우선 교회는 200주년 기념 사목회의를 개최하여 한국 천주교회가 당면한 문제들을 전반적으로 검토하였습니다. 이 사목회의를 통해서 건의된 내용들은 1995년에 반포된 「한국 천주교 사목지침서」에 일정 부분 반영되었습니다. 한국 천주교회 200주년을 계기로 하여 한국 순교복자 103위의 시성식이 1984년 5월 6일 서울 여의도 광장에서 개최된 신앙 대회 중에 거행되었습니다. 매년 9월 20일을 한국 순교성인들의 축일로 정하여 세계 교회는 해마다 이날 한국의 순교성인들을 함께 기억하게 되었습니다.

2. 교황 요한 바오로 2세는 한국인들과 만나 복음을 선포하고 화해를 다지기 위해서 한국을 방문하여 이 시성식을 주관하였습니다. 사목적 목적으로 한국 천주교회 사상 처음으로 한국을 방문한 교황은 한국 천주교회 200주년을 함께 기뻐하였습니다. 그는 사목자로서 한국을 찾았고, 한국 천주교회 사목회의에 참석하며 시성식을 주관하였습니다. 교황 요한 바오로 2세는 각계각층의 한국인들을 만났고, 특히 5.18 민주화운동으로 인한 갈등과 후유증을 겪은 광주를 찾아 화해를 말하기도 하였습니다.

3. 1989년에 개최한 제44차 세계성체대회를 맞아 다시 한 번 방한하였습니다. '그리스도 우리의 평화'를 표어로 하여 개최된 이 성체대회를 통해서 한국 천주교회는 쇄신의 기회를 새로이 다지면서 세계 교회와 연대를 강화하여 나갔습니다. 성체대회가 종료된 뒤에는 그 정신을 계승하여 몇몇 교구에서는 '한마음 한 몸 운동'을 계속 전개하였습니다. 한국천주교주교회의 사회복지위원회와 서울대교구의 한마음 한 몸 운동본부 등에서는 해외의 재난 지역에 지원을 강화하고, 지역 사회 개발을 위한 프로그램을 진행하였습니다.

4. 한편, 이 시기 한국 천주교회 성서학자들은 새롭게 '200주년 기념 성서' 번역 작업에 착수하였습니다. 공동번역 성서가 가지고 있는 문제점을 극복하고 성서 연구자들에게 원문의 의미를 정확히 전달하기 위한 것으로, 20세기 말에 이르러 마치는 방대한 작업이었습니다. 또한 한국 천주교회는 새 「교회법전」을 번역, 간행함으로써 교회 조직과 운영에 대한 이해를 높여 주었습니다. 또한, 1992년 10월 한국천주교주교회의의 가을 정기총회에서 해외 원조를 하기로 공식 결정하고, 이듬해 첫 해외 원조에 나섰습니다. 물론 이전에도 해외 원조가 없었던 것은 아니지만, 한국교회가 '공식' 해외 원조에 나선 것은 1993년이 효시입니다. 1993년부터 2018년 말까지 한국 천주교회에서는 492억여 원의 해외 원조를 지원하였습니다. 한국 천주교회의 공식적인 해외 원조사업을 수행해 온 한국 카리타스 인터내셔널은 25년간 총 914개 사업을 지원해 왔습니다. 한국 천주교회는 한국 카리타스 인터내셔널을 비롯해 서울대교구 한마음 한 몸 운동본부, 광주인권평화재단, (재)기쁨 나눔 등 20여 개 기구가 교구와 본당, 수도회, 단체별로 해외 원조에 나서고 있습니다. 2010년 12월 14일 자로 외교부 산하 재단법인으로 '한국 카리타스 인터내셔널'을 설립, 한국 천주교회의 해외 원조사업을 전담하게 했습니다.

## 222. 103위 한국 순교성인 시성 후에 북한 천주교회와의 관계는 어떠한가요?

1. 북한 사회에서는 1970년대 이래 조국 해방과 통일을 위한 통일 전선론이 강화되었습니다. 이 원칙 아래에서 북한 당국은 종교 신앙의 존재를 인정하게 됩니다. 1980년대 이래

로 북한정권 당국은 종교 또는 북한 천주교회[110]에 대한 정책을 새로운 방향으로 전환하

---

110) ◆북한 천주교회 역사

현재 세계 인구는 약 76억 8천만여 명이며 그 중에 종교인이 51억여 명에 달한다. 결국 지구상에 살고 있는 인구 3명 중에 2명이 종교인인 셈이다. 종교인 중에는 천주교, 일명 가톨릭교인이 13억여 명으로 가장 많고 그 뒤로 이슬람교 12억여 명, 힌두교 9억여 명, 불교 3억 8천여 명, 개신교 2억 8천여 명, 동방정교회 2억 4천여 명 등의 순서며, 성공회, 유대교, 자이나교, 일본 신도 등 수백에서 수천만 명의 교인을 둔 종교만 해도 수십여 개나 된다고 한다. 종교인 중에서 가장 많은 천주교인은 전 세계인구의 약 6분의 1로 결국 6명 중에 한 명이 천주교인이라는 것을 알 수 있다. 2014년 북한 인권정보센터가 출간한 '북한종교자유백서'에 따르면 북한의 천주교는 평양 장충성당 1개와 3천여 명의 신자가 있다고 한다. 개신교 신도 1만 2천여 명, 불교 신도 1만여 명에 비하면 종교인 수가 적다고 할 수 있다. 북한에 천주교인이 개신교인보다 적은 이유에 대해 전문가들은 북한 당국이 체제 수호차원에서 교황 체제로 지구촌에 존재하는 천주교가 북한에서 신으로 떠받들리고 있는 김씨 일가의 우상화에 걸림돌이 되기 때문일 것이라고 주장한다. 그리고 결혼을 하지 않고 공동체 연합활동으로 집단생활을 하는 신부나 수녀들의 존재가 체제 불안요소로 보고 있다는 점도 북한에 천주교가 자리 잡기 어려운 점이라고 주장하기도 한다.

◆ 조선시대 천주교인 박해

북한지역에서 개신교회가 들어오기 전에 천주교회가 먼저 전파되기 시작하였다. 기록에 따르면 1801년 신유박해로 천주교 신자 100여 명이 죽음을 당하고 400여 명이 유배를 갔던 사건이 일어났을 때 황해도 평산 출신 고광성과 봉산출신 황포수가 서울에서 사형선고를 받고 고향으로 이송되어 순교하였던 사실만 봐도 지금으로부터 약 220년 전에 북한지역에 유입되었던 천주교의 위세를 잘 알 수 있다. 신유박해를 기점으로 서울과 경기도, 충청도, 전라도지역에 집중되어 있던 천주교 신자들이 강원도와 황해도, 평안도, 함경도 등 북한지역으로 이주하기 시작하였다. 당시 신유박해로 함경도에 유배를 온 11명의 신자들이 열심히 신앙생활을 하면서 지역 주민들에게 교리를 가르쳐 많은 신자들을 양성하였다. 자유민주주의와 선진문화를 지향하는 천주교나 개신교의 존재는 왕족 독재국가들에서는 탄압의 대상이었다. 현대문명을 자랑하며 발전하는 자본주의 나라들에서 자유민주주의는 인간 사랑과 나눔, 배려를 통해 공동체의 화목을 지향하는 종교들에 의해 발전하여 왔다. 그러나 봉건 왕족사회나 북한의 김씨 왕족 독재국가들에서는 종교인들에 대한 탄압이 국가체제의 존립에 위험요소로 간주되어 숙청과 처형의 대상으로 되어왔다. 1988년 병인박해로 함경도 영흥에서 23명의 천주교 신자들이 순교하였고 일제의 반종교정책으로 제정된 1915년 8월 16일 '포교규칙'으로 천주교 활동이 규제를 받으면서 많은 천주교인들이 만주지방으로 이주하였다.

◆ 교구와 성당 설립

일제가 한반도를 강점하기 전까지만 해도 북한지역에는 천주교의 지방교구들이 설립되어 활

발히 활동하였다. 1880년대 원산항이 개항되면서 1883년 강원도 안변의 근피골에 160여 명의 신자로 최초의 공소가 생겼고 1887년 5월에는 프랑스 파리외방전교회 소속의 신부들의 적극적인 선교활동과 교육활동으로 북한지역의 첫 본당이 설립되어 르메르 신부가 초대 신부로 부임되었다. 1920년 8월에 함경도 지역이 서울교구에서 분리되어 원산교구로 설정되면서 독립적인 지위를 가지게 되었고 성 베네딕도 수도회 원장이었던 보니파시오 사우어 아빠스가 원산교구 초대 교구장으로 임명되었다. 성 베네딕도 수도회는 독일의 풋찡 성 베네딕도 수녀회를 초청하여 원산교구에서 여성들을 대상으로 전교와 교육을 진행하기도 하였다. 1925년 11월에 독일에서 파견된 4명의 수녀들은 원산에 도착하여 지역주민들에 대한 무료진료와 신자들을 위한 교리교육을 진행하였고 해성학교 개설에 이어 어린이들을 위해 첫 유치원인 해성유치원을 개원하였다. 북한에서 유치원의 시원은 천주교에 의해 시작된 셈이다. 1927년에 성 베네딕도 수도회는 서울에 있던 수도원을 원산의 덕원지역으로 모두 이전하고 1928년에는 덕원병원을 개설하였다. 의료활동 이외에도 목공소, 철제공장, 건축업, 농장 등을 운영하여 가난한 신자들을 구제하는 다양한 활동을 전개하였다. 해방 전까지만 해도 원산교구는 본당 12개, 공소 89개, 본당학교 12개, 성직자 35명, 수사 37명, 수녀 51명, 신자 1만 1천여 명이었다는 사실만 봐도 원산교구의 규모를 짐작할 수 있다.

◆ 평양성당 설립

원산교구에 이어 13년 뒤에 평양지역에도 평양교구가 설립되었다. 원산교구는 1883년에 첫 공소가 안변에 설립되면서 시작되었다면 평양교구는 1896년에 평양성 밖에 있던 평천리(지금의 평천구역)에 평양성당이 설립되면서 시작되었다. 1895년 가을에 황해도 수안을 중심으로 선교활동을 하던 파리외방전교회의 르장드르 신부가 평양 평천리에서 살고 있던 신자인 조신종의 집을 방문하여 신자들과 함께 미사를 봉헌하였고 이어 평양지역의 신자들이 돈을 모아 기와집을 사서 평양성당을 설립하였던 것이다. 2년 후인 1898년 5월에는 평양시 관후리(중구 서문동)로 이전하였고 1934년 2월 평양시 선교구역에 대신리성당으로 분리되면서 관후리성당으로 개칭하였다. 평양성당이 성직자들과 신자들은 1905년 9월에는 기명학교를 설립하였고 1906년 5월에는 성모여학교를 설립하였다. 그리고 진남포와 평북도의 의주, 피현 등지에 자 성당들을 분리 설립하면서 규모를 확대해 나갔다. 3대 주임이었던 김성학 신부가 재임하던 1927년 3월 17일에 평안도 지역이 서울대목구에서 분리되어 평양지목구로 설정되어 1931년 3월 서포(西浦)에 지목구 청사 및 성당이 건립되면서 이곳이 평양지목구의 행정 중심지로 되었다. 그리고 1939년 7월에는 평양지목구가 대목구로 승격되었으나 일제강점기 말인 1944년 2월에 성당과 부속 건물들이 징발되었다가 광복 이후인 1947년부터 북한 당국으로부터 환수 받아 성당 신축 공사를 시작하였으나 1949년 5월과 6월, 12월에 홍용호 주교, 12대 주임 김필현 신부, 서운석 신부가 각각 북한 당국에 피랍되면서 성당은 교인들이 없는 빈 공간으로 남게 되었다.

◆ 광복 후 소련의 천주교 탄압

였습니다. 1983년에는 한국전쟁 이후 처음으로 복음서가 북한에서 출간되었고, 1988년에는 평양에 개신교 교회당과 천주교 성당이 처음으로 세워졌습니다. 그리고 천주교 신자 단체인 '조선 천주교인 협회'가 천주교인의 이익을 대변하는 기구로 창설되었습니다. 1999년에는 '조선 카톨릭 협회'(위원장: 장재언)로 이름을 변경하여 평양 선교구역에 자리 잡은 '장충성당'을 중심으로 활동하고 있습니다.

2. 평양의 '조선천주교인협회중앙위원회'에서는 1991년 4·6배판 560면에 이르는 「카톨릭 기도서」와 몇몇 선교용 팸플릿을 간행하기도 하였습니다. 북한 신자들에 대한 남한 천주교회의 관심은 계속 이어져 오고 있습니다. 한국 천주교회는 1984년 한국 천주교회 200주년을 계기로 하여 북한 선교위원회를 조직하였습니다. 그리고 1995년 서울 대교구는 민족화해위원회를 조직하여 북한 문제에 대한 특별한 관심을 드러냈습니다. 민족화해위원회에서는 남북문제에서 주로 사용하던 '통일'이란 담론의 틀을 '화해'로 바꾸어, 민족 재일치의 방법과 지향점을 동시에 담아냈습니다. 1984년부터는 외국 국적을 가진 한국계 성직자들의 북한 방문이 가능해지면서, 미주 지역에서 교민 사목에 종사하는 성직자들이 북한을 정기적으로 방문, 북한 신자들과 교류하게 되었습니다.

3. 1989년에는 북한의 김일성 주석이 서울대교구의 김수환 추기경을 초청하였지만, 김수환 추기경은 평양을 방문할 수 없었습니다. 그러나 이때를 전후하여 북한 신자들과 남한 신

---

구소련은 1945년 8월에 일본에 선전포고를 하고 북한지역으로 남하하기 시작하였다. 청진과 회령본당에 있던 독일 선교사들과 수녀들은 피난을 가야 했다. 당시 미처 피난을 가지 못한 회령본당 주임신부였던 비트마로 파렌코프 신부는 1945년 8월 21일에 체포되어 처형되었다. 함흥을 거쳐 평양으로 입성한 소련군은 평양주교관과 부속건물을 양도할 것을 명령하였고 서포에 있던 수녀원에 군용트럭을 몰고 와서 주야로 횡포를 일삼았다. 당시 평양교구장이었던 홍용호 주교가 소련주둔군 사령부에 찾아가 항의하였고 신자들의 반발이 거세지자 소련당국은 1945년 10월에 사령관명령 제7호를 하달하였다. 명령 제3항에는 '각종 종교단체의 의식을 허용한다'는 내용이 포함되어 있었는데 이것은 무신론과 유물론을 앞세워 천주교나 개신교를 반대하던 소련공산당이 북한을 점령하는 동안에라도 북한주민들이 적대감을 해소하고 종교단체들이 저들에게 협조하도록 하기 위한 포용정책에 불과했다. 광복 당시에 북한에는 5만 5천여 명의 천주교 신자, 20만여 명의 개신교 신자, 40만여 명의 불교 신자들이 있었다. 북한당국은 처음에는 포용정책을 실시하면서도 공산체제수립에는 방해되는 세력으로 간주하고 사회생활에서 차별을 하였고 공직에서 배제하고 감시와 통제를 강화하였다. 6.25 전쟁이 일어나기 1년 전인 1949년에는 북한지역에서 천주교인들의 종교 활동은 북한당국의 반종교정책으로 통제되었다.

자들은 해외에서 간헐적으로 만났습니다. 그뿐만 아니라 1998년 5월에는 서울대교구 민족화해위원회 위원장 최창무(안드레아) 주교 일행이 사목적 목적으로 평양 장충성당을 방문하여 평양의 신자들을 직접 만났습니다. 2014년 5월 21일 염수정(안드레아) 추기경이 추기경으로써는 최초로 방북하면서 북한 천주교회의 재건과 북한 내의 천주교 신자들에 대한 관심이 높아졌습니다. 이러한 만남을 통해서 남한 천주교회는 북한 신앙공동체를 더욱 잘 이해하게 되었습니다.

4. 1945년 해방 당시 북한에 거주하던 천주교 신자는 대략 52,000여 명으로 집계되었습니다. 그러나 1988년 당시에는 모두 800여 명의 신자들을 기반으로 '조선 천주교인협회'가 평양에서 창설되었습니다. 통일부에 따르면 2008년 기준으로 대략 4,000여 명의 신자들이 북한에 있는 것으로 전해지고 있고, 한국천주교주교회의 민족화해위원회에서는 2013년 기준 비밀리에 신앙생활을 하는 북한의 천주교 신자를 1만 명 정도로 추정했습니다. 이들 가운데에는 한국전쟁 이전에 세례를 받은 구 교우뿐만 아니라 1980년대 후반 이후 새롭게 영세 입교한 신자들이 다수 포함되어 있습니다. 북한지역 신자들은 남포와 원산 등지에 공소를 세우려는 노력을 전개하고 있었습니다. 현재 북한에는 단 한 명의 성직자나 수도자도 없습니다. 그러므로 북한의 신앙공동체는 평신도·수도자·성직자로 구성되는 하느님 백성의 공동체로서 7성사가 모두 집전되고 교계제도를 갖춘 완벽한 교회에는 이르지 못하고 있습니다.

5. 이렇듯 북한의 신앙공동체가 비록 평신도 지도자들을 통하여 인도되고 있다 하더라도, 가톨릭 신앙공동체의 진정한 일부임이 확인되었습니다. 하느님에 대한 신앙을 고백하고 그리스도를 구세주로 받아들이며, 합당한 세례를 통해서 형성된 신자들의 조직이기 때문입니다. 북한 유일의 장충성당에서는 매주 일요일 종교집회가 집전되는데, 로마 교황청의 파견을 받은 성직자가 전무한 실정이라 신자 대표 2명이 번갈아가며 종교집회를 집전하고 있다고 합니다. 북한지방은 '함흥교구'와 '덕원자치수도원구' 그리고 '평양교구'로 이루어져 있습니다. 그러나 북한에는 성직자가 없기 때문에 춘천교구장이 함흥교구를, 서울대교구장이 평양교구를, 왜관수도원장이 덕원자치수도원구를 담당하고 있습니다.

6. 무엇보다도 남북한 천주교회 사이의 인도주의적 차원의 교류에 주목할 필요가 있습니다. 이러한 상황에서 서울대교구 민족화해위원회는 북한 신자들과 접촉하며, 북한 복음화 가능성을 위해 노력하고 있습니다. 한국 천주교회는 인도주의적 측면에서 북한의 기근을 돕기 위한 노력을 전개하였습니다. 민족화해위원회에서는 북한 돕기 캠페인을 통해서 모금된 금액 60억여 원으로 식량과 비료 등을 구입하여 북한 주민들을 지원하였습

니다. 서울대교구 뿐만 아니라 한국 천주교회 전체적으로도 북한의 기근 피해자를 돕기 위한 노력이 인도주의적 차원에서 전개되었습니다. 이러한 북한 동포에 대한 교회의 지원은, 현대 교회가 추구하고 있는 인간에 대한 보편적 구원 논리의 연장선상에서, 그리고 인류애 또는 동포애의 실천이라는 측면에서 가능하였습니다.

7. 2018년에는 프란치스코 교황이 북한을 방문할 수 있다는 소식이 앞다퉈 보도되었습니다. 일부 언론에서는 교황의 북한 방문이 확정되었다고 성급하게 기사를 내기도 했습니다. 2018년 9월 평양에서 열린 남북 정상회담 당시 문재인(디모테오) 대통령이 김정은 국무위원장에게 '프란치스코 교황님이 한반도 평화와 번영에 관심이 많다.'며 '교황님을 한 번 만나보는 게 어떠냐.'고 제안하면서 교황님의 북한 방문 논의가 시작됐습니다. 김 위원장은 교황이 평양을 방문하면 열렬히 환영하겠다고 화답했습니다. 문 대통령은 2018년 10월 18일 교황청에서 교황을 만난 자리에서 김 위원장이 교황님의 방북을 원한다는 뜻을 전달했습니다. 교황님은 "공식 초청장이 오면 무조건 응답을 줄 것이고, 북한에 갈 수 있다"는 긍정적 답변을 들려줬습니다.

8. 그러나 교황님이 실제로 북한을 방문할지는 지금으로서는 판단하기 쉽지 않습니다. 교회 안팎에서는 북한이 종교의 자유와 인권 문제 등을 해결하지 않은 채 교황님이 북한을 방문한다면 정치적으로 악용될 수 있다는 우려 섞인 목소리를 내고 있습니다. 북한에 천주교 신자가 없거나 있더라도 극소수에 불과한 현실에서 교황님을 누가, 어떻게 맞이할 것인지 같은 구체적인 의전문제까지 거론됩니다. 교황님은 '사목방문' 성격으로 세계 많은 나라들을 찾고 있습니다. 북한은 분단 이후 교회 공동체가 보존돼 있지 않기 때문에 교황님이 북한을 방문해도 사목방문이라고 볼 수는 없습니다. 교황님이 북한을 방문하신다면 그것은 '평화의 사도'로서 교황님이 북한을 방문한다고 보는 것이 옳을 것입니다. 교황님의 북한 방문이 한반도와 전 세계에 평화 메시지를 전하고 북한의 신앙공동체가 회복되는 계기가 되기를 바랍니다.

### 223. 성지순례를 하면서 한국 순교자들에게 바치는 기도는 어떤 내용인가요?

○ 이 땅의 모든 순교자여,
　당신들은 하느님의 은총에 힘입어
　굳은 신앙으로
　예수 그리스도의 사랑과
　복음과 교회를 위하여

피를 흘리셨나이다.

● 저희는 현세에서 악의 세력과 치열하게 싸우며
당신들이 거두신 승리의 영광을 노래하고
모든 선의 근원이신 하느님을 찬양하오니
저희를 위하여 빌어 주소서.

○ 위대하신 순교자들이여,
천상의 모후이신 성모 마리아와 함께
저희를 위하여 빌어 주시어
하느님의 자비를 얻어 주소서.

● 지금도 어둠의 세력이
교회를 박해하고 있사오니
하느님께서 전능하신 팔로 교회를 붙들어 보호하시며
아직 어둠 속에 있는 지역에까지
널리 퍼시도록 빌어 주소서.

○ 용감하신 순교자들이여, 특별히 청하오니
우리나라를 위하여 하느님께 빌어 주소서.

● 당신들은 이 땅에서
많은 고난을 겪으며 사시다가
목숨까지 바치셨으니

○ 전능하신 하느님께 빌어 주시어
교회를 이 땅에서 날로 자라게 하시며
사제와 수도자를 많이 나게 하시고

● 신자들이 주님의 계명을 잘 지키고
냉담 교우들은 다시 열심해지며
갈린 형제들은 같은 믿음으로 하나 되고
비신자들은 참신앙으로 하느님을 알아
천지의 창조주
인류의 구세주를 찾아오게 하소서.

○ 참으로 영광스러운 순교자들이여,
저희도 그 영광을 생각하며 기뻐하나이다.

간절히 청하오니
자비로우신 하느님 아버지께 빌어 주시어
저희와 친척과 은인들에게
필요한 은혜를 얻어 주소서.
● 또한 저희가 죽을 때까지
예수 그리스도를 한결같이 믿어 증언하며
비록 피는 흘리지 못할지라도
주님의 은총을 입어 선종하게 하소서.
○ 성 김대건 안드레아와 성 정하상 바오로와
동료 순교자들이여,
● 저희를 위하여 빌어 주소서.

### 224. 우리가 드리는 103위 한국 순교성인 호칭기도는 어떤 내용인가요?

† 사랑하는 형제 여러분,
우리의 마음을 당신 성전으로 삼으시는
전능하신 하느님 아버지께 기도하며
우리나라의 성인들이
천상의 모든 성인과 함께
우리와 소리를 맞추어 전구해 주시도록 간구합시다.

○ 주님, 자비를 베푸소서.
● 주님, 자비를 베푸소서.
○ 그리스도님, 자비를 베푸소서.
● 그리스도님, 자비를 베푸소서.
○ 주님, 자비를 베푸소서.
● 주님, 자비를 베푸소서.
○ 성모 마리아님
● 저희를 위하여 빌어주소서.
　　(다음은 같은 후렴)
○ 성 김대건 안드레아

- ○ 성 정하상 바오로
- ○ 성 이호영 베드로
- ○ 성 정국보 프로타시오
- ○ 성녀 김 아가타
- ○ 성녀 박 안나
- ○ 성녀 이 아가타
- ○ 성녀 김업이 막달레나
- ○ 성 이광헌 아우구스티노
- ○ 성녀 한 바르바라
- ○ 성녀 박희순 루치아
- ○ 성 남명혁 다미아노
- ○ 성 권득인 베드로
- ○ 성 장성집 요셉
- ○ 성녀 김 바르바라
- ○ 성녀 이 바르바라
- ○ 성녀 김 로사
- ○ 성녀 김성임 마르타
- ○ 성녀 이매임 데레사
- ○ 성녀 김장금 안나
- ○ 성 이광렬 요한
- ○ 성녀 이영희 막달레나
- ○ 성녀 김 루치아
- ○ 성녀 원귀임 마리아
- ○ 성녀 박 마리아
- ○ 성녀 권희 바르바라
- ○ 성 박후재 요한
- ○ 성녀 이정희 바르바라
- ○ 성녀 이연희 마리아
- ○ 성녀 김효주 아녜스
- ○ 성 최경환 프란치스코

- ○ 성 범 라우렌시오
- ○ 성 나 베드로
- ○ 성 정 야고보
- ○ 성 유진길 아우구스티노
- ○ 성녀 허계임 막달레나
- ○ 성 남이관 세바스티아노
- ○ 성녀 김 율리에타
- ○ 성녀 전경협 아가타
- ○ 성 조신철 가롤로
- ○ 성 김제준 이냐시오
- ○ 성녀 박봉손 막달레나
- ○ 성녀 홍금주 페르페투아
- ○ 성녀 김효임 골롬바
- ○ 성녀 김 루치아
- ○ 성녀 이 가타리나
- ○ 성녀 조 막달레나
- ○ 성 유대철 베드로
- ○ 성녀 유 체칠리아
- ○ 성 최창흡 베드로
- ○ 성녀 조증이 바르바라
- ○ 성녀 한영이 막달레나
- ○ 성녀 현경련 베네딕타
- ○ 성녀 정정혜 엘리사벳
- ○ 성녀 고순이 바르바라
- ○ 성녀 이영덕 막달레나
- ○ 성녀 김 데레사
- ○ 성녀 이 아가타
- ○ 성 민극가 스테파노
- ○ 성 정화경 안드레아
- ○ 성 허협 바오로

- ○ 성 박종원 아우구스티노
- ○ 성 홍병주 베드로
- ○ 성녀 손소벽 막달레나
- ○ 성녀 이경이 아가타
- ○ 성녀 이인덕 마리아
- ○ 성녀 권진이 아가타
- ○ 성 홍영주 바오로
- ○ 성 이문우 요한
- ○ 성녀 최영희 바르바라
- ○ 성 김성우 안토니오
- ○ 성 현석문 가롤로
- ○ 성 남경문 베드로
- ○ 성 한이형 라우렌시오
- ○ 성녀 우술임 수산나
- ○ 성 임치백 요셉
- ○ 성녀 김임이 데레사
- ○ 성녀 이 아가타
- ○ 성녀 정철염 가타리나
- ○ 성 유정률 베드로
- ○ 성 장 시므온
- ○ 성 백 유스토
- ○ 성 김 헨리코
- ○ 성 서 루도비코
- ○ 성 남종삼 요한
- ○ 성 전장운 요한
- ○ 성 최형 베드로
- ○ 성 정의배 마르코
- ○ 성 우세영 알렉시오
- ○ 성 안 안토니오
- ○ 성 민 루카

○ 성 오 베드로
○ 성 장주기 요셉
○ 성 황석두 루카
○ 성 손자선 토마스
○ 성 정문호 바르톨로메오
○ 성 조화서 베드로
○ 성 손선지 베드로
○ 성 이명서 베드로
○ 성 한재권 요셉
○ 성 정원지 베드로
○ 성 조윤호 요셉
○ 성 이윤일 요한
○ 하느님의 모든 성인
○ 주님, 자비를 베푸소서.
● 주님, 저희를 구원하소서.
   (다음은 같은 후렴)
○ 온갖 악에서
○ 모든 죄에서
○ 영원한 죽음에서
○ 사람이 되신 주님의 신비로
○ 주님의 죽음과 부활로
○ 성령을 보내심으로
○ 죄인들이 청하오니
● 저희의 기도를 들어주소서.
   (다음은 같은 후렴)
○ 주님의 거룩한 교회를 다스리며 보존하시기를 청하오니
○ 사도좌와 모든 성직자를 진리 안에 보존하시기를 청하오니
○ 우리 민족이 화목하고 평화로이 살게 해주시기를 청하오니
○ 주님을 섬기는 저희를 지켜주시고 굳세게 해주시기를 청하오니
○ 저희 모든 은인에게 영원한 행복을 주시기를 청하오니

○ 땅을 지키고 일구는 이들에게 풍성한 열매를 주시기를 청하오니

○ 저희 바람을 들어주시기를 청하오니

○ 하느님의 어린양, 세상의 죄를 없애시는 주님

● 저희를 용서하소서.

○ 하느님의 어린양, 세상의 죄를 없애시는 주님

● 저희의 기도를 들어주소서.

○ 하느님의 어린양, 세상의 죄를 없애시는 주님

● 자비를 베푸소서.

○ 그리스도님, 저희의 기도를 들으소서.

● 그리스도님, 저희의 기도를 들어주소서.

† 기도합시다.

　전능하시고 영원하신 하느님,

　주님께서는 산 이와 죽은 이를 모두 다스리시며

　주님을 믿고 따르는 백성을 사랑으로 보살피시나이다.

　간절히 청하오니 모든 성인의 전구를 들으시고

　모든 이에게 자비를 베푸소서.

　우리 주 그리스도를 통하여 비나이다.

◎ 아멘.

### 225. 우리가 바치는 124위 한국 순교복자 호칭기도는 어떤 내용인가요?

○ 주님, 자비를 베푸소서.

● 주님, 자비를 베푸소서.

○ 그리스도님, 자비를 베푸소서.

● 그리스도님, 자비를 베푸소서.

○ 주님, 자비를 베푸소서.

● 주님, 자비를 베푸소서.

○ 천주의 성모님

● 저희를 위하여 빌어주소서.

○ 그 배필이신 성 요셉

● 저희를 위하여 빌어주소서.

(다음은 같은 후렴)

○ 성 김대건 안드레아와 성 정하상 바오로와 동료 순교자들
○ 복자 윤지충 바오로
○ 복자 주문모 야고보
○ 복자 권상연 야고보
○ 복자 원시장 베드로
○ 복자 윤유일 바오로
○ 복자 최인길 마티아
○ 복자 지황 사바
○ 복자 이도기 바오로
○ 복자 방 프란치스코
○ 복자 박취득 라우렌시오
○ 복자 원시보 야고보
○ 복자 정산필 베드로
○ 복자 배관겸 프란치스코
○ 복자 인언민 마르티노
○ 복자 이보현 프란치스코
○ 복자 조용삼 베드로
○ 복자 최창현 요한
○ 복자 정약용 아우구스티노
○ 복자 홍교만 프란치스코 하비에르
○ 복자 최필공 토마스
○ 복자 홍낙민 루카
○ 복자 최창주 마르첼리노
○ 복자 이중배 마르티노
○ 복자 원경도 요한
○ 복자 윤유오 야고보
○ 복자 최필제 베드로
○ 복자 윤운혜 루치아
○ 복자 정복혜 칸디다

- 복자 정인혁 타대오
- 복자 정철상 가롤로
- 복자 심아기 바르바라
- 복자 강완숙 골룸바
- 복자 강경복 수산나
- 복자 김현우 마태오
- 복자 문영인 비비안나
- 복자 김연이 율리아나
- 복자 이현 안토니오
- 복자 최인철 이냐시오
- 복자 한신애 아가타
- 복자 윤점혜 아가타
- 복자 정순매 바르바라
- 복자 김이우 바르나바
- 복자 이국승 바오로
- 복자 김광옥 안드레아
- 복자 김정득 베드로
- 복자 한정흠 스타니슬라오
- 복자 김천애 안드레아
- 복자 최여겸 마티아
- 복자 김종교 프란치스코
- 복자 홍필주 필립보
- 복자 유항검 아우구스티노
- 복자 윤지헌 프란치스코
- 복자 유중철 요한
- 복자 유문석 요한
- 복자 현계흠 플로로
- 복자 김사집 프란치스코
- 복자 손경윤 제르바시오
- 복자 이경도 가롤로

- 복자 김계완 시몬
- 복자 정광수 바르나바
- 복자 홍익만 안토니오
- 복자 한덕운 토마스
- 복자 황일광 시몬
- 복자 홍인 레오
- 복자 권상문 세바스티아노
- 복자 이순이 루갈다
- 복자 유중성 마태오
- 복자 김진후 비오
- 복자 김윤덕 아가타 막달레나
- 복자 김시우 알렉시오
- 복자 최봉한 프란치스코
- 복자 서석봉 안드레아
- 복자 김강이 시몬
- 복자 김희성 프란치스코
- 복자 구성열 바르바라
- 복자 이시임 안나
- 복자 고성대 베드로
- 복자 고성운 요셉
- 복자 김종한 안드레아
- 복자 김화춘 야고보
- 복자 조숙 베드로
- 복자 권천례 데레사
- 복자 이경언 바오로
- 복자 박경화 바오로
- 복자 김세박 암브로시오
- 복자 안군심 리카르도
- 복자 이재행 안드레아
- 복자 박사의 안드레아

- 복자 김사건 안드레아
- 복자 이일언 욥
- 복자 신태보 베드로
- 복자 이태권 베드로
- 복자 정태봉 바오로
- 복자 김대권 베드로
- 복자 최해성 요한
- 복자 김조이 아나스타시아
- 복자 심조이 바르바라
- 복자 이봉금 아나스타시아
- 복자 최 비르지타
- 복자 홍재영 프로타시오
- 복자 최조이 바르바라
- 복자 이조이 막달레나
- 복자 오종례 야고보
- 복자 이성례 마리아
- 복자 오반지 바오로
- 복자 신석복 마르코
- 복자 김원중 스테파노
- 복자 장 토마스
- 복자 구한선 타대오
- 복자 정찬문 안토니오
- 복자 김기량 펠릭스 베드로
- 복자 박상근 마티아
- 복자 송 베네딕토
- 복자 송 베드로
- 복자 이 안나
- 복자 이정식 요한
- 복자 양재현 마르티노
- 복자 이양등 베드로

○ 복자 김종륜 루카
○ 복자 허인백 야고보
○ 복자 박경진 프란치스코
○ 복자 오 마르가리타
○ 복자 박대식 빅토리노
○ 복자 윤봉문 요셉
○ 하느님의 모든 성인
○ 주님, 자비를 베푸소서.
● 주님, 저희를 구원하소서.
　(다음은 같은 후렴)
○ 온갖 악에서
○ 모든 죄에서
○ 영원한 죽음에서
○ 사람이 되신 주님의 신비로
○ 주님의 죽음과 부활로
○ 성령의 강림으로
○ 죄인들이 청하오니
● 저희의 기도를 들어주소서.
　(다음은 같은 후렴)
○ 주님의 거룩한 교회를 다스리며 보존하시기를 청하오니
○ 사도좌와 모든 성직자를 진리 안에 보존하시기를 청하오니
○ 우리 민족이 화목하고 평화로이 살게 해 주시기를 청하오니
○ 환난 중에 있는 모든 이에게 자비를 베풀어 주시기를 청하오니
○ 주님을 섬기는 저희를 지켜 주시고 굳세게 해 주시기를 청하오니
○ 살아 계신 하느님의 아들 예수님, 청하오니
○ 그리스도님, 저희의 기도를 들으소서.
● 그리스도님, 저희의 기도를 들으소서.
○ 그리스도님, 저희의 기도를 들어주소서.
● 그리스도님, 저희의 기도를 들어주소서.

† 기도합시다.

　전능하시고 영원하신 하느님,

　이 땅에서 하느님의 백성을 선택하시어

　복음을 받아들이고 신앙을 꽃피우게 하셨으니

　복된 순교자들의 전구를 들으시고

　저희에게 자비를 베푸시어

　저희가 언제나 복음을 따라 살아가게 하소서.

　우리 주 그리스도를 통하여 비나이다.

◎ 아멘.

### 226 우리가 바치는 시복시성을 위한 기도문은 어떤 내용인가요?

○ 거룩하신 하느님 아버지!

　저희 신앙의 선조인 순교자들과

　증거자 최양업 토마스 사제에게

　사랑과 성덕의 은혜를 베풀어 주심에 감사하나이다.

● 주님께서는 저희 순교자들에게

　강한 믿음과 용덕의 은혜를 베푸시어

　순교로 주님을 증거하게 하시고

　최양업 토마스 사제에게는

　복음 선포의 열정을 주시어 주님을 현양하게 하셨나이다.

　◎ 자애로우신 주님!

　간절히 청하오니

　저희 신앙의 선조인

　복자 윤지충 바오로와 동료 123위에게 시성의 영예를 허락하시고

　하느님의 종 최양업 토마스 사제

　하느님의 종 이벽 요한 세례자와 동료 132위

　하느님의 종 홍용호 프란치스코 보르지아 주교와 동료 80위

　하느님의 종 신상원 보니파시오 사우어 아빠스와 동료 37위에게는

　시복의 영광을 허락하시어

후손인 저희들이 그들을 본받아 신앙을 굳건히 지키며
복음의 증인으로 살아갈 수 있도록
은총 내려주소서.
우리 주 그리스도를 통하여 비나이다. 아멘.
○ 천주의 성모 마리아님!
● 저희를 위하여 빌어 주소서!
○ 한국의 모든 성인 성녀와 복자님!
● 저희를 위하여 빌어 주소서!

부록

1. 103위 한국 순교성인 명단

2. 전국 교구별 성지·순례지·순교사적지 현황

## 솔뫼성지

1845년은 한국 교회 최초의 방인 사제인 김대건(金大建, 1821-1846년) 안드레아 신부가 사제품을 받고 귀국한 역사적인 해이다. 세계 교회 역사상 그 유래가 없이 자생적으로 설립된 한국 천주교회는 그 해 김대건 안드레아 신부의 사제 서품과 귀국으로 비로소 명실상부한 교회의 모습을 갖추게 된다. 솔뫼는 바로 한국 최초의 사제 성 김대건 안드레아 신부의 탄생지로서, 성인이 박해를 피해 조부 김택현(金澤鉉)을 따라 용인 땅 골배마실로 이사 갈 때인 일곱 살까지 살았던 곳이다. '소나무가 우거진 작은 동산'이라는 뜻을 가진 '솔뫼'는 충청남도 당진시 우강면 송산리에 위치한 작은 마을이다. 이곳은 김해 김씨 안경공파에 속한 김대건 안드레아 신부의 증조부 복자 김진후 비오(金震厚, 1739-1814년 순교), 종조부 복자 김종한 안드레아(金宗漢, ?-1816년 순교, 족보에는 漢鉉으로 나옴), 부친 성 김제준 이냐시오(金濟俊, 1796-1839년 순교) 그리고 김대건 안드레아 신부 등 4대의 순교자가 살던 곳이다. 김대건 안드레아 신부는 바로 이곳에서 사제품 받고 1년 만인 1846년 순교하기까지 그의 삶을 채웠던 뜨거운 신앙과 열정을 배웠던 것이다. 김대건 안드레아 신부가 1984년 5월 6일 서울 여의도 광장에서 성 요한 바오로 2세 교황에 의해 성인품에 오르고 30년 뒤인 2014년 8월 16일, 나머지 3대 순교선조들도 서울 광화문 광장에서 프란치스코 교황에 의해 복자품에 올라 4대 모두 복자와 성인품을 받았다.

# 103위 한국 순교성인 명단

| 번호 | 성 명 | 세례명 | 신 분 | 순교일 | 나이 | 순교지 | 비 고 |
|---|---|---|---|---|---|---|---|
| 1 | 김대건 | 안드레아 | 신부 | 1846-09-16 | 남26 | 새남터.군문효수 | 최초 한국인 사제/41의 아들 |
| 2 | 정하상 | 바오로 | 회장,신학생 | 1839-09-22 | 남45 | 서소문 밖.참수 | 49의 아들/ 54의 오빠/복자 정약종 차남/복자 정철상 동생 |
| 3 | 이호영 | 베드로 | 회장 | 1838-11-25 | 남36 | 형조전옥.옥사 | 7의 남동생 |
| 4 | 정국보 | 프로타시오 | 공인,상인 | 1839-05-20 | 남41 | 포청옥.옥사 | |
| 5 | 김아기 | 아가타 | 과부 | 1839-05-24 | 여53 | 서소문 밖.참수 | |
| 6 | 박아기 | 안나 | 부인 | 1839-05-24 | 여57 | 서소문 밖.참수 | |
| 7 | 이소사 | 아가타 | 과부 | 1839-05-24 | 여56 | 서소문 밖.참수 | 3의 누나 |
| 8 | 김업이 | 막달레나 | 과부 | 1839-05-24 | 여66 | 서소문 밖.참수 | |
| 9 | 이광헌 | 아우구스티노 | 회장 | 1839-05-24 | 남53 | 서소문 밖.참수 | 26의 남편/58의 아버지/21의 형 |
| 10 | 한아기 | 바르바라 | 과부 | 1839-05-24 | 여48 | 서소문 밖.참수 | |
| 11 | 박희순 | 루치아 | 동정궁녀 | 1839-05-24 | 여39 | 서소문 밖.참수 | 25의 동생 |
| 12 | 남명혁 | 다미아노 | 회장 | 1839-05-24 | 남38 | 서소문 밖.참수 | 29의 남편 |
| 13 | 권득인 | 베드로 | 상인 | 1839-05-24 | 남35 | 서소문 밖.참수 | |
| 14 | 장성집 | 요셉 | 환부 | 1839-05-26 | 남54 | 포청옥.옥사 | |
| 15 | 김 | 바르바라 | 과부 | 1839-05-27 | 여35 | 옥사 | |
| 16 | 이 | 바르바라 | 동정녀 | 1839-05-27 | 여15 | 옥사 | 22, 28의 조카/36의 외손녀 |
| 17 | 김 노사 | 로사 | 과부 | 1839-07-20 | 여56 | 서소문 밖.참수 | |
| 18 | 김성임 | 마르타 | 과부 | 1839-07-20 | 여50 | 서소문 밖.참수 | |
| 19 | 이매임 | 데레사 | 부인 | 1839-07-20 | 여52 | 서소문 밖.참수 | 36의 시누이/22,28의 고모 |
| 20 | 김장금 | 안나 | 과부 | 1839-07-20 | 여51 | 서소문 밖.참수 | |
| 21 | 이광렬 | 요한 | 공인 | 1839-07-20 | 남45 | 서소문 밖.참수 | 9의 동생/26의 시동생/ 58의 작은 아버지 |
| 22 | 이영희 | 막달레나 | 동정 | 1839-07-20 | 여31 | 서소문 밖.참수 | 36의 딸/28의 동생 |
| 23 | 김 누시아 | 루치아 | 동정녀 | 1839-07-20 | 여22 | 서소문 밖.참수 | |
| 24 | 원귀임 | 마리아 | 동정녀 | 1839-07-20 | 여22 | 서소문 밖.참수 | |
| 25 | 박큰아기 | 마리아 | 부인 | 1839-09-03 | 여54 | 서소문 밖.참수 | 11의 언니 |
| 26 | 권희 | 바르바라 | 부인 | 1839-09-03 | 여46 | 서소문 밖.참수 | 9의 아내/58의 어머니/ 21의 형수 |
| 27 | 박후재 | 요한 | 상인 | 1839-09-03 | 남41 | 서소문 밖.참수 | 복자 박취득의 아들 |
| 28 | 이정희 | 바르바라 | 과부 | 1839-09-03 | 여41 | 서소문 밖.참수 | 36의 딸/22의 언니 |
| 29 | 이연희 | 마리아 | 부인 | 1839-09-03 | 여36 | 서소문 밖.참수 | 12의 아내 |
| 30 | 김효주 | 아녜스 | 동정녀 | 1839-09-03 | 여24 | 서소문 밖.참수 | 44의 여동생 |

| 번호 | 성 명 | 세례명 | 신 분 | 순교일 | 나이 | 순교지 | 비 고 |
|---|---|---|---|---|---|---|---|
| 31 | 최경환 | 프란치스코 | 회장 | 1839-09-12 | 남35 | 옥사 | 복자 최양업신부 아버지/복자 이성례마리아 남편 |
| 32 | 앵베르 | 라우렌시오 | 제2대 조선교구장주교 | 1839-09-21 | 남43 | 새남터.군문효수 | 한국이름 범세형 |
| 33 | 모방 | 베드로 | 신부 | 1839-09-21 | 남36 | 새남터.군문효수 | 한국이름 나 백다록 |
| 34 | 샤스탕 | 야고보 | 신부 | 1839-09-21 | 남36 | 새남터.군문효수 | 한국이름 정 아각백 |
| 35 | 유진길 | 아우구스티노 | 회장,역관 | 1839-09-22 | 남49 | 서소문 밖.참수 | 48의 아버지 |
| 36 | 허계임 | 막달레나 | 부인 | 1839-09-26 | 여67 | 서소문 밖.참수 | 19의 올케/22, 28의 어머니/16의 외할머니 |
| 37 | 남이관 | 세바스티아노 | 회장 | 1839-09-26 | 남60 | 서소문 밖.참수 | 51의 남편 |
| 38 | 김 유리대 | 율리에타 | 궁녀 | 1839-09-26 | 여56 | 서소문 밖.참수 | |
| 39 | 전경협 | 아가타 | 궁녀 | 1839-09-26 | 여53 | 서소문 밖.참수 | |
| 40 | 조신철 | 가롤로 | 마부,복사 | 1839-09-26 | 남45 | 서소문 밖.참수 | 70의 남편 |
| 41 | 김제준 | 이냐시오 | 회장 | 1839-09-26 | 남44 | 서소문 밖.참수 | 1의 아버지 |
| 42 | 박봉손 | 막달레나 | 과부 | 1839-09-26 | 여44 | 서소문 밖.참수 | |
| 43 | 홍금주 | 페르페투아 | 과부 | 1839-09-26 | 여36 | 서소문 밖.참수 | |
| 44 | 김효임 | 골룸바 | 동정녀 | 1839-09-26 | 여26 | 서소문 밖.참수 | 30의 언니 |
| 45 | 김 | 루치아 | 과부.동정 | 1839-07-?? | 여71 | 옥사.당현참수 | |
| 46 | 이 | 가타리나 | 과부 | 1839-09-?? | 여57 | 옥사 | 47의 어머니 |
| 47 | 조 | 막달레나 | 동정녀 | 1839-09-?? | 여33 | 옥사 | 46의 딸 |
| 48 | 유대철 | 베드로 | 소년 | 1839-10-31 | 남13 | 옥사.교사 | 35의 아들 |
| 49 | 유소사 | 체칠리아 | 과부 | 1839-11-23 | 여79 | 옥사 | 복자 정약종의 아내/복자 정철상과 2, 54의 어머니 |
| 50 | 최창흡 | 베드로 | 회장 | 1839-12-29 | 남53 | 서소문 밖.참수 | 복자 최창현 동생/64의 남편/70의 친정아버지/40의 장인 |
| 51 | 조증이 | 바르바라 | 부인 | 1839-12-29 | 여58 | 서소문 밖.참수 | 37의 아내 |
| 52 | 한영이 | 막달레나 | 과부 | 1839-12-29 | 여56 | 서소문 밖.참수 | 67의 어머니 |
| 53 | 현경련 | 베네딕타 | 여회장 | 1839-12-29 | 여46 | 서소문 밖.참수 | 72의 누나/복자 현계흠 딸/복자 최창현 며느리 |
| 54 | 정정혜 | 엘리사벳 | 여회장 | 1839-12-29 | 여43 | 서소문 밖.참수 | 49의 딸/복자 정약종의딸/복자 정철상과 2의 여동생 |
| 55 | 고순이 | 바르바라 | 부인 | 1839-12-29 | 여42 | 서소문 밖.참수 | 62의 아내 |
| 56 | 이영덕 | 막달레나 | 동정녀 | 1839-12-29 | 여28 | 서소문 밖.참수 | 66의 언니 |
| 57 | 김 | 데레사 | 과부 | 1840-01-09 | 여45 | 옥사 | |
| 58 | 이 | 아가타 | 동정녀 | 1840-01-09 | 여18 | 옥사 | 9, 26의 딸/21의 조카 |
| 59 | 민극가 | 스테파노 | 회장 | 1840-01-30 | 남54 | 옥사.교수 | |

| 번호 | 성 명 | 세례명 | 신 분 | 순교일 | 나이 | 순교지 | 비 고 |
|---|---|---|---|---|---|---|---|
| 60 | 정화경 | 안드레아 | 회장 | 1840-01-23 | 남34 | 옥사.교수 | |
| 61 | 허협 | 바오로 | 군인 | 1840-01-30 | 남46 | 옥사.포청옥교수 | |
| 62 | 박종원 | 아우구스티노 | 회장 | 1840-01-31 | 남49 | 당고개.참수 | 55의 남편 |
| 63 | 홍병주 | 베드로 | 회장 | 1840-01-31 | 남43 | 당고개.참수 | 68의 형/복자 홍낙민의 손자/ 복자 홍재형의 조카 |
| 64 | 손소벽 | 막달레나 | 부인 | 1840-01-31 | 여40 | 당고개.참수 | 50의 아내/70의 친정어머니/ 40의 장모 |
| 65 | 이경이 | 아가타 | 동정녀 | 1840-01-3 | 여28 | 당고개.참수 | |
| 66 | 이인덕 | 마리아 | 동정녀 | 1840-01-31 | 여23 | 당고개.참수 | 56의 동생 |
| 67 | 권진이 | 아가타 | 동정녀 | 1840-01-31 | 여22 | 당고개.참수 | 52의 딸 |
| 68 | 홍영주 | 바오로 | 회장 | 1840-02-01 | 남40 | 당고개.참수 | 63의 동생/복자 홍낙민의 손자/복자 홍재형의 조카 |
| 69 | 이문우 | 요한 | 복사 | 1840-02-01 | 남32 | 당고개.참수 | |
| 70 | 최영이 | 바르바라 | 부인 | 1840-02-01 | 여23 | 당고개.참수 | 40의 아내/50,64의 딸 |
| 71 | 김성우 | 안토니오 | 회장 | 1841-04-29 | 남48 | 옥사 | |
| 72 | 현석문 | 가롤로 | 회장 | 1846-09-19 | 남51 | 새남터.군문효수 | 53의 남동생/ 복자 현계흠의 아들 |
| 73 | 남경문 | 베드로 | 회장 | 1846-09-20 | 남51 | 포청옥.장살 | |
| 74 | 한이형 | 라우렌시오 | 회장 | 1846-09-20 | 남49 | 포청옥.장살 | |
| 75 | 우술임 | 수산나 | 과부 | 1846-09-20 | 여45 | 포청옥.교수 | |
| 76 | 임치백 | 요셉 | 사공 | 1846-09-20 | 남44 | 옥사.교수 | |
| 77 | 김임이 | 데레사 | 동정녀 | 1846-09-20 | 여37 | 포청옥.교수 | |
| 78 | 이간난 | 아가타 | 과부 | 1846-09-20 | 여34 | 옥사 | |
| 79 | 정철염 | 가타리나 | 부인 | 1846-09-20 | 여31 | 옥사.교수 | |
| 80 | 유정률 | 베드로 | 회장 | 1866-02-17 | 남31 | 평양 | |
| 81 | 베르뇌 | 시메온 | 제4대 조선교구장주교 | 1866-03-07 | 남52 | 새남터.군문효수 | |
| 82 | 랑페르 드 브르트니에르 | 유스토 | 신부 | 1866-03-07 | 남28 | 새남터.군문효수 | |
| 83 | 도리 | 헨리코 | 신부 | 1866-03-07 | 남27 | 새남터.군문효수 | |
| 84 | 볼리외 | 루도비코 | 신부 | 1866-03-07 | 남26 | 새남터 | |
| 85 | 남종삼 | 요한 | 승지 | 1866-03-07 | 남51 | 서소문 밖.참수 | |
| 86 | 전장운 | 요한 | 상인 | 1866-03-09 | 남57 | 서소문 밖.참수 | |
| 87 | 최형 | 베드로 | 회장 | 1866-03-09 | 남54 | 서소문 밖.참수 | |
| 88 | 정의배 | 마르코 | 회장 | 1866-03-11 | 남73 | 새남터.군문효수 | |
| 89 | 우세영 | 알렉시오 | 번역관 | 1866-03-11 | 남23 | 새남터.군문효수 | |

| 번호 | 성 명 | 세례명 | 신 분 | 순교일 | 나이 | 순교지 | 비 고 |
|---|---|---|---|---|---|---|---|
| 90 | 다블뤼 | 안토니오 | 제5대 조선교구장주교 | 1866-03-30 | 남49 | 갈매못.군문효수 | 한국이름 안돈이 |
| 91 | 위앵 | 루카.마르티노 | 신부 | 1866-03-30 | 남30 | 갈매못.군문효수 | 한국이름 성 민 |
| 92 | 오매트르 | 베드로 | 신부 | 1866-03-30 | 남29 | 갈매못.군문효수 | 한국이름 성 오 |
| 93 | 장주기 | 요셉 | 회장 | 1866-03-30 | 남65 | 갈매못.군문효수 | |
| 94 | 황석두 | 루카 | 회장 | 1866-03-30 | 남55 | 갈매못.군문효수 | |
| 95 | 손자선 | 토마스 | 농부 | 1866-05-18 | 남24 | 공주.교수 | |
| 96 | 정문호 | 바르톨로메오 | 원님 | 1866-12-13 | 남67 | 숲정이.참수 | |
| 97 | 조화서 | 베드로 | 농부 | 1866-12-13 | 남53 | 숲정이.참수 | 102의 아버지 |
| 98 | 손선지 | 베드로 | 회장 | 1866-12-13 | 남48 | 숲정이.참수 | |
| 99 | 이명서 | 베드로 | 농부 | 1866-12-13 | 남47 | 숲정이.참수 | |
| 100 | 한재권 | 요셉 | 회장 | 1866-12-13 | 남32 | 숲정이.참수 | |
| 101 | 정원지 | 베드로 | 농부 | 1866-12-13 | 남22 | 숲정이.참수 | |
| 102 | 조윤호 | 요셉 | 농부 | 1866-12-23 | 남19 | 서천교.참수 | 97의 아들 |
| 103 | 이윤일 | 요한 | 회장 | 1867-01-21 | 남46 | 관덕정.참수 | |

## 103위 한국 순교성인 명단 (가나다순)

| 번호 | 성 명 | 세례명 | 신 분 | 순교일 | 나이 | 순교지 | 비 고 |
|---|---|---|---|---|---|---|---|
| 1 | 고순이 | 바르바라 | 부인 | 1839-12-29 | 여42 | 서소문 밖.참수 | 32의 아내 |
| 2 | 권득인 | 베드로 | 상인 | 1839-05-24 | 남35 | 서소문 밖.참수 | |
| 3 | 권진이 | 아가타 | 동정녀 | 1840-01-31 | 여22 | 당고개.참수 | 93의 딸 |
| 4 | 권희 | 바르바라 | 부인 | 1839-09-03 | 여46 | 서소문 밖.참수 | 58의 아내/54의 어머니/57의 형수 |
| 5 | 김 | 바르바라 | 과부 | 1839-05-27 | 여35 | 옥사 | |
| 6 | 김 | 루치아 | 과부.동정 | 1839-07-?? | 여71 | 옥사.당현참수 | |
| 7 | 김 | 데레사 | 과부 | 1840-01-09 | 여45 | 옥사 | |
| 8 | 김노사 | 로사 | 과부 | 1839-07-20 | 여56 | 서소문 밖.참수 | |
| 9 | 김누시아 | 루치아 | 동정녀 | 1839-07-20 | 여22 | 서소문 밖.참수 | |
| 10 | 김유리대 | 율리에타 | 궁녀 | 1839-09-26 | 여56 | 서소문 밖.참수 | |
| 11 | 김대건 | 안드레아 | 신부 | 1846-09-16 | 남26 | 새남터.군문효수 | 최초 한국인 사제/18의 아들 |
| 12 | 김성우 | 안토니오 | 회장 | 1841-04-29 | 남48 | 옥사 | |
| 13 | 김성임 | 마르타 | 과부 | 1839-07-20 | 여50 | 서소문 밖.참수 | |
| 14 | 김아기 | 아가타 | 과부 | 1839-05-24 | 여53 | 서소문 밖.참수 | |
| 15 | 김업이 | 막달레나 | 과부 | 1839-05-24 | 여66 | 서소문 밖.참수 | |
| 16 | 김임이 | 데레사 | 동정녀 | 1846-09-20 | 여37 | 포청옥.교수 | |
| 17 | 김장금 | 안나 | 과부 | 1839-07-20 | 여51 | 서소문 밖.참수 | |
| 18 | 김제준 | 이냐시오 | 회장 | 1839-09-26 | 남44 | 서소문 밖.참수 | 11의 아버지 |
| 19 | 김효임 | 골롬바 | 동정녀 | 1839-09-26 | 여26 | 서소문 밖.참수 | 20의 언니 |
| 20 | 김효주 | 아녜스 | 동정녀 | 1839-09-03 | 여24 | 서소문 밖.참수 | 19의 여동생 |
| 21 | 남경문 | 베드로 | 회장 | 1846-09-20 | 남51 | 포청옥.장살 | |
| 22 | 남명혁 | 다미아노 | 회장 | 1839-05-24 | 남38 | 서소문 밖.참수 | 63의 남편 |
| 23 | 남이관 | 세바스티아노 | 회장 | 1839-09-26 | 남60 | 서소문 밖.참수 | 86의 남편 |
| 24 | 남종삼 | 요한 | 승지 | 1866-03-07 | 남51 | 서소문 밖.참수 | |
| 25 | 다블뤼 | 안토니오 | 제5대 조선교구장주교 | 1866-03-30 | 남49 | 갈매못.군문효수 | 한국이름 안돈이 |
| 26 | 도리 | 헨리코 | 신부 | 1866-03-07 | 남27 | 새남터.군문효수 | |
| 27 | 랑페르 드 브르트니에르 | 유스토 | 신부 | 1866-03-07 | 남28 | 새남터.군문효수 | |
| 28 | 모방 | 베드로 | 신부 | 1839-09-21 | 남36 | 새남터.군문효수 | 한국이름 나 백다록 |
| 29 | 민극가 | 스테파노 | 회장 | 1840-01-30 | 남54 | 옥사.교수 | |
| 30 | 박봉손 | 막달레나 | 과부 | 1839-09-26 | 여44 | 서소문 밖.참수 | |

| 번호 | 성명 | 세례명 | 신분 | 순교일 | 나이 | 순교지 | 비고 |
|---|---|---|---|---|---|---|---|
| 31 | 박아기 | 안나 | 부인 | 1839-05-24 | 여57 | 서소문 밖.참수 | |
| 32 | 박종원 | 아우구스티노 | 회장 | 1840-01-31 | 남49 | 당고개.참수 | 1의 남편 |
| 33 | 박큰아기 | 마리아 | 부인 | 1839-09-03 | 여54 | 서소문 밖.참수 | |
| 34 | 박후재 | 요한 | 상인 | 1839-09-03 | 남41 | 서소문 밖.참수 | 복자 박취득의 아들 |
| 35 | 박희순 | 루치아 | 동정궁녀 | 1839-05-24 | 여39 | 서소문 밖.참수 | |
| 36 | 베르뇌 | 시메온 | 제4대 조선교구장주교 | 1866-03-07 | 남52 | 새남터.군문효수 | |
| 37 | 볼리외 | 루도비코 | 신부 | 1866-03-07 | 남26 | 새남터.군문효수 | |
| 38 | 샤스탕 | 야고보 | 신부 | 1839-09-21 | 남36 | 새남터.군문효수 | 한국이름 정 아각백 |
| 39 | 손선지 | 베드로 | 회장 | 1866-12-13 | 남48 | 숲정이.참수 | |
| 40 | 손소벽 | 막달레나 | 부인 | 1840-01-31 | 여40 | 당고개.참수 | 90의 아내/89의 친정어머니/84의 장모 |
| 41 | 손자선 | 토마스 | 농부 | 1866-05-18 | 남24 | 공주.교수 | |
| 42 | 앵베르 | 라우렌시오 | 제2대 조선교구장주교 | 1839-09-21 | 남43 | 새남터.군문효수 | 한국이름 범세형 |
| 43 | 오매트르 | 베드로 | 신부 | 1866-03-30 | 남29 | 갈매못.군문효수 | 한국이름 성 오 |
| 44 | 우세영 | 알렉시오 | 번역관 | 1866-03-11 | 남23 | 새남터.군문효수 | |
| 45 | 우술임 | 수산나 | 과부 | 1846-09-20 | 여45 | 포청옥.교수 | |
| 46 | 원귀임 | 마리아 | 동정녀 | 1839-07-20 | 여22 | 서소문 밖.참수 | |
| 47 | 위앵 | 루카.마르티노 | 신부 | 1866-03-30 | 남30 | 갈매못.군문효수 | 한국이름 성 민 |
| 48 | 유대철 | 베드로 | 소년 | 1839-10-31 | 남13 | 옥사.교사 | 51의 아들 |
| 49 | 유소사 | 체칠리아 | 과부 | 1839-11-23 | 여79 | 옥사 | 복자 정약종의 아내/복자 정철상과 79, 81의 어머니 |
| 50 | 유정률 | 베드로 | 회장 | 1866-02-17 | 남31 | 평양 | |
| 51 | 유진길 | 아우구스티노 | 회장, 역관 | 1839-09-22 | 남49 | 서소문 밖.참수 | 48의 아버지 |
| 52 | 이 | 바르바라 | 동정녀 | 1839-05-27 | 여15 | 옥사 | 64, 67의 조카/96의 외손녀 |
| 53 | 이 | 가타리나 | 과부 | 1839-09-?? | 여57 | 옥사 | 83의 어머니 |
| 54 | 이 | 아가타 | 동정녀 | 1840-01-09 | 여18 | 옥사 | 4, 58의 딸/57의 조카 |
| 55 | 이간난 | 아가타 | 과부 | 1846-09-20 | 여34 | 옥사 | |
| 56 | 이경이 | 아가타 | 동정녀 | 1840-01-3 | 여28 | 당고개.참수 | |
| 57 | 이광렬 | 요한 | 공인 | 1839-07-20 | 남45 | 서소문 밖.참수 | 58의 동생/4의 시동생/53의 작은 아버지 |
| 58 | 이광헌 | 아우구스티노 | 회장 | 1839-05-24 | 남53 | 서소문 밖.참수 | 4의 남편/54의 아버지/57의 형 |
| 59 | 이매임 | 데레사 | 부인 | 1839-07-20 | 여52 | 서소문 밖.참수 | 96의 시누이/64, 67의 고모 |
| 60 | 이명서 | 베드로 | 농부 | 1866-12-13 | 남47 | 숲정이.참수 | |

| 번호 | 성명 | 세례명 | 신분 | 순교일 | 나이 | 순교지 | 비고 |
|---|---|---|---|---|---|---|---|
| 61 | 이문우 | 요한 | 복사 | 1840-02-01 | 남32 | 당고개.참수 | |
| 62 | 이소사 | 아가타 | 과부 | 1839-05-24 | 여56 | 서소문 밖.참수 | 69의 누나 |
| 63 | 이연희 | 마리아 | 부인 | 1839-09-03 | 여36 | 서소문 밖.참수 | 22의 아내 |
| 64 | 이영덕 | 막달레나 | 동정녀 | 1839-12-29 | 여28 | 서소문 밖.참수 | 67의 동생 |
| 65 | 이영희 | 막달레나 | 동정 | 1839-07-20 | 여31 | 서소문 밖.참수 | 96의 딸/67의 동생 |
| 66 | 이윤일 | 요한 | 회장 | 1867-01-21 | 남46 | 관덕정.참수 | |
| 67 | 이인덕 | 마리아 | 동정녀 | 1840-01-31 | 여23 | 당고개.참수 | 64의 언니 |
| 68 | 이정희 | 바르바라 | 과부 | 1839-09-03 | 여41 | 서소문 밖.참수 | 96의 딸/65의 언니 |
| 69 | 이호영 | 베드로 | 회장 | 1838-11-25 | 남36 | 형조전옥.옥사 | 62의 남동생 |
| 70 | 임치백 | 요셉 | 사공 | 1846-09-20 | 남44 | 옥사.교수 | |
| 71 | 장성집 | 요셉 | 환부 | 1839-05-26 | 남54 | 포청옥.옥사 | |
| 72 | 장주기 | 요셉 | 회장 | 1866-03-30 | 남65 | 갈매못.군문효수 | |
| 73 | 전경협 | 아가타 | 궁녀 | 1839-09-26 | 여53 | 서소문 밖.참수 | |
| 74 | 전장운 | 요한 | 상인 | 1866-03-09 | 남57 | 서소문 밖.참수 | |
| 75 | 정국보 | 프로타시오 | 공인, 상인 | 1839-05-20 | 남41 | 포청옥.옥사 | |
| 76 | 정문호 | 바르톨로메오 | 원님 | 1866-12-13 | 남67 | 숲정이.참수 | |
| 77 | 정원지 | 베드로 | 농부 | 1866-12-13 | 남22 | 숲정이.참수 | |
| 78 | 정의배 | 마르코 | 회장 | 1866-03-11 | 남73 | 새남터.군문효수 | |
| 79 | 정정혜 | 엘리사벳 | 여회장 | 1839-12-29 | 여43 | 서소문 밖.참수 | 49의 딸/복자 정약종의딸/복자 정철상과 81의 여동생 |
| 80 | 정철염 | 가타리나 | 부인 | 1846-09-20 | 여31 | 옥사.교수 | |
| 81 | 정하상 | 바오로 | 회장, 신학생 | 1839-09-22 | 남45 | 서소문 밖.참수 | 49의 아들/ 79의 오빠/ 복자 정약종 차남/ 복자 청철상 동생 |
| 82 | 정화경 | 안드레아 | 회장 | 1840-01-23 | 남34 | 옥사.교수 | |
| 83 | 조 | 막달레나 | 동정녀 | 1839-09-?? | 여33 | 옥사 | 53의 딸 |
| 84 | 조신철 | 가롤로 | 마부, 복사 | 1839-09-26 | 남45 | 서소문 밖.참수 | 89의 남편 |
| 85 | 조윤호 | 요셉 | 농부 | 1866-12-23 | 남19 | 서천교.참수 | 87의 아들 |
| 86 | 조증이 | 바르바라 | 부인 | 1839-12-29 | 여58 | 서소문 밖.참수 | 23의 아내 |
| 87 | 조화서 | 베드로 | 농부 | 1866-12-13 | 남53 | 숲정이.참수 | 85의 아버지 |
| 88 | 최경환 | 프란치스코 | 회장 | 1839-09-12 | 남35 | 옥사 | 복자 최양업신부 아버지/복자 이성례마리아 남편 |
| 89 | 최영이 | 바르바라 | 부인 | 1840-02-01 | 여23 | 당고개.참수 | 84의 아내/40, 90의 딸 |
| 90 | 최창흡 | 베드로 | 회장 | 1839-12-29 | 남53 | 서소문 밖.참수 | 복자 최창현 동생/40의 남편/89의 친정아버지/84의 장인 |

| 번호 | 성명 | 세례명 | 신분 | 순교일 | 나이 | 순교지 | 비고 |
|---|---|---|---|---|---|---|---|
| 91 | 최형 | 베드로 | 회장 | 1866-03-09 | 남54 | 서소문 밖.참수 | |
| 92 | 한아기 | 바르바라 | 과부 | 1839-05-24 | 여48 | 서소문 밖.참수 | |
| 93 | 한영이 | 막달레나 | 과부 | 1839-12-29 | 여56 | 서소문 밖.참수 | 3의 어머니 |
| 94 | 한이형 | 라우렌시오 | 회장 | 1846-09-20 | 남49 | 포청옥.장살 | |
| 95 | 한재권 | 요셉 | 회장 | 1866-12-13 | 남32 | 숲정이.참수 | |
| 96 | 허계임 | 막달레나 | 부인 | 1839-09-26 | 여67 | 서소문 밖.참수 | 59의 올케/64, 67의 어머니/52의 외할머니 |
| 97 | 허협 | 바오로 | 군인 | 1840-01-30 | 남46 | 옥사.포청옥교수 | |
| 98 | 현경련 | 베네딕타 | 여회장 | 1839-12-29 | 여46 | 서소문 밖.참수 | 99의 누나/복자 현계흠 딸/복자 최창현 며느리 |
| 99 | 현석문 | 가롤로 | 회장 | 1846-09-19 | 남51 | 새남터.군문효수 | 98의 남동생/복자 현계흠의 아들 |
| 100 | 홍금주 | 페르페투아 | 과부 | 1839-09-26 | 여36 | 서소문 밖.참수 | |
| 101 | 홍병주 | 베드로 | 회장 | 1840-01-31 | 남43 | 당고개.참수 | 102의 형/복자 홍낙민의 손자/복자 홍재형의 조카 |
| 102 | 홍영주 | 바오로 | 회장 | 1840-02-01 | 남40 | 당고개.참수 | 101의 동생/복자 홍낙민의 손자/복자 홍재형의 조카 |
| 103 | 황석두 | 루카 | 회장 | 1866-03-30 | 남55 | 갈매못.군문효수 | |

# 전국 교구별 성지·순례지·순교사적지 현황

2020년 10월 현재

| 번호 | 순례길 | 명칭 | 주소 | 전화번호 | 홈페이지 |
|---|---|---|---|---|---|
| | 서울대교구 : 성지 9곳. 순례지 8곳. 순교사적지 8곳. 합계 25곳 ||||||
| 1 | 성지 | 광희문 성지 | 서울시 중구 퇴계로 348 | 02) 2234-1456 | |
| 2 | 성지 | 노고산 성지 | 서울시 마포구 백범로 35 서강대학교 가브리엘관 앞 | 02) 705-8161 | |
| 3 | 성지 | 당고개(용산) 순교성지 | 서울시 용산구 청파로 139-26 (신계동 56) | 02) 711-0933 | http://www.danggogae.org |
| 4 | 성지 | 명동 주교좌성당 | 서울시 중구 명동길 74 | 02) 774-1784 | http://www.mdsd.or.kr |
| 5 | 성지 | 삼성산 성지 | 서울시 관악구 호암로 545 | 02) 875-2271 | http://www.ssss.or.kr |
| 6 | 성지 | 새남터 순교성지 | 서울시 용산구 이촌로 80-8 | 02) 716-1791 | http://www.saenamteo.or.kr |
| 7 | 성지 | 서소문 밖 네거리 순교성지 | 서울시 중구 칠패로 5 | 02) 3147-2401 | |
| 8 | 성지 | 왜고개 성지 | 서울시 용산구 한강대로 40길 46 | 02) 798-2457 | |
| 9 | 성지 | 절두산 순교성지 | 서울시 마포구 토정로 6 | 02) 3142-4434 | |
| 10 | 순례지 | 가톨릭대학교 성신교정 | 서울시 종로구 창경궁로 296-12 | 02) 740-9714 | http://songsin.catholic.ac.kr |
| 11 | 순례지 | 가회동 성당 | 서울시 종로구 북촌로 57 | 02) 763-1570 | http://gahoe.or.kr |
| 12 | 순례지 | 용산 성심신학교 | 서울시 용산구 원효로 19길 49 | 02) 701-5501 | |
| 13 | 순례지 | 용산 성직자 묘지 | 서울시 용산구 효창원로 15길 37 | 02) 719-3301 | http://www.yongsanch.or.kr |
| 14 | 순례지 | 종로 성당 | 서울시 종로구 동순라길 8 | 02) 765-6101 | http://www.jongnocc.com |
| 15 | 순례지 | 중림동 약현 성당 | 서울시 중구 청파로 447-1 | 02) 362-1891 | http://www.yakhyeon.or.kr |
| 16 | 순례지 | 한국 순교자 103위 시성 터 | 서울시 영등포구 여의공원로 68 | | |
| 17 | 순례지 | 한국 천주교 순교자 124위 시복 터 | 서울시 종로구 세종로 광화문 북측 광장 | | |
| 18 | 순교사적 | 경기 감영 터 | 서울시 종로구 새문안로 9 적십자 병원 정문 옆 | | |

| 번호 | 순례길 | 명칭 | 주소 | 전화번호 | 홈페이지 |
|---|---|---|---|---|---|
| 19 | 순교사적지 | 김범우의 집터 | 서울시 중구 을지로 66 KEB 하나은행 본점 앞 | | |
| 20 | 순교사적지 | 우포도청 터 | 서울시 종로구 종로 6 광화문 우체국 앞 화단 | | |
| 21 | 순교사적지 | 의금부 터 | 서울시 종로구 종로 47 SC 제일은행 본점 앞 | | |
| 22 | 순교사적지 | 이벽의 집터 (한국 천주교회 창립 터) | 서울시 종로구 청계천로 105 두레시닝 빌딩 앞 | | |
| 23 | 순교사적지 | 전옥서 터 | 서울시 종로구 종로 1가 지하철 1호선 종각역 6번 출구 화단 | | |
| 24 | 순교사적지 | 좌포도청 터 | 서울시 종로구 돈화문로 28 종로5가 파출소 종로3가 치안센터 옆 화단 | | |
| 25 | 순교사적지 | 형조 터 | 서울시 종로구 세종대로 175 세종 문화 회관 앞 바닥 돌 | | |
| | | 춘천교구 : 성지1곳. 순례지 8곳. 순교사적지 6곳. 합계 15곳 | | | |
| 26 | 성지 | 죽림동 순교성지 | 강원도 춘천시 약사고개길 21 (성직자 묘역 내) | 033) 254-2631 | |
| 27 | 순례지 | 강릉 대도호부 관아 | 강원도 강릉시 임영로 131번길 | 033) 642-0700 | |
| 28 | 순례지 | 겟세마니 피정의 집 | 강원도 인제군 남면 빙어마을길 196 | 033) 461-4243 | (신앙의 증인 조선희 필립보 신부) |
| 29 | 순례지 | 곰실 공소 (춘천교구의 요람) | 강원도 춘천시 동내면 동내로 220 | 033) 264-9101 | |
| 30 | 순례지 | 금광리 공소 | 강원도 강릉시 구정면 금평로 514 | 033) 643-8460 | |
| 31 | 순례지 | 임당동 성당 | 강원도 강릉시 임영로 148 | 033) 642-0700 | http://cafe.daum.net/iddc |
| 32 | 순례지 | 춘천교구 주교관과 교육원 | 강원도 춘천시 공지로 300 | 033) 240-6029 | |
| 33 | 순례지 | 행정 공소 (옹기 마을 신앙촌) | 강원도 강릉시 연곡면 행정 2길 14 | 033) 662-5264 | http://www.hjgongso.or.kr |
| 34 | 순례지 | 홍천 성당 | 강원도 홍천읍 마지기로 54 | 033) 433-1026 | |
| 35 | 순교사적지 | 광암 이벽 요한 세례자 진묘 터와 생가 터 | 경기도 포천시 일동면 화동로 1079번길 7 | 031) 531-5236 | |
| 36 | 순교사적지 | 묵호 성당(순교자 라 파트리치오 신부) | 강원도 동해시 발한로 161 | 033) 535-8455 | |
| 37 | 순교사적지 | 소양로 성당(순교자 고 안토니오 신부) | 강원도 춘천시 모수물길 22번길 26 | 033) 255-2117 | http://cafe.daum.net/ccsoyangro |

| 번호 | 순례길 | 명칭 | 주소 | 전화번호 | 홈페이지 |
|---|---|---|---|---|---|
| 38 | 순교사적지 | 순교자 라 파트리치오 신부 순교 터 | 강릉시 옥계면 낙풍리 산 16-2번지 | 033) 535-8455 | |
| 39 | 순교사적지 | 양양 성지(순교자 이광재 티모테오 신부) | 강원도 양양군 양양읍 군청길 17 | 033) 671-8911 | http://cafe.daum.net/jhw0623 |
| 40 | 순교사적지 | 포천 순교성지(복자 홍인 레오 순교 터) | 경기도 포천시 군내면 호국로 1564 | 031) 534-0057 | |
| | | 대전교구 : 성지 9곳. 순교사적지 14곳. 합계 23곳 | | | |
| 41 | 성지 | 갈매못 순교성지 | 충남 보령시 오천면 오천해안로 610 | 041) 932-1311 | http://www.galmaemot.kr |
| 42 | 성지 | 공세리 성당 | 충남 아산시 인주면 공세리성당길 10 | 041) 533-8181 | http://www.gongseri.or.kr |
| 43 | 성지 | 대흥 봉수산 순교성지 | 충남 예산군 대흥면 의좋은형제길 25-14 | 041) 333-0202 | http://cafe.daum.net/bongsusan1801 |
| 44 | 성지 | 성거산 성지 | 충남 천안시 서북구 입장면 위례산길 394 | 041) 584-7199 | http://www.sgm.or.kr |
| 45 | 성지 | 솔뫼 성지 | 충남 당진시 우강면 솔뫼로 132 | 041) 362-5021 | http://www.solmoe.or.kr |
| 46 | 성지 | 청양 다락골 성지 | 충남 청양군 화성면 다락골길 78-6 | 041) 943-8123 | http://www.daracgol.or.kr |
| 47 | 성지 | 해미 순교성지 | 충남 서산시 해미면 성지 1로 13 | 041) 688-3183 | http://www.haemi.or.kr |
| 48 | 성지 | 홍주 순교성지 | 충남 홍성군 홍성읍 아문길 37-1 | 041) 633-2402 | http://hongjushrine.com |
| 49 | 성지 | 황새 바위 순교성지 | 충남 공주시 왕릉로 118 | 041) 854-6321~2 | http://www.hwangsae.or.kr |
| 50 | 순교사적지 | 남방제 | 충남 아산시 신창면 서부북로 763-42 | 041) 534-2324 | http://cafe.daum.net/nambangjaeshrine |
| 51 | 순교사적지 | 도앙골 성지 | 충남 부여군 내산면 금지로 302 | 041) 836-9625 | http://cafe.daum.net/southnaepo |
| 52 | 순교사적지 | 배나드리 | 충남 예산군 삽교읍 용동리 270-23 | 041) 338-1924 | |
| 53 | 순교사적지 | 산막골·작은재 | 산막골: 충남 서천군 판교면 금덕로 81번길 119 | 041) 951-9014 | |
| 54 | 순교사적지 | 삽티 성지 | 충남 부여군 홍산면 삽티로 489-6 | 041) 836-9625 | http://cafe.daum.net/southnaepo |
| 55 | 순교사적지 | 서짓골 성지 | 충남 보령시 미산면 평라리 438-3 | 041) 836-9625 | http://cafe.daum.net/southnaepo |
| 56 | 순교사적지 | 수리치골 성모 성지 | 충남 공주시 신풍면 용수봉갑길 544 | 041) 841-1750 | http://www.trihm.kr |

| 번호 | 순례길 | 명칭 | 주소 | 전화번호 | 홈페이지 |
|---|---|---|---|---|---|
| 57 | 순교사적지 | 신리 성지 | 충남 당진시 합덕읍 평야 6로 135 | 041) 363-1359 | http://www.sinri.or.kr |
| 58 | 순교사적지 | 여사울 성지 | 충남 예산군 신암면 신종여사울길 22 | 041) 332-7860 | http://cafe.daum.net/yeosaul |
| 59 | 순교사적지 | 원머리 | 충남 당진시 신평면 한정리 231-1 | 041) 363-6761 | http://www.sinpyeongcatholic.or.kr |
| 60 | 순교사적지 | 지석리 | 충남 부여군 충화면 지석리 368-1 | 041) 836-0067 | |
| 61 | 순교사적지 | 진산 성지 | 충남 금산군 진산면 실학로 207 | 041) 752-6249 | http://jinsan.djcatholic.or.kr |
| 62 | 순교사적지 | 합덕 성당 | 충남 당진시 합덕읍 합덕성당 2길 22 | 041) 363-1061 | http://www.hdcatholic.or.kr |
| 63 | 순교사적지 | 황무실 성지 | 충남 당진시 합덕읍 석우리 1013 | 041) 362-5947 | |
| 인천교구 : 성지 3곳. 순례지 4곳. 순교사적지 1곳. 합계 8곳 ||||||
| 64 | 성지 | 갑곶 순교성지 | 인천시 강화군 강화읍 해안동로 1366번길 35 | 032) 933-1525 | http://gabgot.com |
| 65 | 성지 | 제물진두 순교성지 | 인천시 중구 제물량로 240 | 032) 764-4191 | http://cafe.naver.com/jemuljin |
| 66 | 성지 | 진무영 순교성지 | 인천시 강화군 강화읍 북문길 41 (관청리 643) 강화 성당 내 | | 032-933-2282 |
| 67 | 순례지 | 답동 주교좌성당 | 인천광역시 중구 우현로 50번길 2 | 032) 762-7613 | http://www.dapdong.or.kr |
| 68 | 순례지 | 성모 순례지(성모당) | 인천시 동구 박문로 1(송림동) 인천교구청 | 032) 765-6961 | http://www.caincheon.or.kr |
| 69 | 순례지 | 성체 순례성지 | 경기도 김포시 북변로 29-12 (북변동 259-1) | 070) 7391-7214 | |
| 70 | 순례지 | 일만 위 순교자 현양 동산 | 인천시 강화군 내가면 고비고개로 741번길 107 | 032) 932-6318 | http://ilmanwe.or.kr |
| 71 | 순교사적지 | 이승훈 베드로 묘 (반주골) | 인천시 남동구 장수동 산 132-1 | 032) 765-6916 | |
| 수원교구 : 성지 11곳. 순교사적지 3곳. 합계 14곳 ||||||
| 72 | 성지 | 구산 성지 | 경기도 하남시 미사강변북로 99 | 031) 792-8540 | http://www.gusansungji.or.kr |
| 73 | 성지 | 남양 성모 성지 | 경기도 화성시 남양읍 남양성지로 112 | 031) 356-5880 | http://www.남양성모성지.kr |
| 74 | 성지 | 남한산성 순교성지 | 경기도 광주시 중부면 남한산성로 763-58 | 031) 749-8522 | http://남한산성순교성지.org |

| 번호 | 순례길 | 명칭 | 주소 | 전화번호 | 홈페이지 |
|---|---|---|---|---|---|
| 75 | 성지 | 단내 성가정 성지 | 경기도 이천시 호법면 이섭대천로 155번길 38-13 | 031) 633-9531 | http://www.dannae.or.kr |
| 76 | 성지 | 미리내 성지 | 경기도 안성시 양성면 미리내성지로 420 | 031) 674-1256 | http://www.mirinai.or.kr |
| 77 | 성지 | 수리산 성지 | 경기도 안양시 만안구 병목안로 408 | 031) 449-2842 | http://www.surisan.kr |
| 78 | 성지 | 수원 성지(수원 화성, 북수동 성당) | 경기도 수원시 팔달구 정조로 842 | 031) 246-8844~5 | http://suwons.net/ |
| 79 | 성지 | 양근 성지 | 경기도 양평군 양평읍 물안개공원길 37 | 031) 775-3357 | http://www.yanggeun.org |
| 80 | 성지 | 어농 성지 | 경기도 이천시 모가면 어농로 62번길 148 | 031) 636-4061 | http://www.onong.or.kr |
| 81 | 성지 | 죽산 순교성지 | 경기도 안성시 일죽면 장암로 276-44 | 031) 676-6701 | http://org.catholic.or.kr/juksan |
| 82 | 성지 | 천진암 성지 | 경기도 광주시 퇴촌면 천진암로 1203 | 031) 764-5994 | http://www.chonjinam.org |
| 83 | 순교사적지 | 손골 성지 | 경기도 용인시 수지구 동천로 437번길 67 | 031) 263-1242 | http://www.sonkol.co.kr |
| 84 | 순교사적지 | 요당리 성지 | 경기도 화성시 양감면 요당길 155 | 031) 353-9725 | http://www.yodangshrine.kr |
| 85 | 순교사적지 | 은이·골배 마실 성지 | 경기도 용인시 처인구 양지면 은이로 182 | 031) 338-1702 | http://www.euni.or.kr |

원주교구 : 성지 1곳, 순례지 3곳, 순교사적지 4곳, 합계 8곳

| 번호 | 순례길 | 명칭 | 주소 | 전화번호 | 홈페이지 |
|---|---|---|---|---|---|
| 86 | 성지 | 배론 성지 | 충북 제천시 봉양읍 배론성지길 296 | 043) 651-4527 | http://www.baeron.or.kr |
| 87 | 순례지 | 대안리 공소 | 강원도 원주시 흥업면 승안동길 216 | 033) 766-3030 | |
| 88 | 순례지 | 용소막 성당 | 강원도 원주시 신림면 구학산로 1857 | 033) 763-2343 | |
| 89 | 순례지 | 원동 주교좌성당 | 강원도 원주시 원일로 27 | 033) 765-3350 | http://www.wjwd.or.kr |
| 90 | 순교사적지 | 강원 감영 | 강원도 원주시 원일로 85 | 033) 737-4767 | |
| 91 | 순교사적지 | 성 남종삼 요한·순교자 남상교 아우구스티노 유택지 | 충북 제천시 봉양읍 제원로 10길 15-7 | 033) 763-2343 | |
| 92 | 순교사적지 | 성내동 성당 | 강원 삼척시 성당길 34-84 | 033) 574-2273 | http://cafe.daum.net/soungnea |
| 93 | 순교사적지 | 풍수원 성당 | 강원도 횡성군 서원면 경강로 유현 1길 30 | 033) 342-0035 | http://www.pungsuwon.org |

| 번호 | 순례길 | 명칭 | 주　　소 | 전화번호 | 홈페이지 |
|---|---|---|---|---|---|
| 의정부교구 : 순례지 2곳. 순교사적지 7곳. 합계 9곳 ||||||
| 94 | 순례지 | 의정부 주교좌성당 | 경기도 의정부시 신흥로 265번길 27 | (031) 836-1980 | http://www.ujbhome.or.kr |
| 95 | 순례지 | 행주 성당 | 경기도 고양시 덕양구 행주산성로 144번길 50 | (031) 974-1728 | http://cafe.daum.net/haengjucatholic |
| 96 | 순교사적지 | 갈곡리 성당 | 경기도 파주시 법원읍 화합로 466번길 25 | (031) 959-1208 | |
| 97 | 순교사적지 | 마재 성가정 성지 | 경기도 남양주시 조안면 다산로 698-44 | (031) 576-5412 | http://www.majaesungji.or.kr |
| 98 | 순교사적지 | 성 남종삼 요한과 가족 묘소 | 경기도 양주시 장흥면 울대리 산 22-2 | (031) 855-1215 | |
| 99 | 순교사적지 | 신암리 성당 | 경기도 양주시 남면 감악산로 489번길 27-32 | (031) 862-3455 | |
| 100 | 순교사적지 | 양주 순교성지 | 경기도 양주시 부흥로 1399번길 62 | (031) 841-1866 | http://www.facebook.com/yjmartyrsshrine |
| 101 | 순교사적지 | 참회와 속죄의 성당 | 경기도 파주시 탄현면 성동로 111 | (031) 941-3159 | http://pu2046.kr |
| 102 | 순교사적지 | 황사영 알렉시오 순교자 묘 | 경기도 양주시 장흥면 부곡리 116-2 | (031) 855-1215 | http://cafe.daum.net/songchuchurch |
| 대구대교구 : 성지 4곳. 순례지 9곳. 순교사적지 4곳. 합계 17곳 ||||||
| 103 | 성지 | 관덕정 순교 기념관 | 대구시 중구 관덕정길 11 | (053) 254-0151 | http://www.daegusaint.com |
| 104 | 성지 | 복자 성당 | 대구시 동구 송라동 22 | (053) 745-3850 | http://cafe.daum.net/bokjabondang |
| 105 | 성지 | 신나무골 성지 | 경북 칠곡군 지천면 칠곡대로 2189-24 | (054) 974-3217 | |
| 106 | 성지 | 한티 순교성지 | 경북 칠곡군 동명면 한티로 1길 69 | (054) 975-5151 | |
| 107 | 순례지 | 가실 성당 | 경북 칠곡군 왜관읍 가실 1길 1 | (054) 976-1102 | http://www.gasil.kr |
| 108 | 순례지 | 계산 주교좌성당 | 대구시 중구 서성로 10 | (053) 254-2300 | http://www.kyesan.org |
| 109 | 순례지 | 구룡 공소 | 경북 청도군 운문면 구룡마을길 361-5 | (053) 852-2102 | |
| 110 | 순례지 | 김수환 추기경 사랑과 나눔 공원 (김수환 추기경 생가) | 경북 군위군 군위읍 군위금성로 270 | (054) 383-1922 | http://www.cardinalkim-park.org |
| 111 | 순례지 | 김천 황금 성당 | 경북 김천시 학사대길 64 | (054) 433-3880 | http://cafe.daum.net/kimchonhounggumdong |

| 번호 | 순례길 | 명칭 | 주소 | 전화번호 | 홈페이지 |
|---|---|---|---|---|---|
| 112 | 순례지 | 새방골 성당 | 대구시 서구 새방로 27길 9 | 053) 553-2979 | |
| 113 | 순례지 | 성 유스티노 신학교 | 대구시 중구 명륜로 12길 47 | 053) 660-5100 | |
| 114 | 순례지 | 성모당 | 대구시 중구 남산로 4길 112 | 053) 250-3055 | |
| 115 | 순례지 | 성직자 묘지 | 대구시 중구 남산로 4길 112 | | |
| 116 | 순교사적지 | 경상 감영과 옥 터 (대안 성당) | 대구시 중구 서성로 16길 77 | 053) 252-6249 | http://cafe.daum.net/DAEAN |
| 117 | 순교사적지 | 경주 관아와 옥 터 (성건 성당) | 경북 경주시 북문로 55번길 24 | 054) 749-8900 | http://cafe.daum.net/gjsgsd |
| 118 | 순교사적지 | 비산(날뫼) 성당 | 대구시 서구 북비산로 67길 31 | 053) 564-1004 | http://cafe.daum.net/bisanseongdang |
| 119 | 순교사적지 | 진목정 성지 | 경북 경주시 산내면 수의길 192 | 054) 751-6488 | http://www.jinmokjeong.or.kr |

### 부산교구 : 성지 4곳. 순례지 2곳. 순교사적지 2곳. 합계 8곳

| 번호 | 순례길 | 명칭 | 주소 | 전화번호 | 홈페이지 |
|---|---|---|---|---|---|
| 120 | 성지 | 김범우 순교자 성지 | 경남 밀양시 사기점길 50-100 | 055) 356-7030 | |
| 121 | 성지 | 수영 장대 순교성지 | 부산시 수영구 광일로 29번길 51 | 051) 756-3351 | http://www.jangdae.or.kr |
| 122 | 성지 | 오륜대 순교자 성지 | 부산시 금정구 오륜대로 106-1 | 051) 515-0030 | http://www.oryundae.com |
| 123 | 성지 | 울산 병영 순교성지 | 울산시 중구 외솔큰길 241 | 052) 294-3344 | |
| 124 | 순례지 | 살티 공소 | 울산시 울주군 상북면 덕현살티길 11 | 052) 262-5312 | |
| 125 | 순례지 | 언양 성당 | 울산시 울주군 언양읍 구교동 1길 11 | 052) 262-5312~3 | http://eonyang.pbcbs.co.kr |
| 126 | 순교사적지 | 조씨 형제 순교자 묘 | 부산시 강서구 생곡길 26번길 9-19 | 051) 972-8283 | http://history.catb.kr |
| 127 | 순교사적지 | 죽림굴 | 울산시 울주군 상북면 억새벌길 220-78 | 052) 262-5312 | |

### 청주교구 : 성지 3곳. 순례지 1곳. 순교사적지 1곳. 합계 5곳

| 번호 | 순례길 | 명칭 | 주소 | 전화번호 | 홈페이지 |
|---|---|---|---|---|---|
| 128 | 성지 | 배티 성지 | 충북 진천군 백곡면 배티로 663-13 | 043) 533-5710 | http://www.baeti.org |
| 129 | 성지 | 서운동 순교성지 성당 (청주 읍성 순교성지) | 충북 청주시 상당구 대성로 41 | 043) 252-6985 | |

| 번호 | 순례길 | 명칭 | 주소 | 전화번호 | 홈페이지 |
|---|---|---|---|---|---|
| 130 | 성지 | 연풍 순교성지 | 충북 괴산군 연풍면 중앙로 홍문 2길 14 | 043) 833-5064 | http://www.ypseongi.org |
| 131 | 순례지 | 감곡 매괴 성모 순례지 성당 | 충북 음성군 감곡면 성당길 10 | 043) 881-2808 | http://www.maegoe.com |
| 132 | 순교사적지 | 멍에목 성지 | 충북 보은군 속리산면 구병길 4-11 | 043) 543-0691 | |
| | | 마산교구 : 성지 3곳. 순례지 1곳. 순교사적지 2곳. 합계 6곳 | | | |
| 133 | 성지 | 대산 성당(복자 구한선 타대오 성지) | 경남 함안군 대산면 대산중앙로 183 | 055) 582-8041 | http://cafe.daum.net/daesanseungji |
| 134 | 성지 | 명례 성지 | 경남 밀양시 하남읍 명례안길 44-3 | 055) 391-1205 | http://cafe.daum.net/myungrye |
| 135 | 성지 | 복자 윤봉문 요셉 성지 | 경남 거제시 일운면 지세포 3길 69-22 | 055) 682-1898 | http://myjh.cathms.kr |
| 136 | 순례지 | 순교자의 딸 유섬이 묘 | 경남 거제시 거제면 내간리 산 53-2번지 | 055) 633-4040 | |
| 137 | 순교사적지 | 복자 박대식 빅토리노 묘 | 경남 김해시 진례면 청천리 산 30 | 055) 345-3226 | |
| 138 | 순교사적지 | 복자 정찬문 안토니오 묘 | 경남 진주시 사봉면 동부로 1751번길 46-6 | 055) 761-5453 | |
| | | 안동교구 : 성지 1곳. 순례지 3곳. 순교사적지 3곳. 합계 7곳 | | | |
| 139 | 성지 | 마원 성지(복자 박상근 마티아 묘) | 경북 문경시 문경읍 마원리 599-1 (오서길 73) | 054) 572-0531 | 문경성당 |
| 140 | 순례지 | 신앙 고백비 (옥산 성당) | 경북 상주시 청리면 삼괴 2길 (삼괴리 361) | 054) 532-4507 | |
| 141 | 순례지 | 우곡 성지 | 경북 봉화군 봉성면 시거리길 397 | 054) 673-4152 | |
| 142 | 순례지 | 홍유택 고택지 (휴천동 성당) | 경북 영주시 단산면 구구로 239-6 | 054) 638-1781 | |
| 143 | 순교사적지 | 상주 옥 터 (남성동 성당) | 경북 상주시 남문 2길 89-15번지 (성동동 633-2) | 054) 531-1781~3 | |
| 144 | 순교사적지 | 여우목 성지 | 경북 문경시 문경읍 중평리 96 | 054) 572-0531 | 문경성당 |
| 145 | 순교사적지 | 진안리 성지 | 경북 문경시 문경읍 진안리 92-4 | 054) 572-0531 | 문경성당 |
| | | 광주대교구 : 순교사적지 4곳. 합계 4곳 | | | |
| 146 | 순교사적지 | 가톨릭 목포 성지(산정동 레지오 마리애 기념 성당/ 광주대교구 역사 박물관) | 전남 목포시 노송길 35 (산정동) | 061) 279-4650 | http://cafe.daum.net/catholicms |

| 번호 | 순례길 | 명칭 | 주소 | 전화번호 | 홈페이지 |
|---|---|---|---|---|---|
| 147 | 순교사적지 | 곡성 옥 터 (곡성 성당) | 전남 곡성군 곡성읍 읍내 11길 20 | 061) 362-1004 | http://www.gscatholic.co.kr |
| 148 | 순교사적지 | 나주 순교자 기념 성당 | 전남 나주시 박정길 3 | 061) 334-2123 | |
| 149 | 순교사적지 | 영광 순교자 기념 성당 | 전남 영광군 영광읍 중앙로 2길 40 | 061) 351-2276 | |
| 전주교구 : 성지 4곳, 순교사적지 7곳, 합계 11곳 ||||||
| 150 | 성지 | 여산 하늘의 문 성당(백지사 터, 숲정이, 배다리) | 전북 익산시 여산면 영전길 14 | 063) 838-8761 | |
| 151 | 성지 | 전동 순교성지 | 전북 전주시 완산구 태조로 51 | 063) 284-3222 | http://www.jeondong.or.kr |
| 152 | 성지 | 천호 성지 | 전북 완주군 비봉면 천호성지길 124 | 063) 263-1004~5 | http://www.cheonhos.org |
| 153 | 성지 | 치명자산 성지 | 전북 전주시 완산구 바람쐬는길 92 | 063) 285-5755 | http://www.joanlugalda.com |
| 154 | 순교사적지 | 고창 개갑 장터 순교성지 | 전북 고창군 공음면 선운대로 91 | 063) 564-2044 | 고창 성당 |
| 155 | 순교사적지 | 김제 순교성지 | 전북 김제시 신풍길 253-16 (요촌 성당) | 063) 544-0151 | 요촌 성당 |
| 156 | 순교사적지 | 나바위 성지 | 전북 익산시 망성면 나바위 1길 146 | 063) 861-9210 | http://www.nabawi.kr |
| 157 | 순교사적지 | 서천교, 초록 바위 | 전북 전주시 완산구 서완산동 1가 231-4 | 063) 284-3222 | 전동 성당 |
| 158 | 순교사적지 | 전주 숲정이 성지 | 전북 전주시 덕진구 공북로 19 | 063) 255-2677~8 | 전주가톨릭신학원 |
| 159 | 순교사적지 | 전주 옥 터 | 전북 전주시 완산구 현무 1길 20 (한국 전통문화 전당 후문) | 063) 284-3222 | 전동 성당 |
| 160 | 순교사적지 | 초남이 성지 | 전북 완주군 이서면 초남신기길 122-1 | 063) 214-5004 | http://cafe.daum.net/chonamri |
| 제주교구 : 성지 1곳, 순례지 5곳, 순교사적지 1곳, 합계 7곳 ||||||
| 161 | 성지 | 용수 성지(성 김대건 신부 제주 표착 기념 성당) | 제주도 제주시 한경면 용수 1길 108 | 064) 772-1252 | http://cafe.daum.net/St.FatherKimDaeGun |
| 162 | 순례지 | 관덕정 순교 터 | 제주도 제주시 관덕로 19 | 064) 753-2271 | 제주 중앙 주교좌성당 |
| 163 | 순례지 | 대정 성지 (정난주 마리아 묘) | 제주도 서귀포시 대정읍 동일리 10 | 064) 794-2074 | 모슬포 성당 |
| 164 | 순례지 | 새미 은총의 동산 | 제주도 제주시 한림읍 새미소길 15 | 064) 796-4181 | 성 이시돌 피정 센터 |

| 번호 | 순례길 | 명칭 | 주 소 | 전화번호 | 홈페이지 |
|---|---|---|---|---|---|
| 165 | 순례지 | 황경한 묘 | 제주도 제주시 추자면 신양리 산 20-1 | 064) 742-3777 | 추자공소 |
| 166 | 순례지 | 황사평 성지 | 제주도 제주시 기와5길 117-22 | 064) 729-9500 | 제주교구청 |
| 167 | 순교사적지 | 김기량 순교 현양비 | 제주도 제주시 조천읍 함덕리 940-2 | 064) 784-6173 | 조천 성당 |

전국 교구별 성지 54곳. 순례지 46곳. 순교사적지 67곳. 합계 167곳

## 참고문헌·참고서적

- 한국천주교중앙협의회, 『성경』, 2005
- 한국천주교중앙협의회, 『가톨릭 기도서』, 2018
- 한국천주교중앙협의회, 『경향잡지』, 1996년 7월호
- 한국교회사연구소, 『한국가톨릭대사전』, 2006
- 한국교회사연구소, 『한국천주교회사 1-5권』, 2010
- 김진소신부, 『한국천주교회사』, 1998
- 손옥희, 『한국천주교회사 상』, 2009
- 이석재신부, 『신유박해와 순교자신심』, 2015
- 한국교회사연구소(최석우외), 『한국천주교회사 순교 연구논문집』, 2014
- 김문태·이석원, 『한국천주교회사 기고문』, 2013
- 아드리앙 로네·폴 데통베, 『한국 순교자 103위 성인전 상·하』, 2018
- 안충석신부, 『한국 순교자 영성』, 2015
- 이찬우신부, 『월간 빛』, 2019년 6월호
- 김병수신부, 『참 소중한 당신』, 2020년 4월호
- 박재만신부, 『새로운 복음화를 위한 한국교회의 영적자세』, 2001
- 오영환·박정자, 『순교의 맥을 찾아서』, 2009
- 기쁨과 희망 사목연구원, 『기쁨과 희망』, 2019년 겨울 제24호
- 서울대교구 가톨릭 인터넷굿뉴스, 『가톨릭 정보자료실 성인·성지』, 2020
- 가톨릭신문, 『가톨릭신문 자료실』, 2020
- 가톨릭평화신문, 『가톨릭평화신문 자료실』, 2020
- 위키위키, 『나무위키 백과사전 자료실』, 2020
- 다음, 『다음 정보자료실』, 2020
- 네이버, 『네이버 정보자료실』, 2020

## 엮은이

김 성 열 마태오

· 1955년 충남 서산 출생
· 1974년 홍성고등학교 졸업
· 1974년 홍성세무서 근무
· 1995년 한국 세무사시험 합격 (32회)
· 1995년 서울지방국세청 퇴직 (국세청 21년 근무)
· 2001년 한밭대학교 경영학과 졸업 (경영학사)
· 2003년 고려대학교 행정대학원 졸업 (경제학 석사)
· 2007년 한남대학교 일반대학원 졸업 (경영학 박사)
· 2007년 한국 경영지도사시험 합격 (22회)
· 2004-2008년 한밭대학교 경상학부 겸임교수 역임 (4년)
· 1983년 세례 (천주교 대전교구 홍성성당)
· 1987년 천주교 대전교구 꾸르실료 남성 제 54차 수료
· 1995년 천주교 서울대교구 제 555차 ME교육 수료
· 2005-2007년 천주교 대전교구 월평동성당 사목회장 역임 (2년)
· 2006-2008년 천주교 대전교구 재무평의회 위원 역임 (2년)
· 2012년 대전 가톨릭대학교 교리신학원 졸업 (2년)
· 2014-2016년 천주교 대전교구 반석동성당 사목회장 역임 (2년)
· 2017년 대전 가톨릭대학교 교리신학원 심화과정 수료 (1년)
· 2018년-현재 천주교 대전교구 반석동성당 예비신자 교리교사 활동
· 2019년-현재 천주교 대전교구 반석동성당 비정규 성체분배자 활동
· 편저 : 교리교사가 330가지 질문을 알기 쉽게 풀이한「가톨릭 교리문답」
· 세무법인 큐택스 둔산법원점 대표 세무사 김성열

가톨릭교회 평신도를 위한 신앙생활 길잡이 ②

103위 한국 순교성인과 함께 하는 순례길  **103위 한국 순교성인 문답**

교 회 인 가 : 2020년 11월 9일 (천주교 대전교구장 유흥식 라자로 주교)
초 판 발 행 : 2020년 12월 8일 (한국교회의 수호자, 원죄 없이 잉태되신 복되신 동정 마리아 대축일)
초 판 인 쇄 : 2020년 12월 14일 (십자가의 성 요한 사제 학자 기념일)

엮 은 이 : **김성열 마태오 (010 - 5457 - 9390)**

<mark>엮은이 저작권, 판매권 소유</mark>   엮은이 인지 생략

발행 및 인쇄처 : **도서출판 프린트샵**
등 록 2018년 3월 26일
이메일 wj2359@naver.com
대전광역시 유성구 테크노중앙로 155 테크노피아

## 도서 구입 문의

사 업 자 상 호 : 마태오서적
사업자등록번호 : 359 - 99 - 00508
직 통 번 호 : **070 - 7605 - 6391**
휴 대 전 화 : **010 - 5457 - 9390**
이 메 일 : semu8272@hanmail.net
입금 계좌 번호 : 740901 - 01 - 594252 (국민은행, 마태오서적 김성열)

**값 : 20,000 원**

### 해외에서 송금할 때 SWIFT CODE : CZNBKRSE

은행명 : KOOKMIN BANK
지점명 : DUNSAN CLOVER BR
주 소 : 55 MUNYE-RO SEO-GU DAEJEON, KOREA
계좌번호 : 740901-01-594252 (국민은행, 마태오서적 김성열)
성 명 : Kim Seong Yul

Tel : 042-483-5353  / +82-42-483-5353
Fax : 042-483-5355  / +82-42-483-5355
H.P : 010-5457-9390 / +82-10-5457-9390
E-mail : semu8272@hanmail.net
Add : 103-602, 219, Bugyuseong-daero,
        Yuseong-gu, Daejeon, 34077,
        Republic of Korea

ISBN  979-11-963630-5-5 [03230]

* 잘못된 책은 바꿔드립니다.